Leben im antiken Griechenland

SERIE PIPER

Zu diesem Buch

Wie orientierten sich die Griechen in Zeit und Raum? Welche Einschnitte und charakteristischen Situationen bestimmten das Leben im biologischen Kreislauf von der Geburt bis zum Tod? Wie sah der Tagesablauf von Frauen und Kindern, Herren und Sklaven, Bürgern und Fremden, Bauern und Handwerkern aus? Dies sind die Fragen, die das Publikum heute an die alte Geschichte stellt. Nicht der philosophische Weise, der geniale Stratege, der politische Denker, der große Dichter und die epochalen Kulturleistungen in Politik und Theater stehen also im Zentrum dieses Buches, sondern das Alltagsgeschehen, soziale und wirtschaftliche Probleme, kulturelle Praktiken und Mentalitäten. Von Geschichtsschreibern wie Herodot, von Rednern wie Demosthenes, von Philosophen und Dichtern wie Aristoteles und Homer, Platon und Sophokles, Euripides und Aristophanes sind hier Texte versammelt, die uns erzählen, »wie es einst gewesen«.

Rolf Rilinger, geboren 1942, ist Professor für Alte Geschichte an der Universität Bielefeld.

Leben im antiken Griechenland

Ein Lesebuch

Herausgegeben von Rolf Rilinger

Piper München Zürich

Von Rolf Rilinger herausgegeben, liegt in der Serie Piper
außerdem vor:
Leben im Alten Rom (1005)

Originalausgabe
1. Auflage März 1990
2. Auflage August 1998

Umschlag: Büro Hamburg
Simone Leitenberger, Susanne Schmitt, Annette Hartwig
Umschlagabbildung: Archiv für Kunst und Geschichte, Berlin
Gesamtherstellung: Clausen & Bosse, Leck
Printed in Germany ISBN 3-492-20850-9

Inhalt

Dritter Teil: Tagesablauf

Anhang: Hilfsmittel und Nachweise

Vorwort des Herausgebers

Wie orientierten sich die Griechen in Zeit und Raum? Welche Einschnitte und charakteristischen Situationen bestimmten das Leben im biologischen Kreislauf von der Geburt bis zum Tode? Wie sah der Tagesablauf von Frauen und Kindern, Herren und Sklaven, Bürgern und Fremden, Bauern und Handwerkern aus?

Solche Fragen werden gestellt, wenn man sich nach dem heutigen Interesse von Kindern, Jugendlichen, Erwachsenen und alten Leuten an der griechischen Geschichte erkundigt. Nicht der philosophische Weise, der geniale Stratege, der originelle politische Denker, der erhabene Dichter, der schlechthin politische Bürger, nicht die Entstehung der vollkommenen Demokratie, des klassischen Theaters und was sonst den Griechen als zukunftsweisende Leistungen zugesprochen werden mag, soll hier im Mittelpunkt des Interesses stehen, sondern soziale und wirtschaftliche Probleme des Alltags, Mentalitäten und kulturelle Praktiken. Oder, um es anders auszudrücken, es geht bei diesem Lesebuch nicht um ein ideales Bild »der« Griechen und nicht um die Dokumentation eines historischen Prozesses, sondern um das, was man an Informationen aus der alltäglichen Lebenswelt zusammentragen und zunächst einmal in ganz banaler Analogie zu den eigenen Lebensverhältnissen befragen kann. Auf der Grundlage dieses Wissens lassen sich möglicherweise Neugier und Bereitschaft wekken, auch den besonderen politischen und kulturellen Leistungen der Griechen nachzuspüren.

Antworten auf die eingangs gestellten Fragen, die das Buch gliedern, sind nicht leicht zu geben. Von welchem Griechenland und für welche Zeit soll die Rede sein? Zwar liegt es aus überlieferungs- und wirkungsgeschichtlichen Gründen nahe, das klassische Griechenland ins Zentrum zu rücken, doch kann einerseits auf die archaische Epoche, d. h. vor allem auf Homer und Hesiod, auf den Beginn der europäischen Literatur, und andererseits auf die nachklassische, hellenistische Periode, also auf die neue Komödie etwa des Menander oder Herondas verzichtet werden? Wenn man diese Jahrhunderte einbezieht, so heißt das, einen Zeitraum zu umfassen, der von der zweiten Hälfte des 8. bis ins 3. Jahrhundert v. Chr. reicht und wegen des ungeheuren Wandels – Entstehung, Blüte und Zerfall des politischen Griechentums – äußerst heterogen erscheint. Dafür spricht allerdings, daß im sozialen Bereich die Veränderungen relativ gering waren, so daß das Kaleidoskop der Alltagsszenen nicht völlig unvergleichbar ausfällt. Doch auch der vorgeschlagene große Zeitabschnitt hat den Nachteil, daß wichtige belehrende und vergnügliche Zeugnisse für das griechische Privatleben immer noch ausgegrenzt bleiben: so z. B. Pausanias für die Beschreibung des Landes und der Bauten, Plutarch besonders für die Lebensverhältnisse der Frühzeit (Theseus, Lykurgos, Solon) und Lukian für die satirische Zuspitzung alltäglicher Lebensverhältnisse. Für diese und andere Autoren zwischen dem zweiten vor- und dem zweiten nachchristlichen Jahrhundert sei auf den römischen Band dieser Reihe verwiesen, dessen Konzeption bis auf geringfügige Abweichungen beibehalten worden ist. Die Wahrung eines wenigstens groben zeitlichen Zusammenhangs der Quellen bietet den Vorteil, daß der Leser einen relativ dichten Eindruck von der literarischen Produktion der klassischen und hellenistischen Zeit bekommt. Es werden Texte aus nahezu allen Quellengattungen präsentiert: von Lyrik, Epos und Drama über Geschichtsschreibung, philosophische und andere wissenschaftliche Schriften bis hin zu Reden, Briefen, Gesetzen und Inschriften.

Ein anderes Problem für den, der das Alltagsleben im klassischen und hellenistischen Griechenland dokumentieren will, liegt darin, daß er sich einer Fülle unterschiedlicher politischer Einheiten gegenüber sieht, die in Hinsicht auf politische, religiöse, rechtliche und wirtschaftliche Institutionen ganz erhebliche Unterschiede aufweisen. Verantwortlich dafür ist das in ganz Hellas zu beobachtende Streben der Städte nach Unabhängigkeit und Behauptung der eigenen Tradition. Die Quellenlage verringert zwar die Problematik, da außerhalb von Athen und Sparta so wenig überliefert ist, daß wichtige Aspekte des Alltagslebens überhaupt nur anhand der dortigen Verhältnisse beleuchtet werden können. Andererseits vermitteln aber auch die verhältnismäßig reichen attischen Quellen oft kein Gesamtbild. Aus dieser Not läßt sich insofern eine Tugend machen – und ein klarer Akzent setzen –, als bei der Wahl zwischen verschiedenen Quellen Belege aus der Lebenswelt Athens der Vorzug gegeben wird – abgesehen von solchen Fällen, in denen ein kontrastierender Vergleich z. B. mit Einrichtungen Spartas erhellend ist. Die Mehrzahl der gewählten Quellenbeispiele bezieht sich also auf die Lebensverhältnisse im Athen des 5. und 4. Jh.s v. Chr. Es muß freilich vorweg darauf hingewiesen werden, daß die Aussagefähigkeit der Texte zu einigen der eingangs gestellten Fragen begrenzt ist – so sagt z. B. das literarische Material über Kinderspiele wenig aus. In solchen Fällen wären Zusatzinformationen aus archäologischen Befunden und insbesondere aus der Vasenmalerei hilfreich, die hier leider nicht berücksichtigt werden konnten.

Gegen den Versuch, die Texte ohne Kommentar oder allgemeine Einführung für sich sprechen zu lassen, wie er hier unternommen wird, kann sicher eingewandt werden, daß die Lektüre solcher authentischer Quellenausschnitte nicht von selbst zu einer angemessenen Vorstellung der griechischen Lebenswelt führt. Doch bietet das Authentische nicht den besten und spannendsten Ausgangspunkt dafür, wenn man sich der Alltagswelt der Griechen fortschreitend annähern will? Sicher lassen die einzelnen Nachrichten gelegentlich auch Mißverständnisse zu. Doch es ist zu hoffen, daß sich der Leser in dem Maße, wie seine modernen Erwartungen irritiert werden, auf die Suche nach einer Antwort auf die alte Frage begibt, wie es denn nun eigentlich gewesen ist. Seine »Forschungen« werden ihn dann kreuz und quer durch das Buch und darüber hinaus führen. Das Glossar stellt dafür schnell und bequem solche Namen, Daten und Fakten bereit, die für das erste Verständnis der einzelnen Texte notwendig sind;* Lesern, die weitergehende Informationen suchen oder die z. B. Textauszüge im ursprünglichen Zusammenhang lesen wollen, hilft das Autorenverzeichnis weiter. In den dort angeführten deutschsprachigen Ausgaben sind stets auch Hinweise auf weiterführende Literatur gegeben.

Es bleibt zu hoffen, daß dieses Buch tatsächlich Lust an einer

* Namen und Sachbegriffe, die kursiv gesetzt sind, verweisen auf das Glossar.

neuen Auseinandersetzung mit griechischer Geschichte und Kultur weckt, die aus heutiger Sicht häufig klischeehaft vertraut und zugleich entfernt und fremd erscheint, doch m. E. kaum etwas von ihrer orientierenden Kraft über die Zeiten hin verloren hat.

Meinen Mitarbeitern Matthias Herrmann, Andreas Kohring, Dirk Niedermowe, Gisela Papke und Susanne Rademaker danke ich für die Hilfe bei der Zusammenstellung der Quellen und die Anfertigung des Glossars.

Ich widme dieses Buch meinen Kindern Natalie, Nadine, Georg und Richard.

Bielefeld Rolf Rilinger

ERSTER TEIL

Raum und Zeit

I. Raum

Die Welt

Älteste griechische Weltvorstellung auf dem Schild des Achill
Homer, Ilias XVIII 483–489

Auf ihm schuf er die Erde und auf ihm den Himmel und auf ihm das Meer
Und die Sonne, die unermüdliche, und den vollen Mond,
Und auf ihm die Sterne alle, mit denen der Himmel umkränzt ist:
Die *Pleiaden* und die *Hyaden* und die Kraft des *Orion*
Und die Bärin, die sie auch ›Wagen‹ mit Beinamen nennen,
Die sich auf derselben Stelle dreht und nach dem Jäger Orion späht
Und allein nicht teil hat an den Bädern im *Okeanos*.

Über die Welt
Aristoteles, Über die Welt 2, 391 b–392 b

»Welt« also ist der Zusammenschluß aus Himmel und Erde und den Naturgewalten dazwischen. In anderm Sinne meint man mit »Welt« die Ordnung und Waltung des Alls, die von Gott und durch Gott gewahrt wird. Hierin hat die Mitte als das Unbewegte und als Träger des Lebens die Erde zugewiesen bekommen, Wirtin und Mutter mannigfacher Wesen. Was über ihr ist, ein Ganzes, das auch nach oben hin durchaus begrenzt ist als Wohnung der Götter, heißt Himmel. Er hat die Fülle göttlicher Körper, die wir Sterne zu nennen pflegen, ist in ewiger Bewegung begriffen und kehrt in einem Umlauf auf einer Kreisbahn mit allen jenen in sich selbst zurück, unaufhörlich in alle Ewigkeit. Am ganzen Himmel und in der Welt, die Kugelgestalt hat, und die sich, wie gesagt, unaufhörlich bewegt, gibt es zwei Punkte einander gegenüber, die unbewegt bleiben, wie bei einer Kugel, die auf einer Drehbank im Kreise geschwenkt wird, wo diese Punkte starr bleiben und die Kugel festhalten, und um die sich die gesamte Welt im Kreise dreht. Die Welt beschreibt also um sie eine Kreisbewegung, und sie werden Pole genannt. Denken wir sie uns durch eine Gerade verbunden, so wird diese ein Durchmesser der Welt werden, in dessen Mitte die Erde sich befindet. Man nennt sie Achse, und ihre Endpunkte bilden die Pole. Von diesen unbewegten Polen ist der eine über uns immer sichtbar in nördlicher Gegend, der sogenannte arktische Pol, der andere ist immer unsichtbar unter der Erde, nach Süden zu, der sogenannte antarktische Pol.

Den Wesenstoff von Himmel und Sternen nennt man Äther, nicht, wie manche wollen, weil er wegen seiner Feuernatur leuchte – denn so verfehlt man sein Wesen, das von der Gewalt des Feuers den weitesten Abstand hat –, sondern weil er ewig läuft auf seiner Kreisbahn, ein unvergänglicher und göttlicher Grundstoff neben den vier andern. Von den Sternen, die der Himmel umfaßt, drehen sich die einen unverrückt mit seiner Gesamtheit mit, immer an der gleichen Stelle, in ihrer Mitte der sogenannte Tierkreis, der als schräger Gürtel zwischen den Wendekreisen sich spannt, unterteilt in die Felder der zwölf Tierbilder, während die andern als Wandelsterne weder mit den genannten noch untereinander die gleiche Geschwindigkeit haben in ihrer natürlichen Bewegung, sondern auf immer wieder anderen Kreisbahnen laufen, so daß die einen der Erde näher sind, die andern ferner. Die Zahl der Fixsterne kann der Mensch nicht ergründen, obwohl sie auf der einen Oberfläche des Gesamthimmels ihre Bahn laufen. Die Planetenschar, in sieben Teilen gipfelnd, ist der Reihe nach in so vielen Kreisen befestigt, daß immer der obere größer ist als der darunter, und die sieben einer des andern Bahn in sich schließen, alle zusammen jedoch umschlossen werden von der Schale der Fixsterne. Dieser zunächst läuft seine Bahn der, den wir den Strahlenden heißen oder *Saturn*, sodann der Leuchtende, der *Jupiter*, wie er heißt, weiter der Feuerstern, *Herakles* und *Mars* genannt, als nächster der Funkelnde, den manche als dem Merkur geheiligt ansehen, andere dem *Apollo*, darauf der Lichtbringer, den manche der *Venus*, andere der *Hera* zuweisen, weiterhin die Sonne und zuletzt der

Mond, bis zu dem hin die Ätherwelt reicht, die die Himmelskörper und die Bewegungsordnung in sich schließt.

An den natürlichen Bereich des göttlichen Äthers, der nach unserer Lehre seine ewige Ordnung hat, unverrückbar und unwandelbar, schließt sich stetig an der im ganzen beeinflußbare und wandelbare Bereich, der vergängliche und sterbliche, um es zusammenzufassen. In ihm wieder kommt zuerst der feine flammenartige Wesensstoff, feurig geworden durch den Äther und seine Gewalt und die Schnelligkeit seiner Bewegung. In seinem Bereich, der als feuerartig und regellos gilt, stürzen die Sternschnuppen dahin, werden Strahlen geschleudert, leuchten Lichter, Kränze und Kometen auf, um wieder zu verlöschen. Anschließend hieran breitet die Luft sich aus, ihrem Wesen nach dunkel und eisig, jedoch unter dem Einfluß jenes andern Bereiches wird sie zugleich erhellt und erwärmt und dadurch strahlend und warm. In diesem Gebiet, das selber beeindruckbarer Kraft unterworfen ist und vielfältig sich wandelt, bilden sich Wolken, prasselt Regen hernieder, entsteht Schnee, Reif, Hagel, das Wehen der Winde und Stürme, ferner Donner und Blitz und niederfahrende Wetterstrahlen und Finsternis, die tausendfältig zusammenschlägt.

Die Erde

Die Gestalt der Erde
Herodot IV 36–45

Soviel von den *Hyperboreern*! Denn die Sagen von *Abaris*, der ein Hyperboreer gewesen sein soll, erzähle ich nicht. Er soll ja mit einem Pfeil in der Hand um die ganze Welt gewandert sein, ohne zu essen; wenn es Hyperboreer gibt, müßten auch Menschen im äußersten Süden zu finden sein. Ich muß lachen, wenn ich sehe, wie viele Menschen schon Erdkarten gezeichnet haben, und wie doch keiner die Gestalt der Erde sinnvoll zu erklären wußte. Sie zeichnen den Ozeanfluß rund um die Erde und diese selbst rund, wie abgezirkelt. Asien machen sie ebenso groß wie Europa. In wenigen Worten will ich die Größe der beiden Erdteile angeben und auch, wie man sie zeichnen muß.

Die *Perser* wohnen bis ans südliche Meer, das sogenannte Rote Meer. Über ihnen nach Norden hin wohnen die *Meder*, nördlich von den Medern die *Saspeirer*, dann die *Kolcher*, die an das Nordmeer grenzen, in das der *Phasis* mündet. Diese vier Völker füllen den Raum von einem bis zum anderen Meer.

Westlich von ihnen ragen zwei Halbinseln ins Meer hinein, die ich beschreiben will. Die eine nördliche Halbinsel beginnt am Phasis und erstreckt sich am *Pontos* und am *Hellespont* entlang bis zum Sigeischen Vorgebirge in der *Troas*. Auf der Südseite zieht sich dieselbe Halbinsel vom *Myriandischen Meerbusen*, der bei *Phoinikien* liegt, bis zum *Triopischen Vorgebirge* ins Meer hinein. Auf dieser Halbinsel wohnen 30 Volksstämme.

Das war die eine der beiden Halbinseln. Die andere beginnt bei den Persern und breitet sich nach dem Roten Meer hin aus. Sie umfaßt Persien, anschließend Assyrien und Arabien. Nach der herkömmlichen menschlichen Festsetzung endet sie am Arabischen Meerbusen, in den *Dareios* den Kanal aus dem Nil führte. Von Persien bis Phoinikien erstreckt sich das Land weit und groß. Von Phoinikien aus geht diese Halbinsel durch unser Meer am Palästinischen Syrien und Ägypten entlang, wo sie dann endet; auf ihr wohnen nur drei Völker.

Das ist der von Persien aus westlich gelegene Teil Asiens. Der auf der anderen Seite von Persern, Medern, Saspeirern, Kolchern nach Osten gelegene Teil wird auf der einen Seite vom Roten, im Norden vom Kaspischen Meer und dem *Araxes* begrenzt, der nach Osten fließt. Bis nach Indien hin wird Asien bewohnt. Weiter nach Osten ist das Land Wüste, und niemand kann etwas Genaueres über seine Art sagen.

Soviel über die Beschaffenheit und Größe Asiens. Libyen liegt auch auf jener zweiten Halbinsel; denn es schließt ja an Ägypten an. Bei Ägypten ist diese Halbinsel schmal; denn die Entfernung vom Mittelländischen bis zum Roten Meer beträgt nur 100000 Klafter; das sind etwa 1000 *Stadien*. Nach dieser schmalen Stelle verbreitert sich die Halbinsel wieder sehr; sie heißt Libyen.

Ich wundere mich über die, die die Abgrenzung und Einteilung in Libyen, Asien und Europa vorgenommen haben. Die Abweichungen zwischen ihnen sind ganz beträchtlich; an Länge übertrifft Europa die beiden anderen, an Breite aber können sich die beiden anderen überhaupt nicht mit Europa messen. Libyen zeigt sich rings vom Meer umflossen außer an der Stelle, wo es mit Asien zusammenhängt. Dafür hat der Ägypterkönig *Nekos* als erster von denen, die wir kennen, den Beweis erbracht. Als der Bau des Kanals, der vom Nil zum Arabischen Meerbusen führen sollte, fertig war, sandte er Phoiniker mit Fahrzeugen aus mit dem Auftrag, auf dem Heimweg nach dem Nordmeere zu durch die *Säulen des Herakles* zu fahren und auf diesem Wege (= durch das Mittelmeer) nach Ägypten zurückzukehren. Die Phoiniker fuhren also vom Roten Meer aus durch das Südmeer. Bei Herbstbeginn gingen sie an Land, bebauten die Äcker an der Stelle Libyens, wo sie sich gerade aufhielten, und warteten die Ernte ab. Nach der Ernte fuhren sie weiter. So hielten sie es zwei Jahre. Erst im dritten Jahr bogen sie um die Säulen des Herakles und gelangten wieder nach Ägypten. Sie erzählten – ich glaube aber nicht daran, vielleicht ein anderer –, sie hätten bei ihrer Fahrt um Libyen die Sonne zur Rechten bekommen.

So wurde Libyen zum ersten Male bekannt. Später reden auch die *Karchedonier* von einer Umsegelung, als *Sataspes*, der Sohn des *Teaspis*, ein *Achaimenide*, Libyen nicht umsegelte, wozu man ihn ausgeschickt hatte, sondern aus Furcht vor der langen Fahrt und der Wüste zurückkehrte und die Aufgabe nicht durchführte, mit der ihn seine Mutter beauftragt hatte. Er hatte die jungfräuliche Tochter des *Zopyros*, des Sohnes des *Megabyzos*, verführt. Als König *Xerxes* ihn wegen dieser Schuld kreuzigen lassen wollte, bat die Mutter des Sataspes, eine Schwester des Dareios, für ihn und versicherte, sie werde ihm selbst eine größere Strafe auferlegen als der König. Er werde Libyen umsegeln müssen, bis er auf der Umsegelung zum Arabischen Meerbusen komme. Da Xerxes unter diesen Bedingungen ihrer Bitte entsprach, kam Sataspes nach Ägypten, wählte dort Schiff und Matrosen und fuhr zu den Säulen des Herakles. Er lenkte die Schiffe hindurch und umsegelte das Vorgebirge von Libyen namens Soloeis. Dann reiste er südwärts weiter. Nachdem er in vielen Monaten eine weite Meeresstrecke durchfahren hatte, kehrte er um, da die Fahrt kein Ende nahm. Er begab sich nach Ägypten zurück. Als er von dort wieder zu Xerxes nach Persien kam, erzählte er von seiner Fahrt und sagte, ganz weit weg in Libyen sei er an einem Volk von kleinen Menschen vorbeigefahren, die Palmblätter als Kleidung trugen. Jedesmal, wenn sie an Land gingen, verließen diese Menschen ihre Siedlungen und flohen auf die Berge. Er war mit seinen Leuten hineingegangen, ohne etwas Böses zu tun. Nur Kleinvieh hätten sie mitgenommen. Dafür, daß sie nicht ganz Libyen umsegelt hätten, gab er als Grund an, ihr Schiff sei auf Untiefen gestoßen und habe nicht weiterfahren können. Xerxes glaubte ihm nicht und ließ ihn ans Kreuz schlagen, weil er seine Aufgabe nicht zu Ende geführt hatte. Damit bestätigte er seine frühere Strafe. Ein Eunuch dieses Sataspes floh nach *Samos*, als er vom Tode seines Herrn erfuhr. Er trug viele Schätze bei sich, die ihm ein Mann in Samos abnahm. Ich weiß seinen Namen, möchte ihn aber gern vergessen.

Den größten Teil Asiens aber hat Dareios entdeckt. Er wollte gern die Mündung des Indos erforschen, der als zweiter von allen Strömen Krokodile aufweist. So schickte er Leute mit Fahrzeugen aus, in deren Wahrheitssinn er Vertrauen setzte, darunter einen Griechen namens *Skylax aus Karyanda*. Sie fuhren von der Stadt *Kaspatyros* und dem paktyischen Lande aus und segelten stromab ostwärts ins Meer hinaus, dann auf dem Meere nach Westen zurück, bis sie im dreißigsten Monat an die Stelle kamen, von welcher der Ägypterkönig die Phoiniker, die ich eben erwähnt habe, abschickte, um Libyen zu umfahren. Nach dieser Reise unterwarf Dareios die Inder und befuhr jenes Meer. So ist das übrige Asien außer den östlichen Gebieten erforscht und bekannt, daß es sich ähnlich verhält wie Libyen.

Von Europa aber weiß offenbar niemand etwas Genaues, weder über den Osten noch über den Norden, ob es da vom Meer umgeben ist. Von seiner Länge wissen wir: Es übertrifft die beiden anderen Erdteile. Ich kann mir auch nicht zusammenreimen, warum man den Erdteilen, die doch eigentlich ein ganzes Land bilden, drei Namen gegeben hat, und zwar Frauennamen. Ich weiß auch nicht, weshalb als Grenzen hierfür der ägyptische Nil angenommen wird und der *kolchische Phasis*. – Andere setzen für den Phasis den *maietischen Tanais* und die *kimmerischen* Hafenplätze. – Auch die Namen derer, die diese Grenzen festgesetzt haben, konnte ich nicht erfahren, auch nicht die Personen, nach denen diese Erdteile benannt wurden. Libyen soll z. B. nach der Meinung der meisten Griechen seinen Namen von Libya, einer einheimischen Frau, bekommen haben, Asien nach der Gattin des *Prometheus*. Diesen Namen nehmen die Lyder für sich in Anspruch; sie sagen, Asien führe auf Asies zurück, den Sohn des *Kotys*, des Sohnes des *Manes*, aber nicht auf Asia, die Gattin des Prometheus. Nach ihm heiße auch der bekannte Stadtteil in *Sardes* Asias. Von Europa aber weiß kein Mensch, ob es vom Meer umflossen oder wonach es benannt ist, auch nicht, wer ihm den Namen Europa gegeben hat, wenn wir nicht annehmen wollen, daß von der *Tyrierin Europa* das Land den Namen bekommen hat. Vorher war es natürlich namenlos wie die anderen. Aber diese Europa stammte offenbar aus Asien und ist nie in das Land gekommen, das man heute in Griechenland Europa nennt. Sie ist nur von Phoinikien nach Kreta und von da aus nach *Lykien* gelangt. Doch genug davon! Wir wollen beim allgemein üblichen Gebrauch bleiben!

Hier ist die ganze Erde
Aristophanes, Die Wolken 182–218

Das Innere der Denkerei wird auf dem Ekkyklema *sichtbar: Bleiche und magere Scholaren zu Boden blickend und teils gebückt die Erde musternd; oben in einer Art Hängematte* Sokrates*; außerdem astronomische und geometrische Geräte, eine Landkarte, ein Lotterbett.*

STREPSIADES *fährt zurück:* Hilf, Herakles! Welch wundersame Tiere!

SCHOLAR: Du staunst? Wie kommen sie dir vor?

STREPSIADES: Wie die
Von *Pylos*, die spartanischen Gefangenen. –
Was sehn denn die so bleich und stier zur Erde?

SCHOLAR: Sie suchen, was die Erde birgt.

STREPSIADES: Ach so,
Sie suchen Zwiebeln: Oh, bemüht euch nicht!
Ich zeig euch, wo recht schöne, große stecken. –
Was tun denn *die*, gebückt, die Nas am Boden?

SCHOLAR: Sie spähn dem Urgrund nach tief unterm *Hades*.
STREPSIADES: Ihr Hintern aber schaut ja auf zum Himmel?
SCHOLAR: Der treibt Astronomie auf eigne Faust.
Zu den Scholaren: Hinein, damit *er* euch nicht hier erwischt!
STREPSIADES: So laß sie doch, sie sollen bleiben, bis
Ich ihnen mein Geschäftchen vorgetragen.
SCHOLAR: Nein, nein, beileib, sie dürfen nicht so lang
Hier draußen bleiben an der frischen Luft!
STREPSIADES *auf eines der Geräte zeigend:*
Bei allen Göttern, sprich, was ist denn das?
SCHOLAR: Astronomie, mein Freund!
STREPSIADES *auf andere Geräte deutend:* Und dieses da?
SCHOLAR: Geometrie.
STREPSIADES: Wofür ist das denn gut?
SCHOLAR: Um Land zu messen.
STREPSIADES: Wie? verlostes Land?
SCHOLAR: Land überhaupt, das Erdreich.
STREPSIADES: Ganz charmant!
Das ist doch was fürs Volk, erklecklich, praktisch.
SCHOLAR *auf eine Landkarte zeigend:* Hier ist die ganze Erde: siehst du hier Athen?
STREPSIADES: Das soll Athen sein? Glaub ich nicht!
Wo sitzt denn da auch nur ein einz'ger Richter?
SCHOLAR: Verlaß dich drauf, hier siehst du Attika!
STREPSIADES: Wo sind denn meine Landsleut' in *Kikynna*?
SCHOLAR: Da drinnen stecken sie! – Sieh her, daneben
Liegt auch *Euböa*, hier, lang hingestreckt.
STREPSIADES: Ich weiß schon: wir und *Perikles* streckten's hin. –
Wo ist denn *Lakedaimon*?
SCHOLAR: Wo? Da, hier!
STREPSIADES: So nah bei uns? Studiert doch ernstlich drauf,
Daß ihr es von uns wegschafft – möglichst weit!
SCHOLAR: Du Narr, das geht nicht.
STREPSIADES: Ei so geht zum Teufel!

Hellas

Hellas vor dem Troischen Krieg
Thukydides I 2

Es ergibt sich nämlich, daß, was heute *Hellas* heißt, nicht von alters her fest besiedelt gewesen ist, sondern daß es Völkerwanderungen gab früher und die einzelnen Stämme leicht ihre Sitze verließen unter dem Druck der jeweiligen Übermacht. Denn da noch kein Handel war und kein gefahrloser Verkehr weder übers Meer noch auf dem Land, da alle ihr Gebiet nur nutzten, um grade davon zu leben, und keinen Überschuß hatten, auch keine Bäume pflanzten bei der Ungewißheit, wann vielleicht ein Feind, zumal auch nichts befestigt war, kommen und ihnen alles wegnehmen würde, und da sie die nötige Nahrung für den Tag überall gewinnen zu können meinten, so fiel es ihnen nicht schwer, auszuwandern, und darum waren sie weder durch große Städte stark noch durch sonstige Kriegsmacht. Je besser aber das Land, desto häufiger wechselte es die Besiedler, so das heutige *Thessalien*, *Boiotien*, die meisten Teile des *Peloponnes* außer *Arkadien*, und wo sonst ein Landstrich vorzüglich war. Denn die Güte des Landes gab manchen größere Macht und führte damit zu inneren Fehden, in denen sie umkamen, und lockte zugleich fremde Stämme eher zum Angriff. Wenigstens ist *Attika*, weil es mit seinem kargen Boden die längste Zeit von Parteihader frei war, immer von denselben Menschen besiedelt gewesen. Und das ist nicht der schwächste Beweis für den Satz, daß die andern Gegenden wegen der vielen Wanderungen nicht ebenso erstarken konnten. Denn aus ganz Hellas wandten sich die Verdrängten oder Verbannten, immer die Mächtigsten, nach Athen als an einen sicheren Ort, wurden dort Bürger und machten so schon seit ältester Zeit die Stadt noch größer und volkreicher, weshalb sie von hier aus auch später in *Ionien*, da Attika nicht ausreichte, neue Städte gründeten.

Die natürliche Beschaffenheit Attikas

Xenophon, Vorschläge zur Beschaffung von Geldmitteln oder über die Staatseinkünfte I 2–8

Ich will die natürliche Beschaffenheit Attikas beschreiben: Daß die Jahreszeiten hier sehr mild sind, bezeugt allein das, was hier wächst. Was an anderen Orten nicht einmal aufgehen könnte, trägt hier Früchte. Und wie die Erde, so bringt auch das Meer, das das Land umgibt, überaus reichlich alles hervor. Aber auch das, was die Götter in den Jahreszeiten an Gutem gewähren, auch dies alles beginnt hier zuerst und endet zuletzt.

Diesen überragenden Vorzug besitzt dies Land aber nicht nur in dem, was im Laufe eines Jahres blüht und vergeht, sondern es verfügt auch über Güter von immerbleibendem Wert. Von Natur gibt es in diesem Land nämlich im Überfluß Stein, aus dem die schönsten Tempel und Altäre erbaut und den Göttern die prunkvollsten Standbilder angefertigt werden; er ist bei vielen Griechen wie Barbaren begehrt. Es gibt aber auch Land, das zwar keine Frucht trägt, wenn man dort aussät, das aber, wenn man in ihm gräbt, um ein Vielfaches mehr Leute ernährt, als wenn es Getreide trüge. Es ist nämlich sichtbar durch göttliche Fügung silberhaltig. Zu keiner der vielen Städte wenigstens, die uns auf dem Lande oder übers Meer nahe benachbart sind, reicht auch nur eine kleine Silberader.

Nicht ohne Grund könnte man aber meinen, unsere Stadt liege im Mittelpunkt Griechenlands und der gesamten bewohnten Erde. Denn je weiter man von ihr entfernt ist, um so widriger sind Kälte und Hitze, die man antrifft. Und alle, die von einem Ende Griechenlands zum anderen gelangen wollen, müssen zu Wasser oder zu Land an Athen wie am Mittelpunkt eines Kreisels vorbeikommen. Und obwohl es nicht von Wasser umgeben ist, importiert es doch wie eine Insel aus allen Himmelsrichtungen alles, was es braucht, und exportiert, was es will; es grenzt nämlich an zwei Seiten ans Meer. Auch auf dem Landwege erhält es viele Waren, denn es liegt auf dem Festland. Außerdem bereiten den meisten Städten benachbarte Nichtgriechen Unannehmlichkeiten. In der Nachbarschaft Griechenlands liegen dagegen Städte, die auch selbst sehr weit von den Nichtgriechen entfernt sind.

Neubau der Stadtmauer von Athen
Thukydides I 89–93

Athen war nämlich auf folgende Art zu der Stellung gelangt, in der es groß wurde:

Als die Perser aus Europa abgezogen waren, von den Hellenen zur See und auf dem Lande besiegt, und ihre nach *Mykale* geflüchtete Flotte vernichtet war, da kehrte der Spartanerkönig *Leotychides*, der die Hellenen bei Mykale anführte, mitsamt den peloponnesischen Verbündeten nach Hause zurück; die Athener aber und die Verbündeten aus Ionien und vom Hellespont, die jetzt vom Großkönig abgefallen waren, die blieben und belagerten das von den Persern besetzte *Sestos* den ganzen Winter über, nahmen es nach dem Abzug der Barbaren auch ein; darauf trennten sie sich und fuhren vom Hellespont zu ihren Städten zurück. Inzwischen hatten die Athener daheim, sobald ihnen die Barbaren aus dem Land waren, aus ihren Zufluchtsorten Kinder und Frauen und die gerettete Habe wieder herübergeholt und schickten sich an, die Stadt und die Mauern wieder aufzubauen; denn vom Mauerring standen nur kurze Stücke, und von den Häusern waren die meisten eingestürzt, nur wenige waren übrig, in denen die persischen Großen selber sich eingerichtet hatten. Als die Spartaner merkten, was im Werk war, schickten sie Botschaft, teils weil sie es selber auch am liebsten gesehen hätten, wenn weder Athen noch sonst eine Stadt befestigt wäre, hauptsächlich aber auf Betreiben ihrer Verbündeten, die Athen fürchteten wegen der bisher nie erreichten Stärke seiner Flotte und seines im Perserkrieg bewiesenen Mutes. Sie verlangten also, die Athener sollten keine Mauern bauen, eher sogar ihnen helfen, in allen Städten außerhalb des Peloponnes die noch stehenden Umwallungen einzureißen – wobei sie Absicht und Argwohn ihres Innern in Athen nicht äußerten, sondern: der Barbar würde sich, falls er noch einmal heranzöge, dann auf keinen festen Platz, wie diesmal auf *Theben*, stützen können, und der Peloponnes sei Zuflucht und Stützpunkt genug für alle. Die Athener, auf Antrag des *Themistokles*, gaben den Spartanern, die das vorgebracht hatten, raschen Abschied mit der Antwort, sie würden in dieser Sache Botschaft zu ihnen schicken; ihn selbst, riet Themistokles, sollten sie schnellstens nach *Sparta* absenden, andere mitgewählte Gesandte aber noch nicht gleich abgehen lassen, sondern so lange zurückhalten, bis sie die Mauer zu der Mindesthöhe aufgeführt hätten, die als Brustwehr genüge. Und am Bau sollten alle mithelfen, die gesamte Mannschaft, soweit sie in der Stadt war, und Weiber und Kinder, und kein öffentliches, kein privates Gebäude schonen, wenn etwas davon für das Werk dienen könnte, alles sollten sie einreißen. Mit diesen Anweisungen und der Andeutung, das übrige werde er dort selbst in Ordnung bringen, reiste er ab. In Sparta angelangt, meldete er sich nicht bei der Regierung, sondern säumte und brauchte Ausflüchte, und sooft ihn jemand von den Behörden fragte, wieso er sich nicht an die staatlichen Stellen wende, sagte er, er erwarte noch seine Mitgesandten, wegen irgendeiner Abhaltung seien sie zurückgeblieben, sie müßten aber in Bälde kommen, er wundere sich selbst, daß sie noch nicht da seien. Solche Reden glaubten sie dem Themistokles, aus Freundschaft; als aber immer neue Augenzeugen anlangten und eindeutig aussagten, die Mauer werde gebaut und gewinne schon Höhe, konnten sie diesen Meldungen nicht mehr gut mißtrauen. Da er das merkte, riet er ihnen, statt auf Gerüchte zu geben, möchten sie doch aus ihrer eigenen Mitte tüchtige Männer hinschicken, die sollten sich überzeugen und zuverlässig berichten. Das taten sie, und Themistokles sandte heimlich nach Athen, man solle diese Abgesandten möglichst unauffällig hinhalten und nicht eher ziehen lassen, als bis sie selbst zurück wären (inzwischen waren nämlich seine Mitgesandten auch eingetroffen, Habronichos, Lysikles' Sohn und Aristeides Lysimachos' Sohn, mit der Meldung, die Mauer sei soweit fertig); er fürchtete nämlich, die Spartaner möchten sie, wenn sie erst sichere Kunde hätten, nicht mehr gehen lassen. So hielten also die Athener die Gesandten zurück, wie ihnen aufgetragen war, und Themistokles erklärte nun endlich offen, vor die Spartaner hintretend, die Stadt sei bereits befestigt und stark genug, ihre Bewohner zu schützen; wollten die Spartaner oder ihre Verbündeten zu ihnen Botschaft senden, so sollten sie es inskünftig tun ohne zu vergessen, daß die Athener sich sehr wohl auf ihr eigenes und das allgemeine Beste verstünden. Als es ihnen richtig geschienen, die Stadt aufzugeben und sich einzuschiffen, hätten sie dies Wagnis auch ohne die Spartaner beschlossen und dann in allen gemeinsamen Beratungen es in der

Klugheit, wie man gesehen, mit jedermann aufnehmen können. Und so schiene es ihnen auch jetzt richtig, daß ihre Stadt eine Mauer habe; für ihre eigenen Mitbürger wie für den gesamten Bund werde dies das bessere sein, denn es sei unmöglich, ohne gleiche oder entsprechende Kriegsmacht zum gemeinsamen Rat gleichberechtigt beizutragen. Es müßten also, sagte er, entweder alle Verbündeten in offenen Städten wohnen oder anerkennen, daß auch diese Sache in Ordnung sei. Die Spartaner nahmen das auf, ohne einen Ärger über Athen zu zeigen (denn nicht zu verbieten hätten sie ja eigentlich die Boten geschickt, nur um dem Volk von Athen ihren guten Rat zu erteilen; zudem waren sie ihm damals eben wegen seiner großen Taten im Perserkrieg höchst zugetan); doch blieb von der mißlungenen Absicht eine heimliche Verstimmung. Indes kehrten beiderseits die Gesandten in gutem Einvernehmen nach Hause zurück.

Auf diese Art befestigten die Athener ihre Stadt in kurzer Zeit, und man sieht es dem Mauerwerk heute noch an, daß es in der Eile entstand. Denn die Steine des Unterbaus sind bunt zusammengewürfelt, stellenweise nicht einmal passend zugehauen, sondern wie jeder grad gebracht wurde, und viele Denksteine von Gräbern und bearbeitete Blöcke wurden eingefügt. Zur Vergrößerung wurde nämlich auch der Mauerring um die Stadt nach allen Seiten hinausgeschoben, und darum holten sie in der Hast alles, was sie fanden. Themistokles bestimmte sie auch, am *Piräus* den Rest aufzubauen – angefangen war dort schon früher unter seiner Leitung, zu der er Jahr um Jahr in Athen gewählt wurde –, denn er meinte, der Platz sei vorzüglich mit seinen drei natürlichen Häfen und werde ihnen, da sie nun Seefahrer geworden seien, zu großem Machtgewinn verhelfen (denn er gab zuerst den kühnen Rat, sich ganz aufs Meer zu verlegen); so war er von Anfang an dabei, den Grund zum Attischen Reiche zu legen. Nach seinem Vorschlag bauten sie auch die Mauer so dick, wie sie heute noch zu sehen ist am Piräus; denn zwei Karren in entgegengesetzter Richtung führten die Blöcke zu, und dazwischen war weder Bruchstein noch Lehm, sondern große, rechtwinklig geschnittene Quadern wurden durchgeschichtet und von außen durch Eisen und Blei miteinander verklammert. In der Höhe wurde etwa halb soviel erreicht, wie beabsichtigt war. Er wollte nämlich durch die Größe und Dicke den Feinden die Lust zum Angriff nehmen, und zum Schutz, meinte er, würden dann wenige Menschen, die untauglichsten, genug sein, und die übrigen könnten zur See dienen. An der Flotte war ihm alles gelegen, nachdem er gesehen, vermute ich, wie der Großkönig sein Heer auf Schiffen soviel leichter an den Feind gebracht hatte als auf dem Lande. So schien ihm auch der Piräus nützlicher als die obere Stadt, so daß er den Athenern oft empfahl, wenn sie je zu Land der Gewalt erliegen sollten, müßten sie dort hinabziehen und mit der Flotte aller Welt widerstehen. So kam Athen zu seiner Mauer und den übrigen Anlagen gleich nach dem Rückzug der Perser.

Athen und seine Bewohner
Herakleides, frg. 1,1; 1,4–5

Von dort gelangt man zur Stadt der Athener. Der Weg ist sanft, das Land ringsum bebaut, ein freundlicher Anblick. Die Stadt selbst ist durchaus trocken und besitzt keine gute Wasserleitung. Die Straßen sind winklig, da ja die Stadt so alt ist. Die Mehrzahl der Häuser ist ärmlich, nur wenige sind wohnlich. Auf den ersten Blick könnten Fremde bezweifeln, daß dies die gepriesene Stadt der Athener sei; bald aber werden sie es wohl glauben. So ist dort das Schönste der Welt: Das Theater ist bedeutend, groß und schön. Der Tempel der Athene ist prachtvoll, der Welt entrückt und sehr sehenswert; er heißt Parthenon und liegt oberhalb des Theaters; großes Erstaunen löst sein Anblick aus. Das *Olympion* ist zwar nur halb fertig, doch macht der Plan des Gebäudes tiefen Eindruck; es wäre wohl der großartigste Bau, wenn man ihn vollendet hätte. Drei Gymnasien gibt es: die Akademie, das Lykeion und das Kynosarges, die alle mit Bäumen und Rasenflächen geschmückt sind, allerlei Feste, ferner von den verschiedenen Philosophen viele Zerstreuungen und Erholungen der Seele, viel Zeitvertreib und ständig Theaterspiele.

Von den Einwohnern sind die einen Attiker, die anderen Athener. Die Attiker sind betriebsam, geschwätzig, heimtückisch, verleumderisch, Beobachter des Lebens der Fremden. Die Athener dagegen sind großmütig, einfach in den Sitten und wahrhaft treu in der Freundschaft. Es wimmelt aber auch in der Stadt von Winkeladvokaten, welche den vorübergehend dort weilenden reichen Fremden das Geld aus der Tasche ziehen. Wenn das Volk sie erwischt, ist die Bestrafung sehr streng. Die wahren Athener aber sind scharfsinnige Kunstrichter und unentwegte Zuschauer. Kurz gesagt, Athen übertrifft auf dem Gebiete des Genusses und der Lebensgestaltung die übrigen Städte in demselben Maße, wie diese sich vom Dorfe unterscheiden. In acht nehmen muß man sich aber besonders vor den Dirnen, um nicht unversehens in Lüsten zu versinken.

Das Haus

Mustergültige Anlage und Ordnung des Hauses
Xenophon, Ökonomikus 9,2–10

Und wie, *Ischomachos*, fragte ich weiter, trafst du deine Anordnungen für sie? – Das erste natürlich war, daß ich ihr die eigentümliche Anlage des Hauses zu zeigen beschloß. Denn nicht mit allerhand Zieraten ist es geschmückt, Sokrates, sondern die Zimmer sind mit Vorbedacht eben dazu gebaut, daß sie möglichst passende Räume für das seien, was darin sein soll, so daß sie selbst das ihnen Ziemliche zu sich einladen. Das Schlafgemach nämlich, wohl geborgen liegend, forderte die kostbarsten Decken und Geräte; die trockenen Räume des Hauses das Getreide, die kalten den Wein, die offenen alle diejenigen Arbeiten und Gerätschaften, welche des Lichtes bedürfen. Die Aufenthaltsorte für die Menschen aber zeigte ich ihr als prächtig darauf eingerichtet, um im Sommer Kühlung zu gewähren, im Winter aber warm zu halten. Auch das Haus in seiner Gesamtanlage ließ ich sie sehen und machte sie darauf aufmerksam, daß es mit der offenen Seite nach Mittag gekehrt war, woraus ohne weiteres erhellt, daß es sich im Winter der Sonne, im Sommer des Schattens zu erfreuen hat. Ferner zeigte ich ihr das Frauengemach, welches durch Tür und Riegel vom Männerzimmer getrennt ist, damit nicht etwas unerlaubterweise aus dem Innern hinausgetragen werde oder die Sklaven ohne unsere Einwilligung Kinder miteinander zeugen. Denn die guten Sklaven werden, wenn sie Kinder bekommen haben, in der Regel wohlgesinnter; die schlechten dagegen pflegen im Joche des Ehelebens geneigter zu Schurkereien zu werden.

Nachdem wir dieses miteinander durchgenommen hatten, ordneten wir nun auch nach Klassen die Geräte. Zuerst brachten wir zusammen, was wir beim Opfern gebrauchen, sodann sonderten wir den für festliche Gelegenheiten bestimmten Schmuck des Weibes und die für Fest und Krieg bestimmte Kleidung des Mannes, ferner die Decken des Frauengemachs und die Decken des Männerzimmers, die Frauenschuhe und die Männerschuhe. Eine andere Abteilung bestand aus den Waffen, eine andere aus den Werkzeugen, die zur Wollebereitung gehören, eine andere aus den Herrichtungen für die Bearbeitung des Getreides, eine andere aus Kochgeräten, eine andere aus Waschgefäßen, eine andere aus Werkzeugen, die beim Backen gebraucht werden, eine andere aus Tischgerätschaften. Und alle diese Dinge sonderten wir in solche, welche immer gebraucht werden, und solche, welche man nur bei Gastmählern braucht. Außerdem machten wir auch besondere Abteilungen für das, was in jedem Monat verzehrt wird, und speicherten auch das für ein Jahr Berechnete getrennt von dem übrigen auf. Denn so bleibt man weniger im unklaren darüber, wie schließlich der Ausgang sein wird. Nachdem wir nun alle Geräte nach Klassen geordnet hatten, brachten wir alle in die ihnen angemessenen Räume. Darauf übergaben wir alle diejenigen Geräte, welche die Diener täglich gebrauchen, wie die zum Getreidemahlen, Kochen, Wollespinnen und anderes der Art, denen, die damit umgingen, zeigten ihnen, wohin sie dieselben stellen sollten, und machten es ihnen zur Pflicht, sie in gutem Zustande zu erhalten. Alle diejenigen Dinge aber, die wir zu Festen, zur Bewirtung von Gastfreunden oder zu anderen, nur zeitweise vorkommenden Verrichtungen gebrauchen, übergaben wir der Schaffnerin, und nachdem wir ihr die Plätze dafür angewiesen, ihr alles zugezählt und aufgeschrieben hatten, sagten wir ihr, sie möge davon jedes dem geben, der es nötig habe, und wohl im Gedächtnis behalten, wem sie etwas gegeben habe, und, sobald sie etwas zurückbekommen, es wieder dahin stellen, von wo sie es genommen habe.

II. Zeit

Weltalter

Hesiod, Erga 106–201

Doch wenn du magst, umreiße ich dir eine andre Geschichte,
Wahr und nach Regel und Kunst, doch du nimm sie an und bewahr sie:
Daß dem Gleichen entstammen die Götter und sterblichen Menschen.
Golden haben zuerst das Geschlecht hinfälliger Menschen
Todfreie Götter geschaffen, die himmlische Häuser bewohnen.
Das war zu *Kronos'* Zeit, als er noch König im Himmel.
Und die lebten wie Götter und hatten nicht Kummer im Herzen,
Fern von Mühen und frei von Not, nicht drückte das schlimme
Alter auf sie, sondern allzeit behend an Beinen und Armen
Lebten sie freudig in Festen, weitab von allen den Übeln;
Starben, als käme ein Schlaf über sie. Und alle die Güter
Waren ihr Teil; Frucht brachte der nahrungspendende Boden
Willig von selbst, vielfältig und reich. Vollbrachten in Ruhe
Gerne und froh ihre Werke, gesegnet mit Gütern in Fülle.
Doch als dieses Geschlecht das Geschick dann mit Dunkel umfangen,
Sind sie Geister genannt, auf Erden wirkende, reine,
Gute, Beschützer vor Bösem, der sterblichen Menschen Bewacher;
Die geben acht aufs Sprechen des Rechts und frevelnde Taten,
Wandeln in Nebel gekleidet umher aller Orten auf Erden,
Segenspender; sie haben dies Königsvorrecht zu eigen.
Darauf als zweites Geschlecht, als weit geringeres schufen
Dann das silberne sie, die himmlische Häuser bewohnen,
Dem aus Gold an Gestalt nicht gleich und nicht an Gedanken.

Sondern es wuchs das Kind einhundert Jahre und spielte
Töricht herum bei der Mutter, der sorglichen, drinnen im Hause;
War es dann aber gereift und zur Jugendfülle gekommen,
Währte nur kurz noch die Zeit ihres Lebens, eigene Torheit
Brachte das Weh; denn sie hatten nicht Kraft, maßlose Gewalttat
Untereinander zu bannen, und ewige Götter verehren
Mochten sie nicht und am hehren Altar den Seligen opfern,
Wie sichs für Menschen geziemt, je nach Wohnstatt. Diese hat
schließlich
Zeus der Kronide verborgen im Grimm, weil gebührende Ehren
Nie sie gegeben den Göttern, den Seligen oben im Himmel.
Aber nachdem nun auch dieses Geschlecht die Erde umfangen,
Nennt man diese mit Namen die sterblichen Seligen drunten,
Minderen Rangs, aber dennoch erweist man Ehre auch ihnen.
Zeus der Vater erschuf hinfälliger Menschen ein drittes,
Andres Geschlecht, aus Erz, dem silbernen nirgendwo gleichend,
Eschenentstammt, so furchtbar wie stark; die trieben des Ares
Keuchend Geschäft und die Tat der Gewalt, und Kornfrucht vom
Felde
Aßen sie nicht, stahlhart war ihr Herz im trotzigen Drängen,
Rüde Gesellen, gewaltig die Kraft, unheimliche Arme
Wuchsen hervor aus den Schultern am mächtigen Bau ihrer
Leiber.
Ehern waren bei ihnen die Waffen, ehern die Häuser,
Ehern ihr Ackergerät: noch gabs kein schwärzliches Eisen.
Und dann gingen auch die, von den eigenen Armen bezwungen,
Fort in das dumpfige Haus, zum frostigen Hades hinunter,
Namenlos; und der Tod, so entsetzlich sie waren, der schwarze,
Raffte sie fort, und sie ließen der Sonne strahlendes Scheinen.
Aber nachdem auch dieses Geschlecht die Erde umfangen,
Hat noch ein anderes dann auf der nährenden Erde, ein viertes
Zeus der Kronide geschaffen, gerechter und besser geartet,
Das der *Heroen*, ein göttlich Geschlecht, man nennet mit Namen
Halbgötter sie, das Geschlecht vor uns auf der endlosen Erde.
Nun hat auch diese der böse, der Krieg und der grausige
Schlachtruf
Teils im *kadmeïschen* Land, vorm siebentorigen *Theben*,
Hingemäht, wie sie kämpften im Streit um des *Ödipus* Herden,

Teils vor *Troja*, wohin über dunkele Tiefen des Meeres
Er sie auf Schiffen geführt, der haarschönen *Helena* wegen.
Dort hat die einen denn also umhüllt das Ende des Todes,
Andern verlieh, weit fern von den Menschen, Nahrung und Wohnstatt
Zeus der Kronide, und hat sie gesetzt ans Ende der Erde.
Und die haben nun Wohnstatt, ein Herz ohne Sorgen im Busen,
Dort auf der Seligen Inseln, an strudelnden Tiefen des Weltstroms,
Selig Heroengeschlecht, dem süß wie Honig die Früchte
Dreimal im Jahre gereift darbringt kornspendender Acker.
Müßte ich selber doch nicht danach hier unter den fünften
Menschen sein, nein, wäre schon tot oder lebte erst später!
Denn von Eisen ist jetzt das Geschlecht. Und niemals bei Tage
Werden sie ruhn von Mühsal und Weh, und niemals zur Nachtzeit
Sind sie verschont, und die Götter verleihn dann quälende Sorgen.
Dennoch wird auch für sie zu den Übeln Gutes gemischt sein.
Doch Zeus tilgt dann auch dieses Geschlecht hinfälliger Menschen,
Wenn schon bei der Geburt ihr Haar an den Schläfen ergraut ist.
Dann wird fremd sein der Vater den Kindern, Kinder dem Vater,
Nicht wird lieb sein der Gast dem Wirt, der Freund seinem Freunde,
Nicht ist der eigene Bruder mehr lieb, wie es früher gewesen.
Bald mißachten sie dann ihre altersgebeugten Erzeuger,
Mäkeln an ihnen und fahren sie an mit häßlichen Worten
Rücksichtslos und scheun nicht die Götter; geben dann auch nicht
Ihren greisen Erzeugern zurück den Entgelt für die Aufzucht.
Eidestreue wird nirgends gedankt und nie das Gerechte,
Redliches nie; wer Schlimmes vollbracht und Gewalttat verübte,
Der ist der Mann, den man ehrt. Das Recht sind die Fäuste. Die Ehrfurcht
Gibt es nicht mehr. Und der Schlechte gewinnt und schädigt den Beßren,
Deckt mit krummem Gerede den Trug und beschwörts mit dem Meineid.
Scheelsucht wird allerorts die elenden Menschen begleiten,
Übeltönend, vom Schlimmen erfreut, mit schädlichen Blicken.
Dann wird es sein, daß fort zum *Olymp* von den Straßen der Erde

Tief ins weiße Gewand ihr herrliches Aussehn verhüllend
Gehn zu der Sippe der Götter hinweg von den Menschen die beiden:
Ehrfurcht und rechtes Vergelten. Doch bleiben die bitteren Schmerzen
Hier bei den sterblichen Menschen – und nirgends Rettung im Unheil.

Zeitkreise und Kalender

Monate, Jahre, Zeitkreise
Geminos, Einführung in die Astronomie VI

Im VI. Capitel der *Isagoge* äussert sich Geminos folgendermassen: Die Alten setzten ihre Monate zu 30 Tagen an, ihre Schaltmonate setzten sie ein Jahr ums andre. Als das wahre Verhältniss bald an den Tag kam den Himmelserscheinungen gegenüber, sofern die Tage und Monate nicht mit dem Monde, die Jahre nicht mit der Sonne Schritt hielten, da fingen sie an nach einer Periode zu suchen, die den Jahren nach mit der Sonne, den Monaten und Tagen nach mit dem Monde stimmte. Der Zeitraum einer Periode schliesst ganze Monate, Tage und Jahre ein. Zuerst bildeten sie die achtjährige Periode, welche 99 Monate, darunter drei eingeschobene, 2922 Tage, 8 Jahre enthält. Sie bildeten die *Oktaëteris* auf folgende Weise. Da das Sonnenjahr 365 ¼, das Mondjahr 354 Tage hat, so nahmen sie den Ueberschuss, um welchen jenes länger ist als dieses. Es beträgt derselbe 11 ¼ Tage. Mithin werden wir, wenn wir die Monate nach dem Monde rechnen, im Jahre 11 ¼ Tage zurück sein gegen das Sonnenjahr. Sie fragten also, mit welcher Zahl multipliciert dieser Unterschied ganze Tage und Monate ergiebt. Nun ergiebt er mit 8 multipliciert ganze Tage und ganze Monate, und zwar 90 ganze Tage, 3 ganze Monate. Da wir nun im Jahre 11 ¼ Tage gegen die Sonne zurück sind, so ist klar, dass wir in 8 Jahren 90 Tage gegen die Sonne zurück sein werden, was drei Monate macht. Aus diesem Grunde werden in jeder Oktaëteris drei Schaltmonate gerechnet, auf dass der in jedem Jahre gebliebene Rückstand gegen die Sonne ersetzt werde, und nach Ablauf der

8 Jahre die Feste wieder von Neuem denselben Zeiten entsprechen. Ist dies (dass man durch Schaltmonate den Rückstand begleicht) geschehn, so werden den Göttern ihre Opfer zu denselben Jahreszeiten ausgerichtet werden.

Ferner nun vertheilten sie die Schaltmonate nach möglichst gleichen Abständen. Man muss weder damit so lange warten, bis die Abweichung vom Himmel eine monatliche geworden ist, noch dem Sonnenlauf einen ganzen Monat vorausgreifen; daher bestimmten sie, dass die Schaltmonate auf die Jahre 3 5 8 kämen und zwei derselben zweijährigen Zwischenzeiten, eins einer einjährigen Zwischenzeit sich anschlösse. Aber es macht auch nichts aus, wenn man die Schaltmonde auf andere Jahre nach denselben Abständen vertheilt. Das Mondjahr wird zu 354 Tagen gerechnet, daher sie den Mondmonat zu 29½ Tagen annahmen, den Betrag des Doppelmonats zu 59. Sie rechnen also abwechselnd einen hohlen und einen vollen Monat, weil der lunarische Doppelmonat ein Zeitraum von 59 Tagen ist. Es giebt hiernach im Jahre sechs volle und sechs hohle Monate und die Gesamtsumme der Tage ist 354. Aus diesem Grunde rechnen sie Monat um Monat voll und hohl.

Wenn wir nun bloss mit den Sonnenjahren in Uebereinstimmung sein müssten, so würde es genügen die obgenannte Periode zu brauchen und so mit den Erscheinungen in Einstimmung zu bleiben. Da aber nicht allein die Jahre nach der Sonne, sondern auch die Monate und Tage nach dem Monde zu rechnen sind, so überlegten sie, wie sie auch dies Ziel erreichten. Da nun der Mondmonat genau genommen 29½ und 1/33 Tage hat, in der Oktaëteris aber, die Schaltmonate mitgezählt, 99 Monate sind, so multiplicierten sie die 29½ und 1/33 Monatstage mit den 99 Monaten. Giebt 2923½ Tage. Mithin sind in 8 Sonnenjahren 2923½ Tage nach dem Monde zu rechnen. Aber da das Sonnenjahr 365¼ Tage hat, so enthalten 8 Sonnenjahre 2922 Tage; denn verachtfacht ergeben die Jahrestage diese Summe. Da nun der *lunarischen Tage* in 8 Jahren 2923½ waren, werden wir in jeder Oktaëteris gegen den Mond einen und einen halben Tag zurücksein. In 16 Jahren werden wir mithin 3 Tage zurücksein gegen den Mond. Aus diesem Grunde werden in jedem 16jährigen Cyklus, entsprechend dem Laufe des Mondes, drei Tage zugesetzt, auf dass wir nach der Sonne die Jahre, nach dem Monde die Monate und Tage rechnen.

Nach Ausführung der bezeichneten Berichtigung ergiebt sich ein andrer Fehler. Denn die, dem Monde entsprechend, in 16 Jahren zugesetzten drei Tage sind überschüssig gegen die Sonne und ergeben in 16 mal 10 Jahren 30 Tage als Ueberschuss gegen die *solarischen Jahreszeiten*, was einen Monat macht. Aus diesem Grunde wird in 160 Jahren von den Schaltmonden einer in den Oktaëteriden ausgemerzt. Statt dreier Monate, die in 8 Jahren gerechnet werden sollten, schaltet man nur zwei ein, so dass man nach Ausmerzung des Monates wieder von Neuem den Monaten und Tagen nach mit dem Monde, den Jahren nach mit der Sonne in Uebereinstimmung ist.

Auch nach solcher Berichtigung findet eine Uebereinstimmung mit dem Himmel nicht statt. Denn die Oktaëteris ist in dem Falle gewesen gänzlich falsch zu sein wie den Monaten und Tagen, so den Einschaltungen (Schaltmonaten) nach. Die Monatslänge ist nicht genau genommen. Es beträgt ja die Monatslänge genau 29 Tage, erster Sechzigstel 31, zweiter 50, dritter 8, vierter 20. Darum wird es einmal erforderlich sein in 16 Jahren statt der [drei] Einschubstage vier zuzusetzen; daher muss man in keiner Periode die hohlen Monate in gleicher Anzahl mit den vollen ansetzen, sondern der vollen Monate müssen mehr sein als der hohlen. Betrüge nämlich die Monatslänge bloss 29½ Tage, so müssten die vollen und hohlen in gleicher Zahl gesetzt werden. Nun aber hängt der Monatslänge noch ein wahrnehmbarer Bruchtheil an, der nach und nach sich zu dem Umfang eines Tages anhäuft. Aus diesem Grunde werden der vollen Monate mehr als der hohlen sein müssen. Es kommen auch keineswegs drei Schaltmonate auf 8 Jahre. Hätte nämlich das Mondjahr 354 Tage, so würde der Vorsprung, den das Sonnenjahr hat, 11¼ Tage betragen, und diese, mit 8 multipliciert, würden die drei Schaltmonate ausmachen. Nun aber hat das Mondjahr genau 354 Tage und ungefähr ⅓ Tag. Subtrahieren wir nun 354⅓ von 365¼, so bleiben 10 11/12 Tage. Verachtfacht ergeben dieselben 87⅓ Tage als ungefähre Bestimmung und diese Zahl von Tagen macht nicht drei Monate aus. Aus dieser Ursache können, wie man einsehn muss, auf 8 Jahre nicht 3 Schaltmonate kommen. Auch durch den 19jährigen Cyklus wird das klar; in 19 Jahren setzt man 7 Schaltmonate an und nach vieljähriger Erfahrung bewährt sich der 19jährige Cyklus im (bürgerlichen) Gebrauche der Monate. Mithin werden in acht 19jährigen Cyklen 56 Schaltmonate angesetzt werden. In der Oktaëteris werden 3 Schaltmonate gesetzt. In 19 Oktaëteriden, 152 Jahre betragend, werden mithin 57 Schaltmonate gesetzt. Aber in derselben Zeit werden nach dem 19jährigen Cyklus, der mit den Erscheinungen stimmt, nur 56 gesetzt, so dass die Oktaëteris um einen Schaltmonat länger ist. Die Oktaëteris hat also nicht drei Schaltmonate (d. h. auf acht Jahre kommen nicht drei Schaltmonate), sondern auch in diesem Bezuge ist der (achtjährige) Zeitkreis falsch.

Weil also die Oktaëteris in dem Falle war in jeder Beziehung falsch zu sein, stellten *Euktemon*, *Philippos* und *Kallippos* eine andere Periode zusammen, die 19jährige. Sie beobachteten, dass in 19 Jahren 6940 Tage enthalten sind, 235 Monate, die Schaltmonate eingerechnet. Man setzt in 19 Jahren der Schaltmonate sieben. Es kommt also das Jahr nach ihnen auf $365\frac{5}{19}$ Tage. Unter den 235 Monaten bestimmten sie 110, dass es hohle, 125, dass es volle Monate sein sollten, wonach nicht einer um den andern hohl und voll, sondern manchmal auch zwei hintereinander voll anzusetzen sind. Das natürliche, den Erscheinungen entnommene Verhältnis gestattet nämlich dies nach der Theorie des Mondlaufs, was nicht vorkam in der Oktaëteris. Hohl nun bestimmten sie unter den 235 Monaten 110 aus folgendem Grunde. Da man in 19 Jahren 235 Monate hat, nahmen sie dieselben sämmtlich zu 30 Tagen an. Giebt 7050 Tage. Man musste aber 110 auslesen hohl zu werden, wodurch dem 19jährigen Cyklus 6940 Tage zufallen gemäss dem Mondlauf. Die bei lauter 30tägigen Monaten sich ergebenden 7050 Tage übersteigen nun die 6940 um 110. Daher bringen sie die Zahl der hohlen Monate auf 110, damit in 235 Monaten die 6940 Tage des 19jährigen Cyklus herauskommen. Auf dass aber die Behandlung der Ausmerzetage eine möglichst gleichmässige werde, dividierten sie jene 6940 Tage durch 110. Giebt 63 Tage. Mithin muss man in gedachter Periode von 63 zu 63 Tagen einen Ausmerzetag ansetzen. Es wird keineswegs der Ultimo Ausmerzetag, sondern man legt diese Benennung dem alle 63 Tage fallenden bei. In dieser Periode scheinen die Monate wohl bemessen und die Schaltmonate den Erscheinungen entsprechend vertheilt zu sein. Aber die Jahrlänge ist nicht entsprechend den Erscheinungen genommen. Denn was die Jahrlänge angeht, so hat es sich auf Grund vieljähriger Beobachtung als richtig bewährt, dass sie $365\frac{1}{4}$ Tage beträgt, während das aus dem 19jährigen Cyklus sich ergebende Jahr $365\frac{5}{19}$ Tage hat. Letztere Summe übersteigt die Zahl $365\frac{1}{4}$ um $\frac{1}{76}$. Kallippos daher und die mit ihm arbeitenden Sternkundigen haben den Tag, der zu viel war, beseitigt und die 76jährige Periode gebildet, bestehend aus vier 19jährigen Cyklen, welche 940 Monate, darunter 28 eingeschaltete, 27759 Tage einschliessen. Mit der Anordnung der Schaltmonate hat man es ebenso gehalten. Die in Rede stehende Periode scheint unter allen am besten mit dem Himmel übereinzustimmen.

Ephoren-, Archonten- und Priesterlisten oder wie Thukydides die Nacht zum 8. März 431 bestimmt
Thukydides II 2

Vierzehn Jahre hatte der Dreißigjährige Friede gedauert, der nach der Eroberung von Euboia geschlossen worden war. Im fünfzehnten Jahre, in *Argos* war Chrysis das achtundvierzigste Jahr Priesterin, in Sparta Ainesias *Ephor*, in Athen Pythodoros noch für vier Monate Archon, zehn Monate nach der *Schlacht bei Poteidaia*, da mit Frühlingsbeginn begab es sich, daß Männer aus Theben, etwas über 300, angeführt von den *Boiotarchen* Pythangelos Phyleides' Sohn und Diemporos Onetorides' Sohn, um die Zeit des ersten Schlafes mit Waffen eindrangen ins boiotische *Plataia*, eine Bundesstadt Athens.

Datierungsprobleme
Thukydides V 20

Dieser Friede wurde geschlossen zu Ende des Winters mit dem Frühling, gleich nach den städtischen Dionysien – genau zehn Jahre waren vergangen und wenige Tage darüber seit dem ersten Einfall in Attika und dem Beginn dieses Krieges. Man muß dabei auf die Zeiten schauen und sich nicht verlassen aufs Nachzählen von Namen von Oberbeamten oder nach welcher Würde immer jedenorts das Vergangene bezeichnet wird. Denn es ist nicht genau, wenn ein Ereignis diesem in seinen Antritt fiel, jenem in die Mitte, oder wie's treffen mochte; wer aber nach Sommern und Wintern zählt, wie in dieser Aufzeichnung geschehen, wird finden, wenn jedes als Hälfte des Jahres gelten soll, daß dieser erste Krieg zehn Sommer und ebenso viele Winter gedauert hat.

Timaios synchronisiert Jahreslisten
Polybios XII 11,1

Er ist es ja auch, der die weit zurückreichenden *synchronistischen Listen* der *Ephoren* und Könige von Sparta, der *Archonten* von Athen, der Priesterinnen von Argos und der Sieger in den Olympischen Spielen aufgestellt und die Fehler der Städte in diesen Verzeichnissen angekreidet hat, wenn es sich dabei auch nur um eine Differenz von drei Monaten handelt.

Chronik von der Insel Paros
Inschrift

§ 58: Seit *Alexander* starb, sein Sohn Perdikkas König der Mazedonen wurde, 199 Jahre, als Euthippos in Athen *Archon* war. *461/460.*
§ 59: Seit der Dichter *Aischylos*, nach einem Leben von 69 Jahren, in Gela in Sizilien starb, 193 Jahre, als Kalleas der Erste in Athen Archon war. *456/455.*
§ 60: Seit *Euripides* im Alter von 44 (?) Jahren zum ersten Mal mit einer Tragödie siegte, 179 Jahre, als in Athen Diphilos Archon war. Es lebten aber zur Zeit des Euripides *Sokrates* und *Anaxagoras*. *442/441.*
§ 66: Seit die Griechen, die mit *Kypros* gezogen waren, zurückkehrten, und der Philosoph Sokrates nach einem Leben von 70 Jahren starb, 137 Jahre, als in Athen Laches Archon war. *400/399.*
§ 67: Seit *Aristonous* – – in Athen siegte, 135 Jahre, als in Athen Aristokrates Archon war. *399/398.*
§ 68: Seit *Polyidos von Selymbria* im *Dithyrambos* in Athen siegte, 110 – – – Jahre, als in Athen Archon war – – –.

§ 69: Seitdem der Dithyrambendichter Philoxenos nach einem Leben von 55 Jahren starb, 116 Jahre, als in Athen Pytheas Archon war. *380/379*.
§ 70: Seit der Komödiendichter Anaxandrides in Athen siegte, 113 Jahre, als in Athen Kalleas Archon war. *377/376*.
§ 71: Seit *Astydamas* in Athen siegte, 109 Jahre, als in Athen Asteios Archon war; es brannte damals auch der Tempel in *Delphi* nieder. *373/372*.
§ 72: Seit die *Schlacht bei Leuktra* zwischen den Thebanern und den Lazedämoniern stattfand, bei der die Thebaner siegten, 107 Jahre, als in Athen Phrasikleidas Archon war. Auch *Amyntas* starb, sein Sohn Alexander war König der Mazedonen. *371/370*.
§ 73: Seit Stesichoros der Zweite von Himera in Athen siegte und Megalopolis in Arkadien gegründet wurde, 105 – Jahre, als in Athen Archon war – – –.
§ 74: Seit *Dionysios* von Sizilien starb, sein *Sohn Dionysios* aber die Tyrannis antrat und nach dem Tod *Alexanders Ptolemaios Alorites* König der Mazedonen wurde, 104 Jahre, als in Athen Nausigenes Archon war. *368/367*.
§ 75: Seit die *Phokier* das Orakel in Delphi besetzten – – –, 102 Jahre, als in Athen Kephisodoros Archon war. *366/365*.

Diskrepanz zwischen Fest- und bürgerlichem Kalender
Aristophanes, Die Wolken 607–626

Gegen das Publikum:
Als wir uns zur Reise fertig machten, hier zu euch herab,
Gab *Selene*, die uns eben traf, uns diesen Auftrag mit:
Grüßen läßt sie schön die Bürger und Verbündeten Athens;
Doch sie sei euch ernstlich böse, daß ihr sie so schlecht belohnt,
Sie, die so reelle Dienste augenscheinlich euch erwies,
Und an Fackeln schon euch jeden Monat eine Drachme spart:
Wenn die Leut am Abend ausgehn, sagen sie zum Sklaven: »Bursch,
Fackeln brauchst du nicht zu kaufen, heut ist prächt'ger Mondenschein!«

Andrer Dienste zu geschweigen! Dennoch habt auf ihre Tag
Ihr nicht pünktlich acht und werft sie durcheinander kunterbunt.
Darum lesen ihr die Götter ein Kapitel jedesmal,
Wenn sie, nach der alten Rechnung zählend, kommen und kein Fest
Treffen und, um Schmaus und Opfer schnöd geprellt, nach Hause gehn:
Denn am Tage, wo ihr opfern solltet, richtet, foltert ihr;
Wenn wir Götter aber einen Fasttag haben, etwa wenn
Wir um *Memnon* trauern oder um *Sarpedon*, opfert ihr
Wein und lacht und scherzt. – Drum haben wir auch dem Hyperbolos,
Der *Amphiktyonenbote* heuer war, vom Haupt den Kranz,
Wir die Göttinnen, gerissen: merken soll er sich's fortan,
Daß man seine Lebenstage nach dem Mondlauf ordnen soll!

Die Datierung nach Prytanien in Athen
Aristoteles, Der Staat der Athener 43,2

Es wird ein *Rat der Fünfhundert* ausgelost, fünfzig aus jeder *Phyle*. Das *Prytanenamt* verwaltet der Reihe nach jeweils eine Phyle nach dem Los, die ersten vier je 36 Tage, die sechs späteren je 35 Tage. Man rechnet nämlich nach dem Mondjahr.

Bauernkalender
Hesiod, Erga 383–617

Wenn das Gestirn der *Plejaden*, der Atlastöchter, emporsteigt,
Dann mit dem Ernten beginnen, mit Sän aber, wenn es hinabtaucht.
Vierzig Tage und Nächte hindurch war vorher dies Sternbild
Unsichtbar; dann scheint es im Lauf des kreisenden Jahres
Erstmals wiederum auf, zur Zeit, da die Sichel gewetzt wird.
Das ist die Regel, die gilt für das Saatland, ob nun die einen
Nahe dem Meere zuhaus, ob tief in den Schluchten der Berge

Weit von der wogenden See entfernt auf fruchtbarem Boden
Andre zuhaus. Nackt säen die Saat, nackt lenken die Rinder,
Nackt abschneiden das Korn, wenn du willst, daß zu ihren Zeiten
Demeters Werke du alle besorgst, auf daß dir ein jedes
Zu seiner Zeit aufwächst, daß du später nicht etwa im Mangel
Dich in den Höfen der andern herumdrückst, und du bekommst nichts.

So wie du jüngst zu mir kamst. Doch ich werd dir gar nichts mehr schenken
Und keinen Scheffel mehr leihn. An die Arbeit, törichter *Perses*,
Arbeit, wie sie die Götter verteilt und den Menschen befohlen.
Daß du nicht einst mit Weib und Kindern, Kummer im Herzen,
Bettelst um Brot ringsum bei den Nachbarn, die aber wegsehn.
Zweimal, dreimal vielleicht gehts gut; fällst weiter du lästig,
Wirst du zwar gar nichts erreichen, doch viel Vergebliches reden.
Unnütz gibst du der Rede den Weg frei. Ich aber rat dir:
Sieh du zu, daß die Schulden du zahlst und wehrest dem Hunger.

Erst einmal ein Gehöft, eine Frau, einen Ochsen zum Pflügen,
– Diese gekauft, nicht gefreit, die auch fähig ist, Ochsen zu treiben –
Dann das Gerät auf dem Hof, gut tauglich alles, dir schaffen,
Daß nicht den andern du fragst, der ablehnt, dir aber fehlt es,
Und die günstige Zeit verstreicht, und die Arbeit ist Stückwerk.
Und niemals verschieben auf morgen und spätere Tage!
Denn nicht füllt seine Scheuer der Mann, des Arbeiten unnütz,
Noch der immer verschiebt; doch zufassen fördert die Arbeit.
Stets hat der, der Arbeit verschiebt, mit dem Scheitern zu ringen.

Zu der Zeit, da die Macht des stechenden *Helios* nachläßt
Mit schweißtreibender Glut, und herbstliche Regen herabschickt
Zeus der machtvolle Herr, da der Sterblichen Leib sich verändert,
Vielmals behender sich zeigt – denn *Sirius* wandelt zu der Zeit
Nur noch kurz überm Haupt der zum Tod aufwachsenden Menschen
Während des Tages dahin und hat größeren Teil an den Nächten –
Da bleibt am ehesten wurmfrei das Holz, geschlagen vom Eisen,
Wenn es die Blätter zur Erde verstreut und aufhört zu treiben.
Dann also schlagen das Holz, rechtzeitiger Arbeit gedenkend.

Drei Fuß hoch den Mörser abhaun, doch den Stößel drei Ellen;
Sieben Fuß lang die Achse; denn grad so ists für dich passend.
Hast du ein Achtfuß-Stück, kannst du draus einen Schlegel noch hauen.
Drei Spannen lang für ein Zehn-Hand-Rad aushauen die Felgen.
Oft gibts gebogenes Holz; doch ein Stück für den Krummstock nimm gleich mit,
Wenn dus entdeckst, die Berge durchstöbernd oder die Fluren,
Steineiche; die nämlich hält beim Pflügen mit Rindern am besten,
Wenn ihn Athenes Knecht in der Sohle des Pfluges befestigt
Und mit Pflöcken verkeilt an das Deichselende gefügt hat.
Zwei Pflüge stelle dir her, im eigenen Haus dich bemühend,
Einfach den einen, den andern gestückt; Vorsorge ist besser.
Brichst du den einen entzwei, vor den andern spannst du die Rinder.
Lorbeer und Ulme gibt Deichseln am ehesten sicher vor Wurmfraß;
Eiche der Fuß, Steineiche der Stock; neunjährig die Rinder,
Ein Paar Ochsen, dir halten; denn die haben Kraft, die nicht nachläßt,
Haben noch Jugend genug; die taugen am besten zur Arbeit.
Diese bekommen nicht Streit, so daß der Pflug in der Furche
Dir zerbricht, und du treibst sie vom Feld, und die Arbeit ist nichtig.
Mit dem Gespann soll gehn ein vierzigjähriger Jungmann,
Der ein Rundbrot bekommt, vier Viertel, jedes acht Stücke.
Der, umsichtig am Werk, wird gradaus ziehen die Furche,
Hält nicht nach Altersgenossen mehr Ausschau; nein bei der Arbeit
Hat er den Sinn. Ein andrer, der jünger ist, kann sich nicht messen,
Gilt es, gut zu verteilen die Saat und Nachsaat zu meiden;
Denn ein jüngerer Mann gafft stets nach Altersgenossen.

Aufgemerkt, sobald du vernimmst des Kranichs Trompeten,
Der hochher von den Wolken herabschickt jährlich sein Rufen:
Der gibt zum Pflügen und Sän das Signal und kündet des Winters
Regen dir an. Dem beißt es ins Herz, der dann kein Gespann hat.
Dann das Rindergespann gut füttern, das dir im Stall steht.

Ist es leicht doch gesagt: ein Paar Rinder leih mir und Wagen.
Leicht aber lehnt sichs auch ab: meine Rinder sind leider beschäftigt.
Meint wohl ein Mann, wohlhabend im Geist: rasch bau ich den Wagen;
Tor der und kennt sich nicht aus: der Wagenhölzer sind hundert!
Vorher um diese sich kümmern, so daß sie im Hause bereitstehn.
Gleich also wenn zum Pflügen die Zeit für die Menschen gekommen,
Dann an die Arbeit gegangen, die Knechte und du miteinander.
Feucht oder trocken den Acker gepflügt, wenn es Zeit zur Bestellung,
Ganz früh morgens schon tätig, damit deine Felder sich füllen.
Pflügen im Lenz. Im Sommer erneun wird nie dich enttäuschen.
Säen ins Brachland im Herbst, wenn vom Pflug der Boden noch locker.
Brachland Fluchabwehrer, Besänftiger jammernder Kinder.
Bete zum Zeus in der Tiefe und Demeter drunten, der reinen,
Lastend komme zur Reife der Demeter heilige Feldfrucht,
Machst du den Anfang mit Pflügen und Säen, wenn das Ende der Sterze
Du ergreifst und den Stecken erhebst zum Rücken der Rinder;
Die nun anziehn die Stränge am Pflock. Doch hinten ein kleiner
Knecht mit dem Karst in den Händen soll schwer es machen den Vögeln,
Bergend den Samen im Grund. Ist Sorgsamkeit doch das Beste
Sterblichem Menschenvolk, Nachlässigkeit aber das Schlimmste.
So mögen wohl die Ähren gedrängt sich neigen zum Boden,
Wenn Gott selber sodann das Ende zum Guten geführt hat.
Wirst aus den Krügen vertreiben das Spinnweb. Wirst dann auch, denk ich,
Fröhlich sein, wenn vom Vorrat du wählst, der drinnen geborgen:
Reichlich versorgt erreichst du den Frühling. Und nicht nach andern
Schaust du dich um; der andre wirds sein, der deiner bedürftig.
Pflügst du zur Sonnenwende jedoch das göttliche Erdreich,
Wirst im Hocken du mähn, mit der Hand nur wenig ergreifend,

Wirst, wenn dus bindest und setzt, voll Staub, nicht eben zur Freude,
Trägst es im Korbe nach Haus, und wenige werden dich preisen.
Doch ist ein andermal anders der Wille des Zeus mit der *Aigis*,
Schwer ist er für die Menschen, die todverfallnen, erkennbar.
Hast etwa spät du gesät, so bringt dir dies vielleicht Rettung:
Dann wenn der Kuckuck Kuckuck ruft in den Blättern der Eiche
Erstmals im Jahr und die Menschen erfreut auf der endlosen Erde,
Dann lasse Zeus drei Tage es regnen ohne zu enden,
Daß eines Rinderhufs Spur es füllt, nicht drüber noch drunter;
So kann der späte vielleicht den zeitigen Pflüger erreichen.
Heb in der Brust das alles gut auf. Nicht laß dirs entgehen,
Kündet der dunstige Frühling sich an oder herbstlicher Regen.

Geh vorbei an der Werkstatt des Schmieds und der Wärmstube Fülle
Nun in der Winterszeit, wenn Frost den Mann von den Feldern
Fernhält, jetzt wo im Haus, wer zugreift, tüchtig vorankommt,
Daß nicht des Winters Hilflosigkeit im Verein mit der Armut
Dich überkommt, und dürr deine Hand das geschwollene Bein drückt.
Oft hat ein müßiger Mann, auf nichtige Hoffnungen bauend,
Missend das tägliche Brot, zu sich selber Böses gesprochen.
Hoffnung ist niemals gut, wenn den darbenden Mann sie geleitet,
Der in der Wärmstube hockt und hat nicht sicher zu leben.
Zeig den Knechten es an, solang es noch Mitte des Sommers:
Nicht allzeit wird dauern der Sommer. Bauet euch Hütten!
Doch vorm Monat *Lenaion*, den bösen, schindenden Tagen,
Nimm vor dem dich in acht, und dem Glatteis, das auf der Erde
Einem beim Blasen des Nords heimtückisch Schmerzen bereitet;
Quer durch Thrakien stürmt der, das pferdenährende, peitscht dann
Fallend die Weite des Meers, aufbrüllen Erde und Wälder;
Viel hochwipflige Eichen und manch eine mächtige Fichte
Streckt an den Hängen er hin auf die vielernährende Erde,
Fährt er hinein, und dann heult weithin der unendliche Bergwald.
Frierend beben die Tiere, sie klemmen den Schwanz ans Gemächte,

Wenn auch ihr Balg von Zotten bedeckt ist; doch auch durch diese
Bläst der eisig hindurch, so dicht ihre Brust auch geschützt ist.
Auch durch des Rinds Haut geht er hindurch, nicht kann sie ihm wehren,
Und auch die Geiß durchbläst er, die zottige; nicht so die Schafe,
Weil dichtwollig das Vlies übers Jahr wuchs, diese durchbläst nicht
Boreaswindes Gewalt. Den Greis aber bringt er zum Traben.
Auch durch die samtene Haut des Mädchens kann er nicht blasen,
Das tief drinnen im Haus verweilt bei der Mutter, der trauten,
Noch nicht kundig der Werke der goldenen *Aphrodite*;
Wäscht hingebend die Haut, die samtene, reibt sie mit fettem
Salböl ein und legt sich, im innersten Winkel geborgen,
Hin am grimmigen Tag, wenn der »Ohnegebein« an dem Fuß nagt
Drunten im Haus ohne Herd und dem traurigen Dämmer der Wohnstatt.
Denn nicht weist ihm die Sonne die Trift, daß gern er sich aufmacht;
Sondern zu Volk und Gemeinde von dunkelhäutigen Menschen
Macht sie die Runde, und kurz nur leuchtet sie rings den Hellenen.
Dann also eilt, was im Walde zuhaus, horntragend und hornlos,
Zähneknirschend vor Frost durchs Gehölz der Hänge und Klüfte
Flüchtend dahin, und alle begehren nur eines im Herzen,
Daß auf der Suche nach Schutz sie ein bergendes Lager gewinnen
In einer Höhlung im Fels. Dann gleichen dem »Dreibein« die Menschen,
Dem das Rückgrat gebeugt ist, der Kopf zum Boden hinabblickt,
Dem gleich gehn sie dahin, vorm weißen Gestöber sich duckend.
  Und was den Leib gut schützt dann anziehn, so wie ichs sage,
Beides, den flauschigen Mantel und bis an die Knöchel den Leibrock –
Weit einrichten die Kette und reichlich nehmen den Einschlag! –
So einen Mantel tu um, daß die Haare sich ruhig verhalten,
Nicht sich sträuben am Leib und aufrecht starren wie Stacheln.

Doch um die Füße dir Schuhe, vom Rind, das vom Beile gefällt ist,
Passend gefertigte, schnüren, die drinnen mit Filz du gefüttert.
Ferner von Erstlingslämmern, sobald erst richtig der Frost naht,
Felle vernähen mit Sehnen vom Rind, daß über den Rücken
Du sie als Schutz vor Regen dir legst. Auf dem Haupt dann darüber
Tragen den Filz, mit Sorgfalt gewalkt, daß die Ohren nicht triefen.
Nämlich die Stunde der Frühe ist kalt, wenn der Boreas einfällt;
Und vor Tag ist rings übers Land vom sternreichen Himmel
Nebel gebreitet auf weizentragenden Feldern der Reichen;
Der aus den Flüssen zuvor, den allzeit strömenden, aufsteigt,
Hoch dann über die Erde sich hebt im wirbelnden Winde:
Manchmal regnet es dann gegen Abend, manchmal verwehts auch,
Wenn das dichte Gewölk der thrakische Nord vor sich hertreibt.
Komm ihm zuvor und beende die Arbeit, kehre nach Hause,
Daß nicht vom Himmel herab die finstere Wolke dich einhüllt,
Tropfen läßt deine Haut, und die Kleider schwer sind vor Nässe.
Nein, sondern weiche ihm aus! Denn der böseste Monat ist dieser,
Stürmisch und kalt, so böse dem Vieh wie böse den Menschen.
Dann gib den Rindern die Hälfte, je Knecht aber etwas darüber
Tagesration; denn die Nächte sind lang und wackere Helfer.
Dieses beachte genau, und bis das Jahr sich vollendet,
Teile du zu nach den Nächten und Tagen, bis dann aufs neue
Erde, die Mutter von allen, dir vielerlei Früchte hervorbringt.

Wenn nach der Wende der Sonne nun sechzig Tage des Winters
Zeus bis hin zum Ende geführt hat, dann ist die Zeit da,
Daß *Arkturos* der Stern aus *Okeanos*' heiliger Strömung
Erstmals glänzenden Scheins in fallender Dunkelheit aufsteigt.
Nach ihm fliegt schrill klagend *Pandions* Tochter, die Schwalbe,
Auf ins Helle den Menschen, wenn frisch der Frühling sich aufmacht.
Ehe sie kommt, die Reben beschneiden. So ist es richtig.

Doch wenn die »Hausträgerin« vom Grund an den Pflanzen emporsteigt,
Meidend den Brand der Plejaden, dann weg mit der Hacke vom Wingert;
Sondern die Sicheln gewetzt, und aufgescheucht deine Knechte.

Schattige Bänke vermeiden und langen Schlaf bis zur Helle
Jetzt in der Stunde der Mahd, wenn die Haut in der Sonnenglut
röstet.
All diese Tage sich sputen und heimwärts fahren die Feldfrucht,
Früh in der Dämmerung auf, daß der Vorrat ausreicht zum
Leben.
Frührot schafft nämlich weg den dritten Teil deines Tagwerks,
Frührot bringt dich voran auf dem Weg, voran in der Arbeit;
Frührot, das schon so manch einen Mann auf die Straße
getrieben,
Leuchtet es auf, und manch einem Rind auf den Nacken das Joch
legt.

Zu der Zeit, wenn die Distel nun blüht und die laute Zikade
Sitzend im Baum unermüdlich herabgießt klingendes Singen
Unter den Flügeln hervor, zur Zeit des ermattenden Sommers,
Dann sind am besten die Ziegen genährt, und der Wein ist am
reifsten,
Sind am tollsten die Fraun, doch die Männer am meisten von
Kräften,
Weil ihnen Kniee und Kopf die Kraft des Sirius ausdörrt,
Und es trocknet die Haut von dem Gluthauch. Nun aber soll man
Endlich wählen den Schatten am Fels und würzige Weine,
Brei von Rahm und die Milch einer Geiß, deren Zicken entwöhnt
sind,
Fleisch vom Rind, das nie noch gekalbt, das im Walde gegrast
hat,
Und von Erstlingszicken. Dazu trink feurigen Roten
Lässig im Schatten gelagert, das Herz vom Schmausen gesättigt,
Gegen den kühlenden Hauch des Westwinds wendend das
Antlitz.
Und vom lebenden Quell, der abfließt und nicht verschlammt ist,
Dreimal Wasser geschöpft, doch zum Vierten gießen vom Weine.

Und deine Knechte ermuntern, der Demeter heilige Feldfrucht
Auszudreschen, wenn erstmals sich zeigt der Riese *Orion*,
Dort wo der Wind gut streicht und die ebene Tenne sich rundet.
Füll mit dem Scheffel genau die Behälter. Aber sobald dann

All der Vorrat geborgen und drinnen im Hause verwahrt ist,
Wähl einen Taglöhner dir ohne Hausstand, rat ich, und suche
Dir eine Magd ohne Kind; eine Magd mit Anhang ist mißlich.
Nimm einen Hund auch mit scharfem Gebiß – und das Futter nicht sparen! –
Daß nicht ein Mann, der den Tag durchschläft, deine Habe davonträgt.
Und dann Futter geholt und Spreu, genug, daß es ausreicht
Für deine Rinder und Mäuler das Jahr über. Dann aber endlich
Gönne den Gliedern der Knechte die Rast und löse die Rinder.

Wenn dann Sirius schon und Orion mitten am Himmel
Stehn, und es sieht den Arktur die *rosenfingrige Eos*,
Perses, dann in die Lese, und all deine Trauben nach Hause;
Breite sie aus in der Sonne noch zehn volle Tage und Nächte;
Fünf in den Schatten sie legen, am sechsten fülle die Krüge
Mit des freudvollen *Bakchos* Geschenken. Aber sobald dann
Regengestirn und Plejaden mitsamt dem Riesen Orion
Untergehn, dann ist es so weit, ans Pflügen zu denken
Zu seiner Zeit. Gut ende das Jahr mit der Saat unterm Boden.

Rätsel des Kleobulos
Diogenes Laertius, Leben und Meinungen berühmter Philosophen I 91

Vater ist einer, der Kinder sind zwölf, von diesen zählt jedes
Wiederum zweimal dreißig, doch zwiefach beschaffen an Aussehn.
Weiß sind die einen zu schauen, die andern schwarz, aber beide
Sind sie unsterblich zwar, doch schwinden sie alle vorüber.
Auflösung: das Jahr.

Jahreszeiten

Die Jahreszeiten
Alkman, Die Jahreszeiten

Er schuf drei Jahreszeiten,
schuf Sommer, Winter, Herbst als dritte,
den Frühling dann als vierte,
die Zeit des Blühens; freilich bietet
sie nicht genug zu essen.

Jahresspeisezettel
Ananios, Jahresspeisezettel

Im Frühling schmeckt am besten Knurrer, in der Winterzeit
Blumig;
doch aller Leckerbissen feinster bleibt, vom Feigenblatt, die
Seekrabbe.
Sehr angenehm und lecker munden Ziegenfleisch und
Ferkelfleisch
im späten Herbst, wenn man die vollen Trauben auf der Kelter
preßt,
es mundet Fleisch von Hunden, Hasen, Füchsen auch zur gleichen
Zeit,
das Fleisch vom Schaf jedoch im Sommer, wenn Zikaden laut
zirpen.
Dann läßt sich auch, aus Meerestiefen, Thunfisch gar nicht
schlecht essen,
nein, übertrifft, in Knoblauchtunke, jeden andern Fisch weitaus.
Ein Maststier aber, glaube ich, läßt mit Vergnügen sich essen
um Mitternacht wie auch bei Tage.

Jahreszeiten und Krankheiten
Hippokrates, Über die Natur des Menschen 4–5, 7–8

Der Körper des Menschen enthält Blut, Schleim, gelbe und schwarze Galle; von diesen Säften hängen die Konstitution des Körpers, Krankheit und Gesundheit ab. Am gesundesten ist der Mensch dann, wenn ihre gegenseitige Mischung, Wirkung und Menge ausgewogen und wenn sie am innigsten verbunden sind, krank aber, wenn einer der Säfte in zu großer oder zu geringer Menge vorhanden ist oder sich im Körper absondert und nicht mit allen vermengt ist. Wenn einer davon sich absondert und für sich allein bleibt, muß nicht nur die Stelle, die er leer läßt, krank werden, sondern auch diejenige, wo er hinfließt und sich ansammelt, weil die Überfüllung Schmerz und Beschwerde verursacht. Auch wenn etwas davon aus dem Körper austritt, mehr als der Überdruck erforderte, schmerzt die Entleerung. Erfolgt die Entleerung, Verlagerung und die Absonderung von den andern nach innen, entstehen notwendigerweise, wie wir angedeutet haben, zwiefache Schmerzen, dort wo der Saft fehlt und da, wo sich ein Überschuß davon bildet.

Ich habe versprochen zu zeigen – in Übereinstimmung mit der allgemeinen Ansicht und mit der Natur –, daß die Grundstoffe, aus denen meiner Meinung nach der Mensch besteht, immer dieselben sind. Ich behaupte also, sie seien Blut, Schleim, gelbe und schwarze Galle. Erstens hält ja der Sprachgebrauch die Namen der Säfte deutlich auseinander; sodann sind sie tatsächlich in der Erscheinung verschieden: weder gleicht der Schleim dem Blut in irgendeinem Punkte, noch das Blut der Galle, noch die Galle dem Schleim. Wie könnten diese Säfte untereinander ähnlich sein, wo doch weder ihre Farben dem Auge gleich erscheinen, noch der Tastsinn sie als gleich erkennt, da sie weder gleich warm noch gleich kalt, weder gleich trocken noch gleich feucht sind. Da jeder in seinem Wesen und in seiner Wirkung so ganz anders ist als die übrigen, ist es unmöglich, daß sie alle eines seien, so wenig wie Feuer und Wasser einerlei sind. Aus folgenden Beobachtungen magst du erkennen, daß sie alle nicht eines sind, sondern daß jeder seine eigene Wirkung und seine eigene Natur hat: wenn du einem Menschen ein Mittel gibst, das Schleim führt, bricht er Schleim, und wenn du ein galleführendes Mittel gibst, bricht er Galle. In gleicher Weise wird schwarze Galle ausgeschieden, wenn du ein Mittel gibst, das schwarze Galle führt. Und wenn du den Körper irgendwo verletzest, so daß eine Wunde entsteht, wird Blut fließen. So wird sich der Mensch ständig verhalten, Tag und Nacht, winters und sommers, solange er imstande ist Luft einzuziehen und wieder auszustoßen, oder bis er eines dieser mitgeborenen Säfte beraubt wird. Die erwähnten Säfte sind nämlich mit ihm entstanden, wie könnte es auch anders sein? Erstens ist es erwiesen, daß der Mensch alle diese Säfte in sich hat, solange er lebt; sodann stammt er von einem Menschen ab, der das alles in sich hatte, ist von einem Menschen genährt worden, der das alles in sich hatte – nämlich die Säfte, die ich aufgezählt und nachgewiesen habe.

Der Schleim im Menschen nimmt im Winter zu; denn er ist von den Körpersäften als der kälteste dem Winter am engsten verwandt. Beweis für die Kälte des Schleims: wenn du Schleim und Galle und Blut berührst, wirst du den Schleim am kältesten finden. Ist er doch auch der zähflüssigste; nächst der schwarzen Galle bedarf es zu seiner Purgierung am meisten Gewalt. Was aber nur gewaltsam bewegt wird, erwärmt sich unter dem Zwange der Gewalt. Trotz alledem ist Schleim offensichtlich das Kälteste, kraft seiner eigenen Natur. Daß der Winter den Körper mit Schleim anfüllt, erkennst du aus folgender Beobachtung: was die Menschen auswerfen und schneuzen, enthält im Winter am meisten Schleim; in dieser Jahreszeit vor allem werden Geschwülste weiß, die übrigen Krankheiten schleimig. Im Frühling behält der Schleim zwar noch seine Kraft im Körper; doch nimmt jetzt das Blut zu. Denn die Kälte läßt nach, Regen stellt sich ein, und somit vermehrt sich unter der Wirkung des Regens und der heißen Tage das Blut: dieser Teil des Jahres entspricht durch Feuchte und Wärme am meisten seiner Natur. Du magst es daran erkennen: die Menschen werden im Frühling und Sommer vor allem von Darmruhr befallen, sie haben Nasenbluten, sind am wärmsten, ihre Hautfarbe ist gerötet. Im Sommer ist das Blut noch mächtig, doch hebt sich jetzt die Galle im Körper und überwiegt bis in den Herbst. Im Herbst nimmt das Blut ab; denn er ist seiner Natur entgegengesetzt. Die Galle beherrscht den Körper im Sommer und Herbst. Du magst es daraus erkennen: die Menschen brechen in dieser Jahreszeit von selbst Galle, bei der Purgierung mit Arzneien geht fast reine Galle ab; ferner erkennt man es an den Fiebern und an der Farbe des Menschen. Der Schleim hat im Sommer den tiefsten Punkt seiner Schwäche erreicht, weil die Jahreszeit, die trocken und warm ist, seiner Natur entgegensteht. Das Blut tritt im Herbst am weitesten zurück; denn er ist trocken und läßt den Menschen schon kälter werden. Die schwarze Galle erreicht im Herbst ihre größte Menge und Wirkung. Beim Einbruch des Winters wird die Galle kälter und nimmt ab, während der Schleim infolge der ausgiebigen Regen und der langen Nächte wieder zunimmt.

Alle diese Säfte enthält der menschliche Körper immerfort; nur daß sie beim Wechsel der Jahreszeiten an Menge bald zu-, bald abnehmen, jeder an seiner Stelle und entsprechend seiner Natur. Wie das Jahr als ganzes an allen Eigenschaften teilhat, am Warmen, Kalten, Trockenen, Feuchten – keine davon bestände auch nur eine kurze Zeit, wenn nicht alle in diesem Weltall enthalten wären: denn wenn nur eine fehlte, verschwänden alle; mit gleicher Notwendigkeit halten sie und ernähren einander – gerade so könnte der Mensch nicht leben, wenn einer dieser mit dem Menschen zugleich gewordenen Säfte fehlte. Im Laufe des Jahres herrscht einmal der Winter, einmal der Frühling, dann der Sommer, darauf der Herbst – so überwiegt auch im Menschen einmal der Schleim, einmal das Blut, dann die Galle, zuerst die gelbe, darauf die sogenannte schwarze. Der bündigste Beweis dafür: wenn du dem Menschen viermal im Jahr dasselbe Mittel gibst, bricht er im Winter vor allem Schleimiges, im Frühling Feuchtes, im Sommer Galliges, im Herbst vor allem schwarze Galle.

Unter solchen Voraussetzungen müssen alle Krankheiten, die im Winter einsetzen, im Sommer verschwinden; welche im Sommer zunehmen, im Winter aufhören (sofern sie nicht binnen einer bestimmten Zahl von Tagen weichen; auf diese Perioden werde ich später zurückkommen). Für die Krankheiten, die im Frühling entstehen, darf man im Herbst Befreiung erwarten; die Herbstkrankheiten müssen ihre Lösung im Frühling finden. Überdauert eine Krankheit diese Jahreszeiten, wird sie – man merke sich das

– ein ganzes Jahr dauern. Also muß sich der Arzt in der Behandlung der Krankheiten nach dem richten, was jeweils, entsprechend der wesensverwandten Jahreszeit, im Körper vorherrscht.

Tage

Bedeutungsvolle Tage
Hesiod, Erga 765–828

Beachte die Tage, die von Zeus kommen, genau und nach Gebühr, und sage den Knechten, daß der Dreißigste des Monats der beste Tag ist, die Arbeiten zu überprüfen und die Rationen zu verteilen, wollen die Menschen die wahren Bedeutungen auseinanderhalten und so die Tage verbringen.

Folgende nämlich sind die Tage von Zeus, dem Sinnreichen:

Erstens ist der Erste, Vierte und Siebente ein heiliger Tag; denn an diesem gebar *Leto Apollon* mit dem goldenen Schwert; auch der Achte und Neunte; diese beiden Tage im beginnenden Monat sind besonders geeignet, menschliche Arbeiten zu verrichten; auch der Elfte und Zwölfte, beide ausgezeichnet, sowohl Schafe zu scheren wie erfreuende Frucht zu mähen. Der Zwölfte aber ist viel besser als der Elfte; denn an ihm spinnt die Fäden die in der Luft schwebende Spinne um Mittag, zur Zeit, wo die Kluge (die Ameise) ihre Ernte aufhäuft. An ihm sollte die Frau den Webstuhl einrichten und ihr Werk beginnen.

Im beginnenden Monat meide den Dreizehnten, beginn an ihm nicht mit der Saat; doch dann Pflanzen zu setzen, ist er der beste. Der Sechste der Monatsmitte ist Pflanzen sehr unzuträglich, aber gut für die Geburt von Knaben. Für ein Mädchen aber ist er nicht zuträglich, nicht für den Anfang der Geburt noch in die Ehe zu treten. Auch ist der sechste Tag des Monatsanfangs nicht günstig für die Geburt eines Mädchens, hingegen um Ziegenböcke zu verschneiden und die Böckchen der Schafe und eine Hürde draußen auf der Weide aufzurichten, ist es ein freundlicher Tag. Und er ist gut für die Geburt eines Knaben, doch wird der gern Kränkendes reden und Lügen und schmeichelnde Worte und heimlich flüstern. Am Achten des Monats verschneide den Eber und brüllenden Stier, die ausdauernden Maultiere aber am Zwölften.

Am großen Zwanzigsten, um die Mitte des Tags, wird ein kundiger Mann geboren, sehr verständig ist der im Sinn. Gut für die Geburt eines Knaben ist der Zehnte, eines Mädchens der Vierte in der Monatsmitte. An ihm gewöhne auch Schafe ein und die fußschleppenden krummgehörnten Rinder und den scharfzahnigen Hund und die ausdauernden Maultiere, indem du die Hand auflegst. Gib aber acht und meide den Vierten des schwindenden und beginnenden Monats, daß nicht Schmerzen dir das Herz verzehren (?); denn dieser Tag ist ganz voll von Bestimmung.

Am Vierten des Monats führe die Gattin ins Haus und beachte dabei die Vogelzeichen, die zu diesem Beginnen die besten sind.

Die Fünften aber meide, da sie schlimm sind und bedrohlich. Am Fünften nämlich, sagt man, betreuten die *Erinyen* den Eid bei seiner Geburt, ihn, den der Streit gebar, ein Leid für die Meineidigen.

In der Monatsmitte am Siebenten wirf der *Demeter* heilige Frucht, mit sorgfältiger Beachtung seiner Bedeutung, auf die ebene gerundete Tenne, und der Holzfäller haue die Balken für ein Gemach und die vielen Schiffshölzer, die geeignet sind für die Schiffe. Am Vierten aber beginne, die schmalen Schiffe zu bauen.

Der Neunte der Monatsmitte ist am Nachmittag gut, der Neunte des Monatsanfangs ist frei von jeglichem Schaden für die Menschen. Vortrefflich ist er, zu pflanzen, und für die Geburt von Mann und Frau. Und nie ist er ein ganz schlimmer Tag.

Wenige wissen auch, daß der Siebenundzwanzigste (der Neunundzwanzigste?) des Monats der beste ist, [den Anfang zu machen mit einem Vorratsgefäß und das Joch auf den Nacken zu legen Rindern und Mäulern und schnellfüßigen Pferden,] das Schiff mit seinen vielen Bänken ins weinfarbene Meer zu ziehen. Und wenige benennen ihn richtig.

Am Vierten öffne den Vorratskrug. Der in der Monatsmitte ist vor allen ein heiliger Tag. Wenige wissen auch, daß der Vierte nach dem Zwanzigsten der beste des Monats ist, zur Zeit der Morgenröte; am Nachmittag ist er weniger gut.

Das sind die Tage, die den Erdbewohnern ein großer Nutzen sind, die andern aber sind von wechselnder Bedeutung, ohne Bestimmung, bringen nichts mit sich. Der eine hebt den, der andere den hervor, wenige aber kennen sie wirklich. Bald erweist sich als Stiefmutter ein Tag, bald als Mutter. Mit diesen Tagen lebt man von gutem Geist begleitet und gesegnet, wenn man all das weiß bei seinen Geschäften und (auch? so?) den Unsterblichen keinen Anstoß gibt und man dabei die Vogelzeichen abschätzt und Übertretungen meidet.

Tageszeiten
Herodot IV 181

Die *Ammonier* haben auch noch eine andere Quelle; sie führt morgens laues Wasser, mit fortschreitendem Tage wird es kälter und ist um die Mittagszeit sehr kalt. Dann bewässern sie ihre Gärten. Wenn der Tag sich neigt, läßt die Kälte des Wassers nach, bis es bei Sonnenuntergang wieder lau wird. Dann nimmt seine Wärme bis Mitternacht zu. Es kocht dann und sprudelt vor Hitze. Von Mitternacht an kühlt es sich bis zum Morgen wieder ab. Diese Quelle heißt Sonnenquelle.

Morgenfrühe
Euripides, Phaeton

Schon seh ich über die Erde
den Wagen der Eos sich heben,
und oben am Himmel verbleichen
die nächtlichen Lichter der *Pleias*,
und aus den Büschen erklingen
der Nachtigall Melodien,
erwachend beginnt sie
um *Itys*, um Itys ihr klagendes Lied.

Es rufen der Hirten Schalmeien
die Herden hinaus auf die Weiden,
die braunen Rosse in der Koppel
erwachen und suchen ihr Futter.
Schon machen die rüstigen Jäger

sich auf zu fröhlichem Waidwerk.
Weit über das Weltmeer
erklingt des Singschwans süßer Gesang.

Ruderschlag und frische Brise
lockt schon auf das Meer die Kähne,
aufgezogen wird das Segel,
und die Schiffer rufen alle
»Liebes Windchen,
bring uns auch auf glattem Spiegel
ohne Sturmgebrause
heim zu Frau und Kindern«,
und das Segel bläht sich bis zum Stag.

Dämonie der Mittagsstille
Theokrit I Thyrsis 15–18

Brauch nicht ist es, o Hirte, bei uns, nicht Brauch ists, am Mittag
Flöte zu spielen; wir fürchten Gott Pan; denn er schläft zu der Stunde,
müd wie er ist, und ruht von der Jagd. Seine Art ist ja heftig,
und es sitzt ihm beständig der grimmigste Groll in der Nase.

Nacht
Alkman

Nun ruhen der Berge Gipfel und Schluchten,
Die Matten und Täler der Flüsse,
Alles Gewürm, das die dunkle Erde gebiert,
Das Wild im Wald am Gebirg
Und die schwärmenden Völker der Bienen,
Die Ungetüme am Grunde des purpurnen Meeres;
Nun ruhen die vielen schmalgefiederten Vögel.

ZWEITER TEIL

Lebenslauf

I. Die verschiedenen Lebensalter

Lebensabschnitte

Die Altersstufen des menschlichen Lebens
Solon, Altersstufen

Ist noch das Knäblein unreif und unmündig, wechselt es seine
Zähne zum ersten Mal bis zu dem siebenten Jahr.
Ließ ein Gott die folgenden sieben Jahre verstreichen,
treten die Anzeichen der kraftvollen Jugend hervor.
In dem dritten Jahrsiebent entwickeln sich reifend die Glieder,
Bartflaum umschattet das Kinn, kräftiger färbt sich die Haut.
Während des vierten gewinnt ein jeder die mächtigste Stärke;
diese gewährt dem Mann Leistung und hohen Erfolg.
Während des fünften sollte der Mann auf Vermählung bedacht sein,
fortpflanzen sein Geschlecht für die zukünftige Zeit.
Während des sechsten festigen sich die Kräfte des Geistes,
nicht das Unmögliche mehr hat man als Ziel sich gesteckt.
Während des siebten und achten, vierzehn Jahre, bewährt er
im vortrefflichsten Grad Einsicht und Redegewalt.
Kräfte besitzt er noch während des neunten, doch taugen zu höchster
Leistung die Gaben des Geists wie auch der Rede nicht mehr.
Wurde ihm die Vollendung des zehnten Jahrsiebents beschieden,
hat er die Stunde erreicht, die ihm zum Sterben bestimmt.

Merkmale der Lebensalter

Die drei Lebensalter und ihre Kennzeichen
Aristoteles, Rhetorik 1389a3–1390b11

Junge Leute sind in ihrer Artung begehrlich und darauf aus, zu tun was sie begehren. Sie folgen gern den leiblichen Gelüsten und dem Liebesdrang und sind darin unbeherrscht. Sie sind in ihrem Begehren wandelbar und alsbald gesättigt, und so schnell es kommt, so schnell vergeht es wieder. Denn ihr Wollen ist hitzig, aber nicht gewichtig, wie Durst- und Hungergefühle eines Kranken. Zornmütig und heißblütig geben sie gern dem Zorn nach, ja unterliegen ihm. Denn wegen ihres Ehrgeizes ertragen sie keine Geringschätzung, sondern werden unwillig, wenn sie sich gekränkt fühlen. Sie sind auf Ehre aus oder besser auf Sieg. Denn die Jugend schwärmt für Überlegenheit, und das ist der Sieg. Und beides gilt ihnen mehr, als Geld. Geld schätzen sie ganz gering ein, weil sie Not noch nicht erfahren haben, wie es der Ausspruch des *Pittakos* gegen *Amphiaraos* besagt. Und sie sind nie bösartig, sondern gutartig, weil sie noch nicht viele Schlechtigkeiten kennen, sie vertrauen leicht, weil sie noch nicht oft enttäuscht worden sind. Sie schwelgen in Hoffnungen, da die jungen Leute in ihrem Saft sich erwärmen wie Berauschte, zugleich auch, weil ihnen noch nicht viel fehlgeschlagen ist. Und sie leben meist von Hoffnungen, denn die Hoffnung richtet sich auf Künftiges, die Erinnerung auf Vergangenes, und der Jugend gilt das Kommende viel, das Vergangene wenig. Denn am Morgen gibt es wenig zu erinnern, aber alles zu hoffen. Aus dem genannten Grunde sind sie auch leicht zu betrügen, weil sie so gern hoffen. Auch tapferer, weil entschlossen und hoffnungsvoll, von denen das eine die Furcht verscheucht, das andere guten Mutes sein läßt. Denn im Zorn fürchtet sich niemand, hoffen aber hebt den Mut. Auch sind sie schamhaft; denn sie kennen noch nicht fremde Sterne, sondern sind nur im Gesetz erzogen. Und sind hochgemut, da sie vom Leben noch nicht geduckt wurden und den Zwang noch nicht gespürt haben; und hochgemut ist, wer sich großer Dinge versieht, was im Wesen des Hoffnungsvollen liegt. Sie entscheiden sich lieber für das Edle, als für das Nützliche, da sie mehr der Gesinnung leben, als dem Denken, und das

Denken geht auf das Nützliche, die Tugend auf das Edle. Und sie suchen Freundschaft und Kameradschaft mehr, als andere Lebensalter, weil sie am Zusammenleben Freude haben und noch nichts nach dem Nutzen beurteilen, also auch nicht ihre Freunde. Und alles übertreiben sie, und darin fehlen sie, entgegen dem Worte Chilons: sie treiben alles zu hitzig, sie lieben zu sehr, hassen zu sehr und so auch sonst. Und glauben alles zu wissen und bestehen auf ihrer Meinung, was auch der Grund ihrer Übertreibungen ist. Und ihre Fehler sind Rücksichtslosigkeiten, nicht Gemeinheiten. Sie haben leicht Mitleid, weil sie noch alle für brauchbar und viel zu gut halten. Denn sie messen den Nächsten an ihrer eigenen Unverdorbenheit, so daß sie sein Leid nicht als verdient ansehen. Auch lachen sie gern und sind daher witzig. Denn Witz ist gebändigter Übermut.

Das ist die Artung der jungen Leute. Die älteren, die die Blüte hinter sich haben, gewinnen ihre Art meist aus dem Gegenteil hiervon. Weil sie nämlich schon so viele Jahre gelebt haben und sooft betrogen worden sind und gesündigt haben, und weil die Welt meist schlecht ist, so verlassen sie sich auf nichts und betreiben alles weniger herzhaft, als man soll. Sie glauben immer, aber wissen nie, sie halten beides für möglich und fügen immer ein Vielleicht oder Ungefähr hinzu, und drücken alles nur so aus, niemals bekräftigend. Und sind bösartig; die Bösartigkeit zieht nämlich alles ins schlechtere herab. Auch vermuten sie leicht Böses wegen ihres Mißtrauens, mißtrauisch aber sind sie aus Erfahrung. Deswegen ist auch weder ihre Liebe noch ihr Haß sehr heiß, vielmehr halten sie es mit der Anschauung des Bias und lieben als künftig Hassende und hassen als künftig Liebende. Auch sind sie kleinlich, weil das Leben sie gebrochen hat. Sie streben nicht nach Großem und Auffallendem, sondern nach dem, was man zum Leben braucht. Sie sind geldhörig; denn zum Notwendigen gehört Vermögen, und aus Erfahrung wissen sie, wie schwer etwas zu gewinnen ist und wie leicht zu verlieren. Auch ängstlich sind sie, und fürchten alles im Voraus; denn sie sind in einer der Jugend entgegengesetzten Verfassung, da sie abgekühlt sind, während jene heißblütig ist, so daß das Alter der Feigheit den Weg bereitet. Furcht ist ja eine Abkühlung. Und sie hängen am Leben, am meisten am letzten Tage, weil die Begierde das Abwesende sucht und man das am meisten begehrt, was man am nötigsten braucht. Sie lieben sich selbst mehr, als man darf; auch dies ist eine Art Kleinlichkeit. Und sie leben dem Nutzen, nicht dem Edlen, weil sie selbstischer sind als man darf; denn das Nützliche ist nur einem selber gut, das Edle schlechthin gut. Und sie sind mehr schamlos, als schamhaft; denn weil sie an das Edle nicht ebensosehr denken, wie an den Nutzen, mißachten sie den Schein. Auch hat die Erfahrung sie hoffnungslos gemacht; denn das meiste, was geschieht, ist böse, weil das meiste eine Entwicklung zum Schlechten nimmt. Dazu kommt ihre Feigheit. Und sie leben mehr in der Erinnerung, als in der Hoffnung; denn das Leben, das ihnen noch bleibt, ist kurz, das hinter ihnen liegende lang, die Hoffnung aber richtet sich auf das Kommende, die Erinnerung auf das Vorübergegangene. Das ist auch der Grund ihrer Geschwätzigkeit, da sie unaufhörlich das Vergangene wiederholen; denn sie freuen sich an der Erinnerung. Und ihre Zornwallungen sind heftig, aber schwächlich, so daß sie weder stark begehrlich sind noch auf Erfüllung der Begierden bedacht. Dafür jedoch auf ihren Nutzen. Deswegen hat man in diesem Alter den Schein der Besonnenheit, da die Begierden nachgelassen haben und in den Dienst des Nutzens getreten sind. Und sie leben mehr nach Berechnung, als nach Gesinnung; denn die Berechnung zielt auf den Nutzen, die Gesinnung auf Tugend. Ihre Verfehlungen werden zu Gemeinheiten, nicht zur Rücksichtslosigkeit. Mitleid kennt auch das Alter, aber nicht aus demselben Grunde, wie die Jugend. Diese nämlich hat es aus Menschenachtung, jenes aus Schwäche, da sie bei allem immer dicht daran zu sein glauben, es selbst durchmachen zu müssen: darin aber sollte ja das Mitleid bestehen. Deswegen jammern sie auch so leicht, und sie sind nicht witzig und zum Lachen aufgelegt. Denn Jammern verträgt sich nicht mit Lachlust.

So sind die Artungen der Jungen und der Älteren, und da alle die Reden gern annehmen, die ihrem Alter angepaßt oder ähnlich sind, so ergibt sich, wie man die Gedanken benutzen muß, um so zu erscheinen, man selber und seine Rede.

Die im Mannesalter werden ersichtlich zwischen beiden stehen, ohne die Übertreibungen ihrer Artung ohne zu großen Mut – das wäre ja Tollheit –, und ohne zu viel Furcht, vielmehr in der richtigen Einstellung zu beidem. Ohne allen zu vertrauen und ohne allen zu mißtrauen, sondern das Urteil der Wirklichkeit anpassend. Und ohne nur dem Edlen oder nur dem Nutzen zu leben, sondern beidem gerecht werdend, und ohne auf Geiz noch auf Verschwendung bedacht zu sein, sondern auf eine angemessene Haushaltung. Ähnlich ist ihr Verhalten bei Entschlossenheit und Begehren. Und sie sind maßvoll nicht ohne Tapferkeit und tapfer nicht ohne Mäßigung, was bei der Jugend und im Alter auseinanderfällt, da die Jungen tapfer und zügellos, die Alten mäßig und feige sind. Allgemein gesprochen haben sie das Nützliche beides, worein sich Jugend und Alter teilen müssen, was jene dagegen zuviel oder zu wenig haben, das besitzen sie maßvoll und angemessen. Der Körper ist auf der Höhe seiner Kraft zwischen dreißig und fünfunddreißig Jahren, die Seele um neunundvierzig herum.

II. Zeugung, Schwangerschaft und Geburt

Zeugung und Geburt

Kinderzeugung in Sparta
Xenophon, Von der Staatsverfassung der Lacedämonier I 1

Wohl wunderte ich mich, als ich einmal bedachte, daß Sparta zu den am wenigsten bevölkerten Staaten gehört und doch der mächtigste und berühmteste in Griechenland geworden ist, wie Dieß zuging; als ich aber die Einrichtungen der Lacedämonier betrachtete, wunderte ich mich nicht mehr. *Lycurg* jedoch, welcher ihnen die Gesetze gab, durch deren Befolgung sie glücklich wurden, ihn bewundre ich und halte ihn für einen äußerst weisen Mann; denn er hat nicht dadurch, daß er andern Staaten nachahmte, sondern vielmehr dadurch, daß er den meisten derselben Entgegengesetztes anordnete, sein Vaterland auf den Gipfel des Glückes erhoben.

Denn schon was das Kinderzeugen betrifft, – um von vorne anzufangen, – so gibt man sonst Denen, welche einst Mütter werden sollen und nach der gewöhnlichen Meinung als Mädchen gut erzogen werden, so sparsam als möglich Brod und so wenig als möglich Zukost zu essen, und läßt sie heranwachsen entweder unter gänzlicher Entbehrung des Weins, oder nur im Genusse eines mit Wasser gemischten. Und wie die meisten Gewerbetreibenden eine sitzende Lebensart führen, so verlangen auch die andern Griechen, daß die Jungfrauen sich in der Zurückgezogenheit mit Wollearbeiten beschäftigen. Wie soll man nun erwarten, daß so erzogene Mädchen etwas Rechtes zur Welt bringen werden? Lycurg dagegen war der Meinung, Kleider zu bereiten, dazu seyen auch Sclavinnen geschickt; für Freigeborne aber glaubte er sey das Kindergebären das Wichtigste, und verordnete daher erstens, daß das weibliche Geschlecht nicht weniger, als das männliche, den Körper übe; sodann führte er Wettkämpfe ein im Schnellaufe und in der

Übung der Körperkraft, wie bei den Männern, so auch bei den Weibern untereinander, in der Ueberzeugung, wenn beide Aeltern gesund seyen, werden auch die von ihnen erzeugten Kinder stärker seyn.

Wenn aber Mann und Frau zusammenkommen, ordnete er, da er sah, daß die andern Männer in der ersten Zeit im Beischlafe unmäßig sind, auch hiervon das Entgegengesetzte an. Er gebot nämlich, daß er sich scheuen solle, gesehen zu werden, wenn er zu ihr gehe, und ebenso, wenn er von ihr gehe. Wenn sie auf diese Art sich beiwohnen, so müssen sie nothwendig größeres Verlangen nach einander tragen und die Kinder kräftiger werden, wenn sie mehr auf diese Art eines erzeugen, als wenn sie einander überdrüssig wären. Ueberdieß hob er auch die Sitte auf, daß Jeder, wenn er wollte, sich eine Frau nehme, und verordnete, daß die Ehen in der Blüthezeit der körperlichen Reife geschlossen werden, weil er auch Dieß für die Erzeugung guter Kinder für zuträglich hielt.

Träte jedoch der Fall ein, daß ein bejahrter Mann eine junge Frau habe, so setzte er, da er sah, daß solche Männer ihre Frauen sorgfältig bewachen, auch hiervon das Gegentheil fest. Er machte nämlich dem Alten zum Gesetz, irgend einen Mann, dessen Äußeres und Inneres ihm gefalle, mit sich nach Hause zu nehmen und sich Kinder zeugen zu lassen. Wenn aber Einer nicht bei einer Frau wohnen wolle, aber sich tüchtige Kinder wünsche, so machte er auch für Diesen ein Gesetz, (nämlich) mit einer Frau, von welcher er sehe, daß sie gute Kinder gebäre und von gutem Geschlechte sey, wenn er vorher ihren Mann beredet habe, Kinder zu zeugen. Und Vieles der Art ließ er zu; denn die Frauen wollen gern in zwei Häusern herrschen, und die Männer zu ihren Kindern noch Geschwister bekommen, welche zwar das Geschlecht und die Würde theilen, aber das Vermögen nicht ansprechen.

Ob er durch diese den sonstigen entgegengesetzte Einrichtungen, in Betreff des Kinderzeugens, seinem Sparta Männer erzielte, die sich durch Größe und Kraft auszeichnen, mag Wer da will untersuchen.

Zeugung und Geburt
Aristoteles, Tierkunde 581 a–588 a

Mit der Entwicklung des Menschen, der im Mutterleibe und der späteren bis zum Alter, soweit sie sich aus seiner eigenen Natur ergibt, steht es folgendermaßen. Der Unterschied des Mannes vom Weibe und die Geschlechtswerkzeuge sind oben dargelegt (III,I). Die Absonderung des Samens beginnt beim Manne in der Regel, wenn er zweimal sieben Jahre vollendet hat. Zugleich beginnt die Behaarung der Scham, so wie (nach einem Wort des *Alkmaion von Kroton*) die Blumen erst blühen müssen, wenn sie Früchte tragen sollen. Um die gleiche Zeit beginnt die Stimme umzuschlagen und rauh und unregelmäßig zu werden: sie ist nicht mehr hoch und noch nicht tief, sondern ähnelt dem Klang verzogener und rauher Saiten. Man nennt dies »bocken«, und es verstärkt sich beim Versuch des Liebesgenusses. Wer hierauf aus ist, bekommt auch eine männliche Stimme, wer daran gehindert wird, dem geschieht das Gegenteil. Wer mit Gewalt durch sein Verhalten noch etwas nachhilft, wie es manche tun, die sich in Chören betätigen, bei dem bleibt die Stimme noch lange und erleidet nur geringe Veränderung. Auch die Brüste schwellen und die Schamteile, nicht nur in der Größe, sondern auch im Aussehen. Und wer um diese Zeit durch Reiben versucht, den Samenfluß zu erzwingen, spürt nicht nur Lust, wenn dieser austritt, sondern auch Schmerz. Um die gleiche Zeit heben sich auch beim Weibe die Brüste und die sogenannte monatliche Reinigung setzt ein. Dies ist Blut wie bei frischer Schlachtung. Der weiße Fluß tritt auch schon bei ganz kleinen Mädchen auf, besonders wenn sie an flüssige Nahrung gewöhnt sind. Er hindert das Wachstum und macht die Mädchen schlank. Bei den meisten setzt der Monatsfluß ein, wenn die Brüste sich etwa zwei Finger breit gehoben haben. Auch bei den Mädchen wird um diese Zeit die Stimme dunkler. Allgemein nämlich hat das Weibchen eine höhere Stimme als das Männchen und die jungen wieder eine höhere als die älteren, wie auch Knaben eine höhere Stimme haben als Männer. Aber dann ist auch die Stimme der Mädchen höher als die der Knaben und ihre Luftröhre enger. Mädchen müssen um diese Zeit besonders gehütet werden, da sie im Anfang besonders darauf aus sind, ihre Liebesfähigkeit auch zu kosten, und wenn sie also nicht davor bewahrt werden, der Entwicklung ihres Körpers vorauszueilen, und nicht gehindert werden am Genuß der Liebe, dann hängt ihnen dies bis ins spätere Alter nach. Denn wer in der Jugend zu sehr der Liebe frönt, wird zügellos, die Knaben aber auch, falls sie nach der einen oder nach beiden Richtungen unbewacht bleiben: die Öffnungen klaffen und verleiten den Körper zum Ausfluß an dieser Stelle. Dazu kommt die Erinnerung an das gehabte Vergnügen, die die Begierde nach dem damaligen Verkehr wach hält.

Es gibt auch solche, denen von Geburt aus die Reife versagt ist und die unfruchtbar bleiben, weil ihr Geschlechtsteil nicht ausgebildet ist. Selbst Frauen bleiben durch Geburtsfehler ohne Reife. Auch der Körperzustand ändert sich, bei Knaben wie bei Mädchen: sie werden entweder gesünder oder kränker und körperlich schlanker oder dicker und wohlgenährt. Nach der Reifezeit nämlich werden Schmalbrüstige dicker und gesünder, die andern das Gegenteil. Und das gleiche begegnet auch bei Mädchen: wo Knaben oder Mädchen zur Absonderung überschüssiger Kräfte neigen, da wird ihr Körper gesünder, wenn diese hier mit dem Samen, dort mit dem Monatsfluß zugleich austreten, und der Stoffwechsel wird besser, wenn dasjenige ausgeschieden wird, was Gesundheit und Ernährung hindert. Ist das Gegenteil der Fall, werden die Betroffenen magerer und körperlich anfälliger, da nunmehr die Absonderung aus dem natürlichen und gesunden Haushalt erfolgen muß, hier im Samen, dort im Monatsfluß. Auch in der Form der Brüste weisen die Mädchen einen großen Unterschied auf, die einen haben sehr große, die andern sehr kleine. Das erste ist in der Regel der Fall, wo die Mädchen als Kinder einen Überschuß der Säfte haben. Solange nämlich der Monatsfluß erst bevorsteht, müssen sich die Brüste um so mehr heben, je mehr Säfte vorhanden sind. Wenn daher in dieser Zeit die Brüste so umfangreich werden, bleiben sie es auch später. Auch bei den Männern, jüngeren wie älteren, zeichnen sich die Brüste deutlicher ab und werden denen der Frauen ähnlicher, wenn sie säftereicher, glatt und geädert sind, und dies tritt bei dunklen eher ein als bei hellen. Ehe nicht dreimal sieben Jahre vollendet sind, bleibt der Same unfruchtbar. Dann wird er zwar fruchtbar, aber zu junge Männer und Frauen haben kleine und unentwickelte Nachkommen, wie es auch bei den meisten andern Geschöpfen ist. Junge Frauen empfangen wohl leichter, leiden dann aber bei der Geburt stärker. Ihre körperliche Entwicklung bleibt meist zurück und sie altern schneller, sowohl bei Männern, die zu sehr der Liebe frönen, als auch bei Frauen, die zuviele Geburten durchmachen. Auch scheint nach der dritten Geburt kein Wachstum mehr stattzufinden. Frauen, die im Liebesverkehr sich nicht zügelten, werden gesetzt und vernünftig, wenn sie viele Geburten hinter sich haben. Nach dreimal sieben Jahren sind die Frauen bereits in der rechten Verfassung für die Mutterschaft, während die Männer an Reife noch zunehmen. Dünne Samenflüssigkeit ist unfruchtbar, körnige fruchtbar und besser für Knabengeburten, dünne und klumpige für Mädchengeburten. Auch wächst um diese Zeit den Männern der Bart.

Der Hauptdrang zum Monatsfluß liegt am Ende eines Monats. Daher, meinen die Schlauberger, sei der Mond weiblich, weil mit seinem Schwinden jene Reinigung zusammenfalle und nach der Reinigung und nach dem Schwinden für beide das Vollwerden komme. Und die einen haben jeden Monat regelmäßig einen geringen Fluß, die meisten jeden dritten Monat besonders viel. Geht es mit wenigen Tagen, zwei oder drei, vorbei, so kommen sie leichter davon, schwerer diejenigen, bei denen es viele Tage dauert, da sie in diesen Tagen leidend sind. Bei diesen nämlich kommt die Reinigung geballt, bei jenen nach und nach, und das Körperbefinden leidet bei allen, bis der Fluß aufhört. Bei vielen, die den Drang verspüren, tritt vor dem Aufreißen Beklemmung auf und ein Geräusch in der Gebärmutter, bis der Riß erfolgt ist. Die natürliche Empfängniszeit liegt für die Frauen nach dem Abschluß der Reinigung, sie sind in der Regel unfruchtbar, wenn die Reinigung ausbleibt. Allerdings empfangen auch Frauen, die keinen Monatsfluß haben, nämlich solche, bei denen sich nur so viel Kräfte sammeln, wie sonst nach der Reinigung zurückbleiben, aber nicht soviel, daß es nach außen in Erscheinung träte. Auch noch während des Monatsflusses empfangen manche. Später empfangen solche nicht mehr, bei denen gleich nach der Reinigung der Gebärmuttermund sich verschließt. Und bei manchen zeigt sich die Regel auch während der ganzen Schwangerschaft. Solche bekommen aber minderwertige Kinder, die sie nicht groß ziehen können oder die schwächliche Nachkommen bleiben. Bei vielen senkt sich auch die Gebärmutter im Verlangen nach Befruchtung, sei es infolge ihrer Jugend und Vollkraft, sei es infolge langer Enthaltsamkeit, und dann kommt oft der Fluß dreimal im Monat, bis sie empfangen haben. Dann wandert sie wieder an ihren alten natürlichen Platz zurück. Bisweilen, wenn sie während der Regel verkehrt und gerade voller Saft ist, treibt die größere Feuchtigkeit die Samenfeuchtigkeit davon.

Unter allen Geschöpfen haben, wie bereits früher gesagt (521 a 26), die Frauen am meisten Reinigungsflüssigkeit, mehr als alle andern Weibchen. Bei den nicht lebend Gebärenden tritt nämlich etwas derartiges nicht zutage, weil diese Ausscheidung dem Körper zugute kommt. Manche sind ja größer als die Männchen, und außerdem brauchen sie etwas für die Schild- und die Fischschuppen und für die Masse der Federn, und bei den säugenden Landtieren geht es in die Haare und den Körper – nur der Mensch ist ja glatt! – und in den Harn, eine Ausscheidung, die bei den meisten dieser Art dick und reichlich abgesondert wird. Bei den Frauen dagegen wird diese Ausscheidung zur Reinigung verwandt. Etwas Ähnliches beobachtet man bei den Männern: der Mensch sondert unter allen Geschöpfen am meisten Samen im Verhältnis zu seiner Größe ab. Darum ist auch der Mensch das glatteste Geschöpf. Unter ihnen selbst wieder sondern am meisten ab die in ihrem Aufbau Flüssigeren und nicht allzu Fleischigen, und die helleren wieder mehr als die dunkleren. Bei den Frauen verhält es sich ebenso: bei den Fleischigen wandert der größte Teil der Ausscheidung in die Nahrung für den Körper. Und bei den Umarmungen im Liebesgenuß sondern die in ihrem Aufbau Helleren mehr Saft ab als die Dunklen, was noch begünstigt wird durch alles Flüssige und Scharfe in der Nahrung.

Ein Zeichen dafür, daß die Empfängnis geglückt ist, ist es, wenn gleich nach dem Umgang die Scheide trocken ist. Sind die Lippen des Muttermundes zu glatt, so will er nicht recht empfangen, weil alles abgleitet, auch nicht, wenn sie dick sind. Fühlen sie sich dagegen mit dem Finger rauh an und haften sie an ihm, dann steht es günstig für die Empfängnis. Folglich muß man für eine Empfängnis die Gebärmutter entsprechend vorbereiten und das Gegenteil tun zur Verhütung. Wenn nämlich die Lippen glatt sind, empfängt die Betroffene nicht. Daher salben manche Frauen die Gebärmutter da, wohin der Same kommt, mit Cedernöl, Bleiweiß oder Harz ein, das mit Öl gelöst ist. Wenn sich nach sieben Tagen nichts wieder gezeigt hat, ist die Empfängnis klar, denn die sogenannten Abgänge erfolgen in diesen Tagen. Die Reinigungen kommen bei den meisten noch nach der Empfängnis eine gewisse Zeitlang, wird es ein Mädchen, noch höchstens dreißig Tage, wird es ein Knabe, noch höchstens vierzig Tage. Nach der Geburt zeigen die Reinigungen das Bestreben, diese gleiche Zahl zu erfüllen, nur gelingt es nicht überall mit gleicher Genauigkeit. Nach der Empfängnis und den genannten Tagen tritt nach dem natürlichen Verlauf keine Reinigung mehr ein, sondern diese fließt den Brüsten zu und wird zu Milch. Die Milch in den Brüsten macht sich zuerst nur in kleiner Menge wie Spinnweben bemerkbar. Ist eine Empfängnis eingetreten, so spüren die Frauen es besonders in den Weichen, die bei manchen alsbald völliger werden, was vor allem bei Schlanken auffällt, und in den Leisten.

Bei einem Knaben zeigt sich meistenteils mehr rechts nach dem vierzigsten Tage die Bewegung, bei einem Mädchen links und um den neunzigsten Tag. Genauigkeit freilich darf man in diesen Dingen nicht erwarten, denn schon oft haben solche, die ein Mädchen bekamen, die Bewegung rechts gehabt und links die mit einem Knaben Schwangeren. Aber diese und ähnliche Erscheinungen lassen nur Unterschiede des Grades erkennen. Um diese Zeit spaltet sich die Frucht, während sie vorher ein ungegliederter Fleischklumpen war. Wird die Frucht vor dem siebten Tage verdorben, spricht man von »Abgängen«, vor dem vierzigsten von »Fehlgeburten«. Gehen Keimlinge zugrunde, dann meist in diesen Tagen. Wird mit vierzig Tagen ein männlicher Keimling abgestoßen und in sonst irgend etwas hineingegeben, so zerfließt er und verschwindet, nur in kaltem Wasser zieht er sich zusammen wie in einer Haut. Schabt man diese fort, so zeigt sich ein Keimling in der Größe einer großen Ameise, die Glieder sind zu erkennen, vor allem die Scham, und die Augen sind wie bei den andern Tieren besonders groß. Ein weiblicher Keim, der innerhalb von drei Monaten fehl geht, sieht meist noch völlig ungegliedert aus. Erst wenn er vier Monate alt ist, ist er gespalten und vollzieht schnell auch die sonstige Gliederung. Im ganzen vollendet das Mädchen seine Glieder viel langsamer als der Knabe, wird auch öfter erst im zehnten Monat geboren. Nach der Geburt freilich erreicht das Weib schneller als der Mann Jugendreife, Vollkraft und Greisenalter, namentlich solche, die öfter geboren haben, wie schon gesagt wurde (582a 22).

Sobald die Gebärmutter den Samen empfangen hat, verschließt sie sich bei den meisten sofort, bis sieben Monate vergangen sind. Im achten Monat klafft sie. Wenn der Keimling lebensfähig ist, senkt er sich bereits im achten Monat. Ist er es nicht, sondern im achten Monat erstickt, so bringen ihn die Frauen nicht etwa im achten Monat ans Licht, der Keimling senkt sich dann nicht im achten Monat und die Gebärmutter klafft auch nicht um diese Zeit, vielmehr ist es ein Zeichen, daß die Frucht nicht lebensfähig ist, wenn die genannten Zeichen sich nicht einstellen. Nach der Empfängnis haben die Frauen im ganzen Körper Beschwerden, es wird ihnen dunkel vor den Augen und sie leiden an Kopfschmerzen. Dies geht bei den einen schneller vorüber, etwa am zehnten Tage, bei den andern langsamer, je nachdem, ob sie mehr oder weniger reich an Ausscheidungen sind. Auch »Seekrankheit« und Erbrechen ergreift die meisten, besonders solche, deren Reinigung zum Stillstand gekommen ist, ohne daß sie sich schon den Brüsten zugekehrt hätte. Manche Frauen leiden mehr bei Beginn der Schwangerschaft, andere später, wenn der Keimling schon anfängt zu wachsen. Viele spüren zuletzt häufig Harnzwang. In der Regel kommen diejenigen leichter davon, die Knaben tragen, und diese behalten eher ein blühendes Aussehen, während bei einem Mädchen das Gegenteil sich einstellt: sie sind meist blaß und haben mehr Beschwerden, die Beine schwellen an und das Fleisch schwemmt auf; bei manchen freilich beobachtet man auch das Gegenteil. Bei Schwangeren pflegen sich allerlei Gelüste einzustellen, die rasch wechseln, was man als Schwangerschaftslaunen bezeichnet. Tragen sie ein Mädchen, sind die Gelüste hitziger, aber wenn sie erfüllt werden, können sie kaum davon genießen. In wenigen Fällen befinden sich Schwangere auch besser als sonst. Am meisten ekelt es sie, sobald dem Kinde die Haare zu wachsen beginnen. Die angeborenen Haare werden bei Schwangeren kürzer und fallen aus, nur da, wo sie sonst keine Haare haben, werden diese dichter. Ein Knabe bewegt sich im Mutterleibe meist mehr als ein Mädchen und die Geburt verläuft auch schneller, beim Mädchen langsamer. Die Wehen sind bei einem Mädchen anhaltend und träger, bei einem Knaben zwar hitziger, aber leichter zu ertragen. Frauen bilden sich zuweilen ein, die Wehen kämen, ohne daß es der Fall ist; es scheint nur so, als setzten die Wehen ein, weil der Keimling den Kopf dreht.

Bei allen andern Geschöpfen gibt es für das Austragen eine einzige Frist, der Wurf erfolgt immer zu derselben Zeit, einzig unter allen Geschöpfen der Mensch hat viele Tragezeiten, Kinder kommen mit sieben, acht, neun, höchstens zehn Monaten, ganz wenige auch mit elf Monaten. Alle, die vor dem siebten Monat geboren werden, sind nicht lebensfähig, erst die Siebenmonatskinder können leben, sind jedoch meist schwach, weswegen man sie in Wolle einwickelt. Oft sind bei ihnen auch die Ausgänge noch verschlossen, z. B. Ohren und Nasen. Aber mit dem Wachstum vollendet sich die Gliederung, und viele solcher Kinder bleiben am Leben. Die Achtmonatskinder sind in Ägypten und einigen Gegenden, in denen die Frauen gut austragen und mit Leichtigkeit viele Kinder tragen und gebären, und zwar lebensfähige, selbst wenn es Mißgeburten sind, – dort also sind die Achtmonatskinder lebensfähig, in der Gegend um Griechenland dagegen kommen nur wenige durch, die meisten gehen zugrunde. Und weil man damit schon rechnet, glaubt man, falls ein solches Kind durchkommt, gar nicht an ein Achtmonatskind, sondern meint, die Frauen hätten nur nicht bemerkt, daß die Empfängnis schon früher eintrat. Die meisten Beschwerden haben die Frauen im vierten und achten Monat, und wenn eine Fehlgeburt im vierten oder achten Monat eintritt, gehen die Mütter meist mit zugrunde, so daß also Achtmonatskinder nicht nur nicht lebensfähig sind, sondern auch die Mutter gefährden. Ähnlich scheinen auch diejenigen sich zu irren, die scheinbar länger als elf Monate tragen, auch da haben die Frauen den wirklichen Beginn der Schwangerschaft nicht bemerkt. Oft bläht sich auch schon vorher die Gebärmutter, und wenn sie dann später beigewohnt und empfangen haben, bilden sie sich ein, jenes sei der Zeitpunkt der Empfängnis, an dem sich ähnliche Zeichen eingestellt hatten.

Die Zeiten des Austragens haben also beim Menschen gegenüber den andern Geschöpfen diese Verschiedenheiten. Und während die Tiere teils nur ein Junges werfen, teils viele, ist auch hier das Menschengeschlecht an beiden Weisen beteiligt. Meistenteils und bei den meisten Völkern bringen die Frauen nur ein Kind zur Welt, oft aber auch und bei vielen zwei, z. B. in Ägypten. Aber sie haben auch drei und vier, besonders in bestimmten Gegenden, wie schon früher erwähnt wurde (eben erst 584b 7–10). Die höchste Zahl ist fünf, und diese Zahl ist sogar schon mehrfach vorgekommen, es hat schon eine Frau in vier Geburten zwanzig Kinder geboren, jedesmal fünf, und die meisten aufgezogen. Und bei den andern Geschöpfen lassen sich männlicher und weiblicher Zwilling ebenso aufziehen und durchbringen wie zwei Männchen oder zwei Weibchen, beim Menschen dagegen kommen Zwillinge selten durch, wenn das eine ein Mädchen, das andere ein Junge ist. Während der Schwangerschaft lassen von allen Geschöpfen am ehesten die Frau und die Stute die Begattung zu, während die andern in diesem Falle vor dem Männchen fliehen, soweit nicht eine Nachschwängerung möglich ist, wie beim Hasen. Aber eine Stute wird niemals nachgeschwängert, sondern wirft meist nur ein Fohlen. Beim Menschen ist es nur selten vorgekommen, aber doch gelegentlich. Eine Nachempfängnis, die sehr viel später erfolgt, führt zu keinem Ziel, sondern bringt nur Beschwerden und verdirbt den schon vorhandenen Keimling: es ist schon vorgekommen, daß bei einer Fehlgeburt zwölf nachempfangene Keime mit ausfielen. Liegt dagegen die Nachempfängnis dicht bei der ersten, so ist die zweite Frucht schon ausgetragen worden, und die Geburt erfolgte, wie bei Empfängnis von Zwillingen, wie es die Sage von Iphikles und Herakles wissen will. Auch dies ist schon erwiesen: eine Ehebrecherin bekam Zwillinge, deren eines ihrem Manne glich, während das andere dem Ehebrecher ähnelte. Ja, auch zu Zwillingen hat eine Frau noch ein drittes Kind empfangen, und als ihre Stunde kam, gebar sie die beiden als ausgebildete Kinder, das dritte als Fünfmonatskind, das sofort starb. Bei einer andern Frau ist es vorgekommen, daß sie zuerst im siebten Monat und später noch zwei im neunten gebar, von denen das eine Kind starb, das andere aber am Leben blieb. Sogar nach einer Fehlempfängnis haben einige schon nachempfangen; sie haben die eine Frucht abgestoßen und die andere ausgetragen. Bei den meisten, die nach dem achten Monat noch beiwohnen, kommt das Kind, in einen klebrigen Schleim eingehüllt. Oft erweist es sich auch, daß es erfüllt ist von Speisen, die die Mutter vorher genossen hatte. Ißt die Mutter zu salzige Speisen, fehlen dem Kindchen bei der Geburt die Nägel.

Die sich bildende Milch ist vor dem siebten Monat unbrauchbar. Sobald dagegen das Kind lebensfähig ist, wird auch die Milch genießbar. Das erste ist salzig, wie bei den Schafen. Am meisten bekommen Schwangere den Wein zu spüren, sie verlieren die Besinnung, wenn sie welchen trinken, und kommen von Kräften. Der Beginn der Gebärfähigkeit beim Weibe und der Zeugungskraft beim Manne, ebenso bei beiden das Ende, sind bedingt durch den Samenerguß und den Monatsfluß, nur daß diese weder gleich zu Anfang fruchtbar sind noch später, wenn bloß noch wenig sich zeigt und schwacher. Das Alter des Beginns der Reife ist schon genannt (582a 27). Bei den meisten Frauen hört der Monatsfluß auf um fünfundvierzig Jahre; falls er dann noch nicht erlischt, dauert er bis zum fünfzigsten Jahre, und manche haben dann auch noch geboren, später in keinem Falle.

Die meisten Männer sind zeugungsfähig bis zu sechzig Jahren; wenn ihre Kraft bis dahin nicht erloschen ist, dauert sie bis zu siebzig Jahren, und manche haben noch mit siebzig Jahren gezeugt. Es kommt bei vielen Frauen und Männern vor, daß sie miteinander keine Kinder bekommen, dagegen dann, wenn sie sich anders paaren. Dasselbe gilt auch für Knaben- und Mädchen-Geburten: zuweilen bekommen Frauen und Männer miteinander nur Knaben oder nur Mädchen, was sich ändert, wenn sie sich anders paaren. Dies wechselt auch mit dem Alter: in der Jugend zeugen sie miteinander nur Mädchen, in späterem Alter nur Knaben, andere umgekehrt. Dasselbe gilt von der Zeugungskraft überhaupt: in der Jugend bekommen sie keine Kinder, sondern erst im späteren Alter, andere zuerst und später nicht mehr. Es gibt Frauen, die schwer empfangen, dann aber auch austragen, während andere leicht empfangen, aber nicht austragen können.

Und es gibt auch Männer und Frauen, die nur Mädchen oder

nur Knaben hervorbringen, wie es die Sage von *Herakles* wissen will, der unter zweiundsiebzig Kindern nur eine Tochter erzeugte.

Wenn an sich Unfruchtbare infolge einer Behandlung oder sonst eines Zufalles dennoch ein Kind bekommen, so ist es öfter ein Mädchen als ein Knabe. Bei vielen Männern kommt es vor, daß sie anfangs zeugungsfähig waren, dann nicht mehr, schließlich aber die alte Kraft zurückgewannen.

Verstümmelte haben verstümmelte Kinder, Lahme lahme und Blinde blinde, und überhaupt aus der Art Geschlagene oft ähnliche, die verwandte Zeichen an sich trugen, z. B. Beulen oder Narben. Zuweilen geht derartiges auch auf die zweite Nachkommenschaft über. So hatte jemand auf dem Arm ein Zeichen, das der Sohn nicht hatte, wohl aber der Sohn des Sohnes, und zwar an derselben Stelle, wenn auch verschwommen.

Doch sind diese Fälle selten, meist erfolgt es nicht so, sondern von Verstümmelten stammen Nachkommen mit vollständigen Gliedern, und es gibt in solchen Dingen keine Ordnung.

Und manchmal gleichen die Kinder den Eltern oder Voreltern, manchmal auch keinem in irgendeinem Teil. Auch dies überspringt eine Stufe, wie bei der Frau in Elis, die mit einem Schwarzen Ehebruch trieb: ihre Tochter war keine Schwarze, aber deren Kind. Im allgemeinen gleichen die Mädchen mehr der Mutter, die Knaben mehr dem Vater, aber es kommt auch das Gegenteil vor, daß die Tochter dem Vater, der Sohn der Mutter gleicht. Auch nur in Körperteilen gleichen sie ihnen, im einen Teil dem einen, im andern dem andern der Eltern. Es wurden schon Zwillinge geboren, die einander nicht glichen, die meisten jedoch gleichen sich in der Regel. Ja, es ist schon vorgekommen, daß eine Frau, die sieben Tage nach einer Geburt ihrem Manne beiwohnte und empfing, ein zweites Kind bekam, das dem ersten glich wie ein Zwilling. Es gibt auch Frauen, die nur Kinder haben, die ihnen selber gleichen, andere, die nur Kinder haben, die ihrem Manne gleichen; ähnlich war es bei der Stute in Pharsalos, die man »die Gerechte« nannte.

Beim Ausstoßen des Samens kommt zuerst Luft, und die Art des Austretens beweist, daß er unter Druck steht, da nichts ohne solchen Luftdruck weiter fortgeschleudert werden kann. Sobald der Same die Gebärmutter erreicht und sich eingenistet hat, bildet sich ringsherum ein Häutchen; wenn nämlich der Keim vor seiner Gliederung ausgeworfen wird, erscheint er wie ein Ei, das von dem Häutchen umschlossen ist, das unter der harten Eierschale sitzt. Dieses Häutchen ist voller Adern. Alle Geschöpfe, die schwimmen, fliegen oder laufen, sei es, daß sie lebend gebären oder Eier legen, entwickeln sich ähnlich, nur daß die einen, die lebend gebärenden, mit der Nabelschnur an der Gebärmutter hängen, während die andern am Ei haften, wieder andere beide Weisen zeigen, wie eine bestimmte Fischgattung. Die einen sind in Häutchen eingeschlossen, die andern in Schleimhaut. Und zuerst ist das Junge in der äußersten Hülle, dann entsteht um es herum eine weitere Hülle, die meist an der Gebärmutter festgewachsen ist, stellenweise aber auch absteht und Wasser enthält. Dazwischen befindet sich wässrige oder blutige Flüssigkeit, von den Frauen »Fruchtwasser« genannt.

Alle Tiere mit Nabelschnur werden durch diese ernährt. Diese Nabelschnur sitzt bei denen, die einen solchen besitzen, am Saugnapf, bei solchen mit glatter Gebärmutter an der Gebärmutter selbst, wo sich eine Ader befindet. Die Haltung in der Gebärmutter ist bei allen Vierfüßlern ausgestreckt, bei den Fußlosen, wie den Fischen, quer, bei den Zweifüßlern zusammengekauert, z. B. beim Vogel. Auch der Mensch ist zusammengekauert, die Nase zwischen den Knien, die Augen auf den Knien, die Ohren oberhalb. Alle Tiere haben zuerst in gleicher Weise den Kopf nach oben, wenn sie wachsen und zum Ausgang drängen, wird er abwärts gedreht, und die Geburt erfolgt bei allen, wenn sie natürlich verläuft, mit dem Kopf zuerst. In der Kauerstellung und mit den Füßen zuerst ist sie unnatürlich. Die Jungen der Vierfüßler haben in sich auch schon Ausscheidungen, sobald sie ausgereift sind, feuchte und auch Kotklumpen, diese im letzten Teile des Darmes, in der Blase Harn. Bei den Tieren mit Saugnäpfen in der Gebärmutter werden diese, wenn der Keimling wächst, immer kleiner und verschwinden schließlich ganz. Die Nabelschnur stellt eine Hülle mit Adern darin vor, die in der Gebärmutter beginnen, bei denen mit Saugnäpfen in diesen, bei den andern in einer Ader. Die größeren, z. B. die Keimlinge der Rinder, haben vier Adern, die kleineren zwei und die ganz kleinen, z. B. Vögel, nur eine. Im Keimling verlaufen die zwei durch die Leber, und zwar durch die sogenannten »Pforten« zur großen Ader hin, die andern beiden zur Aorta an der Stelle, wo sie sich spaltet in zwei verschiedene Zweige. Jedes dieser Aderpaare umschließt ein Häutchen, und um diese Häutchen legt sich die Nabelschnur als Hülle. Mit dem weiteren Wachstum fallen diese Adern mehr und mehr bei. Ist der Keimling ausgereift, wandert er in die Leibeshöhlung und vollführt dort spürbare Bewegungen, bisweilen wälzt er sich auch in der Gegend der Scham.

Wenn die Frauen in die Wehen kommen, ziehen sich die Schmerzen auch sonst in viele Körperteile, bei den meisten aber in einen der Oberschenkel. Treten die Schmerzen im Unterleib auf, dann verläuft bei diesen die Geburt sehr rasch. Solche, die zuvor im Kreuz Schmerzen spüren, haben eine schwere Geburt; erfolgen sie im Bauch, eine leichte. Bei einer Knabengeburt geht eine gelbliche, wässrige Blutflüssigkeit voraus, bei einer Mädchengeburt eine blutige, die aber auch wässrig ist. Bisweilen allerdings bleibt in den Wehen auch beides aus. Bei den andern Geschöpfen sind die Geburten nicht so schmerzhaft, sie haben unter den Wehen ersichtlich nur mäßig zu leiden. Nur bei den Frauen ergeben sich heftigere Schmerzen, besonders bei solchen mit sitzender Lebensweise und solchen, die keine kräftigen Rippen haben und den Atem nicht anzuhalten vermögen. Die Geburt ist schwieriger, wenn sie zwischendurch ausatmen, statt mit der Atemluft zu pressen. Zuerst kommt ein Schub Wasser, wenn der Keimling sich bewegt und die Häutchen platzen, dann der Säugling, wobei sich die Gebärmutter umstülpt und das Innere nach außen kehrt.

Das Abschneiden der Nabelschnur durch die Hebamme gehört zu einer zielsicheren Kunst, die gelernt sein will. Denn sie müssen bei schwierigem Verlauf der Geburt nicht nur mit leichter Hand zu Hilfe kommen können, sondern auch bei allen Wechselfällen geistesgegenwärtig sein und die Nabelschnur an den Kleinen abzubinden verstehen. Falls die Nachgeburt sofort mitkommt, wird die Nabelschnur von der Gebärmutter mit einem wollenen Faden abgebunden und oberhalb dieser Stelle abgeschnitten. An der Abbindungsstelle selbst wächst sie zusammen, das andere fällt ab. Wird der Knoten gelöst, läuft das Blut aus und das Kindchen muß sterben. Kommt die Nachgeburt nicht sofort mit und bleibt sie noch drinnen, während das Kind schon außerhalb ist, wird erst abgeschnitten, wenn der Nabel abgebunden ist (was dann nicht sofort geschieht). Oft schien es schon, als sei das Kind tot geboren, während es nur schwach ist, da vor dem Abbinden des Nabels das Blut abgeflossen ist in die Nabelschnur und deren Hülle. Aber kundige Hebammen haben dann schon das Blut aus der Nabelschnur wieder in den Körper gedrückt, und sofort kam das Kindchen wieder zum Leben, als sei es nur ohnmächtig und blutleer gewesen. Wie schon gesagt, erfolgt bei natürlichem Verlauf die Geburt mit dem Kopf zuerst, auch bei den andern Geschöpfen. Die Kindchen haben die Arme an die Seiten gestreckt. Wenn sie hervorkommen, schreien sie sofort und führen die Hände zum Munde. Auch geben sie Ausscheidungen von sich, die einen sofort, die andern sehr bald, alle aber am gleichen Tage, und zwar unverhältnismäßig viel. Dies nennen die Frauen »Kindspech«. Seine Farbe ist blutig und ziemlich dunkel, wie Pech, danach kommt bereits milchige Ausscheidung. Denn alsbald saugt das Kleine auch an den Brustwarzen. Bevor es ganz heraus ist, schreit das Kind nicht, auch nicht wenn bei einer schweren Geburt der Kopf bereits außerhalb, der ganze Leib noch in der Mutter liegt. Frauen, deren Monatsfluß in den Reinigungen zu früh kam, gebären ihre Kinder schwerer. Und wenn nach der Geburt der Reinigungsfluß geringer austritt und wo er nur in den ersten Tagen, nicht die ganzen vierzig Tage hindurch sich zeigt, da kommen die Frauen besser zu Kräften und empfangen schneller wieder. Die Kinder, die noch keine vierzig Tage alt sind, können im Wachsein weder lachen noch weinen, bei Nacht tun sie bisweilen beides. Erst wenn sie größer werden, bildet sich der Zustand des Wachseins mehr heraus. Offenbar haben sie auch Träume, aber sie behalten erst spät die Erscheinungen. Bei den andern Geschöpfen findet man zwischen den Knochen keinen Unterschied, sondern alle sind sogleich fertig. Nur bei den kleinen Kindern ist der Schädel ganz dünn und wird erst spät hart. Und die Tiere kommen gleich mit Zähnen zur Welt, bei den Kindern fangen sie erst im siebten Monat an zu wachsen. Zuerst wachsen die Vorderzähne, bei den einen zuerst die oberen, bei den andern die unteren. Bei allen wachsen sie um so schneller, je wärmer die Ammenmilch ist.

Nach Geburt und Reinigung bildet sich bei den Frauen viel Milch, die manchmal nicht nur aus den Brustwarzen rinnt, sondern auch an vielen andern Stellen der Brust, ja bei einigen sogar aus den Achselhöhlen. Auch bleiben bis in die späteren Zeiten Knoten zurück, wenn die Flüssigkeit nicht ausgedrückt oder ausgetreten ist, sondern sich verhärtet hat. Die ganze Brust nämlich ist so schwammig, daß sie sogar in der Brust Beschwerden haben, wenn sie im Getränk ein Haar verschlucken; man nennt dies »Haarkrankheit«. Dies dauert, bis das Haar entweder von selbst herauskommt durch Drücken oder mit der Milch herausgesogen ist. Die Milch behalten sie, bis sie wieder empfangen. Dann hört sie auf und versiegt, bei den Menschen wie bei den andern vierfüßigen Säugetieren. Solange noch Milch kommt, zeigt sich der Monatsfluß in der Regel nicht – in der Regel, denn bei manchen trat die Reinigung schon während des Stillens wieder auf. Überhaupt kann sich der Drang der Säfte nicht nach vielerlei Richtungen ausbilden. Wer z. B. an Blutfluß leidet, hat weniger Monatsfluß, und manche haben ihn deswegen weniger, weil sie Blutgefäßerweiterung haben, wenn das Blut schon im Kreuz abgefangen wird, bevor es in die Gebärmutter gelangt. Wenn bei einer Frau die Reinigungen ausbleiben, schadet es ihr nichts, falls sie einmal Blut speit.

Sehr viele kleine Kinder befällt ein Krampf, namentlich wohlgenährte, die zu viel oder zu dicke Milch bekommen und deren Ammen zu fleischig sind. Schädlich für diesen Zustand ist auch Wein, der dunkle noch mehr als der weiße, und besonders der unvermischte, ferner die meisten blähenden Speisen und Stuhlverstopfung. Die meisten Kinder, die sterben, sterben in der ersten Woche. Daher gibt man ihnen auch dann erst die Namen, weil man schon eher damit rechnet, daß sie durchkommen. Sie leiden auch mehr bei Vollmond. Gefährdet sind Kinder, bei denen die Krämpfe im Rücken beginnen.

Aussetzung und Abtreibung
Aristoteles, Politik 1334b 19–1334b 26

Was Aussetzung oder Aufnahme der Kinder anlangt, so soll es Gesetz sein, daß nichts Verstümmeltes aufgezogen wird; wenn dagegen die Zahl der Kinder zu groß wird, so verbietet zwar die Ordnung der Sitten, irgendein Geborenes auszusetzen; dennoch soll die Zahl der Kinder eine Grenze haben, und wenn ein Kind durch die Vereinigung über diese Grenze hinaus entsteht, so soll man es entfernen, bevor es Wahrnehmung und Leben erhalten hat. Denn was erlaubt ist oder nicht, soll sich nach dem Vorhandensein von Wahrnehmung und Leben richten.

Hebammen und Ammen

Die ideale Hebamme
Platon, Theaitetos 149b–150a

SOKRATES: ... Du weißt doch, daß keine Frau, die selbst noch empfangen und gebären kann, bei anderen Hebammendienste leistet, sondern nur solche, die nicht mehr gebären können.

THEAITETOS: Ja, gewiß.

SOKRATES: Man sagt, dies rühre von der *Artemis* her, weil sie, die nie geboren hat, die Obhut über die Geburten bekam. Den Unfruchtbaren nun hat sie es versagt, Geburtshelferinnen zu sein, weil die menschliche Natur zu schwach ist, eine Kunst zu lernen, in der sie keine eigene Erfahrung hat. Doch denen, die ihres Alters wegen nicht mehr gebären können, verlieh sie dieses Amt und ehrte damit deren Ähnlichkeit mit sich selbst.

THEAITETOS: Das klingt wahrscheinlich.

SOKRATES: Und ist es nicht auch wahrscheinlich und sogar notwendig, daß die Hebammen besser als andere erkennen können, ob eine Frau schwanger ist oder nicht?

THEAITETOS: Gewiß.

SOKRATES: Und können die Hebammen nicht auch mit Arzneimitteln und Beschwörungen die Wehen anregen oder sie nach Belieben mildern? und solchen, die mühsam gebären, die Geburt erleichtern? oder auch eine Abtreibung vornehmen, wenn es ratsam scheint, eine noch junge Frucht abzutreiben?

THEAITETOS: So ist es.

SOKRATES: Und hast du nicht schon vernommen, daß sie auch sehr erfolgreiche Ehestifterinnen sind, weil sie besonders gut herauszufinden verstehen, was für eine Frau mit was für einem Mann zusammenkommen muß, damit sie möglichst gute Kinder zur Welt bringt?

THEAITETOS: Nein, das ist mir ganz unbekannt.

SOKRATES: So sollst du wissen, daß sie sich darauf noch mehr einbilden als auf das Durchschneiden der Nabelschnur. Denn überleg dir einmal: Ist die Pflege und das Einsammeln der Feldfrüchte nach deiner Meinung die Sache derselben oder einer anderen Kunst als die Sachkenntnis darüber, in welches Erdreich welcher Setzling und Same gelegt werden soll?

THEAITETOS: Nein, das gehört zur selben Kunst.

SOKRATES: Bei der Frau aber, mein Freund, glaubst du da, es gebe eine Kunst für das Säen und eine andere für das Ernten?

THEAITETOS: Das ist nicht wahrscheinlich.

SOKRATES: Sicher nicht. Sondern nur, weil Mann und Weib auch auf unrechte und unfachgemäße Art zusammengeführt werden, was man Kuppelei nennt, meiden die Hebammen, als ehrbare Frauen, die Heiratsvermittlung; sie fürchten, sie könnten dadurch auch in jenen Verdacht geraten. Denn eigentlich wäre es allein Sache der wirklichen Hebammen, auch richtig zu werben.

Die Amme des Orest
Aischylos, Choephoren 744–763

Wie hat mir all das alte, hart zu tragende
Leid, das mit *Atreus'* Hause eng verschwistert ist,
Als es hereinbrach, schwer gelastet auf der Brust!
Doch hat mich niemals noch ein Weh so tief gebeugt,
Die sonst das Unglück bis zur Neige ausgeschöpft.
War *mein Orest*, für den mein Leben ich verzehrt,
Den *mir* die Mutter überließ, den *ich* erzog!
Wie manches laute, nachtdurchhallende Geplärr,

Wie manche Mühsal nahm ich hin! Vergeblich ist's
Gewesen. – Was solch ein Unverstand, das muß man wie
Ein Tierchen hüten; ja, Sorgsamkeit ist da Gebot.
Ein Kind in Wickeln hat noch keine Zunge, mag's
Der Hunger plagen oder Durst oder die Not
Des Leibes. Das Bäuchlein macht sich eben selbst zum Herrn.
Voraussehn hieß die Losung; doch oft, gern geb' ich's zu,
Ließ ich mich täuschen, ward zur Windelwäscherin,
Und Amm' und Walkerin vereinigten ihr Amt.
Doch wenn ich solcher Art ein zwiefach Handwerk trieb,
Geschah's, weil für den Vater ich den Sohn erzog.
Und jetzt erfahr' ich Arme, daß Orestes tot.

Die alte Amme
Menander, Die Samierin 236–250

Bei Moschion war das Weib
einst Amme, ziemlich alt schon, früher meine Sklavin,
doch freigelassen nun. Wie sie das Kind erblickt,
das schreit – denn keiner kümmert sich darum –,
und sie nicht weiß, daß ich da drin bin, also meint,
sie könne unbekümmert reden, geht sie näher
und redet, wie's so üblich: »Ach, das süße Kleine«
und »Ach, das liebe Ding, wo ist denn deine Mami?«
und küßt es ab und nimmt es hoch, da hört es auf
zu weinen, und sie spricht bei sich: »Ich Ärmste,
als einst Moschion so ein Baby war, wie habe
ich ihn geliebt und ihn gestillt, und nun, da er
schon selbst ein Kindchen hat, so wär auch das
mein Pflegekind, für das ich sorgen wollte,
damit Moschions Sohn es besser hat.«

III. Kindheit

Erziehung in Familie und Schule

Kinder als Segen
Euripides, Ion 472 – 481

Überströmender Seligkeit
Nie versiegenden Quell besitzt
Vor allen andern,
Wem der Glanz
Der erblühenden Jugend im Haus
Der Väter strahlt und die Frucht
Immer erneuert.
Altes Erbteil der Güter
Pflanzen vom Vater sie fort
Auf Kinder und Kinder;
Die Hoffnung im Übel,
Die Krönung des Glückes,
Die rettende Hilfe des Landes,
Wenn Speere toben.
Höher als Gold und Gut
Und Königsgemächer
Acht ich Kinderglück im Hause.
Das Leben ohne Kind
Und die es noch preisen, veracht ich.
Sei mir kleiner Besitz,
Doch der Kinder Glück beschieden!

Die Natur des Kindes
Aristoteles, Politik 1334 b 22 – 1334 b 28

Zorn und Wollen und ebenso das Begehren hat das Kind von Geburt an, die Überlegung und der Geist kommen aber erst mit fortschreitendem Alter. So muß man denn zuerst für den Körper sorgen und dann für die Seele und dann für das Begehren, und zwar für dieses um des Geistes willen, für den Körper aber um der Seele willen.

Die Erziehung des Kindes in den ersten Lebensjahren
Aristoteles, Politik 1336 a 3 – 1337 a 2

Sind die Kinder geboren, so hat, wie man annehmen muß, die Nahrung auf die Entwicklung des Körpers einen sehr großen Einfluß. Es zeigt sich an der Beobachtung der andern Lebewesen und an den Völkern, die ihre Leute zu einer kriegerischen Haltung erziehen wollen, daß eine reichliche Milchnahrung den Körpern am angemessensten ist, dagegen wenig Wein wegen der Krankheiten. Ferner soll auch soviel Bewegung vorgenommen werden, als das Alter es zuläßt. Um aber die noch weichen Glieder nicht zu verbiegen, verwenden noch heute einige Völker mechanische Hilfsmittel, die den Körper der Kinder fest machen. Auch an Kälte müssen sich die Kinder möglichst bald gewöhnen. Denn dies ist für die Gesundheit wie für die Kriegstüchtigkeit äußerst zweckmäßig. So gibt es bei vielen Barbaren die Sitte, die Neugeborenen in einem kalten Flusse einzutauchen, bei andern, wie bei den Kelten, ihnen nur ganz geringe Kleidung zu geben. Man muß sie also an alles gewöhnen, was man kann, und am besten gleich damit beginnen, aber ganz planmäßig. Denn wegen seiner angeborenen Wärme ist der Körper der Kinder besonders leicht an die Kälte zu gewöhnen.

Im ersten Lebensalter ist es also zweckmäßig, diese und ähnliche Vorkehrungen zu treffen. Im folgenden Alter bis zum fünften Jahre soll man sie noch nicht zum Lernen anhalten und auch nicht zu schwerer Arbeit, damit das Wachstum nicht gehindert werde, sondern sie sollen eben jene Bewegung erhalten, die für die Munterkeit des Körpers zuträglich ist, und die man durch allerlei Verrichtungen und durch das Spiel veranlassen kann. Die Spiele aber wiederum sollen nicht unedel sein und nicht anstrengend oder zu ausgelassen. Ebenso sollen die Aufseher über die Erziehung sich darum kümmern, was für Reden und Erzählungen Kinder dieses Alters anhören dürfen. Denn all das soll eine Vorbereitung auf den spätern Unterricht darstellen. Darum sollen denn auch die Spiele zur Hauptsache Nachbildungen dessen sein, was sie später im Ernst treiben werden.

Was das Schreien und Weinen der Kinder betrifft, so ist es unrichtig, dies verbieten zu wollen, wie es die Staatstheoretiker vorschlagen. Denn dies trägt zum Wachstum bei und ist in gewisser Weise ein Turnen. Und wie ein tiefes Atemholen die Arbeitenden stärkt, so wirkt auch das Schreien der Kinder.

Die Aufseher über die Erziehung haben diese und andere Dinge zu beachten, und auch, daß sie so wenig wie möglich mit Sklaven zusammen sein sollen. Denn in diesem Alter und bis zu sieben Jahren sollen die Kinder zu Hause aufgezogen werden. Es ist klar, daß sie sonst das unedle Wesen mit Augen und Ohren aufnehmen, da sie ja noch so klein sind. Überhaupt soll der Gesetzgeber vor allem andern das gemeine Reden aus dem Staate verbannen; denn wenn man leicht über Gemeines reden kann, so wird man auch bald zu entsprechenden Taten kommen. Vor allem gilt dies für die Jungen, die nichts dergleichen sagen oder hören dürfen. Und wenn einer etwas derartig Verbotenes sagt oder tut, so soll der Freigeborene, der aber noch nicht den Zutritt zu den Syssitien erhalten hat, mit Schande und Schlägen gezüchtigt, der Ältere dagegen wegen seiner sklavischen Gesinnung wie ein Unfreier an seiner Ehre gestraft werden.

Da wir das Reden solcher Dinge verboten haben, so gilt dies natürlich auch für das Betrachten unpassender Bilder oder das Anhören entsprechender Vorträge. Die Regierenden haben also dafür zu sorgen, daß keine Standbilder oder Gemälde als Nachahmung solcher Handlungen vorhanden seien, außer etwa bei gewissen Göttern, bei denen das Gesetz auch Ausgelassenheiten zuläßt. Hier erlaubt das Gesetz den Männern, die schon ein gewisses Alter haben, für sich und ihre Kinder und Frauen die Götter zu ehren. Die Jüngeren aber dürfen nicht als Zuhörer von Iamben und Komödien zugelassen werden, bis sie in das Alter gekommen sind, in dem sie schon bei den Syssitien mitmachen dürfen, und in dem die Erziehung sie schon alle gegen Trunkenheit und den aus solchen Dingen erwachsenden Schaden unempfindlich gemacht hat.

Wir haben dies jetzt nur beiläufig erwähnt. Später werden wir Genaueres zu sagen haben und uns fragen, ob die Jungen hier zugelassen sein sollen oder nicht, und wie sie es sollen. Augenblicklich reden wir eben nur vom Notwendigsten. Nicht mit Unrecht hat in diesem Zusammenhang der tragische Schauspieler Theodoros erklärt, er lasse keinen vor sich auf die Bühne kommen, auch nicht von den zweitrangigen Schauspielern, da die Zuschauer durch den ersten Eindruck am meisten beeinflußt würden. Dasselbe gilt auch für den Umgang mit den Menschen wie mit den Dingen. Denn wir lieben alle das erste am meisten. Darum muß man von den Jungen alles Schlechte fernhalten und vor allem, was lasterhaft und abstoßend ist.

Nach den fünf Jahren sollen sie in den zwei weiteren bis zum siebenten schon lernen, was es für sie zu lernen gibt. Sodann gibt es zwei Lebensalter, nach denen die Erziehung abgeteilt werden muß, einmal vom siebenten Jahre bis zur Pubertät und dann von der Pubertät bis zum einundzwanzigsten Jahre. Denn jene, die das Leben in *Hebdomaden* einteilen, machen es im allgemeinen nicht unrichtig, doch muß man der natürlichen Gliederung folgen. Denn jede Kunst und Erziehung will ja nur die Natur ergänzen.

Kindererziehung in Sparta
Xenophon, Von der Staatsverfassung der Lacedämonier I 2

Ich will nun, nachdem ich von der Zeugung gesprochen habe, auch die Erziehung Beider [der andern Griechen und der Lacedämonier] auseinander setzen.

Bei den übrigen Griechen nun pflegen Die, welche ihre Söhne am besten zu erziehen behaupten, sobald die Knaben die Sprache verstehen, sogleich Sclaven als Aufseher [Pädagogen] über sie zu setzen, sogleich sie in die Schule zu schicken, um die Wissenschaften, die Musik und die Uebungen in der Ringschule [Palästra] zu lernen. Dabei aber verweichlichen sie die Füße der Knaben durch

Schuhe, und verzärteln ihre Körper durch den Wechsel der Kleider, und betrachten ihren Magen als das Maß für die Speise.

Lycurg dagegen, statt daß Jeder für sich Sclaven zu Aufsehern über seine Knaben setzt, stellte einen Mann auf, die Gewalt über sie zu handhaben, einen von Denjenigen, aus welchen die höchsten Staatsbehörden besetzt werden, der daher auch Knabenaufseher [Pädonom] genannt wird. Diesen ermächtigte er, die Knaben zu versammeln und indem er sie beaufsichtigt, wenn einer sich verfehle, ihn hart zu strafen. Er gab ihm auch von den angehenden Männern Einige, welche Geißeln führen, um zu strafen, wenn es nöthig ist, so daß hier [in Lacedämon] eine große Scheu [vor Fehlern] und zugleich ein strenger Gehorsam Statt findet. Statt die Füße durch Schuhe zu verweichlichen, verordnete er, sie durch Barfußgehen zu stärken, denn er glaubte, wenn sie sich darin übten, werden sie leichter auf steile Höhen hinauf-, und in jähe Abgründe hinuntersteigen, und wenn Einer die Füße geübt habe, werde er mit mehr Gewandtheit in die Weite, wie in die Höhe springen, und laufen, ohne Schuhe, als mit Schuhen. Und statt durch [verschiedene] Kleider sich zu verzärteln, gab er das Gesetz, daß sie das [ganze] Jahr hindurch sich an ein Kleid gewöhnen sollten, in der Ueberzeugung, so werden sie sich gegen die verschiedenen Grade der Kälte und der Hitze besser abhärten. In Betreff des Brodes aber verordnete er, sollen sie für sich selbst sorgen mit so viel, daß sie nie durch Ueberfüllung sich beschweren, wohl aber Mangel zu ertragen lernen. Denn er glaubte, wenn sie so erzogen werden, können sie eher, wenn es nöthig sey, ohne gegessen zu haben, sich fortwährend anstrengen, eher, wenn es befohlen werde, mit dergleichen Nahrung längere Zeit ausreichen, bedürfen weniger einer Zukost, halten sich leichter an jede Speise, und bleiben gesunder. Auch trage, meinte er, zum Wachsen und Großwerden die Nahrung mehr bei, welche den Körper schlank mache, als die, welche ihn durch die Speisen breit [dick] mache. Damit sie aber auch nicht von Hunger zu sehr gequält würden, erlaubte er ihnen zwar nicht ohne Mühe zu nehmen, was sie noch weiter bedürfen, gestattete ihnen aber, Einiges zu stehlen, um den Hunger zu stillen [indem er es billigte, so viel als möglich Käse zu stehlen].

Daß er nicht aus Mangel, [das Nöthige] zu geben, ihnen gestattete, sich selbst durch List Nahrung zu verschaffen, wird, denke ich, Niemand unbekannt seyn; offenbar aber ist, daß, Wer stehlen will, bei Nacht wachen und bei Tage schlau und listig handeln und Kundschafter bereit halten muß, wenn er Etwas bekommen will. Aus diesem Allem nun ist offenbar, daß er ihnen solche Erziehung gab, in der Absicht, die Knaben tüchtiger zu machen, sich ihre Bedürfnisse durch List zu verschaffen, und zum Kriege tauglicher. Vielleicht möchte aber nun Jemand sagen: warum hat er denn, wenn er das Stehlen für recht hält, Demjenigen, welcher ertappt wird, viele Schläge als Strafe auferlegt? Darum, antworte ich, weil man auch sonst bei Allem, was Menschen lernen, Die, welche Etwas nicht recht machen, straft. Auch sie also züchtigten Diejenigen, welche ertappt werden, weil sie ungeschickt stehlen. Bei dem Altare der *Orthia* verordnete er Diese durch Andre zu geißeln. Er wollte nämlich auch dadurch anzeigen, daß manchmal, Wer kurze Zeit Schmerzen leidet, lange Zeit des Ruhmes sich freuen darf. Es zeigt sich aber dabei auch, daß wo Schnelligkeit nöthig ist, der Träge am wenigsten Vortheil und am meisten Ungemach hat.

Damit aber auch, wenn der Knabenaufseher [Pädonom] wegginge, die Knaben niemals ohne Aufseher wären, machte er das Gesetz, daß jeder gerade anwesende Bürger ermächtigt sey, den Knaben zu befehlen, Was er für gut halte, und sie zu strafen, wenn sie sich in Etwas verfehlen. Durch diese Einrichtung bewirkte er, daß die Knaben sich mehr [vor Fehlern] scheuten; denn Knaben sowohl als Männer trugen vor Nichts größere Scheu, als vor Aufsehern. Damit aber auch, wenn etwa kein Mann gerade zugegen wäre, selbst in diesem Falle die Knaben nicht ohne Aufseher wären, setzte er fest, daß über jede Abtheilung der Verständigste unter den Jünglingen [Irenen] die Aufsicht führe, so daß die Knaben hier [in Lacedämon] nie ohne Aufseher sind.

Schwierigkeit der Jungenerziehung
Platon, Gesetze VII 808 d – 809 a

Doch ist der Knabe unter allen Lebewesen dasjenige, das am schwersten zu behandeln ist; weil er nämlich in sich eine Quelle des Denkens hat, die noch nicht in die richtige Bahn gelenkt ist, zeigt er sich um so schlauer und verschlagener und übermütiger als alle anderen Tierlein. Darum muß man ihn also gleichsam mit vielen Zügeln zurückbinden, zunächst einmal, wenn er nicht mehr bei seiner Mutter und seiner Wärterin ist, durch Aufseher, die sein kindisches und törichtes Wesen leiten können, und dann durch Lehrer, die ihn in allen Fächern unterrichten, und durch die Lerngegenstände selbst, sofern er ein Freigeborener ist; handelt es sich aber um einen Sklaven, so soll jeder Freie, der gerade dazukommt, die Züchtigung vornehmen, sowohl an dem Knaben selbst als auch am Aufseher oder Lehrer, wenn einer von ihnen eine Ungehörigkeit begangen hat. Kommt aber jemand dazu und unterläßt die verdiente Züchtigung, so soll dieser erst einmal von der größten Schmach betroffen werden, und dann wird derjenige unter den Gesetzeswächtern, der zur Leitung der Erziehung bestellt ist, diesen Mann fest im Auge behalten, der in dem erwähnten Falle den, den er hätte bestrafen sollen, nicht oder nicht richtig bestraft hat; soll doch dieser Gesetzeswächter mit scharfem Blick über unsere Jugend wachen und mit außerordentlicher Sorgfalt auf ihre Erziehung achthaben, um so ihre Wesensart in die richtige Bahn zu lenken und sie, gemäß den Gesetzen, jederzeit zum Guten zu wenden.

Kindheit in Armut und Reichtum, Demosthenes vergleicht sein Aufwachsen mit dem seines politischen Gegners Aischines

Demosthenes, Kranzrede 257 – 258

Mir also war es vergönnt, *Aischines*, in meiner Kindheit standesgemäß zur Schule zu gehen und soviel zu besitzen, wie man braucht, um sich nicht aus Mangel schimpflichem Tun zuwenden zu müssen, und, nachdem ich herangewachsen war, jenen Verhältnissen entsprechend zu handeln: Chöre zu finanzieren, Kriegsschiffe auszurüsten, freiwillige Steuerbeiträge zu spenden, kurz, weder im privaten noch im öffentlichen Leben es an Freigebigkeit fehlen zu lassen, vielmehr dem Staat sowohl als meinen Freunden mich nützlich zu erweisen, des ferneren, als ich mich zum Eintritt in die politische Laufbahn entschlossen hatte, mich auf solche Weise für den Staat zu engagieren, daß ich sowohl von der Vaterstadt wie auch von vielen andern griechischen Staaten vielmals durch Verleihung eines Kranzes geehrt worden bin und daß nicht einmal ihr, meine Gegner, versucht habt zu behaupten, Weg und Ziel meiner Politik seien nicht wenigstens rühmlich gewesen. Mich also hat ein solches Geschick durchs Leben geleitet, und ich könnte noch manches darüber sagen, übergehe es aber, um womöglich jeden Anstoß zu vermeiden, den meine Selbstwürdigung erregen könnte. Du aber, der würdige Mann, der du auf die andern mit Verachtung herabsiehst, prüfe im Vergleich damit, was *du* für ein Geschick gehabt hast: Drückend war die Armut, in der du als Knabe aufgewachsen bist, zusammen mit deinem Vater an die Schule gebunden, Tinte reibend und die Bänke abwischend und die Schulstube fegend, in der Stellung eines Sklaven, nicht eines frei geborenen Knaben.

Kultische Funktionen von Kindern
Aristophanes, Lysistrata 641 – 647

Sieben Jahre war ich alt,
Als ich schon den heiligen Rock
Trug zum Tempel der Athene.
Dann war ich im zehnten Jahre
Eins der Mädchen, die der Göttin
Artemis die Gerste mahlen
Für den Opferkuchen.
Wurde dann im Safrankleide
Ihr beim Bärenfest zu Brauron
Dargestellt. Und trug alsdann,
Großgeworden, ein gar schönes
Mädchen, den geweihten Korb:
In den Händen eine Kette
Aufgereihter
Trockener Feigen.

Der Knabe präsentiert sein Wissen in der Öffentlichkeit
Aristophanes, Der Friede 1265 – 1304

TRYGAIOS: Sieh da, die Buben meiner Gäste kommen
Heraus, vermutlich, um zu pissen, ehe
Sie singen, so 'ne Art Präludium!
Was willst du denn uns singen, Junge? Komm
Zu mir, und laß mich hier dein Liedchen hören!

ERSTER KNABE:
»Jugendlich rüstige Krieger besingen wir« –

TRYGAIOS: Rüstige Krieger?
Schweige mir still von »rüstig« und Rüstung, Dreimalverfluchter!
Denn es ist Frieden im Land, unwissender, teuflischer Bube!

ERSTER KNABE:
»Als sie nun nah aneinandergerückt sich im Angesicht standen,
Schlugen sie Stierhautschild' und eherne Tartschen zusammen.«

TRYGAIOS:
Schilde schon wieder? Die Schilde laß ruhen, erwähne sie nimmer!

ERSTER KNABE:
»Und es erhob Wehklagen sich hier, dort Jubel der Männer!«

TRYGAIOS:
Was? Wehklagen der Männer? Nein, *du* sollst heulen, du Bube,
Und Wehklagen mir gleich, stierhäutige, singen, du Lümmel!

ERSTER KNABE:
Aber was soll ich denn singen? So sage, was hörst du denn gerne?

TRYGAIOS:
»Also schmausten sie nun das Fleisch der Rinder« – und so was,
Und das Frühstück kam – kurzum, die vortrefflichsten Bissen!

ERSTER KNABE:
»Also schmausten sie nun das Fleisch der Rinder und schirrten
Aus die triefenden Rosse, des Kampfes satt und der Arbeit!«

TRYGAIOS: Recht schön! Des Kampfes satt und dann gegessen!
Das singe mir, wie sie gesättigt aßen!

ERSTER KNABE:
»Als sie gerastet, bewehrten sie sich« –

TRYGAIOS: – mit 'nem tüchtigen *Sarras*!

ERSTER KNABE:

»Stürmten hinaus zu den Toren: unbändig tobte der Kriegslärm.«

TRYGAIOS: Du Schlingel, geh mir mit dem Krieg zum Henker!
Du weißt von nichts als Schlachten! Wessen Sohn
Bist du?

ERSTER KNABE: Wer? Ich?

TRYGAIOS: Ja, du!

ERSTER KNABE: Des Lamachos!

TRYGAIOS: Ja so!
Nun, mich wundert es nicht, daß du des Lamachos Machwerk,
Lahm, ach, macht' er schon manchen: du aber, du mach, daß du fortkommst!
Sing das den Lanzenmännern vor, nicht uns!

Der junge Lamachos ab.

Zum zweiten Knaben: Wo bist du, Söhnchen des Kleonymos?
Komm, sing mir was, eh du hineingehst: du
Singst nicht von Händeln, Sohn des klügsten Vaters!

ZWEITER KNABE:

»Zwar ein *Saïer* prangt mit dem Schild nun, den ich gezwungen
Hinter dem Busch wegwarf, meine untadlige Wehr« –

TRYGAIOS:

Sage mir, Bübchen, du, besingst du den eigenen Vater?

ZWEITER KNABE:

»Aber ich kam mit dem Leben davon« –

TRYGAIOS: – für die Eltern ein Schandfleck!
Nun komm, wir gehn hinein! Ich weiß gewiß,
Dein Lied vom Schilde, das du eben sangst,
Vergißt du nie: denn Art läßt nicht von Art.

Knabe ab.

Das geringe Ansehen der Pädagogen
Platon, Lysis 223 a – b

Nach diesen Worten wollte ich eben einen anderen, einen der Älteren zum Reden bewegen. Da kamen, wie dämonische Wesen, die Aufseher des Menexenos und des Lysis herbei und brachten auch die Brüder der beiden Jünglinge mit. Sie riefen ihnen zu und hießen sie nach Hause gehen; denn es war schon recht spät. Zuerst versuchten wir und die Dabeistehenden, sie wegzuweisen. Als sie sich aber nicht an uns kehrten, sondern in ihrer halbbarbarischen Sprache schimpften und immer wieder nach den Jünglingen riefen und wir den Eindruck hatten, sie seien vom Hermesfest leicht betrunken und vernünftigem Zureden unzugänglich, da gaben wir uns geschlagen und brachen die Unterredung ab.

Kinderspiele und pädagogische Fabeln

Spielzeug für Säuglinge
Aristoteles, Politik 1340 b 24–31

Offensichtlich macht es einen großen Unterschied, wenn man etwas werden will, ob man selbst arbeitet. Denn es gehört zu den unmöglichen oder doch schwierigsten Dingen, eine Sache gut zu beurteilen, in der man nicht selbst gearbeitet hat. Außerdem brauchen Kinder eine Beschäftigung, und die Klapper des *Archytas* ist eine ausgezeichnete Sache, wenn er sie den Kindern zum Spielen gibt, damit sie nichts im Hause zerschlagen. Denn junge Geschöpfe können nicht stillsitzen. Dieses Spielzeug paßt nun für die Säuglinge, für ältere aber vertritt die Erziehung die Stelle der Klapper.

Spiel und Strafe im Alter von 3 bis 6 Jahren
Platon, Gesetze VII 793 e – 794 a

Im dritten Jahre aber und auch im vierten und im fünften und selbst noch im sechsten zeigt wohl die Seele des Kindes ein Bedürfnis nach dem Spiel. Von jetzt an soll aber jede Verweichlichung des Kindes aufhören; man soll es bestrafen, ohne aber dabei sein Ehrgefühl zu verletzen, sondern wie wir schon von den Sklaven gesagt haben, daß die Strafenden weder durch mutwillige Übertreibung die Bestraften zum Zorn reizen, daß sie sie aber auch nicht verweichlichen dürfen, indem sie sie unbestraft lassen: genau so müssen wir es auch bei den Freien halten.

Die Spiele der Kinder ergeben sich aber in diesem Alter ganz natürlich, indem sie diese fast von selbst erfinden, wenn sie zusammenkommen.

Für den Sechsjährigen ein Wägelchen
Aristophanes, Die Wolken 860 – 864

Geh, lauf jetzt! Vorwärts! Mach auch deinem Vater
Zulieb 'nen dummen Streich einmal! – Ich tat
Dir's auch zulieb – du lalltest noch, sechs Jahr alt –,
Als für den ersten Richtersold ich dir
Ein Wägelchen kaufte zum *Diasienfest!*

Das »Scherbenspiel«, Platon vergleicht das Verhalten der Politiker mit dem der Kinder
Platon, frg. 153

»Den Kinderchen sind sie vergleichbar, die
zum Scherbenspiel in der Straße
Der Mitte entlang eine Linie ziehn, um in
zwei Partei'n sich zu teilen.
Die eine, die weiße, steht diesseits des
Strichs, die andere, schwarze, dann jen-
seits.

Ein Junge tritt nun in die Mitte und wirft auf
den Strich eine Scherbe, die schwarz-weiß.
Liegt Weiß obenauf, dann müssen, so
schnell sie nur können, die Weißen sich
flüchten.
Und die Schwarzen, die sind die Verfol-
ger.«

Spiele, die den alten Herrn ärgern
Herondas

Topfschlagen spielt der Bengel oder Blindekuh,
Maikäfer hängt er an die Fäden von dem Rocken
und ärgert so mir meinen alten Herrn.

Tragische Folgen eines Würfelspiels
Homer, Ilias XXIII 80–88

Und auch dir selbst ist es bestimmt, den Göttern gleicher *Achilleus*,
Unter der Mauer der *Troer*, der gutbegüterten, umzukommen. –
Doch etwas anderes sage ich dir und trage es auf, wenn du folgen wolltest:
Lege nicht meine Gebeine von den deinen getrennt, Achilleus!
Sondern ineins, so wie wir erwuchsen in euren Häusern,
Als mich, der ich noch klein war, Menoitios aus Opus
In euer Haus geführt, wegen eines unheilvollen Totschlags
An dem Tag, als ich den Sohn getötet des Amphidamas –
Ich Kindischer! nicht mit Willen: im Zorn um die Würfel.

Die Nachtigall und der Habicht
Hesiod, Erga 201–212

Jetzt will ein Gleichnis ich sagen den Herrn, so klug sie auch selber.
Also zur Nachtigall sprach, zur buntgefleckten, der Habicht,
Der mit den Fängen sie griff und hoch in den Wolken dahintrug;
Die aber klagte, die Seiten durchbohrt von gebogenen Krallen,
Jämmerlich; *er* aber herrschte sie an mit den höhnenden Worten:
»Seltsame du, warum schreist du? Dich hält nun ein weit Überlegner;
Du wirst gehn, wohin *ich* es will, auch wenn du ein Sänger.
Werde zum Mahl, wenn ich mag, dich verzehrn oder lasse dich laufen.
Töricht der Mann, der begehrt, sich Stärkren entgegenzustellen;
Geht verlustig des Siegs und hat zur Schande noch Schmerzen.«
So der windschnelle Habicht, der flügelspreitende Vogel.

Herakles am Scheideweg
Xenophon, Memorabilien II 21–34

Auch der weise *Prodikos* spricht sich in seiner Schrift über *Herakles*, die er bekanntlich auch sehr vielen vorträgt, ebenso über die Tugend aus und sagt etwa folgendes, soweit ich mich erinnern kann. Er erzählt nämlich: Als Herakles vom Kind zum jungen Manne heranwuchs, in welchem Alter die Jünglinge bereits selbständig werden und offenbaren, ob sie sich für ihr Leben dem Weg der Tugend zuwenden werden oder dem des Lasters, da sei er in die Einsamkeit gegangen und habe sich niedergesetzt und unschlüssig überlegt, welchen von beiden Wegen er einschlagen solle. Und es seien ihm zwei Frauen von großer Gestalt erschienen und auf ihn zugekommen, die eine schön anzusehen und edel in ihrem Wesen, deren Schmuck Reinheit der Haut, Schamhaftigkeit der Augen und Sittsamkeit der Haltung waren, und in weißem Gewande; die andere dagegen wohlgenährt bis zur Fülle und Üppigkeit, die Haut geschminkt, so daß sie sich weißer und rosiger darzustellen schien, als sie war, die Haltung so, daß sie aufrechter zu sein schien als von Natur, die Augen weit geöffnet, und in einem

Kleid, in dem ihre jugendlichen Reize besonders vorteilhaft in Erscheinung treten sollten; und sie habe wiederholt sich selbst betrachtet und auch darauf geachtet, ob ein anderer sie anschaue, und oft habe sie nach ihrem Schatten geblickt. Als sie nun näher zu Herakles gekommen waren, da sei die zuerst Genannte in derselben Weise weiter gegangen, die andere dagegen sei vorausgeeilt, um ihr bei Herakles zuvorzukommen, und habe gesprochen: Ich sehe dich, Herakles, unentschlossen, welchen Lebensweg du einschlagen sollst. Wenn du nun mich zur Freundin wählst, dann werde ich dich auf dem angenehmsten und bequemsten Wege geleiten, und keine Lust soll dir unbekannt sein, und von Beschwerden sollst du dagegen dein Leben lang nichts erfahren. Denn vor allem sollst du dich nicht um Kriege und Geschäfte kümmern, sondern du sollst fortwährend überlegen, was du Angenehmes zum Essen oder zum Trinken findest, was dir Freude macht zu sehen oder zu hören, was zu riechen oder zu betasten dir gefällt, mit welchen Jünglingen zu verkehren dir am meisten Genuß bereitet, und wie du am weichsten schlafen und am mühelosesten zu all dem gelangen kannst. Wenn dich aber jemals irgendwie die Sorge beschleichen sollte, es könnte Mangel daran eintreten, so brauchst du nicht zu befürchten, ich würde dich veranlassen, dies durch Anstrengungen und Mühen für Leib und Seele zu beschaffen, sondern was die anderen erarbeiten, das sollst du genießen, indem du nichts zurückweist, woraus man irgendwie Gewinn ziehen kann; denn ich gebe meinen Freunden die Möglichkeit, aus allem Nutzen zu ziehen. Als Herakles dies hörte, fragte er: Wie ist dein Name, Weib? Sie erwiderte: meine Freunde nennen mich Glückseligkeit, die aber, welche mich hassen, geben mir, um mich schlecht zu machen, den Namen Lasterhaftigkeit. Währenddessen war die andere Frau hinzugetreten und sprach: Auch ich komme zu dir, Herakles, ich kenne bereits deine Eltern und dein eigenes Wesen habe ich bei der Erziehung kennengelernt, und daher hoffe ich, wenn du den Weg zu mir wählen solltest, du wirst dich eifrig um das Gute und Heilige bemühen, und ich werde noch viel geehrter und reicher an Gütern in Erscheinung treten. Ich will dich aber nicht durch das Vorgaukeln von Genüssen täuschen, sondern dir wahrheitsgemäß erklären, wie die Götter alles, was es gibt, eingerichtet haben. Denn von dem wirklich Guten und Schönen geben die Götter den Menschen nichts ohne Mühe und Anstrengung, sondern wenn du willst, daß dir die Götter gnädig seien, so mußt du die Götter verehren, wenn du von deinen Freunden geliebt werden willst, so mußt du deinen Freunden Gutes tun, wenn du vom Staat irgendwie geehrt zu werden wünschest, dann mußt du dem Staat nützen, wenn du von ganz Griechenland wegen deiner Tugend bewundert zu werden verlangst, dann mußt du versuchen, dich um Griechenland verdient zu machen; und willst du, daß die Erde dir reichliche Früchte trage, so mußt du um die Erde dienen, glaubst du, du müssest durch Viehherden reich werden, so mußt du dich um die Viehherden kümmern, reizt es dich, im Kriege groß zu werden, und wünschest du die Macht zu besitzen, deine Freunde zu befreien und deine Feinde zu überwinden, so mußt du auch die Kriegskunst selbst von den Kundigen erlernen wie auch dich in ihrem Gebrauch üben; willst du aber auch körperlich kräftig sein, so mußt du den Körper daran gewöhnen, dem Verstand dienstbar zu sein, und ihn üben unter Mühen und Schweiß. Da schaltete sich, wie Prodikos erzählt, die Lasterhaftigkeit ein und sprach: Merkst du wohl, Herakles, welch schwierigen und langen Weg zur Lebensfreude dir dieses Weib vorschlägt? Ich dagegen werde dich den leichten und kurzen Weg zur Glückseligkeit führen. Und die Tugend sprach: Du Elende, was hast du denn Gutes? Oder was weißt du Angenehmes, wenn du nichts dafür tun willst? Die du auch nicht das Verlangen nach dem Angenehmen abwartest, sondern dich mit allem füllst, ehe du danach Verlangen hast, die du issest, ehe du Hunger hast, und trinkst, ehe du Durst hast, und die du dich, damit du mit Appetit issest, der feinen Kochkunst bedienst; und damit du mit Appetit trinkst, schaffst du kostbare Weine herbei, und im Sommer läufst du herum und suchst Schnee, und damit du angenehm schläfst, beschaffst du nicht nur weiche Decken, sondern auch Bettstellen und Schaukelgestelle dafür an; denn nicht nach getaner Arbeit, sondern weil du nichts zu tun hast, verlangst du nach Schlaf; und die Liebesfreuden erzwingst du, ehe du wirklich danach begehrst, indem du alle Mittel anwendest und Männer wie Frauen gebrauchst; denn so leitest du deine Freunde an, indem du sie des Nachts mißbrauchst, den besten Teil des Tages aber verschlafen läßt. Obwohl auch eine Unsterbliche, bist du aus dem Kreise der Götter verstoßen, und von den guten Menschen wirst du verachtet. Was von allem am angenehmsten zu hören ist, das Lob über sich selbst, das hörst du nicht, und was von allem am angenehmsten anzuschauen ist, das siehst du nicht; denn du hast noch niemals eine von dir selbst vollbrachte gute Tat gesehen. Wer sollte dir irgendwie vertrauen, wenn du etwas sagst? Wer möchte, wenn du etwas benötigst, dir helfen? Oder wer, der noch bei gutem Verstande ist, würde den Mut haben, zur Schar deiner Anhänger zu gehören? In der Jugend sind sie körperlich kraftlos, und im Alter werden sie geistig schwachsinnig, sie, die mühelos, von Salben glänzend, in der Jugend sich ernähren lassen, aber mit Mühe, vor Schmutz starrend, sich durch das Alter schleppen, voll Scham über das, was sie getan haben, und voll Kummer über das, was sie tun müssen, nachdem sie die Annehmlichkeiten der Jugend rasch hinter sich gebracht und sich das Unangenehme für das Alter aufgespart haben. Ich dagegen bin befreundet mit den Göttern, und ich bin befreundet mit den guten Menschen. Kein gutes Werk, sei es ein göttliches oder ein menschliches, kommt ohne mich zur Ausführung. Man ehrt mich über alles bei den Göttern und bei den Menschen, denen dies zukommt; ich bin eine gern gesehene Helferin der Künstler, den Besitzern der Häuser eine getreue Wächterin, den Dienern eine wohlwollende Beschützerin, eine gute Helferin bei der friedlichen Arbeit, eine zuverlässige Bundesgenossin im Kriege, die beste Gefährtin in der Freundschaft. Meine Freunde haben an Speise und Trank ohne besondere Umstände einen angenehmen Genuß; denn sie warten solange, bis sie danach wirklich verlangen. Der Schlaf ist angenehmer für sie als für die Trägen, und sie ärgern sich auch nicht, wenn sie aufstehen müssen, und sie vernachlässigen um deswillen auch nicht die notwendigen Geschäfte. Und die jungen Leute freuen sich über das Lob der Älteren, die Älteren aber freuen sich über die Ehrerbietung der jungen Leute; gern erinnern sie sich auch ihrer früheren Taten, und sie freuen sich ebenso, die gegenwärtigen recht vollbringen zu können, zumal sie durch mich den Göttern freund sind, von ihren Freunden geliebt und in ihrem Vaterlande geehrt werden. Wenn aber das vorausbestimmte Lebensende kommt, dann liegen sie nicht in Vergessenheit ungeehrt da, sondern durch Loblieder gepriesen leben sie in der Erinnerung fort für alle Zeit. Wenn du, Herakles, Sohn rechtschaffener Eltern, dich solchen Mühen unterzogen hast, dann ist es dir möglich, die vollkommene Glückseligkeit zu gewinnen. So etwa schildert Prodikos die Belehrung des Herakles durch die Tugend; allerdings schmückte er seine Gedanken mit noch prächtigeren Worten aus als ich jetzt. Für dich aber, *Aristippos*, ist es nun wünschenswert, dies zu beherzigen und zu versuchen, auch für die Zukunft deines Lebens zu sorgen.

Schwalbenlied
(Anonym)

Da kommt, da kommt die Schwalbe
und bringt uns gute Stunden
und bringt uns gute Zeiten,
am Bauche weiß,
am Rücken schwarz.
Du roll den Früchtekuchen
hervor aus fettem Haus,
ein Becherchen voll Wein,
ein Körbchen auch mit Käse.
Die Schwalbe läßt
auch Weizenbrot
und Eierbrot nicht liegen.
Na, trollen wir uns oder kriegen was?
Gut, wenn du gibst. Sonst lassen wir nicht locker,
wir heben aus die Tür, den Türsturz oder
die Frau, die drinnen hockt;
sie ist ja klein, wir tragen leicht sie fort.
Doch rückst du etwas raus,
dann heimse auch was Gutes ein!
Mach auf, mach auf die Tür der Schwalbe!
Wir sind nicht alte Leute, nein, sind Kinder.

Kinderlied zum Spiel
(Anonym)

»Schild-Schildkröte, sprich, was tust du im Kreis?«
»Ich wickle Wolle und Garn von Milet.«
»Was hat denn dein Sprößling getan, daß er umkam?«
»Von leuchtenden Rossen sprang er ins Meer.«

IV. Jüngere Erwachsene

Eltern und Kinder

Erwarte von deinen Kindern keinen Dank
Theognis

Gleichmäßig teilen die Götter den sterblichen Menschen die Gaben,
leidiges Alter wie auch Frische der Jugendkraft, zu.
Aber das allerfurchtbarste Übel unter den Menschen,
schlimmer sogar als der Tod oder der Krankheiten Qual,
trifft dich, sofern du Kinder erzogst und mit allem versorgtest,
unter Entbehrungen auch Mittel verwahrtest für sie,
während den Vater sie hassen, verfluchend das Ende ihm wünschen
und ihn scheuen wie dich, Bettler, der streunend sich naht.

Vater und Sohn
Sophokles, Antigone 625–765

Kr Sieh Haimon dort, aus deinem Geschlecht
der letzte Sproß! Er kommt wohl im Leid
um das Schicksal des Mädchens Antigone,
beklagt den Verlust seiner Ehe?
Haimon ist von der Stadt her aufgetreten
Bald werden wir es besser als Wahrsager sehn.
Mein Sohn, dich treibt doch nicht Zorn auf den Vater her,
weil du das Urteil über deine Braut gehört?
Oder verbleib' ich teuer dir bei allem Tun?
Ha Dein bin ich, Vater, und du magst mit edlem Sinn
mich allzeit lenken, gerne folg' ich dir alsdann.

Denn mir wird nie ein Ehebund als größres Gut
denn du erscheinen, wenn du stets mich weise führst.

Kr So muß es auch in deinem Herzen stehn, mein Sohn,
die väterliche Meinung über alles gehn.
Deswegen beten Männer ja, daß ein Geschlecht
von untertanen Sprößlingen im Haus erblüh',
damit dem Feinde sie vergelten Übeltat,
die Freunde ehren, stets dem Vater gleichgesinnt.
Doch wer das Leben nichtsnutzigen Kindern schenkt,
was, meinst du, hat der andres denn als Sorgen sich
gezüchtet und ein Hohngelächter für den Feind?
Deswegen wirf, mein Kind, aus Sinnenlust jetzt nicht
um Weibes willen Einsicht weg: du weißt ja, daß
dies eine frostige Umarmung geben wird,
ein schlechtes Weib als Bettgenoß im Haus; denn was
schlägt uns wohl tiefere Wunden als ein schlechter Freund?
Voll Abscheu aber laß nun, einer Feindin gleich,
dies Mädchen sich im Hades gatten irgendwem!
Denn da ich sie in offner Widersetzlichkeit
ergriffen hab' als einzige aus der ganzen Stadt,
will ich nicht als ein Lügner vor den Bürgern stehn.
Sie sterbe! Rufe sie nur Zeus dagegen an,
den Gott der Sippe! Wenn ich schon im eignen Haus
Zuchtloses fördre, wagt sich's draußen dreist hervor.
Wer sich im Kreis des Häuslichen als fester Mann
bewährt, der zeigt sich auch im Staate stets gerecht.
Solch einem Manne trau' ich es wohl zu, daß er
gut herrschen kann und sich auch gern der Herrschaft fügt;
er wird, beim Sturm der Speere in die Reihn gestellt,
aufrecht verharren als ein guter Kamerad.
Wer sich empört und vergewaltigt das Gesetz
und meint, daß er den Führenden befehlen darf,
dem wird von meiner Seite niemals Lob zuteil.
Wen auch der Staat einsetze, man gehorche ihm
im Kleinen selbst, sei's Recht, sei es das Gegenteil!
Der Übel größtes ist die Zügellosigkeit:
sie rottet Staaten aus, Wohnungen wandelt sie
in Wüsten, reißt des Kampfgenossen Lanze mit

hinweg zu Flucht und Sturz; doch wo Gehorsam herrscht,
da gibt er Halt den vielen Leibern in den Reih'n.
Drum gilt's zu schützen, was der Ordnung dienen will,
und einem Weibe niemals untertan zu sein.
Denn besser, muß es sein, erliegen einem Mann,
als daß man uns gefügig Weibern nennen darf.

Chf Uns, wenn wir nicht vom Alter ganz befangen sind,
scheint mit Verstand und Sinn gesagt, wovon du sprichst.

Ha Die Götter pflanzen Menschen die Besinnung ein,
Vater, von allen Gütern unser edelstes.
Ich nun, daß du nicht recht mit deinen Worten hast,
könnt' ich nicht sagen und vermöcht' ich es auch nie!
Doch glückt auch einem andren wohl ein guter Rat.
Dir ist's unmöglich, alles zu erspähen, was
der sagt und jener tut und der zu tadeln hat.
Denn schrecklich ist's dem Mann des Volkes, deinen Blick
fest zu erwidern; drum gebraucht er auch vor dir
nie solche Worte, die zu hören dich nicht freut.
Mir aber dringt es im verborgenen ans Ohr,
wie sehr die Stadt um dieses Mädchen weheklagt,
weil sie, von allen Frauen die schuldloseste,
aufs schlimmste umkommt für höchst ruhmeswerte Tat:
Ist sie, die ihren Bruder, den im blutigen Kampf
gefallnen, ohne Grab nicht von der rohen Gier
der Hunde, von den Vögeln nicht zerreißen ließ,
ist sie nicht goldne Ehre zu empfangen wert?
So dunkle Rede läuft geheim umher beim Volk.
Mir aber, Vater, ist kein einziger Besitz
begehrenswerter als dein Glück und Wohlergehn.
Nichts ist ja Kindern größre Freude als das Blühn
des väterlichen Ruhms, dem Vater der des Kinds.
Drum hege nicht die eine Meinung nur in dir,
was du gesprochen hast, nichts andres sonst, sei recht!
Denn wer da glaubt, daß er allein Besonnenheit
und Redegabe wie kein andrer hat und Geist,
der wird, genau betrachtet, oft als leer erkannt,
Doch keinen schändet's, mag er noch so weise sein,
wenn er noch lernt und nicht den Bogen überspannt.

Du siehst es bei des Gießbachs wilder Flut: solang
der Baum sich biegt, bewahrt er seine Zweige sich;
doch sperrt er sich, so kommt er samt der Wurzel um.
Gleichfalls, wer allzu fest des Schiffes Segeltau
gespannt hält, ohne nachzulassen, kippt und sinkt
auf umgedrehter Ruderbank bis auf den Grund.
Drum laß vom Zorn und billige eine Änderung!
Denn wenn man mir als Jüngerem eine Meinung auch
gestatten will, so nenn' ich es das höchste Heil,
wenn einem Manne ganzer Weisheit Fülle wird.
Sonst aber, denn nicht immer trifft es sich ja so,
ist's gut, von dem zu lernen, der verständig spricht.

Chf Herr, dir steht an zu lernen, wenn er Treffendes
bemerkt, und dir von ihm; denn beide spracht ihr gut.

Kr In solchem Alter sollen wir uns also noch
das Denken lehren lassen von so jungem Mann?

Ha Doch nichts, was unrecht wäre! Bin ich gleich noch jung,
muß man doch mehr die Sache als das Alter sehn.

Kr Die Sache wäre: daß man die Empörer ehrt?

Ha Schlechte zu ehren, – auch nicht fordern würd' ich das!

Kr Ist die da drin von dieser Krankheit nicht durchseucht?

Ha Dem widerspricht in Theben das gesamte Volk.

Kr Soll denn die Stadt mir sagen, wie ich herrschen muß?

Ha Siehst du, wie allzu jugendlich du selbst jetzt sprichst?

Kr Soll es nach andren oder mir gehn hier im Land?

Ha Der Staat ist keiner, der nur einem Mann gehört.

Kr Gilt denn der Staat nicht als des Herrschers Eigentum?

Ha Wie schön gebötest du allein im leeren Land!

Kreon zum Chorführer

Kr Der streitet auf des Weibes Seite, wie mir scheint.

Ha Wenn du das Weib bist! Denn um dich bin ich besorgt.

Kr Indem du mit dem Vater rechtest, Schändlicher?

Ha Seh' ich doch, daß du wider das, was Recht ist, fehlst!

Kr So fehl' ich, wenn mein Herrscheramt mir heilig ist?

Ha Nicht heilig hältst du's, wenn du Götterrecht zertrittst.

Kr Verruchter Sinn! Und unterworfen einem Weib!

Ha Doch niemals fändest du im Dienst der Schande mich.

Kr Nun, deine ganze Rede gilt doch ihr allein.

Ha Und dir und mir auch und den Todesgöttern dort!
Kr Du Weibesdiener, schwatze mir doch ja nichts vor!
Ha Du willst nur reden, reden, aber hören nicht!
Kr In ihrem Leben nicht vermählst du dich mit ihr!
Ha So stirbt sie, und im Sterben nimmt sie jemand mit!
Kr Verwegner! Willst du drohend mir zu Leibe gehn?
Ha Sinnlosem Urteil widersprechen – heißt das drohn?
Kr Dich reut noch dein Belehren! Sinnlos bist du selbst!
Ha Wärst du mein Vater nicht, spräch' ich, du seist nicht klug!
Kr Wahrhaftig?! Beim Olympos droben, wisse: nicht
straflos hast du mich erst getadelt, nun verhöhnt!

Zu den Dienern

Herbei mit dem Abscheu, daß sie gleich vor Augen hier,
ihm nahe stirbt, in Gegenwart des Bräutigams!
Ha Vor meinen Augen sterben, nein, das wird sie nicht!
Das schlag dir aus dem Sinn! Und niemals wirst auch du
mit deinen Augen mich im Leben wiedersehn!
Dann rase mit den Freunden, die gefügig sind!

Er eilt hinweg

Wie Kleobis und Biton ihrer Mutter Ehre erweisen
Herodot II 31

Mit der Aufzählung von Tellos' so vielfachem Glück hatte Solon Kroisos nur noch ungeduldiger gemacht, und so fragte der, wen er denn nach jenem als zweiten sehe, in der festen Erwartung, wenigstens den zweiten Preis davonzutragen. Der aber sagte: »Kleobis und Biton. Die hatten nämlich, in Argos zu Hause, ausreichend zu leben und dazu eine gewaltige Leibesstärke: alle beide waren sie nämlich Preisträger, und dann wird von ihnen auch folgende Geschichte erzählt: Als die Argiver das Fest der *Hera* feierten, mußte nach dem Brauch ihre Mutter unbedingt auf einem Gespann in das Heiligtum gebracht werden, doch waren die Rinder von der Weide nicht rechtzeitig zur Stelle. Als nun keine Zeit mehr zu verlieren war, spannten sich die Jünglinge selber unters Joch und zogen den Wagen, und auf dem Wagen fuhr ihre Mutter; und als sie diese fünfundvierzig Stadien gezogen, kamen sie zum Heiligtum. Ihnen aber, die solches getan, vor den Augen der ganzen Festgemeinde, wurde das beste Ende des Lebens zuteil, und die Gottheit zeigte darin an, daß tot zu sein für den Menschen wohl besser ist als zu leben. Die Argiver umringten sie nämlich und priesen die Jünglinge und ihre Stärke, die argivischen Frauen aber ihre Mutter, daß ihr solche Kinder zuteil geworden. Aber die Mutter, voller Freude über die Tat wie über das Lob, trat vor das Gottesbild und betete, die Göttin möge Kleobis und Biton, ihren beiden Kindern, die ihr große Ehre erwiesen, das geben, was zu erlangen für den Menschen das beste ist. Und wie sie nach diesem Gebet das Opfer dargebracht und das Mahl gefeiert hatten, legten die Jünglinge sich dort im Heiligtum nieder und standen nicht mehr auf, sondern der Tod umfing sie mit solchem Ende. Die Argiver aber machten Standbilder von ihnen und weihten sie nach *Delphi*, da sie als Männer ihre Vollendung gefunden.«

Muttermord
Euripides, Elektra 962 – 987

ORESTES *auf den Weg nach Argos hinblickend*
Halt ein! An andres werde nun von uns gedacht!

ELEKTRA
Wie? Siehst du Helfer etwa, die von Argos nahn?

ORESTES
Nein, doch die Mutter seh ich, die mich einst gebar!

ELEKTRA
So geht sie glücklich mitten in das Netz hinein...
Und prangt dabei im Wagen, prangt in stolzem Kleid!

ORESTES
Was also tun wir? Wagen wir den Muttermord?

ELEKTRA
Erbarmst du dich der Mutter, nun du sie gesehn?

ORESTES
Ach!
Sie soll ich morden, die mich aufzog und gebar?

ELEKTRA
So wie sie selbst den Vater dir und mir erschlug.

ORESTES
Welch Wort des Wahnes, Phoibos, scholl aus deinem Mund...

ELEKTRA
Doch ist Apollon töricht, wer ist weise dann?

ORESTES
Das mir den Mord der Mutter – welchen Greul – gebot!

ELEKTRA
Wie kann's dir schaden, wenn du deinen Vater rächst?

ORESTES
Einst schuldlos, werd ich schuldig sein des Muttermords.

ELEKTRA
Und rächst du nicht den Vater, fehlst du deiner Pflicht.

ORESTES
Ich soll die Mutter...? Und wem büße ich den Mord?

ELEKTRA
Wem aber wirst du büßen, bleibt er ungerächt?

ORESTES
Ein böser Geist wohl sprach es, der dem Gotte glich.

ELEKTRA
Auf heiligem Dreifuß sitzend? Nein, das glaub ich nicht.

ORESTES
Doch glaub ich auch nicht, daß der Spruch wahrhaftig sei.

ELEKTRA
In feigen Unmut sinke nicht, verzage nicht!

ORESTES
So soll ich sie verstricken in denselben Trug?

ELEKTRA
Durch den Aigisthos, ihr Gemahl, durch dich erlag.

ORESTES
Ich geh hinein denn, schicke mich zu grausem Werk,
Will tun das Grause: wenn's den Göttern so gefällt.
So sei es! Süß und bitter ist der Kampf für mich.

er betritt mit Pylades die Hütte

Mißhandlungen begangen an Eltern und Voreltern
Platon, Gesetze IX 880 d – 881 e

Die Gesetze, so scheint es, werden teils um der rechtschaffenen Menschen willen gegeben zu ihrer Belehrung, wie sie miteinander umzugehen haben, damit sie in gegenseitiger Freundschaft leben, teils für diejenigen, welche sich der Erziehung verschließen und wegen ihres unnachgiebigen Wesens sich nicht dazu erweichen lassen, daß sie sich nicht zu jeder Schlechtigkeit bereit finden. Diese sind es wohl, die die Worte veranlaßt haben, die wir jetzt auszusprechen haben; gerade für sie muß notgedrungen der Gesetzgeber Gesetze aufstellen, von denen er wünscht, sie niemals anwenden zu müssen. Wer es nämlich jemals wagen sollte, sich an Vater und Mutter oder den weiteren Vorfahren zu vergreifen, und sie gewaltsam mißhandelt, ohne den Zorn der oberirdischen Götter oder die Strafen unter der Erde zu fürchten, von denen berichtet wird, sondern wenn er, als wüßte er, was er keineswegs weiß, die alten Sagen, wie sie von allen erzählt werden, verachtet und daher gegen die Gesetze verstößt, für diesen bedarf es eines äußersten Abschreckungsmittels. Der Tod ist nun freilich nicht das Äußerste; sondern die Qualen, die diesen im Hades angedroht werden, sind noch weit eher als der Tod das Äußerste; und doch haben diese Drohungen, obwohl sie die lauterste Wahrheit verkünden, auf solche Seelen keine abschreckende Wirkung, denn sonst gäbe es ja niemals Muttermorde und ruchlose und dreiste Tätlichkeiten gegen die übrigen Erzeuger. Daher dürfen die Strafen hier oben, die bei solchen Vergehen diesen im Leben bestimmt sind, in nichts hinter denen im Hades zurückstehen, soweit das möglich ist.

Die hieran anschließende Gesetzesverfügung soll also folgendermaßen lauten. Wenn es jemand wagt, seinen Vater oder seine Mutter oder deren Väter oder Mütter zu schlagen, ohne vom Wahnsinn befallen zu sein, so soll erstens der Dazukommende wie in den vorhin erwähnten Fällen Beistand leisten; und der im Lande ansässige Fremde soll bei den Wettkämpfen zu einem Ehrenplatz in der ersten Reihe eingeladen werden, wenn er Beistand leistet; leistet er aber keinen, so soll er für immer aus dem Land verbannt sein. Ein nicht ansässiger Fremder aber soll, wenn er Beistand leistet, eine Belobigung erhalten, wenn er jedoch keinen leistet, einen Tadel. Ein Sklave, der Beistand leistet, soll freigelassen werden; leistet er aber keinen, so soll er hundert Geißelhiebe erhalten, und zwar wenn sich der Vorfall auf dem Markt zugetragen hat, von den Marktaufsehern; wenn aber außerhalb des Marktes in der Stadt, so soll ihn derjenige von den Stadtaufsehern, der gerade anwesend ist, bestrafen; hat er sich aber irgendwo auf dem Lande zugetragen, dann die Kommandeure der Landaufseher. Ist aber der Dazukommende ein Einheimischer, sei es nun ein Kind, ein Mann oder eine Frau, so soll er in jedem Fall den Angreifer mit dem Ruf ›Du Ruchloser!‹ abwehren; wer ihn aber nicht abwehrt, der soll nach dem Gesetz dem Fluch des Zeus verfallen, der die Familie und die Eltern schützt. Wenn aber jemand der Mißhandlung seiner Eltern schuldig befunden wird, so soll er erstens für immer aus der Stadt in den Rest des Landes verbannt und von allen heiligen Stätten ausgeschlossen sein; will er sich aber nicht ausschließen lassen, so sollen ihn die Landaufseher mit Schlägen bestrafen oder ganz wie es ihnen sonst beliebt; kehrt er aber zurück, soll er mit dem Tod bestraft werden. Wenn aber irgendein freier Bürger mit einem solchen Menschen zusammen ißt oder trinkt oder sich in sonst eine Gemeinschaft mit ihm einläßt oder auch nur, falls er ihm irgendwo begegnet, ihn wissentlich berührt, so darf er weder ein Heiligtum noch den Markt noch überhaupt die Stadt betreten, bevor er nicht gereinigt ist, da er sich dessen bewußt sein soll, daß er an einem fluchbringenden Geschick Anteil bekommen hat. Wenn er aber dem Gesetz nicht gehorcht und Heiligtümer und Stadt in gesetzwidriger Weise befleckt, so soll für jeden Beamten, der das bemerkt und ihn nicht vor Gericht bringt, dies bei der Rechenschaftsablegung einen der schwersten Anklagepunkte bilden.

Vernachlässigung von Eltern und Voreltern
Platon, Gesetze XI 930 e – 932 d

Seine Eltern zu vernachlässigen, wird wohl kaum jemals ein Gott oder ein Mensch mit Verstand jemandem raten. Vielmehr muß man einsehen, daß sich die folgende Vorrede über die Verehrung der Götter mit Recht auch auf die Ehrfurcht oder die Mißachtung der Eltern anwenden läßt. Hinsichtlich der Götter bestehen seit alters zweierlei Bräuche bei allen Menschen. Manche Götter verehren wir nämlich, indem wir sie mit eigenen Augen deutlich sehen, von anderen dagegen verehren wir Abbilder, indem wir ihnen Statuen errichten; und wir glauben, wenn wir diese Götter, obwohl sie unbeseelt sind, verehren, so würden uns jene beseelten Götter deshalb reichlich Wohlwollen und Huld schenken. Wem nun ein Vater oder eine Mutter oder deren Väter oder Mütter wie ein kostbarer, bereits vom Alter angegriffener Schatz im Hause ruhen, der soll nicht glauben, daß jemals ein Götterbild für ihn eine mächtigere Wirkung haben wird, solange er solch ein Heiligtum in seinem Hause am eigenen Herd besitzt, vorausgesetzt natürlich, daß sein Besitzer es in der rechten Weise ehrt.

Kleinias: Was wäre denn deiner Meinung nach die rechte Weise?

Der Athener: Das will ich euch sagen; denn so etwas, ihr Freunde, lohnt sich gewiß zu hören.

Kleinias: So sprich nur!

Der Athener: Ödipus, so erzählen wir, hat über seine eigenen Kinder, weil er von ihnen schmachvoll behandelt worden war, Verwünschungen ausgesprochen, die bekanntlich, wie alle Welt erzählt, von den Göttern erfüllt und erhört wurden; *Amyntor* soll im Zorn gegen seinen Sohn *Phoinix* und *Theseus* gegen *Hippolytos* und tausend andere Väter über tausend andere Kinder Flüche ausgestoßen haben, die, wie sich klar erwiesen hat, von den Göttern im Namen der Eltern gegen ihre Kinder erhört wurden. Denn der Fluch eines Vaters trifft die Kinder, wie keines andern Fluch jemand anderen treffen kann, und das mit vollem Recht. Nun soll aber niemand glauben, wenn ein Vater oder eine Mutter von den Kindern besonders schmachvoll behandelt wird, sei es ganz natürlich, daß die Gottheit ihre Verwünschungen erhört; wenn er dagegen in Ehren gehalten wird und darüber hocherfreut ist und deshalb in seinen Gebeten die Götter reichlich um Segen für seine Kinder anruft – da sollen wir etwa nicht annehmen, daß sie solche Bitten ebenso erhören und uns das Erbetene zuteilen? Aber dann wären sie ja nimmermehr gerechte Verteiler des Guten, was sich doch, wie wir meinen, für Götter am allerwenigsten ziemen würde.

Kleinias: Ganz gewiß.

Der Athener: Bedenken wir also, was wir kurz zuvor gesagt haben, daß wir wohl kein Götterbild besitzen können, das von den Göttern höher geachtet würde, als einen Vater und Großvater, die vom Alter gebeugt sind, und Mütter, die dieselbe Kraft besitzen. Wenn einer diese mit Ehren ziert, so freut sich die Gottheit; sonst würde sie nicht ihre Gebete erhören. Denn etwas Wunderbares ist doch das Heiligtum, das wir an den Vorfahren besitzen, weit mehr als die unbeseelten Götterbilder; wenn nämlich diese beseelten Heiligtümer von uns verehrt werden, so vereinigen sie jeweils ihre Gebete mit den unsern; wenn sie aber schmachvoll behandelt werden, tun sie das Gegenteil; die andern Götterbilder dagegen tun weder das eine noch das andere. Wer daher den Vater, den Großvater und alle diese Angehörigen auf die rechte Weise behandelt, der besitzt wohl von allen Götterbildern die wirksamsten, um ihm ein von den Göttern gesegnetes Los zu sichern.

Kleinias: Sehr schön hast du gesprochen.

Der Athener: Jeder also, der Vernunft besitzt, fürchtet und achtet die Gebete der Eltern, weil er weiß, daß sie schon, bei vielen und viele Male in Erfüllung gegangen sind. Da nun dies die natürliche Ordnung ist, so sind für die guten Menschen hochbetagte Ahnen ein kostbarer Schatz, wenn sie bis ans äußerste Ziel ihres Daseins am Leben bleiben, und werden schmerzlich vermißt, wenn sie jung dahinscheiden; für die schlechten Menschen dagegen sind sie ein Grund zu gewaltiger Furcht. Jeder soll daher mit allen vom Gesetz vorgeschriebenen Ehren seine Eltern ehren, indem er den gegenwärtigen Mahnungen gehorcht. Wenn aber jemandem der Ruf anhaftet, taub gegen solche Vorreden zu sein, so mag für diese Leute folgendes Gesetz mit Fug und Recht aufgestellt sein.

Wenn sich jemand in unserem Staat um die Eltern weniger kümmert, als er verpflichtet ist, und ihren Wünschen nicht in jeder Hinsicht mehr als denen seiner Söhne und seiner sämtlichen Nachkommen und mehr als seinen eigenen Wünschen nachgibt und sie erfüllt, so soll derjenige, dem so etwas widerfährt, dies entweder selbst oder durch einen Boten bei den drei ältesten Gesetzeswächtern und auch bei dreien der für die Ehen zuständigen Frauen anzeigen; diese sollen sich des Falles annehmen und die Übeltäter bestrafen, und zwar wenn sie noch jung sind, mit Geißelhieben und Haft, die Männer bis zu einem Alter von dreißig Jahren; die Frauen aber sollen noch zehn Jahre länger mit denselben Strafen belegt werden. Wenn sie aber über diese Jahre hinaus sind und dennoch nicht von solcher Vernachlässigung der Eltern abstehen, sondern sie zum Teil sogar mißhandeln, so soll man sie vor ein Gericht bringen, nämlich vor die hundertundein Bürger, die von allen die ältesten sind. Wird einer für schuldig befunden, so soll das Gericht festsetzen, was er zu bezahlen oder zu erleiden hat, ohne dabei irgendeine Strafe für unzulässig zu erachten, die ein Mensch zu erleiden oder zu bezahlen vermag. Ist jedoch der Mißhandelte nicht in der Lage, es anzuzeigen, so soll jeder Freie, der es erfährt, es den Beamten anzeigen, widrigenfalls er als ein schlechter Bürger gelten soll und von jedem, der will, wegen des verursachten Schadens belangt werden kann. Wenn es aber ein Sklave anzeigt, so soll er die Freiheit erhalten; und wenn er ein Sklave der Mißhandelnden oder der Mißhandelten ist, soll er von der Behörde freigelassen werden; wenn er aber irgendeinem andern Bürger gehört, so soll die Staatskasse dem Besitzer seinen Kaufpreis auszahlen. Die Beamten haben aber dafür zu sorgen, daß niemand einem solchen etwas antut, um sich wegen der Anzeige an ihm zu rächen.

Die Pflichten gegenüber Kindern und Jugendlichen
Platon, Gesetze V 729 b – c

Seinen Kindern muß man vielmehr Ehrfurcht in großer Fülle und nicht Gold hinterlassen. Wir meinen freilich, dadurch daß wir die jungen Leute schelten, wenn sie sich unverschämt benehmen, würden wir ihnen diese hinterlassen; in Wahrheit aber pflegt sie den jungen Leuten nicht aus der jetzt üblichen Ermahnung zu erwachsen, die man an sie richtet, indem man sagt, der junge Mensch müsse vor jedermann Ehrfurcht haben. Der vernünftige Gesetzgeber wird vielmehr die Älteren ermahnen, Ehrfurcht vor den jungen Leuten zu haben und sich vor allem in acht zu nehmen, daß niemals einer von den jungen Leuten sie etwas Schimpfliches tun oder sagen sieht oder hört, weil dort, wo die Alten sich schamlos benehmen, notwendig auch die Jungen besonders schamlos sind. Denn die beste Erziehung der jungen Leute und zugleich unser selbst besteht nicht im Zurechtweisen, sondern darin, daß man das, was man zur Zurechtweisung eines andern sagt, auch selber ersichtlich sein ganzes Leben hindurch tut.

Das Verhältnis zwischen Eltern und Kindern
Xenophon, Memorabilien II 2

Er [Sokrates] bemerkte auch einst, daß sein ältester Sohn Lamprokles sich gegen seine Mutter ungehörig betrug. Sage mir, mein Sohn, so sprach er, kennst du irgendwelche Menschen, welche undankbar genannt werden? Durchaus, antwortete der junge Mann. Hast du nun darauf geachtet, was die tun, welche man so nennt? Ja, erwiderte jener; man nennt nämlich die undankbar, die Gutes empfangen haben, dafür jedoch keinen Dank wissen, obwohl sie es vergelten können. Scheint es dir nun nicht so, daß man die Undankbaren zu den Ungerechten rechnet? Sehr wohl, war die Antwort. Hast du auch schon mal bedacht, ob etwa, gerade wie der Sklavenhandel mit Freunden ungerecht zu sein scheint, mit Feinden aber gerecht, so auch Undank gegenüber den Freunden ungerecht ist, gegenüber den Feinden jedoch gerecht? Durchaus, meinte jener; ich glaube sogar, daß ein jeder ungerecht ist, der sich nicht bemüht, seinen Dank abzustatten, mag er nun etwas Gutes von einem Freund oder einem Feind empfangen haben. Sollte also nicht, wenn dies sich so verhält, offenbar die Undankbarkeit eine Art Ungerechtigkeit sein? Jener stimmte zu. Sollte demnach nicht jemand desto ungerechter sein, je größere Wohltaten er empfangen hat, ohne sie zu vergelten? Auch damit war jener einverstanden. Wen sollten wir nun wohl finden, sagte er daraufhin, der von jemandem größere Wohltaten empfangen hat, als die Kinder von ihren Eltern? Die Eltern haben ihnen, die vorher noch nicht lebten, das Dasein gegeben, um so viel Schönes zu sehen und an soviel Gutem teilzunehmen, wie es die Götter den Menschen gewähren. Dies scheint uns nun auch derart über alles wertvoll zu sein, daß jedermann sich ganz besonders scheut, all dies aufgeben zu müssen; und auch die Staaten haben für die größten Verbrechen den Tod als Strafe bestimmt, weil sie durch Androhung dieses größten Übels dem Unrecht steuern zu können glauben. Und du nimmst doch nicht etwa an, daß die Menschen wegen des Liebesgenusses Kinder zeugen; denn an Gelegenheiten dazu fehlt es gewiß nicht auf den Straßen und nicht in den Häusern. Bekanntlich überlegen wir auch, welche Mutter uns die besten Kinder schenken wird; und mit dieser verbinden wir uns zur Zeugung von Kindern. Und der Mann gibt der Frau, die ihm Kinder schenkt, den Unterhalt und schafft für die kommenden Kinder alles an, was er in etwa zu ihrem Leben für nützlich hält, und davon soviel er nur irgend kann. Die Frau aber trägt nach der Empfängnis diese Bürde unter Mühen und Lebensgefahr und gibt von ihrer eigenen Nahrung, und wenn sie das Kind mit vielen Schmerzen getragen und geboren hat, dann nährt sie es und umsorgt es, und zwar ohne daß sie zuvor etwas Gutes erhalten hat und ohne daß das Neugeborene weiß, vom wem es Gutes erfährt, oder auszudrücken vermag, wo es ihm fehlt; vielmehr errät sie es selbst, was ihm nützlich und angenehm ist, und versucht, es damit zu versehen, und sie nährt es lange Zeit bei Tag und bei Nacht und wird der Last nicht müde, ohne zu wissen, welchen Dank sie dafür ernten wird. Und es genügt auch nicht, allein für die Ernährung zu sorgen, sondern dann, wenn die Kinder reif zu sein scheinen, etwas zu lernen, dann unterweisen die Eltern sie in dem, was sie selbst fürs Leben Nützliches wissen, und soweit sie glauben, daß ein anderer als Lehrer geeigneter sei, schicken sie die Kinder zu ihm, ohne Scheu vor den Kosten, und mühen sich in jeder Weise, daß ihre Kinder so überaus tüchtig wie möglich werden. Darauf erwiderte der junge Mann: Sicherlich, aber wenn sie auch dies alles getan hat und noch viel anderes mehr als dies, so dürfte doch niemand imstande sein, ihre Heftigkeit zu ertragen. Da antwortete Sokrates: Was ist nach deiner Meinung schwerer zu ertragen, die Wildheit eines Tieres oder einer Mutter? Ich glaube, so erwiderte jener, die einer Mutter, wenn sie so geartet ist. Hat sie dich denn tatsächlich schon mal in böser Weise gebissen oder mit Füßen getreten, wie es bereits vielen von Tieren widerfahren ist? Doch beim Zeus, war die Entgegnung, sie sagt einem Dinge, die man nicht ums ganze Leben hören möchte. Du aber, wieviel unerträgliche Ungelegenheiten, antwortete Sokrates, glaubst du ihr durch dein unzufriedenes Geschrei und deine Unarten von Kindheit an bereitet zu haben bei

Tag und bei Nacht, wieviel Kummer durch Kranksein? Niemals aber, so sagte jener, habe ich ihr etwas gesagt oder getan, wodurch sie sich hätte verletzt fühlen müssen. Was nun? Meinst du, so erwiderte er, es sei für dich schwerer anzuhören, was sie sagt, als für die Schauspieler, wenn sie in den Tragödien einander das Schlimmste sagen? Doch ich glaube, sie können das leicht ertragen, da sie doch wissen, daß von denen, die etwas sagen, weder der Schimpfende schimpft, um zu verletzen, noch der Drohende droht, um etwas Böses zu tun. Du aber weißt wohl: Was die Mutter dir sagt, das sagt sie nicht, weil sie dir irgendwie böse gesonnen ist, sondern sie wünscht dir vielmehr wie keinem anderen alles Gute; und du willst ihr zürnen? Oder glaubst du, deine Mutter sei dir nicht wohlgesinnt? Durchaus nicht, erwiderte jener, das glaube ich allerdings nicht. Da meinte Sokrates: Und sie, die dir so zugetan ist und sich, wenn du krank bist, mit allen Kräften um dich kümmert, damit du wieder gesund wirst und dir nichts Notwendiges fehlt, und die überdies noch alles Gute bei den Göttern für dich erbittet und darum Gelübde tut, die nennst du unerträglich? Ich für meine Person glaube allerdings, wenn du eine solche Mutter nicht ertragen kannst, dann kannst du das Gute nicht ertragen. Doch sage mir, so sagte er, glaubst du wohl, daß es andere Menschen gibt, denen man Achtung erweisen muß? Oder bist du bemüht, keinem Menschen gefallen zu wollen oder zu gehorchen, weder einem Feldherrn noch sonst jemandem, der Befehle erteilt? Nicht doch, beim Zeus, erwiderte jener. Willst du, so sagte Sokrates, also auch nicht deinem Nachbarn zu Gefallen sein, damit er dir erforderlichenfalls Feuer gebe und dir Helfer zur Erlangung des Guten sei und, wenn ein Unglück dir zustoßen sollte, dir sofort wohlwollend nachbarliche Unterstützung geben könne? Doch wohl, sagte jener. Wie denn aber? Sollte es dir nichts ausmachen, ob ein Weggefährte oder ein Schiffsgefährte, oder wen du sonst zufällig treffen magst, dein Freund oder dein Feind wird, oder glaubst du dich um deren Wohlwollen bemühen zu müssen? Ja durchaus, war die Erwiderung. Um diese also willst du dich bemühen, deiner Mutter aber, die dich von allen am meisten liebt, glaubst du keine Achtung schuldig zu sein? Weißt du nicht, daß auch der Staat sich für eine Undankbarkeit sonst nicht interessiert und sie nicht bestraft, sondern darüber hinwegsieht, wenn die, welche Wohltaten empfangen haben, dafür keinen Dank wissen, daß er aber, wenn jemand seinen Eltern nicht die nötige Achtung entgegenbringt, diesem eine Strafe auferlegt und sein Verhalten mißbilligt sowie einen solchen Mann nicht die Stellung eines Archonten bekleiden läßt, da dieser wohl weder die heiligen Opfer für den Staat mit der nötigen Frömmigkeit verrichten noch etwas anderes gut und gerecht durchführen könne? Und sogar, beim Zeus, wenn jemand die Grabhügel seiner verstorbenen Eltern nicht pflegt, auch das berücksichtigt der Staat bei den Prüfungen der Archonten. Also, mein Sohn, sofern du verständig bist, dann wirst du die Götter bitten, dir zu verzeihen, wenn du irgendwie deiner Mutter die notwendige Achtung versagt hast, damit nicht auch jene in dem Glauben, du seist undankbar, dir nichts Gutes erweisen wollen; vor den Menschen aber wirst du dich in Acht nehmen müssen, damit sie dich nicht alle verachten, wenn sie merken, daß du dich nicht um deine Eltern kümmerst, und du dann nicht von deinen Freunden verlassen dastehst. Denn wenn sie glauben müßten, du seist undankbar gegen deine Eltern, so würde wohl auch niemand damit rechnen, für dir erwiesene Wohltaten Dank zu ernten.

Die Sophisten als Konkurrenten des Vaters
Pseudo-Platon, Theages 121 a – 122 b

Demodokos: Lieber Sokrates, ich möchte gern eine Angelegenheit mit dir insonderheit besprechen, wenn du Muße hast, und wenn sie dir nicht gar zu sehr fehlt, so nimm sie dir mir zu Gefallen!

Sokrates: Nun, ich habe gerade ohnehin Muße, und dir zu Gefallen erst recht. Hast du mir also etwas zu sagen, so steht dir's frei.

Demodokos: Wollen wir uns nun hierher in die Halle des freiheitschirmenden Zeus zurückziehen?

Sokrates: Gern, wenn dir's so gefällt.

Demodokos: So laß uns gehen, Sokrates! – Alles, was da wächst, scheint darin die gleiche Art zu haben, sowohl die Gewächse der Erde als auch die eigentlichen lebendigen Wesen, Tiere und Menschen: auch bei den Gewächsen ist dies das Leichteste für uns, die wir das Land bebauen, alle Vorkehrungen zur Aussaat zu treffen und sodann die Aussaat selbst vorzunehmen; wenn aber das, was wir säten, wirklich zum Leben aufging, dann tritt eine Pflege der jungen Pflanzen ein, die gar mannigfacher Art ist und die gar viele Mühen und Beschwerden macht; und ebenso scheint es mir auch mit den Menschen zu stehen, wenn ich von meinen eigenen Verhältnissen auf die der anderen schließen darf. Denn auch mir ging bei diesem meinem Sohne hier nichts leichter vonstatten, als den Keim zu seiner Erzeugung zu legen; seine Erziehung aber bereitet mir die größten Schwierigkeiten und Sorgen, indem ich bei ihr in beständiger Furcht um ihn schwebe. Was mich im übrigen um ihn ängstlich macht, wäre lang zu erzählen; aber der Trieb, der gegenwärtig in ihm aufgestiegen ist, versetzt mich vor allem in Sorge. Es ist dies nämlich kein unedler, aber doch ein sehr bedenklicher Trieb. Er trachtet nämlich, Sokrates, wie er sagt, nach Weisheit, und zwar, glaube ich, infolge davon, daß einige seiner Altersgenossen aus unserm Bezirk, die oft in die Stadt hinabzugehen pflegen, ihm von gewissen Vorträgen, die sie angehört haben, erzählen und ihn dadurch aufregen. Diesen will er es nun gleichtun und liegt mir daher schon lange an, ich möge doch Sorge für ihn tragen und einem der Sophisten Geld dafür bezahlen, daß dieser ihm seine Weisheit mitteile. Mir liegt nun dabei an dem Gelde wohl weniger; ich glaube aber, er begibt sich mit diesem seinem Bestreben in keine geringe Gefahr. Bis dahin nun habe ich ihn hingehalten und vertröstet; nun ich aber nicht mehr dazu imstande bin, scheint es mir das Beste, ihm Gehör zu geben, damit er nicht doch etwa ohne mein Vorwissen mit dem ersten besten jener Leute verkehre und dadurch verdorben werde. Jetzt nun bin ich daher zu eben diesem Zwecke in die Stadt gekommen, um ihn irgend einem jener Männer, die für Sophisten gelten, zuzuführen. Du kommst mir daher gerade zur rechten Zeit in den Weg; denn keinen möchte ich lieber als dich über ein solches Vorhaben zu Rate ziehen; und wenn du also nach dem, was du eben von mir gehört hast, einen Rat zu erteilen weißt, so darfst und mußt du es tun.

Polykrates an seinen Vater
Papyrus

Polykrates grüßt seinen Vater. Es ist gut, wenn Du wohl bist und Dir alles übrige nach Wunsch geht; auch wir befinden uns wohl. Oft habe ich Dir geschrieben, Du solltest kommen und mich vorstellen, damit ich aus meiner gegenwärtigen Untätigkeit erlöst werde. Jetzt aber versuche es, wenn es möglich ist und Dich keines der Geschäfte hindert, auf das Fest der Arsinoe zu kommen. Denn ich bin überzeugt, daß ich, wenn Du kommst, leicht dem König vorgestellt werden kann. Wisse, ich habe von Philonides 70 *Drachmen*. Davon legte ich die Hälfte für notwendige Bedürfnisse zurück, das übrige verausgabte ich auf das Darlehen. Dies geschieht deshalb, weil wir nicht auf einmal, sondern in kleinen Raten einnehmen. Schreibe auch Du uns, damit wir wissen, in welcher Lage Du Dich befindest, und uns nicht ängstigen. Sorge aber auch für Dich, daß Du gesund bleibst und wohl zu uns kommst.

Lebe wohl.

Lehrer und Schüler

Grenzen der Erziehung
Theognis

Sterbliche zeugen und nähren ist leichter, als edle Gesinnung
ihnen zu geben. Noch hat niemand ein Mittel entdeckt,
klug zu machen den blöden Tropf und den Bösewicht edel.
Hätte den Ärzten ein Gott gnädig die Gabe geschenkt,
Menschen von schlechten und schädlichen Eigenschaften zu heilen,
zahlte man reichlich und hoch ihnen den schuldigen Lohn.
Ließe Verstand sich erschaffen und in die Körper verpflanzen,
stammten von wackerem Ahn elende Nachfahren kaum;
denn sie gehorchten klugem Ermahnen. Doch wird man durch weise
Lehren den Schlechten wohl nie bessern zum tüchtigen Mann.

Über die Erziehungsgrundsätze: das Maß, das Mögliche und das Passende

Aristoteles, Politik 1337 a – 1342 b

Daß sich der Gesetzgeber in erster Linie um die Erziehung der Jungen kümmern muß, wird wohl niemand bestreiten. Wo es in einem Staat nicht geschieht, da erwächst auch ein Schaden für die Verfassung. Die Menschen müssen ja im Hinblick auf die jeweilige Verfassung erzogen werden. Denn der eigentümliche Charakter jeder Verfassung erhält diese und begründet sie auch von Anfang an, so der demokratische die Demokratie und der oligarchische die Oligarchie. Und immer ist der beste Charakter auch Grund der besseren Verfassung.

Ferner muß man in jeder Fähigkeit und Kunst zur Ausübung vorgebildet und vorher geübt worden sein, und so offenbar auch auf das tugendhafte Verhalten. Und da das Ziel jedes Staates eines ist, so muß auch die Erziehung für alle eine und dieselbe sein; die Fürsorge dafür muß staatlich und nicht privat geregelt werden und nicht so wie jetzt, wo ein jeder privat sich um seine Kinder kümmert und ihnen privat eben das beibringt, was ihm gerade gut scheint. Denn gemeinsame Tätigkeiten sollen auch gemeinsam eingeübt werden. Man darf nicht meinen, daß irgendeiner der Bürger sich selbst angehöre, sondern alle gehören dem Staate; jeder ist ja ein Teil des Staates, und die Fürsorge für den einzelnen Teil geschieht naturgemäß im Hinblick auf die Fürsorge für das Ganze.

In diesem Punkt wird man die Spartaner loben. Denn sie bemühen sich am meisten um die Kinder, und dies von Staats wegen.

Daß man also Gesetze über die Erziehung erlassen und diese öffentlich regeln soll, ist klar. Was aber die Erziehung ist, und wie man erzogen werden soll, das muß man auch wissen. Faktisch ist man über die Gegenstände uneinig. Denn nicht alle wollen den jungen Menschen dasselbe beibringen im Hinblick auf die Tugend und auf das vollkommene Leben, und es ist auch nicht klar, ob die Erziehung mehr den Intellekt als den Charakter betreffen soll. Die gegenwärtige Erziehungsweise verwirrt noch das Problem, und es ist nicht klar, ob man eher üben soll, was zum Leben nützlich ist, oder was vielmehr auf die Tugend zielt, oder eher das Erlesene;

denn jede dieser Möglichkeiten hat ihren Vertreter gefunden. Was nun die Erziehung zur Tugend betrifft, so ist nichts allgemein anerkannt: denn schon darüber sind die Meinungen durchwegs verschieden, welche Tugend man am höchsten schätzen soll, und so ist man dann natürlich auch uneins in der Frage nach ihrer Einübung.

Daß man vom Nützlichen das Unentbehrliche lernen soll, ist evident. Daß man aber nicht alles lernen soll, zeigt die Zweiteilung in edle und unedle Tätigkeiten, so daß man an solchen Dingen nur so weit sich beteiligen soll, daß man durch sie nicht zum *Banausen* wird. Als eine *banausische* Arbeit, Kunst und Unterweisung hat man jene aufzufassen, die den Körper oder die Seele oder den Intellekt der Freigeborenen zum Umgang mit der Tugend und deren Ausübung untauglich macht. Darum nennen wir alle Handwerke banausisch, die den Körper in eine schlechte Verfassung bringen, und ebenso die Lohnarbeit. Denn sie machen das Denken unruhig und niedrig.

Unedel ist es nicht, die vornehmen Wissenschaften teilweise und bis zu einem gewissen Grade kennenzulernen, aber sich allzu intensiv mit ihnen beschäftigen, führt zu den eben genannten Schädigungen. Es macht auch einen großen Unterschied, wozu einer etwas tut oder lernt. Denn um der Sache selbst oder um der Freunde oder der Tugend willen es zu tun, ist nicht unedel, aber einer, der dieselben Sachen auf Anweisung anderer tut, wirkt oftmals knechtisch und sklavisch.

Die gegenwärtig üblichen Lehrgegenstände schwanken nun, wie gesagt, hin und her. Es sind im wesentlichen vier Dinge, in denen man zu unterrichten pflegt: Grammatik, Turnen, Musik und gelegentlich das Zeichnen; die Grammatik und das Zeichnen als nützlich fürs Leben und vielfältig anwendbar, die Gymnastik als Übung zur Tapferkeit. Bei der Musik erheben sich Fragen: die meisten interessieren sich für sie um des Vergnügens willen, ursprünglich aber galt sie als ein Stück Erziehung, weil die Natur selbst danach strebt, wie oftmals gesagt, nicht nur richtig tätig zu sein, sondern auch in edler Weise Muße üben zu können.

Denn dies ist der Ursprung von allem, um einmal mehr davon zu reden. Wenn man nämlich beides braucht, so ist doch die Muße wünschenswerter als die Arbeit; sie ist das Ziel, und man muß sich fragen, was man in der Muße tun soll. Spielen soll man nicht, denn dann müßte das Spiel das Ziel unseres Lebens sein. Wenn dies ausgeschlossen ist und man eher bei der Arbeit zuweilen spielen soll (denn der Arbeitende bedarf der Erholung, das Spiel dient eben dazu, und bekanntlich ist die Arbeit mit Mühe und Anspannung verknüpft), so muß man die Spiele gestatten, aber den Gebrauch genau kontrollieren, um sie als eine Art von Arznei anzuwenden. Denn eine solche Bewegung der Seele ist eine Lockerung und eine lustvolle Erholung.

Die Muße scheint aber ihre Lust und die Glückseligkeit und das selige Leben in sich selbst zu haben. Dies kommt nicht den Arbeitenden zu, sondern jenen, die Muße haben. Denn der Arbeitende arbeitet auf ein Ziel hin, das noch nicht erreicht ist, die Glückseligkeit ist aber ein Ziel und ist nach allgemeiner Ansicht nicht mit Schmerz, sondern mit Lust verbunden.

Freilich fassen nicht alle diese Lust in derselben Weise auf, sondern jeder für sich nach seiner Art, der Beste aber wählt die beste und die vom Schönsten her entspringende. So ist klar, daß man auch für das Leben in der Muße bestimmte Dinge lernen und sich aneignen muß, und daß diese Lehr- und Bildungsgegenstände selbstzwecklich sind; jene dagegen, die mit der Arbeit zu tun haben, dienen der Notdurft und einem fremden Zweck.

So haben denn auch die Früheren die Musik zur Bildung gerechnet, aber nicht als notwendig (denn das ist sie nicht), noch als nützlich, wie die Grammatik für den Geschäftsverkehr, für die Hausverwaltung, zur weitern Ausbildung und zu vielen politischen Aufgaben; auch das Zeichnen scheint ja nützlich zu sein, um die Arbeiten der Handwerker besser beurteilen zu können; ebenso ist die Gymnastik nützlich für Gesundheit und Kraft. Aber keins von beiden entsteht doch aus der Musik. Es bleibt also, daß sie für das Leben in der Muße bestimmt ist, und darauf pflegt sie auch bezogen zu werden. Denn man ordnet sie dort ein, wo man das Leben der Edlen vermutet. So hat Homer gedichtet: »sondern wen man zum festlichen Mahle laden soll«, und dann nennt er andere, »die den Sänger rufen«, der »alle ergötzt«. Und anderswo nennt Odysseus jenes das beste Leben, wenn die Menschen sich erfreuen und »die speisenden Gäste im Haus den Sänger hören, der Reihe nach hingelagert.«

Daß dies also eine Ausbildung ist, die man seinen Söhnen nicht als nützlich verschafft und nicht als notwendig, sondern als edel und schön, ist offensichtlich. Ob es aber von ihr eine oder mehrere Arten gibt, und welches diese sind und inwiefern, das ist nachher zu behandeln. Jetzt ist uns soviel klar geworden, daß wir bei den Früheren ein Zeugnis von den feststehenden Bildungsgegenständen her haben. Denn offenbar ist dies bei der Musik so.

Auch beim Nützlichen soll man die Kinder nicht nur eben um des Nutzens willen unterrichten, etwa in der Grammatik, sondern weil sich daraus noch viele andere Lehrgegenstände entwickeln können; ebenso ist das Zeichnen nicht nur dazu da, damit man beim Verkauf eigener Waren nicht betrogen werde, oder überhaupt im Kauf und Verkauf von Gegenständen sich nicht täuschen lasse, sondern eher, damit man einen Blick für die Schönheit der Körper erhalte. Denn überall bloß den Nutzen zu suchen, gehört sich für die Großgesinnten und die Edlen am allerwenigsten.

Da es weiterhin klar ist, daß man zuerst durch Angewöhnung und erst nachher durch Belehrung erzogen werden soll und eher körperlich als intellektuell, so muß man offenbar zuerst die Knaben dem Turnlehrer anvertrauen und dem Ringlehrer. Der eine verschafft eine gute Körperverfassung, der andere führt zu Leistungen.

Freilich zielen heute diejenigen Staaten, die sich am meisten um Erziehung zu kümmern scheinen, auf eine athletische Verfassung und gefährden das Aussehen und das Wachstum des Körpers. Die Spartaner haben diesen Fehler nicht gemacht, aber sie machten sie durch Anstrengungen wie zu Tieren, da dies der Tapferkeit am meisten dienlich sei. Und doch, wie schon oft gesagt, darf man als Erzieher nicht auf eine einzige Tugend und nicht zuerst gerade auf diese schauen. Selbst wenn man das dürfte, so erreichen sie ihr Ziel doch nicht. Denn auch bei andern Lebewesen und andern Völkern folgt, wie wir sehen, die Tapferkeit keineswegs der Wildheit, sondern vielmehr einem ruhigen und löwenhaften Charakter.

Es gibt viele Völker, die zum Töten und Menschenfressen leicht bereit sind, wie am Pontos die Achaier und Heniochen und einige Binnenlandvölker, teils mehr, teils weniger und soweit sie Räuber sind, aber Tapferkeit haben sie keine. Wir wissen auch von den Spartanern, daß sie allen andern überlegen waren, als sie sich auf die Ausdauer in Anstrengungen konzentrierten, daß sie aber jetzt in den gymnischen Wettkämpfen so gut wie im Kriege hinter anderen zurückstehen. Denn ihre Überlegenheit kam nicht daher, daß sie die Jungen auf diese Weise trainierten, sondern nur daher, daß sie als Geübte gegen Ungeübte kämpften. So muß man denn nach dem Edlen und nicht nach dem Tierartigen streben. Denn auch ein Wolf oder sonst ein wildes Tier würde nicht einen edlen Kampf wagen, sondern nur der tüchtige Mann. Wer aber die Kinder zu sehr mit dergleichen beschäftigt und sie im Notwendigen unerzogen läßt, macht sie in Wahrheit zu Banausen, einzig und allein zum Kriegführen brauchbar und auch da noch, wie wir zeigten, schlechter als andere. Man muß also [die Spartaner] nicht nach den früheren Leistungen beurteilen, sondern nach den gegenwärtigen: jetzt haben sie Konkurrenten in ihrer Art der Erziehung, früher hatten sie keine.

Daß man also die Gymnastik braucht, und wie man sie brauchen soll, ist anerkannt. Bis zur Pubertät soll man leichtere Übungen wählen und allzu harte Diät und schwere Anstrengungen meiden, damit das Wachstum nicht gehindert werde. Daß eine vorzeitige Überanstrengung dazu führt, beweist deutlich das Folgende: unter den Olympioniken gibt es kaum zwei oder drei, die als Knaben und auch als Männer gesiegt haben, da sie durch ihr hartes Training in der Jugend ihre Kraft aufgebraucht haben. Wenn sie sich aber nach dem Eintritt der Pubertät noch drei Jahre lang mit andern Gegenständen beschäftigt haben, dann kann man das nachfolgende Alter auch zu Anstrengungen und Zwangsdiäten heranziehen. Aber man soll sich nicht gleichzeitig mit dem Körper und dem Geiste anstrengen. Denn jede der Anstrengungen wirkt in gegensätzlicher Richtung: die Anstrengung des Körpers hindert den Intellekt und umgekehrt.

Hinsichtlich der Musik haben wir schon vorher einige Fragen aufgeworfen, die wir nun zu Ende führen wollen, um zu den Erwägungen, die man etwa hier anstellen möchte, einige Voraussetzungen zu liefern. Denn es ist nicht leicht zu sagen, welches ihre Wirkung ist, noch wozu man sie üben soll, ob des Spiels und der Erholung wegen wie den Schlaf oder das Trinken (dies ist an sich nichts Ernsthaftes, aber angenehm und vertreibt die Sorgen, wie *Euripides* sagt. Darum nimmt man diese Dinge gerne zusammen und betreibt sie zusammen: den Schlaf, das Trinken und die Musik, und auch den Tanz rechnet man hierher). Oder soll man meinen, daß die Musik es eher mit der Tugend zu tun habe, sofern sie, wie die Gymnastik eine bestimmte Körperverfassung erzeugt, ihrerseits eine bestimmte Verfassung des Charakters hervorbringt und den Menschen gewöhnt, sich an rechten Dingen zu erfreuen, oder daß sie zur Lebensart beiträgt und zur Erkenntnis (dies wäre als drittes noch einmal zu nennen).

Daß man nun die Jungen nicht auf das Spiel hin unterrichten soll, ist klar. Denn beim Lernen spielt man nicht, sondern es ist vielmehr eine beschwerliche Angelegenheit. Aber auch zur Lebensart gehört es bei dem Alter der Kinder noch nicht – denn was noch nicht entwickelt ist, hat mit dem Ziel des Lebens nichts zu tun.

Aber vielleicht könnte das, was die Kinder im Ernst treiben, den erwachsenen Männern dann zum Spiele dienen. Aber wenn dies zuträfe, wozu sollten sie dann lernen und nicht vielmehr wie die Könige der Perser und Meder andere dies ausüben lassen und deren Ausbildung sich zum Genusse werden lassen? Denn offenbar leisten jene Besseres, die darin berufsmäßig ausgebildet sind, als jene, die sich nur eine Weile im Rahmen der allgemeinen Bildung damit beschäftigt haben. Allerdings, wenn man sich selbst beruflich damit beschäftigen müßte, so wäre das gleich, wie wenn man sich persönlich mit der Zubereitung der Speisen zu befassen hätte, was unsinnig ist.

Dieselbe Schwierigkeit macht es, wenn die Musik den Charakter besser machen soll. Denn wozu soll man auch dann lernen und nicht vielmehr beim Zuhören anderer sich in richtiger Weise freuen und recht urteilen lernen wie die Spartaner? Denn sie lernen das nicht, haben aber doch ein richtiges Urteil über, wie sie sagen, die brauchbaren und die unbrauchbaren Lieder.

Dasselbe gilt endlich, wenn sie zum Lebensgenuß und zu edler Lebensweise gebraucht werden soll. Wozu soll man da lernen oder nicht eher genießen, wenn andere sich betätigen? Man kann an die Vorstellung denken, die wir von den Göttern haben: auch Zeus selbst singt und spielt nicht bei den Dichtern, sondern wir halten solche vielmehr für Banausen und finden, ein Mann tue das nicht, außer im Rausche oder im Spiel.

Aber darüber vielleicht später. Die erste Frage ist hier, ob die Musik zu den Lehrgegenständen gehört oder nicht, und was sie von den drei genannten Dingen leistet, Erziehung, Spiel oder Lebensart. Mit guten Gründen kann man sie auf all das beziehen und von allem etwas bei ihr finden.

Denn das Spiel ist zur Erholung da, und die Erholung muß angenehm sein (sie ist ja ein Heilmittel gegen die Schmerzen der Anstrengung, und das geistige Leben muß nicht nur edel, sondern auch angenehm sein; denn die Glückseligkeit besteht aus diesen beiden Dingen), und von der Musik sagen wir alle, daß sie zum Angenehmsten gehört, sowohl für sich allein wie auch mit Gesang; *Musaios* sagt ja: »den Sterblichen ist es das Süßeste, zu singen«, und so nimmt man sie gerne zu Zusammenkünften und Unterhaltungen hinzu, weil sie zu erfreuen vermag. So wird man annehmen dürfen, daß die jungen Leute in ihr erzogen werden sollen. Denn die unschädlichen Vergnügungen sind nicht nur dem obersten Ziel, sondern auch der Erholung dienlich. Da sich aber die Menschen selten beim obersten Ziele aufhalten, aber sich viel erholen und spielen, bloß zum Vergnügen, so wäre es wohl nützlich, sich dann in den Freuden der Musik zu erholen.

Indessen machen die Menschen gerne das Spiel zum Ziele. Denn auch das Ziel hat wohl seine Lust, aber nicht eine beliebige; und indem wir diese suchen, verwechseln wir jene mit ihr, weil sie mit dem obersten Ziele des Handelns eine gewisse Ähnlichkeit hat. Das Ziel ist aber um keines Ergebnisses willen wünschbar, und seine Lust besteht um keines Ergebnisses willen, sondern kommt aus dem Vorangegangenen, den Mühen und Beschwerden. Man kann aber die Ursache dafür, daß sie die Glückseligkeit von eben solcher Lust erwarten, hieraus entnehmen.

Wenn sie sich aber mit Musik beschäftigen, so nicht nur darum, sondern auch, weil sie für die Erholung brauchbar zu sein scheint. Man muß aber fragen, ob dies nicht eher zufällig ist und sie selbst ihrer Natur nach über einer solchen Verwendung steht, und ob man von ihr nicht bloß das allgemeine Vergnügen haben kann, das alle wahrnehmen (denn die Musik verschafft einen natürlichen Genuß, darum ist sie jedem Alter und jedem Charakter willkommen); man muß vielmehr prüfen, ob sie nicht auch den Charakter und die Seele berührt. Dies müßte sich zeigen, wenn sie in bestimmter Weise unsern Charakter bildete. Daß das zutrifft, ergibt sich aus vielen und vor allem aus den Liedern des *Olympos*.

Sie machen anerkanntermaßen die Seele enthusiastisch, und der Enthusiasmus ist eine Modifikation des seelischen Charakters. Außerdem sympathisieren wir alle, wenn wir musikalische Darstellungen hören, auch ohne Tanz und Gesang. Fernerhin gehört die Musik zum Angenehmen, und es ist Sache der Tugend, sich richtig zu freuen, zu lieben und zu hassen. Also muß man nichts so sehr lernen und sich angewöhnen wie das richtige Urteilen und die Freude an anständigen Charakteren und an schönen Handlungen. Und nun sind die Rhythmen und Töne den wirklichen Naturen des Zorns, der Milde, der Tapferkeit und Zucht und ihrer Gegensätze und den andern ethischen Dingen außerordentlich verwandt, wie die Erfahrung zeigt: denn wir verwandeln uns seelisch, wenn wir solches hören. Und die rechte Gewöhnung der Ablehnung und der Freude in diesem ähnlichen Bereiche ist mit dem entsprechenden Verhalten in der Wirklichkeit nahe verwandt (so wie wenn einer sich über eine Abbildung freut aus keiner andern Ursache als wegen der Gestalt selbst; dann wird ihm auch der Anblick des Gegenstandes selbst, von dem jenes ein Abbild war, erfreulich sein).

In den Sinnesdingen gibt es sonst nirgends eine solche Beziehung zu den Charakteren, weder im Tastbaren noch im Schmeckbaren, höchstens ein wenig bei den Gesichtseindrücken (da liegen Gestalten vor, aber nur partiell, und nicht jeder kann sie wahrnehmen. Außerdem bestehen keine direkten Beziehungen zum Charakter, sondern Gestalt und Farbe sind bloße Zeichen des Charakters, körperliche Merkmale der Affekte; immerhin gibt es da so große Differenzen, daß die jungen Menschen nicht die Gemälde *Pausons* anschauen sollen, sondern die des *Polygnot* und wer sonst von den Malern und Bildhauern einen ethischen Charakter besitzt). In den Tönen haben wir aber eine unmittelbare Nachahmung der Charaktere, wie sich das faktisch zeigt: denn schon die Art der Harmonien zeigt Unterschiede, so daß wir uns als Hörer bei jeder von ihnen verwandeln und uns anders einstellen, bei der einen traurig und melancholisch, wie bei der sogenannten *mixolydischen*, bei der andern eher weich, wie bei den ausgelassenen, und in einer gefaßten Mittellage wieder bei einer andern, wie es allein die *dorische Harmonie* zustande zu bringen scheint, und enthusiastisch werden wir bei der *phrygischen*. Dies wird von den Spezialisten auf diesem Gebiete richtig festgestellt, denn sie können es aus den Tatsachen selbst beweisen. Dasselbe gilt auch für die Rhythmen. Die einen haben einen ruhigen, die andern einen bewegten Charakter, und hier haben wieder die einen ordinäre, die andern edlere Bewegungen.

Es ergibt sich daraus, daß in der Tat die Musik den Charakter der Seele zu beeinflussen vermag. Kann sie dies, so muß man auch die jungen Leute zu ihr hinführen und in ihr erziehen. Auch paßt die Unterweisung in der Musik sehr in die Natur dieser Altersstufe. Denn die jungen Leute können bei ihrem Alter nichts freiwillig aushalten, wenn es nicht versüßt wird, und die Musik gehört ihrem Wesen nach zum Angenehmen. Es scheint auch eine Verwandtschaft der Harmonien und Rhythmen zu der Seele zu bestehen. So meinen denn auch manche der Weisen, die Seele sei eine Harmonie, andere, sie besäße eine Harmonie.

Ob man nun so lernen muß, daß man selbst singt und spielt oder nicht, wie wir früher fragten, das sei jetzt untersucht.

Offensichtlich macht es einen großen Unterschied, wenn man etwas werden will, ob man selbst arbeitet. Denn es gehört zu den unmöglichen oder doch schwierigsten Dingen, eine Sache gut zu beurteilen, in der man nicht selbst gearbeitet hat. Außerdem brauchen Kinder eine Beschäftigung, und die Klapper des Archytas ist eine ausgezeichnete Sache, wenn er sie den Kindern zum Spielen gibt, damit sie nichts im Hause zerschlagen. Denn junge Geschöpfe können nicht stillsitzen. Dieses Spielzeug paßt nun für die Säuglinge, für ältere aber vertritt die Erziehung die Stelle der Klapper. Man soll also die Musik so unterrichten, daß sie auch ausgeübt wird. Was zum Alter paßt oder nicht paßt, ist leicht festzustellen, und damit auch zu widerlegen, wer behauptet, eine solche Beschäftigung sei banausisch.

Denn erstens übt man, um urteilen zu können, und darum soll man noch in der Jugend üben, als Ältere aber nicht mehr ausüben, doch richtig urteilen und sich am Rechten freuen, dank dem in der Jugend genossenen Unterricht. Was aber den Vorwurf anlangt, den einige erheben, die Musik mache zu Banausen, so ist er leicht zu widerlegen. Man soll prüfen, wie weit die auf die staatsbürgerliche Tugend hin Erzogenen sich mit solcher Arbeit befassen, welche Lieder und Rhythmen sie beherrschen, und was für Instrumente sie benutzen sollen; denn auch das macht offenbar einen

Unterschied. In diesen Dingen liegt die Widerlegung des Vorwurfs. Denn gewiß können bestimmte Arten der Musik die erwähnte Wirkung ausüben. Klar ist also, daß das Lernen der Musik weder die spätere Tätigkeit hemmen noch den Körper banausisch und untauglich zu den kriegerischen und politischen Aufgaben machen darf, und zwar zunächst für das Leben, später für das Lernen jener Dinge.

Dies kann beim musikalischen Unterricht so geschehen, daß man sich nicht auf die Wettkämpfe der Berufsmusiker hin anstrengt und sich nicht auf ungewöhnliche und ausgefallene Leistungen verlegt, wie sie jetzt bei den Wettkämpfen gefordert werden und von den Wettkämpfen schon in den Unterricht eingedrungen sind; aber auch das andere soll nur so weit getrieben werden, als man sich an den schönen Rhythmen und Tönen freut und nicht bloß an der gewöhnlichen Musik, an der sich sogar die Tiere und die Masse der Sklaven und Kinder vergnügen.

Daraus ergibt sich auch, welche Instrumente man verwenden soll. Zu diesem Unterricht sind weder Flöten heranzuziehen noch sonst ein Spezialinstrument wie die Kithara und dergleichen, sondern nur jene, die gute Zuhörer der Musik in der bildungsmäßigen Form wie in der andern heranbilden. Auch ist die Flöte nicht ethisch, sondern eher orgiastisch, so daß man sie bei solchen Gelegenheiten verwenden soll, wo das Hören mehr eine Reinigung als eine Belehrung anstrebt. Als ein Hindernis im Sinne der Bildung ist noch beizufügen, daß die Flöte es unmöglich macht, dazu zu reden.

So haben die Früheren mit Recht ihren Gebrauch bei Jungen und Freigeborenen abgelehnt, obschon sie sie zuvor selbst verwendet hatten. Als sie nämlich durch den Wohlstand auch mehr Muße bekamen und in ihrer Tüchtigkeit großgesinnter wurden, schon vorher und vor allem nach den Perserkriegen von Stolz erfüllt wegen ihrer Taten, interessierten sie sich für alle Bildungsgegenstände mit Begierde und ohne Auswahl. Da kam denn die Flötenkunst zu den Bildungsstücken dazu. Denn in Sparta spielte ein Chorführer dem Chor vor, und in Athen wurde es so sehr Mode, daß die meisten der Freigeborenen sie erlernten; das zeigt die Tafel, die *Thrasippos* als *Chorege* dem Ekphantides aufstellen ließ. Später kam diese Kunst durch die Erfahrung selbst wieder außer

Mode, da die Menschen besser zu beurteilen lernten, was der Tugend dient und was nicht. Dasselbe geschah auch mit der Mehrzahl der alten Instrumente, wie *Pektis, Barbitos*, und was den Hörern des Spieles besonders Vergnügen machen sollte, den *Septangeln, Triangeln* und *Sambykai* und allen denjenigen, die Fingerfertigkeit erfordern.

Einleuchtend ist auch die von den Alten über die Flöte erzählte Sage; sie erzählen, Athena habe sie erfunden und dann weggeworfen. Und mit Recht heißt es, die Göttin habe es getan, weil sie sich darüber geärgert habe, wie sehr das Instrument das Gesicht entstellt. Noch wahrscheinlicher ist es allerdings, daß eben der Flötenunterricht für den Intellekt nichts bedeutet; Athene aber ist für uns die Göttin des Wissens und der Kunst.

Wir lehnen also die spezialistische Ausbildung in den Instrumenten und der Ausübung ab. Dabei nenne ich spezialistisch jene, die für die Wettkämpfe geschieht. Da arbeitet man nicht zu seiner eigenen Vervollkommnung, sondern zum Vergnügen der Zuhörer, und zwar zu einem ordinären Vergnügen, da wir eine solche Ausbildung nicht als edel, sondern als knechtisch ansehen; und bei ihr wird man *Banause*. Denn das Ziel, worauf sie hinstreben, ist schlecht. Der Hörer ist ordinär und beeinflußt die Musik, so daß er auch die Künstler so werden läßt, wie er es wünscht, und ebenso werden die Körper durch die Bewegungen.

Nun haben wir auch von den Harmonien und Rhythmen im Hinblick auf die Erziehung zu reden: soll man alle Harmonien und Rhythmen anwenden oder unterscheiden, und gilt dieselbe Unterscheidung auch für den Unterricht, oder gibt es drittens noch eine andere? Wir sehen ja, daß die Musik in Lied und Rhythmus besteht, und bei beiden muß man sich über den Einfluß auf die Bildung klar sein. Und muß man eher die melodische oder die gut rhythmische Musik vorziehen?

Wir glauben nun, daß hierüber manche gegenwärtige Musiker Gutes gesagt haben und ebenso unter den Gelehrten diejenigen, die in der musikalischen Erziehung Erfahrung besitzen; so können wir die an solchen Fragen Interessierten für die Einzelheiten auf jene verweisen. Hier sei nur schematisch und in großen Zügen geredet. Wir nehmen die Unterscheidung an, die einige Gelehrte vorgenommen haben, die die Lieder in ethische, praktische und enthusiastische teilten, und die die Natur der Harmonien jeweils in bezug auf jene Typen bestimmten. Wir behaupten weiterhin, daß die Musik nicht bloß einem einzigen Zwecke dient, sondern mehreren: der Bildung und der Reinigung (das Wort Reinigung sei hier einfach angewandt, Genaueres wird später in den Untersuchungen über die Dichtung zu sagen sein) und drittens dem geistigen Leben, der Lockerung und der Erholung von der Anspannung. So ist es klar, daß man alle Harmonien anwenden soll, aber nicht alle auf dieselbe Weise, sondern zur Erziehung die am meisten ethischen, beim Anhören anderer, die spielen, die praktischen und die enthusiastischen; denn jener starke Eindruck, der in einigen Fällen die Seele ergreift, ist überall vorhanden, aber es kommt auf das Mehr oder Weniger an, wie bei Mitleid oder Furcht oder beim Enthusiasmus. Durch solche Bewegungen werden einige Menschen stark gepackt, bei den heiligen Gesängen aber sehen wir diese, wenn sie die Seele beruhigende Töne vernehmen, sich sammeln, wie wenn sie eine Heilung und Reinigung erführen. Dasselbe müssen auch die zu Mitleid, Furcht oder sonstigen Affekten Geneigten erfahren, soweit einen jeden dergleichen trifft, und alle erleben eine Reinigung und eine angenehme Erleichterung. Und so verschaffen auch die reinigenden Gesänge den Menschen eine unschädliche Freude.

So sollen denn in solchen Harmonien und Liedern jene wetteifern, die sich mit Theatermusik beschäftigen. Der Theaterbesucher ist freilich von doppelter Art, der eine frei und gebildet, der andere ordinär, ein Banause und Taglöhner usw., und man muß auch diesen Leuten Wettkämpfe und Schaustellungen zur Erholung darbieten. Aber bei ihnen ist die natürliche Verfassung der Seele gewissermaßen verbogen, und so gibt es denn auch bei den Harmonien die Abweichungen und bei den Liedern das Angespannte und Kolorierte. Denn jedem macht Vergnügen, was zu seiner Natur paßt, und so muß man die Wettkämpfer entschuldigen, wenn sie diese Art von Zuschauern eben mit solcher Musik unterhalten.

Was aber die Erziehung betrifft, wie gesagt, so muß man die ethischen Liedformen und Harmonien anwenden. Solcher Art ist die dorische, wie schon bemerkt. Man kann aber auch eine andere annehmen, wenn jene sie uns empfehlen, die gleichzeitig in den philosophischen Fragen und in der musikalischen Bildung Bescheid wissen. Sokrates im ›Staat‹ läßt mit Unrecht neben der dorischen nur die phrygische Harmonie gelten, und dies, obschon er unter den Instrumenten die Flöte verwirft. Dabei hat unter den Harmonien die phrygische dieselbe Bedeutung wie unter den Instrumenten die Flöte. Beide sind orgiastisch und leidenschaftlich. Das zeigen die Dichtungen. Denn jede dionysische und verwandte Bewegung stellt sich unter den Instrumenten am meisten in der Flöte dar, und von den Harmonien sind es die phrygischen, in denen diese sich angemessen ausdrücken. Und so scheint ja auch der Dithyrambos anerkanntermaßen phrygisch zu sein. Dafür nennen die Fachleute viele Beispiele, vor allem, daß es Philoxenos nicht gelang, seine Mythen in dorischer Harmonie zu komponieren, sondern unter dem Zwang der Natur selbst geriet er zur phrygischen Harmonie als zur angemessenen. Über die dorische sind alle einig, daß sie am ruhigsten ist und am meisten männlichen Charakter zeigt. Da wir ferner die Mitte zwischen den Extremen loben und behaupten, daß man sie zu suchen habe, so hat eben die dorische Harmonie diese Natur im Verhältnis zu den anderen, und so sollen denn auch die jungen Leute vorzugsweise mit dorischen Liedern unterrichtet werden.

Es gibt aber da zwei Ziele, das mögliche und das passende. Denn jeder muß vor allem nach dem Möglichen streben und nach dem Passenden. Auch dies richtet sich nach den Lebensaltern: denn die im Alter Ermatteten werden nicht leicht die erregten Harmonien singen können, sondern solchen legt die Natur die sanfteren vor. Darum machen einige Musiker auch darin dem Sokrates mit Recht einen Vorwurf, daß er die sanfteren Weisen von dem Unterricht ausschloß, da er sie für berauschend hielt, nicht im Sinne des Weins (denn dieser peitscht vielmehr auf), sondern einschläfernd. Darum muß man auch für das spätere Alter sich auch an solche Harmonien und entsprechende Lieder halten. Und wenn es endlich eine Harmonie gibt, die dem Knabenalter entspricht, weil sie bildend und zugleich disziplinierend wirkt, so mag dies von allen Harmonien am meisten die lydische sein. Demnach soll man diese drei Grundsätze für die Erziehung festhalten: das Maß, das Mögliche und das Passende.

Klage über die heutige Jugend
Aristophanes, Die Wolken 960 – 1029

ANWALT DER GUTEN SACHE:

So verkünd ich euch denn, wie vor alters es stand um die Zucht und die Bildung der Knaben,
Als ich in der Blüt, als Vertreter des Rechts, und die Sittsamkeit erstes Gesetz war.
Da durfte den Knaben kein trotziger Laut, kein störrisches Mucksen entfahren,
Da kamen im Schwarm sie die Straßen daher nach der Singschul, all in der Ordnung,
Aus jeder Gemeinde, nur spärlich bedeckt, und wenn es auch Roggenmehl schneite!
Nicht übereinandergeschlagen die Bein', anständig saßen und lernten
Sie ihr: »*Pallas*, die Städteverwüsterin«, oder: »Horch, was ertönt aus der Ferne?«
In gehaltenem Ton, in gemessenem Takt, wie die Väter von jeher es sangen.
Und wenn einer aus Eitelkeit Sprünge versucht' und die Lieder mit Schnörkeln verhunzte,
Wie es jetzo der Brauch, in des *Phrynis* Manier, mit verkünstelten Koloraturen,
Dann regnet' es Schläg auf den Sünder, der frech an den heiligen Musen gefrevelt! –
Und im Ringhof dann, wenn sie saßen, zu ruhn auf dem Sande, da mußten sie züchtig
Vorbeugen das Bein, um Unziemliches nicht den Umstehenden draußen zu zeigen.
Und erhoben sie sich, so verwischten sie stets in dem Sande die Spuren mit Vorsicht,
Daß die blühenden Formen nicht, abgedrückt, unreine Begierden erweckten.
Da salbte sich über den Nabel hinab kein Knabe, drum blüht' ihm auch wollig
Und weich um die Scham das gekräuselte Haar, wie der Flaum auf dem reifenden Pfirsich.

An die Männer drängte der Knabe sich nicht mit zärtlichem Girren und Flüstern
Und begehrlichen Blicken, schmachtlappig und frech, an den Buhler sich selber verkuppelnd.
Bei Tische stand es dem Knaben nicht zu, nach den Rettichköpfchen zu greifen
Und erwachsenen Leuten hinweg vor dem Mund Salat und Gemüse zu schnappen,
Und Backwerk, Fische, Geflügel; ihm war es verpönt, zu verschränken die Beine.

ANWALT DER SCHLECHTEN SACHE:

Altvätrisches Zeug! Altfränkischer Brauch! Urmode der goldnen Zikaden!
Verklungne Musik! *Buphonienzeit!*

ANWALT DER GUTEN SACHE:

Ja freilich! Doch war es dieselbe,
Wo erzogen durch mich das Heroengeschlecht der Marathonkämpfer heranwuchs!
Du aber verzärtelst die Jugend von heut und vermummst sie in Windeln und Kleider,
Daß ich oft fast ersticke, beim Waffentanz an den *Panathenäen* zu schauen,
Wie sich einer den Schild vor das Schamglied hält – ein Greuel der *Tritogeneia*! –
Wohlan denn, vertraue mir, Jüngling, und nimm mich zum Lehrer, den Anwalt des Guten,
Dann gewöhnst du dich, stets zu verachten den Markt und die Bäder, die warmen, zu meiden,
Dich dessen zu schämen, was schandbar ist, zu erglühn, wenn darob sie dich necken,
Und vom Sitze dich schnell zu erheben, sobald sich ein würdiger Alter dir nähert.
Deine Eltern kränkst du durch Unart nie und bestehst in jeder Versuchung,
Weil für heilige Pflicht du es achtest, ein Bild der Scham aus dir selber zu schaffen.
Nie wirst du vors Haus einer Tänzerin ziehn und, vom Dirnchen mit Äpfeln beworfen,

Als Mädchenjäger, der läuft in der Brunst, deinen ehrlichen Namen verlieren.
Nie wirst du den Vater beleidigen, nie ihn *Japetos* schelten, noch grollend
Ihm die Streiche gedenken, die einst du empfingst, da du saßest im Nest wie ein Küchlein!

ANWALT DER SCHLECHTEN SACHE:

Ich sage dir, Junge, vertraust du dich dem, dann macht er dich, beim Dionysos,
Zu 'nem Bübchen, *Hipprokrates' Püppchen* gleich, und man wird dich ein Mutterkind schelten.

ANWALT DER GUTEN SACHE:

Nein! Blühend und strotzend in Jugendkraft auf dem Turnplatz wirst du dich tummeln,
Kein verschrobener Schwätzer und Witzling des Markts, nach der Weise der heutigen Jugend,
Kein Zänker, der stets vor den Richtern sich balgt in Lausbagatellenprozessen;
Lustwandeln wirst du im friedlichen Hain Akademos', im Schatten des Ölbaums,
Mit schimmerndem Laube die Stirne bekränzt, an der Seite des sittsamen Freundes,
Von Eiben umduftet in müßiger Ruh und den silbernen Blättern der Pappel,
In der Wonne des Lenzes, wenn flüsternd leis zu der Ulme sich neigt die Platane!

Wenn du also wirst tun, wie mein Wort es dich lehrt,
Wenn du eifrig es hörst und zu Herzen es nimmst,
Dann wird dir zum Lohn eine kräftige Brust,
Ein blühend Gesicht, breitschultriger Wuchs,
Und die Zunge hübsch kurz, und ein mächtig Gesäß,
Und ein mäßig Gemächt!
Doch wenn du es treibst nach der Mode von heut,
Dann wird dein Gesicht bleichsüchtig und gelb,
Deine Schultern gedrückt und schmächtig die Brust,
Deine Zunge wird lang, weit offen dein Maul,
Und groß dein Gemächt und klein dein Gesäß!
Auf den Anwalt der schlechten Sache deutend:

Der redet dir ein,
Daß das Schöne gerade das Häßliche sei
Und das Häßliche schön;
Und am Ende beschmutzt er dir Leib und Seel
Mit *Antimachos'* säuischer Wollust!

Gegenstrophe

CHOR: O Hüter du strahlenden Horts züchtiger, ernster Weisheit,
Welch tugendlich lieblichen Duft haucht deiner Rede Blüte!
Glückselig warn doch alle Menschen, die in frühern Zeiten gelebt!

Kritik an den Sophisten
Isokrates, Gegen die Sophisten

Wenn Alle, welche Unterricht zu ertheilen unternehmen, wahr reden und nicht größere Versprechungen machen wollten, als sie später erfüllen, so würden sie nicht bei den Ungelehrten in schlimmem Rufe stehen; nun aber haben Die, welche gar zu unvorsichtig zu prahlen wagen, gemacht, daß Diejenigen, welche es vorziehen, dem Vergnügen nachzuhängen, einen besseren Entschluß zu fassen scheinen, als Die, welche sich mit dem Studium der Wissenschaften beschäftigen.

Denn Wer sollte nicht erstens Diejenigen zugleich hassen und verachten, welche sich mit den Streitfragen abgeben, Leute, die zwar vorgeben, sie suchen die Wahrheit, aber gleich im Anfange ihrer Versprechungen Unwahres zu sagen sich unterfangen? Ich denke nämlich, es sey Allen einleuchtend, daß das Zukünftige vorauszusehen unserer Natur nicht zukommt, sondern wir von dieser Kenntniß so ferne sind, daß Homer, welcher den größten Ruhm in Beziehung auf Weisheit erlangt hat, sogar die Götter manchmal darüber berathschlagen läßt, nicht weil er ihre Meinung kannte, sondern weil er uns zeigen wollte, daß Dieß eines von den für Menschen unmöglichen Dingen ist.

Diese nun sind so weit in der Vermessenheit gegangen, daß sie die Jüngeren zu überreden versuchen, wenn sie zu ihnen in die Schule gehen, werden sie wissen, Was sie zu thun haben, und durch diese Kenntniß glücklich werden. Und obgleich sie sich zu Lehrern und Besitzern so großer Güter aufwerfen, schämen sie sich nicht, drei bis vier *Minen* dafür zu fordern. Wohl würden sie, wenn sie irgend ein anderes Gut weit unter seinem Werthe verkauften, nicht widersprechen, daß sie nicht bei gesundem Verstande seyen; während sie aber die ganze Tugend und Glückseligkeit so niedrig anschlagen, wollen sie doch als vernünftige Menschen Lehrer der Anderen werden. Und sie sagen zwar, sie bedürfen keine Schätze, und nennen den Reichthum ärmliches Gold und Silber, aber nach kleinem Gewinne strebend, versprechen sie, aus ihren Schülern Alles, nur nicht sie unsterblich zu machen. Das Allerlächerlichste aber ist, daß sie Denen, von welchen sie ihre Belohnung erhalten sollen, mißtrauen, welche sie doch die Gerechtigkeit lehren wollen, bei Denen aber, deren Lehrer sie nie gewesen sind, das von den Schülern Vorausbezahlte hinterlegen, für ihre Sicherheit wohl besorgt, ihrem Versprechen aber zuwider handelnd. Denjenigen nämlich, welche irgend etwas Anderes lehren, ziemt es zwar, vorsichtig zu seyn wegen Derer, welche [die Bezahlung] streitig machen, (denn Nichts hindert, daß Die, welche in andern Dingen tüchtig geworden sind, bei Verträgen unredlich handeln,) ist es aber nicht ungereimt, daß Die, welche Tugend und Rechtschaffenheit [Anderen] beibringen, nicht ihren Schülern am meisten trauen? Denn diese werden doch, wenn sie gegen Andere rechtschaffen und ehrlich sind, nicht gegen Die sich vergehen, durch welche sie es geworden sind.

Da nun Manche von den Ungelehrten, wenn sie dieses alles zusammennahmen, einsahen, daß Die, welche die Weisheit lehren und die Glückseligkeit vortragen, selbst Vieles bedürfen und von ihren Schülern eine Kleinigkeit einziehen, und die Widersprüche in den Worten zwar beobachten, in den Handlungen aber nicht erkennen, ferner von dem Zukünftigen zwar Kenntniß zu haben vorgeben, über das Gegenwärtige aber nichts Gehöriges weder zu sagen noch zu rathen vermögen, sondern Diejenigen mehr übereinstimmen und mehr mit Glück ausführen, welche bloß ihren Vermuthungen folgen, als Die, welche die Wissenschaft zu besitzen vorgeben, so ist es denke ich natürlich, daß sie Diese verachten, und glauben, diese Vorträge seien leeres Geschwätz und nichtswürdiges Gerede, aber nicht Bildung der Seele.

Nicht nur aber Diese, sondern auch Die, welche die Staatsberedsamkeit zu lehren versprechen, verdienen Tadel; denn auch Diese bekümmern sich Nichts um die Wahrheit und glauben, Das sey die Kunst, wenn sie so Viele, als möglich, durch die Kleinheit ihrer Belohnung und die Größe ihrer Versprechungen anlocken, und Etwas von ihnen bekommen können; so dumm aber sind sie selbst und nehmen auch die Anderen dafür, daß sie, obgleich sie ihre Reden schlechter schreiben, als manche Ungelehrte aus dem Stegreife sprechen, doch verheißen, sie wollen ihre Schüler zu solchen Rednern machen, daß sie Nichts, was sich über einen Gegenstand sagen läßt, übergehen. Und an dieser Fertigkeit räumen sie der Uebung und dem Talente des Schülers keinen Antheil ein, sondern behaupten, sie wollen auf gleiche Weise die Kenntniß der Beredsamkeit beibringen, wie die der Buchstaben, ohne zu untersuchen, wie es sich mit jedem dieser zwei Dinge verhält, und glauben, wegen ihrer übertriebenen Versprechungen werden sie selbst bewundert werden, und der Unterricht in der Beredsamkeit einen höheren Werth zu haben scheinen, ohne zu wissen, daß nicht Diejenigen, welche von ihnen prahlerisch zu reden wagen, die Künste groß machen, sondern Die, welche aufzufinden vermögen, Was in einer jeden enthalten ist [den Inhalt einer jeden zu ergründen].

Ich aber würde es höher anschlagen, als großen Reichthum, wenn das Studium der Beredsamkeit so viel vermöchte, als Diese sagen, (denn vielleicht würden wir nicht am weitesten zurückgeblieben seyn, noch am wenigsten davon zu genießen gehabt haben,) da es sich nicht so verhält, so wollte ich, daß sie aufhören, so albern zu schwatzen; denn ich sehe, daß nicht nur Die, welche diesen Fehler begehen, die Schmähungen treffen, sondern auch alle Andere mit in schlimmen Ruf kommen, welche dieselbe Beschäftigung treiben.

Ich wundere mich aber, wenn ich sehe, daß man sie für würdig hält Schüler zu haben, sie, welche ohne es zu ahnen für Etwas, das von dem freien geistigen Schaffen ausgeht, eine Kunst, die in ihren Bestandtheilen und Gesetzen feststeht, als Beispiel anführen. Denn Wer außer ihnen weiß nicht, daß die Buchstaben unveränderlich sind und immer dieselben bleiben, so daß wir beständig die gleichen [Buchstaben als Zeichen] für das Gleiche [den gleichen Laut] gebrauchen, daß es aber mit der Beredsamkeit gerade die entgegengesetzte Bewandtniß hat; denn Was von dem Einen gesagt wurde, ist für Den, welcher nach ihm spricht, nicht eben so anwendbar, sondern Der gilt für den Gewandtesten, welcher des Gegenstands würdig spricht und ganz Verschiedenes von Dem, was die Andern sagten, aufzufinden vermag. Der beste Beweis ihrer Unähnlichkeit aber ist Folgendes: die Reden nämlich können nicht gut seyn, wenn in ihnen nicht die Umstände und die Angemessenheit und die Neuheit berücksichtigt ist, bei den Buchstaben ist Nichts davon erforderlich. Daher würden Die, welche solche Beispiele gebrauchen, mit weit größerem Rechte selbst eine Geldstrafe zahlen, als Geld bekommen, weil sie, da sie selbst noch großer Bildung bedürfen, die Anderen zu unterrichten sich unterfangen.

Wenn ich aber nicht nur Andere tadeln, sondern auch meine Meinung aussprechen soll, so glaube ich werden mir alle Vernünftige beistimmen, daß Viele, die sich mit den Wissenschaften befaßten, fortwährend Ungelehrte blieben, manche Andere aber, welche nie bei einem Sophisten in die Schule gingen, im Reden und in der Staatsverwaltung tüchtig geworden sind. Denn die Fertigkeit im Reden und in allen andern Geschäften wird Denjenigen zu Theil, welche gute Anlagen besitzen, und welche sich durch Uebung Erfahrung erwerben; der Unterricht aber pflegt solche Menschen gewandter und im Erfinden geschickter zu machen, (denn auf Was sie jetzt auf Um- und Irrwegen kommen, daß lehrt er sie auf eine leichtere Weise erhalten,) Die aber, welche weniger gute Talente haben, wird er zwar nicht zu guten Rednern oder Bearbeitern von Reden bilden, aber sie weiter bringen, als sie von Natur sind, und in vielen Dingen verständiger machen.

Ich will aber, da ich bis auf diesen Punkt gekommen bin, noch deutlicher darüber sprechen. Ich behaupte nämlich, die Kenntniß von den Motiven, auf welchen alle Reden, die gesprochenen und die geschriebenen, beruhen, zu erlangen, gehöre nicht unter die sehr schwierigen Dinge, wenn man sich nicht Denen, welche leichtsinnige Versprechungen machen, sondern Denen, welche Etwas davon verstehen, anvertraut; welche davon man aber bei jedem Gegenstande wählen und mit einander verbinden und richtig anordnen soll, ferner daß man die passenden Verhältnisse nicht verfehle, sondern die ganze Rede auf eine angemessene Weise mit mannigfaltigen Gedanken ausstatte, und der Sprache durch die Wörter Rhythmus und Wohlklang verleihe, Dieß bedürfe viele Sorgfalt und sey die Sache eines erstarkten und urtheilsfähigen Geistes, und es müsse der Schüler, außerdem daß er die nöthigen Talente besitzt, die verschiedenen Arten der Reden kennen und in ihrem Gebrauche sich üben, der Lehrer aber im Stande seyn, sie so gründlich zu durchgehen, daß er Nichts, was gelehrt werden kann, übergeht, im Uebrigen aber sich selbst als ein solches Muster erweisen, daß bei Denen, welche sich nach ihm gebildet haben und ihn nachzuahmen fähig sind, sogleich sichtbar ist, daß sie blühender und anmuthiger, als die Anderen, sprechen. Und wenn Dieß alles zusammentrifft, so werden Die, welche sich dem Studium der Beredsamkeit widmen, vollkommen werden, in wiefern aber Etwas von dem Genannten fehlt, in sofern müssen nothwendig die Schüler ungenügend ausgerüstet seyn.

Die Sophisten nun, welche erst kürzlich auftraten und neulich auf diese Prahlereien verfielen, wenn sie gleich jetzt zahlreich sind, werden alle, wie ich wohl weiß, unter dieser Darstellung begriffen seyn.

Es bleiben uns also noch Die übrig, welche vor uns gelebt haben und die sogenannten Künste [Lehrbücher und Redekunst] zu schreiben sich beifallen ließen, welche ich nicht ungetadelt vorübergehen darf, da sie versprachen, sie wollen streiten [d. h. die gerichtliche Beredsamkeit] lehren, indem die den gehässigsten Ausdruck wählten, welchen zu gebrauchen neidischen Menschen ziemt, aber nicht Denen, welche einem solchen Unterrichte vorstehen, und zumal, da die Sache, so weit sie gelehrt werden kann, für die gerichtlichen Reden nicht mehr, als für alle andere von Nutzen seyn kann. Und sie waren um so viel einfältiger als Die, welche sich in den Streitfragen herumtummeln, als Diese, obgleich sie so elende Reden halten, daß wenn Einer im Handeln ihnen folgen wollte, er sogleich in alle Uebel verfallen würde, doch von ihnen Tugend und Besonnenheit versprachen, Jene aber, indem sie zur Staatsberedsamkeit ermunterten, um alles Andere, was Gutes daran ist, sich nicht bekümmerten, und sich als Lehrer der Streit- und Gewinnsucht ankündigten. Und doch möchten Denen, welche die Vorschriften dieses Unterrichts in der Redekunst befolgen wollen, sie weit eher zur Rechtlichkeit als zur Beredsamkeit nützlich seyn. Niemand glaube, ich behaupte, daß die Gerechtigkeit gelehrt werden könne; denn ich bin der Meinung, es gebe überhaupt keine solche Kunst, welche Denen, die von Natur geringe Anlagen zur Tugend haben, Mäßigung und Gerechtigkeit einflößen könnte; Das jedoch glaube ich, daß die sorgfältige Beschäftigung mit der Staatsberedsamkeit am meisten zur Aufmunterung dazu und zur Uebung darin beiträgt.

Damit es aber nicht scheine, ich mache die Versprechungen der Anderen zunichte, sage aber selbst mehr, als an der Sache ist, so glaube ich, durch dieselben Gründe, wodurch ich mich selbst überzeugte, daß es sich so verhält, auch den Anderen es einleuchtend machen zu können.

Erziehungsprobleme
Herondas, Der Lehrer

Metrotime, Bürgerin
Kottalos, ihr Sohn
Lampriskos, Lehrer

METROTIME:
Die lieben Musen mögen dir, Lampriskos,
im Leben Glück und Freude spenden – bitte
verbleu dem Bengel hier das Fell, bis seine
verworfne Seele grad noch an den Lippen hängt.
Er bringt mich um mein letztes Hab und Gut,
er spielt um Geld, denn seine *Knöchel* sind
ihm nicht genug, Lampriskos, schlimmer geht's
mit ihm noch aus. Wo seines Lehrers Wohnung liegt,
der jeden Monat Schulgeld will, am dreißigsten,
dem bittern, mag ich noch so lamentieren –
das weiß er nicht zu sagen, doch den Platz fürs Spiel,
wo Lastenträger und entlaufne Sklaven
herumstehn, den beschreibt er jedermann.
Die arme Tafel, die ich mühsam jeden Monat
mit Wachs ausglätte, liegt verwaist am Fuß

des Bettes nach der Wand zu, hübsch versteckt.
Erblickt er sie, verfinstert sich sein Blick,
nie schreibt er richtig, kratzt nur drauf herum.
Die Knöchel freilich, ja, die schimmern noch viel blanker
in ihren Beutelchen und Netzen als
das Ölgefäß, das wir zu allem brauchen.
Er kann noch nicht einmal das A erkennen,
wenn du's ihm nicht laut fünfmal wiederholst.
Als neulich ihm der Vater nur das Wörtchen »Marsch«
diktierte, macht doch der famose Knabe
aus »Marsch« ein »Pasch«. Da hab ich mich gefragt,
ob ich denn blöd bin, ihn nicht Esel hüten
zu lehren statt der hohen Kunst des Schreibens,
damit er Stütze in der Not mir sei.
Wenn wir ihn Verse deklamieren heißen
wie Kinder sonst, ich selber oder Vater
– ein alter Mann, geschwächt an Ohr und Augen –,
so tropft's aus ihm wie aus zerbrochnem Krug:
»Apollon – Jäger –«. Das, sag ich, kann auch die Oma
dir sagen, Dummkopf, die nicht lesen kann,
und jeder erste beste *Phryger*. Wollen wir
dann mal ein deutlich Wörtchen reden, findet er
drei Tage nicht nach Hause, sondern schröpft die Oma,
die alte Frau, die selber nichts zu beißen hat,
sitzt auf dem Dache auch und schlenkert mit
den Beinen, hängt sich über wie ein Affe.
Was meinst du, wie es mir ans Herze greift,
wenn ich das seh? Er selber ist mir schnuppe,
doch alle Ziegel brechen wie die Pfefferkuchen,
und wenn der Winter naht, zahl ich mit Tränen
für jeden Ziegel anderthalb *Obolen*.
Die Nachbarn sagen alle wie aus einem Munde:
»Der Metrotime ihrer war's, der Kottalos«,
und Wahrheit ist's, man kann nicht widerblecken.
Sieh nur, sein ganzer Rücken ist zerschrammt,
im Wald vertrödelt er sein Leben stumpf
wie an der See ein armer Reusenfischer.
Den siebenten und zwanzigsten des Monats kennt

er besser als ein Astronom, und nie verschläft
die Zeit er, wenn ihr in der Schule feiert.
Darum, so wahr, Lampriskos, dir die Musen hier
Erfolg im Leben schenken, stets dir helfen mögen,
gib ihm zumindest –

LAMPRISKOS: Metrotime, laß,
er kriegt schon seins. Wo steckt der Euthiës,
wo Kokkalos, wo Phillos? Nehmt mal schleunigst
den Kerl auf eure Schultern, wartet nicht auf Vollmond
wie *Akesaios*! – Kottalos, du treibst
mir schöne Dinge. Ist es nicht genug, mit Knöcheln
zu spielen wie die andern? Läufst zum Spiellokal,
mit Eckenstehern dort um Geld zu würfeln!
Ich will dich zahmer als ein Mädchen machen,
daß du nicht piep mehr sagst, wenn du's so willst.
Wo ist die scharfe Peitsche, unser Ochsenziemer,
mit dem ich Schwänzer und Rebellen bändige?
Her in die Hand, bevor mir noch die Galle steigt!

KOTTALOS:
Nein, bitte, nein, Lampriskos, bei den Musen,
bei deinem Bart, beim Leben deiner Mutter,
nicht mit dem Ziemer schlage, nimm die Rute!

LAMPRISKOS:
Ja, Kottalos, du bist so schlecht, daß selbst
ein Händler nichts an dir zu rühmen hat, sogar
im Lande, wo die Mäuse Eisen fressen.

KOTTALOS:
Wieviel, Lampriskos, bitte, willst du mir
verpassen?

LAMPRISKOS: Frag mich nicht, frag deine Mutter.

KOTTALOS:
Mamachen, wieviel gebt ihr mir?

METROTIME: Bei deinem Leben,
du kriegst, soviel dein böses Fell verträgt.

KOTTALOS:
Hör auf, genug, Lampriskos!

LAMPRISKOS: Hör du selber auf
mit schlechten Streichen.

KOTTALOS: Niemals, nie mehr mach ich was,
ich schwöre dir's, Lampriskos, bei den lieben Musen!

LAMPRISKOS:
Was hat der Bengel für ein flinkes Mundwerk.
Den Knebel kriegst du, wenn du länger muckst.

KOTTALOS:
Ich bin schon still, sieh. Bring mich nur nicht um!

LAMPRISKOS:
So, laßt ihn los jetzt, Kokkalos!

METROTIME: Hör noch nicht auf,
Lampriskos, bleu ihn, bis die Sonne sinkt.

LAMPRISKOS:
Genug!

METROTIME: Er ist ja schlauer als die Wasserschlange
und muß auch für die Bücher noch was kriegen,
vielleicht noch einmal zwanzig, wollt er auch
noch besser lesen als die *Muse Klio* selbst.

KOTTALOS:
Ätsch!

LAMPRISKOS: Tu dir lieber Honig auf die Zunge!

METROTIME:
Das werde ich, Lampriskos, seinem Alten
zu Hause ganz genau erzähln. Ich komme wieder
und bringe Schellen mit, dann können ihn die Musen,
die er verachtet, hüpfen sehn in Fesseln.

Männer und Knaben

Knabenliebe
Theognis

Junge, du hast mich gefangen – nun höre: Ich möchte dir sagen,
was dich sicher gewinnt und dir durchaus nicht mißfällt.
Nimm es geduldig zur Kenntnis, bitte: »Du hast es nicht nötig,
irgend etwas zu tun, was dir zutiefst widerstrebt!«

Freuen magst du dich über die alte, versunkene Freundschaft;
in der kommenden wirst lenkend du wirken nicht mehr.

Junge, du kamest, ein Roß, da du überdrüssig der *Gerste*,
wieder zu meinem Gehöft eilenden Trabes zurück,
sehntest dich nach dem tüchtigen Reiter, der saftigen Wiese,
nach dem kühlenden Quell wie auch dem schattigen Hain.

Weiß man nicht Knaben zu schätzen und stampfende Rosse und Hunde,
wird man des Lebens wohl nie unbeschwert heiter und froh.

Junge, du hast empfangenes Gutes mit Bösem vergolten,
nicht den geringsten Dank stattest für Dienste du ab.
Keinerlei Freuden erwiesest du mir; ich brachte dir oftmals
Nutzen, aber gewann Rücksicht und Hochachtung nicht.

Junge und Pferd sind gleicher Gemütsart. Ein Pferd auch bedauert
seinen Reitersmann nicht, wenn er im Staube sich wälzt,
sondern es trägt, an Gerste gesättigt, den nächsten. Genauso
liebt auch ein Knabe den Mann, der sich gerade ihm bot.

Lykurgs Verordnungen wegen der Knabenliebe
Xenophon, Von der Staatsverfassung der Lacedämonier I 2

Noch glaube ich auch über die Knabenliebe sprechen zu müssen, denn auch Dieß ist von großem Einfluß auf die Erziehung.

Bei den übrigen Griechen nun findet entweder wie bei den Böotiern Umgang eines Mannes und eines Knaben in beständiger Verbindung Statt, oder wie bei den Eleern Genuß der Schönheit um Geschenke, Einige [die Athener] aber halten die Liebhaber von den Knaben gänzlich entfernt, so daß sie nicht einmal sich sprechen. Lycurg aber hat auch von diesem Allen das Entgegengesetzte angeordnet. Wenn ein Mann, der ganz ist, Was er soll, an dem Geiste eines Knaben Gefallen findet und sich ihn zum Freunde zu machen und mit ihm umzugehen suche, Das hieß er gut und hielt es für die beste Erziehung, wenn aber Einer eine sinnliche Begierde nach einem Knaben zeige, Das erklärte er für die größte Schmach und brachte es so dahin, daß in Lacedämon die Liebhaber eben so wenig die geliebten Knaben gebrauchen, als Väter ihre Söhne, oder Brüder ihre Brüder zu sinnlichem Leibesgenusse gebrauchen.

Daß jedoch Dieß von Manchen nicht geglaubt wird, wundert mich nicht, denn in vielen Staaten verhindern die Gesetze die sinnliche Knabenliebe nicht.

Auch für die geliebten Knaben ist auf diese Weise gesorgt.

Das Problem der Päderastie, gesetzliche Maßnahmen zum Schutz der Sittlichkeit von Heranwachsenden
Aischines, Gegen Timarchos 5–10

Man sieht nämlich erstlich, daß der Gesetzgeber den Lehrern, denen wir nothgedrungen unsere Kinder anvertrauen, trotzdem, daß bei ihnen ihr Unterhalt mit einem sittlichen Verhalten und mit dem Gegentheil der Mangel verknüpft ist, dennoch mißtraut und ausdrücklich angiebt, erstlich, in welchem Alter der freie Knabe in die Schule gehen, dann mit wie viel Knaben er hineingehen und wann er herausgehen soll; und den Schullehrern und Turnmeistern verbietet die Schulen und Turnplätze nicht eher zu öffnen, als bis die Sonne aufgegangen sei und sie vor Sonnenuntergang zu schließen anordnet, weil er die menschenleeren Plätze und die Finsterniß im meisten Verdachte hat; und wer die hineingehenden jungen Leute sein und in welchem Alter sie stehen müßten, und wer die Behörde, die dafür Sorge zu tragen habe, sein solle und über die Aufsicht der Hofmeister und die Musenfeste in den Schulen und die *Hermesfeier* in den Turnanstalten und endlich über das Zusammengehen der Knaben und die jährlichen Chöre. Denn er befiehlt, daß der Chorführer, welcher sein Vermögen aufwenden will, dies thue, wenn er über 40 Jahr alt sei, damit er bereits in seinem verständigsten Alter stehe, wenn er mit unsern Kindern zu verkehren hat.

Der Schreiber wird euch nun diese Gesetze vorlesen, damit ihr einsehet, wie der Gesetzgeber der Ansicht war, daß der wohlerzogne Knabe dem Staate nützlich sein werde; und er ebenso dafür hielt, daß, wenn der Charakter des Menschen gleich in der Kindheit einen schlechten Grund lege, aus schlechterzogenen Knaben auch diesem Timarch hier ähnliche Bürger hervorgehen würden. Lies ihnen also diese Gesetze vor.

Gesetze.

[Die Lehrer der Kinder sollen die Schulen nicht eher öffnen, als bis die Sonne aufgegangen ist, und sie vor Sonnenuntergang schließen. Und denen, die über das Knabenalter hinaus sind, werde es nicht erlaubt, hineinzugehen, wenn die Knaben drinnen sind, außer dem Sohne des Lehrers oder seinem Bruder oder Tochtermanne. Geht einer außerdem hinein, so werde er mit dem Tode bestraft. Und die *Gymnasiarchen* sollen an den Hermesfesten nicht gestatten, daß sich einer im Jünglingsalter auf irgend eine Weise mit einschleiche; wenn er es aber zuläßt und sie nicht vom *Gymnasium* abhält, falle er dem Gesetze über die Schändung der Freien anheim. Die *Chorführer*, die vom Volke eingesetzt werden, sollen in dem Alter über 40 Jahre stehen.]

Nächst diesem nun, ihr Athener, giebt es gesetzliche Vorschriften über grobe Vergehen, die aber, glaube ich, im Staate vorkommen. Denn darnach, daß Einer etwas Ungehöriges that, darnach machten die Alten ihre Gesetze. Das Gesetz besagt nun ausdrücklich, wenn ein Vater oder Bruder oder Oheim oder Vormund oder überhaupt einer, welcher die Obhut über ihn hat, einen zur Wollust verdungen habe, so lasse er zwar gegen den Knaben selbst keine Klagen auf Unkeuschheit zu, wohl aber gegen den, der ihn verdungen hat und den, der sich ihn gedungen hat, gegen den einen, weil er ihn verdungen, und gegen den andern, weil er, so sagt er, sich ihn gedungen hat. Und er setzte für jeden von beiden gleiche Bußen fest, und daß für den zu seinem Alter gekommenen Knaben, der zur Wollust verdungen worden sei, kein Zwang vorliege, den Vater zu ernähren oder ihm ein Unterkommen zu gewähren; den Gestorbenen hingegen soll er begraben und das übrige, was gebräuchlich, beobachten. Sehet, Athener, wie schön; so lange er lebt, nimmt er ihm den Vortheil der Vaterschaft, grade wie jener dem Knaben das Staatsbürgerrecht öffentlich zu sprechen; doch ist er gestorben, so befiehlt er, theils weil derselbe die Wohlthaten nicht merkt, die er erfährt, theils auch weil das Gesetz das Göttliche ehrt, ihn nun zu begraben und das übrige Gebräuchliche zu beobachten.

Und welches andere Gesetz gab er noch zur Sicherung unserer Kinder? Das über Kuppelei, indem er die größten Bußen darauf setzte, wenn Jemand einen freien Knaben oder ein Frauenzimmer verkupple. Und was für eins ferner? Das über Schändung, welches in einer einzigen Hauptbestimmung alles derartige zusammenfaßt und enthält und worin ausdrücklich geschrieben steht, wenn Jemand an einem Knaben eine Schändung verübe – und wer ihn zur Wollust dingt, verübt sie – oder an einem Manne oder einer Frau, sei es an einem der Freien oder der Sklaven, oder wenn er irgend etwas Gesetzwidriges mit einem von diesen vornehme, gegen den, so hat er es veranstaltet, sind Klagen über Schändung da und er hat eine Buße darauf gesetzt, die er erleiden oder bezahlen soll. Lies das Gesetz.

Gesetz.

[Wenn einer von den Athenern einen freien Knaben geschändet hat, so klage der, welcher die Obhut über ihn führt, bei den Thesmotheten, und gebe die Buße an. Wen dann das Gericht verurtheilt hat, der werde den *Eilsern* übergeben und sterbe desselbigen Tages. Wenn er aber zu Geld verurtheilt wurde, zahle er es in 11 Tagen nach dem Urtheilsspruche, falls er es nicht sogleich bezahlen kann: bis zur Bezahlung werde er festgehalten. Derselben Schuld fallen auch die anheim, welche sich an den Leibern der Sklaven vergehen.]

Vielleicht möchte sich nun Jemand, wenn er dies so plötzlich hört, wundern, warum nur in dem Gesetz über die Schändung die Bestimmung hinzugefügt worden sei über die Sklaven.

Wenn ihr, Männer von Athen, aber die Sache überlegt, so werdet ihr finden, daß grade diese Bestimmung die vorzüglichste unter allen sei. Denn nicht um die Sklaven war es dem Gesetzgeber hierbei zu thun, sondern weil er euch daran gewöhnen wollte euch von der Schändung der Freien recht fern zu halten, schrieb er hinzu, man solle auch an den Sklaven keine Schändung verüben. Seine Ansicht war aber, daß überhaupt der, welcher an irgend etwas, was es auch sei, eine Schändung verübe, in der Demokratie nicht tauglich sei Staatsbürgerrechte mit auszuüben.

Und auch daran erinnert euch mit, ihr Männer von Athen, daß hier der Gesetzgeber noch nicht zu der Person des Knaben selbst, sondern zu der Umgebung des Knaben, dem Vater, Bruder, Vormund, Lehrern und überhaupt denen spricht, in deren Obhut er steht. Sobald derselbe aber in die Bürgerrolle eingetragen worden ist und die Gesetze des Staates kennen gelernt hat und weiß und bereits das Schickliche und Nichtschickliche unterscheiden kann, spricht er nicht mehr zu einem Andern, sondern nun zu ihm selbst, unserm Timarchos. Und wie spricht er? Wenn einer der Athener, sagt er, sich zur Unzucht hat brauchen lassen, soll ihm nicht gestattet sein einer der neun *Archonten* zu werden, weil, glaub' ich, dies Amt das Recht der Bekränzung mit sich bringt; noch soll er, so sagt er, für eine öffentliche Sache den Anwalt machen: auch überhaupt nie ein Amt verwalten, weder eins daheim noch auswärts, weder eins durchs Loos noch durch Wahl; auch soll er weder Kriegsherold noch Gesandter sein, noch die, welche Gesandte gewesen sind, vor Gericht ziehen oder gedungen den Ankläger spielen, oder jemals sei es im Rathe oder vor dem Volke seine Meinung äußern, und wenn er noch so gewaltig im Reden wäre. Wenn aber einer dagegen handelt, nun so hat er die Klagen über Knabenbuhlerei eingeführt und die größten Ahndungen darauf gesetzt.

Lies ihnen auch dies Gesetz vor, damit ihr wisset, trotz welcher bestehenden schönen und sittlichen Gesetze Timarchos den Volksredner zu machen gewagt hat, ein Mann von solchem Betragen, wie ihr es kennt.

Gesetz.

[Wenn ein Athener zum Buhlknaben gedient hat, so soll es ihm nicht gestattet sein einer von den neun Archonten zu werden oder den Priester zu machen oder ein Anwalt für das Volk zu sein; auch soll er kein Amt verwalten, weder eins daheim noch auswärts, weder eins durchs Loos noch durch Wahl, noch zu einer Heroldschaft abgeschickt werden, noch seine Ansicht aussprechen, noch zu heiligen Staatsfesten gehen, noch während des allgemeinen Kranztragens bekränzt sein noch innerhalb die geweihten Versammlungsstellen treten. Wenn aber einer dies thut, sobald er als Buhlknabe schuldig befunden worden, so werde er mit dem Tode bestraft].

Dieses Gesetz also gab er über die Jünglinge, welche leichtfertig an ihren Körpern freveln, und die, welche er euch kurz vorher vorgelesen hat, über die Knaben; die hingegen, welche ich jetzt mittheilen will, über die andern Athener. Als er nämlich mit diesen Gesetzen zu Stande war, überlegte er, auf welche Weise wir in der Volksversammlung vereint über die wichtigeren Angelegenheiten berathen sollen. Und wovon geht er aus? Gesetze, so sagt er, über den sittlichen Anstand. Von der Züchtigkeit ging er zuerst aus, insofern, wo der meiste sittliche Anstand herrscht, dieser Staat auch am besten werde verwaltet werden.

Verliebt
Platon, Lysis 203 a–207 b

Ich ging eben von der *Akademie* nach dem *Lykeion*, auf dem Weg, der außerhalb der Mauer gerade unter ihr entlangführt. Als ich an der kleinen Pforte beim Quell des Panops war, da begegnete ich Hippothales, dem Sohn des Hieronymos, und Ktesippos aus Paiania und einigen anderen jungen Leuten, die in einer Gruppe um sie herumstanden. Als mich Hippothales auf sie zukommen sah, rief er:

»Sokrates, wohin gehst du denn, und woher kommst du?«

Von der Akademie, versetzte ich, auf dem Weg zum Lykeion.

»So komm rasch zu uns«, rief er. »Willst du nicht abschwenken? Es lohnt sich sicher!«

Wohin meinst du? fragte ich, und wer seid ihr?

»Hierher«, sagte er und zeigte mir der Mauer gegenüber einen umschlossenen Platz und eine offene Tür. »Hier vertreiben wir uns die Zeit«, fuhr er fort, »und mit uns noch viele andere schöne Jünglinge.«

Was ist denn das hier, und was ist euer Zeitvertreib?

»Eine *Palaistra* ist's, eben neu erbaut. Unser Zeitvertreib aber besteht meist aus Gesprächen, an denen wir dich gerne teilhaben ließen.«

Da tut ihr gut daran, meinte ich. Wer ist denn aber hier der Lehrer?

»Dein Freund und Lobredner, Mikkos«, erwiderte er.

Beim Zeus, versetzte ich, kein schlechter Mann also, sondern ein tüchtiger Sophist.

»Nun, willst du mitkommen und sehen, wer alles da ist?«

Zuerst möchte ich doch gerne hören, wozu ich hineinkommen soll und wer da der Schöne ist.

»Jeder von uns hält einen anderen dafür, Sokrates.«

Wen hältst du denn dafür, Hippothales? Sag mir's!

Bei dieser Frage wurde er rot, und ich sagte zu ihm: Mein lieber Hippothales, Sohn des Hieronymos, du brauchst mir gar nicht mehr zu gestehen, ob du verliebt bist oder nicht. Ich weiß nämlich, daß du nicht nur liebst, sondern daß du in der Liebe schon recht weit fortgeschritten bist. Sonst bin ich ja freilich recht ungeschickt und unbrauchbar; doch das ist mir irgendwie von Gott gegeben, daß ich sofort erkennen kann, wenn einer liebt oder wenn er geliebt wird.

Als er das hörte, errötete er noch viel mehr.

Nun griff Ktesippos ein: »Es ist ja artig, Hippothales, daß du rot wirst und Hemmungen hast, dem Sokrates den Namen zu nennen. Er braucht aber nur kurze Zeit mit dir zusammen zu sein, so wird er es gar nicht mehr aushalten können, weil er diesen Namen ständig von dir hören muß. Uns wenigstens, Sokrates, hat er die Ohren schon ganz taubgeschwatzt und sie vollgeredet mit seinem Lysis. Und hat er gar ein wenig getrunken, so bekommen wir so genug davon, daß wir sogar beim Erwachen noch den Namen Lysis zu hören meinen. Schon wenn er gesprächsweise davon handelt, ist es peinlich, doch immerhin nicht so arg, wie wenn er anfängt, uns mit seinen Gedichten und Aufsätzen zu überschütten. Am allerschlimmsten aber ist, daß er auf seinen Geliebten mit wundervoller Stimme Lieder singt, wobei wir ihm dann zuhören müssen. Aber jetzt, wo du ihn ausfragst, wird er rot.«

Dieser Lysis ist offenbar noch jung, sagte ich. Ich vermute das, weil mir der Name nicht bekannt war.

»Man nennt ihn auch nicht oft bei seinem Namen«, versetzte er, »sondern bezeichnet ihn nach seinem Vater, weil man diesen so gut kennt. Doch weiß ich bestimmt, daß dir die äußere Erscheinung des Knaben sicher schon aufgefallen ist, und das genügt, um ihn zu erkennen.«

So sagt, wessen Sohn er ist.

»Er ist des Demokrates aus Aixone Ältester.«

Also der ist's, sagte ich. Mein bester Hippothales, was für eine edle und in jeder Hinsicht herrliche Liebe hast du da gefunden. Wohlan denn, sprich sein Lob auch vor mir, wie du es vor diesen da tust; ich möchte sehen, daß du dich darauf verstehst, wie ein Liebhaber von seinem Geliebten zu ihm selbst und zu anderen reden soll.

»Legst du denn dem, was Ktesippos da sagt, irgendwelches Gewicht bei, Sokrates?«

Bestreitest du etwa, versetzte ich, daß du in den Jüngling verliebt bist, von dem er erzählt?

»Das nicht, sondern nur, daß ich auf den Geliebten Gedichte und Aufsätze verfasse.«

»Er ist nicht bei Verstand«, sagte Ktesippos; »er schwatzt Unsinn und ist gar nicht zurechnungsfähig.«

Da sprach ich: Lieber Hippothales, weder die Verse brauche ich zu hören, noch die Melodie, die du etwa auf den Jüngling gemacht hast, sondern nur den Sinn davon, damit ich sehe, auf welche Art du deinem Liebling begegnest.

»Das wird dir Ktesippos da schon sagen«, erwiderte er; »er weiß genau Bescheid und hat es noch im Kopf; er behauptet doch, er habe es bis zum Überdruß von mir hören müssen.«

»Allerdings, bei den Göttern«, rief Ktesippos. »Es ist ja gerade zum Lachen, Sokrates. Denn wenn einer verliebt ist und mehr als jeder andere seine Gedanken nur auf den Knaben gerichtet hat und dann doch nichts Eigenes zu sagen weiß, was nicht jedes kleine Kind auch sagen könnte – das ist doch gewiß lächerlich. Was schon die ganze Stadt zu rühmen weiß von Demokrates und von Lysis und von dem Großvater des Knaben und von der ganzen Ahnenreihe, von ihrem Reichtum, ihren Rennställen, von ihren Siegen mit dem Viergespann und den Rennpferden an den *pythischen*, den *isthmischen* und den *nemeischen Spielen*, alles das bringt er in Gedichte und Aufsätze, und noch viel veralteteres Zeug dazu. Gerade kürzlich schilderte er uns in einem Gedicht die Bewirtung des *Herakles*, wie nämlich ihr Ahnherr auf Grund der Verwandtschaft mit Herakles diesen empfangen habe, indem er selbst ein Abkömmling des *Zeus* und der Tochter des Stammvaters seiner Gemeinde gewesen sei, wie das so die alten Weiber berichten – und sonst noch manches dergleichen, Sokrates. Solche Geschichten erzählt und dichtet er und nötigt uns, sie anzuhören.«

Auf das hin sagte ich: Du bist ja zum Lachen, Hippothales; bevor du noch gesiegt hast, dichtest und singst du schon ein Preislied auf dich.

»Aber doch nicht auf mich selber dichte und singe ich, Sokrates.«

Das glaubst du nur, erwiderte ich.

»Wieso das?«

Im höchsten Maße sogar beziehen sich diese Lieder auf dich selbst, gab ich zurück. Denn wenn du dir einen solchen Liebling gewinnst, wird das, was du redest und dichtest, auch für dich ein Schmuck sein und ein wirkliches Preislied wie auf einen Sieger, weil dir ein solcher Liebling zu eigen geworden ist. Bekommst du ihn aber nicht, so werden dir offensichtlich auch um so größere Herrlichkeiten entgangen sein, je hochtrabender deine Loblieder auf den Geliebten klingen, und du wirst dich lächerlich machen. Wer in Liebesdingen weise ist, mein Freund, rühmt den Geliebten nicht eher, als er ihn besitzt, weil er Angst haben muß, wie die Sache noch herauskommt. Und außerdem werden die schönen Knaben, wenn man sie lobt und erhebt, von Einbildung und Hochmut erfüllt, oder glaubst du nicht?

»Doch.«

Und je hochmütiger sie sind, desto schwieriger sind sie doch zu gewinnen?

»Offenbar schon.«

Was hältst du denn von einem Jäger, der das Wild bloß aufscheucht, so daß es um so schwerer zu fangen ist?

»Daß er ein schlechter Jäger sei, ganz klar.«

Und jemanden mit Reden und Liedern nicht zu berücken, sondern nur aufzuregen, das beweist doch Mangel an musischer Bildung, oder nicht?

»Das meine ich auch.«

Sieh also zu, Hippothales, daß du dir nicht alles das durch dein Dichten auf den Hals lädst. Denn ich nehme doch an, du wirst einen, der durch sein Dichten sich selbst schadet, nicht für einen guten Dichter erklären wollen, da er sich ja selber schädlich ist.

»Nein, beim Zeus«, erwiderte er, »das wäre ja heller Unsinn. Aber gerade deshalb, Sokrates, tu ich mich mit dir zusammen, und wenn du etwas Besseres weißt, so gib mir einen Rat, wie man Gespräche führen und handeln muß, um sich seinem Liebling angenehm zu machen.«

Das ist gar nicht leicht zu sagen, versetzte ich. Doch wenn du zustande bringen willst, daß er selbst mit mir ins Gespräch kommt, könnte ich dir vielleicht zeigen, wie du mit ihm reden mußt, statt das zu sagen und zu dichten, was die Freunde da von dir erzählen.

»Das hat gar keine Schwierigkeit«, gab er zurück. »Wenn du nämlich jetzt mit Ktesippos da hineingehst und dich setzest und mit ihm ein Gespräch beginnst, dann, glaube ich, wird er ganz von selbst zu dir kommen; denn er hört fürs Leben gerne zu, Sokrates. Zudem feiert man heute gerade das *Hermesfest*, und da sind die Jünglinge und die Knaben am selben Ort beisammen. Er wird also schon zu dir kommen; und wenn nicht, so ist er ja mit Ktesippos durch dessen Vetter Menexenos näher bekannt. Denn mit diesem ist er enger als mit allen anderen befreundet. Der braucht ihn nur zu rufen, wenn er nicht von selber kommt.«

Ja, so wollen wir's machen, sagte ich.

Und damit ging ich mit Ktesippos in die Palaistra, und die anderen kamen hinter uns her. Als wir eintraten, fanden wir dort die Knaben; sie hatten bereits geopfert, und da die heilige Handlung beinahe beendet war, waren sie am Würfeln und hatten alle das Festkleid an. Die meisten spielten im Hof draußen, einige aber machten in einem Winkel des Auskleideraumes »Gerade« und »Ungerade« mit vielen Würfeln, die sie aus einem Körbchen nahmen; wieder andere standen um sie herum und schauten zu. Bei diesen war auch Lysis; er stand da mitten unter den Knaben und jungen Männern, bekränzt und von auffallender Schönheit. Und nicht nur seine Schönheit war bemerkenswert, sondern auch seine edle und vornehme Art.

Wir traten auf die gegenüberliegende Seite und setzten uns – denn dort war es ruhig – und begannen miteinander ein Gespräch.

Da wandte sich Lysis um und schaute uns immer wieder an, und wir hatten den Eindruck, daß er gern zu uns gekommen wäre. Eine Zeitlang war er unschlüssig und zögerte, allein zu uns zu treten. Da kam Menexenos mitten im Spiel aus der Halle herein, und als er mich und Ktesippos sah, trat er näher und setzte sich neben uns. Kaum bemerkte ihn Lysis, so folgte er ihm und nahm mit Menexenos neben uns Platz. Jetzt kamen die anderen ebenfalls herbei, unter ihnen auch Hippothales. Doch als er diese ganze Gruppe herantreten sah, verbarg er sich hinter ihnen und stellte sich an einen Platz, wo er glaubte, daß ihn Lysis nicht sehen könne; denn er fürchtete, ihm lästig zu werden. So stand er dabei und hörte zu.

Sich mannhaft von den Schönen fernhalten
Xenophon, Memorabilien I 3, 8–14

In Liebesdingen mahnte er dazu, sich mannhaft von den Schönen fernzuhalten; denn es sei nicht leicht, so sagte er, sich mit ihnen einzulassen und doch besonnen zu bleiben. Als er nun einst erfahren hatte, Kritobulos, des Kriton Sohn, habe des Alkibiades Sohn geküßt, der sehr schön war, da fragte er Xenophon in Gegenwart des Kritobulos: Sage mir, Xenophon, glaubtest du nicht bisher, daß Kritobulos mehr zu den besonnenen Menschen gehöre als zu den Draufgängern, und mehr zu den Vorsichtigen als zu den Unverständigen und Waghalsigen? Durchaus gewiß, erwiderte Xenophon. So betrachte ihn nun von jetzt ab als den größten Hitzkopf und Wüterich; er wäre wohl imstande, sich sogar in Schwerter zu stürzen und auch ins Feuer zu springen. Und was, fragte Xenophon, hast du ihn denn tun gesehen, daß du ihn so verurteilst? Wagte denn nicht jener, so erwiderte er, den Sohn des Alkibiades zu küssen, der ein so schönes Antlitz hat und in voller Jugendblüte steht? Doch wenn dies, so antwortete Xenophon, wirklich eine überaus waghalsige Tat ist, dann glaube ich, daß ich eine solche Gefahr wohl auch überstanden hätte. Du Unseliger, meinte Sokrates, was würdest du wohl zu dulden haben, wenn du einen Schönen geküßt hast? Würdest du nicht alsbald ganz und gar ein Sklave sein statt eines Freien und viel verschwenden für schlimme Freuden und wenig Zeit haben, dich um etwas Schönes und Gutes zu kümmern, und gezwungen sein, dich um Dinge zu mühen, um die sich nicht mal ein Wahnsinniger mühen würde? Beim Herakles, sagte Xenophon, welch eine furchtbare Gewalt legst du da dem Kusse bei. Und darüber wunderst du dich, äußerte Sokrates. Weißt du denn nicht, daß die Giftspinnen, die noch nicht einen halben *Obolos* groß sind, nur durch die Berührung mit dem Munde die Menschen mit Schmerzen peinigen und ihnen alle Besinnung rauben? Durchaus beim Zeus, sagte Xenophon; denn die Giftspinnen flößen ihnen beim Biß etwas ein. Du Tor, meinte Sokrates, so glaubst du nicht, daß auch die Schönen beim Kuß etwas einflößen, was du nur nicht siehst? Weißt du nicht, daß dieses Tier, das man schön und jung nennt, um so viel schlimmer ist als die Giftspinnen, wie diese nur bei Berührung etwas einflößen, jenes aber ohne Berührung, wenn man es nur ansieht, und sogar aus sehr weiter Entfernung und derart, daß es rasend macht. Und vielleicht werden auch die Liebesgötter deshalb Bogenschützen genannt, weil die Schönen auch aus der Ferne verwunden. Also ich rate dir, Xenophon, wenn du irgendwie einen Schönen siehst, schnellstens zu fliehen. Dir aber, Kritobulos, gebe ich den Rat, ein Jahr lang in die Fremde zu gehen; denn vielleicht könntest du in so langer Zeit von dem Biß mit einiger Mühe wieder genesen. Daher sollte nun auch, wer nicht standhaft gegenüber den Freuden der Liebe sei, nach seiner Meinung sich im Hinblick auf die Liebe solcher Gegenstände bedienen, zu denen sich die Seele nicht hingezogen fühle, wenn der Körper nicht gar zu sehr danach verlange, die aber im Falle des Verlangens keine Schwierigkeiten bereiteten. Er selbst aber war offensichtlich gegen dergleichen so gerüstet, daß er sich leichter von den Schönsten und Jüngsten fernhalten konnte als andere von den Häßlichsten und Gealterten.

Über die Liebe
Xenophon, Gastmahl VIII

Der Syrakuser ging jetzt hinaus und traf seine Vorbereitungen; Sokrates aber regte wieder eine neue Unterhaltung an. »Ist es nicht billig, o Männer«, begann er, »daß wir auch einem unter uns weilenden mächtigen Gotte, der der Zeit nach ein Altersgenosse der von Ewigkeit her existierenden Götter, seiner Gestalt nach aber der jüngste ist, der vermöge seiner Größe die ganze Welt beherrscht, in seinen Seelenregungen aber einem Menschen gleicht, dem Eros, mein' ich, unser Andenken weihen, zumal wir sämtlich zur Gemeinde dieses Gottes gehören? Ich wenigstens vermag keine Zeit zu nennen, in der ich nicht ununterbrochen von Liebe erfüllt wäre. Auch von diesem *Charmides* weiß ich, daß er viele Liebhaber hatte, nach manchen aber auch selbst Verlangen trägt. *Kritobulos* aber ist ja noch jetzt ein Gegenstand des Verlangens und richtet bereits sein Auge nach anderen. Ebenso ist auch *Nikeratos*, wie ich höre, einerseits selbst ein Liebender, seinem Weibe gegenüber, andererseits wird er von ihr wieder geliebt. Und was den *Hermogenes* betrifft, wer von uns weiß nicht, daß er, was auch immer die Sittenreinheit sein möge, in Liebe zu ihr sich aufzehrt? Sehet ihr nicht, wie ernsthaft seine Augenbrauen, wie fest sein Blick, wie maßhaltend seine Reden, wie sanft seine Stimme, wie heiter sein ganzes Wesen ist und wie er, der die erhabensten Götter zu Freunden hat, auch uns, die Menschen, nicht verachtet? Du aber, *Antisthenes*, bist du allein in keinen verliebt?« – »Ei, bei den Göttern, freilich«, versetzte jener, »und zwar gar heftig in dich!« – Hierüber machte sich Sokrates lustig und sprach wie einer, der spröde thut: »Ei, laß mich doch nur jetzt in dieser Umgebung in Ruhe! Ich habe ja, wie du siehst, anderes zu thun!« – »Ja freilich, du Verkuppler deiner selbst, so machst du es immer! Bald nimmst du einen Wink deines Gottes zum Vorwande, um nicht mit mir zu reden, bald hast du irgend etwas anderes im Sinne.« – Da sagte Sokrates: »Um der Götter willen, Antisthenes, peinige mich nur nicht! Deine sonstige Ungebärdigkeit trag' ich und werd' ich tragen, wie es einem Freunde zukommt, aber deine Liebe laß uns lieber im Dunkel begraben, um so mehr, als es dir nicht um meine Seele, sondern um meine leibliche Schönheit zu thun ist. Daß aber du, o *Kallias*, den *Autolykos* liebst, weiß die ganze Stadt und, wie ich glaube, auch viele Fremden, und dies hat seinen Grund darin, daß ihr beide einerseits berühmte Väter habt, andererseits selbst in Ansehen steht. Hab' ich nun immer schon deinem Charakter meine Hochachtung gezollt, so thu' ich es jetzt in noch weit höherem Grade, weil ich dich nicht einen durch Wollust entkräfteten oder durch Weichlichkeit verzärtelten, sondern einen vor aller Augen Kraft und Ausdauer, Mannhaftigkeit und Sittsamkeit bewährenden Jüngling lieben sehe. In der Liebe zu solchen Tugenden liegt aber ein Zeugnis für den Charakter des Liebenden. Ob es nun bloß eine *Aphrodite* giebt oder zwei, eine himmlische und eine gemeine, weiß ich nicht, denn auch *Zeus*, der als einundderselbe gilt, hat viele Beinamen. Daß jedoch jede von beiden ihre besonderen Altäre und Tempel hat und daß der gemeinen Aphrodite sinnlichere, der himmlischen dagegen heiligere Opfertiere geschlachtet werden, weiß ich. – Hiernach möchte man vermuten, daß von der gemeinen die Liebe zu den Körpern, von der himmlischen dagegen die Liebe zur Seele, zur Freundschaft und zu den schönen Handlungen herrührt, und von dieser scheinst auch du, o Kallias, ergriffen zu sein. Ich schließe dies aus der Sittenreinheit deines Geliebten und aus dem Umstande, daß ich dich seinen Vater zu deinen Zusammenkünften mit ihm hinzuziehen sehe; denn ein edler und braver Liebhaber hält nichts derart vor dem Vater verborgen.« –

Hierauf sagte Hermogenes: »Bei der Hera, o Sokrates, um vieles anderen willen bewundere ich dich, besonders aber deshalb, daß du durch die Art und Weise, wie du dem Kallias jetzt schmeichelst, zugleich ihn belehrst, wie er sein soll!« – »Allerdings!« sagte Sokrates; »um ihn aber noch mehr zu erfreuen, will ich ihm bezeugen, daß die Liebe zur Seele eine weit stärkere ist, als die zum Körper. Daß ohne Freundschaft überhaupt keine Vereinigung der Rede wert ist, wissen wir alle. Freundesliebe aber bedeutet den in der eigensten Natur wurzelnden und freiwilligen Drang derer, die den Charakter lieben. Von denen aber, die nach dem Körper verlangen, tadeln und hassen viele die Sitten der Geliebten. Wenn sie aber auch ihre Zärtlichkeit auf beides ausdehnen, so welkt doch die Blüte der jugendlichen Schönheit gar schnell dahin, und sobald diese entweicht, muß notwendig auch die Freundschaft mitdahinschwinden. Die Seele aber nimmt, solange sie in der Entwicklung der Vernunft fortschreitet, auch an Liebenswürdigkeit zu. Außerdem ist mit dem Genusse der sinnlichen Gestalt auch eine Sättigung verbunden, so daß man was man infolge einer Überfüllung den Speisen gegenüber erfährt, auch bei den Gegenständen der Liebe zu empfinden hat. Die auf die Seele gerichtete Freundschaft dagegen ist, weil keusch, auch nicht so bald zu sättigen, darum jedoch keineswegs, wie man wohl glauben möchte, an Liebesgenuß dürftiger; vielmehr wird das Gebet, in welchem wir die Götter anflehen, Liebeswonne in Worten und Werken zu gewähren, in sichtbarer Weise erfüllt. Denn daß eine in edler Gestalt, in schamhafter, unentweihter Sitte erblühende Seele, welche schon unter den Jugendgenossen etwas zum Gehorsam Zwingendes und Liebegewinnendes hat, den Geliebten hochachtet und wert hält, bedarf keiner Versicherung; daß aber ein solcher Liebhaber darauf rechnen darf, von seinem Geliebten auch wiedergeliebt zu werden, hierüber will ich mich noch aussprechen. Zuerst denn – wer vermöchte wohl denjenigen zu hassen, von welchem er sich als edel und brav anerkannt wüßte? Um wieviel weniger also dann, wenn er ihn für die Sittenreinheit des Knaben eifriger, als für sein eigenes Vergnügen, besorgt sähe? Ja, wenn er außerdem überzeugt wäre, daß die Freundschaft auch dann, wenn er irgendworin gefehlt oder infolge einer Krankheit an Schönheit verloren haben sollte, keine Abschwächung erfahren würde? Freunde aber, die sich gegenseitig wert halten, müssen sie nicht mit Wohlgefallen einander ansehen, liebreich mit einanderreden, Vertrauen erwekken und Vertrauen finden, füreinander Sorge tragen, sich gemeinsam freuen über das, was ihnen Gutes begegnet, und gemeinsam trauern, wenn ihnen ein Unfall zustößt, so lange, als sie gesund beisammen sind, immerfort heiter sein, wenn aber einer von ihnen erkrankt, noch weit inniger zusammenhalten und während der Trennung noch mehr sich umeinander kümmern, als während des Beisammenseins? Und ist dieses alles kein Liebesgenuß? Werden sie doch eben dieser gegenseitigen Dienstleistungen wegen bis in ihr hohes Alter nicht müde, in diesem Liebesverkehr gleichzeitig einen Gegenstand des Verlangens und des Genusses zu sehen. Was aber den am Körper hängenden Liebhaber betrifft – warum sollte den der Knabe wiederlieben? Etwa weil er so mit ihm teilt, daß er zwar selbst wonach ihn gelüstet, der Knabe aber nur Schimpf und Schande davonträgt? Oder deshalb, weil er, um bei dem Geliebten seine Absichten zu erreichen, diesem vor allem seine nächsten Angehörigen entfremdet? Und wahrlich, daß er ihn nicht durch Gewalt, sondern durch Überredung für sich gewinnt, das macht ihn noch hassenswürdiger. Denn wer Gewalt übt zeigt nur seine eigene Schlechtigkeit; der Verführer aber verderbt auch die Seele dessen, der von ihm verführt wird. Und auch der, welcher seine Jugendschönheit für Geld verkauft, warum soll er den Käufer mehr lieben, als einer, der auf dem Markte feilbietet und losschlägt? Und gar darum, weil er als Blühender mit einem Verblühten, als Schöner mit einem nicht mehr Schönen und, ohne selbst verliebt zu sein, mit einem Verliebten sich abgiebt, wird er ihn doch sicherlich nicht wertschätzen. Auch nimmt ja nicht einmal der Knabe mit dem Mann, wie das Weib, an den Freuden des Liebesgenusses teil, sondern nüchtern sieht er dem von Wollust Trunkenen zu, weshalb es nicht zu verwundern ist, wenn sich selbst Verachtung gegen den Liebhaber bei ihm einfindet. Wollte aber jemand sein Augenmerk darauf richten, so würde er auch finden, daß zwar von denen, die sich ihrer Sitten wegen lieben, nichts Verwerfliches ausgegangen ist, daß hingegen der unzüchtige Umgang schon viele verabscheuungswürdige Thaten erzeugt hat.

Daß übrigens der dem Körper geltende Liebesverkehr auch weit gemeiner ist, als der auf die Seele gerichtete Umgang, will ich jetzt entwickeln. Wer nämlich den Geliebten in Worten und Werken zu dem anhält, was sich ziemt, der dürfte mit Recht, wie *Chiron* und *Phönix* dem *Achilleus*, ein Gegenstand der Verehrung sein; derjenige hingegen, der seine Hände nach dem Körper ausstreckt, verdient wie ein Bettler behandelt zu werden, weil er immerfort anflehend und anbettelnd, sei es um einen Kuß oder um irgendeine andere Berührung, hinter dem Geliebten herläuft. Bin ich übrigens in meinem Ausdruck zu derb, so wundert euch nicht; denn einerseits reizt mich der Wein, andererseits stachelt mich der von je her mit mir zusammenwohnende Eros, frei gegen den ihm feindlichen Eros herauszugehen. Und in der That scheint mir der, welcher mit seinem Sinne am Äußeren haftet, einem Landbauer zu gleichen, der seinen Acker nur gemietet hat; denn nicht, wie er den Wert desselben erhöhe, läßt er sich angelegen sein, sondern wie er selbst ihn am gründlichsten ausnutze. Wem es dagegen um Freundschaft zu thun ist, der gleicht mehr demjenigen, der seinen eigenen Acker besitzt; wenigstens schafft er von allen Seiten herbei was in seinen Kräften steht, um den Geliebten wertvoller zu machen. Und so ist's auch mit den Gegenständen der Liebe. Ein Knabe, welcher weiß, daß er durch Preisgebung seiner Schönheit den Liebhaber zu beherrschen vermag, huldigt natürlich im übrigen jedem Leichtsinn. Wer aber einsieht, daß er, wenn er nicht edel und brav ist, auch die Freundschaft einbüßen würde, dem entspricht es, sich immer mehr der Tugend zu befleißigen. Ein großer Vorteil für den, der sich aus seinem Geliebten einen tüchtigen Freund zu machen strebt, liegt ferner darin, daß er gezwungen ist, auch selbst Tugend zu üben. Denn wenn er sich selbst schlechte Handlungen zu schulden kommen läßt, kann er unmöglich den Freund zum Guten verleiten, und wenn er selbst der Schamlosigkeit und Zügellosigkeit willfahrtet, vermag er auch den Geliebten nicht für Enthaltsamkeit und Sittsamkeit zu gewinnen.«

»Es ist nun noch mein Wunsch, o Kallias«, fuhr Sokrates fort, »dir auch aus dem Gebiet unserer Sagen zu beweisen, daß nicht bloß die Menschen, sondern auch die Götter und *Heroen* die der Seele geltende Freundschaft höher achten, als den Genuß des Körpers. So ließ Zeus alle die sterblichen Weiber, die er ihrer Gestalt wegen liebte, nach der Vereinigung Sterbliche bleiben; die er aber um der Seelen willen liebte, diese machte er zu Unsterblichen. Dahin gehören z. B. *Herakles* und die *Dioskuren*; es werden aber auch noch andere genannt. Und ich meinerseits behaupte, daß auch *Ganymedes* nicht seines Körpers, sondern der Seele wegen vom *Zeus* in den *Olymp* erhoben wurde. Es bezeugt dies auch sein Name. Es findet sich nämlich bei *Homer*:

γάνυται δέ τ' ἀκούων.

Das heißt: »Er ist froh, so zu heißen«; irgend anderso aber liest man:

πυκινὰ φρεσὶ μήδεα εἰδώς –

was seinerseits bedeutet: »weise Ratschläge im Herzen wissend«. Nimmt man also diese beiden Stellen zusammen, so verdankt Ganymedes seinen Namen und die Ehre, die er unter den Göttern genießt, nicht seiner schönen Gestalt, sondern seiner schönen Seele. Aber nicht wahr, o Nikeratos, auch den Achilleus läßt Homer den Tod des Patroklos nicht wie den eines Geliebten, sondern wie den eines Gefährten auf das bitterste rächen. Ebenso werden *Orestes* und *Pylades*, *Theseus* und *Peirithoos* und viele andere, die besten der Halbgötter, nicht deshalb, weil sie zusammenschliefen, sondern weil sie einander achteten, als Helden, die gemeinsam die größten und herrlichsten Thaten vollbrachten, gepriesen. Wie aber? Ließe sich wohl erkennen, daß auch die herrlichen Thaten der Jetztzeit sämtlich des Lobes wegen von den sich willig Mühen und Gefahren Unterziehenden, keineswegs aber von denen, welche sich gewöhnt haben, die Wollust dem Ruhme vorzuziehen, vollbracht werden? Allerdings hat *Pausanias*, der Liebhaber des Dichters *Agathon*, als Verteidiger der in Üppigkeit sich Wälzenden behauptet, daß selbst ein Heer, welches aus Geliebten und Liebhabern bestände, am tapfersten sein würde. Denn diese, erklärte er, würden sich am meisten schämen, einander im Stiche zu lassen – eine merkwürdige Behauptung, daß sich gerade diejenigen, welche sich um keinen Tadel zu kümmern und keine Scham voreinander zu hegen pflegen, am meisten vor schimpflichen Handlungen schämen sollen! Als Beweis für diese Ansicht führte er noch an, daß auch die *Thebäer* und *Eleer* so dächten; wenigstens stellten sie, wenngleich bei ihnen schlafend, nichtsdestoweniger die Geliebten neben sich in den Kampf. Ein durchaus nicht zutreffendes Beispiel! Jenen nämlich gilt dies als gesetzlich, uns dagegen als schmachvoll. Mir für meine Person scheinen diejenigen, welche die Geliebten neben sich stellen, von dem Mißtrauen beherrscht zu sein, als würden dieselben, für sich allein stehend, nicht leisten was braven Männern geziemt. Die *Lakedämonier* hingegen, die bekanntermaßen der Ansicht huldigen, wenn einer nach dem Leibe auch nur lüstern gewesen sei, so könne er nichts Edles und Tüchtiges mehr erreichen, bilden ihre Geliebten zu so vollkommen wackeren Männern aus, daß sie auch unter Fremden, und wenn sie nicht in demselben Staate wie ihre Liebhaber dienen, gleich sehr Scheu tragen, ihre Kampfgenossen zu verlassen. Denn nicht die Schamlosigkeit, sondern die Schamhaftigkeit ist die Göttin, an die sie glauben. Übrigens scheint mir, daß wir über den Gegenstand meiner Rede sämtlich einerlei Meinung sein würden, wenn wir uns die Frage vorlegten, welchem von zwei so oder so geliebten Jünglingen wir mit größerem Vertrauen Schätze oder Kinder oder Stiftungen in Verwahrung geben möchten. Ich meinerseits glaube, daß selbst der mit dem Äußeren des Geliebten Verkehrende derartige Dinge lieber dem seiner Seele wegen Liebenswürdigen anvertrauen würde. Dir aber, o Kallias, will es sich, so scheint mir, geziemen, auch den Göttern es Dank zu wissen, daß sie dir die Liebe zu Autolykos eingeflößt haben. Denn daß er auf Ehre hält, ist offenbar, da er ja, um im *Pankration* als Sieger verkündigt zu werden, nicht nur viele Anstrengungen, sondern auch viele Schmerzen aushält. Sollte er aber glauben, er werde die Kraft gewinnen, durch männliche Tüchtigkeit nicht nur sich selbst und seinen Vater zu ehren, sondern auch seinen Freunden wohlzuthun und als siegreicher Bekämpfer der Feinde den Glanz des Vaterlandes zu erhöhen und hierdurch unter Hellenen und Barbaren zur Bewunderung und Ruhm zu gelangen: wie solltest du nicht überzeugt sein, daß er demjenigen, von dem er sich in seinen Bestrebungen am kräftigsten unterstützt sähe, die größte Hochachtung zollen würde? Ist es also dein Wunsch, diesem zu gefallen, so hast du erstens zu erwägen, durch was für Fähigkeiten *Themistokles* dahin gelangte, Griechenland zu befreien; du hast ferner zu erwägen, durch welche Kenntnisse *Perikles* zu dem Rufe kam, dem Vaterlande der beste Ratgeber zu sein. Außerdem mußt du zu ergründen suchen, durch was für Überlegungen wohl *Solon* es erreicht hat, dem Staate die besten Gesetze zu geben, und endlich mußt du ausfindig machen, durch welcherlei Übungen die Lakedämonier dazu gelangten, für die besten Heerführer zu gelten. Und die hervorragendsten derselben kehren ja ohnehin als Gastfreunde bei dir ein. Daß sich unter solchen Umständen der Staat ohne Bedenken dir anvertrauen würde, falls du willst, des sei gewiß! Steht dir doch das Wesentlichste zu Gebote. Du bist ein *Eupatride*, ein Priester der *Erechtheischen Götter*, die auch gegen den Barbaren mit *Jakchos* zu Felde zogen; und jetzt auf dem Feste giltst du von allen zeitherigen Würdenträgern für den würdigsten und bist im Besitz eines Körpers, der von Aussehen der stattlichste in der Stadt und zum Ertragen von Mühseligkeiten mit ausreichender Kraft begabt ist. Hab' ich vielleicht nach eurer Meinung in meinen Reden mehr Eifer entwickelt, als es beim Trinken üblich ist, so wundert euch darüber nicht! Denn von Natur trefflichen und mit Ehrliebe der Tugend nachstrebenden Männern bin ich zu jeder Zeit in Wetteifer mit dem Staate ein treu ausharrender Liebhaber.« –

Hierauf ward unter den übrigen über das eben Gesagte noch weiter hin und her geredet; Autolykos aber vertiefte sich in den

Anblick des Kallias, und indem Kallias seinerseits auch auf ihn die Augen richtete, sagte er: »Nun denn, o Sokrates, willst du mich nicht an den Staat verkuppeln, auf daß ich ihm seine Geschäfte besorge und mich immerdar seiner Gunst erfreue?« – »Beim Zeus, ja«, versetzte Sokrates, »wenn man nur erst sieht, daß du nicht bloß dem Scheine nach, sondern in Wahrheit um die Tugend bemüht bist. Denn der falsche Ruhm zerrinnt vor einer Prüfung sofort in nichts; dagegen die echte Mannhaftigkeit wird, wenn nicht ein Gott entgegen ist, in und mit ihren Leistungen stets eines herrlichen Ruhmes teilhaftig.«

Verteidigungsrede wegen Körperverletzungen infolge einer zweifelhaften Liebesaffäre
Lysias, 3. Rede

Obwohl ich, hoher Rath, viel Schlechtes von Simon wußte, so hätte ich doch nicht geglaubt, daß er jemals so weit in der Frechheit gehen würde in einer Sache für die er hätte gestraft werden sollen, in dieser als Verletzter eine Klage anzustellen und nach Ablegung eines so schweren und feierlichen Eides vor euch zu treten. Hätten nun Andere als gerade ihr in meiner Sache zu entscheiden, so müßte ich diesen Proceß sehr fürchten, in Erwägung der Mittel die oft angewandt werden und der mitwirkenden zufälligen Umstände, die für die Angeklagten häufig einen ganz unerwarteten Ausgang zur Folge haben. Vor eurem Gerichte aber hoffe ich mein Recht zu finden. Am meisten empört mich, hoher Rath, daß ich genöthigt sein werde vor euch über Vorfälle zu sprechen in denen ich der Beleidigte war, und nur deßwegen mich schweigend verhielt weil ich mich zugleich derselben zu schämen hatte, wenn Mehrere davon Kenntniß erhalten würden. Nachdem mich nun aber Simon einmal in diese Nothwendigkeit versetzt hat, so will ich, ohne etwas zu verschweigen, den ganzen Hergang euch erzählen. Wenn ich im Unrecht bin, hoher Rath, so verlange ich keine Nachsicht. Wenn ich aber beweisen werde daß ich des von Simon beschworenen Verbrechens nicht schuldig bin, dabei aber doch sich zeigen wird daß ich, mit thörichter, für mein Alter sich nicht mehr schickender Leidenschaft in den Knaben verliebt war: so darf ich von euch erwarten daß ihr darum nicht schlecht über mich denkt, da ihr wohl wißt daß die Sinnlichkeit allen Menschen inwohnt, der aber der Beste und Besonnenste ist der in ihren Anwandlungen am meisten den Anstand zu wahren weiß. In all diesem ist mir Simon hinderlich gewesen, wie ich euch zeigen werde.

Wir beide nämlich, hoher Rath, hatten Verlangen nach dem Theodotos, einem jungen Menschen aus *Platää*. Ich nun wollte ihn durch Wohlthaten mir zum Freunde gewinnen, er aber glaubte, er könne ihn durch Mißhandlungen und gewaltthätiges Benehmen dazu bringen ihm zu Gefallen zu sein. Was nun der Jüngling von ihm erlitten hat, dies Alles zu erzählen wäre eine große Aufgabe; was aber dieser hier gegen mich selbst begangenen hat, das, glaube ich, müßt ihr anhören. Nachdem er nämlich erfahren hatte daß der junge Mensch bei mir wäre, kam er bei Nacht trunken vor mein Haus, schlug die Thüre ein, drang in das Frauengemach, in dem meine Schwester und meine Nichten sich aufhielten, die so sittsam lebten daß sie schamroth wurden wenn sie auch nur von den Hausbewohnern gesehen wurden. Er nun aber gieng so weit in der Frechheit daß er nicht eher weggehen mochte als bis ihn die Herbeigekommenen und seine Begleiter, empört über sein Benehmen, daß er bei jungen vaterlosen Mädchen sich eindrängen wollte, mit Gewalt entfernten. Und so weit war er davon entfernt seinen Frevel zu bereuen daß er, nachdem er ausfindig gemacht wo wir speisten, die auffallendste und unglaublichste That begieng, wenn man seine Raserei nicht kennen würde. Er ließ mich nämlich aus dem Hause herausrufen, und im Augenblick meines Heraustretens wollte er alsbald einen Schlag gegen mich führen. Da ich mich aber zur Wehre setzte und auf ihn eindrang, so warf er mich mit Steinen. Mich nun verfehlte er, dagegen den Aristokritos, der mit ihm in mein Haus gekommen war, verwundete er durch einen Steinwurf an der Stirne. Ich nun, hoher Rath, fühlte mich zwar schwer gekränkt, schämte mich aber, wie ich schon vorhin gesagt habe, meiner Leidenschaft und schwieg deßhalb. Lieber wollte ich keine Genugthuung für diese Frevel bekommen als bei meinen Mitbürgern als thörichter Mensch gelten, wohl wissend daß mit der Schlechtigkeit dieses Mannes seine That ganz in Einklang steht, daß dagegen über mein Liebesabenteuer Viele von denen spotten würden welche auf die neidisch zu sein pflegen die als ehrbare Bürger leben wollen. Meine Verlegenheit darüber, hoher Rath, wie ich mich gegenüber der Frevelthat dieses Mannes benehmen sollte war so groß daß mir das Beste zu sein schien mich aus der Stadt zu entfernen. Ich nahm denn also den jungen Menschen – denn ich muß die volle Wahrheit sagen – und verließ die Stadt. Als ich glaubte, es sei für Simon Zeit genug darüber hingegangen um den Jüngling vergessen zu haben und Reue zu empfinden über die begangenen Frevel, kehrte ich wieder in die Stadt zurück. Hier gieng ich in den *Peiräeus*. Sobald nun aber dieser erfuhr daß Theodotos angekommen war und bei Lysimachos sich aufhielt, welcher in der Nähe des Hauses das er gemiethet hatte wohnte, ließ er einige seiner Freunde zu sich rufen. Diese frühstückten und tranken bei ihm und stellten Wachen auf dem Dache auf, um den jungen Menschen, wenn er ausgienge, ins Haus zu entführen. Um diese Zeit kam ich von dem Peiräeus her und gieng im Vorbeigehen ins Haus des Lysimachos. Nachdem wir kurze Zeit innen verweilt hatten kamen wir heraus. Da stürzten sich jene, schon trunken, auf uns. Einige zwar von seinen Gästen wollten keinen Theil haben an seinem Frevel, Simon aber hier, Theophilos, Protarchos und Autokles wollten den Jüngling fortschleppen; der aber warf den Mantel weg und floh davon. Ich nahm an, er werde entkommen, und jene, sobald sie auf Leute stießen, würden sich schämen und von der Verfolgung abstehen, und entfernte mich in dieser Voraussetzung auf einem andern Wege. So sehr nahm ich mich vor ihnen in Acht und sah alles dieß was von ihnen geschah als ein großes Unglück für mich an. Damals nun, zu welcher Zeit Simon behauptet daß der (erste) Kampf stattgefunden habe, wurde weder einer von diesen noch von uns am Kopfe verwundet, noch erhielt einer sonst eine Körperverletzung, wofür ich mich auf Augenzeugen berufe.

Zeugen.

Daß nun also dieser hier, hohe Rathsversammlung, der angreifende und nachstellende Theil war, und nicht ich gegen ihn, ist euch von Augenzeugen bezeugt worden. Der Jüngling floh hierauf in eine Walkerwerkstätte, sie aber folgten ihm auf dem Fuße nach und führten ihn, der rief, schrie und Zeugen anrief, mit Gewalt weg. Viele Leute liefen zusammen und äußerten ihre Entrüstung über den Vorfall und sagten, es sei ein empörendes Benehmen; allein jene kehrten sich nichts an diese Reden, sondern schlugen den Walker Molon und einige Andere die Beistand leisten wollten mit Schlägen nieder. Als sie schon am Hause des Lampon waren stieß ich, allein gehend, auf sie, und da ich es für unrecht und schmählich hielt den Jüngling so frevlerisch und empörend mißhandeln zu lassen, faßte ich ihn mit der Hand. Auf meine Frage, weßhalb sie sich solche Gewaltthat gegen ihn erlauben, mochten sie nicht antworten, ließen ihn aber fahren und schlugen mich. Jetzt entspann sich ein Kampf, hohe Rathsherrn, in welchem der Jüngling auf jene warf und sich seiner Haut wehrte, und diese auf uns warfen und in der Trunkenheit auch noch dreinschlugen, ich mich vertheidigte und alle Anwesenden uns als den Angegriffenen zu Hülfe kamen. In diesem Getümmel trugen wir alle blutige Köpfe davon. Die Andern nun die mit diesem an dem Trunkenheitsexceß sich betheiligt hatten baten mich, sobald sie mich nachher sahen, um Verzeihung, offenbar nicht als die Beleidigten, sondern als grobe Beleidiger, und obwohl seit jener Zeit vier Jahre verflossen sind, hat niemals Jemand mir in dieser Sache einen Vorwurf gemacht. Dieser Simon hier aber, der Urheber all dieses Unheils, verhielt sich so lange er für sich fürchtete immer ruhig, dann aber, als er erfuhr daß ich *Privatprocesse wegen Vermögenstausch's* verloren hatte, glaubte er mich mißachten zu dürfen und hat mich so frecher Weise in einen solchen Proceß hier verwickelt. Dafür daß ich auch hiermit die Wahrheit rede berufe ich mich auf Augenzeugen.

Zeugen.

Den Hergang habt ihr nun von mir und den Zeugen gehört. Ich wünschte aber, hoher Rath, daß Simon dieselbe Gesinnung wie ich hätte, damit ihr von uns Beiden die Wahrheit hören und leicht die rechte Entscheidung treffen könntet. Nun aber, da er sich nicht kümmert um seinen feierlich geschworenen Eid, muß ich versuchen auch über seine falschen Angaben euch zu belehren. Er hatte nämlich die Frechheit zu behaupten, er habe mit dem Theodotos einen Vertrag geschlossen und ihm dreihundert Drachmen gegeben, ich dagegen habe hinterlistiger Weise ihm den Jüngling abtrünnig gemacht. Wäre dieß wahr, so hätte er aber doch so viele

Zeugen als möglich dafür aufstellen und auf gesetzliche Art die Sache betreiben sollen. Offenbar hat er aber nie etwas der Art gethan, sondern sich Gewaltthätigkeiten erlaubt, uns Beide geschlagen, Umzüge gehalten, Thüren eingebrochen und Nachts sich bei freien Weibern eingedrängt. Dieß müßt ihr, hohe Rathsherrn, für den besten Beweis dafür daß er lügt ansehen. Und seht wie wenig glaublich das ist was er angegeben hat. Sein gesammtes Vermögen hat er zu zweihundert und fünfzig Drachmen geschätzt. Hiebei ist doch auffallend daß er den Buhlen um eine höhere Summe gedungen haben soll als er selbst im Vermögen hat. Er ist nun aber so weit in der Frechheit gegangen daß er nicht blos fälschlich behauptet, er habe ihm das Geld gegeben, sondern auch, er habe es wieder zurückerhalten. Wie ist denn aber denkbar daß ich zuerst gegen ihn mich so verfehlt hätte wie er in seiner Klage vorgebracht hat, indem ich ihn um die dreihundert Drachmen hätte bringen wollen, nach der Schlägerei aber auf einmal ihm das Geld zurückgegeben hätte, ohne gegen eine Klage gesichert zu sein, oder ohne daß irgend eine Nöthigung hiezu vorlag? Aber freilich, hoher Rath, alles dieß ist von ihm erfunden und böslich ersonnen; das Geld bezahlt zu haben behauptet er damit er nicht ein Unrecht begangen zu haben scheine, wenn er ohne abgeschlossenen Vertrag sich Solches gegen den Jüngling erlaubt hätte; er habe es wieder zurückerhalten gibt er vor, weil ganz klar ist daß er niemals Geldansprüche gemacht, noch auch je deren Erwähnung gethan hat.

Er behauptet weiter, er sei von mir an seiner eigenen Thüre mit Schlägen mißhandelt worden. Nun ist aber erwiesen daß er den jungen Menschen mehr als vier *Stadien* vom Hause weg verfolgt hat, ohne beschädigt worden zu sein; und das leugnet er, während mehr als zweihundert Menschen es gesehen haben. Ferner sagt er, ich sei mit einem Ziegelstein in der Hand vor sein Haus gekommen und habe ihm gedroht ihn zu tödten, und dieß sei die absichtliche Körperverletzung. Ich aber bin der Ansicht, hoher Rath, es sei ein Leichtes zu erkennen daß er lügt, nicht nur für euch, die ihr solche Untersuchungen gewohnt seid, sondern auch für alle Andern. Denn wer könnte es für glaublich halten daß ich mit der vorgefaßten Absicht seinem Leben nachzustellen an des Simon Haus gekommen wäre bei Tage, mit dem Jünglinge, während so viele Menschen bei ihm versammelt waren? – ich müßte denn ein solcher Thor gewesen sein daß ich allein mit Vielen hätte einen Kampf aufnehmen wollen; zumal da ich wußte daß er mich gerne an seiner Thüre gesehen hätte, mich, in dessen Haus er mit Gewalt eingedrungen war und den er auf eine gegen meine Schwester und deren Töchter rücksichtslose Weise aufzusuchen die Frechheit gehabt hatte, er der, als er mich beim Mahle gefunden, mich herausgerufen hatte und mit Schlägen auf mich losgegangen war. Damals nun also schwieg ich dazu, um nicht Gegenstand des Geredes zu werden, und glaubte sein freches Benehmen eben für ein mir zugestoßenes Unglück ansehen zu müssen. Sollte ich nun nach Verfluß einiger Zeit wieder, wie er behauptet, Lust bekommen haben in's Gerede der Leute zu kommen? Wäre nun bei ihm der Jüngling gewesen, so hätte seine Lüge wenigstens einigen Schein der Wahrheit für sich, daß ich nämlich, von meiner Leidenschaft gezwungen, etwas unglaublich Thörichtes begangen habe. Nun hat aber jener mit diesem hier nicht einmal gesprochen, sondern haßte ihn von allen Menschen am meisten und hielt sich immer bei mir auf. Wie kann es daher einem von euch glaublich scheinen daß ich, nachdem ich vorher mit dem Jüngling von der Stadt fort über's Meer gegangen war um nicht mit diesem kämpfen zu müssen, dann nach meiner Rückkehr ihn vor das Haus des Simon gebracht hätte, um daselbst die größten Widerwärtigkeiten zu erfahren? Sodann soll ich ihm nachgestellt haben, aber so wenig hiezu vorbereitet gekommen sein daß ich weder einen Freund, noch einen Diener, noch sonst Jemand zu Hülfe nahm, außer diesem jungen Menschen, der mir nicht hätte beistehen können, wohl aber zur *Folter* gebracht mich verrathen, wenn ich mir ein Unrecht zu Schulden kommen ließ? Ferner soll ich so verblendet gewesen sein daß ich, wenn ich einmal dem Simon nachstellen wollte, nicht da ihm aufgelauert hätte wo ich ihn allein treffen konnte, bei Nacht oder bei Tage, sondern dahin gieng wo ich voraussichtlich von Vielen gesehen und zu Boden geschlagen werden mußte, gerade als ob ich gegen mich selbst den Anschlag erdacht hätte, um die möglichst größten Mißhandlungen von meinen Feinden zu erleiden. Überdieß, hoher Rath, ist ja auch aus dem vorgefallenen Kampfe leicht zu ersehen daß er Unwahres redet. Denn der Jüngling floh, als er ihn erkannte, mit abgeworfenem Mantel davon, jene aber verfolgten ihn, und ich entfernte mich auf einem andern Wege. Welcher von beiden Theilen ist denn aber als schuldig bei dem Vorfalle anzusehen: der welcher flieht, oder der welcher den andern zu ergreifen sucht? Ich wenigstens glaube daß Niemand darüber im Zweifel ist daß fliehen diejenigen welche für sich selbst zu fürchten haben, dagegen verfolgen die welche ihnen etwas zu Leide thun wollen. Auch kann man nicht sagen daß dieß zwar das Natürliche gewesen wäre, daß aber jene anders gehandelt haben. Denn sie haben den Jüngling ergriffen und mit Gewalt von der Straße weggeführt, und ich traf sie, legte aber nicht Hand an sie, sondern ergriff nur den Jüngling. Sie aber schleppten ihn mit Gewalt fort und schlugen mich. Dieß ist euch von Augenzeugen bezeugt worden. So ist denn doch empörend daß ich böswillige Absicht da gehabt haben soll wo sie empörend und gewaltthätig sich benommen haben! Wie wäre es mir vollends ergangen wenn das Gegentheil von dem wirklich Geschehenen stattgefunden hätte, wenn ich mit vielen Freunden dem Simon entgegengetreten wäre, mit ihm gekämpft, ihn geschlagen, verfolgt, ergriffen und dann mit Gewalt wegzuschleppen versucht hätte; da nun, wo dieser hier dieß gethan hat, ich in einen solchen Proceß verwickelt worden bin, in welchem mein Leben im Vaterlande und mein ganzes Vermögen auf dem Spiele steht? Der wichtigste und am meisten in die Augen springende Punkt ist aber Folgendes: er, der angeblich von mir Mißhandelte und mit dem Tode Bedrohte, hat vier Jahre hindurch nicht gewagt bei euch Klage zu erheben! Alle Andern, wenn sie lieben und des geliebten Gegenstandes beraubt und geschlagen werden, suchen im Zorne alsbald Rache zu nehmen, dieser aber erst lange Zeit später.

Ich glaube nun genügend nachgewiesen zu haben, hoher Rath, daß nichts von dem Vorgefallenen mir zur Last fällt. So sehr aber sind mir Streitigkeiten die aus solchen Verhältnissen hervorgehen zuwider daß trotz der vielen Mißhandlungen die ich von Simon erlitten und nachdem er mich am Kopfe verwundet hatte, ich es doch nicht über mich gewann vor Gericht Klage zu erheben, weil es mir ungehörig schien wegen eines Liebeshandels darauf auszugehen einen Andern aus dem Vaterland zu vertreiben. Sodann war ich auch der Ansicht, nur dann finde Körperverletzung in böswilliger Absicht statt wenn man einen in der Absicht ihn zu tödten verwunde. Denn wer ist so einfältig daß er lange vorher darauf denkt einem Feinde eine Wunde beizubringen? Vielmehr ist klar daß auch unsere Gesetzgeber, für den Fall daß Personen mit einander zufällig in Kampf gerathen und ihren Gegner am Kopfe verwunden sollten, dafür nicht Verbannung aus dem Vaterlande erkennen wollten. Sonst hätten sie Viele verbannt. Vielmehr nur für Solche die in der Absicht zu tödten Jemanden verwunden würden, ohne diese ausführen zu können, haben sie so harte Strafen festgesetzt, von dem Grundsatz ausgehend daß man für das gestraft werden müsse was man beabsichtigt und vorher beschlossen hat; habe der Betreffende auch seine Absicht nicht erreicht, so habe er doch, so viel an ihm liege, es so gut als wirklich gethan. Eine solche Entscheidung habt ihr ja auch schon oft früher über böswillige Körperverletzung gegeben. Wäre es doch auch unbillig wenn ihr, so oft Jemand in der Trunkenheit oder aus Streitsucht oder im Scherze oder wegen einer Schmähung oder um eines Mädchens willen in Kampf gerathen und verwundet worden ist, also aus Anlässen die Alle, sobald sie wieder zur Vernunft gekommen sind, bereuen, so hohe und harte Strafen verhängen wolltet daß ihr Bürger dafür aus dem Vaterlande verbanntet!

Am meisten aber muß ich mich wundern über die von diesem hier an den Tag gelegte Gesinnung. Scheint es mir doch nicht für dieselbe Person zu passen, zu lieben und verleumderisch anzuklagen, sondern das Erstere paßt für gutherzige, das Letztere nur für ganz bösartige Menschen. Ich wünschte sehr euch auch an Anderem seine Schlechtigkeit zeigen zu können, damit ihr einsähet daß mit weit größerem Recht vielmehr er auf den Tod angeklagt würde, statt Andere in Gefahr zu bringen aus der Heimat verbannt zu werden. Alles Übrige will ich übergehen. Nur eines Vorfalls will ich erwähnen, den ihr, wie ich glaube, hören müßt und der ein Beweis seiner Frechheit und Vermessenheit sein wird. In *Korinth* fieng er, der erst nach der Schlacht mit den Feinden und nach dem *Zuge nach Koronea* ankam, mit dem *Taxiarchen* Laches Streit an und schlug ihn, und er wurde damals, als das gesammte Bürgerheer ausgerückt war, wegen seines im höchsten Grade ordnungswidrigen und schlechten Benehmens, allein unter allen Athenern von den Befehlshabern ausgestoßen.

Ich hätte auch sonst noch Vieles über ihn zu sagen. Da es aber bei euch nicht erlaubt ist vom Gegenstande abzuweichen, so gebe ich euch nur dieß noch zu erwägen: diese hier sind die welche mit Gewalt in mein Haus eingedrungen sind, diese die welche uns verfolgt, die mit Gewalt uns von der Straße weggeschleppt haben. Dessen eingedenk fället ein gerechtes Urteil, und gebt nicht zu daß ich ungerechter Weise aus dem Vaterlande verbannt werde, für das ich schon viele Kämpfe bestanden und viele öffentliche Leistungen übernommen habe, dem ich nie etwas Schlimmes zugefügt, weder ich noch meine Vorfahren, wohl aber vieles Gute. Mit Recht darf ich daher wohl euer und Anderer Mitleid in Anspruch nehmen, nicht blos für den Fall daß mich etwas von dem treffen sollte womit mich Simon bedroht, sondern auch schon dafür daß ich durch solche Vorfälle in einen solchen Proceß verwickelt worden bin.

Ephebie und Wettkampf

Aufnahme in die Bürgerliste und militärische Ausbildung
Aristoteles, Staat der Athener 42

Die heutige Verfassung ist folgendermaßen eingerichtet: Am Staatswesen beteiligt sind die, die von beiden Elternteilen her Bürger sind. Sie werden in die Bürgerliste aufgenommen, wenn sie 18 Jahre alt geworden sind. Wenn sie zur Einschreibung anstehen, stimmen die Gemeindemitglieder nach Vereidigung über sie ab, zunächst, ob sie das gesetzliche Alter erreicht zu haben scheinen – wenn es noch nicht so scheint, kommen sie wieder zu den Kindern –, sodann, ob sie freigeboren sind und den Gesetzen entsprechende Eltern haben. Wenn die Abstimmung ergibt, daß der Betreffende nicht freigeboren ist, kann er die Sache an das Gericht verweisen; die Gemeindemitglieder wählen dann aus ihrer Mitte fünf Ankläger, und wenn seine Einschreibung nicht rechtmäßig erscheint, verkauft ihn der Staat in die Sklaverei. Wenn er aber durchdringt, müssen ihn die Gemeindemitglieder in die Liste aufnehmen. Darauf begutachtet der Rat die Eingeschriebenen, und wenn einer jünger als 18 Jahre zu sein scheint, werden die Gemeindemitglieder bestraft, die ihn eingeschrieben haben. Sind die Jungmänner begutachtet, versammeln sich ihre Väter phylenweise und wählen nach dem Eidschwur drei Phylenmitglieder von über vierzig Jahren, die nach ihrer Meinung die besten und geeignetsten zur Betreuung der Jungmänner sind, und von diesen wählt das Volk einen Zuchtmeister für jede Phyle und von den übrigen Athenern einen Ordner für alle. Diese versammeln nun die Jungmänner, machen mit ihnen erst einen Rundgang durch die Tempel und lassen sie dann zum Piräus marschieren. Die einen besetzen dann *Munichia*, die anderen *Akte*. Man wählt für sie auch zwei Trainer sowie Lehrer, die sie im Waffenkampf, Bogenschießen, Speerwerfen und Katapultieren unterrichten. Jeder Zuchtmeister erhält eine *Drachme* zum Unterhalt, die Jungmänner je vier *Obolen*. Der Zuchtmeister erhält das Geld seiner Phylenmitglieder und kauft für alle auf gemeinsame Rechnung die Lebensmittel – sie speisen nämlich phylenweise gemeinsam – und sorgt für alle anderen Bedürfnisse. Das erste Jahr verbringen sie nun auf diese Weise. Im nächsten gibt es eine Volksversammlung im Theater, in der sie dem Volk kriegerische Übungen vorführen und vom Staat Schild und Lanze erhalten. Dann ziehen sie im Land umher und halten sich in den Festungen auf. In diesen beiden Jahren, in denen sie Garnisonsdienst haben, tragen sie den Kriegsmantel und sind frei von allen Abgaben. Sie können auch nicht vor Gericht belangt werden oder selbst Prozesse führen, damit sie keinen Vorwand zur Suspendierung haben, außer wegen einer Erbschaft oder eines Erbtochterfalles oder wenn einem ein innerhalb der Familie tradiertes Priesteramt zufällt. Sind die beiden Jahre vergangen, gehören sie zu den anderen Bürgern.

Der Ephebeneid
Inschrift

Nicht werde ich die heiligen Waffen, die ich trage, entehren. Meinen Kampfgenossen werde ich nie im Stich lassen, wo auch immer ich stehe. Auch werde ich die Heiligtümer und unverletzlichen Orte schützen und das Vaterland der Nachwelt nicht geringer übergeben, sondern größer und stärker, soweit es mit Hilfe aller in meinen Kräften steht. Ich werde immer den rechtmäßig gewählten Beamten gehorchen, ebenso den Gesetzen, den schon erlassenen wie den in Zukunft rechtens zu erlassenden, und wenn jemand von ihnen abgehen will, werde ich es nach Kräften und mit Hilfe aller nicht zulassen. Desgleichen werde ich die religiösen Ordnungen der Väter in Ehren halten. Dessen seien mir Zeugen die Götter *Aglauros*, *Hestia*, *Enyo*, *Enyalios*, *Ares* und *Athena Areia*, *Zeus*, *Thallo*, *Auxo*, *Hegemone*, *Herakles*, die Grenzen des Vaterlandes, der Weizen, die Gerste, die Weinstöcke, die Ölbäume, die Feigenbäume.

Aischines über seine Ephebenzeit
Aischines, Über die Truggesandtschaft 167–169

Ich habe also so wie ich aus den Kinderjahren getreten war zwei Jahre lang unter der Grenzwache gestanden und werde Euch meine Altersgenossen und unsre Kommandanten dafür als Zeugen stellen. Der erste Feldzug aber, den ich that, bestand in dem Auszug einer einzelnen Abtheilung, indem ich mit meinen Altersgenossen und *Alkibiades'* Söldnern den Convoi nach *Phlius* geleitete, und als wir beim sogenannten *nemeischen Graben* in ein Gefecht geriethen, habe ich so gekämpft, daß ich von den Anführern belobt wurde, und so habe ich denn in dem Aufgebote nach Altersklassen sowohl als bei den Auszügen besonderer Abtheilungen, so oft mich die Reihe traf, die Feldzüge mitgemacht und die Schlacht bei *Mantineia* mitgekämpft und mich hier rühmlich gehalten und der Stadt keine Schande gemacht, habe dann den *Feldzügen nach Euböa* beigewohnt und unter den Ausgelesenen mich in der Schlacht bei *Tamynä* so tapfer geschlagen, daß ich sowohl dort als auch wieder hier einen Ehrenkranz erhielt, als ich die Nachricht, daß die Stadt gesiegt, überbrachte und *Temenides* der *Taxiarch* der *pandionischen Phyle*, der vom Heere zu gleichem Zwecke hierhergesendet war, mein Verhalten in der gelieferten Schlacht schilderte.

Wettkämpfe am Hofe des Phaiakenkönigs
Homer, Odyssee VIII 100–255

»Hört, Führer und Berater der *Phaiaken*! Schon haben wir unseren Mut an dem gebührenden Mahl gesättigt und an der Leier, die dem blühenden Mahle beigesellt ist. Gehen wir jetzt hinaus und versuchen wir uns an allen Wettkämpfen, damit der Fremde, wenn er heimgekehrt ist, den Seinen sage, wie sehr wir uns hervortun vor den anderen im Faustkampf und im Ringen und im Sprung und mit den Füßen!«

Als er so gesprochen hatte, ging er voran, und diese folgten ihm. Und der Herold hängte die helle Leier an den Pflock, nahm den Demodokos bei der Hand und führte ihn aus der Halle, und ging ihm denselben Weg voran, den auch die anderen Edlen der Phaiaken gegangen waren, um die Wettkämpfe zu schauen. Und sie schritten hin und gingen zum Markt, und mit ihnen ging ein großer Haufe Volks, Zehntausende. Da standen die jungen Männer auf, viele und edle. Auf stand Akroneos und Okyalos und Elatreus, und Nauteus, Prymneus und Anchialos und Eretmeus, und Ponteus, Proreus, Thoon und Anabesineos, und Amphialos, Sohn des Polyneos, des Sohns des Tekton. Und auch Euryalos stand auf, dem männervernichtenden Ares gleich, des Naubolos Sohn, der unter allen Phaiaken der Beste war an Gestalt und Aussehen nach dem untadligen Laodamas. Und auf standen drei Söhne des untadligen Alkinoos: Laodamas und Halios und der gottgleiche Klytoneos. – Ja, da versuchten sie sich zuerst mit den Füßen. Von der Ablaufschwelle aus war ihnen eine Bahn gespannt, und alle flogen sie zugleich geschwind, hinstäubend durch das Feld, dahin. Unter ihnen war der weitaus beste im Lauf der untadlige Klytoneos, und so weit auf dem Acker die Strecke ist, die ein Maultierpaar in einem Zuge umpflügt, so weit vorauslaufend erreichte er die Männer des Volks, die andern waren zurückgeblieben. Andere versuchten sich in dem schmerzhaften Ringen: darin übertraf Euryalos hinwieder alle Edlen. Im Sprung aber war Amphialos der überlegenste von allen; doch mit der Wurfscheibe hinwieder war Elatreus unter allen der weit beste, und mit der Faust hinwieder Laodamas, der tüchtige Sohn des Alkinoos.

Als sie sich aber nun alle an den Wettspielen erfreut hatten in ihrem Herzen, da sprach unter ihnen Laodamas, der Sohn des Alkinoos:

»Hierher, Freunde! laßt uns den Fremden fragen, ob er irgendeinen Kampf weiß und ihn gelernt hat! An Wuchs ist er nicht schlecht: an Schenkeln und Schienbeinen und beiden Armen darüber, an starkem Nacken und großer Gewalt. Auch fehlt es ihm an Jugend nicht, doch ist er gebrochen durch viele Übel. Denn es gibt kein schlimmeres Ding sonst, sage ich, als das Wasser, um einen Mann niederzuwerfen, mag er auch noch so stark sein.«

Da antwortete ihm hinwieder Euryalos und begann:

»Laodamas! dieses Wort hast du ganz nach Gebühr gesprochen! Gehe nun und fordere ihn selbst heraus und weise ihm die Rede.«

Als der tüchtige Sohn des Alkinoos dieses hörte, ging er hin, trat in die Mitte und sagte zu Odysseus:

»Auf! komm! und versuche auch du dich an den Kämpfen, Fremder, Vater! falls du dich auf einen verstehst. Sieht es doch aus, als ob du Kämpfe weißt! Gibt es doch für einen Mann, solange er lebt, keinen größeren Ruhm, als das, was er mit seinen Füßen ausrichtet und mit seinen Armen! Doch auf! versuche dich und zerstreue die Kümmernisse von deinem Herzen! Die Heimfahrt wird dir nicht mehr lange ausbleiben, sondern schon ist ein Schiff für dich ins Meer gezogen und sind die Gefährten für dich bereit.«

Da erwiderte und sprach zu ihm der vielkluge Odysseus:

»Laodamas! was fordert ihr mich zu diesem heraus und verhöhnt mich? Mir liegen Kümmernisse mehr am Herzen als Wettspiele, der ich zuvor gar viel gelitten und vieles ausgestanden habe, und jetzt, nach der Heimkehr verlangend, in eurer Versammlung sitze und zu dem König flehe und zu dem ganzen Volk!«

Da antwortete ihm hinwieder Euryalos und schmähte ihn ins Angesicht:

»Nein doch! wahrhaftig, Fremder! du siehst mir nicht nach einem Mann aus, der sich auf die Kämpfe versteht, wie deren viele unter den Menschen in Übung sind, sondern nach einem solchen, der viel hin und wieder auf einem vielrudrigen Schiff fährt als Anführer von Schiffsleuten, die Händler sind: auf die Ladung bedacht und erpicht auf eine Rückfracht und den Gewinn, den zu erraffenden! Einem Kämpfer aber gleichst du nicht!«

Da sah ihn der vielkluge Odysseus von unten herauf an und sagte zu ihm:

»Freund! du redest nicht fein! Einem unschicklichen Manne gleichst du! Aber so geben die Götter freilich die Gaben der Anmut nicht allen Menschen: weder an Wuchs noch an Verstand und Rede. Der eine Mann ist unansehnlicher an Aussehen, doch gibt der Gott seinen Worten Gestalt, und sie blicken auf ihn mit Ergötzen. In der Versammlung spricht er ohne Wanken mit einnehmender Scheu und strahlt hervor unter den Versammelten, und geht er durch die Stadt, so blicken sie auf ihn wie auf einen Gott. Ein anderer ist den Unsterblichen an Aussehen ähnlich, doch krönt ihm Anmut nicht die Worte – wie auch du ein hervorstrahlendes Aussehen hast – auch ein Gott könnte es nicht anders schaffen – doch bist du nichtig an Verstand! Aufgebracht hast du mir den Mut in der Brust, weil du nicht nach Schicklichkeit gesprochen! Doch bin ich nicht unkundig in den Kämpfen, wie du schwätzest, sondern denke, daß ich unter den Ersten war, solange ich auf meine Jugend vertraute und auf meine Arme. Jetzt aber bin ich beladen mit Ungemach und Schmerzen. Denn viel habe ich erduldet, während ich die Kriege der Männer und die schmerzlichen Wogen durchgemacht. Jedoch auch so, obwohl ich vieles Schlimme gelitten, will ich mich an den Kämpfen versuchen! Denn in das Herz beißt mich dein Wort, und aufgereizt hast du mich, wie du gesprochen!«

Sprach es, sprang auf mitsamt dem Mantel und ergriff eine Wurfscheibe, größer und dicker und um kein Kleines wuchtiger als jene, mit der sich die Phaiaken miteinander im Wurf gemessen hatten. Diese, nachdem er sie herumgewirbelt, entsandte er aus der wuchtigen Hand. Da sauste der Stein dahin, und zur Erde nieder bückten sich die langrudrigen Phaiaken, die schiffsberühmten Männer, unter dem Flug des Steins. Der aber überflog die Male aller, leicht von der Hand geschnellt. Und Athene setzte das Mal, an Gestalt einem Manne gleichend, und sprach das Wort und benannte es heraus:

»Sogar ein Blinder könnte dir mit Tasten dein Zeichen herauserkennen, Fremder! denn nicht vermischt in dem Haufen steht es, sondern weit vorn. Sei du für diesen Kampf guten Mutes! Keiner von den Phaiaken wird dies erreichen oder gar darüber hinaus werfen!«

So sprach sie. Da frohlockte der vielduldende göttliche Odysseus und freute sich darüber, daß er einen ihm günstigen Gefährten in der Kampfbahn sah. Und sprach leichteren Herzens unter den Phaiaken:

»Jetzt erreicht mir diese Wurfscheibe, ihr Jungen! und gleich will ich ihr hinterdrein eine andere ebensoweit schicken, denke ich, oder gar noch weiter! Doch auch von den andern, wen da Herz und Mut treibt: er komme her! auf! und versuche sich – da ihr mich gar zu sehr in Zorn gebracht habt! – entweder mit der Faust oder im Ringen oder auch mit den Füßen: ich weigere es nicht! – wer es auch sei unter den Phaiaken allen, außer dem Laodamas selbst, denn der ist mein Wirt: wer wollte mit dem, der ihn freundlich aufnahm, streiten! Ein unsinniger und nichtiger Mann ist jener, der in einem fremden Volk dem Gastgeber eine Herausforderung anträgt in Kampfspielen: sich selber nur verkürzt er alles. Von den anderen aber will ich keinen ausschlagen noch ihn nicht anerkennen, sondern will jeden kennenlernen und mich ins Angesicht mit ihm versuchen. Denn in allem bin ich kein Untüchtiger, so viele Kampfarten auch sind unter den Männern: weiß gut mit dem Bogen umzugehen, dem wohlgeglätteten, und treffe als erster mit dem Pfeilschuß wohl meinen Mann in dem Haufen der feindlichen Männer, und ob auch dicht neben mir noch so viele Gefährten stehen und auf die Männer schießen. Nur Philoktetes übertraf mich im Troer-Lande mit dem Bogen, wenn wir Achaier mit dem Bogen schossen. Doch unter den andern, sage ich, war ich bei weitem überlegen, so viel heute Sterbliche sind, die auf der Erde das Brot essen. Mit den früheren Männern werde ich mich freilich nicht vergleichen wollen, weder mit *Herakles* noch mit *Eurytos von Oichalia*, die sogar mit Unsterblichen in der Kunst des Bogenschießens zu streiten pflegten. Darum hat der große Eurytos auch schnell den Tod gefunden und ist nicht ins Greisenalter gelangt in den Hallen; denn Apollon tötete ihn, zürnend, weil er ihn herausgefordert im Bogenschießen. Mit dem Wurfspieß aber schieße ich so weit, wie kein anderer mit dem Pfeile. Nur mit den Füßen, fürchte ich, möchte mich einer der Phaiaken überholen, denn gar zu schändlich wurde ich zugerichtet in den vielen Wogen, da ich nicht beständige Pflege auf einem Schiffe hatte. Darum sind meine Glieder mir gelöst.«

So sprach er. Die aber waren alle still in Schweigen. Nur Alkinoos antwortete und sagte zu ihm:

»Fremder! da du mit diesem unter uns nichts Mißfälliges redest, sondern willst deine Tüchtigkeit beweisen, welche dir gegeben, erzürnt, weil dieser Mann daher getreten im Wettkampf und hat dich geschmäht – daß deine Tüchtigkeit kein Sterblicher verachten möchte, der recht zu reden in seinem Sinn versteht –: auf! so vernimm denn jetzt ein Wort von mir, damit du es auch einem andern von den Heroen sagst, wenn du in deinen Hallen schmausend bei deiner Gattin und bei deinen Kindern unserer Tüchtigkeit gedenkst: welcherlei Werke Zeus auch uns durchgehend von den Vätern her verleiht. Nicht sind wir als Faustkämpfer ohne Tadel und auch im Ringen nicht, doch laufen wir schnell mit den Füßen und sind zu Schiff die besten, und immer sind uns lieb Gelage und Saitenspiel und Reigentänze, und Kleider, sie zu wechseln, und warme Bäder und Ruhebetten. Doch auf! die ihr die besten Tänzer seid unter den Phaiaken: führt ein Spiel auf, damit der Fremde, wenn er heimgekehrt ist, es seinen Anverwandten verkünden möge: wie sehr wir den anderen überlegen sind in Schiffahrt und mit Füßen und mit dem Tanz und dem Gesang. Doch gehe einer und bringe schnell dem Demodokos die helle Leier, die irgendwo in unseren Häusern liegt!«

So sprach der gottähnliche Alkinoos.

Sieg in Olympia
Xenophanes, frg. 2

Nun gut, wenn einer mit der Schnelligkeit der Füße einen Sieg erränge
oder als Fünfkämpfer, dort wo der Hain des Zeus

an den Fluten des Pises in Olympia, oder als Ringer

oder auch, weil er den schmerzhaften Faustkampf beherrscht

oder den schrecklichen Wettkampf, den sie *Pankration* nennen:

für seine Mitbürger wäre er herrlicher anzuschauen,

und einen Ehrensitz vor aller Augen bei den Veranstaltungen
würde er erhalten,
und Speisung gäbe es aus öffentlichem Vermögen,

gewährt von der Gemeinde, und ein Geschenk als kostbaren
Besitz;
oder auch wenn er mit seinen Pferden (siegte), würde er das alles
erhalten –
er der (dessen) nicht so würdig ist wie ich. Ist besser als Kraft

von Männern und Pferden doch unsere Kunst und Kenntnis.

Nein, durchaus willkürlich ist dieser Brauch, und nicht ist es recht,

Stärke höher zu schätzen als nützliche Weisheit.

Denn mag einer tüchtig sein im Volk als Boxer

oder als Fünfkämpfer oder im Ringkampf

oder sogar durch Schnelligkeit der Füße, was am meisten gilt

unter den Disziplinen, die es beim Wettkampf gibt,

so wäre deshalb die Stadt nicht mehr (als vorher) in guter
Ordnung;
und kurz wäre das Vergnügen, das die Stadt daran hätte,

wenn einer im Wettkampf siegte an den Ufern des Pises:

Denn nicht bereichert das die Kammern der Stadt.

Sieg mit dem Rennpferde
Pindar, Erste olympische Ode für Hieron von Syrakus

Das beste ist das Wasser,
das zweitbeste aber das Gold; denn es leuchtet
wie flammendes Feuer hervor zur Nacht aus dem Reichtum,
der Männern Größe verleiht.
Doch wünschst du, mein liebes Herz,
Kampfspiele zu besingen, so halte nicht länger noch Ausschau
nach einem Gestirn, das bei Tag durch den einsamen Äther
hell schimmert und größere Wärme verschenkt als die Sonne,
und lasset uns keinen Wettkampf preisen, der größer
und ruhmreicher wäre als der zu Olympia.
Von dorther werden fähige Dichter beschwingt
zu weithin gepriesenen Hymnen; dann können sie ziehen
zum reichen, glücklichen Herde Hierons
und singen vom Sohne des *Kronos*.

Denn Hieron führt den Richterstab
auf der von Schafen wimmelnden Insel Sizilien, erntet das Höchste
von allen großen Leistungen, findet Gefallen
an köstlichen Werken der Musenkunst –
den Spielen, denen wir Männer
uns häufig hingeben in behaglicher Runde.
So nimm denn die dorische Harfe herunter vom Pflock,
sofern dir die Freude an Pisa und Pherenikos
erquickliche, heitere Gedanken eingab
zur Stunde, da am *Alpheios* das Roß ungestachelt
im Laufe dahinschoß und seinem Herrn den Sieg erkämpfte,

dem König von Syrakus, der Pferde zu schätzen weiß.
Ihm leuchtet Ruhm im Lande der tapferen Männer,
das *Pelops*, der Lyder, besiedelte.
In Pelops hatte der kraftvolle Träger der Erde, *Poseidon*, sich
verliebt,
als *Klotho* ihn aus blankem Kessel holte,
ein Knäblein, das auffiel durch die glänzende Schulter aus
Elfenbein.

Wahrlich, Wunder gibt es in Menge, zuweilen täuscht jedoch
das Schwatzen der Menschen über die Wahrheit hinweg,
Gerede, mit schillernden Lügen kunstvoll verbrämt.

Charis, die alles Liebreiche für die Sterblichen schafft,
hat beim Verleihen von Ehren oftmals auch
Unglaubliches glaublich gemacht.
Die künftigen Tage wirken als kundigste Zeugen.
Der Mensch soll über die Götter Gutes sagen; leichter wiegt das
Verschulden dann.
Ich möchte, Sohn des *Tantalos*, gegen die Meinung der Vorfahren
von dir singen:
Sobald dein Vater die Gäste geladen zum wohlgesitteten Mahle,
ins liebe *Sipylos*, den Göttern für ihre Gastfreundschaft zu
danken,
da raubte dich der Träger des blinkenden Dreizacks,

von liebender Sehnsucht bezwungen, und entführte dich
auf goldenen Stuten zum hohen Palaste des weithin verehrten
Zeus.
Dorthin kam, ein Menschenalter später, auch *Ganymedes*,
den gleichen Dienst für Zeus zu leisten.
Doch als du verschwunden warst und die Männer
trotz langer Suche dich der Mutter zurück nicht brachten,
da flüsterte mancher gehässige Nachbar,
man hätte dich mit dem Messer Glied für Glied
zerstückt und in kochendes Wasser geworfen
und hätte von deinem Fleisch an der Tafel
zum Nachtisch ausgeteilt und gegessen.

Ich aber vermag nicht einen der Seligen als gefräßig zu schelten;
darauf verzichte ich.
Verleumder ernteten oft schon bösen Gewinn.
Sofern die Schirmherren des Olympos jemals einen Sterblichen
ehrten,
so war es Tantalos. Doch besaß er die Kraft nicht,
sein hohes Glück mit Maßen zu genießen; durch Übermut
zog er die schreckliche Strafe sich zu, die der Vater

ihn leiden ließ: den mächtigen Felsblock, der über ihm schwebt.
Er möchte ihn ständig vom Haupte sich wälzen;
so bleibt ihm jegliche Freude versagt.

Er führt ein kaum noch erträgliches Leben in ständiger Qual,
nicht dreifach, nein, vierfach gepeinigt,
weil er den Seligen Nektar stahl und Ambrosia
– womit ihm die Götter Unsterblichkeit schenkten –
und seinen Kumpanen es gab. Ja, wähnt ein Sterblicher,
er könne etwas verüben, ohne daß Götter es merken, so irrt er!
Deshalb auch wiesen die Unsterblichen ihm den Sohn
zurück ins kurz nur dauernde Menschengeschlecht.
Und als der Jüngling zu stattlicher Blüte heranwuchs,
als dunkler Flaum ihm die Wangen umschattete,
gedachte er sich zu vermählen; ihm bot sich die Möglichkeit,

die weithin berühmte Hippodameia von ihrem Vater zu Pisa
als Weib zu gewinnen. In tiefer Nacht
begab er sich zur Küste des schäumenden Meeres
und rief den lauttosenden Herrn des mächtigen Dreizacks.
Sogleich erschien der Gerufene vor ihm.
Und Pelops sagte zu dem Gott: »Bereiten die köstlichen Gaben
der Kypris Freude, Poseidon, so hemme, bitte,
die eherne Lanze des *Oinomaos*;
mit schnellstem Gespann bring mich nach *Elis*
und schenke den Sieg mir.
Schon dreizehn Bewerber brachte Oinomaos um,
schiebt immer aufs neue hinaus die Hochzeit der Tochter.
Doch keinen Feigling findet die große Gefahr. Was soll man,
dem Tode ohnehin geweiht, ein ruhmloses Alter,
in düsterem Winkel hockend, sinnlos hinbrüten, ohne Anteil
an allem Schönen? Nein, ich werde diesem Kampf
mich unterziehen. Du schenk mir ein gutes Gelingen!«
So sprach er und hatte den Wunsch nicht vergeblich geäußert.
Die Gottheit rüstete glänzend ihn aus,
sie schenkte ihm einen goldenen Wagen
und Rosse mit niemals erlahmenden Schwingen.

Er überwand den starken Oinomaos und gewann die Tochter zur Gattin.
Sechs Söhne gebar sie, Beherrscher des Volkes,
die strebsam sich zeigten zu wackerer Tat.
Ihm werden heute prachtvolle Blutopfer dargebracht
auf seiner Ruhestätte am Ufer des Alpheios;
dort nennt er sein eigen ein häufig besuchtes Grabmal
dicht neben dem Altar, um den die Fremden sich drängen.
Weit leuchtet der Ruhm der Olympischen Spiele auf
der Rennbahn des Pelops, wo wetteifernd kämpfen geschwinde Füße
und höchste, vor keiner Mühsal scheuende Kraft.
Der Sieger genießt für sein künftiges Leben
ein heiteres Glück, wie Honig so süß,

um seiner Kampfpreise willen. Das ständige Gute,
das Tag um Tag sich erneuert, kommt für jeden Menschen als Höchstes.
Doch ich muß ihn bekränzen
mit einer Reitermelodie in aiolischem Sang.
Nie, davon bin ich fest überzeugt, nie werde ich einen Gastfreund,
der Kenntnis des Schönen und unumschränkte Gewalt
in höherem Grade vereint,
mit ruhmreichen Liederstrophen ehren.
Ein Gott nahm deiner Sorgen sich an
und waltet als dein Beschützer, Hieron, über ihnen.
Sofern er nicht plötzlich im Stiche dich läßt,

so hoffe ich, wieder zum weithin sichtbaren Kronion kommen zu dürfen
und für das Preisen eines noch heller strahlenden Sieges
im Rennen der flinken Wagen den Ausdruck zu finden,
der Hilfe dir leiht. Mir kräftigt die Muse
durch stärkende Nahrung mein Geschoß.
Mancher zeichnet auf diesem und mancher auf jenem Gebiete sich aus;
den höchsten Gipfel der Leistung jedoch erreichen die Könige.
Laß deine Blicke nicht weiter schweifen!

Dir möge vergönnt sein, diese Frist auf der Höhe zu schreiten,
und mir, noch ebenso lang mit Siegern Umgang zu pflegen,
hervorragend unter den Griechen durch Weisheit und Können,
überall.

Alkibiades' Olympische Siege und Leistungen für den Staat
Isokrates, Von dem Pferdegespann 14

Um dieselbe Zeit aber, da er sah, daß die Festversammlung in *Olympia* von allen Menschen gefeiert und bewundert wurde, und daß die Griechen hier ihren Reichthum, ihre Stärke und ihre Bildung zeigen, und daß nicht nur die Wettkämpfer gepriesen, sondern auch die Staaten der Sieger berühmt werden; und da er überdieß glaubte, die hier [in Athen] für den Staat übernommenen Leistungen geschehen für die besondern Zwecke vor den Augen der Bürger, die aber für jene Festversammlung geschehen für den Staat im Angesichte des ganzen Griechenlands; da er Dieß bedachte, so verschmähte er, obgleich er nicht ungeschickter, noch kraftloser von Körper war, als sonst Einer, die körperlichen Wettkämpfe, weil er wußte, daß einige von den Wettkämpfern von geringer Abkunft sind und in unbedeutenden Staaten leben, und eine niedrige Erziehung gehabt haben, und unternahm es, Pferde zu halten, Was die Sache der Begütertsten ist, ein geringer Mann aber nie thun wird, und übertraf nicht nur seine Nebenbuhler, sondern auch Alle, welche je einen Sieg davon trugen. Denn er schickte so viele Pferdegespanne dahin, als nicht einmal die größten Staaten zum Wettstreite stellten, und so vorzügliche, daß er der Erste und Zweite und Dritte wurde. Außerdem aber bewies er sich in den Opfern und dem übrigen Aufwande bei dem Feste so freigebig und prächtig, daß Das, was von Andern auf Staatskosten geschah, gering erschien gegen Das, was er aus eigenem Vermögen that. Und so beschloß er das Fest, indem er gemacht hatte, daß das Glück der früheren [Sieger] gegen das seinige klein schien, Die aber, welche mit ihm siegten, nicht mehr gepriesen wurden, und Denen, welche ferner Pferde halten wollten, keine Möglichkeit, ihn zu übertreffen, übrig blieb. Über seine Veranstaltung von Choraufzügen und seine Unterhaltung der Übungsplätze und Ausrüstung von Dreirudern in unserm

Staate schäme ich mich zu sprechen; denn er übertraf die Andern so sehr, daß Die, welche ihre Leistungen weniger gut, als er, erfüllten, mit diesen sich selbst loben, wenn man aber auch für seine so großen [Leistungen] Dank forderte, man doch über ihn nur von Kleinigkeiten zu sprechen schiene.

Wettstreit der Tüchtigkeit in Sparta
Xenophon, Von der Staatsverfassung der Lacedämonier I 4

Auf die angehenden Männer aber wandte er bei weitem die meiste Sorgfalt, in der Überzeugung, daß Diese, wenn sie werden, Was sie sollen, am meisten zum Wohle des Staates beitragen. Weil er nun sah, daß bei Denen, bei welchen sich am meisten Wetteifer finde, die Chorgesänge am hörenswerthesten und die körperlichen Kämpfe am sehenswerthesten sind, so glaubte er, wenn er auch die angehenden Männer zu einem Wettstreite der Tüchtigkeit zusammen lasse, so werden dadurch auch sie zu dem höchsten Grade der Mannestugend gelangen. Wie er nun Diese zusammen ließ, will ich erzählen. Es wählen nämlich also die *Ephoren* aus Denen, welche in der Blüthe der Jahre stehen, Drei; Diese werden *Hippagreten* genannt. Von Diesen sucht Jeder hundert Männer [Irenen] aus, indem er angibt, warum er die Einen vorzieht, die Andern verwirft. Diejenigen nun, welche diese Ehre nicht erlangen, werden Feinde Derer, welche sie ausgestoßen haben, und Derer, welche an ihrer Statt gewählt wurden, und beobachten einander, wofern sie etwa gegen Das, was als recht und brav gilt, sich vergehen. Und Dieß ist gewiß der den Göttern angenehmste und dem Staate nützlichste Streit, bei welchem es sich zeigt, Was der brave Mann thun muß, und außerdem beide Theile sich üben, damit sie immer die Besten seyen, und wenn es nöthig ist, Jeder dem Staate Hülfe leiste mit all seiner Kraft. Sie sind aber auch genöthigt, für Gesundheit und Stärke zu sorgen, denn sie kämpfen wegen dieses Streites den Faustkampf überall, wo sie zusammentreffen. Doch ist Jeder, der dazu kommt, die Kämpfer zu trennen ermächtigt; folgt aber Einer Diesem nicht, so führt ihn der Knabenaufseher [Pädonom] zu den Ephoren. Diese aber strafen ihn hart, weil sie es dahin bringen wollen, daß nie die Erbitterung so mächtig werde, daß sie den Gesetzen nicht gehorchen.

Haben sie nun das Jünglingsalter ganz zurückgelegt (und aus Diesen werden schon die höchsten Staatsämter besetzt), so entheben die übrigen Griechen sie der Sorge für die Körperkraft, befehlen ihnen aber doch in's Feld zu ziehen; Lycurg aber machte es zum Gesetz, das Ehrenvollste solle für die Männer dieses Alters die Jagd seyn, wenn nicht eine öffentliche Angelegenheit sie abhalte, damit auch sie nicht weniger, als die angehenden Männer, die Anstrengungen der Feldzüge ertragen können.

Frauen bei Olympia?
Platon, Staat V 451 d–452 e

Folgendermaßen: sind wir der Meinung, daß die weiblichen Wachhunde dasselbe mithüten sollen, was die männlichen hüten, und daß sie mit auf die Jagd gehen und auch das übrige gemeinsam tun, oder sollen sie zuhause bleiben, weil sie wegen des Gebärens und Nährens der jungen Hunde dazu unvermögend sind, während die Männchen arbeiten und die ganze Sorge um die Herden haben?

»Alles gemeinsam«, erwiderte er, »nur nehmen wir bei ihrer Verwendung darauf Rücksicht, daß sie schwächer sind, die anderen aber stärker.«

Ist es nun möglich, fragte ich, irgendein Lebewesen für dasselbe zu verwenden, wenn man ihm nicht auch dieselbe Nahrung und Ausbildung zuteil werden läßt?

»Nein, das ist nicht möglich.«

Wenn wir also die Frauen für dasselbe verwenden wollen wie die Männer, dann müssen wir sie auch dasselbe lehren.

»Ja.«

Den Männern aber wurde Musenkunst und Gymnastik vermittelt.

»Ja.«

Auch den Frauen müssen wir also diese beiden Künste vermitteln und auch die Kriegskunst, und müssen sie in gleicher Weise verwenden.

»Nach dem, was du sagst, sollte man es annehmen«, erwiderte er.

Manches von dem, was ich jetzt sage, fuhr ich fort, könnte vielleicht, weil es ungewohnt ist, als lächerlich erscheinen, wenn es so zur Ausführung kommt, wie ich sage.

»Ja, freilich«, erwiderte er.

Und was findest du dabei wohl am lächerlichsten? fragte ich. Offenbar doch, daß die Frauen in den Ringschulen nackt mit den Männern zusammen üben, und zwar nicht nur die jungen, sondern auch die, die schon älter sind – so wie die alten Männer in den Gymnasien, auch wenn sie runzlig und unschön anzusehen sind, doch noch Freude an den Leibesübungen haben.

»Ja, beim Zeus«, sagte er, »das käme uns unter den heutigen Anschauungen lächerlich vor.«

Da wir nun aber einmal mit unserer Untersuchung angefangen haben, dürfen wir die Spöttereien der witzigen Leute nicht scheuen, was sie auch alles zu dieser Veränderung in den Gymnasien und in der Musenkunst und vor allem auch in der Handhabung der Waffen und im Reiten sagen würden.

»Du hast recht«, erwiderte er.

Doch da wir nun einmal zu reden begonnen haben, müssen wir uns auch dem zuwenden, was uns an diesem Gesetz Anstoß bietet. Wir wollen jene Spötter bitten, einmal nicht das Ihre zu tun, sondern ernst zu sein, und sie daran erinnern, daß es nicht lange her ist, daß der Anblick nackter Männer auch den Hellenen, wie jetzt noch den meisten Barbaren, anstößig und lächerlich schien. Als dann zuerst die Kreter und nachher die Lakedaimonier mit den Leibesübungen ohne Kleider begannen, da stand es auch den damaligen Spöttern frei, über das alles ihre Witze zu machen. Oder meinst du nicht?

»Freilich.«

Nachdem aber, denke ich, die Erfahrung gezeigt hatte, daß es besser ist, sich auszuziehen als alles das zu verhüllen, da erschien es den Augen nicht mehr lächerlich, weil es durch gute Gründe als das Beste erwiesen war. Und damit war der Beweis da, daß der ein Tor ist, der etwas anderes für lächerlich hält als das Schlechte, oder der es lächerlich zu machen versucht, indem er einen anderen Anblick als lächerlich ansieht als den des Unvernünftigen und Schlechten, oder der andererseits nach dem Schönen strebt und sich dabei an einem anderen Gesichtspunkt orientiert als dem des Guten.

»Allerdings«, erwiderte er.

Die Leidenschaft des jungen Mannes für Pferderennen
Aristophanes, Die Wolken 1–125

Morgendämmerung. Straße in Athen mit den Häusern des Strepsiades und Sokrates. Vor dem Haus des Strepsiades der Vater und sein Sohn auf ihrem Nachtlager.

STREPSIADES *erwacht und gähnt:* I-uh! I-uh!
Allmächtiger Zeus, welch ewig lange Nächte!
Nein, zum Verzweifeln! – Will's denn gar nicht tagen?
Den Hahnenschrei hab ich doch längst gehört. –
Die Sklaven schnarchen. – Das gab's früher nicht!
Ein wahres Elend, der verdammte Krieg:
Man muß sich scheun sogar, die Kerls zu prügeln.
Und auch mein hoffnungsvoller Junker dort,
Der wacht die ganze Nacht nicht auf und farzt,
In Geißfelldecken fünffach eingewickelt! –
Meinthalb! – Ich deck mich zu und schnarche mit. –
Nach einer Pause: Ja, wenn ich schlafen könnte! – Au, das zwickt,
Das Zahlen, Rossefüttern, Schuldenmachen
Für dieses Früchtchen da! – Und er? – Mit langen
Gelockten Haaren reitet er und fährt
Und träumt von nichts als Rossen. – Ich verzweifle,
Sooft der Monat halb vorüber ist;
Da rückt der Zins heran. – *Einen Sklaven herausrufend:* He, Bursche, Licht!
Und bring das Hauptbuch! – Muß doch nachsehn, wem
Ich alles schuld' und was die Zinsen machen.
Der Sklave bringt Licht und Buch.
Laß sehn: was bin ich schuldig? – Pasias
Zwölf Pfund! – Dem Pasias zwölf? – Wofür? – Aha!
Der Goldfuchs, den ich kauft! – Ein Auge gäb ich
Darum, hätt ich gespart die goldnen Füchse!
PHEIDIPPIDES *im Schlafe:* Philon, das gilt nicht! Fahr auf deiner Bahn!
STREPSIADES: Da habt ihr's! Das ist grade mein Ruin!
Von nichts als Rossen spricht er selbst im Traum.

PHEIDIPPIDES *wie oben:* Wie viele Fahrten gilt's mit dem Gespann?
STREPSIADES: Mir gilt's! Mich, deinen Vater, jagst du rum!
Liest weiter im Buch:
Pasias! – »Was lastet sonst für Schuld auf mir?« –
Amynias für Rad und Sitz drei Minen.
PHEIDIPPIDES *wie oben:*
Fort mit dem Roß zur Schwemm, und dann nach Haus!
STREPSIADES *lauter:*
Mich schwemmst du weg von Haus und Hof, du Schlingel!
Der will sein Geld zurück, zehn andre drohn
Mich auszupfänden für die Zinsen –
PHEIDIPPIDES *erwachend:* Vater,
Was stöhnst und wälzst du dich die ganze Nacht?
STREPSIADES: Mich beißen hier im Bett – Gerichtsvollzieher.
PHEIDIPPIDES: Hör, Alter, laß mich noch ein wenig ruhn!
Schläft wieder ein.
STREPSIADES: Schlaf du nur zu; die ganze Schuldenlast,
Das sag ich dir, fällt doch auf deinen Kopf! –
Für sich: Verdammte Kupplerin, die mich beschwatzt,
Daß ich zum Weibe deine Mutter nahm!
Das schönste Leben hatt ich auf dem Lande:
Auf fauler Haut und recht im Speck und Dreck,
Behaglich unter Honig, Woll und Trestern!
Da nahm ich, Bauer, aus dem Haus Megakles
Megakles' Nichte, städtisch, üppig, stolz
Und flott, die eingefleischte Koisyra:
Als ich mit der das Hochzeitsbett bestieg,
Roch ich nach Hefe, Käs und schmutz'ger Wolle,
Sie nach Pomade, Schmink und Zungenküßchen,
Verschwendung, Schlemmerei und Aphrodite.
Faul war sie nicht, o nein, sie zettelte
Am Webstuhl, und ich zeigt ihr oft mein Wams
Und sprach verblümt: »Frau, du verzettelst viel!«
DER SKLAVE: In unsrer Lamp ist nicht ein Tropfen Öl!
STREPSIADES: Was brennst du denn auch die versoffne Ampel?
Komm her, ich will dir! *Schlägt nach ihm.*
SKLAVE: Aber, Herr, warum denn?
STREPSIADES: Was steckst du grad den dicksten Docht hinein?

Sklave ab. Strepsiades wieder für sich:
Danach, als uns dies Söhnchen ward beschert,
Will sagen, mir und meiner wackern Ehfrau,
Gleich zankten wir uns über seinen Namen:
Sie wollt ein »Hippos« dran, 'nen Ritternamen,
Philipp, Charipp, Xanthipp, Kallipides,
Ich, nach dem Großpapa: Pheidonides.
Wir stritten hin und her, bis wir zuletzt
Eins wurden, ihn Pheidippides zu nennen.
Sie nahm ihn auf den Arm und streichelt' ihn:
»Wenn du mal groß bist und im Purpurrock
Zur Stadt fährst wie Megakles –« – »Nein, wenn du
Im Schafpelz«, fiel ich ein, »vom Phelleuswald
Heim mit den Ziegen fährst, wie einst dein Vater –«
Was half's? Auf meine Lehren hört' er nicht
Und hat mir nun auch Hab und Gut verrösselt.
Da sinn ich nun die Nacht durch hin und her,
Und einen Ausweg hab ich jetzt gefunden,
Nein, göttlich, einzig! – Folgt er mir, bin ich
Gerettet! – Doch zuerst will ich ihn wecken;
Doch ja recht sanft! – laß sehn, wie mach ich das? –
Pheidippides! *Geht an sein Lager.* Pheidippideschen!
PHEIDIPPIDES: Vater?
STREPSIADES: Komm, küsse mich und gib mir deine Hand!
PHEIDIPPIDES *steht auf:* Da! Und was weiter?
STREPSIADES: Sag: hast du mich lieb?
PHEIDIPPIDES: Das weiß *Poseidon* dort, der Gott der Rosse!
STREPSIADES: Ich bitt dich, laß den Roßgott aus dem Spiel,
Der hat mich in das Herzeleid gebracht;
Nein, wenn du in der Tat mich zärtlich liebst,
Dann folge mir, mein Sohn!
PHEIDIPPIDES: Was soll ich denn?
STREPSIADES: Kehr um von Stund an, führ ein andres Leben,
Und geh und lerne, was ich dir empfehle.
PHEIDIPPIDES: Sag nur, was willst du?
STREPSIADES: Folgst du auch?
PHEIDIPPIDES: Ich folge,
Beim Dionys!

STREPSIADES: Komm her und sieh mal dort:
Siehst du das Pförtchen und das Häuschen da?
PHEIDIPPIDES: Ich seh es, Vater! Und was ist's damit?
STREPSIADES: Das ist die Denkerei gelehrter Seelen,
Da wohnen Männer, die beweisen dir:
Der Himmel sei ein mächt'ger Kohlenofen,
Der uns umgibt, und wir die Kohlen drin;
Die lehren dich fürs Geld die Kunst, mit Worten
Recht oder Unrecht siegreich zu verfechten.
PHEIDIPPIDES : Wer sind denn die?
STREPSIADES: Die Namen weiß ich nicht:
Doch Grübelspekulanten, Herrn von Stand.
PHEIDIPPIDES: Pah! Lumpen sind's, ich weiß; die Scharlatane,
Die blassen Barfüßler meinst du wohl, zum Beispiel
Den armen *Sokrates* und *Chairephon*!
STREPSIADES: He! He! So schwatze doch nicht wie ein Kind!
Und liegt dir was am Brotkorb deines Vaters,
Dann halte dich an sie und laß das Rösseln!
PHEIDIPPIDES; Nein, beim Dionys, und wenn du auch die schönsten
Wallachen des Leogoras mir schenktest!
STREPSIADES: Mein Liebstes auf der Welt! Geh hin, studiere
Mir dort!
PHEIDIPPIDES: Was soll ich denn für dich studieren?
STREPSIADES: Man sagt, daß sie zwei Künste dort besitzen,
Die Kunst der guten und der schlechten Sache.
Der Redner, der der schlechten sich bedient,
Gewinnt, so heißt's, auch wenn er unrecht hätte.
Wenn du die ungerechte Kunst mir lernst,
Dann kriegt kein Gläubiger von allem Geld,
Das ich für dich geborgt, 'nen roten Heller.
PHEIDIPPIDES: Das kann ich nicht: so käsegelb, wie die –
Wie könnt ich noch ins Aug den Rittern sehn?
STREPSIADES: Dann, bei *Demeter*, friß woanders du,
Du selbst, dein Rennpferd und dein Sattelgaul!
Ich jag dich aus dem Haus, verdammter Schlingel!
PHEIDIPPIDES: Was scher ich mich um dich? Mein Ohm Megakles
Läßt mich nicht ohne Roß: ich geh zu dem! *Ab.*

V. Ältere Erwachsene

Heirat, Ehe und Scheidung

Pessimistische Betrachtung über die Ehe
Antiphon, Über die Eintracht (frg. B 49 Diels-Kranz)

Wenn das Leben weiter vorrückt, verlangt es nach Ehe und Frau. Dieser Tag, diese Nacht ist der Anfang eines neuen Schicksals, eines neuen Loses. Denn ein großer Entscheidungskampf ist die Ehe für den Menschen. Wenn es sich nämlich ergibt, daß die Frau nichts taugt, wie soll man dann mit dem Mißgeschick fertig werden? Schwierig ist eine Scheidung: die Verwandten zu Feinden machen, gleich gesinnte, gleich empfindende Menschen, die man anerkannte und von denen man anerkannt wurde. Schwierig ist es aber auch, einen solchen Besitz zu behalten: man glaubte, Freuden zu erwerben, und trägt Schmerzen davon. Doch wir wollen nicht vom Widerwärtigen sprechen: reden wir über das Günstigste von allem! Was gibt es denn Erfreulicheres für den Menschen als eine Frau nach seinem Herzen? Was gibt es Süßeres, zumal für einen jungen Mann? Aber gerade dort, wo das Erfreuliche ist, ist auch das Schmerzliche nahe dabei. Denn die Freuden kommen nicht für sich allein, sondern Schmerzen und Mühen begleiten sie. Auch die Siege in Olympia und Delphi und solche Wettkämpfe, jedes Wissen und überhaupt alle Freuden pflegen ja nur aus viel Schmerzendem zu erstehen. Denn Ehren, Kampfpreise und Genüsse, die der Gott den Menschen gewährt, stellen ihn unter den Zwang von viel Mühe und Schweiß.

Ich jedenfalls könnte, wenn ich noch ein anderes solches Wesen hinzubekäme, wie ich selbst eines bin, wohl gar nicht mehr leben, wo ich mir selbst schon so viel Mühe mache um der Gesundheit des Leibes, um der Beschaffung des täglichen Lebensbedarfs, um der Geltung, des Wohlverhaltens, des Ansehens und des guten

Namens willen. Wie nun, wenn ich noch ein anderes solches Wesen hinzu bekäme, für das ich ebenso zu sorgen hätte?

Ist demnach nicht klar, daß eine Frau dem Mann, wenn sie nach seinem Herzen ist, nicht weniger Freuden bringt, aber auch nicht weniger Kümmernisse als er sich selbst, eben um der Gesundheit von nunmehr zwei Leibern, um des Erwerbs ihres Lebensbedarfs, um des Wohlverhaltens und des Ansehens willen?

Doch weiter: es sollen auch Kinder geboren werden. Voller Sorgen ist nun erst recht alles; es entschwindet der jugendliche Schwung aus dem Denken, und das Gesicht ist nicht mehr dasselbe.

Einwände eines Denkers gegen die Ehe
Theophrast bei Hieronymus, Adversus Iovinianum I 47

Es gibt ein goldenes Büchlein des Theophrast über die Ehe, in dem er untersucht, ob der Weise eine Frau nehmen soll. Dabei stellt er zwar zunächst fest: Wenn die Frau schön, gut geartet und von ehrbaren Eltern und er selbst gesund und reich wäre, so könnte zuweilen der Weise eine Ehe eingehen. Dann aber bemerkt er gleich: Dies alles fügt sich selten in einer Ehe vollständig zusammen – folglich soll der Weise nicht heiraten.

Mit einer Frau ist kein Auskommen

Vor allem nämlich würden die philosophischen Studien behindert; niemand könne den Büchern und der Frau gleichermaßen dienen. Es sei ja vieles für die Bedürfnisse der Ehefrauen erforderlich: kostbare Kleider, Goldschmuck, Edelsteine, täglicher Aufwand, Mägde, allerlei Geräte, Sänften, goldglänzende Wagen. Dazu hat man ganze Nächte lang die geschwätzigen Klagen: »Die kann sich besser gekleidet in der Öffentlichkeit zeigen!« – »Die wird von allen hoch angesehen; ich werde im Kreis der Frauen als ärmlich verachtet!« – »Warum hast du die Nachbarin angeschaut?« – »Was hast du mit der jungen Magd gesprochen?« – »Was hast du mir vom Markt mitgebracht?«

Keinen Freund können wir haben, keinen Gefährten: Sie argwöhnt, du könntest deine Liebe anderem zuwenden und ihr den Rücken kehren. Wenn der gescheiteste Lehrer in irgendeiner Stadt weilt, so können wir weder die Frau verlassen noch auch mit dieser Bürde hingehen.

Eine arme Frau zu ernähren ist schwierig, eine reiche zu ertragen eine Qual. Ferner gibt es bei der Frau kein Auswählen, sondern so, wie man sie bekommt, muß man sie behalten. Wenn sie jähzornig ist, einfältig, mißgestaltet, hochmütig, übelriechend, oder welchen Fehler sie sonst hat – erst nach der Hochzeit merken wir es. Ein Pferd, ein Esel, ein Rind, ein Hund und der geringste Sklave, auch Kleider und Gefäße, ein hölzerner Schemel, ein Becher, ein kleiner Tonkrug – das alles wird zuvor begutachtet und dann gekauft; nur die Frau wird nicht vorgezeigt, damit sie nicht schon mißfällt, bevor man sie geheiratet hat.

Immer muß man ihr Gesicht beachten und ihre Schönheit rühmen, damit sie, wenn man eine andere anschaut, nicht meint, daß sie einem nicht gefalle. Man muß sie ›Herrin‹ nennen, ihren Geburtstag feiern, beim Eid auf ihr Wohl schwören und wünschen, daß sie einen überlebe. Gebührend beachten muß man ihre Amme und das Kindermädchen, den aus dem Vaterhaus mitgebrachten Sklaven, den Pflegesohn, den schönen Begleiter, den Verwalter mit den gebrannten Locken und den zu langem und sicherem Genuß kastrierten Eunuchen – lauter Namen, unter denen sich Ehebrecher verbergen. Wen immer sie gern hat, den muß man wider Willen freundlich behandeln. Überläßt man ihr das ganze Haus zur Leitung, muß man selber dienen; behält man sich etwas vor zur eigenen Entscheidung, glaubt sie gleich, man habe kein Vertrauen zu ihr, und geht zu Haß und Zank über; und wenn du dich nicht schnell besinnst, dann bereitet sie dir auch noch Gift.

Alte Weiber, Goldschmiede, Wahrsager, Händler mit Edelsteinen und Seidenkleidern – wenn du diese Leute hereinläßt, ist es eine Gefahr für die Sittsamkeit, wenn du sie fernhältst, gilt es als ungerechter Argwohn. Doch was nützt überhaupt eine noch so sorgfältige Aufsicht, da eine schamlose Frau nicht bewacht werden kann, eine schamhafte nicht bewacht werden muß? Ein unzuverlässiger Wächter der Keuschheit ist nämlich der Zwang; und wirklich sittsam ist erst die Frau zu nennen, die sich vergehen könnte, wenn sie nur wollte. Eine schöne Frau findet rasch Liebhaber, eine häßliche neigt leicht zur Begehrlichkeit. Schwierig ist zu bewachen, was viele lieben; beschwerlich ist zu besitzen, was niemand zu haben für wert hält. Doch macht es immer noch weniger Kummer, eine mißgestaltete Frau bei sich zu haben, als eine schöne hüten zu müssen. Nichts ist sicher, worauf sich die Wünsche und Seufzer aller Leute richten. Der eine reizt sie durch seine Schönheit, der andere durch seinen Geist, der dritte durch seinen Witz und noch einer durch seine Großzügigkeit; auf irgendeine Weise wird am Ende erobert, was von allen Seiten bestürmt wird.

Widerlegung von Scheinargumenten: Wozu eine Frau?

Freilich kann man zur Verwaltung des Hauswesens und zur Ermunterung im Leiden und zur Flucht vor dem Alleinsein eine Frau heiraten.

Aber viel besser kann doch ein treuer Sklave die Verwaltung übernehmen, der dem Machtspruch des Herrn gehorcht und seine Anweisungen befolgt, als eine Frau, die sich um so mehr als Herrin gefällt, wenn sie etwas gegen den Willen des Mannes tut, das heißt: was ihr genehm ist, nicht was ihr aufgetragen ist.

Bei einem sitzen, wenn man krank ist, können eher Freunde und Dienerinnen, die durch Wohltaten verpflichtet sind, als sie, die uns die Schuld an ihren Tränen gibt, in der Hoffnung auf die Erbschaft schon ihren alten Kram verkauft und durch das ständige Gerede über ihre Sorgen den Leidenden innerlich vollends zur Verzweiflung bringt. Falls aber sie selbst leidend wird, muß man mit ihr krank sein und darf niemals von ihrem Bett weichen. Oder wenn es eine gute und angenehme Frau sein sollte – was freilich ein seltener Vogel ist –, dann stöhnen wir mit der Gebärenden und quälen uns mit ihr, wenn sie in Gefahr ist.

Schließlich: der Weise kann niemals einsam sein. Hat er doch um sich alle die Guten, die leben oder jemals gelebt haben. Seinen freien Geist versetzt er, wohin er will; was er körperlich nicht erreichen kann, das erfaßt er mit dem Denken. Und wenn es ihm an Menschen fehlen sollte, spricht er mit Gott. Nie wird er weniger allein sein, als wenn er einmal allein ist.

Ferner: der Kinder wegen eine Frau zu nehmen, daß unser Name nicht untergeht oder daß wir im Alter einen Schutz haben und mit bestimmten Erben rechnen können, ist das Allerdümmste.

Was macht es uns denn beim Abschied von dieser Welt schon aus, wenn mit unserem Namen nicht wieder ein anderer genannt wird, zumal ja der Sohn nicht sofort den Namen des Vaters übernimmt (sondern meist erst der Enkel) und es unzählige Menschen gibt, die den gleichen Namen tragen?

Oder was ist es für eine Hilfe im Alter, einen Sohn im Haus aufzuziehen, der entweder, wenn es das Schicksal will, schon vor dir wegstirbt oder die verkommensten Sitten hat oder jedenfalls, wenn er erwachsen wird, der Ansicht ist, daß du zu spät stirbst?

Erben aber hast du besser und sicherer in den Freunden und Verwandten, die du mit Bedacht auswählen kannst, als in denen, die du wohl oder übel hinnehmen mußt. Überhaupt ist deine Erbschaft sicherer, wenn du bei Lebzeiten dein Vermögen gut verbrauchst, als wenn du, was du mit eigener Mühe erworben hast, anderen zu ungewissem Gebrauch hinterläßt.

Brautwerbung und Hochzeit
Sappho, Brautwerbung und Hochzeit

»Ich möchte dir etwas sagen, aber mich hemmt
die Scham.«
»Trügst du Verlangen nach Gutem und Schönem,
rührte auch deine Zunge nicht Häßliches auf,
nun, dann würde nicht Scham die Augen dir fesseln,
nein, du sprächest über das Rechte.«

Gern zwar habe ich dich, doch such für dein Lager
eine Gefährtin, die jünger an Jahren;
mit dir zu leben vermag ich nicht, ich bin ja die ältere.

Wie sich der Süßapfel kräftig rötet da oben am Aste,
oben am obersten! Sicherlich ist er den Pflückern entgangen –

nein, er ist nicht entgangen: Sie konnten ihn gar nicht
erreichen – – –

Womit kann ich dich, lieber Bräutigam, treffend vergleichen?
Einem schlanken Schößling vergleiche ich dich am besten!

Glücklicher Bräutigam, ganz vollzogen wurde die Hochzeit,
wie du sie wünschtest; du hast das Mädchen, das du begehrtest.

Lieblich siehst du aus, und süße Augen besitzt du,
Braut, und Liebe ergießt sich über dein reizendes Antlitz.

Hebt das Dach empor,
Hymenaios,
hebt es, Zimmerleute!
Hymenaios.
Kommt der Bräutigam, *aresgleich,*
Hymenaios,
größer als ein großer Mann.
Hymenaios.

Sieben Ellen betragen des Türwächters Füße,
Leder lieferten für die Schuhe fünf Rinder,
und zehn Schuhmacher haben sie kunstreich geschaffen.

Hesperos, alles, was die leuchtende *Eos* zerstreute,
bringst du wieder, du bringst das Schaf,
bringst die Ziege und bringst – aus den Armen der Mutter
das Mädchen!

Wie in den Bergen die Hirten mit Füßen die Hyazinthe
niedertreten, am Boden die purpurn leuchtende Blüte
liegt – – – – – – – – – – – – – – – – – –

»Mädchentum, Mädchentum,
wohin gingst du, fort von mir?«

»Nie mehr komme, nie mehr komme
ich zurück zu dir.«

Reichtum bestimmt das Paar
Theognis

Widder und Esel und Pferde mit trefflichen Stammbäumen, *Kyrnos,*
sucht man, erstrebt auch zugleich gute Besamung für sie.
Aber ein schlechtes Weib von schlechter Abkunft zu freien,
schert nicht den adligen Mann, bringt sie ihm Reichtum ins Haus.
Auch verweigert kein Weib sich dem schlechten begüterten Gatten;
wenn er nur Reichtum besitzt, zieht sie dem Guten ihn vor.
Reichtümer achten sie hoch; der Adlige nimmt sich die Schlechte,
umgekehrt findet man's auch; Reichtum bestimmte das Paar.
Wundre dich folglich nicht, daß die Bürger stetig entarten,
Sohn des *Polypais*; es wird Gutes mit Schlechtem vermischt.

Freierwahl im Haus der Alkmeoniden
Herodot VI 126–130

Später, in der nächsten Generation, hob *Kleisthenes, der Tyrann von Sikyon*, das Haus hervor, so daß es unter den Hellenen noch viel namhafter wurde, als es vorher war. Kleisthenes nämlich, der Sohn des Aristonymos, des Sohnes des Myron, des Sohnes des Andreas, hatte eine Tochter, die hieß Agariste (die Allerbeste). Die wollte er dem zum Weibe geben, den er als den Besten herausfände unter allen Hellenen. Als man nun das olympische Fest feierte und Kleisthenes den Sieg mit dem Viergespann errang, ließ er dort durch einen Herold ausrufen: Wer von den Hellenen sich für würdig halte, Kleisthenes' Schwiegersohn zu werden, der solle auf den sechzigsten Tag oder auch schon früher nach Sikyon kommen; denn Kleisthenes habe die Entscheidung über die Ehe auf Jahresfrist festgesetzt, zu rechnen vom sechzigsten Tag ab heute. Da stellte sich, wer von den Hellenen überzeugt war von sich und seinem Geschlecht, in Sikyon als Freier ein. Für sie unterhielt Kleisthenes eine Laufbahn und einen Ringplatz, die er zu eben diesem Zweck angelegt hatte. Von Italien kam also Smindyrides, Hippokrates' Sohn, Bürger von *Sybaris*, der es als einzelner Mann zu dem äußersten Grad von Luxus gebracht hatte – Sybaris stand zu der Zeit in seiner höchsten Blüte –, und von *Siris* Damasos, Sohn des Amyris, den man den Weisen nannte. Die kamen von Italien, von der ionischen Bucht aber kam Amphimnestos, Epistrophos' Sohn, aus *Epidamnos*. Der also kam von der ionischen Bucht, von *Aitolien* aber kam des Titormos, des Mannes, der alle Hellenen an Kraft übertraf und sich vor den Menschen geflüchtet hatte in die äußerste Ecke des aitolischen Landes – dieses Titormos' Bruder Males. Aus der *Peloponnes* Pheidons, des Herrn der Argeier, Sohn Leokedes, jenes Pheidon, der für die Peloponnesier Maße und Gewichte festlegte und dann den größten Frevel beging von allen Hellenen, der die Kampfrichter der *Eleier* fortjagte und selber den Wettkampf in Olympia ordnete – dessen Sohn also und Amiantos, Lykurgos' Sohn, *Arkader* aus Trapezus, und ein Azane aus der Stadt Paios, Laphanes, Sohn jenes Euphorion, der, wie die Geschichte in Arkadien umgeht, die *Dioskuren* in seinem Haus aufgenommen hat und seitdem alle Welt gastlich bewirtete, und aus *Elis* Onomastos, Agaios' Sohn. Diese kamen also aus der Peloponnes selber. Von *Athen* aber kam Megakles, der Sohn jenes Alkmeon, der bei Kroisos war, und ein weiterer Athener Hippokleides, Teisandros' Sohn, dessen Reichtum und Schönheit in Athen auffielen. Von *Eretria*, das zu dieser Zeit in Blüte stand, Lysanias, er als einziger von *Euböa*. Und aus *Thessalien* kam vom Geschlecht der Skopaden Diaktorides aus Krannon, von den Molossern Alkon. Sie alle bewarben sich als Freier. Und als sie nun am festgesetzten Tag eingetroffen waren, fragte Kleisthenes zuerst nach ihrem Vaterland und eines jeden Geschlecht, dann aber behielt er sie ein Jahr lang bei sich und prüfte ihren Mannesmut und ihr Temperament, ihre Lebensart und ihr Benehmen und widmete sich dabei jedem für sich und auch allen miteinander. Und die jüngeren unter ihnen ließ er bei den Leibesübungen sich bewähren, und vor allem beobachtete er sie prüfend beim Mahl. Denn während der ganzen Zeit, die er sie dort hatte, widmete er sich ihnen und bewirtete sie aufs großzügigste. Und besonders gut gefielen ihm von den Freiern irgendwie die, die aus Athen gekommen waren, und von ihnen wiederum gab er den Vorzug Hippokleides, Teisandros' Sohn, wegen seiner männlich tüchtigen Art und auch weil er weiter zurückliegend mit den Kypseliden in *Korinth* verwandt war. Als nun der festgesetzte Tag der Hochzeitsfeier da war, an dem Kleisthenes aussprechen sollte, wen von ihnen allen er auswähle, opferte er hundert Rinder und bewirtete die Freier selber und alle Bürger von Sikyon. Und als man abgespeist hatte, maßen die Freier sich untereinander mit Vortrag von Musik und geselligem Reden. Im weiteren Verlauf des Trinkgelages fesselte vor allem Hippokleides die andern und forderte schließlich den Flötenbläser auf, ihm eine bestimmte Tanzweise zu spielen, und als der dann spielte, tanzte er. Und sich selber gefiel er wohl recht gut, wie er da tanzte, Kleisthenes aber, der zuschaute, sah das Ganze mit Mißtrauen. Dann aber verlangte Hippokleides, nachdem er eine Weile stillgehalten hatte, man solle ihm einen Tisch hereinbringen, und als der Tisch kam, tanzte er auf ihm zuerst lakonische Figuren, dann andere attische, als drittes aber machte er einen Kopfstand auf dem Tisch und schlenkerte mit den Beinen in der Luft. Kleisthenes aber empfand schon bei seinem ersten und zweiten Tanz einen Widerwillen dagegen, daß Hippokleides noch sein Schwiegersohn werden solle, seines Tanzes und seines Mangels an Anstand wegen, hielt aber an sich, denn er wünschte nicht, ausfallend zu werden gegen ihn. Als er aber sah, wie der mit den Beinen gestikulierte, konnte er nicht mehr an sich halten und sagte: »Sohn des Teisandros, du hast dich um die Braut getanzt.« Hippokleides aber blieb die Antwort nicht schuldig und sagte: »Das schert den Hippokleides nicht.« Von da leitet sich also diese Redensart her. Kleisthenes aber gebot Schweigen in der Runde und sprach wie folgt: »Ihr Herrn Bewerber um mein Kind, ich spreche euch allen meine Anerkennung aus, und wenn es ginge, täte ich euch allen den Gefallen und höbe mit der Wahl nicht einen von euch heraus und setzte so die übrigen zurück. Doch ist es nun einmal nicht möglich, wo ich nur für ein Mädchen zu sorgen habe, es allen recht zu machen. Jedem von euch, der bei dieser Hochzeit abgewiesen wird, gebe ich ein Talent Silber als Geschenk dafür, daß ihr Wert darauf gelegt habt, in meine Familie zu heiraten, und für eure lange Abwesenheit von zu Hause; dem Sohn des Alkmeon aber, Megakles, übergebe ich meine Tochter Agariste zur Frau nach den Gesetzen der Athener.« Megakles seinerseits erklärte, er nehme sie zur Frau, und so war für Kleisthenes die Ehe geschlossen.

Gesetze über Ehe, Haushalt, Kinderzeugung
Platon, Gesetze VI 772 d–776 b

In welcher Familie nun und bei welcher Gelegenheit auch immer jemand von den Fünfundzwanzigjährigen, indem er andere betrachtete und von ihnen betrachtet wurde, ein Wesen gefunden zu haben glaubt, das nach seinem Sinn und zum gemeinsamen Besitz und Erzeugen von Kindern geeignet ist: er soll in jedem Fall vor dem fünfunddreißigsten Lebensjahr heiraten; wie er aber das Geeignete und Passende zu suchen hat, das soll er zuerst hören; denn man muß, wie *Kleinias* sagt, jedem Gesetz eine angemessene Vorrede vorausschicken.

Kleinias: Sehr passend, Fremder, erinnerst du hieran und hast dafür in unserem Gespräch einen Zeitpunkt gewählt, der mir höchst angemessen scheint.

Der Athener: Gut gesprochen. »Lieber Sohn«, wollen wir also zu dem Sprößling guter Eltern sagen, »du mußt eine Ehe schließen, die bei den Verständigen Beifall findet; diese werden dir wohl raten, einer Ehe mit Armen nicht aus dem Wege zu gehen und einer Heirat mit Reichen nicht besonders nachzujagen, sondern, falls im übrigen Gleichheit besteht, immer die ärmlichere Partie vorzuziehen, wenn du eine Verbindung eingehst. Denn so wird es sowohl für den Staat als auch für die sich zusammenschließenden Haushalte das beste sein; denn das Gleichartige und Ebenmäßige ist für die Tugend unendlich förderlicher als das Maßlose. Ferner muß einer ein Schwiegersohn ruhiger Eltern zu werden suchen, wenn er sich bewußt ist, daß er sich allzu draufgängerisch und allzu rasch zu all seinen Handlungen hinreißen läßt; der entgegengesetzt Veranlagte muß dagegen auf eine entgegengesetzte Verbindung ausgehen. Und überhaupt soll für die Heirat nur ein Wort gelten: Jeder muß die Ehe eingehen, die dem Staat nützt, und nicht die, die ihm selbst am meisten behagt. Es fühlt sich aber irgendwie jedermann von Natur stets zu dem ihm Ähnlichsten hingezogen, wodurch der ganze Staat ungleichartig an Besitz und Charakteren wird; daraus pflegt gerade das, wovon wir wünschen, daß es uns nicht widerfährt, den meisten Staaten zu widerfahren.« Dies nun aber ausdrücklich durch ein Gesetz vorzuschreiben, daß ein Reicher nicht die Tochter eines Reichen und ein einflußreicher Mann nicht die Tochter eines anderen solchen Mannes heiraten darf, sowie die ungestümeren Naturen zu zwingen, sich an bedächtigere, und die bedächtigeren, sich an ungestümere durch die Gemeinschaft der Ehe anzuschließen, das würde, abgesehen davon, daß es lächerlich wäre, auch bei vielen Leuten Unmut erregen. Ist es doch nicht leicht zu begreifen, daß ein Staat nach Art eines Mischkrugs gemischt sein muß, worin der Wein, sobald er eingegossen ist, tobend aufbraust, wenn er aber von einem anderen, nüchternen Gott gezügelt wird, eine schöne Verbindung eingeht und ein gutes und maßvolles Getränk ergibt. Daß das aber auch bei der Vereinigung zur Erzeugung von Kindern geschieht, das vermag fast niemand einzusehen. Deshalb muß man es aufgeben, so etwas durch ein Gesetz zu verordnen, sondern soll einen jeden durch beschwörende Zauberworte dazu zu überreden suchen, auf die innere Ausgeglichenheit der Kinder untereinander mehr Wert zu legen als auf die Gleichheit der Eheverbindung, die doch nur unersättlich in ihrer Geldgier ist; und durch Beschimpfung muß man den, der bloß aufs Geld bei der Heirat bedacht ist, davon abzubringen suchen, nicht aber durch den Zwang eines geschriebenen Gesetzes.

Was also das Heiraten betrifft, so sei dies zur Aufmunterung gesagt und ebenso das, was schon vorher gesagt worden ist, daß man nämlich dadurch am ewigen Wesen festhalten soll, daß man Kindeskinder hinterläßt und so der Gottheit fortwährend neue Diener an eigener Statt übergibt. Das alles und noch mehr könnte also jemand über die Ehe sagen, wenn er eine angemessene Vorrede darüber vorausschicken will, daß man heiraten soll. Wenn aber jemand nicht freiwillig gehorcht, sondern sich absondert und sich von jeder Gemeinschaft im Staat fernhält und unverheiratet sein fünfunddreißigstes Lebensjahr erreicht, so soll er in jedem Jahr gestraft werden, und zwar der Angehörige der höchsten Vermögensklasse mit hundert *Drachmen*, der der zweiten mit siebzig, der der dritten mit sechzig und der der vierten mit dreißig Drachmen. Dieses Geld sei der *Hera* geweiht, und wer es nicht jedes Jahr entrichtet, der soll das Zehnfache schulden; eintreiben aber soll es der Schatzmeister der Göttin, und wenn er es nicht eintreibt, soll er es selber schulden, und bei den Rechenschaftsablegungen soll sich jeder darüber verantworten. An Geld also soll dies die Strafe für den sein, der nicht heiraten will; aber auch aller Ehre seitens der Jüngeren soll er verlustig gehen, und keiner der jungen Leute soll ihm freiwillig auch nur in irgendeinem Stück Gehorsam leisten. Wagt er es aber, einen zu züchtigen, so soll jeder dem Angegriffenen zu Hilfe kommen und ihn verteidigen; unterläßt der Dazukommende die Hilfeleistung, so soll er vom Gesetz für einen feigen und schlechten Bürger erklärt werden.

Über die Mitgift ist zwar schon früher gesprochen worden, aber es soll noch einmal gesagt sein, daß es gleichermaßen unwahrscheinlich ist, daß aus Mangel an Geld die Armen alt werden, ohne sich eine Frau zu nehmen oder die Tochter in die Ehe zu geben. Denn das Lebensnotwendige steht ja allen Bürgern dieses Staates zur Verfügung; bei den Frauen aber dürfte es so weniger Übermut und bei den Ehemännern weniger erniedrigende und entwürdigende Knechtschaft um des Geldes willen geben. Und wer dem Folge leistet, würde damit eine schöne Tat vollbringen; wer aber nicht gehorcht und zur Kleiderausstattung mehr gibt oder nimmt als den Wert von fünfzig Drachmen, der andere mehr als den von einer *Mine*, der nächste als den von anderthalb und der Angehörige der höchsten Vermögensklasse mehr als den Wert von zwei Minen, der soll die gleiche Summe der Staatskasse schulden; was er aber gegeben oder bekommen hat, sei der Hera und dem Zeus geweiht; eintreiben sollen es die Schatzmeister dieser beiden Gottheiten, wie ja schon anläßlich der Unverheirateten bemerkt worden ist, daß die Schatzmeister der Hera es jeweils beizutreiben oder die Buße aus eigenen Mitteln zu entrichten haben.

Gültig soll an erster Stelle die Verlobung durch den Vater sein, an zweiter durch den Großvater und an dritter durch die vom selben Vater abstammenden Brüder; ist aber auch von diesen keiner vorhanden, so soll die von mütterlicher Seite abgeschlossene Verlobung in derselben Reihenfolge gültig sein; sollte jedoch ein außergewöhnlicher Fall eintreten, dann sollen die nächsten Verwandten in Verbindung mit den Vormündern dazu berechtigt sein.

Was die Opfer vor der Hochzeit oder sonst eine diesbezügliche Zeremonie angeht, die vor, während oder nach der Hochzeit zu vollziehen ist, so soll jeder darüber die Ausleger befragen und überzeugt sein, daß er alles angemessen ausführt, wenn er ihnen folgt.

Was die Hochzeitsmähler betrifft, so soll man an Freunden und Freundinnen nicht mehr als fünf von jeder Seite einladen und an Verwandten und Angehörigen ebenso viele von jeder Seite. Der Aufwand darf aber bei keinem mehr betragen, als seinem Vermögen angemessen ist, bei dem Reichsten eine Mine, bei dem nächsten die Hälfte davon, bei dem folgenden immer so weiter im selben Verhältnis, wie die Schätzung eines jeden abnimmt. Und wer dem Gesetz gehorcht, den sollen alle preisen; den Ungehorsamen aber sollen die Gesetzeswächter bestrafen, weil ihm der Sinn für das Schöne abgeht und er in den Weisen der hochzeitlichen Musen nicht gebildet ist. Bis zur Berauschung zu trinken schickt sich auch sonst nicht außer bei den Festen des Gottes, der uns den Wein gegeben hat, und ist auch nicht ungefährlich, vor allem nicht für den, der seine Hochzeit ernst nimmt; denn hierbei müssen Braut und Bräutigam ganz besonders klar bei Sinnen sein, da sie an einem nicht unwichtigen Wendepunkt ihres Lebens stehen, und zugleich, damit das Kind, das gezeugt wird, stets von Eltern gezeugt wird, die möglichst klar bei Sinnen sind; ist es doch ziemlich ungewiß, welche Nacht oder welcher Tag diesem mit Gottes Hilfe das Leben geben wird. Außerdem darf das Kinderzeugen auch nicht erfolgen, wenn die Leiber vom Rausch aufgelöst sind, sondern wohlgefügt, unbeirrt und ruhig, wie es sich gehört, soll sich das neue Wesen bilden. Wer aber vom Wein durchtränkt ist, der taumelt selbst nach allen Seiten und bringt auch andere zum Taumeln, da er toll an Leib und Seele ist. Um Kinder zu zeugen, ist daher der Trunkene zu unbeholfen und schlecht geeignet, so daß er wohl aller Wahrscheinlichkeit nach mißratene und kein Vertrauen erweckende Wesen und keinen geraden Charakter oder Leib erzeugen wird. Darum soll man sich lieber das ganze Jahr und Leben hindurch, besonders aber während der ganzen Zeit des Kinderzeugens in acht nehmen und nichts willentlich tun, was ungesund ist oder Übermut und Ungerechtigkeit zur Folge hat – denn dies drückt und prägt man dann unvermeidlich in die Seelen und Leiber der Kinder ein und zeugt in jeder Hinsicht schlechtere Wesen –, vorzüglich aber muß man an jenem Tage und in jener Nacht sich alles Derartigen enthalten. Denn der unter den Menschen gegründete Anfang verleiht als ein Gott allem Bestand, wenn er die ihm gebührende Ehre von allen erhält, die sich seiner Hilfe bedienen.

Wer heiratet, soll von den beiden Wohnungen, die zu seinem Landlos gehören, die eine gleichsam als die Geburts- und Pflegestätte seiner jungen Brut betrachten; getrennt von Vater und Mutter soll er dort seine Ehe vollziehen, seinen Wohnsitz nehmen und für seine und der Kinder Ernährung sorgen. Denn wenn sich in die Freundschaft eine gewisse Sehnsucht mischt, verbindet und verknüpft diese alle Gemüter; ein Zusammensein bis zum Überdruß aber, dem die mit der Zeit entstehende Sehnsucht fehlt, bringt sie durch allzu große Übersättigung auseinander. Darum also müssen die Jungvermählten der Mutter und dem Vater und den Angehörigen der Frau ihre bisherigen Wohnungen überlassen; und als ob sie in eine Kolonie zögen, sollen sie dort selbst wohnen, indem sie jene besuchen und von ihnen besucht werden, und Kinder erzeugen und aufziehen und so wie eine Fackel das Leben vom einen zum andern weitergeben und stets den Göttern gemäß den Gesetzen dienen.

Wie sich Mann und Frau in der Ehe verhalten sollen
Pseudo-Aristoteles, Über Haushaltung in Familie und Staat III

Ein gutes Weib soll im Innern des Hauses walten und nach den Gesetzen über alles dort Vollmacht haben. Sie soll niemandem den Zutritt gestatten, wenn es der Mann nicht weiß, und sich besonders in acht nehmen vor dem Weibergeklatsch, das die Seele verdirbt. Was drinnen vorgeht, soll sie allein wissen, und wenn Gäste etwas Unrechtes tun, trägt der Mann die Schuld. Als Herrin über die Ausgaben und Aufwendungen für Festlichkeiten, soweit der Mann damit einverstanden ist, soll sie in Anschaffungen, Kleidung und Ausstattung noch hinter dem zurückbleiben, was die Gesetze ihres Staates festlegen, und immer bedenken, daß nicht die Sucht nach auffallendem Schnitt ihrer Kleider oder nach einer Masse Goldschmuck des Weibes Wert ausmacht, sondern Mäßigung in jedem Werk und das Streben nach einem ehrenwerten geregelten Leben. Denn solcher Schmuck ihrer Seele macht sie viel beneidenswerter und bringt ihr viel sicherer Ehre bis ins hohe Alter ein, ihr und ihren Töchtern. In diesen Dingen also muß das Weib selber sich zu einem geregelten Walten erziehen, da es einem Manne nicht ziemt, sich um die innern Angelegenheiten zu kümmern. In allem übrigen aber soll sie bestrebt sein, dem Manne zu folgen, soll nicht auf ihre Mitbürgerinnen hören und vor allem keine Heiratspläne betreiben; vielmehr soll sie, wenn die Zeit gekommen ist, Söhne oder Töchter aus dem Hause zu geben oder ins Haus aufzunehmen, dem Manne in allen Stücken sich unterwerfen, seine Pläne unterstützen und seinen Anordnungen gehorchen. Sie muß überzeugt sein, daß es weit weniger unschicklich ist, wenn der Mann im Innern seinen Willen durchsetzt, als wenn die Frau sich in die äußeren Angelegenheiten einmischt. Ein ordentliches Weib muß wissen, daß die Artung ihres Mannes ihrem Leben das Gesetz gibt, jene Artung, die ihr von Gott auferlegt ist, wenn sie erst durch die Ehe und das Schicksal verbunden sind. Und wenn sie sich geduldig und demütig darin schickt, wird sie leicht das Haus regieren, sonst aber nur sehr schwer. Daher soll sie nicht nur dann mit ihm eins sein und neben ihm ihren Dienst verrichten, wenn Reichtum und sonstige Ehre ihm zufällt, sondern auch bei widrigem Geschick. Und wenn den Mann ein Leiden trifft, sei es daß sein Körper krank oder sein Geist betört wird, so soll sie auch dann immer nur Gutes sagen und die Schicklichkeit wahren, anstatt etwas zu tun, was ihrer unwürdig ist, und soll, wenn der Mann in seinem Seelenzustande gegen sie fehlt, daran denken, sich über nichts so zu beklagen, als wenn jener selbst ihr dies antäte, sondern all dergleichen auf seine Krankheit, seine Betörung und die Schläge des Schicksals schieben. Je sorgsamer sie in solcher Lage sich benimmt, desto größeren Dank wird er ihr wissen, wenn er geheilt und von seiner Krankheit erlöst ist. Und wenn das Weib ihm in ungehörigen Dingen den Gehorsam versagt hatte, wird er es nach seiner Gesundung um so stärker (und dankbarer) empfinden. Hierin also muß sie vorsichtig sein, sonst aber ihm um so eifriger dienen, viel mehr, als wenn sie für das Haus gekauft wäre. Ja, sie ist sogar um den höchsten Preis gekauft, nämlich um die Gemeinschaft des Lebens und die Erzeugung der Nachkommen, das Größte und Göttlichste, was es gibt! Zudem wird ihr Ruhm nicht sonderlich groß sein, wenn sie mit einem reichen Manne recht gelebt hat. Freilich ist es nichts Kleines, das Glück anständig und aufrecht zu tragen, aber mit Recht bringt es noch viel mehr Ehre, im Unglück die Haltung zu bewahren. Denn in allen Kränkungen, Wirrnissen und Schmerzen dennoch nichts Häßliches sich zuschulden kommen zu lassen, beweist eine starke Seele. Das Weib mag wohl beten, daß dem Manne nichts Widriges widerfahre, aber wenn nun ein Unheil sie trifft, so muß sie darin die höchste Bewährung weiblicher Tugend sehen und bedenken, daß weder *Alkestis* solchen Ruhm erworben noch *Penelope* so viel Lob geerntet hätte, wenn sie mit glückhaften Männern gelebt hätten. So aber haben ihnen die Widrigkeiten des *Admetos* und *Odysseus* unsterblichen Ruhm gebracht. Da sie nämlich im Unglück ihren Männern treu und wert befunden wurden, sind sie nicht mit Unrecht von den Göttern geehrt worden. Denn Gefährten des Glücks findet man leicht, aber auch am Unglück teilnehmen wollen nur die besten Frauen. Aus all diesen Gründen soll sie nur um so mehr den Mann in Ehren halten und darf sich seiner nicht schämen, auch wenn, nach *Orpheus*,

> Heilige Scheu ihm nicht folgt noch Reichtum, der Sohn der Beherztheit.

Damit ist die Art von Gesetzen und Sitten umrissen, an die das Weib sich zu halten hat. Von ähnlichen Gedanken muß sich der Mann in seinem Verhalten leiten lassen, da sie ja als Gefährtin seiner Söhne und seines Lebens in sein Haus gekommen ist, um Söhne zu hinterlassen, die die Namen der Ahnen ihres Mannes und seiner selbst tragen sollen. Was gibt es wohl Heiligeres, und worauf müßte der Mann mehr bedacht sein, denn mit der besten und wertvollsten Frau Kinder zu zeugen als die besten Stützen des Alters, ehrerbietige Beschützer von Vater und Mutter und Erhalter des Hauses? Wenn sie richtig von Vater und Mutter erzogen sind in Ehrerbietung und Rechtlichkeit, dann werden sie ihnen ein Gut bedeuten, das sie sich gleichsam verdient haben, verdienen sie es sich aber nicht, dann werden sie eine Enttäuschung erleben. Denn wenn die Eltern nicht das Beispiel ihrer Lebensführung geben, werden die Kinder einen guten entschuldbaren Grund finden, es ihnen gleich zu tun, und die Furcht, von den Kindern verachtet zu werden, da sie selber nicht recht gelebt haben, wird sie bis zum Tode begleiten. Daher darf man zur Belehrung seines Weibes nichts unterlassen, damit beide Eltern gleichsam ebenbürtig die besten Kinder hinterlassen. Auch der Bauer ist ja immer eifrig bedacht, dem besten und am sorgfältigsten bearbeiteten Boden den Samen anzuvertrauen, weil er so auf besonders gute Frucht hoffen darf, und er ist bereit, um seine Verwüstung zu verhindern, gegen den Feind zu kämpfen und zu fallen, wenn es sein soll. Gerade dieser Tod bringt die höchste Ehre. Wenn aber solcher Eifer der Nahrung des Körpers gilt, daß man dafür sogar das Leben einsetzt, wie sollte man da nicht die höchste Sorgfalt auf die Mutter und Nährerin seiner Kinder wenden? Denn auf diesem Boden gewachsen, nimmt alles Sterbliche an der Ewigkeit teil, und alle Bitten und Gebete richten sich an die Götter der Ahnen. Wer dies daher mißachtet, verachtet auch die Götter. Bei den Göttern also, vor deren Angesicht er das Opfer gebracht und das Weib heimgeführt hat, ist er verpflichtet, nächst den Eltern seinem Weibe die meiste Ehre zu geben. Die höchste Ehre aber eines züchtigen Weibes ist die Gewißheit, daß der Mann ihr die Treue hält und keine andere Frau im Sinne hat, sondern immer weiß, daß die eigene vor allen andern seine beste und treueste Freundin ist. Um so mehr wird auch die Frau bemüht sein, dies wirklich zu werden: wenn sie erkennt, daß der Mann gegen sie treu, gerecht und liebenswürdig ist, wird sie auch ihm die rechte Treue halten. Ein kluger Mann muß daher genau wissen, was er den Eltern, was er der Frau und den Kindern schuldig ist, um jedem erweisen zu können, was ihm gebührt, und dadurch gerecht und fromm zu werden. Denn jeder fühlt sich gekränkt, dem man entzieht, worauf er Anspruch hat, und ist auch nicht gern bereit, dafür etwas anderes anzunehmen, und sei es noch so viel. Und auf nichts hat die Frau dem Manne gegenüber so sehr Anspruch, wie auf Ehrerbietung und treue Gemeinschaft. Daher darf ein Mann mit gesundem Verstand seine

Kraft nicht beliebig verschwenden noch in beliebigen Boden seinen Samen senken, damit er nicht aus entartetem und unebenbürtigem Geschlecht Kinder zeugt, die den ehelichen ähnlich sind, und somit seinem Weibe Unehre, seinen Kindern Schimpf antut.

Das aber sind die Stücke, in denen der Mann Rücksicht üben soll: Er soll sich seinem Weibe nähern mit Ehrerbietung, Mäßigung und Zurückhaltung, soll ihr ein Wort der Anerkennung gönnen, wenn sie etwas recht und ordentlich gemacht hat, soll Freundlichkeit und Vertrauen bezeigen und kleine, unabsichtliche Fehler übersehen. Hat sie aber aus Unkenntnis etwas versehen, so soll er sie ermahnen und nicht durch Rücksichtslosigkeit einschüchtern. Er soll weder gleichgültig noch streng sein. Das eine ist das Gefühl einer Dirne ihrem Buhlen gegenüber, das andere, mit Rücksicht und Achtung gepaarte Liebe und Furcht, die Einstellung des freien Weibes zum eigenen Manne. Denn es gibt zwei Arten von Furcht, die eine entspringt aus Rücksicht und Achtung, wie sie ehrerbietige Söhne gegen ihren Vater und ehrbare, ordentliche Bürger gegen eine gütige Obrigkeit empfinden, die andere aus Feindschaft und Haß, wie sie Sklaven gegen ihre Herren und Bürger gegen ungerechte und launenhafte Gewalthaber hegen. Von diesen muß er das bessere Teil erwählen, sich seine Gattin in Eintracht treu und ergeben machen, daß sie sich, einerlei, ob der Mann dabei ist oder nicht, stets ebenso verhält, als sei er zugegen, als Treuhänder gemeinsamer Angelegenheiten; und wenn der Mann fort ist, muß die Frau fühlen, daß niemand besser und rücksichtsvoller auf sie eingeht als ihr Mann. Dies wird sie dem Manne vor allem dadurch beweisen, daß sie immer das gemeinsame Wohl im Auge behält, auch wenn es ihr erst neu ist. Und wenn er sich selber vor allem beherrscht, wird er am besten ihr ganzes Leben beherrschen und sie ein Gleiches lehren. So muß sich auch nach *Homer* der Mann betragen, auch er preist nicht Freundschaft und Furcht ohne Achtung, sondern immer nur Liebe mit Rücksicht und Achtung, und Furcht so, wie es *Helena* zu *Priamos* ausspricht:

> Schwiegervater, vor Dir hab' ich Scheu und Ehrfurcht und Achtung. (Il. 3, 172).

Damit will sie nur sagen, daß sie ihn liebt mit Ehrerbietung und Achtung. Und dann wieder sagt *Odysseus* zu *Nausikaa* (Od. 6, 168):

Weib, ich bewundere Dich voller Scheu...

Denn Homer glaubt, daß Mann und Weib sich gegenseitig halten, weil er überzeugt ist, daß sie in solcher Gesinnung beide gut fahren. Denn niemand liebt oder bewundert je einen Schlechteren oder hat vor ihm ehrerbietige Scheu, sondern dies Gefühl haben nur die Besseren gegeneinander oder die gut Veranlagten, doch auch ein noch unwissender Mensch gegen einen ihm überlegenen. Diese Gesinnung hegte Odysseus gegen Penelope und ließ sich daher in seiner Abwesenheit nichts zuschulden kommen, *Agamemnon* jedoch versündigte sich *Chryseis* zuliebe an seinem Weibe, wenn er in der Versammlung von ihr, der Gefangenen, nicht Ebenbürtigen, ja Halbwilden, sagt, sie stehe in keinem Stück hinter den Tugenden der *Klytaimnestra* zurück (Il. I, 113). Er tat daher nicht wohl und recht daran, obwohl er von jener Kinder hatte, das Mädchen wie seine Gattin zu halten. Wie konnte es auch recht sein, da er sie mit Gewalt entführte, ohne noch zu wissen, wie sie gegen ihn gesonnen sei? Ganz anders Odysseus. Als des *Atlas* Tochter (*Kalypso*) ihn anflehte, bei ihr zu bleiben, und ihm die Unsterblichkeit versprach, wollte er doch nicht um diesen Preis die Zuneigung, Liebe und Treue seines Weibes verraten, weil er überzeugt war, es würde ihn die größte Strafe treffen, wenn er als schlechter Mensch die Unsterblichkeit sich erschleichen wolle. Auch *Kirke* war er nur zu Willen, um die Gefährten zu retten, ja er antwortete ihr, er kenne keinen schöneren Gedanken, als das Vaterland wiederzusehen, und wenn es noch so ärmlich sei, und ihm liege am Wiedersehen mit seiner sterblichen Frau und seinem Sohne mehr, als an seinem Leben. So sicher bewahrte er die Treue. Und dafür geschah ihm ein gleiches von seiner Gattin.

Man erkennt auch, wie der Dichter in der Unterhaltung des Odysseus mit Nausikaa die achtungsvolle Gemeinschaft von Mann und Weib preisen will. Sie betet nämlich zu den Göttern, sie möchten ihr einen Mann und ein Haus geben und schöne Eintracht mit ihrem Manne, nicht irgendeine, sondern eine schöne. Sie sagt nämlich, kein größeres Gut sei den Menschen beschieden, als wenn Mann und Weib, einträchtig in ihrem Wollen, das Haus regierten. Daraus ergibt sich wieder, daß der Dichter nicht eine Eintracht preist, die dem andern nur mindere Dienste leisten will, sondern eine solche, die mit Vernunft und Besonnenheit recht verbunden ist. Das nämlich bedeutet das Wollen, mit dem sie das Haus regieren. Und wenn es weiter heißt, eine solche Wahl werde den Feinden Ärger, den Freunden aber viel Freude bereiten, dann hört man, daß der Dichter die Wahrheit sagt. Denn wenn Mann und Frau sich im edelsten Streben einig sind, dann müssen auch ihre beiderseitigen Freunde sich vertragen, und sie müssen in ihrer Stärke den Feinden furchtbar, den Freunden nützlich sein. Sind sie sich dagegen uneinig, werden es auch ihre Freunde sein, und eine solche Schwäche werden sie selber am ehesten zu fühlen bekommen. Damit verkündet der Dichter, man solle einander in allem Schlechten und Unehrenhaften wehren, in allem Züchtigen und Rechten aber mit gemeinsamer Kraft helfen. Zu allererst müssen sie sich um ihre Eltern kümmern, der Mann um die seiner Frau nicht minder, als um die eigenen, die Frau ebenso um die des Mannes. Sodann müssen sie Kinder, Freunde, Vermögen und Haus als etwas Gemeinsames pflegen und miteinander wetteifern, möglichst viel Gutes zu stiften für ihre Gemeinschaft und an Güte und Rechtlichkeit den andern noch zu übertreffen, aber ohne Dünkel. Sie sollen gerecht walten in Nachgiebigkeit und Freundlichkeit, damit sie im Alter, wenn sie frei geworden sind von ihrem Amt und von der großen Sorge und von den Begehrlichkeiten und Wünschen der Jugendzeit, voreinander und vor den Kindern bestehen können in dem Wettstreit, wer von ihnen zum Wohle des Hauses den größten Beitrag geliefert hat, und sie sollen sofort wissen, ob etwas auf unglücklichen Zufall oder erprobte Tüchtigkeit zurückzuführen ist. Wer so gelebt hat, wird von den Göttern den größten Lohn ernten, wie *Pindar* sagt: »Einem jeden ist sein Leben lieb, und die Hoffnung regiert die vielfältigen Wünsche der Menschen, das zweitbeste aber ist es, von seinen Kindern glücklich bis ins Alter gepflegt zu werden.« Daher muß man im eigenen und öffentlichen Leben rechtlich denken, alle Götter und Menschen achten, besonders sein Weib, seine Kinder und seine Eltern.

Die wichtigsten Pflichten einer guten Familienmutter
Xenophon, Ökonomikus 7

Als ich ihn nun einmal in der Halle des *Zeus Eleutherios* sitzen sah, ging ich, weil er mir unbeschäftigt zu sein schien, zu ihm heran, setzte mich neben ihn und sagte: Warum, *Ischomachos*, sonst nicht gewohnt, dir Muße zu gönnen, sitzest du hier? Denn meistens sehe ich dich irgend etwas schaffen oder doch nicht ganz müßig sein auf dem Markte. – Auch jetzt, *Sokrates*, erwiderte Ischomachos, würdest du mich nicht so sehen, wenn ich mich nicht verabredet hätte, hier einige Gastfreunde zu erwarten. – Wenn du aber nicht irgend etwas der Art vorhast, fragte ich, wo, bei den Göttern! weilst du und was treibst du? Ich möchte nämlich zu gern von dir erfahren, wie in aller Welt du es anfängst, daß du ein schöner und guter Mann genannt wirst, da du dich doch zu Hause eben nicht aufhältst, auch die Haltung deines Körpers nicht danach aussieht. – Und Ischomachos, über die Frage, wie er es anfange, daß er ein schöner und guter Mann genannt werde, lachend und, wie mir schien, sich freuend, antwortete: Wahrlich, ob mir Leute, mit dir über mich redend, diesen Namen gegeben haben, weiß ich nicht. Denn wenn sie mich zum Austausch einer *Trierarchie* oder *Choregie* auffordern, da wenigstens fragt niemand nach dem »Schönen und Guten«, sondern man ladet mich, ganz deutlich mich Ischomachos nennend, mit meinem Vatersnamen vor. Übrigens halte ich mich in der Tat, wie du in deiner Frage andeutetest, Sokrates, niemals drinnen auf. Ist ja doch auch zur Verwaltung dessen, was es im Innern meines Hauses zu tun gibt, das Weib allein vollständig ausreichend. – Nun auch das, sprach ich, möchte ich zu gern von dir hören, Ischomachos, ob du dein Weib selbst zu einer Frau, wie sie sein muß, erzogen, oder ob du sie von ihrem Vater und ihrer Mutter so bekommen hast, daß sie bereits die in ihren Kreis fallenden Geschäfte zu besorgen verstand. – Und wie wohl, Sokrates, erwiderte jener, hätte ich sie als eine bereits Kundige empfangen sollen, da sie noch nicht fünfzehn Jahre alt zu mir kam, in der Zeit vorher aber unter einer Obhut lebte, der es nur darum zu tun war, daß sie so wenig als möglich sehen, so wenig als möglich hören, so wenig als möglich fragen möge? Du hältst es doch nicht etwa für genügend, wenn sie, als sie zu mir kam, nichts wußte, als aus

Wolle, die sie erhielt, ein Kleid zu verfertigen, und nichts gesehen hatte, als wie den Mägden ihre Wollarbeiten zugeteilt werden? Inzwischen war sie auch in dem, was mit den Bedürfnissen des Magens zusammenhängt, ganz gut erzogen, Sokrates; und das scheint mir doch ein sehr wichtiger Teil der Erziehung zu sein, sowohl für die Männer wie für die Weiber. – In allem übrigen aber, Ischomachos, fragte ich, hast du dein Weib selbst erzogen, so daß sie tüchtig ist, für das, was ihr zukommt, Sorge zu tragen? – Doch nicht eher, beim Zeus, sagte Ischomachos, als bis ich durch Opfer und Gebet erfleht hatte, wir möchten, ich lehrend und sie lernend, das für uns beide Heilsamste treffen. – So opferte und betete wohl, fragte ich, dein Weib um dasselbe mit dir? – Ja wohl, sagte Ischomachos, und sie hat sogar unter Anrufung der Götter viel gelobt, um eine Frau, wie sie sein muß, zu werden, und sie war offenbar bemüht, das, was ihr gelehrt wurde, nicht zu vernachlässigen. – Bei den Göttern! sprach ich, erzähle mir, Ischomachos, was war das Erste, worin du sie zu unterweisen begannst? Denn dieses möchte ich dich lieber erzählen hören, als wenn du mir von dem schönsten Wettkampf oder Pferderennen erzähltest. – Und Ischomachos antwortete: Was das Erste war, Sokrates? Als sie sich schon an mich gewöhnt hatte und insoweit ihre Scheu überwunden war, um mit ihr reden zu können, fragte ich sie etwa so: Sage mir, Frau, hast du wohl schon darüber nachgedacht, weshalb ich dich wohl genommen und deine Eltern dich mir gegeben haben? – Denn daß es nicht an anderen fehlte, mit denen wir hätten zusammenleben können, das, weiß ich, ist auch dir einleuchtend. Überlegend aber – ich in meinem und deine Eltern in deinem Interesse – an wem wir wohl den besten Gehilfen in Rücksicht auf Haus und Kinder bekommen möchten, habe ich dich, und deine Eltern, wie es scheint, aus den ihnen zu Gebote Stehenden mich auserkoren. Sollte uns nun ein Gott einst Kinder schenken, dann wollen wir ihretwegen miteinander zu Rate gehen, wie wir sie am besten erziehen können; denn auch das ist zu unserem gemeinsamen Heil, an ihnen möglichst treffliche Stützen und Pfleger im Alter zu bekommen. Schon jetzt aber ist uns ein gemeinsames Gut dieses Haus hier. Denn nicht nur ich stelle alles, was ich habe, zum Gemeinbesitz, sondern auch du hast, was du ins Haus gebracht, ohne Vorbehalt dem Gemeinvermögen einverleibt; und nicht *das* muß der Gegenstand unserer Rechnung sein, wer von uns beiden den der Zahl nach größeren Teil beigesteuert hat, sondern das müssen wir uns zum Bewußtsein bringen, daß, wer von uns beiden der bessere Verwalter des Gemeinguts ist, dieser den wertvolleren Teil dazu beisteuert. – Es antwortete mir hierauf, Sokrates, die Gattin: Was wohl vermöchte ich dir zum Erwerb beizutragen? Was steht überhaupt in meiner Macht? Vielmehr ist alles in deinen Händen, und meine Sache ist, wie mir die Mutter gesagt hat, nur die, klug und bescheiden zu sein. – Beim Zeus! Frau, erwiderte ich, ganz dasselbe hat mir auch mein Vater gesagt. Denn gerade die Sache der Klugen und Bescheidenen, gleichviel, ob sie Männer oder Weiber sind, ist es, so zu handeln, daß einerseits das, was bereits da ist, auf das beste erhalten, anderseits so viel als möglich Neues auf eine ehrenvolle und gerechte Weise hinzuerworben werde. – Und was weißt du, das ich tun könnte, fragte meine Frau, um zur Förderung des Hauswesens beizutragen? – Beim Zeus! erwiderte ich, wozu dir die Götter die Kräfte verliehen haben und was die Sitte gutheißt, das versuche so gut als möglich zu vollbringen. – Und was in aller Welt ist das? fragte sie. – Nach meiner Meinung, sprach ich, nicht die unbedeutendsten unter den Geschäften; es müßte denn auch die Königin im Bienenstock den unbedeutendsten Arbeiten vorgesetzt sein.

Mir scheint nämlich, liebe Frau – so ließ Sokrates den Ischomachos fortfahren –, daß die Götter jenes Paar, welches »Mann und Weib« genannt wird, mit weisester Überlegung zusammengefügt haben, damit es sich behufs des gemeinsamen Lebens so nützlich als möglich werde. Zuerst nämlich ist zu dem Zweck, daß die Arten der Geschöpfe nicht aussterben, dieses Paar darauf angelegt, miteinander Kinder zu zeugen; sodann erwächst aus dieser Verbindung, wenigstens für die Menschen, der Vorteil, Pfleger ihres Alters zu erhalten. Ferner lebt auch der Mensch nicht wie das Vieh unter freiem Himmel, sondern er bedarf offenbar eines Obdachs. Wollen aber die Menschen etwas haben, was sie unter Dach bringen können, so müssen sie Arbeiter besitzen, welche die Geschäfte im Freien verrichten. Denn die Bestellung des Brachfeldes, der Aussaat, das Pflanzen, wie auch das Weiden der Herden – alles das sind Arbeiten, die unter freiem Himmel verrichtet werden; durch sie aber gewinnt man den Lebensunterhalt. Anderseits aber bedarf man, wenn diese Dinge unter Dach und Fach gebracht sind, auch einer Kraft, die sie verwahrt und welche diejenigen Geschäfte besorgt, welche sich nur im Hause verrichten lassen. Zu diesen häuslichen Verrichtungen gehört aber zunächst die Erziehung der neugeborenen Kinder, sodann die Bereitung der Speisen aus den Früchten; endlich die Herstellung der Kleidung aus der Wolle. Da nun aber beide, die Geschäfte drinnen und die Geschäfte draußen, teils getan, teils geleitet sein wollen, so hat Gott von vornherein auch die Natur dafür eingerichtet, nämlich die des Weibes für die Arbeiten und Besorgungen drinnen, die des Mannes für die Arbeiten und Besorgungen draußen. Denn Kälte, Hitze, Märsche, Feldzüge besser zu ertragen, dazu hat er den Leib und die Seele des Mannes eingerichtet und demgemäß übertrug er ihm die Geschäfte draußen; sofern aber Gott dem Weibe einen für diese Arbeiten minder kräftigen Körper gegeben hat, scheint er ihm die Geschäfte im Innern aufgelegt zu haben. In dem Bewußtsein aber, daß er dem Weibe auch die Sorge für die neugeborenen Kinder eingepflanzt und angewiesen habe, flößte er ihm auch eine größere Liebe zu den jungen Geschöpfen als dem Manne ein. Und weil er dem Weibe auch die Bewachung der im Hause aufgespeicherten Vorräte anvertraut hatte, ließ die Gottheit, wohl erkennend, daß es einem Wächter keineswegs schadet, wenn er furchtsamen Gemütes ist, dem Weibe auch von der Furchtsamkeit einen größeren Teil als dem Mann zuteil werden. Wissend aber, daß es anderseits auch notwendig ist, sich zur Wehr zu setzen, wenn sich jemand gegen die außer dem Hause Schaffenden ein Unrecht erlaubt, so gab er umgekehrt dem Manne einen größeren Anteil an der Kühnheit. Weil aber beide sowohl geben wie empfangen müssen, gab er das Gedächtnis und die Sorgfalt beiden zu gleichen Teilen, so daß man nicht wohl zu entscheiden vermag, ob hierin das weibliche oder das männliche Geschlecht das reichere ist. Auch die Kraft, sich, wo es sein muß, zu beherrschen, flößte Gott beiden zu gleichen Teilen ein und machte es möglich, daß sich von diesem Gute derjenige, welcher von beiden der bessere ist, gleichviel ob der Mann oder das Weib, auch einen größeren Anteil erringe. Weil aber beider Natur nicht für alles gleich wohl befähigt ist, darum fühlen sie nacheinander ein um so größeres Bedürfnis, und ihre Vereinigung ist um so heilbringender für sie, weil, was der eine Teil entbehrt, der andere Teil gewährt.

Da wir nun wissen, liebe Frau, sprach ich, was einem jeden von uns beiden von der Gottheit auferlegt ist, so müssen wir versuchen, wie wir unsere beiderseitigen Obliegenheiten auf das beste erfüllen. Es billigt dies aber auch das Gesetz, indem es Mann und Weib ehelich verbindet. Und wie die Gottheit beide zu gemeinsamen Erziehern derselben Kinder bestimmte, so bestimmt das Gesetz beide zu gemeinsamen Verwaltern desselben Hauswesens. Das Gesetz bestätigt aber auch, daß es schön ist, wenn jeder von beiden in dem sich hervortut, was ihm von der Gottheit angeboren ist. Denn dem Weibe steht es schöner, drinnen zu bleiben als sich vor den Türen herumzutreiben, dem Manne dagegen ist drinnen zu bleiben schimpflicher als sich um die äußeren Angelegenheiten zu bekümmern. Wenn aber jemand gegen die Bestimmung der Gottheit handelt, dann bleibt er, falls er vielleicht irgend etwas versieht, den Göttern nicht verborgen und muß dafür, daß er seine eigenen Arbeiten vernachlässigt oder die des Weibes verrichtet, büßen. Es scheint mir aber auch die Königin der Bienen solche Geschäfte, wie sie von der Gottheit ihr aufgetragen sind, zu vollbringen. –

Und was für Geschäfte, fragte sie, hat die Königin der Bienen, welche mit den Geschäften, die ich besorgen muß, Ähnlichkeit haben? – Daß sie, versetzte ich, in dem Stocke bleibend, den Bienen nicht gestattet, träge zu sein, vielmehr die, welche draußen arbeiten müssen, zur Arbeit hinausschickt und genau weiß, was eine jede derselben in das Haus bringt, es in Empfang nimmt und aufbewahrt, bis es gebraucht werden muß. Ist aber die Stunde des Gebrauchs gekommen, dann teilt sie das einer jeden Gebührende aus. Aber auch über die Bereitung der Honigwaben im Inneren des Stockes führt sie die Aufsicht, daß sie schön und schnell hergestellt werden; auch sorgt sie für die junge Brut, daß sie großgezogen werde; wenn sie aber großgezogen ist und die jungen Bienen arbeitsfähig geworden sind, dann sendet sie dieselben mit einer Führerin der Nachkommenschaft aus, damit sie sich anderswo ansiedeln.

Und auch ich werde also, fragte meine Frau, dieses tun müssen? – Allerdings, versetzte ich, wird es dir ziemen, drinnen zu bleiben und diejenigen der Diener, welche ihre Arbeit draußen haben, hinauszuschicken; über diejenigen aber, welche drinnen arbeiten müssen, mußt du die Aufsicht führen, und das, was ins Haus geschafft wird, in Empfang nehmen. Was sodann hiervon verwendet werden muß, das hast du zu verteilen; was dagegen übrig bleiben soll, mußt du vorausberechnen und unter deine Obhut nehmen, damit nicht der für das Jahr aufgespeicherte Vorrat in einem Monat verbraucht werde. Und wenn die Wolle ins Haus geschafft wird, mußt du dafür Sorge tragen, daß alle, die deren bedürfen, Kleider erhalten. Auch mußt du dein Augenmerk darauf richten, daß die trockenen Früchte in gehöriger Weise fürs Essen zugerichtet werden. Eine von den dir zukommenden Sorgen, sagte ich, scheint dir vielleicht minder dankbar zu sein, die nämlich, daß du auch für die Verpflegung aller derer sorgen mußt, welche etwa vom Gesinde krank werden. – Beim Zeus! sagte meine Frau, das scheint mir im Gegenteil höchst dankbar zu sein, wenn anders die wohl Gepflegten es mit Dank erkennen und sich williger als vorher zeigen. – Und ich, sprach Ischomachos, über diese Antwort erfreut, sagte: Nun denn, liebe Frau, hängen nicht, weil auch die Königin im Bienenstocke solche Vorsorge übt, die Bienen dergestalt an ihr, daß, wenn jene den Stock verläßt, auch nicht eine derselben zurückbleiben zu dürfen glaubt, sondern alle ihr folgen? – Und die Frau antwortete mir: Es sollte mich wundern, wenn sich nicht die Arbeiten der Bienenkönigin mehr für dich als für mich eigneten. Denn meine Bewachung und Verteilung der Dinge im Innern des Hauses würde als eine lächerliche erscheinen, wenn nicht du dafür sorgtest, daß von außen etwas hereingebracht wird. – Anderseits, erwiderte ich, würde aber auch mein Hineinbringen lächerlich erscheinen, wenn niemand da wäre, der das Eingebrachte in Verwahrung nimmt. Siehst du nicht, wie die, von denen die Sage erzählt, daß sie in das durchlöcherte Faß Wasser schöpfen, beklagt werden, weil sie sich augenscheinlich umsonst abmühen? – Und mit Recht! sagte die Frau; denn sie sind in der Tat beklagenswert, wenn sie dies tun. –

Es gibt aber, liebe Frau, sagte ich, auch andere häusliche Sorgen, die dir angenehm sein werden, z. B. wenn du eine in der Wollspinnerei Unkundige zu einer Kundigen machst und dadurch erreichst, daß sie dir doppelt so viel wert ist; ebenso, wenn du eine Dienerin, die du als eine zur Verwaltung und Bedienung Ungeschickte empfangen, dann aber geschickt, treu und dienstwillig gemacht hast, um keinen Preis missen möchtest, oder wenn du die verständigen und für das Hauswesen nützlichen Diener belohnen, dagegen, wenn sich einer als schlecht erweisen sollte, diesen bestrafen kannst. Das Angenehmste von allem aber wird sein, wenn du dich auch mir überlegen zeigen, hierdurch auch mich zu deinem Diener machen und bewirken solltest, daß du nicht zu fürchten brauchst, mit dem vorrückenden Alter an Achtung im Hause zu verlieren, sondern überzeugt sein darfst, daß dir in demselben Maße, in welchem du mit vorrückendem Alter mir eine bessere Gefährtin und den Kindern eine bessere Hüterin des Hauses wirst, auch eine ehrenvollere Stellung im Hause zuteil werden wird. Denn das Schöne und Gute, so schloß ich, wird dem Menschen für die Lebensdauer nicht durch die jugendlichen Reize, sondern durch die Tugenden erhöht. So etwa, Sokrates, erinnere ich mich zuerst mit ihr gesprochen zu haben.

Frauentypen
Semonides, Die Frauentypen

Die Gottheit schuf von Anfang an die Sinnesart
der Frau auf ganz verschiedne Weise: Eine nach
dem Borstenschwein. Der liegt zu Hause alles mistig
und ohne Ordnung, treibt herum sich auf dem Boden.
Sie wäscht sich selber nicht, auch ihre Kleider nie,
und sitzt auf ihrem Haufen Dreck und mästet sich.

Die andre schuf der Gott nach dem durchtriebnen Fuchs.
Die weiß Bescheid in allem; nichts kann ihr entgehen,
nichts Böses und auch nichts von dem, was besser ist.
Oft nennt sie Gutes schlecht, oft auch das Schlechte gut;
von einem Tag zum andern wechselt sie die Launen.

Die dritte schuf er nach dem Hunde. Rührig, ganz
ihr Urbild, will sie alles hören, alles wissen,
sie schnüffelt und sie treibt sich überall umher
und kläfft, auch wenn sie keine Menschenseele sieht.
Kaum dürfte man durch Drohung sie zum Schweigen bringen,

auch nicht, wenn man vor Wut die Zähne ihr zerschlägt
mit Steinen, nicht einmal durch sanfte Schmeichelworte,
selbst dann nicht, wenn sie in dem Kreis der Gäste sitzt.
Man wird mit ihrem Mundwerk nie und nimmer fertig.

Die vierte schufen die *Olympier* aus Erde
und gaben sie dem Mann. Schwerfällig ist dies Weib,
kennt böse nicht und gut nach seiner Art und weiß
in *einer* Tätigkeit zu glänzen nur: im Essen.
Selbst wenn die Gottheit einen harten Winter schickt,
rückt sie, obwohl sie friert, den Stuhl nicht an das Feuer.

Die fünfte aus dem Meer. Die zeigt zwei Wesenszüge:
An einem Tage lächelt sie und ist vergnügt;
ein Gast, der sie im Haus erblickt, wird lobend sagen:
»Es gibt doch in der ganzen Welt kein andres Weib,
das besser wäre und gewinnender als sie!«
Doch ist schon anderntags ihr Anblick unausstehlich,
man darf ihr nicht zu nahe kommen, nein, dann wütet
sie furchtbar, wie zum Schutz der Jungen eine Hündin,
und zeigt sich barsch und herzlos allen gegenüber,
bei Feinden wie bei Freunden ohne Unterschied.
Wie zwar das Meer sich oft in tiefer Ruhe dehnt,
gefahrlos, Seeleuten zu ungetrübter Freude
im Lauf des Sommers, oft jedoch, wild rasend, auch
dahintobt, mit den aufgewühlten Wogen donnernd,
genauso zeigt sich diese Frau in ihrem Zorn.
Ihr Wesen, gleich dem Meer, birgt ganz verschiedne Seiten.

Die sechste aus dem schmutzig-grauen, sturen Esel.
Kaum können Zwang und Drohung sie bewegen, das
Gewünschte schließlich doch im ganzen auszuführen.
Inzwischen bleibt mit Essen sie beschäftigt, tags
wie nachts, sie schlingt in einem Winkel, schlingt am Herde.
Zugleich ist sie bereit, mit jedem Mann, der sie
besucht, sich auf ein Liebesspielchen einzulassen.

Die siebte, elend und abscheulich, aus dem Marder.
Ihr gehen Anmut völlig ab und Lieblichkeit,
sie bietet keine Freuden, ihr fehlt jeder Reiz.
Zwar treibt die Gier zu Beischlaf sie und Liebeswonnen,
doch flößt dem Mann sie, der ihr beiwohnt, Ekel ein.
Durch Lug und Trug fällt sie den Nachbarn bitter lästig,
verzehrt auch Fleisch oft, das sie nicht zum Opfer weihte.

Die achte stammt vom Pferd, dem schönen, stolz bemähnten.
Um Plackerei und Kummer sucht sie sich zu drücken,
setzt schwerlich eine Handmühle in Gang und schwingt
kein Sieb und schafft auch kaum den Unrat aus dem Haus,
nimmt kaum am Ofen Platz, aus Scheu vor Kohlenstaub.
Gezwungen nur erduldet sie des Gatten Liebe.
Sie wäscht sich täglich zwei-, ja dreimal ihren »Schmutz«
vom Leib und salbt sich ein mit duftgetränkten Ölen.
Die Haarpracht trägt sie üppig lang und stets gekämmt,
von frischen Blüten wird sie reizvoll überschattet.
Solch Weib gewährt zwar Fremden eine Augenweide,
erwächst jedoch für ihren Ehemann zur Plage –
sofern der nicht, ein Herrscher oder Zepterträger,
an einem Anblick dieser Art sich herzlich freut.

Die neunte stammt vom Affen. Zeus verhängte über
die Männerwelt mit ihr das weitaus größte Übel.
Ihr Angesicht ist häßlich; wenn solch Weib die Stadt
durchschreitet, lachen alle Leute über sie.
Mit Mühe nur kann sie den kurzen Hals bewegen;
ganz platt ist ihr Gesäß, die Glieder Haut und Knochen.
Wie arm der Mann, der solche Mißgestalt umfängt!
Sie zeigt sich listig und benimmt sich wie ein Affe,
und lacht man über sie, so macht es ihr nichts aus.
Kaum jemandem erweist sie Gutes, nein, sie schaut
auf eins nur, ist den ganzen Tag auf eins bedacht:
den andern möglichst schweren Schaden anzutun.

Die zehnte von der Biene. Wer sie heimgeführt,
ist glücklich; sie allein bleibt frei von jedem Makel.

Sie läßt des Lebens Güter blühen und gedeihen.
Geliebt und liebend altert sie mit ihrem Gatten
als Mutter stattlicher und ruhmbedeckter Kinder.
Weit ragt hervor sie aus dem Kreise aller Frauen,
und rings umfließt sie Anmut, das Geschenk der Götter.
Nur ungern nimmt sie Platz in einer Weiberrunde,
in der man von den Liebesfreuden sich erzählt.
Das sind die tüchtigsten und äußerst klugen Frauen,
die Zeus als hohes Glücksgeschenk den Männern gibt.

Die andern Frauen, nach dem bösen Plan des Zeus,
sie sind und bleiben bei den Männern als ein Unheil.
Hat Zeus doch als das höchste Übel sie geschaffen.
Und wenn sie auch, dem äußren Schein nach, Nutzen stiften –
sie bringen dem, der sie besitzt, nur größten Schaden.
Denn schwerlich kann ein Mann, mit einer Frau vereint,
den ganzen Tag hindurch sich Heiterkeit bewahren,
auch nicht sogleich den Hunger aus dem Hause treiben,
den Feind, der unterm Dach wohnt, den verhaßten Gott.
Und glaubt der Mann, im Haus zu größter Freude Grund
zu haben, sei ein Gott, sei auch ein Mensch der Spender:
sie findet Grund zum Tadeln, rüstet sich zum Kampf.
Wo nämlich eine Frau sich findet, kann man selbst
dem Gastfreund nicht von Herzen den Willkomm entbieten.
Und weckt ein Weib den Anschein höchster Sittsamkeit,
so kann sie grad dem schmählichsten Vergnügen frönen;
der Mann steht ahnungslos mit offnem Mund – die Nachbarn
ergötzt sein Anblick auch, indes die Gattin sündigt.
Wer daran denkt, wird seine eigne Gattin loben,
die Frau des anderen mit Tadel überhäufen:
Wir wissen nicht, daß wir in gleicher Lage sind!
Denn Zeus erschuf die Weiber als das größte Übel
und schlug damit den Mann in Bande, die nie reißen.
So raffte *Hades* einen Teil der Männer hin,
als sie sich, einem Weib zuliebe, wütend stritten,
– – – – – – – – – – – – – – – – – –

Frauen sind besser als Männer

Aristophanes, Die Weiber am Thesmophorenfest 785–800

An das Publikum richten wir jetzo das Wort und gedenken uns selber zu loben!
Zwar schimpfen jetzt all' auf das Frauengeschlecht und setzen es schmählich herunter:
Wir seien, so lügt man, der Fluch der Welt und der Urquell alles Verderbens!
Wir gebären nur Haß, Zank, Kummer und Not und Empörung und Krieg! – Nun wohlan denn!
Wenn ein Fluch wir sind, warum freit ihr uns denn, warum, wenn wir wirklich ein Fluch sind?
Was verbietet ihr uns auf die Straße zu gehn, ja, nur aus dem Fenster zu gucken?
Was bemüht ihr euch denn so mit ängstlichem Fleiß, zu hüten den Fluch und zu halten?
Und geht nun ein Weibchen mal irgendwohin, und ihr findet sie nicht in der Stube,
Dann tobt ihr wie rasend, anstatt euch zu freun und den Göttern zu opfern, daß endlich
Ihr entschwunden ihn seht aus dem Hause, den Fluch, und ihr nimmer ihn trefft in der Stube;
Und schläft man einmal in der Freundin Haus, wo man müd sich getanzt und gejubelt,
Da laufen sie denn um die Betten herum und suchen den Fluch zu erwischen. –
Kaum gucken wir einmal zum Fenster hinaus, will jeder den Fluch sich betrachten,
Und zieht man verschämt sich ein bißchen zurück, da gaffen sie nur noch verrückter,
Ob der Fluch nicht noch einmal am Fenster erscheint! – Und was sehn wir aus allem? – Viel besser
Sind *wir* als *ihr*!

Frauen sind das Allerunglücklichste
Euripides, Medea 230–251

Von allem, was auf Erden Geist und Leben hat,
Sind doch wir Frauen das Allerunglückseligste.
Mit Gaben ohne Ende müssen wir zuerst
Den Gatten uns erkaufen, ihn als unsern Herrn
Annehmen: dies ist schlimmer noch als jenes Leid.
Dann ist das größte Wagnis, ob er edel ist,
Ob böse: denn unrühmlich ist's dem Weibe, sich
Vom Mann zu trennen; auch darf es ihn nicht verschmähn.
Und freit in neue Sitten und Gesetze sie,
Muß sie wohl, weiß sie's nicht von Haus, Prophetin sein,
Zu wissen, welchem Lose sie entgegengeht.
Doch wenn wir dies nur glücklich uns vollendeten,
Und wenn der Gatte froh mit uns am Joche trägt,
Ist unser Los zu beneiden: anders sei es Tod!
Auch kann der Gatte, wenn daheim ihn Ärger quält,
Auswärts des Herzens Überdruß beschwichtigen:
Uns ist in eine Seele nur der Blick vergönnt.
Sie sagen wohl, wir lebten sicher vor Gefahr
Zu Hause, während sie bestehn der Speere Kampf,
Die Toren: lieber wollte ich dreimal ins Graun
Der Schlacht mich werfen, als gebären einmal nur.

Jede Frau ist ein Übel
Menander, frg. 581 K-Th.

Wir alle sollten's mit der Heirat – Retter Zeus! –
wie mit dem Einkauf halten: nicht, daß man nur prüft,
worauf's nicht ankommt – wer der Großvater des Mädchens
gewesen ist und wer die Großmutter –, jedoch
die Eigenart der künftigen Frau, mit der man dann
zusammen lebt, nicht prüft, nicht ansieht, sondern nur
die Mitgift auf die Bank trägt, daß ein Kenner schaue,
ob es auch gutes Geld ist, das man höchstens nur
fünf Monate lang behält, statt daß man sie, die uns

ein Leben lang im Hause sitzt, erst untersucht, nicht aufs Geratewohl sie nimmt, mag sie verstockt, jähzornig, unverträglich oder schwatzhaft sein. – Ich werde meine Tochter in der ganzen Stadt vorzeigen: Will sie einer haben, spreche er mit mir und habe acht darauf, was für ein Übel er nimmt! Zwangsläufig ist ja jede Frau ein Übel, und glücklich ist, wer das erträglichste erhält.

Die Kupplerin
Herondas, Die Kupplerin

Metriche, junge Frau
Threïssa, ihre Sklavin
Gyllis, Alte

METRICHE:
Threïssa, jemand klopft! Willst du nicht schauen,
ob einer unserer Leute kommt vom Dorf?
THREÏSSA:
Wer klopft da?
GYLLIS: Ich.
THREÏSSA: Wer ich? Genierst du dich
hereinzukommen?
GYLLIS: Na, ich komm ja schon.
THREÏSSA: Wer bist du?
GYLLIS: Gyllis, Mutter der Philainis.
Geh, sag Metriche drinnen, daß ich da bin.
THREÏSSA:
Da kommt die –
METRICHE: Wer denn?
THREÏSSA: Gyllis.
METRICHE: Meine Amme Gyllis!
Beweg dich, Mädchen! – Gyllis, was verschafft mir
das Glück, dich hier zu sehn? Du bist ja selten wie
ein Gott auf Erden. Träum ich nicht, so sind's
fünf Monate, seit du zum letzten Mal

dich hier gezeigt hast, Gyllis, bei den *Moiren*!

GYLLIS:

Ich wohne weit, mein Kind, und auf den Gassen
reicht mir der Schlamm hinauf bis zu den Knien.
Ich bin wie eine Fliege schwach. Das Alter zieht
zu Boden mich, sein Schatten ist mir nahe.

METRICHE:

Halt an, verleumde nicht dein Alter, Gyllis!
Du bringst noch immer Männer außer Atem.

GYLLIS:

Mach dich nur lustig! Das ist so der Jugend Art.

METRICHE:

Na, laß dich dadurch nicht in Rage bringen.

GYLLIS:

Nun sag mal, Kind, wie lange bist du schon
Strohwitwe, einsam und allein im Bett?
Seit Mandris nach Ägypten reiste, sind es
zehn Monate. Er schreibt dir nicht ein Wort,
hat dich vergessen, trinkt aus neuem Becher.
Ja, in Ägypten ist das Heim der Göttin,
dort gibt es alles, was man sich nur denkt,
Geld, Sport, Macht, Luxus, Ruhm, Theater, Philosophen,
Gold, junge Männer und das Heiligtum
der göttlichen Geschwister und den guten König,
Wein, das Museion, alles Schöne, was du willst,
und Frauen, bei Persephone, mehr als der Himmel
sich rühmen kann, an Sternen aufzuweisen,
und herrlich wie die Göttinnen (Pardon!), die einst
zu Paris um das Schönheitsurteil kamen.
Was mußt du Arme da empfinden, wenn
du hier den Sessel wärmst! Du alterst, ehe du
es merkst, und deine Schönheit wird zu Asche.
Komm du einmal auf andere Gedanken
für zwei, drei Tage und genieß dein Leben
mit einem andern. Ungesichert ist
ein Schiff mit *einem* Anker. Schau, vielleicht
ist Mandris schon gestorben. Niemand gibt
das Leben uns zurück. Ein Sturm bricht oft

aus heitrem Himmel los, und keiner weiß,
was kommen wird. Ja, unbeständig ist
der Menschen Leben. – Sag, es kann uns doch
nicht wer belauschen?

METRICHE: Niemand.

GYLLIS: Also höre,
was ich dir vorzuschlagen hergekommen bin:
Pataikions Tochter Mataline hat 'nen Sohn,
den Gryllos – fünfmal Sieger, erst in Pytho
als Knabe, zweimal in Korinth als Bursche,
als Mann im Boxen zweimal in Olympia,
schön reich, tut keiner Fliege was zuleid,
dem ist die Liebe noch ein Buch mit sieben
Siegeln;
als Gryllos dich beim Fest der Göttin sah,
da ging es ihm ins Herz, durch Mark und Bein.
Jetzt sitzt er Tag und Nacht bei mir im Haus,
mein Kind, und jammert mir was vor und gibt
mir keine Ruh, ja will vor Liebe sterben.
Metriche, Kindchen, mir zulieb, dies eine Mal,
ein kleiner Seitensprung, weih dich der Liebesgöttin,
damit das Alter dich nicht unversehns beschleicht.
Es lohnt sich doppelt: Machst dir einen guten Tag
und kriegst dafür noch mehr als du erwartest.
Komm, hör auf mich, ich bitt dich, bei den Moiren!

METRICHE:
Ach, Gyllis, graues Haar verwirrt den Sinn!
So wahr mir Mandris glücklich heimkehrt und
die liebe *Demeter* mir helfe, solche Worte
hätt ich von keiner andern Frau mir sagen lassen,
hätt sie für krumme Reden lahm davongeschickt,
daß sie sich nie mehr über meine Schwelle wagt.
Doch, meine Liebe, komm mir nicht noch einmal
mit solcher Botschaft her. Verkünde sie,
wie's alten Weibern ziemt, bei deinen jungen Frauen.
Metriche, Tochter eines Pytheas, laß nur
zu Hause sitzen. Keiner spottet über Mandris! –
Doch solcher Worte braucht's für Gyllis nicht.

Threïssa, wisch den großen Becher sauber
und gieß drei Sechstel Wein hinein, von Wasser
ein Tröpfchen nur, und laß sie trinken.

GYLLIS: Schönen Dank!

METRICHE:
Hier, Gyllis, trink!

GYLLIS: Zeig her! Ich kam ja nicht,
dich zu verleiten, sondern um des Festes willen.

METRICHE:
Darum bekamst du ja den Becher, Gyllis.

GYLLIS:
Von dem wünsch ich dir reiche Ernte, Kind.
Bei Demeter, süß ist er! Süßern Wein
trank Gyllis nie als diesen hier, Metriche.
Leb wohl, mein Kind, und halt dich weiter brav.
Mir aber mögen Myrtale und Sime
jung bleiben, solang Gyllis lebt und atmet.

Ein Ehevertrag aus dem 4. Jahrhundert
Papyrus

Im 7. Königsjahr *Alexanders*, des Sohnes des Alexander, im 14. *Satrapenjahr* des Ptolemäus im Monat *Dios*. Heiratsvertrag des Herakleides und der Demetria. Herakleides nimmt Demetria aus *Kos* zur rechtmäßigen Gattin von ihrem Vater Leptines aus Kos und ihrer Mutter Philotis, als freier Mann eine freie Frau, die Kleidung und Schmuck mitbringt im Wert von 1000 *Drachmen*. Herakleides aber soll Demetria alles bieten, was einem freien Weibe zukommt. Wir sollen dort zusammen wohnen, wo es Leptines und Herakleides in gemeinsamer Beratung am besten dünkt. Wenn aber Demetria bei irgendeiner böswilligen Handlung zur Schmach ihres Mannes Herakleides betroffen wird, dann soll sie alles, was sie mitgebracht hat, verlieren. Herakleides soll die Vorwürfe gegen Demetria vor drei Männern, die beide billigen, beweisen. Herakleides darf keine andere Frau der Demetria zur Schmach ins Haus führen und mit keinem anderen Weibe Kinder erzeugen; auch soll Herakleides unter keinerlei Ausflucht irgendeine böswillige

Handlung gegen Demetria unternehmen. Wird Herakleides bei solchem Tun betroffen, und führt Demetria vor drei Männern, die beide billigen, den Beweis, so soll Herakleides Demetria die Mitgift, die sie brachte, zurückgeben im Wert von 1000 Drachmen und dazu noch als Buße 1000 Drachmen Alexandergeld bezahlen. Die Vollstreckung soll wie auf Grund eines rechtskräftigen Urteils für Demetria und ihre Rechtsbeistände an Herakleides selbst und an allem, was Herakleides zu Wasser und zu Land besitzt, erfolgen. Dieser Vertrag soll überall unter allen Umständen gültig sein, als ob der Vertrag dort geschlossen wäre, wo ihn Herakleides gegen Demetria oder Demetria und ihre Rechtsbeistände gegen Herakleides geltend machen. Herakleides und Demetria sollen das Recht haben, selbständig ihre eigenen Verträge aufzubewahren und sie gegeneinander geltend zu machen. Zeugen sind Kleon aus Gela, Antikrates aus Temnos, Lysis aus Temnos, Dionysius aus Temnos, Aristomachus aus Kyrene und Aristodikus aus Kos.

Ehebruch

Aristophanes, Die Wolken 1066–1080

Anwalt der guten Sache: Der Thetis Hand erhielt allein durch seine Tugend Peleus.

Anwalt der schlechten Sache: Der Thetis, die im Stich ihn ließ, weil er sich schlecht gehalten
Im Bett und aufgelegt nicht war, die ganze Nacht zu schäkern!
Denn brav gedrillt sein will ein Weib: du bist ein alter Klepper!
Zu Pheidippides Du siehst, mein Junge, was du hast von Sittsamkeit und Tugend,
Wie viele Lebensfreuden du entbehren mußt: die Knaben,
Die Weiber, Schmaus und Becherspiel und Wein und Spaß und Lachen;
Und ohne diese Freuden, sag, was ist dann noch am Leben? –
So ist's! – Dann kommt der Triebe Macht, die die Natur uns schenkte –:
Du liebst – vergißt dich – und der Mann ertappt dich in flagranti –
Du bist verloren: denn dir fehlt die Suada! Sei *mein* Jünger,

Folg deinen Trieben, spring und lach und halte nichts für Sünde!
Und trifft der Mann bei seiner Frau dich an, dann haranguier' ihn:
Du seist dir keiner Schuld bewußt, er soll' an Zeus nur denken,
Der selbst der Lieb' und schönen Frau'n nicht widerstehen konnte:
Wie solltest du, der Sterbliche, mehr als der Gott vermögen?

Eheliche und außereheliche Liebe
Platon, Gesetze VIII 841 a–842 a

Der Athener: Die Kraft der Lust läßt sich ja weitgehend außer Übung setzen, wenn man ihren Zufluß und ihre Nahrung durch harte Anstrengungen in andere Teile des Körpers leitet. Das dürfte zu erreichen sein, wenn beim Liebesverkehr keine Schamlosigkeit waltet. Denn wenn sie ihn aus Schamgefühl nur selten vollziehen, dann werden sie wohl an ihm einen schwächeren Zwingherrn haben, eben weil sie ihn seltener vollziehen. So etwas also nur heimlich zu tun – nicht jedoch, es überhaupt nicht zu tun – soll bei ihnen als ein ehrbares Verhalten gelten, das durch die Gewohnheit zum festen Brauch geworden ist und durch die ungeschriebene Satzung Gesetzesgeltung erlangt hat, es aber nicht heimlich zu tun als schimpflich. Somit wäre dies als eine zweite Stufe der Schande und Ehrbarkeit in unserem Gesetz festgelegt, die eine Richtigkeit zweiten Ranges besitzt; und die in ihrem innersten Wesen verdorbenen Menschen, die wir sich selbst unterlegen nennen, würden dann, da sie nur eine Gattung darstellen, von drei andern Gattungen umschlossen und gezwungen werden, nicht gegen das Gesetz zu verstoßen.

Kleinias: Welches sind denn diese Gattungen?

Der Athener: Die gottesfürchtige und ehrliebende und die, die sich daran gewöhnt hat, ihr Verlangen nicht auf die Körper, sondern auf die schönen Wesenszüge der Seele zu richten. Was wir da vortragen, das sind möglicherweise wie im Märchen bloße Wünsche; wenn es aber verwirklicht würde, so könnte es in allen Staaten zum größten Segen werden. Aber vielleicht könnten wir, so Gott will, in Sachen der Liebe wenigstens eines von beiden erzwingen: entweder daß es niemand wagt, eine edle und freie Person mit Ausnahme der eigenen Ehefrau zu berühren und mit Kebsweibern eine ungeweihte und uneheliche oder mit Männern eine unfruchtbare Saat wider die Natur zu säen – oder daß wir wenigstens den Verkehr mit Männern ganz ausrotten, während wir hinsichtlich der Frauen denjenigen, der etwa einer andern beiwohnt als denen, die mit dem Willen der Götter und unter heiligen Hochzeitszeremonien in sein Haus eintreten, mögen jene andern gekauft oder auf sonst irgendeine Weise erworben sein, und der sich dabei nicht vor allen Männern und Frauen verborgen hält, durch ein Gesetz für ehrlos und von den Auszeichnungen im Staat ausgeschlossen erklären, womit wir wahrscheinlich ein richtiges Gesetz erlassen werden, da er ja in der Tat ein Fremder ist. Dieses Gesetz also, ob man es nun als eines oder als zwei zu bezeichnen hat, soll für den Geschlechtsverkehr und überhaupt für alle Liebesverhältnisse gelten, die wir infolge solcher Begierden miteinander in erlaubter und unerlaubter Weise eingehen.

Megillos: Nun Fremder, ich würde mir dieses Gesetz schon gerne gefallen lassen; Kleinias aber mag selbst erklären, was er darüber denkt.

Kleinias: Das soll geschehen, Megillos, wenn mir der rechte Zeitpunkt hierfür gekommen scheint. Jetzt jedoch wollen wir unseren Gastfreund noch weiter in seiner Gesetzgebung fortfahren lassen.

Megillos: Richtig.

Ehescheidung und Wiederverheiratung
Platon, Gesetze XI 929c–930b

Wenn ferner Mann und Frau infolge eines unglücklichen Charakters sich überhaupt nicht vertragen, so sollen sich zehn Männer mittleren Alters aus den Gesetzeswächtern solcher Fälle annehmen und ebenso zehn aus den für die Ehen zuständigen Frauen. Können diese eine Versöhnung zustande bringen, so sei diese rechtsgültig; sind aber die Gemüter der Eheleute zu heftig erregt, so sollen sie nach bestem Vermögen für beide Teile nach einem passenden Partner suchen. Daß aber solche Menschen nicht von sanfter Gemütsart sind, ist nur natürlich; darum muß man bedächtigere und sanftere Gemüter mit ihnen als Gatten zu verbinden suchen. Auch sollen diejenigen Eheleute, die bei ihrer Entzweiung noch keine oder nur wenige Kinder haben, allein schon um der *Erzeugung von* Kindern willen eine solche *neue* Verbindung eingehen; wenn sie aber schon genug Kinder besitzen, so sollen sie die Scheidung und die neue Verbindung um des gemeinsamen Alterns und der gegenseitigen Pflege willen vollziehen.

Verteidigungsrede wegen Ermordung des Ehebrechers
Lysias, 1. Rede

Ich wünschte sehr, ihr Herren, daß ihr als meine Richter in dem vorliegenden Falle ebenso handeln möchtet wie ihr wohl handeln würdet wenn euch für eure Person Derartiges widerführe. Denn ich weiß gewiß daß, wofern ihr in Sachen Anderer ebenso denket wie in eurer eigenen Sache, Keiner unter euch sein wird der nicht entrüstet ist über das Vorgefallene; daß vielmehr ihr Alle für Menschen die dergleichen verüben die gesetzlichen Strafen noch für gering erachten werdet. Auch wäre ja in diesem Falle dieß nicht blos eure, sondern die in ganz Griechenland geltende Ansicht. Denn für dieses Vergehen allein ist in aristokratisch wie in demokratisch regierten Staaten selbst den Schwächsten gegen die Mächtigsten dieselbe Rache in die Hand gegeben, so daß der Geringste dasselbe Recht findet wie der Vornehmste. So sehr, ihr Herren, halten alle Menschen dieß für den schwersten Frevel. Über das Maß der Strafe nun, denke ich, werdet ihr alle derselben Ansicht sein, und Keiner wird die Sache so leicht nehmen daß er glauben sollte, die welche sich solche Vergehungen haben zu Schulden kommen lassen müßten Verzeihung erhalten oder verdienten nur eine geringe Strafe. Ich glaube nun, ihr Herren, den Beweis dafür führen zu müssen daß Eratosthenes mit meiner Frau im Ehebruch lebte, und damit nicht blos sie verführt sondern auch meine Kinder beschimpft und an mir selbst gefrevelt hat, indem er in mein Haus sich eingedrängt; so wie daß weder zwischen mir und ihm außer diesem Anlaß irgend ein feindseliges Verhältniß stattgefunden hatte, noch ich des Geldes wegen so gehandelt habe, um aus arm reich zu werden, oder um eines andern Gewinnes willen als nur um die gesetzlich erlaubte Rache zu üben.

So will ich euch denn von Anfang an alle meine Verhältnisse, ohne etwas zu übergehen, ganz der Wahrheit gemäß darlegen. Denn darin sehe ich mein einziges Rettungsmittel, wenn ich im Stande sein werde den ganzen Sachverhalt und Hergang euch auseinanderzusetzen. Nachdem ich nämlich, ihr Herren, mich entschlossen hatte zu heirathen und eine Frau in mein Haus geführt, benahm ich mich gegen sie zuerst so daß ich ihr weder etwas zu Leide that noch auch ihr zu sehr freie Hand ließ zu thun was sie wollte, sondern sie, so viel als möglich bewachte und, wie es sich gebürte, mein Auge auf sie gerichtet hielt. Hierauf aber, seitdem ich ein Kind von ihr hatte da schenkte ich ihr auch alsbald mein Vertrauen und überließ ihr Alles was ich hatte, in der Überzeugung dieses sei das festeste Band der häuslichen Gemeinschaft. In der ersten Zeit nun, ihr Herren Athener, war sie die beste Frau von der Welt; war sie doch eine geschickte, sparsame und Alles pünktlich verwaltende Haushälterin. Als aber meine Mutter starb wurde deren Tod die Ursache all meines Unglücks. Denn bei der Beerdigung wurde meine Frau, die in dem Leichenzug gieng, von dem Menschen hier gesehen und bald darauf von ihm verführt. Er paßte nämlich unserer Magd, welche die Gänge auf den Markt machte, ab, redete sie an und bestach sie. Für's Erste nun, ihr Herren, – denn auch dieß muß ich euch auseinandersetzen – habe ich ein kleines zweistockiges Haus, dessen oberer Stock gleiche Einrichtung hat mit dem unteren, nach Frauen- und Männerwohnung abgetheilt. Als wir nun das Kind bekommen hatten, säugte es seine Mutter. Damit sie aber nicht, so oft sie baden sollte, mit Gefahr für die Gesundheit die Treppen hinabsteigen müßte, nahm ich meine Wohnung oben, die Weiber unten. So war es denn schon zur Gewohnheit geworden daß meine Frau öfter von mir weggieng, um unten zu schlafen bei dem Kind und ihm die Brust zu geben, damit es nicht schreie. Dieß geschah lange Zeit so, und ich faßte nie einen Argwohn, sondern war so einfältig zu glauben, meine Frau sei die sittsamste Frau in der ganzen Stadt. Im Laufe der Zeit aber, ihr Herren, war ich einmal unerwartet vom Felde gekommen, und nach dem Abendessen schrie das Kind und war übel aufgelegt, da es die Magd absichtlich zu diesem Zwecke geärgert hatte. Denn jener Mensch war im Hause; später nämlich erfuhr ich Alles. Da hieß ich die Frau hinabgehen und dem Kinde die Brust geben, damit es aufhöre zu weinen. Sie aber wollte zuerst nicht, vorgeblich weil sie sich freue mich nach langer Zeit zurückgekommen zu sehen. Als ich nun aber unwillig wurde und sie weggehen hieß, sagte sie: »Nicht wahr, damit du hier das Mädchen verführest? Auch früher schon hast du in der Trunkenheit sie herumgerissen.« Darüber lachte ich, sie aber stand auf und schloß beim Hinausgehen die Thüre zu, wie im Scherze, und zog den Schlüssel ab. Ohne an etwas dabei zu denken oder Argwohn zu fassen, gab ich mich süßem Schlafe hin, da ich vom Felde gekommen war. Gegen Tagesanbruch kam sie wieder und öffnete die Thüre. Auf meine Frage warum die Hausthüre in der Nacht geknarrt habe sagte sie, das Licht bei dem Kinde sei ausgegangen; da habe sie es bei den Nachbarn anzünden lassen. Ich schwieg und glaubte es verhalte sich damit so. Jedoch, ihr Herren, kam es mir vor als ob ihr Gesicht geschminkt wäre, obwohl noch nicht dreißig Tage seit dem Tode ihres Bruders verflossen waren. Trotzdem aber sagte ich nichts über die Sache, sondern gieng stillschweigend hinaus. Hierauf aber, ihr Herren, nach Verfluß einiger Zeit, während welcher ich von meinem Unglück entfernt keine Ahnung hegte, trat eine alte Magd zu mir, die von einer Frau abgesandt war mit der jener in unzüchtigem Verhältniß gestanden hatte, wie ich nachher erfuhr. Diese nun, erbittert darüber und sich dadurch gekränkt fühlend daß er nicht mehr ebenso wie früher zu ihr komme, hatte Acht gegeben, bis sie hinter den Grund davon gekommen war. Die Magd also, welche in der Nähe meines Hauses mich abgewartet hatte, trat zu mir heran und sagte: »Euphiletos, glaube ja nicht daß ich aus irgend welchem Vorwitz zu dir komme. Denn der Mann welcher an dir und deinem Weibe frevelt ist auch unser Feind. Wenn du nun deine Magd welche die Gänge auf den Markt macht und euch bei Tische aufwartet ergreifst und zur Folter ziehst wirst du Alles erfahren. Der Mann, fuhr sie fort, der so handelt ist Eratosthenes von *Oie*, der nicht allein deine Frau verführt hat, sondern noch viele andere; denn das ist sein Gewerbe.« Nach diesen Worten, ihr Herren, entfernte sie sich; ich aber gerieth alsbald in Unruhe. Jetzt kam mir Alles in den Sinn, und ich war voll Argwohns, indem ich einmal daran dachte wie ich in meinem Schlafgemach eingeschlossen wurde, sodann mich erinnerte daß in jener Nacht die innere Thüre und das äußere Thor geknarrt hatten, was sonst niemals vorgekommen war; so wie daß meine Frau mir geschminkt zu sein schien. Alles dieß kam mir in den Sinn und ich war voll Argwohnes. Nach Hause gekommen befahl ich der Magd mir auf den Markt zu folgen; führte sie aber zu einem meiner Bekannten und eröffnete ihr daß ich Alles was im Hause vorgefallen erfahren habe. »Du hast nun, sagte ich, zwischen Beidem die freie Wahl, ob du lieber gegeißelt und in die Mühle geworfen werden willst, ohne je wieder aus diesem qualvollen Zustand herauszukommen, oder den ganzen Sachverhalt angeben, wofür du straflos ausgehen und von mir Verzeihung für deine Verfehlungen erlangen sollst. Lüge aber nicht, sondern sage die volle Wahrheit.« Anfangs nun wollte sie leugnen, und sagte ich solle thun was ich wolle; denn sie wisse nichts. Als ich aber den Eratosthenes vor ihr nannte und sagte, er sei es der meine Frau besuche, erschrack sie, weil sie glaubte ich habe Alles genau in Erfahrung gebracht. Da nun fiel sie mir zu Füßen; und nachdem sie von mir das Versprechen nicht gestraft zu werden erhalten hatte, gab sie an, zuerst daß Jener nach dem Leichenbegängniß zu ihr hingetreten sei; sodann daß sie selbst zuletzt ihn bei ihr angemeldet habe, und diese nach einiger Zeit sich habe von ihm gewinnen lassen; ferner auf welche Weise seine Besuche bei ihr stattgefunden haben, und daß sie an den *Thesmophorien*, während ich auf dem Lande war, mit seiner Mutter in den Tempel gegangen sei. Auch alles Übrige was vorfiel erzählte sie mir genau. Nachdem nun von ihr Alles angegeben worden war, sagte ich: »Dieß darf aber kein Mensch erfahren; widrigenfalls nichts von dem zwischen uns Verabredeten seine Gültigkeit haben würde. Ich will nämlich daß du mir diese Angaben beim Ertappen auf der That selbst beweisest. Denn Worte brauche ich nicht, sondern thatsächlichen Beweis will ich haben, wenn es einmal sich so verhält.« Sie versprach dafür zu sorgen. Hierauf verstrichen vier bis fünf Tage ..., wofür ich schlagende Beweisgründe angeben werde. Zuerst aber will ich erzählen was am letzten Tage geschah. Sostratos ist von mir ein vertrauter Freund. Diesem begegnete ich nach Sonnenuntergang, wie er vom Felde kam. Da ich nun wußte daß er, wenn er um diese Tageszeit nach Hause komme, Niemand von den Seinigen antreffen würde, so forderte ich ihn auf mit mir zu essen. In mein Haus gekommen giengen wir in den obern Stock hinauf und speisten. Als er nun sich gesättigt gieng er weg und ich legte mich schlafen. Da nun, ihr Herren, kam Eratosthenes ins Haus, und die Magd weckte mich alsbald und meldete daß er im Hause sei. Ich sagte ihr, sie solle die Thüre bewachen, stieg in der Stille hinab, verließ das Haus, gieng zu diesem und jenem und traf die Einen zu Hause an, Andere waren nicht daheim. Ich nahm nun so Viele als möglich von denen die da waren mit mir und machte mich auf den Weg. Wir nahmen Fackeln aus dem nächsten Kramladen und traten ins Haus, wo die Thüre geöffnet und von der Magd bewacht war. Die Thüre des Schlafgemachs aber stießen wir ein, und diejenigen von uns die zuerst eintraten sahen ihn noch bei der Frau liegen, die später Eintretenden im Hemde auf dem Bette stehen. Mit einem Schlage, ihr Herren, streckte ich ihn zu Boden, zog ihm die Hände auf den Rücken, band sie und fragte ihn wie er dazu komme mein Haus zu betreten und so zu freveln. Er gestand sein Unrecht ein und bat mich flehentlich ihn nicht zu tödten, sondern Geld von ihm anzunehmen. Darauf sagte ich: »Nicht ich werde dich tödten, sondern das Gesetz unserer Stadt, das du übertreten und deiner Wollust hintangesetzt hast, indem du dich unterstanden gegen mein Weib und meine Kinder solchen Frevel zu begehen, statt den Gesetzen zu gehorchen und in der Zucht zu leben.« So nun, ihr Herren, hat er die von den Gesetzen über solche Frevler verhängte Strafe erlitten; und nicht ist er von der Straße hereingeschleppt worden, noch an den Herd geflohen, wie diese da behaupten. Wie wäre dieß auch möglich gewesen, da er in dem Schlafgemach geschlagen auf der Stelle niederstürzte, da ich ihm die Hände zurückband und im Zimmer so viele Menschen waren, durch die er nicht hätte hindurchkommen können, er der keine Waffe von Eisen oder Holz oder sonst etwas hatte womit er der Eingetretenen sich hätte erwehren können? Und auch ihr, ihr Herren, wißt ja wohl daß diejenigen welche Unrechtes thun nie zugestehen daß die Gegner Wahres reden, sondern durch ersonnene Lügen und dergleichen unredliche Mittel in den Zuhörern Erbitterung gegen die welche das Recht auf ihrer Seite haben zu erregen suchen. Zuerst nun lies das Gesetz vor.

Gesetz.

Er zog, ihr Männer, nicht in Abrede, sondern gab zu daß er im Unrecht sei, und nur ihn nicht mit dem Tode zu bestrafen bat er flehentlich, und wollte sich dagegen zu einer Geldbuße verstehen. Ich aber stimmte seinem Strafansatz nicht zu, sondern legte dem Gesetze der Stadt höhere Geltung bei, und vollzog an ihm die Strafe welche ihr, weil ihr sie für die gerechteste hieltet, für die welche Solches verüben festgesetzt habt. Tretet auf, die ihr dafür Zeugen seid!

Zeugen.

Lies mir auch das Gesetz auf der Säule des *Areopag* vor.

Gesetz.

Ihr habt gehört, ihr Herren, daß durch den Gerichtshof des *Areopag* selbst, dem von Alters her bis auf unsere Zeit zusteht die Blutgerichtsbarkeit zu üben, ausdrücklich ausgesprochen ist, derjenige sei nicht des Mords für schuldig zu erklären der an einem bei seiner Frau ertappten Ehebrecher diese Rache genommen habe. Und so entschieden hat der Gesetzgeber dieß bei verheiratheten Frauen für gerecht gehalten daß er auch bei Kebsweibern, die doch geringer geachtet sind, dieselbe Strafe hinzufügte. Ist so doch klar daß, wenn er eine härtere Strafe als diese gehabt hätte, er sie bei Ehefrauen angewandt haben würde. Da er nun aber eine noch schärfere Strafe bei diesen nicht ausfindig machen konnte, so wollte er daß dieselbe auch bei Kebsweibern angewandt werde. Lies mir auch dieses Gesetz vor.

Gesetz.

Ihr habt gehört, ihr Herren, daß das Gesetz ausspricht, wenn einer einen freien Mann oder Knaben mit Gewalt schände, so solle er zu doppeltem Schadenersatz verurteilt werden; wenn einer eine Ehefrau schände, bei welchen man das Recht hat den Verführer zu tödten, so solle ihn dieselbe Strafe treffen. So war also, ihr Herren, der Gesetzgeber der Ansicht, die welche Gewalt gebrauchen verdienen eine geringere Strafe als die welche Ueberredungskunst anwenden. Denn gegen diese erkannte er den Tod, für jene aber setzte er nur doppelten Schadenersatz fest, indem er der Ansicht war, die welche mit Gewalt es durchsetzen werden von denen welchen Gewalt angethan wird gehaßt; die aber welche Ueberredungskunst anwenden verderben so sehr die Herzen der Verführten daß die fremden Weiber ihnen mehr angehören als ihren Männern, und daß das ganze Haus in ihre Gewalt komme, und man nicht wisse von welchem von Beiden die Kinder sind, vom Ehemanne oder dem Buhlen. Dafür nun hat der Gesetzgeber diesen den Tod als Strafe zuerkannt. Mich also, ihr Herren, haben die Gesetze nicht blos von aller Schuld freigesprochen, sondern haben mir sogar die Pflicht auferlegt diese Strafe zu vollziehen. Von euch aber hängt es ab ob jene Geltung haben oder kraftlos sein sollen. Meiner Ansicht nach nämlich stellen alle Staaten dazu ihre Gesetze auf damit wir in Fällen über die wir in Zweifel sind an sie uns wenden und sehen was wir zu thun haben. Nun fordern für derartige Fälle bestehende Gesetze die Gekränkten auf solche Genugthuung zu nehmen. Ich darf erwarten daß ihr mit ihnen übereinstimmt; wo nicht, so würdet ihr die Ehebrecher durch Nichtbestrafung so sicher machen daß ihr auch Diebe dadurch bestimmen würdet sich für Ehebrecher auszugeben, wenn sie wüßten daß, wenn sie sich dieses Vergehens für schuldig erklärten und vorgäben sie seien für diesen Zweck in fremde Häuser eingedrungen, Niemand ihnen etwas anhaben würde. Denn alle würden dann wissen daß man um die Gesetze gegen Ehebruch sich nichts zu bekümmern brauche, sondern lediglich euren Urteilsspruch zu fürchten habe. Denn diesem kommt die letzte Entscheidung über Alles in der Stadt zu.

Erwäget nun auch Folgendes, ihr Herren. Ich werde nämlich beschuldigt der Magd an jenem Tage den Befehl gegeben zu haben den jungen Mann zu holen. Nun würde ich allerdings, ihr Herren, im Rechte zu sein glauben, wenn ich den Verführer meines Weibs durch jedes Mittel in meine Gewalt zu bringen gesucht haben würde. Wenn ich freilich so lange das Verhältniß bei blosen Worten verblieben, noch nicht zur That fortgeschritten war, ihn hätte holen lassen, würde ich im Unrechte sein. Wenn ich aber, nachdem schon alles geschehen und er schon oft in mein Haus eingedrungen war, nun seiner auf irgend welche Weise habhaft zu werden gesucht hätte, würde ich vernünftig gehandelt zu haben glauben. Nun seht aber daß auch dieß fälschlich behauptet wird. Ihr könnt es leicht aus Folgendem abnehmen: Wie ich schon früher sagte, begegnete mir um Sonnenuntergang vom Felde herkommend mein Freund und Vertrauter Sostratos, speiste mit mir zu Nacht, und als er gesättigt war entfernte er sich. Wenn ich nun aber in jener Nacht dem Eratosthenes hätte nachstellen wollen, so bedenket doch zuerst, ihr Herren, ob es dann nicht klüger gewesen wäre selbst irgendwo anders zu speisen, statt noch einen Gast mitzubringen. Denn auf diese Weise hätte jener ja weniger gewagt mein Haus zu betreten. Und weiter, glaubt ihr daß ich dann meinen Tischgenossen fortgelassen hätte, um allein und einsam zurückzubleiben, und nicht vielmehr ihn aufgefordert hätte zu bleiben, um mir bei der Bestrafung des Ehebrechers beizustehen. Ueberdieß, ihr Herren, glaubt ihr nicht daß ich dann vielmehr noch bei Tage meine Bekannte davon in Kenntniß gesetzt und sie aufgefordert hätte sich in dem Hause eines der am nächsten wohnenden Freunde zusammenzufinden, statt erst unmittelbar nachdem ich es erfahren bei Nacht umherzulaufen, ohne zu wissen wen ich zu Hause treffen, wer ausgegangen sein würde? So aber ging ich zu Harmodios und zu diesem und jenem, die gar nicht in der Stadt waren – ich wußte es ja nicht –; Andere traf ich außerhalb des Hauses, nahm mit so viele ich konnte, und gieng meines Wegs. Hätte ich es aber voraus gewußt, glaubt ihr nicht, ich würde Diener aufgeboten und es den Freunden haben melden lassen, um sowohl selbst möglichst gesichert eintreten zu können (denn wie konnte ich wissen ob nicht auch er eine Waffe bei sich habe?), als auch mit recht vielen Zeugen die Bestrafung vorzunehmen? So aber, da ich nichts geahnt hatte von dem was in jener Nacht mir bevorstand, nahm ich nur so Viele als ich gerade traf mit. Ihr Zeugen hiefür, tretet vor.

Zeugen.

Ihr habt die Zeugen gehört, ihr Herren. Geht nun noch mit euch selbst über diesen Fall zu Rathe, und forschet nach ob zwischen mir und Eratosthenes, abgesehen von dem Vorliegenden, je etwas Feindseliges stattgefunden hat. Ihr werdet nichts finden. Weder hat er mich mit verleumderischen öffentlichen Klagen verfolgt, noch hat er mich aus der Stadt zu vertreiben gesucht, noch Prozesse in Privatsachen mit mir geführt, noch wußte er von mir etwas

Schlechtes, dessen Bekanntwerden dich hätte fürchten und daher wünschen müssen ihn zu tödten, noch auch konnte ich hoffen durch Verübung dieser That Geld zu gewinnen; denn Manche bedrohen das Leben Anderer um solcher Gründe willen. So wenig also hat zwischen uns eine Schmähung, Beschimpfung oder Mißhandlung oder sonst eine Verfeindung stattgefunden daß ich den Menschen, außer in jener Nacht, gar nie jemals gesehen habe. Welches Interesse hätte ich nun haben können mich einer solchen Gefahr auszusetzen, wenn mir nicht von ihm die größte Kränkung widerfahren wäre? Ueberdieß hätte ich denn selbst Zeugen meines Frevels herbeigerufen, während es mir freistand, wenn ich verbrecherischer Weise ihn hätte umbringen wollen, Niemand in Mitwissenschaft zu ziehen?

So glaube ich nun, ihr Herren, damit nicht persönliche Rache für mich selbst ausgeübt, sondern im Namen des ganzen Staats gehandelt zu haben. Denn diejenigen welche mit Dergleichen umgehen werden, wenn sie sehen was für ein Lohn für solcherlei Vergehen ausgesetzt ist, weniger gegen Andere sich verfehlen, sobald sie sich überzeugen daß auch ihr ebenso urteilt. Andernfalls wäre es weit besser die bestehenden Gesetze aufzuheben und andere aufzustellen, welche diejenigen die ihre Weiber bewachen mit gehörigen Strafen bedrohen, denjenigen dagegen welche sie verführen wollen volle Sicherheit angedeihen lassen. Denn dieß wäre weit gerechter als daß den Bürgern von den Gesetzen eine Falle gelegt würde, indem diese ihnen zwar das Recht gäben mit dem ertappten Ehebrecher zu verfahren wie sie wollen, dagegen die Processe gefährlicher für den Beleidigten wären als für die welche gesetzwidrig fremde Frauen schänden. Denn so steht bei mir jetzt Leben, Vermögen und alles Andere auf dem Spiele, nur deswegen weil ich die öffentlichen Gesetze befolgt habe.

Wahre und alltägliche Freunde

Den Freunden ein nützlicher Ratschlag
Theognis

Herrscher, du Sohn des Zeus und Sprößling der *Leto*, vergessen
will ich dich nicht zu Beginn, auch nicht am Schluß des Gesangs,
sondern ich werde dich immer, zuerst und zuletzt und inmitten
preisen. Du höre mir zu, schenke mir Glück und Erfolg.

Als die erhabene Göttin Leto den Palmstamm mit zarten
Armen umfaßte und dich, herrschender *Phoibos*, gebar
dort an dem kreisrunden See, dich, den Schönsten der ewigen
Götter,
füllte ambrosischer Duft rings in gewaltigem Rund
gänzlich die Insel Delos; es lachte die mächtige Erde
heiter erstrahlte des Meers tiefe, grauschäumende Flut.

Jägerin *Artemis*, Zeustochter, der einst Fürst *Agamemnon*
einen Tempel geschenkt, als er nach *Ilion* zog,
hör mein Gebet und halte mir fern die leidigen *Keren* –
wenig Mühe für dich, Göttin, doch Segen für mich!

Musen und ihr, *Chariten*, Töchter des Zeus, auf des *Kadmos*
Hochzeit sangt ihr dereinst folgendes herrliche Lied:
»Alles Schöne ist lieb, das Unschöne freilich ist unlieb!«
Derart erscholl der Gesang euch aus unsterblichem Mund.

Kyrnos, den weisen, von mir verfaßten Aussprüchen drücke
hiermit mein Siegel ich auf! Keiner entwende sie mir,
keiner verändre zum Schlechteren sie, wo das Bessere vorliegt.
Jedermann sage: »Dies sind Verse, geschmiedet von ihm,
dem Megarenser Theognis; die Menschheit nennt ihn mit
Achtung.«
Aber mir zollen noch nicht sämtliche Mitbürger Lob –
nicht zu verwundern, Sohn des *Polypais*; selbst den *Kroniden*
loben nicht alle, ob er Regen nun sendet, ob nicht.

Wohlmeinend will ich ans Herz dir legen, mein Kyrnos, was früher,
als ich ein Knabe noch war, ich von den Guten gelernt.
Zeig dich verständig und such nicht durch schmähliche, rechtlose Taten
Ruhm zu gewinnen und Glanz, üppigen Reichtum dazu.
Nimm es an folgenden Regeln zur Kenntnis: Mach dich mit schlechten
Menschen niemals gemein, halte an gute dich stets;
iß und trinke mit ihnen und lasse bei ihnen dich nieder,
stelle zufrieden bloß den, der überlegen sich zeigt.
Nur von den Edlen lernst du auch Edles; pflegst du mit Schlechten
Umgang, verlierst du sogar, was du an Einsicht besitzt.
Darum verkehre mit Guten, und zugeben wirst du mir einstmals,
daß ich den Freunden stets nützlichen Ratschlag erteilt.

Aufrichtige Freundschaft

Theognis

Sag mir nicht zärtliche Worte und denke in Wirklichkeit anders,
wenn du tatsächlich mich liebst und in der Treue verharrst!
Entweder liebe mich aufrichtig, oder wage den offnen
Streit und sage dich los, hasse in ehrlichem Haß!
Wer mit doppelter Zunge sich äußert, der wäre, mein Kyrnos,
schlecht als Gefährte, der ist besser ein Feind als ein Freund.
Sollte dich einer, solange du ihn siehst, mit Lob überschütten,
aber, sobald er entfernt, schmähen und durchhecheln dich,
nun, ein solcher Gefährte benimmt sich keineswegs edel,
der zwar recht vorteilhaft spricht, aber ganz anderes denkt,
Möge statt dessen ein Freund mir beschert sein, der seines Gefährten
leidenschaftliche Art deutlich erkennt, sich jedoch
brüderlich seiner, geduldig, annimmt. Beherzige diese
Worte, mein Lieber, und denk stets auch in Zukunft an mich!

Einem treulosen Freund

Archilochos, Einem treulosen Freund

- -

wild von den Wogen gepeitscht.
Nackt sei er und vom Frost erstarrt, so sollen ihn
Thraker mit mächtigem Schopf
bei *Salmydessos* sorglich aus dem Wasser fischen.
Trockenes Sklavenbrot soll
er dort verzehren, bittre Leiden kosten. Seetang
soll überkrusten den Kerl,
ohnmächtig wütend knirsche mit den Zähnen er,
hart auf die Schnauze gestreckt,
ganz wie ein Köter, dicht am Wogenschlag der Brandung!
Dürfte ich sehen dies Bild –
ihn, der mir Unrecht tat, zerstampft die Treueschwüre,
ihn, der doch einstmals mein Freund!

Gastfreundschaft und Politik

Thukydides II 13,1

Noch während die Peloponnesier sich auf der Landenge sammelten und unterwegs waren, bevor sie noch einfielen in Attika, hatte *Perikles* Xanthippos' Sohn, einer der zehn athenischen Feldherren, in der Voraussicht ihres Einmarschs und in der Befürchtung, daß *Archidamos*, der sein Gastfreund war, seine Felder etwa von der Verwüstung ausnehmen könnte, um ihm persönlich gefällig zu sein, oder auch, daß dies auf Befehl der Spartaner geschehen könne zu seiner Verdächtigung, wie sie ja auch seinetwegen die Bannung des Frevels befohlen hatten, darum also hatte Perikles den Athenern in der Volksversammlung erklärt, daß Archidamos allerdings sein Gastfreund sei, es aber niemals zum Nachteil des Staates geworden sei, und daß er seine Felder und Häuser, falls der Feind sie nicht wie die der andern zerstöre, als Gemeingut hingebe, es solle also dessentwegen kein Argwohn gegen ihn aufkommen.

Der Wert der Freundschaft
Xenophon, Memorabilien II 4

Ich hörte ihn auch einst über Freunde sprechen, und wie mir schien, könnte mancher daraus größten Nutzen ziehen im Hinblick auf die Gewinnung und den Umgang mit Freunden. Das allerdings, so sagte er, könne man vielfach hören, daß ein zuverlässiger und guter Freund von allem Besitz der kostbarste sei; er sehe jedoch, sprach er weiter, daß sich die meisten um alles andere mehr kümmerten als um den Besitz von Freunden. Denn er bemerke, so waren seine Worte, daß man Häuser, Äcker, Sklaven, Viehherden und Gerät mit Eifer zu erwerben suche und das Vorhandene zu bewahren bemüht sei, bei einem Freund aber, der angeblich das größte Gut sei, sehe er, wie er sagte, daß die meisten sich weder um dessen Gewinnung bemühten noch um dessen Bewahrung, wenn sie einen hätten. Vielmehr wenn Freunde wie auch Sklaven krank seien, dann beobachte er manche, so fuhr er fort, wie sie den Sklaven einen Arzt zuführten und auch sonst alles zu deren Gesundung Erforderliche eifrig beschafften, um die Freunde aber seien sie unbekümmert; und wenn beide sterben müßten, da betrachte man es bei den Sklaven als einen Verlust und als Belastung, bei den Freunden aber glaube man nichts zu verlieren; und auch von dem übrigen Besitz lasse man nichts ohne Pflege und ohne Aufsicht, um die Freunde aber, wenn sie der Fürsorge bedürften, kümmere man sich nicht. Überdies sehe er auch noch, sagte er weiterhin, daß die meisten von ihrem sonstigen Besitz, und wenn er auch sehr umfangreich sei, die Menge genau wüßten, von den Freunden aber, wenn es auch wenige seien, nicht nur die Menge nicht anzugeben wüßten, sondern auch bei dem Bemühen, auf eine entsprechende Frage hin diese aufzuzählen, solche wieder wegließen, welche sie vorher zu den Freunden gerechnet hätten; so wenig kümmere man sich um die Freunde. Und doch, mit welchem anderen Besitztum verglichen sollte nicht ein guter Freund als viel wertvoller erscheinen? Welches Pferd oder welches Stiergespann ist denn so nützlich wie ein wackerer Freund? Und welcher Sklave ist so wohlgesinnt und treu? Oder welcher andere Besitz ist so überaus nützlich? Denn der gute Freund stellt sich überall dem Freunde zur Verfügung, wo es vonnöten ist, sowohl bei der Erledigung eigener Geschäfte wie in öffentlichen Angelegenheiten; und wenn es darum geht, jemandem etwas Gutes zu tun, so steuert er bei, und wenn eine Gefahr droht, so leistet er Hilfe; teils beteiligt er sich am Aufwand, teils wirkt er mit, teils redet er zu, teils gebraucht er Gewalt, und er freut sich am meisten, wenn es gut geht, und er ist der größte Trost, wenn es schlecht geht. Was auch die Hände jedem helfen und die Augen vorausschauen und die Ohren voraushören und die Füße erreichen, ein Freund bleibt hinter keinem von diesen mit seinen Wohltaten zurück; was jemand oftmals auch für sich selbst nicht erarbeitete oder nicht sah oder nicht hörte oder nicht erreichte, das hat der Freund für den Freund geleistet. Doch gleichwohl mühen sich manche, ihre Bäume zu pflegen um der Früchte willen, um den allereinträglichsten Besitz aber, den man Freund nennt, kümmern sich die meisten nur unaufmerksam und nachlässig.

Freundschaftsethik
Aristoteles, Nikomachische Ethik VIII

Darnach werden wir wohl von der Freundschaft reden müssen. Denn sie ist eine Tugend oder doch mit der Tugend verbunden; außerdem gehört sie zum Notwendigsten im Leben. Denn keiner möchte ohne Freunde leben, auch wenn er alle übrigen Güter besäße. Auch der Reiche, der Regierende und der Fürst scheinen der Freunde ganz besonders zu bedürfen. Denn was nützt ihnen ein solcher Segen, wenn ihnen das Wohltun unmöglich ist, das am ehesten und am lobenswertesten Freunden gegenüber ausgeübt wird? Oder wie ließe sich ein solcher Segen ohne Freunde bewahren und verteidigen? Je größer er ist, desto gefährdeter ist er. In der Armut wiederum und im sonstigen Unglück hält man die Freunde für seine einzige Zuflucht.

Dem jungen Menschen ist die Freundschaft eine Hilfe, damit er keine Fehler begeht, dem Greis verhilft sie zur Pflege und ergänzt, wo er aus Schwäche nicht zu handeln vermag, den Erwachsenen unterstützt sie zu edlen Taten; denn »zwei miteinander« sind tauglicher zu denken und zu handeln.

Außerdem scheint sie dem Erzeuger gegenüber dem Erzeugten

von Natur innezuwohnen und umgekehrt, und zwar nicht nur bei den Menschen, sondern auch bei den Vögeln und den meisten sonstigen Tieren, und gegenseitig unter den Wesen von gleicher Art und vor allem bei den Menschen; darum loben wir besonders die Menschenfreundlichen. Man kann ja auch auf Reisen sehen, wie jeder Mensch dem anderen verwandt und freund ist.

Außerdem scheint die Freundschaft die Staaten beisammenzuhalten, und die Gesetzgeber scheinen sich mehr um sie zu bemühen als um die Gerechtigkeit. Denn die Eintracht scheint der Freundschaft ähnlich zu sein; nach ihr streben sie vor allem, und die Zwietracht, die eine Feindschaft ist, vertreiben sie vor allem. Und wo Freunde sind, da bedarf es keiner Gerechtigkeit, aber die Gerechten brauchen die Freundschaft dazu, und beim Gerechten ist das Gerechteste dasjenige unter Freunden.

Die Freundschaft ist aber nicht nur notwendig, sondern auch schön. Wir loben jene, die die Freundschaft schätzen, Reichtum an Freunden scheint zum Schönen zu gehören, und man meint auch, tugendhaft sein und Freund sein sei dasselbe.

Es gibt aber über sie nicht wenige Meinungsverschiedenheiten. Die einen behaupten, sie sei eine Art von Gleichheit und die Gleichen seien Freunde, woher es auch heiße, der Gleiche geselle sich zum Gleichen und die Dohle zur Dohle und dergleichen. Andere wiederum sagen umgekehrt, daß diese alle sich verhielten wie die Töpfer untereinander.

Und über eben diese Dinge wird noch grundsätzlicher und naturphilosophischer diskutiert: Euripides sagt, die ausgedörrte Erde liebe den Regen und der erhabene Himmel liebe es, erfüllt von Regen zur Erde niederzustürzen, und Heraklit spricht vom Widerstrebenden, das sich zusammenfüge, und daß aus dem Gegensätzlichen die schönste Harmonie entstünde und daß alles im Streite werde. Ihnen gegenüber steht unter anderen Empedokles: das Gleiche strebe zum Gleichen.

Doch lassen wir die naturphilosophischen Probleme, denn sie gehören nicht zur gegenwärtigen Untersuchung. Wir beschränken uns auf das, was den Menschen angeht und was auf Charaktere und Leidenschaften zurückzuführen ist. Also etwa: ob unter allen Menschen Freundschaft bestehe, oder ob Schlechte nicht Freunde sein könnten, und ob es nur eine Art von Freundschaft gebe oder mehrere; einige meinen, es existiere nur eine, weil sie ein Mehr oder Weniger zulasse, was aber kein hinreichender Beweis ist. Denn ein Mehr und Weniger gibt es auch unter Artverschiedenem. Darüber ist früher gesprochen worden.

Klarheit erhalten wir vielleicht über diese Dinge, wenn wir wissen, was das Liebenswerte sei. Denn offenbar wird nicht alles geliebt, sondern nur das Liebenswerte, und dieses scheint gut oder angenehm oder nützlich zu sein. Da aber nützlich dasjenige heißen wird, wodurch etwas Gutes oder Angenehmes zustande kommt, so wird also das Liebenswerte als Ziel nur das Gute oder das Angenehme an sich haben.

Liebt man aber das Gute schlechthin oder das für einen selbst Gute? Das ist zuweilen nicht dasselbe. Dieselbe Frage stellt sich auch beim Angenehmen. Es scheint nun jeder das für ihn Gute zu lieben, so daß also liebenswert schlechthin das Gute wäre und für den Einzelnen das für ihn Gute. Freilich liebt der Einzelne nicht, was für ihn gut ist, sondern was ihm so erscheint. Doch macht dies keinen Unterschied. Liebenswert wird eben sein, was als gut erscheint.

Da es nun drei Gründe gibt, aus denen man liebt, so kann die Zuneigung zu leblosen Dingen nicht als Freundschaft bezeichnet werden. Denn bei ihnen gibt es keine Gegenliebe und kein Wohlwollen (es wäre wohl lächerlich, für den Wein Gutes zu wollen, man will ihn höchstens erhalten, damit man ihn selbst genießen kann). Dagegen soll man, wie man sagt, dem Freunde das Gute wünschen um des Freundes willen. Wer auf diese Weise Gutes wünscht, den nennt man wohlgesinnt, wenn man nicht dasselbe vom andern erfährt. Wo aber gegenseitige Wohlgesinntheit vorhanden ist, da spricht man von Freundschaft. Oder muß man beifügen, daß die Gesinnung nicht verborgen bleiben darf? Denn viele sind solchen wohlgesinnt, die sie nie gesehen haben, von denen sie aber annehmen, daß sie anständig oder ihnen nützlich seien. Und ebenso kann es wieder anderen im Bezug auf diese gehen. Diese sind einander also offensichtlich wohlgesinnt. Aber wie will man sie Freunde nennen, da jedem die Gesinnung des andern unbekannt bleibt? Man muß also einander wohlgesinnt sein und das Gute wünschen, und so, daß man dies voneinander weiß, und zwar aus einer der angeführten Ursachen.

Doch hier gibt es Artunterschiede; also gibt es auch Unterschiede in der Zuneigung und in der Freundschaft. Es gibt also drei Arten der Freundschaft, entsprechend den Arten des Liebenswerten. Und in jedem Falle gibt es eine Gegenseitigkeit, die nicht verborgen bleibt. Wer einander liebt, will also einander das Gute in dem Sinne, in dem sie einander lieben.

Die einen lieben einander also wegen des Nutzen und nicht als solche, sondern sofern sie einander Gutes verschaffen. Dasselbe gilt für jene, die einander der Lust wegen lieben. Denn sie lieben die Gewandten nicht um ihrer Qualitäten willen, sondern weil sie ihnen angenehm sind.

Wer also um des Nutzens willen liebt, tut es um seines eigenen Gewinns willen, und wer um der Lust willen, tut es um seiner eigenen Lust willen, und nicht sofern der Freund ist, was er ist, sondern nur soweit er nützlich oder angenehm ist. Dies sind also zufällige Freundschaften. Denn der Freund wird da nicht geliebt in dem, was er ist, sondern nur soweit der eine einen Gewinn, der andere Lust verschafft.

Dergleichen Freundschaften lösen sich bald auf, da die Partner nicht dieselben bleiben. Wenn sie nämlich nicht mehr angenehm oder nützlich sind, hört die Freundschaft zu ihnen auf. Der Nutzen bleibt aber nicht, sondern ist bald dieser, bald jener. Wenn sich nun aber entfernt hat, um dessentwillen sie Freunde waren, so löst sich auch die Freundschaft auf, da sie ja durch jenes bedingt war.

Eine derartige Freundschaft scheint zumeist unter alten Leuten vorzukommen. Denn in diesem Alter suchen sie nicht die Lust, sondern den Nutzen; und bei den Erwachsenen und Jungen gibt es sie dort, wo man das Zuträgliche sucht. Solche Menschen leben kaum miteinander; denn zuweilen sind sie einander nicht einmal angenehm. Und sie brauchen auch keinen solchen Umgang, wenn sie einander damit nicht nützlich sind. Sie sind einander ja nur soweit angenehm, als sie auf einen Gewinn hoffen. Zu diesen Arten von Freundschaft rechnet man auch die Gastfreundschaft.

Die Freundschaft der jungen Leute scheint auf Lust begründet zu sein. Denn sie leben in der Leidenschaft und suchen vor allem, was ihnen im Augenblick angenehm ist. Wenn sie aber in ein anderes Alter kommen, wird auch das Angenehme ein anderes. Darum werden sie rasch Freunde und hören ebenso rasch auf. Denn mit dem Angenehmen verändert sich auch die Freundschaft, und die Veränderung von dergleichen Lust geschieht schnell. Die jungen Leute sind auch auf Liebe aus. Denn die Hauptsache in der Liebe beruht auf Leidenschaft und Lust. So lieben sie rasch und hören rasch auf und wechseln oft an einem und demselben Tage. Was sie wollen, ist zusammen sein und leben. So steht es also bei ihnen mit der Freundschaft.

Vollkommen ist die Freundschaft der Tugendhaften und an Tugend Ähnlichen. Diese wünschen einander gleichmäßig das Gute, sofern sie gut sind, und sie sind gut an sich selbst. Jene aber, die den Freunden das Gute wünschen um der Freunde willen, sind im eigentlichen Sinne Freunde; denn sie verhalten sich an sich so, und nicht zufällig. Ihre Freundschaft dauert, solange sie tugendhaft sind. Die Tugend ist aber beständig, und jeder von beiden ist an sich gut und gut für den Freund. Denn die Tugendhaften sind schlechthin gut und einander gegenseitig nützlich, und ebenso auch angenehm. Denn auch schlechthin angenehm sind die Tugendhaften, wie auch füreinander gegenseitig. Denn jedem machen die ihm eigentümlichen Handlungen Freude und die damit verwandten; die Handlungen der Guten sind aber die entsprechenden oder doch ähnliche. So ist anzunehmen, daß eine derartige Freundschaft dauerhaft sei. Sie verknüpft in sich alles, was bei Freunden vorhanden sein muß. Denn jede Freundschaft existiert wegen des Guten oder wegen der Lust, entweder schlechthin oder für den Liebenden, und beruht auf einer gewissen Ähnlichkeit. In dieser Freundschaft nun findet sich alles Genannte an sich (denn darin sind sie einander ähnlich usw.) und das schlechthin Gute ist auch schlechthin angenehm. Dies ist auch das Liebenswerteste, und so findet sich denn bei diesen am meisten Freundsein und Freundschaft, und auf die beste Art.

Es ist freilich anzunehmen, daß solche Freundschaften selten sind. Denn wenige Menschen sind derart. Außerdem bedarf es langer Zeit und Gewöhnung. Denn wie das Sprichwort sagt, kann man einander nicht kennen, bevor man nicht jenes bekannte Salz miteinander gegessen hat. So kann man auch nicht einander näherkommen und Freund werden, bevor nicht jeder dem andern sich zuverlässig als liebenswert erwiesen hat. Wer rasch miteinander Freundschaft schließt, diese wollen zwar Feunde sein, sind es aber nicht, wenn sie nicht auch liebenswert sind und dies voneinander wissen. Denn Wille zur Freundschaft kann rasch entstehen, Freundschaft aber nicht.

Diese Freundschaft ist also im Hinblick auf die Zeit und auf die übrigen Bedingungen vollkommen: jeder erhält vom anderen dasselbe und Ähnliches, was es eben bei Freunden geben muß. Die auf der Lust beruhende Freundschaft hat mit dieser eine gewisse Ähnlichkeit (denn auch die Tugendhaften sind einander angenehm), ebenso auch die auf dem Nutzen beruhende (denn auch nützlich sind die Tugendhaften einander).

Aber auch unter solchen dauern die Freundschaften am längsten, wo sie einander gegenseitig dasselbe geben, etwa die Lust, und nicht bloß dies, sondern auch aus dem gleichen Grunde, wie unter den Gewandten; also nicht so wie bei Liebhaber und Geliebtem. Denn diese freuen sich nicht an demselben, sondern der eine daran, daß er den andern sieht, und dieser daran, daß ihm von jenem gehuldigt wird. Wenn aber die Schönheit aufhört, hört zuweilen auch die Freundschaft auf (dem einen ist dann der Anblick des andern nicht mehr angenehm, und der andere erfährt von jenem keine Huldigung mehr). Viele freilich dauern, wenn sie durch die Gewöhnung die Charaktere liebgewonnen haben und an Charakter ähnlich sind. Wer aber in der Liebe nicht das Angenehme austauscht, sondern den Nutzen, da ist die Freundschaft geringer und kürzer. Die ausschließlich auf dem Nutzen beruhende Freundschaft endet mit dem Nutzen selbst. Denn sie waren nicht miteinander befreundet, sondern mit dem Vorteil.

Aus Lust und wegen des Nutzens können auch Schlechte untereinander Freunde sein, und Anständige mit Schlechten, und solche, die keins von beiden sind, mit jedem beliebigen; wegen sich selbst können es aber nur die Tugendhaften. Denn die Schlechten haben keine Freude aneinander, wenn kein Nutzen dabei ist.

Auch vor Verleumdung ist nur die Freundschaft der Guten sicher. Denn man wird nicht leicht einem Dritten glauben über einen Mann, den man selbst während langer Zeit bewährt gefunden hat. Auch herrscht unter diesen Vertrauen und daß man einander niemals Unrecht tut und was sonst als zur wahren Freundschaft gehörig gilt. In den andern Freundschaften können aber derartige Schwierigkeiten wohl vorkommen.

Da nun die Leute auch solche als Freunde bezeichnen, die es wegen des Nutzens sind, und ebenso die Staaten (denn diese schließen die Bündnisse offenbar um des Vorteils willen), und da auch jene, die einander wegen der Lust lieben, so genannt werden, wie es bei Kindern der Fall ist, so werden vielleicht auch wir solche Menschen Freunde nennen müssen; dann gibt es mehrere Arten der Freundschaft, als erste und wichtigste die der Guten als gute, dann die übrigen gemäß der Ähnlichkeit. Denn sofern ein Gut und eine gewisse Ähnlichkeit vorliegt, sind sie Freunde; das Angenehme ist für die Liebhaber des Angenehmen ein Gut. Die verschiedenen Arten verbinden sich freilich nicht miteinander, und es sind auch nicht dieselben, die wegen des Nutzens und wegen der Lust Freunde werden. Denn was nur zufällig beisammen ist, läßt sich nicht wirklich verknüpfen.

Da nun die Freundschaft in diese Arten aufgeteilt ist, so werden die Schlechten Freunde sein wegen der Lust oder des Nutzens und sind einander darin gleich; die Tugendhaften sind aber einander wegen sich selbst Freunde; denn sie sind es, sofern sie tugendhaft sind. Diese sind also Freunde schlechthin, jene aber nur zufällig und dadurch, daß sie jenen ähnlich werden.

Wie nun im Falle der Tugenden die einen nach ihren Eigenschaften, die andern in ihrem Tun gut genannt werden, so ist es auch mit der Freundschaft. Die einen leben beisammen und freuen sich aneinander und verschaffen einander Gutes, die andern schlafen oder sind räumlich getrennt und betätigen die Freundschaft nicht, bewahren aber die entsprechende Verfassung. Denn die räumliche Distanz hebt nicht die Freundschaft schlechthin auf, sondern nur ihre Betätigung. Dauert freilich die Trennung lange, so kann sie wohl auch die Freundschaft selbst vergessen machen. Darum sagt man: »Viele Freundschaften hat der Mangel an Gespräch aufgelöst.«

Weder die Greise noch die mürrischen Leute scheinen zur Freundschaft geeignet zu sein. Denn es gibt bei ihnen wenig Angenehmes, und keiner kann mit einem unangenehmen Menschen zusammenleben, nicht einmal bei einem solchen, der bloß nicht angenehm ist. Denn die Natur scheint am allermeisten das Unangenehme zu meiden und das Angenehme zu suchen.

Jene, die einander mögen, aber nicht miteinander leben, scheinen eher einander wohlgesinnt als befreundet zu sein. Denn nichts charakterisiert so sehr die Freundschaft wie das Zusammenleben. Nach dem Nutzen verlangen die Bedürftigen, aber zusammenleben wollen auch die Glückseligen; gerade ihnen kommt es am allerwenigsten zu, allein zu leben. Man kann aber nicht zusammensein, wenn man nicht angenehm ist und an denselben Dingen Freude hat, wie dies bei der Kameradschaft zu sein scheint.

Im höchsten Sinne Freundschaft ist also diejenige der Tugendhaften, wie wir schon öfters gesagt haben. Denn als liebens- und wünschenswert gilt das schlechthin Gute und Angenehme, für den Einzelnen aber, was für ihn so ist. Der Tugendhafte ist dies für den Tugendhaften aus beiden Gründen. Die Zuneigung scheint eine Art von Leidenschaft zu sein, die Freundschaft ein Verhalten. Denn Zuneigung gibt es nicht weniger dem Unbeseelten gegenüber, gegenseitige Freundschaft aber beruht auf einer Willensentscheidung, und die Willensentscheidung kommt von einem Verhalten; auch wünscht man den Freunden das Gute um ihretwillen, nicht aus Leidenschaft, sondern auf Grund eines Verhaltens. Und indem man den Freund liebt, liebt man, was einem selbst gut ist. Denn der Tugendhafte, der zum Freund geworden ist, wird zu einem Gute für den, dessen Freund er geworden ist. Also liebt jeder von beiden das, was für ihn gut ist, und gibt das gleiche zurück durch die Gesinnung und indem er dem andern angenehm ist. Denn Freundschaft gilt als Gleichheit. Dies gilt am meisten von der Freundschaft der Tugendhaften.

Unter Mürrischen und alten Leuten gibt es weniger Freundschaft in dem Maße, als sie schlechterer Laune sind und sich weniger am Umgang freuen. Denn dies scheint am meisten zur Freundschaft zu gehören und sie zu begründen. Darum werden junge Leute rasch Freunde, alte nicht; denn man befreundet sich nicht mit solchen, die einem keine Freude machen. Dasselbe gilt von den Mürrischen. Doch werden derartige einander wohlgesinnt sein (da sie einander das Gute wünschen und in der Not einander beistehen), aber Freunde sind sie nicht, weil sie nicht zusammenleben und aneinander keinen Gefallen haben, was doch am meisten zur Freundschaft gehört.

Mit vielen befreundet zu sein ist in der Weise der vollkommenen Freundschaft nicht möglich, wie man auch nicht viele zugleich lieben kann. Das gleicht nämlich dem Übermaß, und seiner Natur nach bezieht sich ein solches Verhältnis immer nur auf einen einzigen. Es ist auch nicht leicht möglich, daß viele gleichzeitig demselben Menschen gefallen, und wohl auch nicht, daß viele tugendhaft sind. Außerdem muß man Erfahrung erwerben und sich aneinander gewöhnen, was außerordentlich schwierig ist. Auf Grund des Nutzens und der Lust vielen zu gefallen ist dagegen wohl möglich; denn viele sind von solcher Art, und solche Dienste sind in kurzer Zeit erwiesen.

Von diesen zwei Arten ist die Beziehung auf Grund der Lust der Freundschaft ähnlicher, wenn beide dasselbe gewähren und sie sich aneinander freuen oder an denselben Dingen, wie es bei Freundschaften unter jungen Leuten der Fall ist. Denn in solchen Freundschaften ist mehr Vornehmheit. Die Freundschaft auf Grund des Nutzens ist dagegen ordinär. Außerdem bedürfen die Glückseligen in keiner Weise des Nützlichen, wohl aber des Angenehmen; denn sie wollen mit andern zusammenleben, das Unangenehme halten sie für kurze Zeit aus, dauernd aber wird es keiner überstehen können, nicht einmal das Gute selbst, wenn es einem unangenehm wäre. Also suchen sie Freunde, die ihnen angenehm sind. Freilich müssen diese wohl auch gut sein, und zudem gut für jene. Denn so wird bei ihnen alles vorhanden sein, was es für Freunde braucht.

Die Mächtigen scheinen zwei verschiedene Arten von Freunden zu brauchen. Die einen sind ihnen nützlich, die anderen angenehm; beides an einer Person findet sich nie. Denn sie suchen weder angenehme Menschen, die tugendhaft sind, noch solche, die zum Edlen brauchbar sind, sondern auf der einen Seite solche, die im Angenehmen gewandt sind, auf der andern solche, die tüchtig sind, Befohlenes auszuführen. Dies beides findet sich niemals in einer Person. Allerdings ist, wie gesagt, der Tugendhafte gleichzeitig angenehm und nützlich. Aber dieser befreundet sich nicht mit einem, der ihn überragt, wenn dieser ihn nicht auch an Tugend überragt. Andernfalls gäbe es keine Gleichheit, wenn der Hochstehende ihn nicht im entsprechenden Verhältnis überragte. Solche pflegt es kaum zu geben.

Die genannten Arten der Freundschaft beruhen also auf Gleichheit. Denn beide Teile tun und wünschen einander dasselbe oder tauschen eines gegen das andere, wie etwa Lust um Nutzen. Daß aber dies Freundschaften geringeren Grades und weniger dauerhaft sind, haben wir gesagt.

Sie scheinen wegen der Ähnlichkeit und Unähnlichkeit in demselben Punkte Freundschaften zu sein und doch auch nicht zu sein. Nach der Ähnlichkeit mit der auf Tugend beruhenden Freundschaft erscheinen sie als Freundschaften (die eine hat das Angenehme, die andere das Nützliche, und diese besitzt beides), anderseits sind sie ihr unähnlich und wirken nicht als Freundschaften, weil jene vor Verleumdung sicher und dauerhaft ist, diese aber rasch wechseln und sich auch in vielen andern Dingen unterscheiden.

Es gibt nun auch eine andere Art der Freundschaft, die auf Überlegenheit beruht, wie die des Vaters zum Sohne und überhaupt des Älteren zum Jüngeren, des Mannes zur Frau und jedes Regierenden zum Regierten. Doch unterscheiden sich auch diese untereinander. Denn die Freundschaft der Eltern zu den Kindern und der Regierenden zu den Regierten ist nicht dieselbe, auch nicht die des Vaters zum Sohne und die des Sohnes zum Vater oder die des Mannes zur Frau und die der Frau zum Manne. Denn jeder von diesen hat seine besondere Tüchtigkeit und Aufgabe, und es sind andere Dinge, um derentwillen sie lieben. Also werden auch Zuneigung und Freundschaft da verschieden sein.

Hier leistet nun der eine dem andern nicht dasselbe, und man darf es auch nicht erwarten. Wenn aber die Kinder den Eltern gewähren, was diesen zukommt, und die Eltern den Kindern, was sie ihnen schuldig sind, so ergibt dies eine dauerhafte und tugendhafte Freundschaft. In allen auf Überlegenheit beruhenden Freundschaften muß die Zuneigung eine proportionierte sein, so daß der Bessere mehr geliebt wird, als er selbst liebt, und ebenso der Nützlichere usw. Denn wenn die Zuneigung der Würdigkeit entspricht, so ergibt sich eine gewisse Gleichheit, was eben der Freundschaft eigentümlich zu sein scheint.

Die Gleichheit scheint aber in der Gerechtigkeit und in der Freundschaft nicht dieselbe zu sein. In der Gerechtigkeit besteht die Gleichheit erstens in der Würdigkeit, zweitens in der Quantität; in der Freundschaft steht das Quantitative voran und die Würdigkeit kommt in zweiter Linie. Das wird klar, wenn in Tugend, Schlechtigkeit, Wohlhabenheit usw. eine große Differenz besteht.

Dann sind sie nicht mehr Freunde und beanspruchen dies nicht einmal. Am deutlichsten ist dies den Göttern gegenüber; denn diese sind an allen Gütern am meisten überlegen. Klar ist es auch bei den Königen. Auch da beanspruchen die sehr viel tiefer Stehenden gar nicht, ihre Freunde zu sein; ebenso nicht die Beliebigen den Besten oder Weisesten gegenüber. Eine genaue Grenze, bis wohin es Freundschaft geben kann, gibt es in diesen Dingen nicht. Sie kann bestehenbleiben, wenn der eine auch viel verliert; wird aber der Abstand sehr groß, wie bei der Gottheit, so ist sie nicht mehr möglich.

Darum wird auch die Frage erhoben, ob nicht die Freunde den Freunden die größten Güter mißgönnen, wie etwa zu den Göttern erhoben zu werden. Denn dann wären sie nicht mehr ihre Freunde, also auch kein Gut mehr; denn Freunde sind Güter. Wenn wir allerdings richtig festgestellt haben, daß der Freund dem Freunde Gutes um des Freundes willen wünscht, so muß dieser auf alle Fälle bleiben, was er war. Und man wird ihm die größten Güter wünschen, die es für einen Menschen gibt; vielleicht nicht alle, denn jeder wünscht sich selbst am meisten das Gute.

Die Leute nun wollen, wie es scheint, aus Ehrgeiz eher geliebt werden als lieben (darum schätzen sie auch die Schmeichelei; denn der Schmeichler ist ein Freund, dem man überlegen ist, oder der doch dergleichen tut, als ob man es wäre und als ob er mehr liebte als geliebt würde). Das Geliebtwerden scheint dem Geehrtwerden nahezustehen, und dies erstreben die Leute. Doch scheinen sie die Ehre nicht an sich, sondern nur zufällig zu begehren. So freuen sie sich, wenn sie von den Mächtigen geehrt werden, in der Hoffnung, sie würden, wenn sie etwas bedürften, es von ihnen erlangen. Also freuen sie sich an der Ehre als einem Zeichen späterer Gunst. Wer aber durch die Tugendhaften und Weisen geehrt zu werden begehrt, wünscht seine eigene Meinung von sich auf diese Weise zu bestärken. Sie freuen sich also darüber, daß sie tugendhaft sind, und vertrauen auf das Urteil derer, die das sagen.

Am Geliebtwerden freut man sich aber an sich. Darum scheint es besser zu sein als das Geehrtwerden, und darum scheint die Freundschaft an sich wünschbar zu sein. Sie scheint aber mehr im Lieben als im Geliebtwerden zu beruhen. Ein Beweis sind die Mütter, die sich daran freuen, zu lieben. Einige geben ihre Kinder anderen zu ernähren und lieben sie und kennen sie, verlangen aber keine Gegenliebe, wenn beides zusammen nicht sein kann, sondern es scheint ihnen genug zu sein, wenn sie sehen, daß es jenen gut geht, und sie lieben sie auch dann, wenn jene ihnen nichts von dem zuliebe tun, was einer Mutter gebührt, weil sie sie nicht kennen.

Da nun die Freundschaft mehr im Lieben beruht und man jene lobt, die ihre Freunde lieben, so scheint die Tugend der Freunde eben das Lieben zu sein. So sind jene, bei denen dies der Würdigkeit entsprechend geschieht, dauerhafte Freunde und ihre Freundschaft desgleichen.

So können auch Ungleiche am ehesten wohl Freunde werden. Denn dies würde sie gleichmachen. Gleichheit und Übereinstimmung ist Freundschaft und vor allem die Übereinstimmung in der Tugend. Denn so sind sie in sich selbst beständig und also auch zueinander und bedürfen des Schlechten nicht und helfen auch nicht dazu, sondern werden es geradezu verhindern. Denn die Tugendhaften verfehlen sich weder selbst, noch gestatten sie es ihren Freunden.

Die Schlechten aber haben keine Beständigkeit; sie sind ja nicht einmal sich selbst gleich und beständig. So werden sie für kurze Zeit miteinander befreundet und freuen sich gegenseitig an ihrer Schlechtigkeit. Die Nützlichen und Angenehmen beharren mehr, nämlich solange sie einander Lust oder Nutzen verschaffen.

Bei Menschen von entgegengesetzter Stellung scheint am meisten die Freundschaft aufgrund des Nutzens zu herrschen, so zwischen Armem und Reichem, Unwissendem und Wissendem. Denn woran einer mangelt, danach strebt er und gibt etwas anderes zur Vergeltung. Hieher wird man wohl auch den Liebhaber und den Geliebten ziehen und den Schönen und den Häßlichen. Darum scheinen die Liebhaber zuweilen auch lächerlich, weil sie beanspruchen, in demselben Maße geliebt zu werden, wie sie lieben. Dies kann man vielleicht verlangen, wenn man gleich liebenswert ist; ist dies nicht der Fall, so ist es lächerlich.

Vielleicht strebt überhaupt das Entgegengesetzte nicht an sich nach dem Entgegengesetzten, sondern nur zufällig, und das Streben geht vielmehr auf das Mittlere. Denn dieses ist das Gute. So ist es für das Trockene nicht gut, naß zu werden, sondern zur Mitte zu gelangen, und ebenso dem Warmen usw.

Davon sei nun nicht weiter die Rede, denn das gehört nicht hieher. Es scheint aber, wie wir am Anfang sagten, daß Freundschaft und Gerechtigkeit dieselben Gegenstände haben und sich in demselben Bereich bewegen. In jeder Gemeinschaft scheint es ein Gerechtes zu geben und ebenso Freundschaft. Man behandelt ja als Freunde die Fahrgenossen und Kriegskameraden, und ebenso in den andern Arten von Gemeinschaft. So weit also Gemeinschaft besteht, so weit besteht Freundschaft; und ebenso das Recht. Darum ist das Sprichwort: »Besitz der Freunde ist gemeinsam«, richtig. Denn in der Gemeinschaft besteht die Freundschaft. Unter Brüdern und Kameraden ist nun alles gemeinsam, bei andern ist es abgetrennt, teils mehr, teils weniger. Denn auch unter den Freundschaften sind die einen enger, die andern weniger eng. So unterscheidet sich auch das Recht. Es ist nicht dasselbe für Eltern gegenüber den Kindern, für Brüder untereinander, unter Kameraden und Mitbürgern und bei den andern Arten von Freundschaft. Auch das Ungerechte ist in jedem dieser Fälle ein anderes; es mehrt sich, indem es Freunden gegenüber größer wird: es ist schlimmer, einem Kameraden Geld zu stehlen als einem Mitbürger, einem Bruder die Hilfe zu verweigern als einem Fremden, und seinen Vater zu schlagen als irgendeinen anderen. Das Recht wächst also seiner Natur nach gleichzeitig mit der Freundschaft, da es in demselben Bereich steht und sich gleich weit erstreckt.

Alle Gemeinschaften sind gewissermaßen Teile der staatlichen Gemeinschaft. Denn sie vereinigen sich um eines bestimmten Nutzens willen und um sich etwas zu beschaffen, was zum Leben notwendig ist. Ebenso scheint die politische Gemeinschaft von vornherein um des Nutzens willen entstanden zu sein und zu bestehen. Denn darnach streben die Gesetzgeber und erklären als gerecht, was allen nützt. Die andern Gemeinschaften suchen je einen partiellen Nutzen, so wie Fahrgenossen den Gewinn aus der Seefahrt in Geld oder dergleichen, die Kriegsgenossen den Nutzen im Kriege: Geld, Sieg oder Landerwerb, ebenso die Stammes- und Bezirksgenossen.

Einige Gemeinschaften scheinen um des Vergnügens willen zu bestehen, so die Kultgenossenschaften und Vereine, die des Opfers und der Geselligkeit wegen da sind. (Sie alle scheinen der staatlichen Gemeinschaft untergeordnet zu sein. Denn diese sucht nicht bloß den augenblicklichen Nutzen, sondern denjenigen für das gesamte Leben.) Jene veranstalten Opfer und dazugehörige Zusammenkünfte, erweisen den Göttern die Ehre und verschaffen sich selbst Erholung und Vergnügen. Denn die alten Opfer und Zusammenkünfte scheinen nach dem Einbringen der Feldfrucht stattgefunden zu haben, sozusagen als Erstlingsfeier; zu jenem Zeitpunkt hatten die Menschen am meisten Muße.

Alle Gemeinschaften scheinen also Teile der staatlichen Gemeinschaft zu sein, und den jeweiligen Gemeinschaften entsprechen die jeweiligen Freundschaften.

Der Staat hat nun drei Formen und ebensoviele Ausartungen, sozusagen Zerstörungen jener Formen. Die Formen sind Monarchie, Aristokratie und als dritte die auf der Vermögenseinschätzung beruhende, die man eigentlich die timokratische nennen muß; die meisten aber nennen sie Politie. Unter diesen ist nun die beste die Monarchie, die schlechteste die Timokratie. Ausartung der Monarchie ist die Tyrannis; beide sind nämlich Alleinherrschaften, aber sie unterscheiden sich aufs stärkste. Denn der Tyrann schaut auf seinen eigenen Nutzen, der König auf denjenigen der Untertanen. König ist nur, wer unabhängig ist und an Besitz von Gütern alle überragt. Ein solcher braucht nichts weiter; er wird also nicht auf seinen eigenen Nutzen schauen, sondern auf den der Untertanen. Sind diese Bedingungen nicht erfüllt, so wäre einer nur ein durchs Los gewählter König. Die Tyrannis ist dem entgegengesetzt. Sie sucht das Gute für sich selbst. So ist es bei ihr besonders deutlich, daß sie die schlechteste Form ist. Denn dem Besten ist das Schlechteste entgegengesetzt.

Der Übergang geschieht vom Königtum in die Tyrannis. Denn die Tyrannis ist die schlechte Form der Monarchie, und der schlechte König wird zum Tyrannen. Aus der Aristokratie geht der Übergang zur Oligarchie durch die Schlechtigkeit der Regenten, die die staatlichen Angelegenheiten gegen die Würdigkeit verwalten, alle oder doch die meisten Güter für sich beanspruchen, die Ämter immer denselben anvertrauen und den Reichtum als das Höchste ansehen. So regieren denn Wenige und Schlechte an Stelle der Anständigen. Aus der Timokratie geht es über in die Demokratie; denn diese sind einander benachbart. Auch die Timokratie will eine Herrschaft der Menge sein, und alle, die derselben Vermögensklasse angehören, sind gleich. Am wenigsten schlecht ist die Demokratie, weil da die Entartung der Staatsform die geringste ist.

Auf diese Weise also verändern sich die Staatsformen am meisten, weil so der Übergang am kürzesten ist und sich am leichtesten vollzieht. Gegenstück und sozusagen Vorbilder dieser Formen lassen sich beim Familienleben finden. Die Gemeinschaft des Vaters mit den Söhnen hat die Form des Königtums (der Vater hat die Fürsorge für die Kinder, und darum nennt auch Homer den Zeus »Vater«; denn die Monarchie strebt danach, eine väterliche Herrschaft zu sein); bei den Persern freilich ist die Herrschaft des Vaters tyrannisch, da sie mit den Söhnen wie mit Sklaven umgehen. Tyrannisch ist auch die Herrschaft des Herrn über den Sklaven; denn hier wird der Nutzen des Herrn gesucht, und dies scheint richtig; wie es aber in Persien ist, ist es falsch; denn die Herrschaft über Verschiedene ist verschieden. Die Gemeinschaft von Mann und Frau ist eine aristokratische, denn der Mann herrscht gemäß der Würdigkeit und in den Dingen, in denen er herrschen soll. Was aber zur Frau paßt, übergibt er ihr. Wenn aber der Mann über alles befiehlt, so schlägt es um zur Oligarchie (denn dies vollzieht sich gegen die Würdigkeit und nicht, insofern der Mann besser ist); zuweilen herrschen aber auch die Frauen, wenn sie Erbtöchter sind. Da ist die Herrschaft nicht von der Tüchtigkeit, sondern von Reichtum und Macht abgeleitet, wie in den Oligarchien. Timokratisch scheint die Gemeinschaft unter Brüdern zu sein (sie sind nämlich gleich, abgesehen von ihrem Altersunterschied; wo dieser Unterschied sehr groß ist, ist die Freundschaft auch nicht mehr eine brüderliche). Die Demokratie besteht vor allem in den Häusern, wo kein Herr ist (denn da stehen alle gleich) und wo der Regierende schwach ist und jeder machen kann, was er will.

In jeder der Staatsverfassungen gibt es eine Freundschaft, wie es auch ein Recht gibt: Beim König dem Untertanen gegenüber aufgrund von überwiegendem Wohltun. Denn er tut den Untertanen Gutes, wenn er als ein Guter für sie sorgt, damit es ihnen gut ergeht, wie ein Hirt der Herde gegenüber. Darum hat *Homer* den *Agamemnon* einen Hirten der Völker genannt. Derart ist auch die väterliche Herrschaft; sie unterscheidet sich nur durch die Größe der Wohltaten. Denn der Vater ist Ursache des Daseins, was das

Größte zu sein scheint, der Nahrung und der Erziehung; auch den Vorfahren schreibt man dasselbe zu. Von Natur regiert der Vater über die Söhne und die Vorfahren über die Nachkommen und der König über die Untertanen. Diese Freundschaften beruhen auf Überlegenheit, und darum werden auch die Eltern geehrt. Und das Gerechte ist da auch nicht dasselbe, sondern es richtet sich nach der Würdigkeit; und so auch die Freundschaft.

Die Freundschaft des Mannes zur Frau ist dieselbe wie die in der Aristokratie. Sie beruht auf der Tüchtigkeit; dem Besseren kommt das größere Gut zu, und jedem das, was zu ihm paßt. Und so auch das Recht.

Die Freundschaft unter Brüdern gleicht derjenigen unter Kameraden. Denn sie sind gleich und Altersgenossen, und diese haben dasselbe erfahren und haben zumeist dieselbe Art. Dem entspricht auch die Freundschaft in der Timokratie. Denn hier streben die Bürger danach, gleich und tugendhaft zu sein. Sie regieren abwechslungsweise und auf der Basis der Gleichheit. Und so ist auch die Freundschaft.

Bei den Ausartungen ist die Freundschaft ebenso reduziert wie die Gerechtigkeit und findet sich am wenigsten in der schlechtesten Form. Denn in der Tyrannis gibt es wenig oder gar keine Freundschaft. Wo es nämlich zwischen Regierendem und Regiertem nichts Gemeinsames gibt, da gibt es keine Freundschaft und auch keine Gerechtigkeit. Sondern da verhalten sie sich wie der Handwerker zum Werkzeug, die Seele zum Leib und der Herr zum Sklaven. Denn dieses alles erfährt zwar Fürsorge durch den, der es benutzt; aber dem Leblosen gegenüber gibt es keine Freundschaft und keine Gerechtigkeit; und so auch nicht dem Pferd, Rind oder Sklaven gegenüber, sofern er Sklave ist. Denn da gibt es nichts Gemeinsames: der Sklave ist ein beseeltes Werkzeug und das Werkzeug ein unbeseelter Sklave. Sofern er also Sklave ist, gibt es keine Freundschaft zu ihm, sondern nur sofern er Mensch ist. Denn es scheint eine Gerechtigkeit zu geben für jeden Menschen gegenüber jedem, der fähig ist, an Gesetz und Vertrag teilzunehmen, und so auch eine Freundschaft, sofern er ein Mensch ist. In der Tyrannenherrschaft ist freilich die Freundschaft und die Gerechtigkeit minim, in der Demokratie aber bedeutend größer. Denn wo sie gleichstehen, gibt es viel Gemeinsames.

Auf der Gemeinschaft also beruht jede Freundschaft, wie schon gesagt. Man wird aber wohl die Verwandtenfreundschaft und die kameradschaftliche Freundschaft für sich absondern. Die Freundschaft unter Mitbürgern dagegen, unter Stammesgenossen, Fahrtgenossen und dergleichen gleicht eher einer Vereinigung. Denn sie scheint sozusagen auf einer Abmachung zu beruhen. Dahin wird man wohl auch die Gastfreundschaft rechnen können. Die Verwandtenfreundschaft wiederum scheint vielgestaltig zu sein und ausnahmslos von der väterlichen Freundschaft abzuhängen. Denn die Eltern lieben die Kinder als einen Teil ihrer selbst und die Kinder die Eltern als von ihnen herkommend. Die Eltern freilich kennen eher, was von ihnen abstammt, als die Kinder, daß sie von diesen sind, und so ist der Erzeuger dem Erzeugten näher als das Erzeugte dem Erzeuger. Denn was von einem herkommt, ist dem verwandt, wozu es gehört, so wie der Zahn, das Haar dem gehört, der es hat, während das Umgekehrte nicht oder weniger gilt. Auch die Länge der Zeit macht einen Unterschied. Denn die Eltern lieben die Kinder von ihrer Geburt an, diese aber erst bei fortschreitender Zeit die Eltern, wenn sie es begreifen oder wahrnehmen. Hieraus ist auch klar, weshalb die Mütter mehr lieben.

Die Eltern lieben also die Kinder wie sich selbst (denn was von ihnen stammt, ist wie ein anderes sie selbst durch die Trennung), die Kinder die Eltern, weil sie von ihnen stammen, und Brüder untereinander, weil sie von denselben Eltern stammen. Denn die Gleichheit jenen gegenüber macht sie auch untereinander gleich. Und so spricht man von »demselben Blut«, »derselben Wurzel« und dergleichen. Sie sind auch gewissermaßen dasselbe, nur in getrennten Wesen. Viel bedeutet für die Freundschaft auch, daß sie zusammen aufgewachsen und gleich alt sind. Denn »Altersgenossen streben zueinander«, und gleiche Sitten machen zu Kameraden. Und so gleicht die Freundschaft unter Brüdern auch derjenigen unter Kameraden.

Vettern und sonstige Verwandte sind von den Brüdern her miteinander verbunden, nämlich dadurch, daß sie von denselben herstammen. Die einen stehen sich näher, die andern ferner, je nachdem der gemeinsame Stammvater nahe oder fern ist.

Das Verhältnis der Kinder zu den Eltern ist, wie das der Menschen zu den Göttern, als zu etwas Gutem und Überragendem.

Denn sie haben am meisten Gutes getan: sie sind Ursache des Daseins und der Ernährung und später der Erziehung. Eine solche Freundschaft hat auch Angenehmes und Nützliches, mehr als diejenige zu den Fremden, da auch ihr Leben ein gemeinschaftlicheres ist.

Bei der Freundschaft unter Brüdern findet sich alles, was auch die Freundschaft unter Kameraden enthält, und in besonderem Maße, sofern sie einander näherstehen und einander von Geburt an lieben, und sofern solche, die dieselben Eltern haben, miteinander ernährt und erzogen worden sind, in ihrem Charakter verwandter werden. Und die Bewährung in der Zeit ist die größte und zuverlässigste.

Entsprechend ist die Freundschaft bei den sonstigen Verwandten.

Die Freundschaft zwischen Mann und Frau scheint auf der Natur zu beruhen. Denn der Mensch ist von Natur noch mehr zum Beisammensein zu zweien angelegt als zur staatlichen Gemeinschaft, sofern die Familie ursprünglicher und notwendiger ist als der Staat und das Kinderzeugen allen Lebewesen gemeinsam ist. Die andern freilich beschränken ihre Gemeinschaft gerade darauf, bei den Menschen besteht sie aber nicht nur um der Kinderzeugung willen, sondern wegen der Lebensgemeinschaft. Denn die Aufgaben sind von vornherein differenziert und verschieden bei Mann und Frau. Also helfen sie einander, indem jedes das Seinige zum Gemeinsamen beiträgt. Darum scheint sowohl das Nützliche wie auch das Angenehme in dieser Freundschaft vorhanden zu sein. Sie wird auch auf Tugend begründet sein, wenn sie beide tugendhaft sind. Denn jedes von beiden hat seine Tugend, und sie werden sich dann daran freuen. Die Kinder scheinen das Band zu sein, darum lösen sich die kinderlosen Ehen rascher wieder auf. Denn die Kinder sind das gemeinsame Gut beider, und das Gemeinsame hält zusammen. Zu fragen, wie Mann und Frau und überhaupt Freund und Freund zusammenleben sollen, bedeutet nichts anderes, als zu fragen, wie das Gerechte sei. Denn dieses scheint nicht dasselbe zu sein zwischen Freunden, zwischen Fremden, Kameraden und Mitschülern.

Da es nun, wie wir am Anfang gesagt haben, drei Arten von Freundschaft gibt und es bei jeder einer Gleichheit der Freunde geben kann oder eine Überlegenheit (denn es können in gleicher Weise die Guten Freunde werden, oder ein Besserer mit einem Schlechteren, ebenso auch die Angenehmen, und endlich aufgrund des Nutzens sowohl jene, die einander gleich viel nützen, wie jene, die darin unterschieden sind), so muß man bei den Gleichen eben diese Gleichheit in der Freundschaft und im übrigen herstellen, die Ungleichen aber im Verhältnis des Übermaßes behandeln.

Vorwürfe und Klagen gibt es ausschließlich oder doch meistens in der auf dem Nutzen beruhenden Freundschaft, und dies begreiflicherweise. Denn jene, die einander wegen der Tugend lieben, nehmen sich vor, einander Gutes zu tun (denn dies gehört zur Tugend und zur Freundschaft) und wenn man darin wetteifert, kann es keine Vorwürfe oder Streit geben (denn über den Liebenden, der einem Gutes tut, ärgert sich keiner, sondern wenn er gutgesinnt ist, wehrt er sich, indem er seinerseits Gutes tut; wer aber Überwiegendes leistet und dann erhält, was er erstrebt hat, wird dem Freund keinen Vorwurf machen, denn beide streben ja nach dem Guten). Auch dort, wo die Lust der Grund ist, kommt dies kaum vor (denn beide erreichen, wonach sie streben, und freuen sich, beisammen zu sein; wer jenem Vorwürfe machen wollte, der ihm nicht gefällt, wäre lächerlich, da es ihm ja freisteht, sich zu entfernen). Die Freundschaft aufgrund des Nutzens aber neigt zu Vorwürfen. Denn da sie wegen des Gewinnes miteinander umgehen, verlangen sie immer mehr und glauben weniger zu erhalten, als ihnen zukommt, und schimpfen, daß sie nicht soviel erhalten, wie sie sollten und wessen sie wert wären. Wer umgekehrt Gutes tut, kann niemals so viel leisten, als die Empfänger haben möchten.

Wie es nun ein doppeltes Recht gibt, das ungeschriebene und das gesetzliche, so scheint auch bei der Freundschaft aus Nutzen die eine auf dem Charakter, die andere auf dem Gesetz zu beruhen. Die Vorwürfe entstehen dann am meisten, wenn sie sich nicht in demselben Sinne auseinandersetzen. Die gesetzliche Freundschaft beruht auf Abmachungen, die ganz ordinäre »aus der Hand in die Hand«, die etwas großzügigere auf Sicht und mit einem Vertrag über Leistung und Gegenleistung (da ist dann die Verpflichtung klar und unbestreitbar, und nur der Aufschub enthält ein Element der Freundschaft; darum gibt es bei einigen kein Rechtsverfahren in solchen Dingen, sondern man meint, daß jene sich als Freunde benehmen müssen, die etwas auf Treu und Glauben hin abgemacht haben).

Die Freundschaft aufgrund des Charakters beruht nicht auf Abmachungen, sondern man schenkt oder leistet etwas aufgrund der Freundschaft. Man erwartet aber gleich viel oder mehr wieder zu erhalten, wie wenn man nicht gegeben, sondern ausgeliehen hätte; und erfolgt die Gegenleistung nicht entsprechend der Leistung, so klagt man. Dies kommt daher, daß alle oder die meisten zwar das Edle wollen, aber das Nützliche vorziehen. Schön ist es nun, Gutes zu tun ohne die Absicht, Gutes zu erfahren, nützlich aber, Gutes zu erfahren.

Wer also kann, soll den Gegenwert dessen, was er erhalten hat, geben, und zwar freiwillig. Tut er es unfreiwillig, so soll man ihn nicht als Freund ansehen, da er sich von Anfang an verfehlt und Gutes empfing, wo er es nicht hätte tun sollen, nämlich nicht von einem Freunde und nicht von einem, der es aus eben diesem Grund tat. Und dann muß man die Wohltat zurückerstatten, wie wenn es sich um eine Abmachung handelte. Und wer es kann, wird auch zugestehen, daß er vergelten möchte. Kann man das nicht, so wird auch der, der gegeben hat, es nicht verlangen. Also, wenn man kann, so soll man zurückgeben. Aber man soll von vornherein prüfen, von wem man Wohltaten angeboten bekommt und unter welcher Bedingung, damit man sie annehme oder nicht.

Die Frage besteht, ob man die Gegenleistung nach dem Nutzen, den die Leistung für den Empfänger hatte, bemessen soll, oder nach der Leistung, die es für den Gebenden war. Denn die Empfänger werden sagen, sie hätten etwas erhalten, was für den Gebenden eine Kleinigkeit war und was man auch von anderen hätte bekommen können, und verkleinern damit die Gabe. Jene umgekehrt erklären, sie hätten das Größte dahingegeben und was man nirgendwo sonst bekommen hätte und was sie unter Gefahren und Entbehrungen gegeben hätten. Da nun die Freundschaft auf dem Nutzen beruht, ist da wohl der Nutzen für den Empfänger der richtige Maßstab? Denn er hat darum gebeten, und der andere hilft ihm in der Erwartung, gleiches dafür zu erhalten. Die Hilfe ist so groß, als der Nutzen für den Empfänger war, und so muß zurückgegeben werden, soviel es genützt hat, oder noch mehr. Denn so ist es schöner.

Bei den Freundschaften aufgrund der Tugend gibt es keine Vorwürfe, und als Maß gilt die Absicht des Gebenden. Denn das Gewicht der Tugend und des Charakters liegt in der Absicht.

Auch in den Freundschaften auf Grund der Überlegenheit gibt es Meinungsverschiedenheiten. Denn jeder beansprucht, mehr zu bekommen, und wenn dies geschieht, löst sich die Freundschaft auf. Der Bessere meint, ihm komme es zu, mehr zu erhalten (denn dem Guten werde mehr zugeteilt); dasselbe meint der Nützlichere. Wer nichts nütze, so sagt man, dürfe auch nicht Gleiches erhalten; es sei eine Pflichtleistung und keine Freundschaft, wenn die Taten der Freundschaft sich nicht nach dem Wert der Leistungen richten. Man meint, es sei wie bei einer Geschäftsgemeinschaft, wo der, der mehr beigetragen hat, auch mehr gewinnt. Der Bedürftige und der Geringere argumentieren umgekehrt: es sei die Aufgabe eines guten Freundes, den Bedürftigen zu helfen. Denn, sagen sie, was nützt es, mit einem Tugendhaften oder einem Herrscher befreundet zu sein, wenn man keinen Gewinn davon hat? Jeder scheint recht zu haben, und jedem muß man aufgrund der Freundschaft mehr geben, aber nicht von demselben, sondern dem Überlegenen an Ehre, dem Bedürftigen an Gewinn. Denn der Lohn der Tugend und der Wohltat ist die Ehre, die Hilfe bei Bedürftigkeit ist der Gewinn.

So scheint es auch im Staate zu gehen. Wer zum Gemeinsamen kein Gut beisteuert, erhält kein Ehre. Denn die Gemeinschaft gibt dem, der der Gemeinschaft Gutes getan hat, und was sie gibt, ist die Ehre. Man kann nämlich nicht gleichzeitig von der Gemeinschaft profitieren und Ehre bekommen. Keiner hält es anderseits aus, in allem zu kurz zu kommen. Wer also finanziell zu kurz kommt, erhält die Ehre, und wer Geschenke annimmt, erhält Geld. Denn die Würdigkeit gleicht aus und erhält die Freundschaft, wie wir schon gesagt haben.

So muß man auch mit Ungleichen umgehen, und wer an Vermögen oder an Tugend einen Nutzen erfährt, muß es mit Ehre vergelten, und zwar soviel er kann. Denn die Freundschaft sucht das Mögliche und nicht das der Würde Entsprechende. Dies wäre auch nicht in allen Fällen möglich, wie etwa in den Ehren, die man den

Göttern gibt oder den Eltern. Keiner kann da nach Würdigkeit vergelten, wenn er es aber nach seinen Kräften tut, so wird man ihn für anständig halten. Darum scheint es auch nicht richtig zu sein, daß ein Sohn sich von seinem Vater lossagt, wohl aber umgekehrt. Denn wer schuldet, muß zurückgeben, kein Sohn aber hat mit dem, was er tut, die Wohltaten vergolten, so daß er also immer schulden wird. Wer aber Gläubiger ist, darf entlassen, und so auch der Vater.

Allerdings wird sich wohl keiner von seinem Sohn trennen, wenn dieser nicht über alles Maß hinaus schlecht ist (denn abgesehen von der natürlichen Liebe ist es menschlich, eine Hilfe nicht von sich zu stoßen). Wenn der Sohn schlecht ist, wird er freilich dieses Helfen meiden oder sich doch nicht dafür anstrengen. Denn die Leute wollen gern Gutes erfahren, aber Gutes zu tun meiden sie, weil es keinen Gewinn bringt.

Wahre Freundschaft als Beweis im Testamentsstreit
Isokrates, Aegineticus 8–15

Die Sache selbst nun, glaube ich, ist hinlänglich erwiesen; damit aber Niemand denke, ich habe die Erbschaft aus unbedeutenden Ursachen erhalten, und sie [die Gegnerin] habe sich gegen Thrasylochus brav bewiesen, und werde jetzt um das Geld gebracht: so will ich auch darüber sprechen; denn ich würde mich für den Todten schämen, wenn ihr nicht alle euch überzeugtet, nicht nur daß er den Gesetzen gemäß, sondern auch daß er mit Recht Dieses that. Und ich glaube, die Beweise werden leicht seyn; denn wir waren so verschieden, daß sie, die wegen ihrer Verwandtschaft [mir die Erbschaft] streitig macht, allezeit sowohl mit ihm selbst, als mit Sopolis und mit ihrer [des Thrasylochus und Sopolis] Mutter fortwährend in Hader und Feindseligkeit lebte, von mir aber sich zeigen wird, daß ich nicht nur um Thrasylochus und seinen Bruder, sondern auch um das Vermögen selbst, um welches wir streiten, am meisten unter seinen Freunden mich verdient gemacht habe.

Ueber das Aeltere zu reden, wäre eine große Arbeit; als aber Pasinus *Paros* eroberte, war eben der größte Theil ihres Vermögens bei meinen Gastfreunden in Sicherheit gebracht; denn wir glaubten, diese Insel sey am sichersten. Da sie nun in Verlegenheit waren und meinten, es sey verloren, so schiffte ich bei Nacht hin und brachte ihnen das Geld, wobei ich mein Leben in Gefahr gab; denn auf dem Lande standen Wachen und an der Eroberung der Stadt hatten einige von unsern Flüchtlingen Theil genommen, welche an *einem* Tage eigenhändig meinen Vater und Oheim und Schwager und außerdem noch drei Geschwisterkinder getödtet hatten. Aber dennoch hielt mich Nichts davon ab, sondern ich ging zu Schiffe hin, weil ich glaubte, ich müsse ebenso für sie, wie für mich selbst mich in Gefahr begeben.

Als hierauf unsre Flucht aus der Stadt erfolgte unter so großer Verwirrung und Furcht, daß Einige auch sogar die Ihrigen im Stiche ließen, so war ich, selbst in diesem Unglück, nicht zufrieden, wenn ich meine eigenen Angehörigen retten könnte; sondern, da ich wußte, daß Sopolis außer Lands, er aber unwohl war, schaffte ich mit ihm seine Mutter und seine Schwester und sein ganzes Vermögen fort. Und nun Wer hat mehr Recht, es zu besitzen, als Der, welcher damals es retten half, und jetzt von Denen, die darüber verfügen können, es erhalten hat?

Das Gesagte nun ist von der Art; wobei ich mich zwar Gefahren aussetzte, aber Nichts schlimmes erfuhr; ich kann aber auch Solches anführen, wodurch ich selbst ihm zu gefallen in die größten Unfälle gerieth.

Als wir nämlich nach *Melos* kamen, und er merkte, daß wir da bleiben wollten, so bat er mich, mit nach *Trözen* zu schiffen, und ihn ja nicht zu verlassen, indem er seinen kränklichen Körper und die Menge seiner Feinde anführte, und daß er ohne mich sich nicht zu helfen wüßte. Obgleich aber meine Mutter sich fürchtete, weil sie erfuhr, der Ort sey ungesund, und die Gastfreunde riethen, dort zu bleiben, so glaubten wir doch ihm willfahren zu müssen. Und hierauf waren wir nicht sobald nach Trözen gekommen, als wir von so heftigen Krankheiten befallen wurden, daß ich beinahe daran gestorben wäre, meine Schwester aber, ein vierzehnjähriges Mädchen, nach dreißig Tagen begrub, und meine Mutter nicht ganz fünf Tage später. Und nun wie glaubt ihr, daß mir zu Muthe war, als eine so große Veränderung in meinen Lebensverhältnissen eingetreten? Da ich in früherer Zeit von keinem Unglück betroffen, seit Kurzem es erfahren hatte, daß ich fliehen mußte, bei Andern als Beisaße lebte, meines Vermögens beraubt wurde, und zudem meine Mutter und meine Schwester aus dem Vaterlande geflüchtet in der Fremde und unter Fremden sterben sah. Daher wird es mir wohl Niemand mit Recht mißgönnen, wenn ich von Thrasylochus Umständen etwas Gutes zu genießen habe; denn um ihm zu willfahren, zog ich nach Trözen und hatte solche Verluste, die ich nie werde vergessen können.

Aber auch Das werden sie [die Gegner] nicht sagen können, daß ich, so lange es mit Thrasylochus gut stand, dieß Alles mir gefallen ließ, als er aber unglücklich war, ihn verließ; denn gerade darin zeigte ich noch deutlicher und mehr das Wohlwollen, das ich gegen ihn hatte. Als er nämlich nach *Aegina* zog und an der Krankheit litt, an welcher er starb, verpflegte ich ihn so, wie meines Wissens nie Jemand einen Andern, während er die meiste Zeit sich schlecht befand, aber noch gehen konnte, und sechs Monate an einander im Bette lag. Und diese Mühseligkeiten wollte keiner seiner Verwandten theilen, sondern nicht einmal ihn zu besuchen kam einer, außer seiner Mutter und seiner Schwester, welche jene [Mühseligkeiten] im Gegentheile noch vermehrten; denn sie kamen krank von Trözen, so daß sie selbst der Pflege bedurften. Aber dennoch, obgleich die Andern sich so gegen ihn benahmen, ermüdete ich nicht und ließ nicht nach, sondern wartete des Kranken mit einem einzigen Sclaven; denn auch von dem Gesinde hielt es keiner aus. Er war nämlich von Natur mürrisch und durch seine Krankheit noch grämlicher geworden; so daß man sich über jene nicht wundern darf, daß sie nicht blieben, sondern vielmehr darüber, wie ich in der Pflege bei einer solchen Krankheit auszudauern vermochte, da er lange Zeit innerliche Geschwüre hatte und sich nicht aus dem Bette erheben konnte, und so viel ausstand, daß wir keinen Tag ohne Thränen hinbrachten, sondern wir klagten beständig über unsre beiderseitigen Leiden, und unsre Flucht und unsre Verlassenheit. Und Dieß hörte nie auf; denn es war mir nicht möglich wegzugehen, ohne daß es schiene, ich versäume ihn, Was mir noch viel schrecklicher gewesen wäre, als die gegenwärtigen Uebel.

Ich wünschte im Stande zu seyn, euch deutlich machen zu können, wie ich mich gegen ihn betrug; denn ich glaube, nicht einmal die Stimme meiner Gegner würdet ihr aushalten; nun aber läßt sich das Schwierigste von Dem, was bei der Pflege vorkommt, und das Lästigste und Was die unangenehmsten Geschäfte verursacht, und die meiste Sorgfalt erfordert, nicht wohl erzählen, aber überleget selbst, mit wie vielen Nachtwachen und Mühseligkeiten man einen solchen Kranken so lange Zeit zu pflegen habe. Ich wurde nämlich so schlecht, daß alle Freunde, welche herkamen, sagten, sie fürchten, ich möchte auch noch zu Grunde gehen, und mir riethen, mich in Acht zu nehmen, indem sie behaupteten, die meisten, welche einen solchen Kranken pflegten, seyen selbst auch aufgerieben worden. Diesen antwortete ich, daß ich viel lieber sterben wollte, als es geschehen lassen, daß er wegen Mangels an einem Wärter vor der Zeit sein Leben ende.

Und nun, da ich mich so gegen ihn betragen habe, hat Jene [die Gegnerin] es gewagt, mir sein Vermögen streitig zu machen, die auch nicht einmal ihn besuchen mochte, obgleich er so lange krank war, und sie jeden Tag erfuhr, wie er sich befand, und ihr die Reise leicht war. Gleichwohl werden sie [die Gegner] jetzt ihn ihr zum Bruder zu geben sich unterfangen, wie wenn sie nicht, je näher mit ihr verwandt sie den Verstorbenen nennen, desto größer und schrecklicher an ihm sich versündigt zu haben schiene, sie, die nicht einmal, als er schon verscheiden wollte, da sie sah, daß alle unsre Mitbürger, welche in Trözen waren, nach Aegina herüberfuhren, um bei seiner Beerdigung zu seyn, nicht einmal auf diese Zeit sich einfand, sondern so roh und theilnamlos sich bewies, daß sie, während sie zur Leiche nicht kommen mochte, um seine Verlassenschaft zu streiten nach Verlauf von nicht zehen Tagen erschien, wie wenn sie mit seinem Gelde, und nicht mit ihm verwandt wäre. Und wenn sie nun zugestehen wird, es bestehe eine so große Feindschaft zwischen ihr und ihm, daß sie mit Recht Dieß thue, so hätte er keine schlechte Verfügung getroffen, wenn er lieber seinen Freunden, als ihr sein Vermögen hinterlassen wollte; wenn sie aber, ohne daß ein Zwist Statt fand, so unbekümmert und schlecht gegen ihn sich benahm, so würde sie mit weit mehr Recht ihres Vermögens verlustig, als die Erbin des seinigen werden.

Bedenket, daß, so viel auf sie ankam, er weder in der Krankheit Pflege erhielt, noch nach seinem Tode der gebräuchlichen Ehren gewürdigt wurde, durch mich aber Dieses beides ihm geworden ist. Nun ist es aber gerecht, daß ihr eure Stimme gebet nicht für

Die, welche sagen, sie stehen mit Einem in Geschlechtsverwandtschaft, in ihren Handlungen aber den Feinden gleich gewesen sind, sondern vielmehr für Die, welche ohne einen Verwandtschaftsnamen zu führen, sich im Unglücke gegen ihn freundschaftlicher bezeigten, als seine Angehörigen.

Bürger und Metöke

Wer ist Polisbürger?

Aristoteles, Politik 1275 a 23–1275 b 22

Der Staatsbürger schlechthin läßt sich nun durch nichts anderes genauer bestimmen als dadurch, daß er am Gerichte und an der Regierung teilnimmt. Von den Regierungsämtern sind einige zeitlich unterschieden, so daß die einen überhaupt nicht zweimal von demselben bekleidet werden dürfen, andere nur nach bestimmten festgelegten Fristen. Anderswo wieder, wie beim Richter oder Mitglied der Volksversammlung, ist die Dauer unbestimmt. Man kann nun vielleicht sagen, daß solche auch gar keine Regierungsbeamten seien, und daß man in dieser Funktion noch keineswegs an der Regierung teilhabe. Doch wäre es lächerlich, jenen die Regierungsfunktion abzustreiten, die die bedeutendsten Angelegenheiten entscheiden. Aber es soll darauf nichts ankommen. Die Frage geht nur nach einem Namen; denn man weiß nicht, wie man das gemeinsame Wesen des Richters und Mitglieds der Volksversammlung bezeichnen soll, da es keinen eigenen Namen besitzt. Man mag es um der Distinktion willen eine unbestimmte Regierungsfunktion nennen. Wir nennen also Staatsbürger die, die daran teilnehmen.

Das wäre die Bestimmung, die wohl so ziemlich am ehesten auf alle jene zutrifft, die man Staatsbürger nennt. Man darf aber nicht übersehen, daß in den Bereichen, deren Gegenstände der Art nach verschieden sind, und wo es eine erste und zweite und nachfolgende Arten gibt, ein Gemeinsames entweder überhaupt nicht existiert, sofern sie solche sind, oder dann nur ganz schwach. So ist evident, daß die Staatsverfassungen der Art nach voneinander verschieden und die einen sekundär, die andern primär sind: die fehlerhaften und abgleitenden müssen sekundär sein gegenüber den fehlerlosen (was wir unter den abgleitenden verstehen, wird später klar werden); dementsprechend wird also auch der Staatsbürger je nach der Verfassung ein anderer sein müssen. So existiert der Bürger, wie wir ihn bestimmt haben, vor allem in der Demokratie, in den anderen Verfassungen kann er existieren, muß es aber nicht. In einzelnen Verfassungen gibt es kein Volk, und man redet von keiner Volksversammlung, sondern nur von Ratsversammlungen, und die Rechtsprechung vollzieht sich durch verschiedene Behörden, wie etwa in Sparta der eine *Ephor* in diesen, ein anderer in anderen Vertragssachen Recht spricht, die *Geronten* wiederum in Mordsachen und möglicherweise eine andere Behörde abermals in anderen Angelegenheiten. Ebenso ist es in Karthago: alle Rechtsfragen werden von bestimmten Behörden entschieden.

Die Bestimmung des Bürgers kann jedoch korrigiert werden. Denn in den anderen Verfassungen ist nicht der in unbestimmtem Sinne Regierende Mitglied der beratenden Versammlung und Richter, sondern ein dazu bestimmter Beamter. Von diesen haben alle oder einige das Recht, sich zu beraten und Recht zu sprechen in allen oder in einigen Dingen.

Es ergibt sich daraus, wer der Staatsbürger sei: wer das Recht hat, an der beratenden oder richtenden Behörde teilzunehmen, den nennen wir also Bürger des betreffenden Staates, Staat aber eine soweit ausreichende Anzahl solcher Staatsbürger, als es zur Autarkie des Lebens notwendig ist, um es einfach zu sagen.

Bruch des Ephebeneides
Lykurgos, Rede gegen Leokrates 18

Es besteht bei euch ein Eid, welchen alle Bürger zu schwören haben, wenn sie in die Bürgerliste eingetragen werden und ins Alter der Mündigkeit eintreten, des Inhalts: daß sie den heiligen Waffen keine Schande machen, daß sie ihren Posten nicht verlassen, daß sie das Vaterland verteidigen und in besserem Stande den Nachkommen übergeben wollen. Hat *Leokrates* diesen Eid geschworen, so ist er offenbar eidbrüchig und hat nicht nur gegen euch sich vergangen, sondern auch gegen die Gottheit gefrevelt; hat er aber nicht geschworen, so ist ja klar, daß er von Anfang an nicht im Sinne hatte, seine Pflicht zu thun, und dafür ist es nur gerecht, wenn ihr sowohl in eurem Namen als im Namen der Gottheit ihn straft. Ihr sollt aber diesen Eid noch hören. Lies ihn vor, Schreiber!

Eidesformel.

Das ist ein schöner, ein heiliger Eid. Dem hat nun Leokrates in allen Stücken zuwidergehandelt. Nun – wie könnte man gottloser, wie könnte einer in höherem Grade Verräter des Vaterlands sein? Wie könnte einer den Waffen mehr Schande machen, als wenn er sich gar nicht bereit finden läßt, sie zu ergreifen und gegen den Feind sich zur Wehre zu setzen? Wer nicht einmal seine Person zur Verfügung stellt, hat denn der nicht seinen Nebenmann und seinen Posten im Stiche gelassen? Wer jeder Gefahr ausgewichen ist, wo hätte der Religion und Staat verteidigt? Wem hätte er das Vaterland vergrößert zurückgelassen – durch Verrat? Denn kam es auf ihn an, so war der Staat den Feinden wehrlos in die Hände gegeben. Und diesen Menschen wollt ihr nicht zum Tode verurteilen, der doch aller möglichen Frevel sich schuldig gemacht hat?

Verdienste um den Staat
Isokrates, Einrede gegen Kallimachus 20–23

Dieser, während euch zehen Jahre ununterbrochen die *Lacedämonier* bekriegten, stellte sich keinen Tag den Feldherrn zum Einreihen, sondern jene ganze Zeit war er weggelaufen und hatte sein Vermögen verborgen, als aber die Dreißige eingesetzt waren, da schiffte er in die Stadt zurück. Und er sagt zwar, er sey ein Volksfreund, wünscht aber so viel sehnlicher, als die Andern, an jener Staatsverfassung Antheil zu haben, daß er nicht einmal, wenn ihm Böses widerfuhr, fortgehen wollte, sondern es vorzog, lieber mit Denen, welche an ihm sich vergangen hatten, belagert zu werden, als mit euch, denen gemeinschaftlich Unrecht geschehen war, als Bürger zu leben. Und bis zu jenem Tage blieb er Theilnehmer an der Staatsverwaltung, an welchem ihr einen Angriff auf die Mauer machen wolltet; da aber ging er fort, nicht weil er mit dem gegenwärtigen Zustande unzufrieden war, sondern weil er die drohende

Gefahr fürchtete, wie er nachher bewies. Als nämlich die Lacedämonier gekommen und die Volkspartei im *Piräeus* eingeschlossen war, lief er dort wieder weg und hielt sich bei den Böotiern auf, daher er weit eher zu den Ueberläufern geschrieben, als einer der Vertriebenen genannt werden sollte. Und nachdem er sich so betragen hat gegen Die im Piräeus, und gegen die in der Stadt Gebliebenen, und gegen den ganzen Staat, ist er nicht zufrieden, das Gleiche zu erhalten, wie die Andern, sondern sucht Etwas vor euch voraus zu haben, wie wenn er allein Unrecht erfahren hätte, oder der beste unter den Bürgern wäre, oder die größten Unfälle euretwegen erlitten hätte, oder des meisten Guten Urheber für den Staat gewesen wäre. Ich wünschte, ihr kennetet ihn ebenso, wie ich, damit ihr nicht mit ihm über das Verlorene ärgerlich, sondern wegen des noch Uebrigen über ihn unwillig würdet. Nun aber würde, um von den Andern, auf welche er Anschläge gemacht, und was für Privatklagen er vor Gericht erhoben, und welche öffentliche Klagen er eingebracht, und mit welchen Leuten er sich verbunden, und gegen welche er die Unwahrheit bezeugt hat, zu erzählen, selbst zweimal so viel Wasser [Zeit] nicht hinreichend seyn; wenn ihr aber nur *eine* von seinen Thaten gehört habt, so werdet ihr leicht auch seine sonstige Schlechtigkeit erkennen.

Cratinus nämlich hatte einen Streit über ein Stück Land mit seinem Schwager. Da es nun zu Thätlichkeiten kam, versteckten sie eine Sclavin und beschuldigten den Cratinus, er habe sie an den Kopf geschlagen, an der Wunde aber, sagten sie, sey das Weibsbild gestorben und stellten eine Klage wegen Mords gegen ihn an bei dem *Gerichtshofe zum Palladium*. Als Cratinus ihre Anschläge erfuhr, verhielt er sich die übrige Zeit ruhig, damit sie nicht die Sache abändern und andre Angaben erfinden möchten, sondern auf frischer That als Betrüger ertappt würden; nachdem aber sein Schwager ihn angeklagt und er bezeugt hatte, das Weibsbild sey wirklich gestorben, gingen sie [Cratinus und seine Freunde] in das Haus, wo sie versteckt war, nahmen sie mit Gewalt, führten sie in den Gerichtshof und zeigten sie allen Anwesenden lebendig, so daß er, während siebenhundert zu Gericht saßen und vierzehn ebenso, wie er, zeugten, keine Stimme für sich bekam. Rufe mir die Zeugen dafür.

Zeugen.

Wer vermöchte also würdig über seine Thaten zu klagen? oder Wer könnte einen besseren Beweis von Ungerechtigkeit, und böslicher Angeberei und Schlechtigkeit auffinden? Denn einige Vergehungen offenbaren nicht den ganzen Character Derer, welche sich vergingen, aus solchen Handlungen aber ist leicht das ganze Leben der Fehlenden zu erkennen. Denn Wer bezeugt, die Lebenden seyen gestorben, Was denkt ihr werde der noch unterlassen? oder Wer in fremden Angelegenheiten so schlecht war, Was würde der nicht in seinen eigenen wagen? Wie soll man, wenn er für sich spricht, ihm glauben, welcher überführt ist, daß er für Andere einen Meineid schwor? Von Wem zeigte sich je deutlicher, daß er die Unwahrheit bezeugte? Denn die Andern beurtheilt ihr nach Dem, was gesprochen wird, daß aber sein Zeugniß falsch war, *sahen* die Richter. Und nachdem er solche Frevel begangen, wird er sich unterfangen zu sagen, wir lügen, wobei er das Gleiche thut, wie wenn *Phyrondas* Einem Schelmerei vorwürfe, oder *Philorgus* der das *Gorgonion* stahl, die Andern Tempelräuber nennete. Wer sollte eher für nicht Geschehenes Zeugen bekommen, als er, der selbst für Andere die Unwahrheit zu bezeugen wagt?

Doch über Kallimachus zu klagen gibt es noch oft Gelegenheit, (denn er hat sein Betragen als Staatsbürger darnach eingerichtet); was nun aber mich betrifft, so will ich alle andern Leistungen für den Staat übergehen, die aber, wofür ihr nicht nur mit Recht mir Dank wissen, sondern auch sie als Beweis über die ganze Sache gebrauchen dürftet, will ich vor euch erwähnen. Als nämlich der Staat die Schiffe im *Hellesponte* verlor und seiner Macht beraubt wurde, zeichnete ich mich vor den meisten mit Ausrüstung der Dreiruder beauftragten Bürger so sehr aus, weil ich mit Wenigen mein Schiff rettete; vor Diesen selbst aber, weil ich allein in den Piräeus einlief, und von meinem Auftrag zur Ausrüstung von Dreirudern mich nicht lossagte; sondern während die Andern gerne von ihren Leistungen für den Staat sich frei machten, und bei den vorwaltenden Umständen muthlos waren, und die aufgewendeten Kosten bereuten, ihr übriges Vermögen aber verbargen, und glaubten, das Gemeinwesen sey verloren und ihre eigene Lage bedachten, hatte ich nicht dieselbe Gesinnung, wie sie, sondern beredete meinen Bruder mit mir die Ausrüstung von Dreirudern zu übernehmen, und wir gaben aus eigenen Mitteln den Schiffleuten Gold und fügten den Feinden Schaden zu. Endlich, als *Lysander* für den Fall, wenn Jemand Getreide euch zuführe, den Tod als Strafe verkündigte, handelten wir so edel an dem Staate, daß wir, während die Andern nicht einmal ihr eigenes einzuführen wagten, das zu Jenen [den Lacedämoniern] eingehende wegnahmen und in den Piräeus brachten. Dafür beschloßet ihr uns zu kränzen, und vor den Bildsäulen der *Heroen* auszurufen, als Urheber großer Wohlthaten. Und doch muß man nicht Die für Volksfreunde halten, welche, so lange das Volk sich behauptete, an den Angelegenheiten Antheil zu nehmen verlangten, sondern Die, welche, als der Staat unglücklich war, für euch in Gefahren gehen mochten, und Einem Dank wissen, nicht wenn ihm selbst Böses widerfahren ist, sondern wenn er euch Gutes gethan hat, und mit armgewordenen Leuten Mitleiden haben, nicht wenn sie ihr Vermögen verloren, sondern wenn sie es für euch aufgewendet haben.

Und daß ich Einer von Diesen gewesen bin, wird sich zeigen, ich, der der allerunglücklichste Mensch wäre, wenn ich, nachdem ich Vieles von meinem Vermögen für den Staat aufgewendet habe, jetzt für einen Mann gälte, der arglistig nach Fremdem trachte, und den bösen Leumund bei euch für Nichts anschlage, ich, der nicht nur mein Vermögen, sondern auch mein Leben geringer achtete, als bei euch in gutem Rufe zu stehen. Wen von euch würde es nicht reuen, wenn auch nicht sogleich, doch bald darauf, wenn ihr den böslichen Ankläger reich geworden sehen würdet, mich aber auch Dessen, was ich von meinen Leistungen für den Staat übrig behielt, verlustig? und ihn, der niemals für euch in Gefahren ging, mehr vermögend, als die Gesetze und die Verträge, mich aber, der so dienstwillig gegen den Staat gewesen ist, nicht einmal sein Recht zu erlangen gewürdigt? Wer würde euch nicht schelten, wenn ihr, beredet durch Kallimachus Worte, uns einer solchen Schlechtigkeit schuldig erklärtet, uns, die ihr, nach den Thaten urtheilend, wegen Bravheit bekränztet, als es nicht einmal so leicht war, wie jetzt, diese Ehre zu erlangen? Das Gegentheil von Dem, was bei den Andern geschieht, ist bei uns eingetreten; die Andern nämlich erinnern Die, welche die Ehrenbelohnungen erhalten haben, daran, wir aber wollen, daß ihr, welche sie verliehen haben, daran gedenket, damit es euch ein Beweis für alles Gesagte und für unsre Handlungsweise werde. Einleuchtend aber ist es, daß wir uns dieser Ehre würdig bewiesen, nicht damit wir nach Entstehung der Herrschaft Weniger das fremde Eigenthum plündern, sondern damit nach erfolgter Rettung des Staats die Andern das Ihrige behalten, uns aber die Mehrheit der Bürger Dank schuldig wäre. Und diesen fordern wir jetzt zurück, indem wir nicht vor dem Rechte Etwas voraus haben wollen, sondern zeigen, daß wir Nichts unrechtes thun..., da wir dem Eide und den Verträgen getreu bleiben. Denn es wäre traurig, wenn sie um Die, welche Unrecht gethan haben, von der Strafe zu befreien, gültig wären, bei uns aber, die Gutes gethan haben, für ungültig erklärt würden. Es ist aber Pflicht, den gegenwärtigen Zustand zu erhalten, indem ihr bedenket, daß andere Staaten Verträge schon in Parteikämpfe versetzten, den unsern aber in größere Eintracht. Daran müßt ihr denken und zugleich, Was gerecht und nützlich ist, beschließen.

Timarchos als Prasser und schädlicher Bürger
Aischines, Gegen Timarchos 40–43

Denn ihm hinterließ sein Vater ein Vermögen, von welchem ein Anderer auch größere Staatsleistungen bestritten hätte, der aber konnte sich's nicht einmal bewahren; nämlich ein Haus in der Hinterstadt, ein entlegenes Landgut zu *Sphettos*, ein anderes Stück Ackerland zu *Alopeke*, außerdem 9 oder 10 Sklaven von der Schuhmacherprofession, von denen ihm ein Jeder täglich 2 *Obolen* Leibzins einbrachte und der Werkmeister von der Werkstätte 3 Obolen, dann noch zudem eine Frau, welche *amorginische Zeuge* zu verfertigen verstand und feine Kunstgewebe zu Markte brachte, und einen Mann, der gestickte Kleider machte, und Einige, die ihm Geld schuldig waren und Hausgeräthe. Daß ich aber hierin die Wahrheit sage, davon werde ich denn doch wohl beim Zeus Zeugen beibringen, die euch das ganz deutlich und ausdrücklich bezeugen. Denn es ist nicht, wie dort Gefahr oder Schande, für den, der die Wahrheit bezeugt, damit verknüpft. Das Haus in der Stadt nämlich ließ er an Nausikrates, den komischen Schauspieler ab, später aber kaufte es von Nausikrates um 20 *Minen* Kleänetos, der Chorlehrer. Das entlegne Landgut kaufte von ihm Mnesitheos, der Myrrinusier, eine große Fläche, aber schrecklich verwildert unter diesem; das Stück Ackerland zu Alopeke aber, welches 11 oder 12 Stadien von der Stadtmauer entfernt lag, auch dieses Grundstück verschonte er nicht, trotzdem, daß ihm, wie ich vernehme, seine Mutter flehentlich Gegenvorstellungen machte, es doch sein zu lassen und dasselbe nicht zu veräußern, und es ihr, wenn zu nichts anderm, doch dazu, um darin begraben zu werden, zu überlassen, ja er veräußerte auch dieses um 2000 *Drachmen*. Und so ließ er Niemanden von den Dienerinnen und Sklaven zurück, sondern verkaufte alles. Und dafür, daß ich dies nicht lüge, werde ich Zeugnisse beibringen, die bezeugen, wie der Vater es ihm hinterlassen habe, er aber mag, wenn er behaupten will sie nicht verkauft zu haben, die Sklaven in Person sichtlich vor Augen stellen.

Daß jener aber auch Einem Geld geliehen gehabt habe, was dieser an sich gezogen und verthan hat, dafür werde ich euch den Sphettier Metagenes als Zeugen stellen, der jenem mehr als 30 Minen schuldete; was aber beim Tode des Vaters noch übrig war, nämlich 7 Minen, an diesen zurückgab. Und so rufe mir den Sphettier Metagenes. Zuerst unter allen aber verlies das Zeugniß des Nausikrates, welcher das Haus kaufte. Auch alle die andern nimm, von denen ich in der Rede selbst Erwähnung gethan habe.

Zeugnisse.

Daß also sein Vater nicht wenig Geld besaß, was unter diesem Menschen zu nichts wurde, das will ich euch beweisen. Weil er sich nämlich vor den öffentlichen Leistungen an den Staat fürchtete, veräußerte er die Besitzungen, die er hatte. So ohne die eben genannten ein anderes Grundstück zu *Kephisiä*, eine Länderei zu *Amphitrope*, zwei Arbeitstätten in den Silberbergwerken, eine zu *Aulon*, eine andere bei *Thrasyllos Grabmal*. Ich will aber erzählen, woher er so vermögend geworden war. Es waren ihrer drei Brüder, Eupolemos, der Turnlehrer und Arizelos, der Vater von diesem und Arignotos, der noch jetzt am Leben ist, ein alter, erblindeter Mann. Von diesen starb zuerst Eupolemos, als das Vermögen noch nicht getheilt war, dann aber Arizelos, Timarchs Vater. So lange er lebte, hatte er das ganze Vermögen unter den

Händen wegen Arignotos' Kränklichkeit und seines Mißgeschicks an den Augen und weil Eupolemos gestorben war und gab auch nach einer getroffenen Uebereinkunft dem Arignotos Etwas zum Unterhalte. Nachdem aber auch Arizelos, der Vater des Timarchos hier gestorben war, wurde die erste Zeit, so lange dieser im Knabenalter stand, dem Arignotos alles, was billig war, von den Vormündern zu Theil. Sobald jedoch dieser Timarchos hier in die Bürgerrolle eingetragen und Herr übers Vermögen geworden war, schob er den alten unglücklichen Mann, seinen Oheim, bei Seite, machte sein Vermögen zu nichte, und gab dem Arignotos nichts von dem, was er brauchte, sondern sah es gleichgültig mit an, wenn er nach einem solchen Vermögen unter den Staatsarmen eine Geldunterstützung bezog. Und endlich, was das ärgste ist, als der alte Mann die für die Unvermögenden anberaumte Prüfung verabsäumt hatte und nun bittend beim Rathe wegen des Almosens einkam, so mochte er, trotzdem, daß er Rathsmitglied war und an jenem Tage den Vorsitz führte, dennoch nicht ein gutes Wort für ihn einlegen, sondern ließ ihn gleichgültig für die Prytanie um sein Geld kommen. Daß ich aber die Wahrheit sage, dafür rufe mir nun auch den Sphettier Arignotos und lies sein Zeugniß vor.

Zeugniß.

Aber vielleicht möchte Einer sagen, daß er sein väterliches Haus veräußert habe, um sich irgendwo anders in der Stadt ein anderes anzuschaffen und daß er statt des entlegnen Landguts und des Stück Feldes zu Alopeke und für die Handwerkssklaven und das Uebrige sich etwas auf dem Bergbau anlegte, wie früher schon sein Vater. Allein es ist ihm gar nichts übrig, nicht ein Haus, nicht ein Hausantheil, nicht ein Stück Land, keine Sklaven, keine Zinsen, rein gar nichts, wovon Menschen, wenn sie nicht Betrüger sind, leben, sondern statt der väterlichen Erbgüter steht ihm Schamlosigkeit, falsche Angeberei, Keckheit, Ueppigkeit, Niederträchtigkeit, Unverschämtheit und daß er über Schändliches nicht zu erröthen versteht, in Fülle zu Gebote, Dinge, wodurch Einer leicht der schlimmste und schädlichste Bürger werden dürfte. Und so hat er denn nicht blos sein väterliches Gut verpraßt, sondern auch euer Gemeingut, soweit er irgend jemals darüber verfügen konnte. Denn dieser Mensch hat in dem Alter, in welchem ihr ihn seht, jedmögliches Amt bereits bekleidet, indem er nicht etwa durchs Loos oder durch Wahl dazu kam, sondern sie alle den Gesetzen zuwider sich kaufte.

Appell an Metöken
Thukydides VII 63

Den Ruderern aber möchte ich zureden und zugleich damit auch bitten, seid ob der erlittenen Rückschläge nicht gar zu verzweifelt – unsere Streitmacht auf den Verdecken ist jetzt tüchtiger, unsre Schiffe zahlreicher –, und denkt, ob es nicht lohnt, sich jenes Hochgefühl zu erhalten, wie ihr all die Zeit, auch ohne Athener zu sein, wegen der Kenntnis unsrer Sprache und Nachahmung unsrer Art, von ganz *Hellas* als Athener bewundert wurdet und nicht geringeren Anteil hattet an unsrer Herrschaft, wegen der Vorteile und der Scheu der Untertanen auch vor euch, und daß keiner euch zu beleidigen wagte. Wart ihr also die einzigen freien Teilhaber unsrer Macht, so gebt sie nicht jetzt preis – es wär nicht recht, seht herab auf die Korinther, die ihr oft besiegt habt, und die Sizilier, von denen keiner auch nur an Widerstand gedacht hat, solange unsre Flotte noch auf der Höhe war; schlagt sie zurück und zeigt ihnen, daß auch in Schwäche und Unglück eure Erfahrung immer noch stärker ist als der andern Glück und Kraft.

Willkürmaßnahmen gegen Metöken
Xenophon, Hellenika II 3,21–23

So beschlossen sie, um die Besatzungsmannschaften bezahlen zu können, daß jeder von ihnen einen Metöken greifen und hinrichten und sein Vermögen beschlagnahmen solle. Auch dem *Theramenes* befahlen sie, einen zu nehmen nach seiner Wahl. Der aber antwortete: »Es scheint mir wahrlich nicht schön, wenn wir uns als die Besten ausgeben und dabei Taten verüben, ungerechter als die *Sykophanten*. Denn diese haben wenigstens die Menschen, denen sie ihr Geld abnahmen, am Leben gelassen, wir aber, sollen wir

Leute umbringen, die nichts Unrechtes getan haben, damit wir ihr Geld erhalten? Wie sollte das nicht in jeder Beziehung weit ungerechter sein, als was jene taten?« Da die übrigen Dreißig daraufhin glaubten, Theramenes sei ihnen bei ihren Willkürmaßnahmen im Wege, so schmiedeten sie einen Anschlag gegen ihn und verleumdeten ihn in Gesprächen unter vier Augen mit den einzelnen Ratsherren als einen, der die Staatsordnung zersetze. Dann beriefen sie die Ratsversammlung ein, nachdem sie vorher bei jungen Leuten, die ihnen besonders mutige Draufgänger zu sein schienen, den Befehl hatte herumgehen lassen, sich mit einem Dolch unter der Achsel einzufinden.

Bürgerrecht für Metöken
Inschrift.

Vorderseite
[Lysiades war] Schreiber, [Xenainetos] war Archon; [der Rat und das Volk haben beschlossen; die *Phyle* Hippothontis hatte die Prytanie], Lysiades war Schreiber, Demophilos war *epistatēs*, [Archinos stellte den Antrag: damit die Metoiken, die mit aus *Phyle* zurückgekehrt sind, oder den in den Piräus Zurückkehrenden bei ihrer Rückkehr geholfen haben, den gebührenden Dank davontragen], möge von den Athenern [in bezug auf diese] beschlossen werden, daß sie und ihre Nachkommen [das Bürgerrecht haben und daß sie auf der Stelle auf die zehn Phylen verteilt werden sollen], daß die Beamten auf sie die gleichen Gesetze anwenden sollen, [wie auch auf die anderen Athener. Diejenigen, die nicht bei der Rückkehr dabeiwaren], aber in der Schlacht auf der *Munichia* mitgekämpft haben, den [Piräus den Athenern miterhalten haben und in der Stadt mit dabei waren], als die Vereinbarungen getroffen wurden, und das taten, was ihnen aufgetragen war, [die sollten *isoteleia* haben, wenn sie in Athen wohnten, und das Recht darauf, eine legale] Ehe einzugehen wie die Athener. Was aber die betrifft...

Verso
Chairedemos, Bauer; Leptines, Koch; Demetrios, Zimmermann; Euphorion, Maultiertreiber; Kephisodoros, Baumeister; Hege-

sias, Gärtner; Epameinon, Eselstreiber; [...] opos, Ölhändler; Glaukias (?), Bauer; [...] on, Händler mit Nüssen; Dionysios (?) Bauer; Bendiphanes, Hersteller von Gefäßen (?); Emporion, Bauer; Paidikos, Brotverkäufer; Sosias, Tuchwalker; Psamenis, Bauer; Egersos (Beruf nicht angegeben); [...]: Eukolion, Lohnarbeiter; Kallias, Bildhauer. Aus der Phyle Aigeis: Athenogiton, [...] Phrynichos [...] Zoilos [...] Timaios...

Freiheiten von Sklaven und Metöken in Athen
Pseudo-Xenophon, Staat der Athener I 10–14

Bei den eigentlichen *Knechten* hingegen und den *Schutzbürgern* herrscht in Athen größte Zuchtlosigkeit, und man darf daselbst den Knecht weder hauen, noch wird er dir bescheiden ausweichen. Weswegen das aber landesüblich ist, will ich sofort erklären. Wenn es Brauch wäre, daß der Knecht von jedem beliebigen freien Mann geschlagen würde oder gar der Schutzbürger und der Freigelassene, so hätte der schon oft auf den ersten Eindruck hin, der Athener vor ihm sei ein Knecht, dreingehauen: denn wie an Kleidung das Volk daselbst nichts Besseres ist als die Knechte und die Schutzbürger, so sind sie auch in ihrer ganzen Erscheinung um nichts besser. Wenn aber einen auch das wundert, daß sie daselbst die Knechte üppig werden, ja einige sogar auf großem Fuß leben lassen, auch das tun sie, wie ich vielleicht zeigen kann, mit Absicht. Denn wo es eine Seemacht gibt, ist es eine Naturnotwendigkeit für die Sklaven, um Geld zu fronen, damit ich als Herr von ihrer Tätigkeit wenigstens die Abgaben bekomme, und sie freizugeben. Wo es aber einmal reiche Knechte gibt, da lohnt es nicht mehr, daß mein Knecht sich vor dir fürchte wie in Lakedaimon, wo mein Knecht tatsächlich sich vor dir fürchtete: denn wenn sich einmal dein Knecht vor mir fürchtet, wird er immer Gefahr laufen, sogar sein Geld herzugeben, um dann nicht mehr an Leib und Leben Gefahr zu laufen. Deshalb also haben wir sogar für die Knechte freie Meinungsäußerung eingeführt in demselben Maße wie für die Freien; und auch für die Schutzbürger in demselben wie für die Staatsbürger, weil der Staat Schutzbürger braucht, sowohl um der Menge der Gewerbe als auch um das Seewesens willen; deshalb also haben wir naturgemäß auch für die Schutzbürger dasselbe Recht der freien Meinungsäußerung eingeführt.

Jedoch den daselbst tätigen Verein von Turnern und der Musik Beflissenen hat das Volk aufgelöst in der Überzeugung, daß das ein Unfug sei, weil ihm zum Bewußtsein gekommen war, daß es nicht imstande sei, diese Künste geflissentlich und angelegentlich zu betreiben. Bei den *Choregien* jedoch und *Gymnasiarchien* und *Trierarchien* sind es, wie ihnen bewußt ist, die Reichen, die als Choregen wirken, das Volk, das vom Choregen angestellt wird, und die Reichen, die als Gymnasiarchen und Trierarchen wirken, das Volk, das vom Trierarchen und Gymnasiarchen angestellt wird. Jedenfalls hält es das Volk für angemessen, Geld zu verdienen mit seinem Singen, Rennen, Tanzen und Fahren in den Schiffen, damit es selber den Gewinn habe und die Reichen zugleich verarmen; und ebenso kümmern sie sich in den Gerichtshöfen nicht so sehr um das Recht als vielmehr um ihren eigenen Vorteil.

Einnahmen aus verstärkter Ansiedlung von Metöken
Xenophon, Vorschläge zur Beschaffung von Geldmitteln oder über die Staatseinkünfte II

Die Ursache von diesem allem ist meiner Meinung nach, wie ich schon bemerkte, das Land selber. Kommt nun zu den von der Natur selbst geschaffenen Gütern zuallererst die Förderung der Metöken hinzu – Einkünfte von ihnen scheinen mir nämlich zu den besten zu gehören, weil die Metöken, die sich selbst ernähren und den Städten großen Nutzen bringen, keine Besoldung annehmen, sondern sogar noch die *Metökenabgabe* entrichten. Mir scheint aber das als eine ausreichende Förderung, wenn wir einerseits die Regelungen aufheben, die, ohne der Stadt zu nützen, den Metöken Erniedrigungen zu bringen scheinen, und wenn wir andererseits abschaffen, daß Metöken als Schwerbewaffnete gemeinsam mit den Bürgern in den Krieg ziehen. Denn schwer ist die Gefahr für die Schwerbewaffneten, schwerwiegend ist es aber auch (für sie), sich von ihren Beschäftigungen und Häusern zu entfernen. Aber sicher dürfte auch die Stadt einen Nutzen davon haben, wenn die Bürger lieber allein miteinander ins Feld zögen, anstatt daß sich mit ihnen zusammen *Lyder, Phryger, Syrer* und andere Nichtgriechen aus vielerlei Ländern in der Schlachtreihe aufstellen, wie es jetzt üblich ist. Denn viele Metöken entstammen diesen Völkern. Zusätzlich zu dem Vorteil, daß die Metöken davon befreit würden, gemeinsam in der Schlachtreihe aufgestellt zu werden, käme es auch dem Ansehen der Stadt zugute, wenn die Athener in dem Rufe stünden, dann, wenn es ums Kämpfen geht, mehr auf sich als auf Fremde zu bauen. Und wenn wir weiterhin die Metöken außer zu den anderen Dingen, an denen sie zu beteiligen ehrenvoll ist, zusätzlich auch zur Reiterei zuließen, dann dürften wir uns meiner Meinung nach ihr größeres Wohlwollen gewinnen und zugleich die Stadt größer und stärker machen. Ferner gibt es auch innerhalb der Stadtmauern viele Grundstücke, die nicht mit Häusern bebaut sind, und (als) Bauplätze (geeignet sind). Wenn nun die Stadt den Bauwilligen, die darum nachsuchen und würdig erscheinen, das Recht auf Besitz einräumte, dann dürften meiner Meinung nach auch infolge dieser Maßnahme bei weitem mehr und bessere Leute ihre Niederlassung in Athen anstreben. Und wenn wir das Amt von Metökenbeauftragten einführten – nach dem Vorbild der Waisenpfleger – und unter ihnen die ausgezeichnet würden, die die meisten Metöken vorweisen könnten, dann dürfte auch dieser Schritt die Metöken gewogener machen, und aller Wahrscheinlichkeit nach dürften alle Heimatlosen die Metökie in Athen anstreben und unsere Einnahmen vergrößern.

Sklave, Metöke, Platäer?
Lysias, Rede gegen Pankleon

Über die vorliegende Sache, ihr Herren Geschworene, kann ich nicht viele Worte machen, glaube es aber auch nicht nötig zu haben. Ich will nur versuchen euch zu beweisen, daß ich meine Klage gegen diesen Pankleon hier, da er kein *Platäer* ist, ganz in der rechten Form eingereicht habe.

Da er nämlich lange Zeit hindurch unaufhörlich sich gegen mich Beleidigungen erlaubte, so ging ich zu der Walkerwerkstätte in der er arbeitete, und lud ihn vor den *Polemarchen*, in der Voraussetzung er sei *Schutzverwandter*. Da er aber erklärte er sei Platäer, so fragte ich ihn, in welcher Gemeinde er zu Hause sei. Einer der Anwesenden gab mir den Rat ihn auch vor die *Phyle* zu laden zu der zu gehören er vorgeben würde. Da er nun antwortete, er sei aus der Gemeinde *Dekeleia*, so lud ich ihn auch vor die Richter der *hippothoontischen Phyle*. Hierauf ging ich in die Barbierbude bei den *Hermen*, wohin die Dekeleer zu kommen pflegen, und fragte dort und erkundigte mich bei allen Dekeleern die ich fand, ob sie einen gewissen zur Gemeinde Dekeleia gehörigen Pankleon kennen. Keiner sagte, er kenne einen solchen. Dagegen erfuhr ich daß andere Prozesse gegen ihn bei dem Polemarchen teils noch anhängig teils schon entschieden seien. Daher brachte nun auch ich dort meine Klage gegen ihn ein.

Ich will nun zuerst die Dekeleer die ich befragte als Zeugen aufrufen, hierauf auch diejenigen welche gerade anwesend sind von denen die sonst noch gegen ihn beim Polemarchen geklagt und seine Beurteilung durchgesetzt haben. – Stelle mir die *Wasseruhr*.

Zeugen.

Durch dies also ließ ich mich bestimmen meine Klage gegen ihn bei dem Polemarchen einzureichen. Da er aber Einrede gegen die Zulässigkeit derselben erhob, so lag mir weit mehr daran nicht den Schein eines beabsichtigten Unrechts auf mich zu laden als Genugthuung für das mir angethane Unrecht zu erhalten, und ich fragte zuerst den Euthykritos, den ältesten Platäer, den ich kannte und von dem ich glaubte er müsse es am ehesten wissen, ob er einen Platäer Namens Pankleon, einen Sohn des Hipparmodores, kenne. Nachdem ich von ihm die Antwort erhalten daß er zwar einen Hipparmodoros kenne, aber nichts von einem Sohne desselben, weder mit Namen Pankleon noch mit anderem Namen, wisse, fragte ich auch noch die Andern die ich als Platäer kannte. Keiner kannte diesen Namen; sie sagten aber ich könne es am besten erfahren, wenn ich am letzten Monatstage mich auf den Platz des Marktes wo frischer Käse feil ist begäbe. Denn an diesem Tage kommen in jedem Monat dort die Platäer zusammen. Ich ging nun am bestimmten Tage auf den Käsemarkt und fragte sie, ob sie einen gewissen Pankleon als ihren Landsmann kennen. Alle Andern verneinten es; nur Einer sagte, unter den Bürgern kenne er keinen dieses Namens, dagegen heiße ein ihm entlaufener Sklave Pankleon; dabei gab er das Alter dieses hier und das Gewerbe das er treibt an. Für die Wahrheit dieser Angabe will ich den Euthykritos, den ich zuerst fragte, und die andern Platäer die ich traf, und den der sich als den Herrn dieses bekannte, zu Zeugen aufrufen. – Stelle mir die Wasseruhr.

Zeugen.

Wenige Tage später sah ich diesen Pankleon hier von Nikomedes, der sich für dessen Herrn erklärte, als Sklaven wegführen. Ich trat hinzu, um zu erfahren was denn mit ihm vorgehe. Nachdem sie aufgehört hatten mit einander zu streiten, traten Einige von seinen Begleitern mit der Erklärung auf daß er einen Bruder habe der für ihn die Freiheit in Anspruch nehmen würde. Auf Grund dieser Erklärung verbürgten sie sich dafür ihn vor Gericht zu stellen, und gingen weg auf den Markt. Am folgenden Tage glaubte ich sowohl wegen eben dieser Einrede die jetzt verhandelt wird, als wegen meiner Klage selbst mit Zuziehung von Zeugen erscheinen zu müssen, um den der seine Freiheit in Anspruch nehmen würde, und die Gründe auf die er sich stützte, kennen zu lernen. Es erschien aber weder ein Bruder noch sonst jemand auf dessen erwartete Einsprache hin er unter Bürgschaft entlassen worden war, sondern nur ein Weib, die mit der Erklärung er sei ihr Sklave ihn dem Nikomedes streitig machte und sagte, sie werde nicht zugeben daß er ihn abführe. Was alles dort besprochen wurde, wäre zu weitläufig hier zu erzählen. Die Begleiter dieses und dieser selbst aber gingen so weit in der Gewaltthätigkeit daß, als sowohl Nikomedes wie das Weib bereit waren ihn gehen zu lassen, wenn ihn jemand entweder als Freien in Anspruch nehmen oder als seinen Sklaven ansprechen und wegführen könnte, sie ohne eines von beiden zu thun mit ihm davon gingen. Ich will euch nun Zeugen dafür aufrufen daß er am Tage vorher auf die genannte Erklärung hin unter Bürgschaft entlassen wurde, und daß sie darauf ihn gewaltsam mit sich fortnahmen. – Stelle mir die Wasseruhr.

Zeugen.

Hieraus ist also leicht zu sehen daß Pankleon selbst nicht nur sich für keinen Platäer, sondern nicht einmal für einen Freien hält.

Denn wer lieber mit Gewalt sich befreien lassen und dadurch seine Bekannten der Gewaltthätigkeit schuldig machen wollte als in Form Rechtens in Freiheit gesetzt werden und von denen die ihn in Anspruch nehmen sich Genugthuung verschaffen, von dem ist leicht zu erkennen daß er, im Bewußtsein ein Sklave zu sein, nicht gewagt hat unter Stellung von Bürgern über die Rechte seiner Person vor Gericht zu streiten.

Daß er also weit entfernt ist ein Platäer zu sein werdet ihr daraus mit ziemlicher Sicherheit abnehmen können. Daß er selbst aber, da er am besten wußte wie es mit ihm steht, nicht geglaubt hat, ihr werdet ihn für einen Platäer halten, könnt ihr leicht aus folgendem Benehmen schließen. Bei der Vereidigung der Parteien nämlich in dem Prozesse welchen Aristodikos hier gegen ihn anhängig machte erhob er (als angeblicher Platäer) Einrede gegen die Zulässigkeit der Klage beim Polemarchen. Seine Behauptung Platäer zu sein wurde aber durch Zeugnis widerlegt. Er kündigte nun zwar gegen den Zeugen eine Klage auf falsches Zeugnis an, gab aber dieser Klage keine Folge, sondern ließ den Aristodikos in dieser Sache gegen ihn Recht erhalten. Da nun Pankleon die gesetzliche Frist versäumte, so mußte er sich mit Aristodikos, so gut er konnte, über die Buße abfinden. – Für die Wahrheit dieser Angabe will ich Zeugen aufrufen. – Stelle mir die Wasseruhr.

Zeugen.

Bevor er sich nun aber mit ihm hierüber abgefunden hatte siedelte er sich, aus Furcht vor Aristodikos, von hier nach *Theben* um, wo er als Schutzverwandter lebte. So viel werdet ihr aber selbst sehen daß, wenn er wirklich Platäer wäre, er aller Wahrscheinlichkeit nach überall lieber als in Theben hätte als Schutzverwandter leben wollen. Daß er aber dort längere Zeit wohnte will ich durch Zeugen beweisen. – Stelle mir die Wasseruhr.

Zeugen.

Das Gesagte, ihr Herren Geschworene, denke ich, wird genügen; wofern ihr es im Gedächtnis behaltet, so weiß ich gewiß werdet ihr sowohl nach Recht und Wahrheit als zu meinen Gunsten erkennen.

Herr und Sklave

Der Besitz von Sklaven
Platon, Gesetze VI 776 b–778 a

Welche Besitztümer aber, das wäre die nächste Frage, sollte jemand besitzen, um das angemessenste Vermögen zu besitzen? Die meisten sind nun weder schwer zu erkennen noch zu erwerben; doch bei den Sklaven ist dies in jeder Beziehung eine schwierige Sache. Der Grund davon ist, daß wir uns irgendwie nicht richtig und doch auch in gewisser Hinsicht richtig über Sklaven äußern. Denn entgegengesetzt den praktischen Erfahrungen mit ihnen und doch wiederum auch den Erfahrungen entsprechend sind auch die Äußerungen, die wir über die Sklaven machen.

Megillos: Wie meinen wir das nun wieder? Denn wir verstehen noch nicht, Fremder, was du da sagst.

Der Athener: Das ist auch ganz natürlich, Megillos. Denn bei fast allen Hellenen dürfte das *Helotenwesen* der Lakedaimonier den meisten Zweifel und Streit erregen, indem die einen meinen, daß es eine gute, die andern, daß es keine gute Einrichtung sei; geringeren Streit dagegen wird wohl die Sklavenherrschaft der *Herakleoten* infolge der Unterjochung der *Mariandyner* hervorrufen und auch das Volk der *Penesten* bei den *Thessaliern*. Wenn wir also dies und alles Derartige uns vor Augen führen, wie sollen wir da in der Frage des Sklavenbesitzes verfahren? Was ich nun bloß so im Vorbeigehen in meiner Rede gesagt habe und worüber du mich mit Recht befragt hast, was ich damit eigentlich meine, ist folgendes. Wir wissen, daß wir vermutlich alle zugeben, man müsse möglichst gutwillige und tüchtige Sklaven besitzen; denn schon viele Sklaven, die sich in jeglicher Tugend für manchen Besitzer besser bewährten als Brüder und Söhne, haben ihre Herren und deren Besitz und deren ganze Häuser gerettet. Denn dies wird doch, wie wir wissen, von Sklaven erzählt.

Megillos: Gewiß.

Der Athener: Nicht aber auch das Gegenteil: daß an einer Sklavenseele nichts Gesundes ist und daß ein Mann mit Verstand dieser Sorte von Menschen niemals auch nur das geringste Vertrauen schenkt? Der weiseste unserer Dichter hat sogar erklärt, wo er von Zeus spricht:

›Halb den Verstand raubt Zeus, der weithindonnernde Herrscher,
Männern, welche der Tag der jähen Knechtschaft ereilet.‹

Indem also darüber die einzelnen in ihren Ansichten auseinandergehen, haben die einen zu dem Geschlecht der Sklaven überhaupt kein Vertrauen, sondern wie wenn es Tiere wären, machen sie durch Stachel und Peitsche die Seelen ihrer Knechte nicht nur dreimal, sondern vielmal sklavischer; die andern wiederum tun davon das genaue Gegenteil.

Megillos: Allerdings.

Kleinias: Wie müssen wir also, Fremder, angesichts solcher Meinungsverschiedenheiten in unserem Land verfahren, was den Besitz und die Bestrafung von Sklaven angeht?

Der Athener: Nun, Kleinias, so viel ist doch klar: da das Tier ›Mensch‹ störrisch ist und in die unvermeidliche Unterscheidung, daß man nämlich in der Tat zwischen einem Sklaven und einem Freien und Herren zu unterscheiden hat, sich offenbar jetzt und künftig keineswegs fügen will, so ist dieses Besitzstück schwer zu behandeln. Denn in der Praxis hat es sich doch schon oft gezeigt an den häufig sich wiederholenden Abfällen der *Messenier* und an den Staaten, die viele Sklaven mit derselben Sprache besitzen, welch großes Unheil dadurch entsteht, ferner auch an den von den sogenannten ›Herumlungerern‹ rings um Italien verübten Räubereien und Heimsuchungen. Zieht jemand das alles in Betracht, so könnte er wohl verlegen werden, wie er in dieser ganzen Sache zu verfahren hat. Nur zwei Mittel bleiben übrig: einmal, daß diejenigen, die sich williger in ihr Sklavenlos ergeben sollen, keine Landsleute sein und möglichst nicht dieselbe Sprache sprechen dürfen; sodann aber, daß man sie richtig behandelt, indem man ihnen nicht nur um ihretwillen, sondern mehr noch des eigenen Vorteils wegen Beachtung schenkt. Die richtige Behandlung solcher Menschen besteht aber darin, daß man nicht irgendwie übermütig gegen seine Sklaven verfährt, sondern ihnen, wenn möglich, noch weniger ein Unrecht zufügt als den Gleichgestellten. Denn ob einer aus seinem inneren Wesen heraus und nicht bloß zum Schein das Recht ehrt und wirklich das Unrecht haßt, das zeigt sich ganz deutlich gegenüber solchen Menschen, bei denen es ihm ein leichtes wäre, ihnen Unrecht zu tun. Wer also in seinem Betragen und Verhalten gegenüber Sklaven unbefleckt von Unfrommheit und Ungerechtigkeit bleibt, der wird wohl am besten geeignet sein, um die Saat der Tugend auszustreuen. Dasselbe läßt sich auch mit Recht von einem Herrscher sagen und von einem Tyrannen und von jedem Inhaber irgendeiner Gewalt in seinem Verhältnis zu dem, der schwächer ist als er. Bestrafen muß man freilich, wenn das Recht es verlangt, auch die Sklaven und darf sie nicht verwöhnen, indem man sie etwa wie Freie bloß zurechtweist. Jedes an einen Sklaven gerichtete Wort muß in der Regel ein Befehl sein. Scherzen darf man auf keinen Fall mit Sklaven, weder mit weiblichen noch mit männlichen; denn gerade durch ein solches Verhalten gegenüber Sklaven pflegen viele Leute diese in recht unvernünftiger Weise zu verwöhnen und beiden Seiten das Leben schwerer zu machen: jenen, sich beherrschen zu lassen, und sich selbst, zu herrschen.

Kleinias: Da hast du recht.

Behandlung von Sklaven und Freigelassenen
Platon, Gesetze XI 914 e–915 c

Seinen eigenen Sklaven soll jeder, der das will, sofern er bei Verstand ist, festnehmen dürfen, um mit ihm zu machen, was er will, soweit es das göttliche Recht erlaubt. Auch soll er im Namen eines andern, eines Verwandten oder Freundes, einen flüchtigen Sklaven festnehmen dürfen, um ihn in Gewahrsam zu halten. Wenn aber jemand einen in Freiheit setzen will, der als Sklave abgeführt wird, so soll derjenige, der ihn abführt, ihn freigeben; derjenige aber, der ihn freisetzen will, muß drei zuverlässige Bürgen stellen, und nur unter diesen Bedingungen kann er ihn in Freiheit setzen, sonst aber nicht. Wenn aber jemand entgegen diesen Bedingungen einen Sklaven befreit, so soll er wegen gewaltsamen Raubes belangt werden können; und wenn er schuldig befunden wird, muß er das Doppelte des in der Klageschrift angegebenen Schadens an den Beraubten zahlen. – Auch einen Freigelassenen soll man festnehmen dürfen, wenn er sich gegen die, die ihn freigelassen haben, nicht oder nicht genügend dienstbar erzeigt. Diese Dienstbarkeit verlangt aber, daß der Freigelassene dreimal im Monat am Herde dessen erscheint, der ihn freigelassen hat, und sich bereit erklärt, alles Erforderliche für ihn zu tun, sofern es rechtens ist und dabei auch in seinen Kräften steht, und daß er auch bei einer Heirat so verfährt, wie es seinem ehemaligen Herrn richtig erscheint. Reicher zu werden als der, der ihn freigelassen hat, soll ihm nicht gestattet sein; das Mehr soll seinem Herrn anheimfallen. Der Freigelassene soll nicht länger als zwanzig Jahre im Lande bleiben, sondern soll wie auch die andern Fremden mit seiner gesamten Habe fortziehen, falls er nicht die Beamten und den, der ihn freigelassen hat, umstimmen konnte. Falls aber das Vermögen des Freigelassenen oder auch sonst eines Fremden den Satz der dritten Vermögensklasse überschreitet, so soll er binnen dreißig Tagen von dem Tag an, wo dies eintritt, seine Habe nehmen und wegziehen, und er soll kein Recht mehr haben, von den Behörden ein weiteres Verbleiben zu erbitten. Wenn sich aber jemand dem nicht fügt und deshalb gerichtlich belangt und für schuldig befunden wird, so soll er mit dem Tod bestraft und sein Vermögen vom Staat eingezogen werden. Die Gerichtsverhandlungen hierüber sollen vor den *Phylengerichten* stattfinden, sofern die Parteien nicht schon vorher vor den Nachbarn oder den selbstgewählten Richtern ihre gegenseitigen Klagen beilegen konnten.

Mißhandlungen, begangen von Sklaven an Freien
Platon, Gesetze IX 882 a–c

Wenn ferner ein Sklave einen freien Mann schlägt, sei es nun einen Fremden oder einen Bürger, so soll diesem der Dazukommende Beistand leisten oder entsprechend seiner Vermögensklasse die angegebene Geldstrafe entrichten. Die Dazukommenden aber sollen zusammen mit dem Geschlagenen den Täter binden und dem Mißhandelten übergeben; dieser soll ihn in Empfang nehmen, in Fesseln legen und ihm so viele Geißelhiebe geben, wie er will, jedoch ohne seinem Besitzer dadurch einen Schaden zu verursachen; danach soll er ihn diesem wieder zum rechtmäßigen Besitz zurückgeben. Das Gesetz aber soll lauten: Wer als Sklave einen Freien schlägt, ohne daß es die Beamten befohlen haben, den soll sein Besitzer von dem Geschlagenen gefesselt übernehmen und ihn nicht eher freilassen, bis der Sklave den Geschlagenen davon überzeugt hat, daß er es verdient, ohne Fesseln zu leben. Dieselben Bestimmungen gelten auch für Frauen untereinander bei allen Vergehen dieser Art sowie für Frauen gegenüber Männern und für Männer gegenüber Frauen.

Schädigung durch Sklaven und Haustiere
Platon, Gesetze XI 936 c–e

Wenn ein Sklave oder eine Sklavin irgend etwas von fremdem Eigentum beschädigt, ohne daß der Geschädigte selber durch Unerfahrenheit oder sonst ein unbedachtes Vorgehen daran mitschuldig geworden ist, so soll der Herr des Schädigers entweder den Schaden ohne Rest ersetzen oder den Schädiger selbst ausliefern. Wenn aber der Besitzer eine Gegenbeschuldigung vorbringt und behauptet, jene Beschuldigung gehe auf eine gemeinsame Absprache zwischen dem Schädiger und dem Geschädigten zurück mit dem Zweck, ihn seines Sklaven zu berauben, so soll er gegen den, der geschädigt zu sein behauptet, eine Klage wegen betrügerischer Machenschaften erheben; und wenn er den Prozeß gewinnt, soll er das Doppelte des vom Gericht geschätzten Wertes des Sklaven erhalten; wenn er aber verliert, soll er den Schaden ersetzen und den Sklaven ausliefern. Und wenn ein Zugtier oder ein Pferd oder ein Hund oder sonst ein Haustier etwas vom Besitz des Nachbarn beschädigt, soll der Besitzer in gleicher Weise den Schaden ersetzen.

Stellung der Kinder von Sklaven
Platon, Gesetze XI 930 d–e

Wenn ferner ein Kind zwar als Kind derer, die es gezeugt haben, anerkannt, aber eine Entscheidung darüber nötig ist, wem das Kind gehören soll, so soll, falls eine Sklavin mit einem Sklaven oder einem Freien oder mit einem Freigelassenen geschlechtlichen Verkehr hatte, das daraus hervorgehende Kind in jedem Fall dem Herrn der Sklavin gehören; falls aber eine Freie mit einem Sklaven Verkehr hatte, so soll das Kind dessen Herrn gehören; falls aber ein freier Mann mit seiner eigenen Sklavin oder eine freie Frau mit ihrem eigenen Sklaven ein Kind erzeugt hat und dies klar erwiesen ist, so sollen die für die Ehen zuständigen Frauen das Kind der Frau zusammen mit dem Vater und die Gesetzeswächter das Kind des Mannes zusammen mit der Mutter in ein anderes Land fortschicken.

Das Verhältnis zwischen Herrn und Sklave in der Hausverwaltung

Aristoteles, Politik 1253 b–1256 a

Es ist also klar, aus welchen Teilen der Staat besteht. Sprechen wir nun zuerst über die Hausverwaltung. Denn jeder Staat ist aus Häusern zusammengesetzt. Die Teile der Hausverwaltung sind wiederum jene, aus denen sich das Haus zusammensetzt. Das vollständige Haus setzt sich aus Sklaven und Freien zusammen.

Da nun alles zuerst in seinen kleinsten Teilen untersucht werden muß und die ursprünglichen und kleinsten Teile des Hauses Herr und Sklave, Gatte und Gattin, Vater und Kinder sind, so muß man diese drei Verhältnisse untersuchen und fragen, was jedes sei und wie es sein soll. Es handelt sich also um die Wissenschaft vom Herrenverhältnis, vom ehelichen Verhältnis (denn die Verbindung von Mann und Frau hat sonst keinen eigenen Namen) und vom väterlichen Verhältnis (auch dieses hat keinen eigenen Namen). Diese drei seien angenommen. Dazu kommt noch ein Teil, der für die einen die gesamte Hausverwaltung ausmacht, für die andern ihr bedeutendster Teil ist (wie es sich damit verhält, werden wir noch prüfen); ich meine die sogenannte Erwerbskunst.

Als erstes wollen wir über den Herrn und den Sklaven reden, um die praktischen Notwendigkeiten zu erkennen und zu sehen, ob wir hierüber nicht auch theoretisch Besseres erreichen können als die gegenwärtig geltenden Meinungen. Die einen meinen nämlich, das Herrenverhältnis sei eine Wissenschaft, und zwar sei sie dieselbe wie die Kunst des Hausverwalters, des Staatsmannes und des Fürsten, wie wir im Eingang bemerkt haben. Andere behaupten, das Herrenverhältnis sei gegen die Natur; nur durch Konvention sei der eine ein Sklave, der andere ein Freier, der Natur nach bestünde dagegen kein Unterschied. Darum sei es auch nicht gerecht, sondern gewaltsam.

Da nun der Besitz ein Teil des Hauses ist und die Lehre vom Besitz ein Teil der Lehre von der Hausverwaltung (denn ohne die notwendigen Güter kann man weder leben noch vollkommen leben), und da wie für die einzelnen bestimmten Künste die zugehörigen Werkzeuge vorhanden sein müssen, wenn die Aufgabe erfüllt werden soll (und von den Werkzeugen sind die einen beseelt und die andern unbeseelt, wie etwa für den Steuermann das Steuer ein unbeseeltes und der Steuergehilfe ein beseeltes Werkzeug ist – denn beim Handwerk steht der Gehilfe im Rang eines Werkzeugs), so ist auch für den Hausverwalter der Besitz im einzelnen ein Werkzeug zum Leben und im ganzen eine Sammlung solcher Werkzeuge und der Sklave ein beseelter Besitz; jeder Diener ist gewissermaßen ein Werkzeug, das viele andere Werkzeuge vertritt. Wenn nämlich jedes einzelne Werkzeug auf einen Befehl hin, oder einen solchen schon vorausahnend, seine Aufgabe erfüllen könnte, wie man das von den Standbildern des *Daidalos* oder den Dreifüßen des *Hephaistos* erzählt, von denen der Dichter sagt, sie seien von selbst zur Versammlung der Götter erschienen, wenn also auch das Weberschiffchen so webte und das *Plektron* die Kithara schlüge, dann bedürften weder die Baumeister der Gehilfen, noch die Herren der Sklaven.

Die Werkzeuge im geläufigen Sinne sind produzierende Werkzeuge, der Besitz dagegen dient dem Handeln. Denn durch das Weberschiffchen wird etwas hergestellt, was von seinem Gebrauch verschieden ist; das Kleid und das Bett sind aber ausschließlich zum Gebrauche da.

Ferner: da sich das Produzieren seiner Art nach vom Handeln unterscheidet und beide der Werkzeuge bedürfen, so müssen auch diese denselben Unterschied aufweisen. Das Leben wiederum ist ein Handeln und kein Produzieren. Darum ist auch der Sklave ein Gehilfe beim Handeln.

Von einem Besitzstück redet man gleich wie von einem Teil. Der Teil ist nun nicht nur der Teil eines Anderen, sondern gehört überhaupt einem Anderen. Ebenso das Besitzstück. Darum ist der Herr bloß Herr des Sklaven, gehört ihm aber nicht; der Sklave dagegen ist nicht nur Sklave des Herrn, sondern gehört ihm ganz.

Welches die Natur und die Fähigkeit des Sklaven ist, wird hieraus klar. Der Mensch, der seiner Natur nach nicht sich selbst, sondern einem anderen gehört, ist von Natur ein Sklave; einem andern Menschen gehört, wer als Mensch ein Besitzstück ist, das heißt ein für sich bestehendes, dem Handeln dienendes Werkzeug.

Ob es nun einen Menschen gibt, der von Natur derart ist, oder nicht, und ob es besser und gerecht ist für einen Menschen, Sklave zu sein oder nicht, oder ob überhaupt jede Sklaverei gegen die Natur ist, dies ist nun zu untersuchen.

Es ist nicht schwer, dies theoretisch zu erkennen und aus der Erfahrung zu entnehmen.

Das Herrschen und Dienen gehört nicht nur zu den notwendigen, sondern auch zu den zuträglichen Dingen. Einiges trennt sich gleich von Geburt an, das eine zum Dienen, das andere zum Herrschen. Es gibt viele Arten von Herrschenden und Dienenden; und immer ist jene Herrschaft besser, wo Bessere regiert werden, also besser diejenige über einen Menschen als diejenige über ein Tier. Denn was von Besseren zustande gebracht wird, ist auch eine bessere Leistung; und wo eines regiert und das andere regiert wird, gibt es eine gemeinsame Leistung beider.

Allgemein: wo immer Eines aus Mehrerem zusammengesetzt ist und ein Gemeinsames entsteht, entweder aus kontinuierlichen oder aus getrennten Teilen, da zeigt sich ein Herrschendes und ein Beherrschtes, und zwar findet sich dies bei den beseelten Lebewesen auf Grund ihrer gesamten Natur. Sogar beim Unbelebten gibt es eine Art von Herrschaft, wie in der musikalischen Harmonie. Doch eine Untersuchung darüber gehört wohl nicht hieher.

Das Lebewesen besteht primär aus Seele und Leib, wovon das eine seiner Natur nach ein Herrschendes, das andere ein Beherrschtes ist. Was dabei naturgemäß sei, muß man eher an dem ablesen, was sich normal verhält, als an dem, was verdorben ist. So muß man auch jenen Menschen untersuchen, der sich nach Leib und Seele in der besten Verfassung befindet. Da wird dies klar. Denn bei Menschen, die schlecht oder in schlechter Verfassung sind, könnte es oft scheinen, als regiere der Körper die Seele, weil sie sich schlecht und naturwidrig verhalten.

Zuerst also kann man, wie wir sagen, beim Lebewesen das Herrenverhältnis und das staatsmännische Verhältnis beobachten.

Denn die Seele regiert über den Körper in der Weise eines Herrn und der Geist über das Streben in der Weise eines Staatsmannes oder Fürsten. Daraus wird klar, daß es für den Körper naturgemäß und zuträglich ist, von der Seele beherrscht zu werden; ebenso für den leidenschaftsbegabten Teil der Seele, vom Geiste und vom vernunftbegabten Teil beherrscht zu werden; Gleichheit oder ein umgekehrtes Verhältnis wäre für alle Teile schädlich.

Ebenso steht es mit dem Verhältnis zwischen dem Menschen und den anderen Lebewesen. Die zahmen sind ihrer Natur nach besser als die wilden, und für alle zahmen Tiere ist es am besten, wenn sie vom Menschen regiert werden. Denn so bleiben sie am Leben erhalten.

Desgleichen ist das Verhältnis des Männlichen zum Weiblichen von Natur so, daß das eine besser, das andere geringer ist, und das eine regiert und das andere regiert wird.

Auf dieselbe Weise muß es sich nun auch bei den Menschen im allgemeinen verhalten. Diejenigen, die so weit voneinander verschieden sind wie die Seele vom Körper und der Mensch vom Tier (dies gilt bei allen denjenigen, deren Aufgabe die Verwendung ihres Körpers ist und bei denen dies das Beste ist, was sie leisten können), diese sind Sklaven von Natur, und für sie ist es, wie bei den vorhin genannten Beispielen, besser, auf die entsprechende Art regiert zu werden.

Von Natur ist also jener ein Sklave, der einem andern zu gehören vermag und ihm darum auch gehört, und der so weit an der Vernunft teilhat, daß er sie annimmt, aber nicht selbständig besitzt. Die andern Lebewesen dienen so, daß sie nicht die Vernunft annehmen, sondern nur Empfindungen gehorchen. Doch ihre Verwendung ist nur wenig verschieden: denn beide helfen dazu, mit ihrer körperlichen Arbeit das Notwendige zu beschaffen, die Sklaven wie die zahmen Tiere.

Die Natur hat die Tendenz, auch die Körper der Freien und der Sklaven verschieden zu gestalten, die einen kräftig für die Beschaffung des Notwendigen, die anderen aufgerichtet und ungeeignet für derartige Verrichtungen, doch brauchbar für das politische Leben (das seinerseits aufgeteilt wird in die Bedürfnisse des Krieges und diejenigen des Friedens). Immerhin kommt oft das Gegenteil vor, daß die einen den Körper von Freien haben und die andern die

Seele. Doch dies ist allerdings klar: wenn sich die einen bloß körperlich so weit abhöben wie die Standbilder der Götter, so würden schon alle zugeben, daß diejenigen, die dies nicht erreichten, mit Recht die Sklaven von jenen wären. Wenn dies beim Körper zutrifft, so kann man dasselbe mit noch viel mehr Recht von der Seele behaupten. Nur ist es nicht gleich leicht, die Schönheit der Seele zu erkennen, wie diejenige des Körpers.

Es ist also klar, daß es von Natur Freie und Sklaven gibt und daß das Dienen für diese zuträglich und gerecht ist.

Daß aber auch jene, die das Gegenteil behaupten, in einer gewissen Weise recht haben, ist nicht schwer einzusehen. Denn Sklaverei und Sklave werden in einem doppelten Sinne verstanden. Es gibt nämlich auch Sklaven und Sklaverei gemäß dem Gesetz. Das Gesetz ist ja eine Vereinbarung darüber, daß, wie man sagt, das im Kriege Besiegte Eigentum des Siegers wird. Gegen dieses Recht erheben viele von denen, die sich theoretisch mit den Gesetzen beschäftigen, Klage auf Gesetzwidrigkeit, als gingen sie gegen einen Politiker vor: es wäre schrecklich, wenn das Überwältigte der Sklave und Diener dessen sein sollte, der es überwältigen könne und es an Macht überträfe. So haben sogar unter den Weisen die einen, diese, die andern jene Meinung.

Die Ursache dieser Differenz, die bewirkt, daß die Argumente hin und hergehen, ist die, daß die Tüchtigkeit, wenn sie die Mittel besitzt, in gewisser Weise auch am leichtesten anderes zu überwältigen vermag und daß das Siegende stets auch eine Überlegenheit an irgendeinem Gute aufweist. Also scheint die Gewalt nicht ohne Tüchtigkeit zu bestehen. Der Streit betrifft nur die rechtmäßige Ausübung der Gewalt; so scheint nämlich den einen die Gerechtigkeit im Wohlwollen zu bestehen, den andern aber gerade die Herrschaft des Stärkeren gerecht zu sein. Wenn man indessen diese Begriffe voneinander trennt, so hat die erste Behauptung, daß nämlich das an Tüchtigkeit Bessere herrschen und regieren solle, weder Gewicht noch Glaubwürdigkeit.

Allgemein gesagt, halten sich einige an ein gewisses Recht, wie sie meinen (denn das Gesetz ist ein gewisses Recht), und erklären, die Sklaverei aufgrund von Kriegen sei gerecht und auch wieder nicht. Denn der Ausgangspunkt von Kriegen kann ungerecht sein, und wer, ohne es zu verdienen, in Sklaverei gerät, den kann man in keiner Weise einen Sklaven nennen. Andernfalls könnten die anerkannt Adligsten zu Sklaven werden und zu Kindern von Sklaven, wenn sie eben gefangengenommen und verkauft werden. Darum wollen jene auch nicht solche Menschen als Sklaven bezeichnen, sondern nur die Barbaren.

Aber wenn sie so reden, suchen sie nichts anderes als das naturgemäße Sklaventum, von dem wir am Anfang gesprochen haben. Denn man muß sagen, daß es Menschen gibt, die unter allen Umständen Sklaven sind, und solche, die es niemals sind.

Arten von Sklaven
Pseudo-Aristoteles, Über Haushaltung in Familie und Staat I 5

Unter den Besitztümern ist das notwendigste und wertvollste zugleich das wirtschaftlichste, nämlich der Mensch selber. Daher muß man sich vor allem tüchtige Knechte besorgen. Es gibt zwei Arten von Knechten, Aufseher und Arbeiter. Wir wissen ja, daß die Erziehungsweisen den jungen Menschen gewisse Fähigkeiten geben, und so muß man bedacht sein, sich solche heranzuziehen, denen man freiere Arbeit anvertrauen kann. Im Umgang mit den Knechten darf man weder Frechheiten noch Faulheit dulden. Den freier Wirkenden soll man es an Ehre, den Arbeitern am Essen nicht fehlen lassen. Und da der Weingenuß sogar die Freien frech macht und bei vielen Völkern sich sogar die Freien seines enthalten, z. B. die Karthager im Kriege, so darf man den Knechten diesen Genuß entweder gar nicht oder nur selten gestatten. Drei Dinge müssen zusammen passen, Arbeit, Zucht und Nahrung. Wo Zucht und Arbeit fehlen und nur Nahrung bleibt, da werden sie übermütig, wo es nur Arbeit und Zucht gibt ohne Nahrung, macht man sie gewalttätig und unfähig. Es bleibt also nur, ihnen ausreichend zu tun und zu essen zu geben. Denn man kann nicht herrschen, ohne Sold zu geben, und der Sold des Knechtes ist seine Nahrung. Und wie auch sonst die Leistungen zurückgehen, wenn es dem Tüchtigeren nicht besser geht oder kein Preis gesetzt ist für Tüchtigkeit und Versagen, so ist es auch bei den Knechten im Hause. Daher muß man gut acht geben und alles zuweisen und abschlagen nach Würdigkeit, Nahrung, Kleidung, Feierstunden und Züchtigungen, man soll in Wort und Tat das Wirken des Arztes nachahmen, als wären es Heilmittel, wobei nur noch zu bedenken ist, daß die Nahrung, weil sie fortlaufend gewährt wird, kein Heilmittel ist.

Ihrer Abstammung nach sollen die zur Arbeit brauchbarsten weder zu feige noch zu tapfer sein, da beides nicht taugt. Die allzu Feigen halten nicht durch, und die allzu Tapferen lassen sich nicht leiten. Alle müssen auch ein Ziel vor Augen haben, es ist recht und nützlich, ihnen die Freiheit als Preis zu setzen. Denn sie wollen arbeiten, wenn ihnen ein Preis winkt und die Zeit begrenzt ist. Man soll sich auch ihre Treue durch Eheerlaubnis sichern, und man soll nicht viele gleichen Stammes erwerben, wie ja überhaupt auch in einer Stadt nicht. Auch soll man Opferschmaus und Feste mehr um der Knechte willen einrichten, als um der Freien. Denn die Knechte stehen dem Ursprung solcher Bräuche näher.

Über die Tugenden eines guten Verwalters
Xenophon, Ökonomikus 12–14

Zwölftes Kapitel.

Es wird zu den Tugenden eines guten Verwalters übergegangen. *Ischomachos* erzählt, zu Verwaltern würden von ihm diejenigen ausgesucht, von denen er hoffe, daß sie sich ihm wohwollend und eifrig in der Besorgung der Geschäfte zeigen würden; dagegen unmäßige, schläfrige und vergnügungssüchtige Menschen würden zurückgewiesen; die übrigen würden durch das Auge des fleißig mit ihnen verkehrenden und alles beaufsichtigenden Herrn gebessert und zu ihrer Pflicht zurückgeführt.

Sprich aber, Ischomachos, fragte ich, ich bin dir doch nicht hinderlich, wenn du etwa schon fortgehen willst? – Nein, *Sokrates*, erwiderte er. Denn ich pflege nicht fortzugehen, ehe nicht der Markt vollständig geschlossen ist. – Beim Zeus! sagte ich, du läßt es dir sehr angelegen sein, daß du nicht deinen Beinamen, ein schöner und guter Mann zu heißen, auf das Spiel setzest. Denn während vielleicht gar viele Dinge deiner Sorge bedürfen, wartest du hier der Verabredung gemäß auf deine Freunde, um nicht zum Lügner zu werden. – Gleichwohl, Sokrates, bleiben auch jene Dinge, die du im Sinne hast, nicht unbesorgt; denn ich habe auf den Gütern Verwalter. – Und wenn du nun, Ischomachos, einen Verwalter nötig hast, suchst du dann, sobald du erfahren, daß irgendwo ein zum Verwalter sich eignender Mann zu haben ist, diesen zu kaufen, so wie du, wenn du eines Zimmermanns bedarfst und in Erfahrung bringst, daß irgendwo ein in diesem Fach Erfahrener zu finden ist, auch diesen, wie ich weiß, dir zu verschaffen suchst, oder erziehst du dir deine Verwalter selbst? – Freilich, Sokrates, suche ich sie mir selbst zu erziehen. Denn wer genügen soll, wenn ich selbst abwesend bin, statt meiner schaltend und waltend, was hat er anderes zu verstehen nötig, als das, was ich selber weiß? Denn wenn anders ich fähig bin, den Arbeiten vorzustehen, dann möchte ich wohl auch einen anderen in dem, was ich selbst weiß, unterrichten können. – Wird nun nicht derselbe, fragte ich, vor allem mit Wohlwollen für dich und die Deinigen erfüllt sein müssen, wenn er, für dich eintretend, genügen soll? Denn wenn es am Wohlwollen fehlt, wozu möchte dann eine auch noch so außerordentliche Verwaltergeschicklichkeit von Nutzen sein? – Zu gar nichts, bekräftigte Ischomachos; vielmehr bin ich in der Tat bemüht, ihn vor allen Dingen zum Wohlwollen gegen mich und die Meinigen zu erziehen. – Und wie, bei den Göttern, bringst du dem, welchem du möchtest, Wohlwollen gegen dich und die Deinigen bei? – Dadurch, beim Zeus! sagte Ischomachos, daß ich ihm Gutes erweise, wenn uns die Götter mit irgendeinem Gut reichlich gesegnet haben. – Damit willst du wohl sagen, daß die, welche von deinen Gütern Genuß haben, dir wohlgesinnt werden und auch dir Gutes zu erweisen wünschen? – Ja, Sokrates, denn ich sehe hierin das beste Mittel zur Erzeugung des Wohlwollens. – Wenn er dir nun aber wohlwollend geworden ist, Ischomachos, wird er darum zum Beruf eines Verwalters schon vollkommen geeignet sein? Siehst du nicht, daß zwar alle Menschen, möchte ich sagen, wohlwollend gegen sich selbst sind, daß es aber unter ihnen gleichwohl viele gibt, welche nicht Lust haben, sich die Güter, welche sie sich wünschen, durch eigene Sorgsamkeit zu verschaffen? – Allerdings, sagte Ischomachos. Wenn ich daher solche Leute als Verwalter anstellen will, so sorge ich, daß sie auch sorgsam sein lernen. – Aber wie, um des Himmels willen? fragte ich. Denn gerade dieses, einen Menschen sorgsam zu machen, schien mir etwas ganz und gar Unmögliches zu sein. – Auch ist es in der Tat nicht möglich,

Sokrates, alle ohne Ausnahme durch Belehrung dahin zu bringen, daß sie mit Sorgfalt verfahren. – Bei welchen aber, fragte ich, ist es möglich? Diese bezeichne mir ja mit voller Genauigkeit. – Zuerst, Sokrates, sprach er, kann man unmöglich gewohnheitsmäßige Trinker zur Sorgsamkeit erziehen. Denn die Trunkenheit erzeugt ein Vergessen aller notwendigen Geschäfte. – Sind nun bloß die in dieser Beziehung Unmäßigen unfähig, zur Sorgsamkeit angeleitet zu werden, oder gibt es auch noch andere? – Allerdings, sagte Ischomachos; auch die im Schlafen Unmäßigen. Denn ein Schlafender vermag weder selbst das Nötige zu tun, noch andere dazu anzuhalten. – Wie also? fragte ich weiter, werden nun wohl diese die einzigen sein, denen sich die Sorgsamkeit nicht beibringen läßt, oder gibt es auch noch andere außer diesen? – Mir wenigstens, versetzte Ischomachos, scheinen auch die wahnsinnig nach Liebesfreuden Verlangenden durch Belehrung nicht dahin gebracht werden zu können, ihre Sorge auf irgend etwas anderes mehr als hierauf zu richten. Denn es ist nicht leicht, irgendeinen Trieb oder Genuß zu finden, der ihnen süßer als der Liebesgenuß wäre; auch gibt es nicht leicht, wenn sie von notwendigen Geschäften abgerufen werden, eine schwerere Strafe für sie, als die, sich der Geliebten enthalten zu müssen. Ich bescheide mich also und mache auch mit denen, die ich als Leute dieser Art erkenne, nicht einmal einen Versuch, sie als Verwalter anzustellen. – Wie aber? fragte ich, sind auch die, welche mit Leidenschaft auf Gewinn erpicht sind, untauglich, zur Sorge für die ländlichen Geschäfte erzogen zu werden? – Keineswegs, erwiderte Ischomachos, sie sind sogar sehr wohl zur Sorge für dieselben anzuleiten. Denn es ist nichts weiter nötig, als ihnen zu zeigen, daß die Sorgsamkeit gewinnbringend ist. – Wie aber, fuhr ich fort, bringst du die anderen, wenn sie einerseits in dem, worin du es haben willst, enthaltsam sind, anderseits aber auch mit einem nur mäßigen Triebe nach Gewinn begabt sind, durch Erziehung dahin, in dem, worin du es wünschest, sorgsam zu werden? – Auf sehr einfache Weise, Sokrates, antwortete er. Wenn ich nämlich sehe, daß jemand sorgsam ist, so lobe ich ihn und suche ihn zu belohnen; sehe ich aber Leute, die fahrlässig sind, so suche ich sie hören und fühlen zu lassen, was ihnen wehe tut. –

Wohlan, sprach ich, gib mir, indem du die Rede über die, welche zur Sorgsamkeit erzogen werden, fallen läßt, auch darüber Aufschluß, Ischomachos, ob es möglich ist, daß einer, der selbst fahrlässig ist, andere zur Sorgsamkeit erziehe. – O nein, beim Zeus! versetzte Ischomachos, wenigstens nicht mehr, als einer, der selbst in der Tonkunst unbewandert ist, andere zu Tonkünstlern machen kann. Denn es ist schwer, wenn der Lehrmeister irgend etwas schlecht vorspielt, dieses gut nachspielen zu lernen; schwer aber auch, wenn der Herr ein Vorbild in der Fahrlässigkeit ist, ein sorgsamer Diener zu werden. Um mich aber kurz zu fassen, so glaube ich noch bei keinem schlechten Herrn gute Diener gefunden zu haben; wohl aber sah ich schon bei einem guten Herrn schlechte Diener, freilich nicht, ohne sie dafür büßen zu sehen. Wer aber irgendeinen zur Sorgsamkeit erziehen will, der muß auch die Arbeiten zu beaufsichtigen und zu prüfen verstehen. Auch muß er einerseits den guten Willen haben, für gut ausgeführte Arbeiten dem, welcher es verdient, Dank zu sagen, anderseits nicht säumig sein, dem Fahrlässigen die ihm gebührende Strafe aufzulegen. Schön, fügte Ischomachos hinzu, scheint mir auch die bekannte Antwort jenes Barbaren zu sein. Als nämlich der König einst ein gutes Pferd erhielt und, weil er es gern sobald als möglich fett zu haben wünschte, an einen seiner Diener, der als Pferdezüchter berühmt war, die Frage richtete, was ein Pferd am schnellsten fett mache, soll dieser erwidert haben: des Herrn Auge. Gerade so, Sokrates, scheint mir auch alles übrige, was schön und gut ist, am besten durch des Herrn Auge hergestellt zu werden.

Dreizehntes Kapitel.

Ischomachos fährt in seiner Erzählung fort und setzt auseinander, wer ein guter Verwalter sein solle, sei darüber zu unterrichten, was man tun müsse, und wann und wie jedes Ding zu verwalten sei, ja er müsse sogar mit der Kunst bekannt gemacht werden, über andere Sklaven zu herrschen.

Wenn du nun aber jemanden, fragte ich, ganz fest davon überzeugt hast, daß er in dem, worin du es wünschest, pflichteifrig sein muß, wird dann ein solcher zu den Verwaltungsgeschäften schon hinlänglich tüchtig sein oder wird er noch irgend etwas hinzulernen müssen, wenn er ein tüchtiger Verwalter sein soll? – Allerdings, sagte Ischomachos. Es ist ihm außerdem noch nötig zu wissen, sowohl, *was* getan werden muß, als auch *wann* und *wie* es zu tun ist. Wo nicht – wozu wäre wohl ein Verwalter ohne diese Kenntnisse mehr als ein Arzt nütze, der sich zwar um einen Kranken früh und spät mit Besuchen bemühte, aber nicht wüßte, was dem Kranken zu tun heilsam ist? – Wenn er nun auch über die Arbeiten, wie sie ausgeführt werden müssen, gehörig unterrichtet sein sollte, wird er dann, fragte ich, noch etwas nötig haben, oder wird er schon so ein vollendeter Verwalter sein? – Nein, versetzte er, ich glaube, er muß auch über die Arbeiter zu gebieten verstehen. – Erziehst nun auch du, fragte ich, die Verwalter dazu, daß sie zum Gebieten tüchtig sind? – Ich versuche es wenigstens, sagte Ischomachos. – Und wie in aller Welt, fragte ich weiter, fängst du es an, Menschen zu Gebietern zu erziehen? – Auf eine ganz einfache Weise, Sokrates, so daß du mich vielleicht auslachen wirst, wenn du es hörst. – Nun, sagte ich, es scheint mir das eben kein Ding zum Auslachen zu sein, Ischomachos. Denn wer Menschen zu Gebietern heranzubilden vermag, der kann sie offenbar auch zu Herrschern erziehen; wer aber Herrscher bilden kann, der vermag auch Könige zu bilden. Nicht also Hohnlachen, sondern großes Lob scheint mir derjenige zu verdienen, der dies zu leisten vermag. – So höre denn, Sokrates, sprach Ischomachos. Die übrigen Geschöpfe lernen das Gehorsamsein aus diesen zwei Dingen: einerseits daraus, daß sie, wenn sie ungehorsam zu sein versuchen, gezüchtigt werden, anderseits daraus, daß sie, wenn sie willig Folge leisten, Gutes empfangen. Die Fohlen wenigstens lernen den Fohlenzüchtern gehorchen, weil man ihnen, wenn sie folgen, etwas ihnen Wohlschmekkendes gibt, dagegen wenn sie störrisch sind, ihnen so lange das Leben sauer macht, bis sie dem Fohlenzüchter seinem Willen gemäß dienen. Auch die jungen Hunde, obwohl sie an Verstand und Sprache weit unter dem Menschen stehen, lernen gleichwohl im Kreise herumlaufen, Purzelbaum schlagen und vieles andere auf ebendieselbe Weise. Denn wenn sie folgen, bekommen sie etwas, wonach sie Verlangen tragen; dagegen wenn sie lässig sind, erhalten sie Schläge. Menschen aber kann man auch durch Gründe zum Gehorchen geneigter machen, indem man ihnen zeigt, daß es ihnen zuträglich ist, zu gehorchen. Den Sklaven freilich ist auch die scheinbar tierische Erziehung ein zweckmäßiges Mittel, um ihnen

Gehorsam beizubringen; denn wenn man ihrem Bauche ihren Gelüsten gemäß Genüge tut, kann man vieles von ihnen erreichen. Die ehrliebenden Naturen aber werden auch durch das Lob aufgemuntert; denn einige Naturen hungern nicht weniger nach dem Lobe, als andere nach Trank und Speise. Indem ich nun alle die Mittel, durch welche ich selbst die Menschen mir folgsamer zu machen glaube, denen lehre, welche ich als Verwalter anstellen möchte, komme ich ihnen auch noch damit zu Hilfe: ich lasse nämlich die Kleider, welche ich den Arbeitern liefern muß, und die Schuhe nicht alle von gleicher Güte, sondern die einen schlechter, die anderen besser machen, damit es möglich ist, den Besseren mit den besseren zu belohnen, dem Schlechteren dagegen die schlechteren zu geben. Denn mir scheint, Sokrates, als ob die Guten sehr entmutigt würden, wenn sie einerseits sehen, daß die Arbeiten von ihnen vollbracht werden, anderseits aber bemerken, daß die, welche sich weder Mühen noch Gefahren unterziehen wollen, wenn es not tut, dieselben Belohnungen wie sie selbst empfangen. Ich halte daher nicht nur selbst darauf, daß die Besseren in keiner Beziehung dasselbe wie die Schlechteren erhalten, sondern ich lobe auch die Verwalter, wenn ich sehe, daß sie an die Würdigsten das Beste verteilt haben. Sollte ich aber einen sehen, der sich durch Schmeicheleien oder durch irgendeine andere nichtsnutzige Liebedienerei eine Auszeichnung verschafft, so schweige ich nicht dazu, sondern rüge es und suche ihm zu beweisen, daß ihm daraus keineswegs ein Nutzen erwächst.

Vierzehntes Kapitel.

Daß die Verwalter sich als treu zu bewähren haben und nicht die Güter ihrer Herren zugrunde richten dürfen, dafür sei, so zeigt Ischomachos, auch durch die Gesetze gesorgt, unter denen auch solche seien, welche dadurch zur Rechtschaffenheit anspornen, daß sie Hoffnungen auf Belohnungen erwecken.

Wenn du nun aber, Ischomachos, fragte ich, jemanden im Befehlen soweit vorgebildet hast, so daß er imstande ist, die Leute sich folgsam zu machen, hältst du ihn dann schon für einen vollkommenen Verwalter, oder glaubst du, daß der, welcher die bisher von dir genannten Eigenschaften besitzt, noch etwas nötig hat? – Allerdings, erwiderte Ischomachos. Er darf sich nicht am Eigentum des Herrn vergreifen und darf nicht stehlen. Denn wenn der, welcher die eingeernteten Früchte zu verwalten hat, von diesen soviel beiseite zu schaffen wagt, daß nichts übrig bleibt, woraus ein Lohn für die Arbeit erwächst, wozu möchte das Wirtschaften unter der Leitung eines solchen Menschen von Nutzen sein? – Also auch zur Rechtschaffenheit, fragte ich, traust du dir zu, Anleitung zu geben? – Allerdings, sagte Ischomachos; jedoch finde ich nicht alle von vornherein für diese Lehre empfänglich. Nichtsdestoweniger versuche ich, die Gründe teils aus den Gesetzen des *Drakon*, teils aus denen des *Solon* entnehmend, die Dienerschaft zur Rechtlichkeit hinzuführen. Es scheinen mir nämlich auch diese Männer viele ihrer Gesetze in der Absicht, die Rechtschaffenheit zu fördern, gegeben zu haben. Es ist nämlich darin vorgeschrieben: Züchtigung für die Diebereien, Fesselung, wenn jemand auf der Tat ertappt wird, und Todesstrafe für die, welche sich tätlich vergreifen. Offenbar also schrieben sie dies, weil sie den Unredlichen die schmachvolle Gewinnsucht unersprießlich machen wollten. Demgemäß suche ich teils dadurch, daß ich einiges von diesen anführe, teils auch dadurch, daß ich anderes aus den *Gesetzen der Könige* hinzufüge, die Diener zur Rechtschaffenheit in ihren Verwaltungszweigen anzuhalten. Jene Gesetze nämlich enthalten nur Strafen für die, welche sich vergehen, dagegen die Gesetze der Könige bestimmen nicht bloß Strafen für die Unrechttuenden, sondern auch Belohnungen für die Gerechten, so daß viele, wenn sie sehen, daß die Redlichen reicher als die Unredlichen werden, trotzdem daß sie gewinnsüchtig sind, für immer dem Unrechttun entsagen. Wen ich aber trotzdem, daß es ihm wohl geht, noch Versuche zu unredlichen Handlungen machen sehe, den erkläre ich als einen unverbesserlichen Betrüger sofort seines Verwalteramtes für verlustig. Von wem ich aber bemerke, daß er nicht bloß durch die Hoffnung, sich mittels der Redlichkeit zu bereichern, zum redlichen Verhalten angespornt wird, sondern auch durch das Verlangen, von mir gelobt zu werden, den behandle ich ohne weiteres wie einen Freien, indem ich ihn nicht bloß reich mache, sondern ihm auch die einem schönen und guten Manne geziemenden Ehren erweise. Denn dadurch, Sokrates, scheint mir ein ehrliebender Mann von einem gewinnsüchtigen sich zu unterscheiden, daß er um des Lobes und der Ehre willen nicht nur Mühen und Gefahren ertragen, sondern sich auch des schimpflichen Gewinnes enthalten will.

Sklavenfolter als Beweismittel
Isokrates, Trapeziticus 27

Obgleich nun, ihr Richter, so viele Rechtsgründe mir zu Statten kommen, so halte ich Das für den besten Beweis, daß mich *Pasion* um die Gelder bringen will, daß er den Sclaven nicht zum Foltern ausliefern wollte, welcher um das bei ihm niedergelegte Geld weiß. Welchen stärkeren Beweisgrund könnte es in den Verträgen mit den Wechslern geben, als Dieß? denn wir nehmen ja keine Zeugen dazu. Und ich sehe, daß auch ihr sowohl in den Privat- als in den öffentlichen Angelegenheiten Nichts für glaubwürdiger und zuverläßiger haltet, als die Folter, und daß ihr glaubet, Zeugen könne man auch für nicht Geschehenes sich verschaffen, die Folter aber zeige deutlich, welche von beiden die Wahrheit sagen. Dieß wußte er und wollte daher, daß ihr mehr bloße Vermuthungen, als deutliche Einsicht von der Sache haben sollet. Denn Das wird er doch nicht wohl sagen können, daß er bei der Folterung im Nachtheil gewesen wäre und es deßwegen nicht zu erwarten gewesen wäre, daß er ihn ausliefere. Denn ihr wißt alle, daß er [Cittus], wenn er gegen ihn sprach, in Zukunft die ärgsten Mißhandlungen, welche Menschen treffen können, von ihm [Pasion] erfahren würde, wenn er aber standhaft blieb, frei werden und an Dem, um was er mich brachte, Antheil bekommen würde. Aber dennoch, obgleich er einen so großen Vortheil über mich gehabt haben würde, ließ er sich's im Bewußtseyn Dessen, was er gethan, gefallen, angeklagt zu werden und die andern Beschuldigungen sich machen zu lassen, unter der Bedingung, daß keine Folterung in dieser Sache Statt finde.

Parodie auf das Verhältnis von Herrin und Lieblingssklave
Herondas, Eifersucht

Bitinna, Hausherrin
Gastron, Lieblingssklave
Kydilla, Zofe
Pyrrhiës, Arbeitssklave
(Drechon, Sklave)

BITINNA:
Sag, Gastron, ist er dir so unersättlich, daß
es dir nicht mehr genügt, mit mir zu turnen, sondern
du auch noch Menons Amphytaie vornimmst?
GASTRON:
Ich Amphytaie? Hab ich sie auch nur gesehen,
das Weib?
BITINNA: Den ganzen Tag hast du Entschuldigungen.
GASTRON:
Bitinna, Sklave bin ich, tu mir, was du willst,
doch saug mir nicht mein Blut bei Tag und Nacht.
BITINNA:
Was hast du Kerl doch für ein flinkes Mundwerk! –
Kydilla! Wo ist Pyrrhies? Ruf ihn mir her!
PYRRHIES:
Zur Stelle!
BITINNA: Feßle diesen Kerl! – Was stehst du noch?
Den Strick vom Brunneneimer knüpfe schleunigst los.
Wenn ich dich nicht bestrafe, zum Exempel
fürs ganze Land, so glaube nicht mehr, daß ich Frau bin.
Du bist wohl nicht mehr *Phryger*? Meine eigne Schuld,
daß ich dich, Gastron, erst zum Menschen machte.
Das war mein Fehler, doch nicht länger findest
du nun Bitinna närrisch, wie du meinst. –
Los, du! Zieh ihm die Jacke aus und binde ihn!
GASTRON:
Nein, nein, Bitinna, auf den Knien bitt ich dich!
BITINNA:
Ausziehen, sagte ich! Vergiß nicht, Sklave bist du,

drei *Minen* habe ich für dich bezahlt.
Verwünscht sei jener Tag, der dich zu mir
ins Haus gebracht! – Du kriegst was, Pyrrhies!
Ich seh, du tust nur so, statt ihn zu fesseln.
Die Ellenbogen schnür ihm, daß die Fesseln schneiden!

GASTRON:
Vergib mir doch, Bitinna, diesen meinen Fehler!
Ich bin ein Mensch, ich fehlte. Findest du noch einmal,
daß ich was tu, was du nicht willst, *brandmarke* mich!

BITINNA:
Laß mich in Ruh damit und spar's für Amphytaie.
Mit der wälzt du dich rum, ich bin dein Fußabtreter!

PYRRHIES:
Die Fessel sitzt!

BITINNA: Paß auf, sonst windet er sich raus!
Bring ihn zum Karzer, übergib ihn Hermon und
befiehl, eintausend Schläge auf den Rücken
und tausend auf den Bauch ihm zu verpassen.

GASTRON:
Du tötest mich, Bitinna, ohne erst zu prüfen,
ob es die Wahrheit oder nur Verleumdung ist.

BITINNA:
Wo du mit eignem Munde eben erst erklärtest:
»Vergib mir doch, Bitinna, diesen meinen Fehler!«

GASTRON:
Nur deine Galle wollt ich damit dämpfen.

BITINNA:
Was stehst du noch und glotzt und bringst ihn nicht
fort, wie ich es befahl? Kydilla, dreh dem Schurken
die Schnauze in die rechte Richtung. – Drechon, du
gehst mit und ziehst ihm immer hinterdrein. –
Gib, Sklavin, dem Verfluchten einen Lappen,
den widerlichen Schwanz ihm zu verdecken,
damit man ihn nicht nackt auf offner Straße sieht. –
Ich sag dir's, Pyrrhies, zum zweiten Mal:
befiehl dem Hermon, tausend ihm von hier

und tausend so zu geben, hörst du mich?
Denn übertrittst du was von den Befehlen,
so zahlst du selbst das Kapital und Zinsen.
Marsch, aber führe ihn den graden Weg und nicht
bei Mikkale vorbei. – Da fällt mir ein –
lauf, Sklavin, lauf und ruf, bevor sie noch zu weit
gekommen sind.

KYDILLA: He, Pyrrhies! Du, bist du taub?
Sie ruft dich! Wirklich, tut, als zerrt er keinen
Mitsklaven, sondern einen Gräberdieb.
Schau, Pyrrhies, wie du ihn roh nun schleppst
zur Folter. Wirklich, eh fünf Tage um sind,
erblickt Kydillas Auge, wie die Fesseln,
die du grad eben losgeworden bist,
von neuem deine Knöchel reiben werden.

BITINNA:
Hier, Kerl, bring ihn nur wieder her, so wie
du ihn gefesselt grad hinausgeführt,
und laß den Tätowierer Koris kommen
mit Nadeln und mit Tusche. Nötig ist's,
bei der Gelegenheit dich gleich zu illustrieren.
Geknebelt soll er hängen, wie der brave Daos.

KYDILLA:
Nein, Mütterchen, laß ihn für diesmal los,
beim Leben der Batyllis, daß du ihre Hochzeit
erlebst und Enkel auf den Armen wiegst!
Vergib, ich bitte dich, diesen einen Fehler.

BITINNA:
Kydilla, laß mich doch in Frieden, Willst du
mich aus dem Hause treiben? Lassen soll ich
den siebenfachen Sklaven? Grund für jede Dame,
mir auf der Straße ins Gesicht zu spucken.
Nein, bei der Göttin! Weiß er nicht, was für ein
Mensch
er ist, so soll er es sogleich erfahren,
wenn ihm die Inschrift auf der Stirne brennt.

KYDILLA:
Heut ist der zwanzigste, es kommt das Fest –

BITINNA:

Für heute bist du frei, bedank dich bei dem Mädchen,
das ich genauso wie Batyllis liebe
und eigenhändig aufgezogen habe.
Doch ist das Totenopferfest vorbei,
erlebst du noch ein Fest, doch ohne *Honig*!

Götter und Menschen

Menschenlos und Götterwirken
Solon, Menschenlos

Ihr, *Mnemosynes* und des *Olympiers* strahlende Töchter,
Musen Pierias, schenkt meinem Gebete Gehör!
Segen von seiten der glücklichen Götter gewährt mir, von seiten
sämtlicher Menschen jedoch ewigen, herrlichen Ruhm,
lasset den Freunden mich lieb, doch meinen Feinden verhaßt sein,
jenen der Achtung wert, diesen ein Anlaß zur Furcht!
Schätze erstrebe ich wohl; ich möchte sie freilich durch Unrecht
niemals gewinnen: Es folgt Strafe der Untat gewiß.
Reichtum, den Göttern verleihen, erweist sich dem Menschen als sicher
wie als beständig, vom Grund bis zu den Gipfeln hinauf.
Reichtum, den man erstrebt auf dem Weg des Verbrechens, verletzt die
Ordnung der Welt; er gehorcht ungern dem widrigen Zwang
schlechten, unredlichen Tuns, ihm gesellt sich alsbald das Verderben.
Anfangs erscheint es gering – Feuer entwickelt sich so! –,
äußert sich harmlos zunächst, um in schreckliches Unheil zu münden;
denn des Verbrechens Frucht hält sich den Menschen nicht lang.
Zeus überwacht ja den Ausgang jeglichen Handelns: Ganz plötzlich –
wie im Frühling der Wind eilend die Wolken zerstreut,
aufwühlt die Tiefen des brandenden, ruhelos wogenden Meeres,
stürmisch die Fluren verheert, wo schon die Weizensaat keimt,

anschließend aufsteigt zum hohen Himmel, dem Wohnsitz der Götter,
und sein strahlendes Blau deutlich hervortreten läßt,
glänzen in Kraft und Schönheit die Sonne über die reichen
Felder und alles Gewölk aus dem Gesichtskreis verscheucht:
ebenso wirkt die Strafe des Zeus. Nicht bei allem und jedem
freilich gerät, wie ein Mensch, Zeus in entsetzlichen Zorn.
Doch er behält auf die Dauer genau im Gedächtnis, wer frevelnd
einst sich vergangen, und bringt alles zuletzt an das Licht.
Einer zahlt die Buße sogleich, der andere später;
wer persönlich entschlüpft göttlichem Schicksalsgericht,
löscht die Strafe durchaus nicht; Unschuldige sühnen die Untat,
seine Kinder, vielleicht spätere Nachkommen auch.
Aber wir Sterblichen, Gute wie Böse, erachten nun einmal,
ausnahmslos jeder, uns selbst voller Vertrauen als stark,
bis ein Unglück uns zustößt; dann jammern wir. Aber bis dahin
geben wir, trügerisch-froh, haltloser Hoffnung uns hin.
Wer von leidigen Krankheiten ohne Erbarmen gequält wird,
richtet sein Trachten gespannt auf die Gesundung allein.
Wer sich als Feigling entpuppt hat, möchte als tapfer erscheinen,
wem es an Schönheit fehlt, sieht sich als stattlich im Traum.
Wem es an Mitteln gebricht, wem Armut mitleidlos zusetzt,
läßt sich nicht rauben den Wahn, daß er noch Schätze gewinnt.
Schätze erstreben sie alle, wenn auch auf verschiedenen Wegen:
Unermüdlich durchirrt einer das fischreiche Meer,
Vorteile einzuheimsen; als Spielball tückischer Winde
schont er sich niemals und setzt trotzig sein Leben aufs Spiel.
Andre durchfurchen jahraus, jahrein den fruchtbaren Acker,
ihre Gedankenwelt kreist um den gebogenen Pflug.
Andre verstehen *Athenes* und des Meisters *Hephaistos*
Arbeit und zimmern sich ihr Leben mit schaffender Hand.
Andere wurden begnadet von den *olympischen Musen*
und beherrschen das Maß lieblicher, rühmlicher Kunst.
Andere wieder erhob der Schütze *Apollon* zu Sehern;
diese erkennen voraus menschenbedrohendes Leid,
stehen die Götter ihnen zur Seite. Doch keinerlei Opfer,
keinerlei Vogelflug wehrt dem, was das Schicksal beschloß.
Andere wirken als Ärzte, im Amt des an Heilmitteln reichen

Paion; doch ihrer auch harrt schwerlich ein sichrer Erfolg.
Oft schon entstand aus leichter Erkrankung ein furchtbares Leiden,
lindernden Mitteln blieb jegliche Wirkung versagt.
Manchmal indessen gibt dem von schmerzhafter Krankheit Gequälten
schon die Berührung der Hand volle Gesundheit zurück.
Kurz: Das Schicksal verteilt an die Sterblichen Böses und Gutes,
hinnehmen müssen wir der ewigen Götter Geschenk.
Stets umlauern Gefahren das menschliche Handeln, und keiner
weiß um das Ende des Wegs, den er gerade beginnt.
Einer versucht sich, erfolgreich zunächst, an fleißigem Werke;
wider Erwarten jedoch stürzt er in bitterstes Leid.
Mancher beginnt mit ungünstigen Vorzeichen; aber die Gottheit
schenkt ihm in allem Erfolg, schützt ihn vor Torheit und Wahn.
Keine Grenze erkennt der Mensch beim Erraffen von Schätzen;
wer aus unserem Kreis heute das meiste erwarb,
rafft mit verdoppelter Anstrengung weiter. Wer sättigt sie alle?
Sterbliche danken Gewinn stets den Unsterblichen nur.
Aber Gewinn erzeugt auch Verderben. Wenn Zeus es zur Strafe
über uns bringt, trifft bald diesen, bald jenen sein Schlag.

Im Banne der Armut
Hipponax, Im Banne der Armut

Ach, *Hermes*, lieber Hermes, *Maias* Sohn, Herrscher
Kyllenes, bitte sehr – ich friere doch furchtbar! –
– –
gib dem Hipponax Rock und Mantel auch, schenke
Sandalen ihm und pelzgefütterte Stiefel,
sechzig *Statere* Gold noch obendrein – – –

Gib dem Hipponax einen Mantel; denn frierend
erzittre ich und klappre.

Du schenktest mir doch keinen wolligen Mantel,
der mich im harten Winter gegen Frost schützte,

und stecktest nicht in pelzgefütterte Stiefel
die Füße mir, zum Schutze gegen Frostbeulen.

Auslöschen werde ich mein elendes Leben,
wenn du nicht einen Scheffel Gerstenmehl schleunigst
mir zuschickst! Einen Mischtrank will ich mir rühren
davon, als Gegengift der Bosheit ihn schlürfen.

Gott *Plutos* – er ist schwer geschlagen mit Blindheit! –
kam nie zu mir ins Haus und sagte: »Dir spende,
Hipponax, gnädig ich zwei *Minen* von Silber
und manches andre noch!« Ja, Plutos ist schuftig.

Erlöset mich von der Verbannung
Alkaios, Verbannung

Das Volk von *Lesbos* gründete einstmals hier
dies große, weithin leuchtende Heiligtum
  und weihte drinnen die Altäre
    gleichzeitig dreien der hohen Götter.

Man flehte dich an, Zeus, als den Rettenden,
und dich, die edle Gottheit *Aioliens*,
  den Ursprung aller, und als dritten
    schließlich *Dionysos*, Rohfleischfresser,

Kemelios. Erweiset die Gnade mir
und schenket meinem innigen Wunsch Gehör:
  Erlöset mich von der Verbannung,
    diesen so schrecklichen, bittren Qualen!

Den Sohn des Hyrras aber verfolge die
Erinys, weil er schimpflich gebrochen den Eid,
  den wir beim Opferfest geleistet,
    nie die Gefährten im Stich zu lassen,

nein, tapfer vor dem Feinde zu fallen und
ins Grab zu sinken, oder mit eigner Hand
die Gegner zu erschlagen und das
Volk zu befreien von schwerer Bürde.

Der Dickwanst aber lehnte es ab, mit uns
in unsrem Sinn zu sprechen; bedenkenlos
trat er den Schwur mit Füßen. Heute
mästet er selber am Mark der Stadt sich.

– –
– –

– – – – – – – – – – – – – – – – – – ich Elender
muß leben wie ein Wilder auf wildem Grund,
und hörte gerne den Ruf zur Versammlung,
vom Munde des *Agesilaossohns*

und zur Beratung. Was Vater und Großvater
in Ehren als Besitz sich erwarben, inmitten
der Bürger, die einander nur Böses tun –
aus allem ward ich vertrieben,
weit über die Grenzen; wie *Onymakles*,
allein, so nahm ich den Wohnsitz hier
und hause nach Wolfsart, ein Opfer des Kampfes.
Der Aufstand scheiterte, den wir gewagt.

Doch fand ich Zuflucht im Heiligtum
der seligen Götter; auf dunkler Erde
traf ich mit ihnen zusammen,
gewann den sicheren Stand vor dem Verderben,

wo *lesbische Frauen* im Schleppgewand
zum Streit um den Preis der Schönheit sich scharen,
alljährlich rings ihr Jubel erschallt,
ein heiliges Jauchzen – – – – – – – – – – – – – –

Jetzt heißt es zechen und angestrengt tummeln sich
in wildem Tanze: Verreckt ist *Myrsilos*

Gerechtigkeit der Götter
Theognis

Darf man es, Herr der unsterblichen Götter, Gerechtigkeit nennen,
daß ein ehrlicher Mann, der sich des Unrechts enthält,
nie ein Gesetz übertritt und niemals Meineide leistet,
selber der leidigen Macht bitteren Unrechts erliegt?
Wer von den übrigen Sterblichen kann, dies Schauspiel vor Augen,
Götter noch ehren, wer kann zügeln die brennende Wut,
wenn ein Verbrecher und Frevler, ohne Rücksicht zu nehmen
auf die rächende Kraft menschlichen, göttlichen Grolls,
schrankenlos schwelgt im Reichtum, während die Freunde des Rechtes
stöhnen unter der Last bitterer Armut und Not?

Die Gestalt der Götter
Xenophanes, frg. 15

Doch wenn Ochsen oder Löwen Hände hätten

oder vielmehr malen könnten mit ihren Händen und Kunstwerke herstellen wie die Menschen,
dann würden Pferde pferdeähnlich, Ochsen ochsenähnlich

der Götter Gestalten malen und solche Körper bilden,

wie jeder selbst gestaltet ist.

Kroisos und die Orakel
Herodot I 46–48

Kroisos trauerte und härmte sich zwei Jahre um den Verlust seines Sohnes. Dann setzten die Taten des Kyros seinem Gram ein Ende. Denn Kyros, der Sohn des *Kambyses*, hatte das Reich des *Astyages*, des Sohnes des Kyaxares, vernichtet und die Persermacht vergrößert. Kroisos zog in Erwägung, ob er diese wachsende persische Macht nicht vernichten könne, bevor sie zu groß würde. Nach dieser Überlegung fragte er sofort zur Probe bei den Orakeln Griechenlands und Libyens an und schickte Boten in alle Richtungen, zu den verschiedensten Orten. Die einen gingen nach *Delphi*, andere nach *Abai* im Phokerland, die dritten nach *Dodona*. Einige wurden auch zu *Amphiaraos* und *Trophonios* geschickt und wieder andere nach *Branchidai* im Gebiet von Milet. Das waren die griechischen Orakelstätten, zu denen Kroisos schickte, um sich weissagen zu lassen. Aber er sandte auch Boten zum Orakel des *Ammon* in Libyen. Er schickte überall herum, weil er die Orakel nach ihrer Bedeutung auf die Probe stellen wollte. Sobald er ihre Auskunft für wahr befunden hatte, wollte er sie durch eine Gesandtschaft zum zweiten Male befragen, ob er gegen die Perser zu Felde ziehen solle.

Er schickte also die Lyder aus, um die Orakel auf die Probe zu stellen, und gab ihnen folgenden Auftrag mit: Vom Tag ihrer Abreise an sollten sie die Tage genau zählen und sich am hundertsten Tage an die Orakel wenden mit der Frage, was in diesem Augenblick der Lyderkönig Kroisos, der Sohn des Alyattes, gerade tue. Die Antwort, die die einzelnen Orakel auf diese Frage erteilten, sollten sie sich aufschreiben lassen und ihm überbringen. Was die anderen Orakel geantwortet haben, wird indessen von niemandem weiter erzählt; als aber die Lyder das Heiligtum in Delphi betreten hatten, um den göttlichen Spruch entgegenzunehmen, und als sie den Gott auftragsgemäß befragten, da antwortete die *Pythia* mit folgenden Hexametern:

»Wohl weiß ich, wieviel Sand am Meer, wie die Weite des Wassers,
Selbst den Stummen vernehm' ich und höre des Schweigenden Worte.

In die Sinne dringt mir der Geruch der gepanzerten Kröte,
Wie man sie kocht zusammen mit Lammfleisch in eherner Pfanne.
Erz umschließt sie von unten, wie Erz auch darübergezogen.«

Diesen Spruch der Pythia ließen sich die Boten aus Lydien aufschreiben und kehrten nach Sardes zurück. Als sich auch die anderen Gesandten mit ihren Orakelsprüchen einfanden, entfaltete Kroisos die einzelnen Briefe und sah sie durch. Kein Spruch gefiel ihm. Erst als er die Antwort aus Delphi hörte, verehrte er sie sofort und erkannte sie als richtig an; nach seiner Überzeugung gab es nur in Delphi ein wahrhaftiges Orakel; denn dies allein habe erraten, was er selbst getan. Als er damals die Boten nach allen Richtungen zu den Orakelstätten geschickt hatte, wartete er auf den bestimmten Tag und ersann etwas, was unmöglich zu erraten und zu ersinnen war: er zerschnitt eine Schildkröte, schlachtete ein Lamm und kochte sie zusammen in einem ehernen Kessel, auf den er einen ehernen Deckel gelegt hatte.

Widerlegung der Ansicht, daß es keine Götter gibt
Platon, Gesetze X 887c–890b

Der Athener: Zu einem Gebet scheinen die Worte, die du eben gesprochen hast, aufzufordern, da du so lebhaften Eifer zeigst; und so darf ich mit meinen Ausführungen nicht mehr länger zögern. Sag also: wie könnte jemand, ohne sich zu ereifern, über das Dasein der Götter sprechen? Denn man muß sich doch über diejenigen entrüsten und sie hassen, die uns zu solchen Darlegungen veranlaßt haben und noch jetzt veranlassen, weil sie nicht den Sagen glauben, die sie von frühester Kindheit an, als sie noch mit Muttermilch ernährt wurden, von ihren Ammen und Müttern zu hören bekamen, da sie ihnen wie ein beschwörender Zauber teils im Scherz und teils im Ernst erzählt wurden; sie vernahmen sie ferner bei den Opfern in den Gebeten und sahen dabei die sie begleitenden Schauspiele, die ja gerade ein Kind am liebsten beim Opfer aufgeführt sieht und hört, und sie gewahrten ihre Eltern, wie sie sich in tiefstem Ernst um ihr eigenes Heil und um das der

Kinder bemühten und wie sie in der festen Überzeugung vom Dasein der Götter sich mit Gebet und Flehen an sie wandten; sie sahen oder hörten davon, daß sich beim Aufgehen der Sonne und des Mondes und bei ihrem Untergang alle Hellenen und Barbaren verneigen und zu Boden werfen, mögen sie sich in mancherlei Bedrängnissen oder auch in glücklicher Lage befinden, nicht als gäbe es keine Götter, sondern in der Überzeugung, daß sie ganz gewiß existieren und auch keinerlei Anlaß zu dem Verdacht geben, daß sie etwa nicht sein könnten – diejenigen also, die das alles verachten ohne auch nur eine einzige ausreichende Begründung, wie wohl jeder sagen muß, der nur ein wenig Verstand besitzt, und die uns dadurch jetzt das darzulegen nötigen, was wir darlegen: wie sollte jemand imstande sein, diese Leute bloß mit sanften Worten zurechtzuweisen und sie über die Götter als erstes davon zu belehren, daß es sie gibt? Dennoch müssen wir es über uns bringen; denn es geht nicht an, daß beide Seiten von Sinnen sind, die einen aus unersättlicher Gier nach Lust und die andern aus Zorn über solche Leute. So möge denn ohne Zorn folgende Vorrede an die ergehen, die in ihrem Denken derart verdorben sind, und wir wollen ganz ruhig sprechen, indem wir unsern Zorn unterdrücken, wie wenn wir uns mit einem einzelnen von ihnen unterhielten: »Mein Kind, du bist noch jung; in ihrem Fortschreiten wird dich aber die Zeit dazu bringen, daß du vieles von dem, was du jetzt glaubst, verwirfst und das Gegenteil annimmst. Warte also noch solange damit, dich zum Richter über die wichtigsten Fragen zu machen; das Wichtigste aber, was du jetzt freilich für nichts achtest, ist dies: über die Götter eine richtige Ansicht zu haben und infolgedessen schön zu leben oder im andern Fall nicht. Wenn ich dich nun fürs erste hierbei auf einen wichtigen Umstand hinweise, werde ich wohl kaum als Lügner erscheinen, nämlich auf folgenden: weder bist du allein, noch sind deine Freunde als erste und zum ersten Mal zu dieser Meinung über die Götter gelangt, sondern es gibt zu allen Zeiten mehr oder weniger Leute, die an dieser Krankheit leiden. So viel jedoch kann ich, nachdem ich schon mit vielen von ihnen zusammengetroffen bin, dir versichern, daß noch niemand, der sich in seiner Jugend die Meinung, es gebe keine Götter, angeeignet hat, jemals bis ins Greisenalter bei dieser Ansicht geblieben ist, daß jedoch die zwei andern krankhaften Auffassungen über die Götter geblieben sind, zwar nicht bei vielen, aber doch bei einigen, nämlich einmal, daß es zwar Götter gebe, sie sich aber nicht um die menschlichen Angelegenheiten kümmerten, und sodann, daß sie sich zwar darum kümmerten, aber durch Opfer und Gebete leicht umzustimmen seien. Wenn du auf mich hörst, wirst du also noch warten, bis du dir ein möglichst deutliches Urteil hierüber gebildet hast, und prüfe bis dahin genau, ob es sich so oder anders verhält, indem du hierüber von anderen Leuten und besonders auch vom Gesetzgeber Auskünfte einholst; in der Zwischenzeit aber erdreiste dich nicht, gegen die Götter zu freveln. Denn derjenige, der dir die Gesetze gibt, muß auch versuchen, dich jetzt und künftig darüber zu belehren, wie es sich mit eben diesen Dingen verhält.«

Kleinias: Sehr schön, Fremder, haben wir bis jetzt gesprochen.

Der Athener: Gewiß, Megillos und Kleinias. Wir sind aber unversehens auf eine wundersame Behauptung gestoßen.

Kleinias: Auf was für eine meinst du denn?

Der Athener: Auf eine, die bei vielen für die weiseste aller Behauptungen gilt.

Kleinias: Erkläre das noch deutlicher.

Der Athener: Es behaupten doch manche Leute, daß alle Dinge, die entstehen und entstanden sind und entstehen werden, ihr Dasein teils der Natur, teils der Kunst, teils dem Zufall verdanken.

Kleinias: Ist das nicht richtig?

Der Athener: Man sollte jedenfalls erwarten, daß weise Männer recht haben; indes wollen wir ihnen noch etwas nachgehen und prüfen, was sich denn überhaupt die Anhänger dieser Lehre dabei denken.

Kleinias: Ja unbedingt.

Der Athener: Es sei offensichtlich, sagen sie, daß die größten und schönsten unter diesen Dingen die Natur und der Zufall hervorbrächten, die kleineren aber die Kunst, die eben von der Natur die Entstehung der großen und ursprünglichen Werke übernehme und so all die kleineren Werke bilde und herstelle, die wir ja alle als Kunsterzeugnisse bezeichnen.

Kleinias: Wie meinst du das?

Der Athener: Folgendermaßen will ich es noch deutlicher ausdrücken. Feuer und Wasser und Erde und Luft verdankten alle ihr

Dasein der Natur und dem Zufall, behaupten sie, keines davon aber der Kunst; und die nach diesen entstandenen körperlichen Stoffe, die die Erde, die Sonne, den Mond und die Sterne ausmachten, seien aus jenen völlig unbeseelten Elementen entstanden; und diese seien alle durch den Zufall der einem jeden innewohnenden Kraft umhergetrieben worden, und so, wie sie gerade irgendwie passend miteinander zusammengetroffen seien, das Warme mit dem Kalten oder das Trockene mit dem Feuchten und das Weiche mit dem Harten und überhaupt alles, was durch Mischung von Gegensätzlichem gemäß dem Zufall infolge einer Notwendigkeit zusammengemischt worden sei – so und auf diese Weise also hätten sie den ganzen Himmel und alles am Himmel hervorgebracht und ferner alle Tiere und Pflanzen, nachdem zuvor alle Jahreszeiten von diesen Himmelskörpern hervorgebracht worden seien, und zwar nicht durch Vernunft, behaupten sie, und auch nicht durch einen Gott oder eine Kunst, sondern, wie schon gesagt, durch die Natur und den Zufall. Die Kunst aber, die erst später von diesen als ein spätes Erzeugnis hervorgebracht worden sei, habe, selber sterblich und von Sterblichen geschaffen, später gewisse Spielereien hervorgebracht, die kaum an der Wahrheit teilhätten, sondern nur Schattenbilder der gleichen Art wie *die Künste* selber seien, so wie sie die Malerei hervorbringe und die Musik und alle Künste, die diesen dienen. Wenn dagegen einige von den Künsten wirklich auch etwas Ernstes hervorbrächten, so seien das ausschließlich diejenigen, die ihre eigene Kraft mit der Natur teilten, wie die Heilkunst und die Landwirtschaft und die Gymnastik. Und so behaupten sie auch, von der Staatskunst hänge nur ein kleiner Teil mit der Natur zusammen, mit der Kunst dagegen der größte; und so beruhe auch die Gesetzgebung insgesamt nicht auf der Natur, sondern auf der Kunst, deren Satzungen nicht wahr seien.

Kleinias: Wie meinst du das?

Der Athener: Die Götter, mein Bester, so lautet die erste Behauptung dieser Leute, verdankten ihr Dasein der Kunst und nicht der Natur, sondern bestimmten Gesetzen, und diese seien jeweils verschieden, je nachdem wie die einzelnen Gesetzgeber hierbei miteinander übereingekommen seien; und so sei auch das Schöne etwas anderes nach der Natur und etwas anderes nach dem Gesetz;

das Gerechte vollends beruhe überhaupt nicht auf der Natur, sondern die Menschen würden darüber fortwährend streiten und es ständig neu festsetzen; was sie aber festsetzten und sobald sie es einmal festgesetzt hätten, das sei dann jeweils gültig, obwohl es auf der Kunst und auf den Gesetzen beruhe, aber gewiß nicht auf irgendeiner Ordnung der Natur. Das alles, meine Freunde, sind Lehren von Männern, die bei den jungen Leuten für weise gelten, von Prosaschriftstellern und von Dichtern, die behaupten, das Gerechteste sei das, was einer mit Gewalt durchsetzt. Daher befallen unfromme Überzeugungen die jungen Leute, als gäbe es keine solchen Götter, wie man sie sich nach der Vorschrift des Gesetzes zu denken hat, und dadurch entstehen Aufstände, weil jene die jungen Leute zu dem ›richtigen Leben gemäß der Natur‹ hinziehen, das in Wahrheit darin besteht, daß man die andern beherrscht und nicht dem Gesetz gemäß andern dient.

Kleinias: Was für eine Lehre, Fremder, hast du da dargelegt und was für ein großes Verderben für die jungen Leute, sowohl öffentlich in den Staaten als auch in den einzelnen Familien!

Entführung der Heiligtümer des väterlichen Hauses
Lykurgos, Rede gegen Leokrates 8

So habt ihr also die Zeugen gehört, nun aber werde ich etwas sagen, was billigerweise euren Unwillen und eure Entrüstung gegen den Angeklagten erregen wird. Es genügte ihm nicht, seine Person und sein Vermögen in Sicherheit gebracht zu haben, sondern auch die Heiligtümer seines väterlichen Hauses, welche gemäß den bei euch geltenden Gebräuchen und althergebrachten Sitten die Voreltern aufgestellt und ihm hinterlassen hatten, diese ließ er sich nach *Megara* holen und so außer Landes bringen, und dabei wachte nicht einmal über der Benennung »Heiligtümer des väterlichen Hauses« sein Gewissen auf, darüber nämlich, daß er sie vom Boden der Heimat wegrückte und mit ihm ins Elend gehen hieß, weg aus den Tempeln und dem Land, in welchem sie saßen, und daß er sie zwang, auf fremdem Boden, fern der Heimat, ein Obdach zu suchen und Fremdlinge zu sein dem Land und den Gebräuchen, die in der Stadt Megara herkömmlich sind. Und während eure Väter, von dem Gesichtspunkt ausgehend, daß der *Athene* dieses Land zugefallen sei, dem Vaterland den gleichen Namen beilegten, wie ihn die Göttin trug, *Athenä*, damit die Verehrer der Göttin die Stadt nicht verlassen sollten, welche nach der Göttin heißt, hat Leokrates weder um Gesetz noch Herkommen sich bekümmert, sondern – soweit es auf ihn ankam – sogar den Schutz, den ihr von der Göttin erwartet, aus dem Lande entführt.

Warum die Gottesfurcht erfunden wurde
Kritias, Sisyphos frg. 25 D

Vor alter Zeit, da war der Menschen Leben
Der Ordnung bar und dem der Tiere gleich:
Die Stärke herrschte; weder fand der Gute
Belohnung noch der Frevler seine Strafe.
Dann erst, so scheint mir, schuf man Strafgesetze,
Daß über alle herrsche gleich das Recht
Und daß den Frevel es in Fesseln schlage.
Wer sich verging, bekam es jetzt zu büßen.
Doch weil so das Gesetz die Menschen abhielt,
Wie früher Gewalttat offen zu begehen,
Schlich das Verbrechen in der Dunkelheit.
Da hat, scheint mir, ein schlauer, kluger Mann
Die Gottesfurcht den Sterblichen erfunden.
Ein Schrecken sollte sie den Bösen sein,
Wär' heimlich auch die Tat, Wort und Gedanke.
So führte er die Religion denn ein:
'Ein Wesen ist, in ew'gem Leben prangend,
Des Geist hört, sieht und voll von Weisheit ist,
Der dies uns schenkte, göttlich von Natur.
Er hört ein jeglich Wort, das Menschen reden,
Und keine Tat bleibt seinem Blick verborgen.
Auch wenn im stillen nur du Böses sinnst,
Die Götter merken es; denn überall
Wohnt ihre Weisheit.‹ – Mit dergleichen Reden
Führt' er die feinste aller Lehren ein,
Die Wahrheit mit der Worte Trug verhüllend.

Und als der Götter Wohnung gab er an
Den Ort, des Nam' am meisten ängst'gen mußte
Die Menschen. Denn von dort – das wußt' er – kam,
Was sie erschreckt und was ihr armes Leben
Befördert: droben in der Höhe – sah er –
Da zuckt der Blitz und grollt der Donner furchtbar,
Dort ist des Himmels sternbesätes Zelt,
Der Zeit, der weisen Meist'rin, herrlich Kunstwerk.
Dort wandelt hell der glüh'nde Sonnenball,
Dorther strömt feuchtes Naß zur Erde nieder.
Mit solchen Ängsten wußt' er das Gemüt
Der Menschen zu erschüttern; schlau und passend
Wies er der Gottheit diese Wohnung an.
Und Ungesetzlichkeit wich den Gesetzen. –
So, mein' ich, hat zuerst ein kluger Mann
Der Welt den Götterglauben beigebracht.

Heilbericht eines »Glatzenträgers«
Inschrift

Heraieus aus Mytilene. Dieser hatte auf dem Kopf keine Haare, am Kinn aber sehr viele. Er schämte sich, da er von den anderen verlacht wurde, und schlief (im Tempel). Diesem salbte der Gott mit einem Heilmittel den Kopf und bewirkte, daß er Haare hatte.

Der Abergläubische
Theophrast, Charaktere 16

Der Aberglaube erscheint natürlich als Feigheit vor dem Übersinnlichen, der Abergläubische aber ist einer, der sich nach der Begegnung mit einem Leichenzug die Hände wäscht, mit Tempelwasser besprengt, ein Lorbeerblatt in den Mund nimmt und so den ganzen Tag umherwandelt.

Wenn ihm ein Wiesel über den Weg läuft, geht er nicht eher weiter, bis ein anderer die Stelle überschritten oder er drei Steine der Spur entlang über den Weg geworfen hat.

Sieht er zu Hause eine Schlange und ist es eine Backenschlange, ruft er nach Sabazios, ist es eine heilige, dann errichtet er gleich einen kleinen Heroentempel.

Kommt er bei den Ölsteinen an einer Wegkreuzung vorbei, gießt er aus seinem Ölfläschchen etwas darüber, fällt auf die Knie, küßt den Stein, und erst dann entfernt er sich.

Wenn eine Maus einen Mehlsack angefressen hat, geht er zum Zeichendeuter und fragt, was zu tun sei, und antwortet dieser, er solle ihn beim Sattler flicken lassen, so achtet er nicht darauf, sondern kehrt heim und bringt ein Opfer dar.

Häufig pflegt er sein Haus zu reinigen, indem er behauptet, es habe eine Bezauberung durch Hekate stattgefunden.

Wenn Eulen bei seinem Vorübergehen aufgeschreckt werden, sagt er: »Athena ist stärker«, und nur so geht er weiter.

Er ist weder bereit, an ein Grab heranzutreten noch an eine Leiche, noch an eine Wöchnerin, vielmehr sagt er, es sei ihm förderlich, sich nicht zu beflecken.

Am Vierten und Siebenten des Monats trägt er seinen Angehörigen auf, Wein zu kochen, er selbst geht fort, um Myrten, Weihrauch und Opferkuchen zu kaufen, und dann geht er hinein, bekränzt die Hermen (Hermaphroditen?) und ist den ganzen Tag außer sich.

Hat er geträumt, geht er zu den Traumdeutern, den Wahrsagern, den Vogelschauern, um sie zu fragen, zu welchem Gott oder welcher Göttin zu beten sei.

Um sich weihen zu lassen, geht er jeden Monat zu den Orpheuspriestern mit seiner Frau, und hat die Frau keine Zeit, mit der Amme und den Kindern.

Auch scheint er zu denen zu gehören, die sich fleißig am Meer besprengen.

Und trifft er einmal einen Knoblauchbekränzten, wie man sie an Wegkreuzungen sieht, geht er heim, badet von Kopf bis Fuß, ruft nach einer Priesterin und läßt sich mit einer Meerzwiebel oder einem jungen Hund reinigen.

Sieht er aber einen Geisteskranken oder einen Epileptiker, erschrickt er und spuckt in die Falten seines Gewandes.

Frauen im Asklepiostempel

Herondas, Die Frauen im Asklepiostempel

Kynno und Phile, Freundinnen
(Kokkale und Kydilla, ihre Sklavinnen)
Tempelwärter

KYNNO:

Gruß dir, *Asklepios*, der in *Trikka* waltet,
der du im lieben *Kos*, in *Epidauros* wohnst!
Gruß auch *Koronis*, deiner Mutter, und *Apoll*
samt *Hygieia*, die du bei der Rechten faßt,
und allen, denen hier Altäre heilig sind,
Panake und *Epio* und *Iëso* Gruß.
Euch, die ihr *Laomedons* Haus und Mauern
zerstörtet, Heiler ihr der schlimmen Übel,
Podaleirios und *Machaon*, Gruß euch beiden!
Und alle Götter, die am Herd dir wohnen,
und Göttinnen, *Paieon*, Vater, nahet gnädig:
Hier diesen Hahn, den Herold meines Hofes,
den ich als Opfer bringe, nehmt als Zukost.
Wir können ja nicht aus dem vollen schöpfen,
sonst wär ein Rind wohl, eine feiste Sau
und nicht ein Hähnchen angemeßner Dank
für Heilung meiner Leiden, welche du, o Herr,
mit milder Hand mir fortgenommen hast. –
Die Tafel, Kokkale, stell hier zur Rechten hin
von Hygieia!

PHILE: Liebe Kynno, schau, welch schöne
Standbilder! Welcher Künstler hat hier diesen
Stein
behauen, und wer hat ihn wohl gestiftet?

KYNNO:

Die Söhne des *Praxiteles*. Da, siehst du nicht
am Fuß die Inschrift? Und der Stifter ist
Euthiës, Sohn des Prexon.

PHILE: Gnädig sei Paieon
den beiden und Euthiës für ihr schönes Werk!

KYNNO:
Schau, Phile, dort das Mädchen, das hinauf
zum Apfel blickt! Bekäme sie ihn nicht,
sie stürbe auf der Stelle, scheint's nicht so?
PHILE:
Und dort der Alte, Kynno!
KYNNO: Bei den *Moiren*,
wie dieser Junge hier das Gänschen drückt!
Wär's nicht zum Greifen nah ein Stein, du dächtest,
er redet. Wirklich, einmal wird der Mensch
noch lernen, auch die Steine zu beleben.
PHILE:
Hier, Kynno, schau, das ist ja *Batale*,
des *Myttes* Tochter. Wie das Standbild schreitet!
Wer Batale nicht kennt, der schaue bloß
dies Abbild an, so braucht er nicht die echte.
KYNNO:
Komm mit mir, Phile, und ich zeige dir
was Schönes, wie du's nie im Leben sahst. –
Kydilla, lauf und ruf den Tempelwärter.
Ja, du, dich mein ich, gaff nicht so herum!
Wird man wohl jemals tun, was ich befehle?
Sie steht und glotzt mich an wie eine Krabbe.
Lauf, sage ich, und ruf den Tempelwärter!
Du Freßwanst, keiner lobt an dir was Gutes,
und überall bist du gleich wenig nütz!
Zum Zeugen rufe ich, Kydilla, diesen Gott,
du läßt vor Wut mich platzen, auch wenn ich nicht will.
Er ist mein Zeuge: einmal naht der Tag,
an dem du dir den kahlen Schädel kratzt.
PHILE:
Nimm dir das alles doch nicht so zu Herzen, Kynno!
Sie ist ja Sklavin, Faulheit stopft der Sklavin Ohr.
KYNNO:
Es ist schon Tag, und das Gedränge wächst.
He du, bleib da, das Tor ist ja schon auf,
der Vorhang fortgezogen.

PHILE: Sieh nur, liebe Kynno,
welch Wunderwerke dort! So schön, als hätte sie
Athene selbst geschaffen – Heil und Gruß der Herrin!
Der nackte Junge hier, wenn ich ihn zwicke,
kriegt er nicht blaue Flecken, Kynno? Denn
so plastisch wirkt sein Fleisch, so warm durchpulst
auf diesem Bild. Und hier die Silberzange –
sieht sie ein *Myllos* oder *Pataikiskos*,
der Sohn des *Lamprion*, so fallen diesen Dieben,
die Augen aus dem Kopf, so echt erscheint das Silber.
Und dort der Stier, der Treiber, die Begleiterin,
der mit der Hakennase, dieser Struwwelkopf,
sehn sie nicht alle aus wie quicklebendig?
Wär's nicht für eine Dame ungebührlich,
ich schrie vor Angst, daß mir der Stier was tut,
so schielt er, Kynno, mich mit einem Auge an.

KYNNO:
Ja, Phile, bei den Händen des *Apelles*
aus Ephesos ist jeder Strich genau, und niemand
erklärt: »Das eine sah der Mann, das andre nicht.«
Nahm er sich vor, gar Götter darzustellen,
gelang's ihm auch. Wer ihn und seine Werke
nicht, wie es sich gehört, bewundert und bestaunt,
verdient, im Schinderhaus an einem Fuß zu hängen.

TEMPELWÄRTER:
Sehr schön fiel euer Opfer aus, ihr Frauen,
und glückverheißend. Niemand hat ja mehr
Asklepios erfreut als grade ihr. –
Hör, hör, Paieon, wollest gnädig sein
für schönes Opfer diesen Frauen und
den Ehegatten und der ganzen Sippe.
Hör, hör, Paieon, laß es so geschehen!

KYNNO:
So sei es, Herrscher! Gib, daß wir gesund
beim nächsten Mal ein größres Opfer bringen
mit Mann und Kindern. – Kokkale, vergiß nicht,
ein Bein des Hähnchens abzuschneiden und
dem Wärter das zu geben. In die Höhle

der Schlange leg den Opferfladen, uns zum Heil.
Befeuchte auch das Gerstenbrot! Wir essen
das andere zu Hause. Laß nichts liegen, du! –
Schenk uns Gesundheit, Herr! Denn folgt dem Opfer
Gesundheit nach, so segnet uns das Schicksal.

VI. Alter und Tod (über 60 Jahre)

Alter

Das Alter
Anakreon

Schon grau sind meine Schläfen
Und altersschwach die Zähne,
Es lichtet sich mein Haupt.
Die holde Jugend schwindet,
Des Lebens süße Freude
Währt nur noch kurze Zeit.
Oft bangt mir vor dem Tode,
Dann stöhne schwer ich auf.
Denn grausig sind die Tiefen
Des *Hades* und entsetzlich
Der Weg hinab; von drunten
Kehrt niemand je zurück.

Alte, die zu schwach sind, um in den Krieg zu ziehen
Aischylos, Agamemnon 72–82

(Chor vornehmer Greise von *Argos*)

Doch wir, mit den greisen Leibern des Ruhmes nicht wert,
rückten damals nicht mit dem Heere ins Feld
und hüten das Haus, nicht stärker als Kinder,
unsre Glieder auf Stöcke gestützt.
Denn das Mark der Kinder, das in der Brust
seine Herrschaft übt, gleicht dem der Alten:
In ihm wohnt *Ares* nicht!

Der uralte Mensch, dessen Laub schon welkt,
schleppt dreifüßig sich voran;
nicht kräftiger als ein Kind,
ein Traumbild am Tage, so irrt er umher.

Das Alter
Anthologia Graeca IX 54 (Menekrates)

Das Alter

Ist das Alter noch fern, dann wünscht es sich jeder, und kommt es,
schilt man's; besser jedoch, steht es geschuldet noch aus.

Tod

Selbsttötung aus Armut
Theognis

Armut knechtet den Edlen schlimmer als andere Übel,
Kyrnos, weit schlimmer noch als Alter und fiebriger Frost.
Auf der Flucht vor der Armut sollte man sich in des Meeres
Tiefen stürzen, hinab auch von dem ragenden Fels.
Denn ein von Armut Geknechteter darf nicht freimütig sprechen,
auch nichts verwehren, gelähmt liegt ihm die Zunge im Mund.
Über das Festland wie über den weiten Rücken des Meeres
suche, mein Kyrnos, den Weg, der dich von Armut befreit.
Für den Bedürftigen ist es, mein Lieber, besser, zu sterben
als zu leben, gequält von der entsetzlichen Not.

Seuche in Athen
Thukydides II 47–52

Gleich mit Sommers Beginn fielen die Peloponnesier und ihre Verbündeten mit zwei Dritteln ihrer Macht, wie das erstemal, in Attika ein, geführt von *Archidamos* Zeuxidamos' Sohn, König von Sparta, lagerten sich und verwüsteten das Land. Sie waren noch nicht viele Tage in Attika, als in Athen zum ersten Male die Seuche ausbrach. Es hieß, sie habe schon vorher manchenorts eingeschlagen, bei Lemnos und anderwärts, doch von nirgends wurde eine solche Pest, ein solches Hinsterben der Menschen berichtet. Nicht nur die Ärzte waren mit ihrer Behandlung zunächst machtlos gegen die unbekannte Krankheit, ja, da sie am meisten damit zu tun hatten, starben sie auch am ehesten selbst, aber auch jede andre menschliche Kunst versagte: alle Bittgänge zu den Tempeln, Weissagungen und was sie dergleichen anwandten, half alles nichts, und schließlich ließen sie davon ab und ergaben sich in ihr Unglück. Sie begann zuerst, so heißt es, in Äthiopien oberhalb Ägyptens und stieg dann nieder nach Ägypten, Libyen und in weite Teile von des Großkönigs Land. In die Stadt Athen brach sie plötzlich ein und ergriff zunächst die Menschen im *Piräus*, weshalb auch die Meinung aufkam, die Peloponnesier hätten Gift in die Brunnen geworfen (denn Quellwasser gab es dort damals noch nicht). Später gelangte sie auch in die obere Stadt, und da starben die Menschen nun erst recht dahin. Mag nun jeder darüber sagen, Arzt oder Laie, was seiner Meinung nach wahrscheinlich der Ursprung davon war und welchen Ursachen er eine Wirkung bis in solche Tiefe zutraut; ich will nur schildern, wie es war; nur die Merkmale, an denen man sie am ehesten wiedererkennen könnte, um dann Bescheid zu wissen, wenn sie je noch einmal hereinbrechen sollte, die will ich darstellen, der ich selbst krank war und selbst andere leiden sah.

Es war jenes Jahr, wie allgemein festgestellt wurde, in bezug auf die andern Krankheiten gerade besonders gesund. Wer schon vorher ein Leiden hatte, dem ging es immer über in dieses, die andern aber befiel ohne irgendeinen Grund plötzlich aus heiler Haut zuerst eine starke Hitze im Kopf und Rötung und Entzündung der Augen, und innen war sogleich alles, Schlund und Zunge, blutigrot, und der Atem, der herauskam, war sonderbar und übelriechend. Dann entwickelte sich daraus ein Niesen und Heiserkeit, und ziemlich rasch stieg danach das Leiden in die Brust nieder mit starkem Husten. Wenn es sich sodann auf den Magen warf, drehte es ihn um, und es folgten Entleerungen der Galle auf all die Arten, für die die Ärzte Namen haben, und zwar unter großen Qualen, und die meisten bekamen dann einen leeren Schlucken, verbunden mit einem heftigen Krampf, der bei einigen alsbald nachließ, bei andern auch erst viel später. Wenn man von außen anfaßte, war der Körper nicht besonders heiß, noch auch bleich, sondern leicht gerötet, blutunterlaufen und bedeckt von einem dichten Flor kleiner Blasen und Geschwüre; aber innerlich war die Glut so stark, daß man selbst die allerdünnsten Kleider und Musselindecken abwarf und es nicht anders aushielt als nackt und sich am liebsten in kaltes Wasser gestürzt hätte. Viele von denen, die keine Pflege hatten, taten das auch, in die Brunnen, vor dem unstillbaren Durst. Es war kein Unterschied, ob man viel oder weniger trank. Und die ganze Zeit quälte man sich in der hilflosen Unrast und Schlaflosigkeit. Solange die Krankheit auf ihrer Höhe stand, fiel auch der Körper nicht zusammen, sondern widerstand den Schmerzen über Erwarten. Entweder gingen daher die meisten am neunten oder siebten Tag zugrunde an der inneren Hitze, ohne ganz entkräftet zu sein, oder sie kamen darüber weg, und dann stieg das Leiden tiefer hinab in die Bauchhöhle und bewirkte dort ein starkes Schwären, wozu noch ein wäßriger Durchfall auftrat, so daß die meisten später an diesem starben, vor Erschöpfung. Denn das Übel durchlief von oben her, vom Kopfe, wo es sich zuerst festsetzte, den ganzen Körper, und hatte einer das Schlimmste überstanden, so zeigte sich das am Befall seiner Gliedmaßen: denn nun schlug es sich auf Schamteile, Finger und Zehen, und viele entrannen mit deren Verlust, manche auch dem der Augen. Andere hatten beim ersten Aufstehen rein alle Erinnerung verloren und kannten sich selbst und ihre Angehörigen nicht mehr. Denn die unfaßbare Natur der Krankheit überfiel jeden mit einer Wucht über Menschenmaß, und insbesondere war dies ein klares Zeichen, daß sie etwas anderes war als alles Herkömmliche: die Vögel nämlich und die Tiere, die an Leichen gehen, rührten entweder die vielen Unbegrabenen nicht an, oder sie fraßen und gingen dann ein. Zum Beweis: es wurde ein deutliches Schwinden solcher Vögel beobachtet; man sah sie weder sonst noch bei irgendeinem Fraß, wogegen die Hunde Spürsinn zeigten für die Wirkungen wegen der Lebensgemeinschaft.

So also war diese Seuche, von mancher Besonderheit abgesehen, worin der eine sie vielleicht etwas anders erfuhr als ein anderer, aber doch in ihrer Gesamtform. Sonst litt man zu jener Zeit an keiner von den gewöhnlichen Krankheiten, wenn aber doch eine vorkam, so endete sie immer in jene. Die einen starben, wenn man sie liegen ließ, die andern auch bei der besten Pflege. Und ein sicheres Heilmittel wurde eigentlich nicht gefunden, das man zur Hilfe hätte anwenden müssen – was dem einen genützt hatte, das schadete einem andern – auch erwies sich keine Art von Körper nach seiner Kraft oder Schwäche als gefeit dagegen, sondern alle raffte es weg, mochte jemand noch so peinlich seine Gesundheit gepflegt haben. Das Allerärgste an dem Übel war die Mutlosigkeit, sobald sich einer krank fühlte (denn sie überließen sich sofort der Verzweiflung, so daß sie sich innerlich viel zu schnell aufgaben und keinen Widerstand leisteten), und dann, daß sie bei der Pflege einer am andern sich ansteckten und wie die Schafe hinsanken; daher kam hauptsächlich das große Sterben. Wenn sie nämlich in der Angst einander mieden, so verdarben sie in der Einsamkeit, und manches Haus wurde leer, da keiner zu pflegen kam; gingen sie aber hin, so holten sie sich den Tod, gerade die, die Charakter zeigen wollten – diese hätten sich geschämt, sich zu schonen, und besuchten ihre Freunde; wurden doch schließlich sogar die Verwandten stumpf gegen den Jammer der Verscheidenden, vor der Übergewalt des Leides. Am meisten hatten immer noch die Geretteten Mitleid mit den Sterbenden und Leidenden, weil sie alles vorauswußten und selbst nichts mehr zu fürchten hatten; denn zweimal packte es den gleichen nicht, wenigstens nicht tödlich. Diese wurden glücklich gepriesen von den andern und hatten auch selbst seit der Überfreude dieses Tages eine hoffnungsvolle Leichtigkeit für alle Zukunft, als könne sie keine andere Krankheit je mehr umbringen.

Zu all dieser Not kam noch als größte Drangsal das Zusammenziehen von den Feldern in die Stadt, zumal für die Neugekommenen. Denn ohne Häuser, in stickigen Hütten wohnend in der Reife des Jahres, erlagen sie der Seuche ohne jede Ordnung: die Leichen lagen übereinander, sterbend wälzten sie sich auf den Straßen und halbtot um alle Brunnen, lechzend nach Wasser. Die Heiligtümer, in denen sie sich eingerichtet hatten, lagen voller Leichen der drin an geweihtem Ort Gestorbenen; denn die Menschen, völlig überwältigt vom Leid und ratlos, was aus ihnen werden sollte, wurden gleichgültig gegen Heiliges und Erlaubtes ohne Unterschied. Alle

Bräuche verwirrten sich, die sie sonst bei der Bestattung beobachteten; jeder begrub, wie er konnte. Viele vergaßen alle Scham bei der Beisetzung, aus Mangel am Nötigsten, nachdem ihnen schon so viele vorher gestorben waren: die legten ihren Leichnam auf einen fremden Scheiterhaufen und zündeten ihn schnell an, bevor sie wiederkamen, die ihn geschichtet, andere warfen auf eine schon brennende Leiche die, die sie brachten, oben darüber und gingen wieder.

Bericht über Sokrates' Verhalten im Gefängnis kurz vor seinem Tod

Platon, Phaidon 116a–118

Nach diesen Worten stand er auf und ging in ein anderes Gemach, um dort zu baden. Und *Kriton* folgte ihm; uns aber hieß er bleiben. So warteten wir denn und unterhielten uns miteinander über das, was geredet worden war, und überdachten es noch einmal; doch dann kamen wir wieder auf das Unglück zu sprechen, das uns betroffen hatte, und es kam uns ganz so vor, wie wenn uns ein Vater entrissen würde und wir unser ferneres Leben als Waisen verbringen müßten.

Als er dann gebadet hatte, brachte man seine Kinder zu ihm – er hatte zwei kleine Knaben und einen größeren –, und auch die Frauen aus seiner Verwandtschaft kamen herein. Und er redete mit ihnen in Kritons Gegenwart und gab ihnen noch einige Aufträge. Dann hieß er die Weiber und Kinder weggehen; er selbst kam wieder zu uns. Die Sonne war schon nahe am Untergehen; denn er hatte recht lange im inneren Gemach verweilt. Nun kam er und setzte sich, frisch gebadet; doch redete er jetzt nicht mehr viel. Und schon kam der Diener der *Elfmänner* herein, trat zu ihm und sagte:

»Sokrates, über dich werde ich mich nicht beklagen müssen wie über andere, daß sie auf mich böse werden und mich verfluchen, wenn ich ihnen im Auftrage der *Archonten* verkünden muß, daß sie das Gift trinken sollen. Dich habe ich in dieser Zeit als den edelsten und mildesten und besten von all den Männern kennengelernt, die je hierhergekommen sind; und auch jetzt weiß ich sehr wohl, daß du nicht mir zürnst, sondern den wahren Schuldigen, die du ja kennst. Jetzt aber – du weißt, was ich dir verkünden muß –, lebe wohl und versuche, das Unvermeidliche so leicht als möglich zu tragen.«

Damit wandte er sich um und ging weinend hinaus. Und Sokrates schaute zu ihm auf und sagte: »Auch du, lebe wohl; und wir werden dies tun.«

Und zugleich sprach er zu uns: »Wie fein ist doch dieser Mensch. Während der ganzen Zeit kam er zu mir herein und unterhielt sich manchmal mit mir. Er war der beste aller Menschen, und jetzt weint er gar so herzlich um mich. Aber wohlan, Kriton, wir wollen ihm gehorchen. Es bringe einer das Gift herein, wenn es gerieben ist; wenn nicht, so soll es der Mann reiben.«

Und Kriton sagte: »Ich glaube, Sokrates, die Sonne steht noch auf den Bergen und ist noch nicht untergegangen. Und ich weiß auch von anderen, daß sie erst viel später getrunken haben, nachdem es ihnen befohlen war; zuerst aber haben sie noch gut gegessen und getrunken und waren mit denen zusammen, nach welchen sie gerade Verlangen trugen. Drum dränge nicht; es hat ja noch Zeit.«

Aber Sokrates sprach: »Wenn jene das tun, von denen du erzählst, dann haben sie ganz recht: sie glauben nämlich, damit etwas zu gewinnen; aber mit ebensolchem Recht werde ich nicht so handeln; denn ich glaube nicht, daß ich damit etwas gewinne, wenn ich ein wenig später trinke, höchstens, daß ich mich vor mir selbst lächerlich mache, wenn ich so am Leben hange und spare, wo doch nichts mehr ist. Geh also nur«, schloß er, »und gehorche mir ohne Widerrede.«

Auf diese Worte hin gab Kriton dem Diener, der in der Nähe stand, ein Zeichen. Und der Knabe ging hinaus und kam nach einer Weile wieder mit dem Manne, der das Gift reichen sollte, das er gerieben in einem Becher mit sich brachte. Als Sokrates den Mann sah, sagte er:

»Also gut denn, mein Bester; du weißt ja darüber Bescheid: was soll ich tun?«

»Wenn du getrunken hast«, sagte er, »brauchst du nur hin und her zu gehen, bis dir deine Glieder schwer werden, und dann mußt du dich niederlegen; so wird es schon von selbst wirken.«

Zugleich reichte er dem Sokrates den Becher. Und der nahm ihn, und mit heiterer Miene, *Echekrates*, ohne zu zittern, ohne sich zu verfärben und ohne das Gesicht zu verziehen, sondern ganz nach seiner Gewohnheit blickte er dem Manne fest in die Augen und fragte ihn: »Was meinst du, soll man auch von diesem Trank eine Spende vergießen? Ist das erlaubt oder nicht?«

»Sokrates«, erwiderte jener, »wir reiben davon gerade so viel, wie wir glauben, daß es zum Trinken richtig sei.«

»Ich verstehe«, sagte er; »aber es ist wohl erlaubt und auch notwendig, zu den Göttern zu beten, daß die Fahrt von hier ins Jenseits glücklich verlaufen möge. Darum bitte ich jetzt, und so möge es geschehen.« Mit diesen Worten setzte er an und trank gelassen und heiter aus.

Bis dahin waren wir fast alle so ziemlich imstande gewesen, die Tränen zurückzuhalten. Als wir aber sahen, wie er trank und wie er dann getrunken hatte, da konnten wir es nicht mehr, sondern mir selbst drangen mit Gewalt die Tränen in Strömen hervor, so daß ich mich verhüllte und um mich weinte. Denn ich weinte nicht etwa um ihn, sondern um mein eigenes Unglück, daß ich einen solchen Freund verlieren sollte. Kriton hatte schon früher als ich seine Tränen nicht mehr zurückhalten können und war hinausgegangen. Apollodoros aber hatte schon vorher unaufhörlich geweint; jetzt aber schrie er laut auf, weinte und jammerte, und unter den Anwesenden war keiner, den das nicht erschütterte, außer Sokrates selbst. Der aber sagte:

»Was macht ihr denn, ihr wunderlichen Leute? Ich habe doch die Frauen nicht zuletzt deshalb weggeschickt, damit sie sich nicht so töricht aufführen. Denn ich habe mir sagen lassen, daß man unter andächtigem Schweigen sterben soll. So seid denn ruhig und beherrscht euch.«

Als wir das hörten, schämten wir uns und hörten auf zu weinen. Er aber ging hin und her; dann sagte er, er spüre jetzt, wie seine Glieder schwer würden, und legte sich auf den Rücken: denn so hatte es ihm der Mann, der das Gift brachte, befohlen. Jetzt fühlte ihn dieser an, und nach einiger Zeit prüfte er seine Füße und Beine; dann drückte er heftig den Fuß und fragte ihn, ob er etwas spüre. »Nein«, sagte er. Und darauf dann die Unterschenkel, und indem er immer weiter hinauffühlte, zeigte er uns, wie er allmählich kalt und steif wurde. Und er faßte ihn wieder an und sagte, wenn es bis zum Herzen fortgeschritten sei, dann werde er scheiden. Schon war um seinen Unterleib fast alles erkaltet, da deckte er sich noch einmal auf – er hatte sich schon ganz verhüllt –, und sagte:

»Kriton«, und das waren seine letzten Worte, »wir schulden dem *Asklepios* einen Hahn; entrichtet ihm den und versäumt es nicht.«

»Das soll geschehen«, sagte Kriton; »aber sieh, ob du nicht sonst noch etwas zu sagen hast.«

Auf diese Frage gab er keine Antwort mehr. Kurz darauf machte er noch eine Bewegung, und dann deckte ihn der Mann auf, und da war sein Blick gebrochen.

Als Kriton das sah, schloß er ihm den Mund und die Augen.

Dies, Echekrates, war das Ende unseres Freundes, eines Mannes, von dem wir sagen dürfen, daß er unter all seinen Zeitgenossen, die wir gekannt haben, der beste und überhaupt der Vernünftigste und Gerechteste gewesen ist.

Der Tod ist nichts, was uns betrifft
Epikur, Brief an Menoikeus

Epikur wünscht dem Menoikeus Glück.
Weder soll, wer noch ein Jüngling ist, zögern zu philosophieren, noch soll, wer schon Greis geworden, ermatten im Philosophieren. Denn weder ist jemand zu unerwachsen noch bereits entwachsen im Blick auf das, was in der Seele gesunden läßt. Wer aber sagt, zum Philosophieren sei noch nicht das rechte Alter, oder, vorübergegangen sei das rechte Alter, ist dem ähnlich, der sagt, für das Glück sei das rechte Alter noch nicht da oder nicht mehr da. Philosophieren also muß der Jüngling wie der Greis, der eine, um alternd jugendfrisch zu bleiben an seinen Gütern aus Dankbarkeit für das Vergangene, der andere, um zugleich jung und altersweise zu sein aus mangelnder Furcht vor dem Künftigen. Zu beherzigen gilt es denn, was das Glück verschafft; denn ist es anwesend, haben wir alles, ist es abwesend, tun wir alles, damit wir es haben.

Wozu ich dich beständig mahnte, dies tu und übe ein, weil du darin die Elemente des vollkommenen Lebens klar erfaßt. Zuallererst: wenn du die Gottheit für ein unvergängliches und glückseliges Wesen hältst, wie die allgemeine Anschauung der Gottheit vorgeprägt wurde, dann hänge ihr nichts an, was ihrer Unvergänglichkeit fremd oder mit ihrer Glückseligkeit unvereinbar ist. Vermute dagegen alles über sie, was ihre mit Unvergänglichkeit verbundene Glückseligkeit unversehrt zu bewahren vermag. Denn Götter gibt es tatsächlich: unmittelbar einleuchtend ist deren Erkenntnis. Wofür sie jedoch die Masse hält, so geartet sind sie nicht. Denn sie bewahrt dabei gerade das nicht unversehrt, wofür sie sie eigentlich hält. Ehrfurchtslos aber ist nicht der, der die Götter der Masse abschafft, sondern der, der die Vermutungen der Masse den Göttern anhängt. Denn nicht unmittelbare Vor-Begriffe, sondern trügerische Vorstellungen bilden die Urteile der Masse über die Götter. Daher kommt es, daß der größte Schaden von seiten der Götter ebenso durch die schlechten Menschen herbeigeführt wird wie der größte Nutzen [durch die guten]. Denn indem die Menschen sie ihren eigenen Vorzügen ganz und gar angleichen, entdekken sie nur ihnen ähnliche Wesen wieder, weil sie alles, was nicht gleichartig ist, für fremd halten.

Gewöhne dich ferner daran zu glauben, der Tod sei nichts, was uns betrifft. Denn alles Gute und Schlimme ist nur in der Empfindung gegeben; der Tod aber ist die Vernichtung der Empfindung. Daher macht die richtige Erkenntnis – der Tod sei nichts, was uns betrifft – die Sterblichkeit des Lebens erst genußfähig, weil sie nicht eine unendliche Zeit hinzufügt, sondern die Sehnsucht nach der Unsterblichkeit von uns nimmt. Denn es gibt nichts Schreckliches im Leben für den, der im vollen Sinne erfaßt hat, daß nichts Schreckliches im Nicht-Leben liegt. Darum schwätzt der, der sagt, er fürchte den Tod nicht, weil er ihn bedrücken wird, wenn er da ist, sondern weil er ihn jetzt bedrückt, wenn er noch aussteht. Denn was uns, wenn es da ist, nicht bedrängt, kann uns, wenn es erwartet wird, nur sinnlos bedrücken. Das Schauererregendste aller Übel, der Tod, betrifft uns überhaupt nicht; wenn »wir« sind, ist der Tod nicht da; wenn der Tod da ist, sind »wir« nicht. Er betrifft also weder die Lebenden noch die Gestorbenen, da er ja für die einen nicht da ist, die andern aber nicht mehr für ihn da sind. Doch die Masse flieht bisweilen den Tod als das größte aller Übel, bisweilen [ersehnt sie] ihn als Erholung von allen

[Übeln] im Leben. [Der Weise indes weist weder das Leben zurück], noch fürchtet er das Nicht-Leben; denn weder ist ihm das Leben zuwider, noch vermutet er, das Nicht-Leben sei ein Übel. Wie er als Speise nicht in jedem Fall die größere, sondern die am meisten lustspendende vorzieht, so schöpft er auch nicht eine möglichst lange, sondern eine möglichst lustspendende Zeit aus. Wer nun mahnt, der Jüngling solle vollendet leben, der Greis vollendet scheiden, der ist naiv, nicht nur wegen der Annehmlichkeit des Lebens, sondern auch, weil das Einüben des vollkommenen Lebens und des vollkommenen Sterbens ein und dasselbe ist. Noch weit minderwertiger ist der, der sagt, es sei gut, nicht geboren zu sein,

> »einmal geboren, dann schleunigst des *Hades* Tor zu durchmessen«.

Denn wenn er darauf vertraut und es deshalb behauptet: warum scheidet er dann nicht aus dem Leben? Das steht ihm ja frei, wenn es doch von ihm unumstößlich geplant war. Wenn er aber bloß spottet, so ist er ein Schwätzer unter jenen, die dies nicht zugeben.

Wir müssen uns ferner daran erinnern, daß das Künftige weder ganz und gar in unserer Macht liegt noch ganz und gar nicht in unserer Macht: wir wollen weder erwarten, daß das Künftige ganz und gar so kommen wird, noch davor verzweifeln, daß es ganz und gar nicht so kommen wird.

Wir müssen ferner berücksichtigen, daß die Begierden zum einen anlagebedingt, zum andern ziellos sind. Und zwar sind von den anlagebedingten die einen notwendig, die andern nur anlagebedingt; von den notwendigen wiederum sind die einen zum Glück notwendig, die andern zur Störungsfreiheit des Körpers, die dritten zum bloßen Leben. Denn eine unbeirrte Beobachtung dieser Zusammenhänge weiß ein jedes Wählen und Meiden zurückzuführen auf die Gesundheit des Körpers und die Unerschütterlichkeit der Seele: denn dies ist das Ziel des glückseligen Lebens. Um dessentwillen tun wir ja alles, damit wir weder Schmerz noch Unruhe empfinden. Sooft dies einmal an uns geschieht, legt sich der ganze Sturm der Seele, weil das Lebewesen nicht imstande ist, weiterzugehen wie auf der Suche nach etwas, was ihm mangelt, und etwas anderes zu erstreben, wodurch sich das Wohlbefinden der Seele und des Körpers erfüllen würde. Denn nur dann haben wir ein Bedürfnis nach Lust, wenn wir deswegen, weil uns die Lust fehlt, Schmerz empfinden; [wenn wir aber keinen Schmerz empfinden], bedürfen wir auch der Lust nicht mehr.

Gerade deshalb ist die Lust, wie wir sagen, Ursprung und Ziel des glückseligen Lebens. Denn sie haben wir als erstes und angeborenes Gut erkannt, und von ihr aus beginnen wir mit jedem Wählen und Meiden, und auf sie gehen wir zurück, indem wir wie mit einem Richtscheit mit der Empfindung ein jedes Gut beurteilen. Und gerade weil dies das erste und in uns angelegte Gut ist, deswegen wählen wir auch nicht jede Lust, sondern bisweilen übergehen wir zahlreiche Lustempfindungen, sooft uns ein übermäßiges Unbehagen daraus erwächst. Sogar zahlreiche Schmerzen halten wir für wichtiger als Lustempfindungen, wenn uns eine größere Lust darauf folgt, daß wir lange Zeit die Schmerzen ertragen haben. Jede Lust also ist, weil sie eine verwandte Anlage hat, ein Gut, jedoch nicht jede ist wählenswert; wie ja auch jeder Schmerz ein Übel ist, aber nicht jeder ist in sich so angelegt, daß er immer vermeidenswert wäre. Doch durch vergleichendes Messen und den Blick auf Zuträgliches und Unzuträgliches ist dies alles zu beurteilen. Denn wir verfahren mit dem Gut zu bestimmten Zeiten wie mit einem Übel, mit dem Übel ein andermal wie mit einem Gut.

Auch die Selbstgenügsamkeit halten wir für ein großes Gut, nicht damit wir es ganz und gar mit dem Wenigen genug sein lassen, sondern um uns dann, wenn wir das Meiste nicht haben, mit dem Wenigen zu begnügen, da wir im vollen Sinne überzeugt sind, daß jene am lustvollsten den Aufwand genießen, die seiner am wenigsten bedürfen, und daß alles Anlagebedingte leicht, das Ziellose aber schwer zu beschaffen ist. Denn bescheidene Suppen verschaffen eine ebenso starke Lust wie ein aufwendiges Mahl, sooft das schmerzhafte Gefühl des Mangels aufgehoben wird; auch Brot und Wasser spenden höchste Lust, wenn einer sie aus Mangel zu sich nimmt. Sich also zu gewöhnen an einfache und nicht aufwendige Mahlzeiten befähigt zu voller Gesundheit, macht den Menschen unbeschwert gegenüber den notwendigen Anforderungen des Lebens, stärkt unsere Verfassung, wenn wir uns in Abständen zu aufwendigen Mahlzeiten aufmachen, und entläßt uns angstfrei gegenüber dem Zufall.

Wenn wir also sagen, die Lust sei das Ziel, meinen wir damit nicht die Lüste der Hemmungslosen und jene, die im Genuß bestehen, wie einige, die dies nicht kennen und nicht eingestehen oder böswillig auffassen, annehmen, sondern: weder Schmerz im Körper noch Erschütterung in der Seele zu empfinden. Denn nicht Trinkgelage und aneinandergereihte Umzüge, auch nicht das Genießen von Knaben und Frauen, von Fischen und allem übrigen, was eine aufwendige Tafel bietet, erzeugen das lustvolle Leben, sondern ein nüchterner Verstand, der die Gründe für jedes Wählen und Meiden aufspürt und die bloßen Vermutungen vertreibt, von denen aus die häufigste Erschütterung auf die Seelen übergreift.

Für all dies ist die Einsicht Ursprung und höchstes Gut. Daher ist die Einsicht sogar wertvoller als die Philosophie: ihr entstammen alle übrigen Tugenden, weil sie lehrt, daß es nicht möglich ist, lustvoll zu leben, ohne einsichtsvoll, vollkommen und gerecht zu leben, [ebensowenig, einsichtsvoll, vollkommen und gerecht zu leben,] ohne lustvoll zu leben. Denn die Tugenden sind ursprünglich verwachsen mit dem lustvollen Leben, und das lustvolle Leben ist von ihnen untrennbar.

Denn wer, glaubst du, ist stärker als jener, der über die Götter ehrfürchtige Vermutungen hegt, der gegenüber dem Tod ganz und gar angstfrei ist, der das Ziel unserer Veranlagung durchdacht hat und klar erfaßt, daß das Höchstmaß der Güter leicht zu erfüllen und leicht zu beschaffen ist, das Höchstmaß der Übel aber flüchtige Phasen oder Qualen aufweist? Das von manchen als Herrin über alles eingeführte [Schicksal] verspottet er. [Denn er bestimmt sich selbst als Verantwortlichen für seine Handlungen, indem er festsetzt, daß manches mit Notwendigkeit eintritt,] manches infolge des Zufalls, manches in unserer Hand liegt, weil die Notwendigkeit verantwortungsfrei ist und weil er sieht, daß der Zufall unstet und das, was in unserer Hand liegt, herrenlos ist: ihm folgt ja auch zwingend der Tadel und sein Gegenteil. Denn es wäre besser, dem *Mythos* über die Götter zu folgen, als dem »Schicksal« der *Naturphilosophen* sklavisch ergeben zu sein. Denn der Mythos entwirft eine Aussicht auf Erhörung von seiten der Götter auf dem

Wege ihrer Verehrung, das Schicksal aber weist eine unerbittliche Notwendigkeit auf. Den Zufall faßt er weder als einen Gott auf, wie die Masse meint – denn nichts wird von der Gottheit ungeordnet vollbracht – noch als eine unausgewiesene Ursache: er glaubt nämlich nicht, von ihm werde Gutes oder Übles den Menschen zum glückseligen Leben gegeben, vielmehr würden nur die Anfänge großer Güter oder Übel von ihm gelenkt. Für besser hält er es, trotz richtiger Überlegung einen Mißerfolg als trotz verkehrter Überlegung einen Zufallserfolg zu haben; denn es ist eher angemessen, wenn [sich] beim Handeln ein gutes Urteil [nicht bestätigt, als wenn sich ein schlechtes Urteil] nur durch den Zufall bestätigt.

Dies also und was dazugehört bedenke Tag und Nacht bei dir selbst [und] zusammen mit dem, der dir gleicht. Dann wirst du dich niemals, weder wachend noch schlafend, erschüttern lassen, und du wirst leben wie ein Gott unter den Menschen. Denn es gleicht keinem sterblichen Wesen der Mensch, der inmitten unsterblicher Güter lebt.

Tragische Todesfälle
Anthologia Graeca VII 504, 654, 665 (Leonidas von Tarent)

Am Fisch erstickt

Parmis, der Sohn Kallignots, der Angler am Ufer des Meeres,
der so trefflich gefischt Drossel und Seepapagei
wie den gefräßigen Barsch, den Köderverschlinger, und alles,
was in der Tiefe des Meers Klüfte und Klippen bewohnt,
biß von der Beute dereinst einen klüftebewohnenden Lippfisch,
den er zu seinem Verderb aus dem Gewässer geholt.
Ach, da fand er den Tod. Denn zappelnd entglitt aus den Händen
ihm der glatte und fuhr ihm in die Enge des Schlunds.
Nieder fiel Parmis und wälzte am Boden bei Schnur sich und Rute
und den Angeln und hat schließlich sein Leben verhaucht,
da sich erfüllt der *Moira* Gespinst. Doch Gripon, der Fischer,
hat dem Gestorbenen drauf hier diesen Hügel gehäuft.

Tod durch Piraten

Kreter sind Räuber von je, Piraten; nie denken sie rechtlich.
Hat man bei Kretern einmal etwas Gerechtes gesehn?
So haben Kreter auch mich, den Timolytos, als ich mit karger
Ladung die Wogen durchfuhr, elend hinuntergestürzt.
Laut nun klagen um mich die Möwen, die Vögel des Meeres,
hier in dem Grabe jedoch schlummert Timolytos nicht.

Der schiffbrüchige Promachos

Segelst du über das Meer, trau weder dem langen noch tiefen
Schiff; ein einziger Sturm richtet ob jeglichem Kiel.
In einer einzigen Bö starb Promachos auch mit den Schiffern,
denn in den gähnenden Schlund riß sie gemeinsam die See.
Dennoch ward ihm der Gott nicht gänzlich zum Feinde; es wurden
ihm ja im heimischen Land Ehren der Toten und Grab
von befreundeter Hand; denn die rauhen Wogen des Meeres
trugen den Leichnam darauf her an den offenen Strand.

Qualvoller Tod durch Unfall
Hippokrates, epidemiarum V 7, 26

Der Mann aus Melis: ein beladener Lastwagen fuhr ihm über die Brust und brach ihm Rippen; nach einiger Zeit bildete sich unterhalb der Rippen Eiter. Man brannte ihn unterhalb der Milz; er behielt unter dem Verband eine eiternde Wunde zehn Monate lang. Als man die Haut aufschnitt, zeigte sich eine Höhle, die sich im Netz nach beiden Seiten ausdehnte und infolge der Fäulnis Niere und Knochen erreichte.

Man hatte übersehen, daß die körperliche Verfassung dieses Patienten gallig war: im Körper wie in der Krankheit herrschte Fäulnis. Die Fäulnis im Netze und andern Fleischteilen war beträchtlich. Man hätte die verfaulten Teile sofort, so gut wie möglich, entfernen sollen mit Hilfe eines trocknenden Heilmittels, solange der Patient noch bei Kräften war. Denn das Feuchte bewirkte nicht Stärkung, sondern Fäulnis. Da die Feuchtigkeit vom Verband zurückgehalten wurde, traten Schüttelfrost und Fieber ein, und die Fäulnis nahm zu. Es floß eine faulige, dunkle, stinkende Flüssigkeit aus, so wie sie, noch bevor man zu behandeln begann, täglich in Menge ausgetreten war; sie war schwerflüssig. Man mußte erkennen, daß der Ursprung der Krankheit tiefer liege als unter der Haut. Auch wenn er jede Pflege ordnungsgemäß erhalten hätte, wäre er offensichtlich doch nicht davongekommen. Diarrhöe packte ihn.

Bestattung

Leichenspiele zu Ehren des Patroklos
Homer, Ilias XXIII 250–897

Zuerst löschten sie den Scheiterhaufen mit funkelndem Wein,
Soweit die Flamme hingekommen, und herab fiel tiefe Asche.
Und weinend sammelten sie des milden Gefährten weiße Gebeine
In eine goldene Schale und in doppeltes Fett
Und setzten sie in der Hütte nieder, umhüllt mit weichem Leinen.
Und sie zogen den Kreis für das Grabmal und legten die Grundsteine
Um den Scheiterhaufen und schütteten dann gehäufte Erde darüber.
Und als sie das Grabmal aufgeschüttet, gingen sie wieder. Aber *Achilleus*
Hielt dort das Volk zurück und ließ es sich setzen in breiter Versammlung,
Und holte aus den Schiffen Kampfpreise: Kessel und Dreifüße
Und Pferde und Maultiere und der Rinder starke Häupter
Und Frauen, gutgegürtete, und graues Eisen.
Den schnellfüßigen Gespannen setzte er zuerst herrliche Preise:
Eine Frau, sie mit sich zu führen, die untadlige Werke wußte,
Und einen Dreifuß mit Ohren, der zwei und zwanzig Maß faßte,
Für den Ersten. Aber dem Zweiten wieder setzte er aus eine Stute,
Sechsjährig, ungezähmt, mit einem Maultierfüllen trächtig.
Doch dem Dritten setzte er nieder einen Kessel, unberührt vom Feuer,
Einen schönen, der vier Maß faßte, einen noch ganz hellen.
Und dem Vierten setzte er aus zwei Pfunde Goldes.

Dem Fünften aber setzte er eine Doppelschale, nicht berührt vom Feuer.
Und er stand aufrecht und sagte die Rede unter den *Argeiern*:
»*Atreus-Sohn* und ihr anderen gutgeschienten *Achaier*!
Für die Wagenlenker liegen diese Preise bereit in der Versammlung!
Wenn wir Achaier jetzt einem anderen zu Ehren die Spiele hielten,
Ja, dann würde ich wohl den ersten Preis nehmen und zur Hütte tragen!
Wißt ihr doch, wieweit an Tüchtigkeit überlegen sind meine Pferde,
Denn unsterblich sind sie, und *Poseidon* hat sie meinem Vater
Peleus verliehen, und der wieder hat sie mir übergeben.
Aber wahrhaftig! ich bleibe hier und die einhufigen Pferde,
Denn den edlen Ruhm eines solchen Lenkers haben sie verloren,
Eines milden, der ihnen sehr oft geschmeidiges Öl
Über die Mähnen gegossen und sie gewaschen hat mit weißem Wasser.
Um den trauernd stehen beide da, und am Boden haften
Ihnen die Mähnen, und sie stehen da, bekümmerten Herzens.
Ihr anderen aber macht euch bereit im Heer, wer von den Achaiern
Auf seine Pferde vertraut und den festgefügten Wagen!«
So sprach der *Pelide*, und aufgetrieben wurden die schnellen Wagenlenker.
Es erhob sich als weit erster der Herr der Männer Eumelos,
Des Admetos eigener Sohn, der in der Fahrkunst hervorragte.
Und nach ihm erhob sich der Tydeus-Sohn, der starke Diomedes,
Und führte die Pferde des Tros unter das Joch, die er damals
Dem Aineias geraubt, doch ihn selbst hatte hinausgerettet *Apollon*.
Und nach ihm erhob sich der Atreus-Sohn, der blonde Menelaos,
Der zeusentsproßte, und führte unter das Joch die schnellen Pferde:
Die Aithe des Agamemnon und seinen eigenen Podargos.
Jene gab dem Agamemnon als Geschenk der Anchises-Sohn Echepolos,
Um ihm nicht folgen zu müssen nach *Ilios*, der winddurchwehten,

Sondern dort zu bleiben und sich zu erfreuen, denn ihm hatte großen Reichtum
Zeus gegeben, und er wohnte in *Sikyon* mit den breiten Reigenplätzen.
Die führte er unter das Joch, die sehr nach dem Lauf verlangte.
Antilochos aber rüstete als vierter die schönhaarigen Pferde,
Des *Nestor* prangender Sohn, des hochgemuten Herrschers,
Des Neleus-Sohns, und dem zogen die pylosgeborenen Pferde,
Die schnellfüßigen, den Wagen. Der Vater aber trat zu ihm heran
Und riet ihm verständig zum Guten, der er es auch selbst bedachte:
»Antilochos! wahrhaftig, dich liebten, so jung du bist,
Zeus und *Poseidon* und unterwiesen dich in Fahrkünsten,
Allfältigen. Darum ist es auch nicht sehr nötig, dich zu belehren,
Denn du weißt gut, die Zielmarken zu umrunden; doch sind dir die Pferde
Die langsamsten im Laufen. Darum, meine ich, wird Schlimmes geschehen.
Denen sind zwar schneller die Pferde, jedoch sie selber
Wissen nicht mehr kluge Dinge als du selbst zu erdenken.
Aber auf denn, Lieber! du lege dir Klugheit in den Sinn,
Allfältige, daß dir die Kampfpreise nicht dahingehen!
Durch Klugheit ist dir der Holzfäller weit besser als durch Stärke;
Durch Klugheit auch lenkt der Steuermann im weinfarbenen Meer
Gerade das schnelle Schiff, umhergeschleudert von den Winden:
Durch Klugheit übertrifft der Wagenlenker den Wagenlenker.
Wer aber, seinen Pferden und seinem Wagen vertrauend,
Unverständig weit herumfährt hierhin und dorthin,
Dessen Pferde irren umher auf der Bahn, und er hält sie nicht.
Wer aber die Vorteile weiß und fährt mit schlechteren Pferden:
Immer aufs Ziel blickend lenkt er dicht herum und vergißt nicht,
Wie er zuerst sie ausgerichtet hatte mit den Rindshautriemen,
Sondern er hält sie sicher und merkt auf den, der vor ihm fährt.
Das Mal aber nenne ich dir ganz deutlich, und es wird dir nicht entgehen.
Da steht ein trockenes Holz, eine Klafter hoch über der Erde,
Von einer Eiche oder Fichte; das ist nicht verfault vom Regen.
Und Steine sind auf beiden Seiten davon eingerammt, zwei weiße,

Wo der Weg sich vereinigt, und eben ist die Bahn ringsum:
Entweder das Grabmal eines Mannes, der vor Zeiten gestorben,
Oder als Wendesäule errichtet bei den früheren Menschen;
Und jetzt hat es als Ziel bestimmt der fußstarke göttliche Achilleus.
Daran fast anstreifend lenke du nahe herum den Wagen und die Pferde
Und lehne dich selber zurück in dem gutgeflochtenen Wagenstuhl,
Leicht nach links von den beiden, jedoch das rechte Pferd
Stachle mit Zuruf und gib ihm die Zügel nach mit den Händen.
Doch das linke Pferd streife dir dicht hin an der Wendesäule,
Daß es dir scheint, als ob die Nabe des gutgefertigten Rades
Kommt an den äußersten Rand. Doch vermeide es, den Stein zu berühren,
Daß du die Pferde nicht irgend verletzt und den Wagen zerbrichst!
Eine Freude den anderen, doch eine Schande dir selber
Würde das sein. Nein, Lieber! sei verständig und auf der Hut!
Denn hast du an der Wendesäule vorbeigetrieben im Lauf,
Gibt es keinen, der, nachspringend, dich einholen wird oder vorbeigehn.
Auch nicht, wenn er hinter dir her *Arion* triebe, den göttlichen,
Des Adrastos schnelles Pferd, das dem Stamm nach von den Göttern war,
Oder die des *Laomedon*, die hier erwuchsen als tüchtige.«
So sprach Nestor, der Neleus-Sohn, und setzte sich wieder
Auf seinen Platz, als er seinem Sohn gesagt, worauf es bei allem ankam.
Meriones aber rüstete als fünfter die schönhaarigen Pferde.
Und sie bestiegen die Wagen und warfen in einen Helm die Lose,
Und es schüttelte Achilleus, und heraus sprang das Los des Nestor-Sohns
Antilochos. Und nach ihm erloste es der gebietende Eumelos,
Und nach diesem der Atreus-Sohn, der speerberühmte Menelaos,
Und nach ihm erloste es Meriones zu fahren. Als letzter aber

Erloste der Tydeus-Sohn, der der weit Beste war, die Pferde zu treiben.
Und sie standen in einer Reihe, und es bezeichnete die Ziele Achilleus
Fern im ebenen Feld, und daneben setzte er als Wächter
Den gottgleichen Phoinix, den Gefolgsmann seines Vaters,
Daß er die Läufe sich merkte und die Wahrheit berichtete.
Da erhoben alle zugleich die Geißeln über den Pferden
Und schlugen sie mit den Riemen und riefen ihnen zu mit Worten,
Voll Eifer. Die aber durchmaßen schnell die Ebene
Von den Schiffen weg, in Eile, und unter ihren Brüsten der Staub
Stieg empor, sich erhebend, wie eine Wolke oder ein Wirbel,
Und die Mähnen flogen mit dem Hauch des Windes.
Und die Wagen näherten sich einmal der vielnährenden Erde,
Dann wieder schnellten sie hoch in die Luft. Die Lenker aber
Standen in den Wagenstühlen, und es schlug das Herz eines jeden,
Nach dem Siege strebend, und sie riefen ihren Pferden zu ein jeder,
Die aber flogen hinstäubend durch die Ebene.
Doch als die schnellen Pferde nun den letzten Lauf durchliefen,
Wieder zum grauen Meer, da zeigte sich die Tüchtigkeit eines jeden,
Und sogleich streckte sich der Lauf der Pferde. Da brachen
Schnell vor des Pheretiaden Eumelos schnellfüßige Stuten,
Und nach diesen brachen vor des Diomedes männliche Pferde,
Die des Tros, und nicht weit ab waren sie, sondern ganz nahe.
Denn immer schienen sie auf den vorderen Wagen zu steigen,
Und von dem Atem wurden des Eumelos Rücken und breite Schultern
Heiß, denn auf ihn ihre Köpfe gesenkt, flogen sie dahin.
Und er hätte ihn überholt oder ihm doch den Sieg bestritten,
Wenn nicht dem Sohn des Tydeus gegrollt hätte *Phoibos Apollon*,
Der ihm aus den Händen warf die schimmernde Geißel.
Und dem flossen Tränen aus den Augen, dem Zürnenden,
Weil er sah, daß jene sogar noch viel schneller gingen,

Seine eigenen aber geschädigt waren, ohne den Stachel laufend.
Doch nicht entging es *Athenaia*, wie Apollon betrogen hatte
Den Tydeus-Sohn, und sehr schnell stürmte sie nach dem Hirten der Völker
Und gab ihm die Geißel und flößte den Pferden Kraft ein.
Sie aber schritt voll Groll dem Sohn des Admetos nach
Und zerbrach ihm das Pferdejoch, die Göttin; und ihm rannten die Stuten
Nach beiden Seiten auseinander vom Weg, und die Deichsel schleifte am Boden.
Selbst aber wurde er aus dem Wagen neben das Rad gewirbelt
Und wurde rings zerschunden an den Armen, am Mund und der Nase
Und schlug sich die Stirn auf über den Brauen, und die beiden Augen
Füllten sich ihm mit Tränen, und ihm stockte die heraufdringende Stimme.
Der Tydeus-Sohn aber lenkte vorbei die einhufigen Pferde
Und sprang weit aus den anderen voran, denn Athene
Flößte den Pferden Kraft ein und legte auf ihn selbst ein Prangen.
Und nach diesem fuhr der Atreus-Sohn, der blonde Menelaos.
Antilochos aber rief den Pferden seines Vaters zu:
»Greift aus auch ihr beide! zieht auf das schnellste!
Nicht, wahrhaftig, mit denen verlange ich, daß ihr wetteifert:
Den Pferden des kampfgesinnten Tydeus-Sohns, denen Athene
Jetzt Schnelligkeit verlieh und legte auf ihn selbst ein Prangen.
Die Pferde aber des Atreus-Sohns holt ein und bleibt nicht zurück,
Eilends! damit nicht Schimpf ausgieße über euch beide
Aithe, die weiblich ist! Was bleibt ihr denn zurück, ihr Besten?
Denn so sage ich heraus und wird es wahrhaftig vollendet werden:
Nicht wird euch Pflege werden bei Nestor, dem Hirten der Völker,
Sondern sofort wird er euch töten mit dem scharfen Erz,
Wenn wir nachlässig sind und geringeren Preis heimbringen.
Doch setzt nach und eilt euch auf das schnellste!
Aber das werde ich selbst geschickt anstellen und ersinnen:
In einer Enge des Wegs vorbeizuschlüpfen, und nicht soll es mir entgehen.«
So sprach er, und die, in Furcht vor dem Zuruf des Herrn,

Liefen noch schneller hinterdrein für kurze Zeit. Und gleich darauf
Sah eine Enge des Hohlwegs Antilochos, der Standhafte im Kampf.
Ein Erdspalt war dort, wo das Winterwasser, eingeengt,
Ein Stück des Wegs herausgerissen und vertieft hatte die ganze Stelle.
Darauf hielt Menelaos zu; er wollte ein Rad-an-Rad vermeiden.
Antilochos aber lenkte seitwärts vorbei die einhufigen Pferde,
Außerhalb des Wegs, und nur wenig ausbiegend jagte er dahin.
Doch der Atreus-Sohn geriet in Furcht und rief Antilochos zu:
»Antilochos! unverständig fährst du! Halte zurück die Pferde!
Denn eng ist der Weg: bald kannst du an breiterer Stelle vorbeigehn.
Daß du nicht beide beschädigst, wenn du mit dem Wagen anstößt!«
So sprach er. Antilochos aber trieb sogar noch viel stärker,
Sie anspornend mit dem Stachel, und glich einem, der nicht hörte.
Und so weit die Strecke eines Diskus reicht, aus der Schulter geworfen,
Den ein rüstiger Mann entsandt hat, seine Jugend erprobend:
So weit liefen sie voran, die aber fielen zurück nach hinten,
Die des Atreus-Sohns, denn selbst ließ er freiwillig nach, sie anzutreiben,
Daß nicht auf dem Weg die einhufigen Pferde zusammenstießen
Und die gutgeflochtenen Wagen umwarfen, und sie selber
Niederfielen in den Staub, sich nach dem Siege drängend.
Und zu ihm sprach scheltend der blonde Menelaos:
»Antilochos! heilloser als du ist kein anderer der Sterblichen!
Fahr hin! denn nicht richtig wars, daß wir Achaier dich besonnen nannten!
Aber wahrhaftig! auch so sollst du nicht ohne Eidschwur den Kampfpreis davontragen!«
So sprach er und rief den Pferden zu und sagte:
»Bleibt mir nicht zurück und steht, bekümmerten Herzens!
Diesen werden früher die Füße und die Knie ermatten
Als euch, denn beide sind sie über die Jugend hinaus!«

So sprach er. Und sie, in Furcht vor dem Zuruf des Herrn,
Liefen noch schneller hinterdrein, und rasch kamen sie ihnen nahe.
Die Argeier aber saßen in der Versammlung und blickten aus
Nach den Pferden. Die aber flogen stäubend durch die Ebene.
Und als erster gewahrte die Pferde Idomeneus, der Führer der Kreter,
Denn er saß außerhalb der Versammlung, zu oberst auf der Warte.
Da hörte er den Zuruf des Lenkers, der noch fern war,
Und erkannte ihn und gewahrte das Pferd, das klar erkennbar vorauslief.
Das war sonst überall rot, nur auf der Stirne
War ihm ein weißes Mal geschaffen, kreisrund wie der Mond.
Und er stand aufrecht und sprach die Rede unter den Argeiern:
»Freunde! ihr Führer der Argeier und Berater!
Erblicke ich als einziger deutlich die Pferde oder auch ihr?
Andere scheinen mir vorn zu liegen von den Pferden, und ein anderer
Zeigt sich als Lenker! Die Stuten aber sind dort wohl
In der Ebene zu Schaden gekommen, die hinwärts die besseren waren.
Wahrhaftig! die sah ich zuerst um die Zielmarken fahren.
Jetzt aber kann ich sie nirgends sehen, und überall spähen die Augen
Mir umher, wie ich auf die troische Ebene blicke.
Oder dem Lenker entflohen die Zügel, und nicht konnte er
Gut lenken um das Ziel, und traf es nicht beim Wenden.
Dort fiel er wohl heraus, meine ich, und der Wagen zerbrach,
Die aber gingen durch, da Wildheit den Mut erfaßte.
Aber steht auf und schaut auch ihr! Ich wenigstens kann es nicht
Gut unterscheiden. Doch es scheint mir ein Mann zu sein,
Ein Aitoler von Geschlecht, und er gebietet unter den Argeiern:
Des pferdebändigenden Tydeus Sohn, der starke Diomedes!«
Da schalt ihn schmähend des Oileus Sohn, der schnelle Aias:
»Idomeneus! was redest du vorschnell drauflos? Noch weit entfernt
Jagen die leichtfüßigen Stuten durch die weite Ebene.
Nicht bist du um soviel der Jüngste unter den Argeiern,

Noch blicken dir am schärfsten aus dem Kopf die Augen,
Aber immer bist du drauflos mit Worten! Was hast du es nötig,
Ein vorschneller Redner zu sein? Denn hier sind auch andere, bessere!
Die gleichen Stuten liegen noch vorn wie auch vorher:
Die des Eumelos, und drinnen steht er selbst und hält die Zügel!«
Da wurde zornig und sagte zu ihm der Führer der Kreter:
»Aias! Erster im Zank! Bösartiger! In allem anderen
Stehst du den Argeiern nach, weil du einen unmilden Sinn hast!
Hierher jetzt! einen Dreifuß geben wir dran oder einen Kessel,
Und beide setzen wir zum Schiedsmann den Atreus-Sohn Agamemnon,
Welche Pferde vorn sind, daß du es erkennst, wenn du bezahlst!«
So sprach er. Und sogleich fuhr der Oileus-Sohn, der schnelle Aias,
Zornig auf, um mit harten Worten zu erwidern.
Und da wäre noch weiter der Streit zwischen den beiden gegangen,
Wäre nicht Achilleus selbst aufgestanden und hätte sie zurückgehalten:
»Nicht mehr erwidert jetzt einander mit harten Worten,
Aias und Idomeneus! mit schlimmen, da sich dies auch nicht geziemt.
Auch einem anderen würdet ihr es verargen, der solches täte.
Nein, setzt ihr euch nieder in der Versammlung und blickt nach den Pferden!
Die aber werden gleich selbst, sich nach dem Siege drängend,
Hierher gefahren kommen. Dann werdet ihr erkennen ein jeder die Pferde
Der Argeier, welche die zweiten sind und welche die vorderen.«
So sprach er. Und der Tydeus-Sohn kam ganz nahe herangejagt,
Und mit der Geißel schlug er immer von der Schulter herab, und seine Pferde
Hoben sich hoch empor, schnell den Weg vollendend,
Und immer trafen den Lenker die Tropfen des Staubes.
Und der Wagen, mit Gold beschlagen und Zinn,
Lief hinter den schnellfüßigen Pferden dahin, und keine tiefe
Wagenspur von den Radbeschlägen entstand dahinter
In dem lockeren Staub; die beiden aber flogen eifrig dahin.

Und er hielt an mitten in der Versammlung, und viel Schweiß
Quoll empor aus den Nacken der Pferde und von der Brust zu Boden.
Er selbst aber sprang zu Boden von dem hellschimmernden Wagen
Und lehnte die Geißel an das Joch. Und nicht zögerte
Der kräftige Sthenelos, sondern eilends ergriff er den Kampfpreis
Und gab den hochgemuten Gefährten die Frau, sie wegzuführen,
Und den geohrten Dreifuß zu tragen. Er aber löste die Pferde.
Und nach diesem trieb Antilochos, der Neleus-Enkel, die Pferde,
Mit List und nicht durch Schnelligkeit dem Menelaos zuvorgekommen.
Aber auch so hielt Menelaos dicht bei ihm die schnellen Pferde.
Und so weit wie von dem Rad ein Pferd entfernt ist, das den Herrn
Gestreckten Laufs durch die Ebene zieht mitsamt dem Wagen –
Von dem berühren die äußersten Haare des Schweifs
Den Radbeschlag, und es läuft ganz nahe daran, und nicht viel Raum
Ist dazwischen, während es die weite Ebene durchläuft:
So weit nur blieb Menelaos hinter dem untadligen Antilochos
Zurück, und war doch zuerst sogar auf Diskuswurf zurückgeblieben.
Aber er holte schnell ihn ein, denn vermehrt wurde die gute Kraft
Der Stute des Agamemnon, der schönhaarigen Aithe.
Und wäre der Lauf den beiden noch weiter gegangen,
So hätte er ihn überholt, und ihm nicht nur den Sieg bestritten.
Meriones aber, der tüchtige Gefolgsmann des Idomeneus,
Blieb zurück hinter dem hochberühmten Menelaos um den Schwung eines Speeres,
Denn die langsamsten waren ihm die schönhaarigen Pferde
Und er selbst war der schlechteste, einen Wagen im Wettkampf zu fahren.
Doch des Admetos Sohn kam als allerletzter von den anderen,
Schleppend den schönen Wagen, die Pferde vor sich her treibend.
Wie er ihn sah, jammerte es den fußstarken göttlichen Achilleus,
Und aufgestanden sprach er unter den Argeiern die geflügelten Worte:

»Da treibt als letzter der beste Mann die einhufigen Pferde!
Doch auf! geben wir ihm als Preis, wie es sich gebührt,
Den zweiten; den ersten aber soll davontragen der Sohn des Tydeus.«
So sprach er, und die alle hießen es gut, was er verlangte.
Und nun hätte er ihm das Pferd gegeben, denn gut hießen es die Achaier,
Hätte nicht Antilochos, des hochgemuten Nestor Sohn,
Aufgestanden, dem Peliden Achilleus mit Recht erwidert:
»Achilleus! sehr werde ich dir zürnen, wenn du dies Wort
Vollendest! Du willst mir wegnehmen den Kampfpreis, weil du bedenkst,
Daß dem zu Schaden kam der Wagen und die schnellen Pferde,
Ist er auch selbst ein Tüchtiger. Hätte er zu den Unsterblichen
Gebetet! Dann wäre er nicht als allerletzter im Lauf gekommen.
Jammert er dich aber und ist es dir lieb im Mute –
Da ist dir in der Hütte viel Gold, und da ist Erz
Und Schafe, und da sind dir Mägde und einhufige Pferde:
Nimm davon später und gib ihm sogar einen größeren Kampfpreis!
Oder auch gleich jetzt, damit dich loben die Achaier.
Die Stute aber gebe ich nicht her! Um diese mag es versuchen,
Wer da will von den Männern, mit mir mit Händen zu kämpfen!«
So sprach er. Da lächelte der fußstarke göttliche Achilleus
Und freute sich über Antilochos, denn er war ihm ein lieber Gefährte.
Und er antwortete und sprach zu ihm die geflügelten Worte:
»Antilochos! Wenn du verlangst, daß ich etwas anderes von Haus her
Hinzugebe dem Eumelos, so werde ich auch das erfüllen.
Geben werde ich ihm den Panzer, den ich dem Asteropaios abzog,
Den ehernen, um den ein Guß von schimmerndem Zinn
Sich rings herumzieht, und viel wird er ihm wert sein.«
Sprach es, und Automedon, seinem Gefährten, befahl er,
Ihn aus der Hütte zu holen, und der ging und brachte ihn zu ihm.
Und dem Eumelos legte er ihn in die Hände, und der empfing ihn freudig.
Doch unter ihnen stand auch Menelaos auf, bekümmert im Mute,
Dem Antilochos unaufhörlich zürnend. Und es legte der Herold

Ihm den Stab in die Hand, und still zu schweigen befahl er
Den Argeiern. Und darauf sprach unter ihnen der gottgleiche Mann:
»Antilochos! du warst doch früher verständig: was hast du getan!
Beschimpft hast du meine Kraft und mir geschädigt die Pferde,
Die deinen voranwerfend, die doch viel schlechter waren!
Aber auf! ihr Führer der Argeier und Berater!
Entscheidet in der Mitte zwischen uns beiden, ohne Begünstigung!
Daß nicht einst einer sagt der erzgewandeten Achaier:
›Dem Antilochos tat mit Trug Gewalt an Menelaos,
Hat die Stute davongeführt, obgleich seine Pferde
Viel schlechter waren, er selber aber an Macht und Gewalt überlegen.‹
Oder auf! ich selbst tue den Spruch, und kein anderer, sage ich,
Wird mich schelten der Danaer, denn er wird gerade sein. –
Antilochos! auf, hierher, Zeusgenährter! wie es der Brauch ist:
Stelle dich vor die Pferde und den Wagen, aber die Geißel
Halte in Händen, die biegsame, mit der du vorher getrieben,
Und berühre die Pferde, und bei dem Erdbeweger, dem Erderschütterer,
Schwöre, daß du nicht absichtlich meinen Wagen mit List behindert!«
Dem antwortete wieder der verständige Antilochos:
»Halte ein jetzt! denn um vieles jünger bin ich
Als du, Herrscher Menelaos! du aber bist der Ältere und Bessere.
Du weißt, wie es ist mit den Übertretungen eines jungen Mannes!
Denn rascher ist der Sinn und schwach die Einsicht.
Darum ertrage es dein Herz! Die Stute aber will ich dir selber
Geben, die ich gewann. Doch wenn du von Haus her noch etwas anderes
Größeres fordertest: gleich auf der Stelle wollte ich
Es dir geben, lieber als daß ich dir, Zeusgenährter! für alle Tage
Aus dem Herzen gefallen bin und vor den Göttern ein Frevler!«
Sprach es, und die Stute brachte der Sohn des hochgemuten Nestor
Und legte sie dem Menelaos in die Hände. Und dem wurde der Mut

Erwärmt, wie wenn der Tau sich legt um die Ähren,
Wenn die Saat heranwächst und die Felder starren.
So wurde dir, Menelaos! im Innern der Mut erwärmt.
Und er begann und sprach zu ihm die geflügelten Worte:
»Antilochos! jetzt gebe ich dir selber nach, so erzürnt ich war.
Denn gar nicht warst du leichtfertig oder beirrten Geistes,
Früher: jetzt aber besiegte den Sinn die Jugend.
Ein zweitesmal aber vermeide es, Bessere zu betrügen!
Denn nicht so bald hätte ein anderer Mann der Achaier mich beredet!
Du aber hast ja viel ertragen, und viel dich gemüht,
Und dein Vater, der tüchtige, und dein Bruder, um meinetwillen.
Darum will ich dir, dem Bittenden, willfahren, und auch die Stute
Gebe ich dir, obwohl sie mein ist, damit es auch die hier erkennen,
Wie niemals mein Mut überheblich ist und ohne Milde.«
Sprach es und gab dem Noemon, des Antilochos Gefährten,
Die Stute, sie wegzuführen. Er aber nahm darauf den Kessel, den hellschimmernden.
Meriones aber nahm auf die zwei Pfunde Goldes als Vierter,
So wie er gefahren war. Und der fünfte Preis blieb übrig.
Die Doppelschale. Diese gab dem Nestor Achilleus,
Sie durch der Argeier Versammlung tragend, und trat hin zu ihm und sagte:
»Da! nimm jetzt! Und dir, Greis, möge dies ein Kleinod sein
Zum Gedächtnis an des Patroklos Leichenfeier. Denn nicht mehr wirst du
Ihn selber sehen unter den Argeiern. Ich aber gebe dir diesen Kampfpreis
Nur so; denn nicht mit der Faust wirst du kämpfen und nicht im Ringen
Noch in den Speerkampf tauchen und nicht mit den Füßen
Laufen, denn schon drückt dich nieder das beschwerliche Alter.«
So sprach er und legte sie ihm in die Hände, und der empfing sie freudig
Und begann und sagte zu ihm die geflügelten Worte:
»Ja wirklich! dies alles hast du, Kind, nach Gebühr gesprochen.
Nicht mehr sind beständig die Glieder, Freund! die Füße, und nicht mehr

Schwingen sich leicht auf beiden Seiten die Arme an den Schultern.
Wäre ich doch so jung, und mir wäre die Kraft beständig,
Wie damals, als den gebietenden Amarynkeus bestatteten die Epeier
in Buprasion, und die Söhne setzten die Kampfpreise des Königs.
Da kam kein Mann mir gleich, nicht von den Epeiern
Noch von den Pyliern selbst, noch den hochgemuten Aitolern.
Mit der Faust besiegte ich Klytomedes, den Sohn des Enops,
Und den Ankaios im Ringen, den Pleuronier, der gegen mich aufstand.
Den Iphiklos aber überholte ich mit den Füßen, so tüchtig er war,
Und mit dem Speer warf ich hinaus über Phyleus und Polydoros.
Nur mit den Pferden überholten mich die Aktorionen,
Die sich, an Zahl überlegen, nach vorn warfen, mir den Sieg mißgönnend,
Weil die größten Preise daselbst noch zurückgeblieben waren.
Die waren Zwillinge: der eine lenkte beständig,
Lenkte beständig, der andere trieb mit der Geißel. –
So war ich einst! Jetzt aber sollen Jüngere solche Werke
Angehen; doch mir ist not, dem traurigen Alter
Zu gehorchen. Damals aber schien ich hervor unter den Helden! –
Doch geh und ehre mit Wettkämpfen deinen Gefährten!
Dies aber nehme ich gern an, und es freut sich mir das Herz,
Daß du immer an mich denkst, den dir Freundlichen, und mich nicht mit der Ehre
Vergißt, mit der ich geehrt werde nach Gebühr unter den Achaiern.
Dir aber mögen dafür die Götter dem Mute zusagende Gunst erweisen!«
So sprach er, und der Pelide ging durch die dichte Menge der Achaier,
Nachdem er all den Lobpreis angehört hatte des Neleus-Sohns. –
Und weiter setzte er die Preise aus für den schmerzlichen Faustkampf:
Ein arbeitskräftiges Maultier brachte er und band es an in der Versammlung,
Sechsjährig, ungezähmt – das ist am schwierigsten zu zähmen! –,

Und für den Besiegten setzte er einen doppelt gebuchteten Becher.
Und er stand aufrecht und sagte die Rede unter den Argeiern:
»Atreus-Sohn und ihr anderen gutgeschienten Achaier!
Zwei Männer rufen wir auf um dies hier, die die Besten sind,
Mit der Faust gut ausholend zuzuschlagen. Aber welchem Apollon
Gibt, daß er überdauert, und alle Achaier es erkennen,
Der mag mit dem arbeitskräftigen Maultier zu seiner Hütte gehen.
Doch der Besiegte soll davontragen den doppelt gebuchteten Becher.«
  So sprach er. Und sofort erhob sich ein Mann, tüchtig und groß,
Erfahren im Faustkampf: der Sohn des Panopeus Epeios.
Der legte die Hand auf das arbeitskräftige Maultier und begann:
»Heran, wer davontragen will den doppelt gebuchteten Becher!
Das Maultier aber, sage ich, führt kein anderer der Achaier fort
Als Sieger mit der Faust, da ich mich rühme, der Beste zu sein.
Oder ists nicht genug, daß ich schwächer bin in der Schlacht? Noch niemals
War es möglich, in allen Werken ein kundiger Mann zu sein!
Denn so sage ich heraus, und das wird auch vollendet werden:
Durch und durch reiße ich ihm auf die Haut und zerschmettere die Knochen!
Sollen ihm die Leichenbestatter gleich hier zusammenbleiben,
Die ihn hinaustragen werden, unter meinen Händen bezwungen!«
  So sprach er. Die aber waren alle stumm in Schweigen.
Doch Euryalos allein stand auf gegen ihn, der gottgleiche Mann,
Der Sohn des Mekisteus, des Talaos-Sohns, des Herrschers,
Der einst nach Theben kam, da Ödipus gefallen war,
Zur Leichenfeier, und da besiegte er alle Kadmeionen.
Um ihn war der Tydeus-Sohn, der speerberühmte, beschäftigt,
Ihn mit Worten ermunternd, und sehr wünschte er ihm den Sieg.
Den Schurz legte er zuerst ihm an, dann aber
Gab er ihm die Riemen, die gutgeschnittenen, von einem Herdenrind.
Und die beiden, gegürtet, schritten in die Mitte der Versammlung,

Und gegeneinander ausholend mit den starken Händen, fielen beide
Zugleich einander an, und die schweren Hände vermischten sich ihnen.
Und schrecklich war das Knirschen der Kinnbacken, und es floß der Schweiß
Überall aus den Gliedern. Doch der göttliche Epeios drang auf ihn ein
Und schlug dem Umherspähenden auf die Backe, und nicht mehr lange
Stand er, denn auf der Stelle gaben unter ihm nach die strahlenden Glieder.
Und wie wenn unter dem Schauer des Nordwinds ein Fisch emporspringt
Am tangbedeckten Strand, und wieder verhüllt ihn die schwarze Woge:
So sprang der unter dem Schlag empor. Doch der hochgemute Epeios
Faßte ihn mit den Händen und hielt ihn aufrecht, und um ihn traten seine Gefährten
Und führten ihn durch die Versammlung mit nachschleppenden Füßen,
Der dickes Blut spie und ließ den Kopf zur Seite fallen.
Und sie führten und ließen ihn zwischen sich nieder, der auf anderes dachte,
Und gingen selbst und holten den doppelt gebuchteten Becher.
Doch der Pelide setzte schnell andere Preise aus, die dritten,
Sie den Danaern zeigend, für den Ringkampf, den schmerzlichen:
Für den Sieger einen großen Dreifuß, ins Feuer zu stellen;
Den schätzten unter sich die Achaier auf zwölf Rinder.
Doch für den Mann, den Besiegten, stellte er eine Frau in die Mitte,
Und sie verstand viele Werke: die schätzten sie auf vier Rinder.
Und er stand aufrecht und sagte die Rede unter den Argeiern:
»Erhebt euch, die ihr euch versuchen wollt auch an diesem Wettkampf!«
So sprach er. Und da erhob sich der Telamon-Sohn, der große Aias,

Und *Odysseus* stand auf, der vielkluge, der die Vorteile wußte.
Und die beiden, gegürtet, schritten in die Mitte der Versammlung
Und packten einander an den Armen mit den starken Händen,
So wie wechselnde Dachsparren, die ein berühmter Zimmermann
gefügt hat,
An einem hohen Haus, die Gewalten der Winde abzuwehren.
Und es knirschten die Rücken, von den kühnen Händen
Hart gezerrt, und naß herab floß der Schweiß,
Und dichte Striemen liefen auf an den Seiten und den Schultern,
Purpurrot von Blut, sie aber strebten immerfort
Nach dem Sieg um den Dreifuß, den gutgearbeiteten.
Und weder vermochte Odysseus, ihn wanken zu machen und zu
Boden zu bringen
Noch vermochte es Aias, denn stand hielt die starke Kraft des
Odysseus.
Aber als schon unwillig wurden die gutgeschienten Achaier,
Da nun sagte zu ihm der Telamon-Sohn, der große Aias:
»Zeusentsproßter Laertes-Sohn, reich an Erfindungen, Odysseus!
Entweder hebe mich hoch oder ich dich! Für das andere alles wird
Zeus sorgen!
So sprach er und hob ihn hoch. Doch nicht vergaß der List
Odysseus:
Er schlug und traf ihn hinten in die Kniekehle und löste die Glie-
der,
Und er fiel rücklings hin, und ihm auf die Brust fiel Odysseus
Nieder. Die Männer aber schauten und staunten.
Als zweiter aber hob ihn hoch der vielwagende göttliche Odysseus,
Bewegte ihn aber nur wenig vom Boden und hob ihn nicht.
Doch er bog das Knie ein, und zu Boden fielen sie beide,
Nah beieinander, und von Staub wurden sie besudelt.
Und nun sprangen sie auf und hätten zum drittenmal wieder ge-
rungen,
Wäre nicht Achilleus selbst aufgestanden und hätte sie zurückge-
halten:
»Nicht mehr stemmt euch gegeneinander und reibt euch auf mit
Schlimmem.
Der Sieg gehört beiden: so nehmt die gleichen Preise auf
Und geht, daß sich auch andere Achaier im Wettkampf messen!«

So sprach er. Und die hörten gut auf ihn und gehorchten
Und wischten den Staub sich ab und tauchten in ihre Kleider. –
Doch der Pelide setzte sogleich für die Schnelligkeit andere Preise aus:
Einen silbernen Mischkrug, einen gefertigten, und sechs Maß
Faßte er, doch an Schönheit ragte er hervor auf der ganzen Erde
Bei weitem. Denn Sidonier, kunstreiche, hatten ihn gut gearbeitet,
Doch Phoinikische Männer brachten ihn über das dunstige Meer
Und legten im Hafen an und gaben ihn zum Geschenk dem Thoas;
Und für den Sohn des Priamos Lykaon gab ihn zum Kaufpreis
An Patroklos, den Helden, der Iason-Sohn Euneos.
Auch den setzte Achilleus als Kampfpreis, seinem Gefährten zu Ehren,
Wer da der Behendeste sein würde mit raschen Füßen.
Für den Zweiten wieder setzte er einen Ochsen, groß und dick von Fett,
Und ein halbes Pfund Gold setzte er aus als letzten der Preise.
Und er stand aufrecht und sagte die Rede unter den Argeiern:
»Erhebt euch, die ihr euch versuchen wollt auch an diesem Wettkampf!«
So sprach er. Und gleich erhob sich der Oileus-Sohn, der schnelle Aias,
Und auf stand Odysseus, der vielkluge, und darauf des Nestor Sohn
Antilochos, denn der besiegte mit den Füßen alle die Jungen.
Und sie standen in einer Reihe, und es bezeichnete die Ziele Achilleus.
Und von der Ablaufsäule aus streckte sich ihnen der Lauf, und schnell
Brach dann vor der Oileus-Sohn, und nach stürmte der göttliche Odysseus,
Ganz dicht, so wie an der Brust einer gutgegürteten Frau
Der Webeschaft liegt, den sie recht fest mit den Händen an sich zieht,
Wenn sie den Einschlag schießt, an der Kette vorbei, und sie hält
Ihn dicht an der Brust: so nahe lief Odysseus, und hinter ihm
Schlug er die Fußspuren mit den Füßen, noch ehe der Staub sie umhüllte.
Und über den Kopf goß ihm den Atem der göttliche Odysseus,

Immer schnell laufend, und es schrien ihm zu alle Achaier,
Wie er nach dem Sieg strebte, und trieben noch an den sehr Eilenden.
Als sie aber den letzten Lauf durchliefen, da betete Odysseus
Sogleich zu Athenaia, der helläugigen, in seinem Mute:
»Höre, Göttin! Als gute Helferin komme meinen Füßen!«
  So sprach er und betete, und ihn hörte *Pallas Athene*
Und machte ihm die Glieder leicht, die Füße und die Hände darüber.
Doch als sie fast schon zustürmen wollten auf den Kampfpreis,
Da glitt Aias aus im Lauf, denn ihn brachte zu Schaden Athene,
Dort, wo von Rindern der Mist lag, geschlachteten, starkbrüllenden,
Die für Patroklos getötet hatte der fußschnelle Achilleus.
Und mit Rindermist füllten sich ihm Mund und Nasenlöcher.
Den Mischkrug aber hob auf der vielwagende göttliche Odysseus,
Wie er ihm zuvorkam; der aber ergriff den Ochsen, der strahlende Aias,
Und er stand und hielt in den Händen das Horn des Herdenrinds,
Den Mist von sich speiend, und sagte unter den Argeiern:
»Nein doch! wahrhaftig, da hat mir die Füße beschädigt die Göttin, die ja auch sonst
Wie eine Mutter dem Odysseus beisteht und ihm hilft!«
  So sprach er. Die aber lachten alle über ihn vergnügt.
Und Antilochos trug davon den letzten Kampfpreis,
Lächelnd, und sagte die Rede unter den Argeiern:
»Wißt ihr doch alle, Freunde, was ich sage: daß auch jetzt noch
Die Unsterblichen ehren die bejahrteren Menschen!
Denn Aias ist nur ein wenig früher geboren als ich;
Der aber ist von früherem Geschlecht und früheren Menschen.
›Frischgreis‹ nennen sie ihn, und mit dem ist es schwierig,
Mit den Füßen zu streiten für die Achaier, außer Achilleus.«
  So sprach er und rühmte den fußschnellen Peleus-Sohn.
Da erwiderte ihm Achilleus mit Worten und sagte zu ihm:
»Antilochos! nicht umsonst soll dir gesagt sein der Lobspruch,
Sondern ein halbes Pfund Gold will ich dir dazulegen!«
  So sprach er und legte es ihm in die Hände, und der empfing es freudig. –

Aber der Pelide legte eine langschattende Lanze nieder,
In die Versammlung gebracht, und legte nieder Schild und Helm,
Die Waffen des Sarpedon, die ihm Patroklos geraubt.
Und er stand aufrecht und sagte die Rede unter den Argeiern:
»Zwei Männer rufen wir auf um dies hier, die die Besten sind,
Daß sie, in Waffen gekleidet, das leibzerschneidende Erz ergreifen
Und sich aneinander vor der Menge erproben.
Und wer dem anderen zuvorkommt und die schöne Haut erreicht
Und in das Innere dringt durch das Rüstzeug und das schwarze Blut,
Dem werde ich geben dieses Schwert mit Silbernägeln,
Das schöne, thrakische, das ich dem Asteropaios raubte.
Diese Waffen aber sollen beide gemeinsam davontragen,
Und wir setzen ihnen vor ein gutes Mahl in der Lagerhütte.«
So sprach er. Da erhob sich der Telamon-Sohn, der große Aias,
Und es erhob sich der Tydeus-Sohn, der starke Diomedes.
Und als sie sich nun auf beiden Seiten der Menge gerüstet hatten,
Kamen sie beide in der Mitte zusammen, begierig zu kämpfen,
Schrecklich blickend, und ein Staunen faßte alle Achaier.
Doch als sie nahe heran waren, gegeneinander gehend,
Stürmten sie dreimal an, und dreimal drangen sie nah aufeinander.
Da stieß Aias alsdann auf den Schild, den allseits gleichen,
Und kam nicht auf die Haut, denn ihn hielt zurück innen der Panzer.
Doch der Tydeus-Sohn suchte alsdann über den großen Schild hinweg
Immer den Hals zu treffen mit des schimmernden Speeres Spitze.
Und damals forderten nun, um Aias sehr in Furcht, die Achaier,
Daß sie aufhören und die gleichen Kampfpreise aufnehmen sollten.
Aber dem Tydeus-Sohn gab das große Schwert der Heros,
Das er brachte mitsamt der Scheide und dem gutgeschnittenen Tragriemen.
Doch der Pelide setzte aus eine rein gegossene Eisenscheibe,
Die früher die große Kraft des Eëtion zu werfen pflegte.
Aber wahrhaftig, den hatte getötet der fußstarke göttliche Achilleus
Und sie in den Schiffen mitgeführt mitsamt den anderen Gütern.

Und er stand aufrecht und sagte die Rede unter den Argeiern:
»Erhebt euch, die ihr euch versuchen wollt auch an diesem Wettkampf!
Wenn einem auch sehr weit draußen liegen die fetten Äcker,
Wird er an ihr sogar für fünf umlaufende Jahre haben,
Was er gebraucht. Denn gewiß geht ihm nicht aus Mangel an Eisen
Ein Hirt oder Pflüger in die Stadt, sondern sie wird es ihm geben.«
So sprach er, und darauf erhob sich der standhafte Polypoites,
Und auf stand des Leonteus starke Kraft, des gottgleichen,
Und auch Aias, der Telamon-Sohn, und der göttliche Epeios.
Und gereiht stellten sie sich auf, und die Scheibe nahm der göttliche Epeios
Und warf sie wirbelnd, und es lachten darüber alle Achaier.
Als zweiter wieder entsandte sie Leonteus, der Sproß des Ares;
Zum drittenmal wieder schleuderte sie der Telamon-Sohn, der große Aias,
Aus der Hand, der starken, und überwarf die Male von allen.
Doch als nun die Scheibe ergriff der standhafte Polypoites –
So weit ein Wurfholz schleudert ein Mann, ein Rinderhirte,
Und das fliegt herumgewirbelt durch die Herdenrinder:
So weit warf er hinaus über die ganze Versammlung, und die schrien.
Und auf standen die Gefährten des starken Polypoites,
Und zu den gewölbten Schiffen trugen sie des Königs Kampfpreis.
Aber der setzte den Bogenschützen aus veilchenfarbenes Eisen;
Und nieder legte er zehn Äxte und zehn Halbäxte
Und stellte einen Mast auf von einem schwarzbugigen Schiff
Fern auf dem Sand, und eine ängstliche Taube
Band er mit dünner Schnur am Fuß daran fest und befahl,
Nach ihr zu schießen: »Wer da trifft die ängstliche Taube,
Nimmt auf die sämtlichen Äxte und trägt sie nach Hause.
Doch wer die Schnur trifft und verfehlt den Vogel –
Denn schlechter ist dieser –, der trägt davon die Halbäxte.«
So sprach er. Und darauf erhob sich die Gewalt des Herrschers Teukros,

Und auf stand Meriones, der tüchtige Gefolgsmann des Idomeneus.
Und sie nahmen Lose und schüttelten sie in einem Helm, einem erzgefügten,
Und Teukros traf es als erster durch das Los, und sofort entsandte
Er den Pfeil mit Kraft, doch gelobte er nicht, dem Herrn
Von Lämmern, erstgeborenen, auszurichten ein herrliches Hundertopfer.
Den Vogel verfehlte er, denn das mißgönnte ihm Apollon.
Doch traf er die Schnur am Fuß, wo angebunden war der Vogel,
Und gerade durch schnitt ab die Schnur der bittere Pfeil.
Der schwang sich darauf zum Himmel, die Schnur aber hing seitwärts
Schlaff herab zur Erde, und es lärmten die Achaier.
Hastig aber riß ihm Meriones aus der Hand den Bogen,
Doch den Pfeil hielt er schon längst, wie der noch zielte.
Und sofort gelobte er, dem Ferntreffer Apollon
Von Lämmern, erstgeborenen, auszurichten ein herrliches Hundertopfer.
Hoch aber unter den Wolken sah er die ängstliche Taube.
Und er traf sie, wie sie dort kreiste, mitten unter dem Flügel,
Und gerade hindurch ging das Geschoß, und wieder zurück
Fuhr es in die Erde vor dem Fuß des Meriones. Der Vogel aber
Setzte sich auf den Mast des schwarzbugigen Schiffes,
Ließ den Hals herabhängen, und die dichten Flügel sanken,
Und schnell entflog der Mut aus den Gliedern, und weit entfernt
Von ihm fiel er herab, die Männer aber schauten und staunten.
Meriones aber nahm auf die Äxte, alle zehn,
Und Teukros trug die Halbäxte zu den hohlen Schiffen.

Doch der Pelide legte eine langschattende Lanze nieder
Und einen Kessel, unberührt vom Feuer, vom Wert eines Rindes, verziert mit Blumen,
In die Versammlung gebracht. Und speerwerfende Männer standen auf:
Auf stand der Atreus-Sohn, der weitherrschende Agamemnon,
Und auf Meriones, der tüchtige Gefolgsmann des Idomeneus.
Und unter ihnen sprach der fußstarke göttliche Achilleus:

»Atreus-Sohn! Wir wissen ja, wie weit du allen vorangehst

Und wie weit du an Kraft und mit Speerwürfen der Beste bist!
So sollst du diesen Preis haben und zu den hohlen Schiffen
Gehen, den Speer aber geben wir Meriones, dem Helden –
Wenn du es willst in deinem Mute. Ich wenigstens rate es.«
So sprach er. Und nicht ungehorsam war der Herr der Männer Agamemnon.
Und der gab Meriones den ehernen Speer; doch er, der Heros,
Gab dem Herold Talthybios den überaus schönen Kampfpreis.

Bestattungsriten der Ägypter
Herodot II 85–90

Totenklage und Begräbnis begeht man bei ihnen in folgender Weise: Wenn in einem Hause ein angesehener Mann stirbt, bestreichen sich sämtliche weiblichen Mitbewohner den Kopf und das Gesicht mit Lehm. Sie lassen die Leiche im Hause liegen und laufen aufgeschürzt und mit entblößter Brust durch die Stadt und schlagen sich. Alle weiblichen Verwandten schließen sich ihnen an. Auf der anderen Seite schlagen sich die Männer, ebenfalls aufgeschürzt. Dann bringt man die Leiche zur Einbalsamierung.

Es gibt eigens Leute, die sich zu diesem Gewerbe niedergelassen haben und die Kunst berufsmäßig ausüben. Sie zeigen denen, die den Toten bringen, hölzerne Musterstücke von Leichen in Malerei zur Auswahl vor. Ich halte es aus religiösen Gründen nicht für statthaft, bei der teuersten Malerei den Namen des dabei Dargestellten zu nennen. Sie zeigen dann auch noch eine zweite, die geringer ist und billiger als die erste. Die dritte Methode ist die billigste. Dann fragen sie, nach welcher Art man den Leichnam behandelt sehen möchte. Hat man den Preis vereinbart, gehen die Angehörigen heim, und jene bleiben im Geschäft und machen sich sorgfältig an die Einbalsamierung. Zuerst ziehen sie mit einem gekrümmten Eisendraht das Gehirn durch die Nasenlöcher heraus, genauer gesagt, nur einen Teil davon; den Rest beseitigen sie, indem sie auflösende Flüssigkeiten eingießen. Danach schneiden sie mit einem scharfen aithiopischen Stein den Leib in den Weichen auf und nehmen das ganze Innere heraus. Es wird mit Palmwein gereinigt und mit zerriebenen Spezereien durchspült. Darauf füllen sie die Bauchhöhle mit reiner zerriebener Myrrhe, mit Kasia und den übrigen Spezereien, aber nicht mit Weihrauch. Nun nähen sie alles wieder zu und legen die Leiche 70 Tage ganz in Natronlauge. Länger darf die Beizung nicht dauern. Nach 70 Tagen wird der Körper gewaschen, mit Streifen von Leinwand aus Byssos rings umwickelt und mit Gummi bestrichen, den die Ägypter an Stelle von Leim verwenden. Nun holen die Angehörigen die Leiche ab, zimmern einen hölzernen Sarg in Menschengestalt und schließen den Körper ein. Die so eingesargte Leiche bergen sie in der Familiengrabkammer, aufrecht an die Wand gelehnt.

Das ist die Art, die Leichen auf die teuerste Weise zu behandeln. Wer die zu hohen Kosten scheut und die mittlere Einbalsamierungsart vorzieht, den bedient man folgendermaßen: Man füllt die Klystierspritze mit Zedernöl und führt das Öl in den Leib der Leiche ein, ohne ihn aufzuschneiden und die Eingeweide herauszunehmen. Man spritzt es durch den After hinein und verhindert den Ausfluß. Dann wird die Leiche die vorgeschriebenen Tage über in Natron gelegt. Am letzten Tag läßt man das vorher eingeführte Zedernöl wieder heraus; es hat eine so große Kraft, daß Magen und Eingeweide aufgelöst und mit herausgespült werden. Das Fleisch wird durch die Natronlauge zersetzt, so daß an der Leiche nur Haut und Knochen übrigbleiben. Nach dieser Behandlung gibt man den toten Körper zurück, ohne noch etwas daran zu tun.

Die dritte Einbalsamierungsart, die nur die Armen interessiert, ist folgende: Der Leib wird mit Rettichöl ausgespült und die Leiche dann die 70 Tage eingelegt. So wird sie zum Abholen zurückgegeben.

Die Frauen angesehener Männer schickt man nicht sofort nach dem Tode zur Einbalsamierung, auch nicht schöne Frauen oder solche aus besserem Hause. Man übergibt sie erst drei oder vier Tage nach dem Tode den Balsamierern. Das tut man, damit sich diese Leute nicht an den Verstorbenen vergehen. Man erzählt, es sei einmal einer ertappt worden, der sich an der frischen Leiche einer Frau verging; ein Zunftgenosse habe ihn angezeigt.

Wenn ein Ägypter oder ebenso ein Fremder durch ein Krokodil geraubt wird oder offenbar durch den Fluß selbst zu Tode gekommen ist, müssen ihn die Einwohner der Stadt, bei der er an Land getrieben worden ist, einbalsamieren, aufs schönste schmücken und an geweihter Stätte bestatten lassen. Keiner seiner Angehörigen und Freunde darf ihn berühren. Die Priester des Nilgottes begraben ihn selbst, indem sie Hand anlegen, als wäre er mehr als ein Mensch.

Leichenrede des Perikles
Thukydides II 34–46

Im selben Winter begingen die Athener nach der Sitte der Väter das öffentliche Begräbnis der ersten in diesem Krieg Gefallenen. Dabei werden die Gebeine der Gebliebenen drei Tage vorher auf einem errichteten Gerüst aufgestellt, und jeder bringt dem Seinen Spenden dar, wie er mag. Wenn dann die Beisetzung ist, führen sie auf Wagen zypressene Schreine hinaus, eine für jeden Stamm, darin sind die Gebeine, welchen Stamms jeder war. Ein Lager wird leer mitgetragen, bereitet für die Vermißten, die bei der Bergung nicht gefunden wurden. Das Geleite gibt jeder, der will, Bürger und Fremde, auch die verwandten Frauen sind mit beim Grab und wehklagen. Dann setzen sie sie in dem öffentlichen Grab bei, das in der schönsten Vorstadt liegt – die im Krieg Gefallenen begraben sie immer dort, außer denen von *Marathon*: denen gaben sie zur Auszeichnung ihrer Tapferkeit an Ort und Stelle ihr Grab. Wenn sie es dann mit Erde zugeschüttet haben, spricht ein von der Stadt gewählter, durch Geist und Ansehen hervorragender Mann auf die Toten eine Lobrede, wie sie ihnen gebührt – dann gehen sie. Das ist die Bestattung, und während des ganzen Krieges, sooft es dazu kam, folgten sie diesem Brauch. Bei diesen ersten nun wurde *Perikles* Xanthippos' Sohn gewählt zu reden. Und als der Augenblick gekommen war, trat er vom Grab weg auf eine hohe dort errichtete Rednerbühne, um möglichst weithin von der Menge gehört zu werden, und sprach so:

Die meisten, die bisher hier gesprochen haben, rühmen den, der zuerst den alten Bräuchen diese Rede beifügte, weil es schicklich sei, am Grabe der Gefallenen sie zu sprechen. Mich aber würde es genug dünken, Männern, die ihren Wert durch ein Tun erwiesen haben, auch ihre Ehre durch ein Tun zu bezeugen, wie ihr es jetzt bei diesem öffentlichen Begängnis der Totenfeier seht, und nicht den Glauben an vieler Männer Heldentum zu gefährden durch einen einzigen guten oder minder guten Redner. Es ist nämlich schwer, das rechte Maß der Rede zu treffen, wo man auch die Vorstellungen, die jeder sich von der Wahrheit macht, kaum bestätigen kann: denn der wohlwollende Hörer, der dabei war, wird leicht finden, die Darstellung bliebe hinter seinem Wunsch und Wissen zurück, und der unkundige, es sei doch manches übertrieben, aus Neid, wenn er von Dingen hört, die seine Kraft übersteigen. Denn so weit ist Lob erträglich, das andern gespendet wird, als jeder sich fähig dünkt, wie er's gehört hat, auch zu handeln; was darüber hinausgeht, wird aus Neid auch nicht mehr geglaubt. Nachdem es aber den Ahnen sich bewährt hat, daß dies so recht sei, muß auch ich dem Brauche folgen und versuchen, jedem von euch Wunsch und Erwartung zu erfüllen, so gut es geht.

Zunächst will ich unsrer Vorfahren gedenken; es ist recht und geziemend, ihnen in solchem Augenblick diese Ehre des Gedächtnisses zu erweisen. Denn die Freiheit dieses Landes haben sie, in der Aufeinanderfolge der Nachwachsenden immer die gleichen Bewohner, mit ihrer Kraft jetzt weitergegeben. So sind sie preiswürdig, und noch mehr als sie unsre Väter. Denn diese erwarben zu dem, was sie empfingen, noch unser ganzes Reich, nicht ohne Mühe, und haben es uns Heutigen mit vererbt. Das meiste davon haben jedoch wir selbst hier, die jetzt noch Lebenden, in unseren reifen Jahren ausgebaut und die Stadt in allem so ausgestattet, daß sie zu Krieg und Frieden sich völlig selber genügen kann. Was davon Kriegstaten sind, durch die Teil um Teil erworben wurde, oder wenn wir selbst oder unsre Väter einen fremdländischen oder griechischen Feind, der angriff, opferfreudig abgewehrt haben, das will ich, um nicht weitschweifig von Bekanntem zu reden, beiseite lassen. Aber aus welcher Gesinnung wir dazu gelangt sind, mit welcher Verfassung, durch welche Lebensform wir so groß wurden, das will ich darlegen, bevor ich dann zum Preis unsrer Gefallenen mich wende – es ist dieser Stunde, glaube ich, vielleicht ganz angemessen, daß dies ausgesprochen werde, und von Vorteil, wenn die ganze Menge von Bürgern und Fremden es anhört.

Die Verfassung, die wir haben, richtet sich nach keinen fremden

Gesetzen; viel eher sind wir für sonst jemand ein Vorbild als von andern abhängig. Mit Namen heißt sie, weil der Staat nicht auf wenige Bürger, sondern auf eine größere Zahl gestellt ist, Volksherrschaft. Es haben aber nach dem Gesetz in dem, was den Einzelnen angeht, alle gleichen Teil, und der Geltung nach hat im öffentlichen Wesen den Vorzug, wer sich irgendwie Ansehen erworben hat, nicht nach irgendeiner Zugehörigkeit, sondern nach seinem Verdienst; und ebenso wird keiner aus Armut, wenn er für die Stadt etwas leisten könnte, durch die Unscheinbarkeit seines Namens verhindert. Sondern frei leben wir miteinander im Staat und im gegenseitigen Geltenlassen des alltäglichen Treibens, ohne dem lieben Nachbar zu grollen, wenn er einmal seiner Laune lebt, und ohne jenes Ärgernis zu nehmen, das zwar keine Strafe und doch kränkend anzusehen ist. Bei soviel Nachsicht im Umgang von Mensch zu Mensch erlauben wir uns doch im Staat, schon aus Furcht, keine Rechtsverletzung, im Gehorsam gegen die jährlichen Beamten und gegen die Gesetze, vornehmlich die, welche zu Nutz und Frommen der Verfolgten bestehen, und gegen die ungeschriebenen, die nach allgemeinem Urteil Schande bringen. Dann haben wir uns bei unsrer Denkweise auch von der Arbeit die meisten Erholungen geschaffen: Wettspiele und Opfer, die jahraus, jahrein bei uns Brauch sind, und die schönsten häuslichen Einrichtungen, deren tägliche Lust das Bittere verscheucht. Und es kommt wegen der Größe der Stadt aus aller Welt alles zu uns herein. So können wir von uns sagen, wir ernten zu grad so vertrautem Genuß wie die Güter, die hier gedeihen, auch die der übrigen Menschen.

Anders als unsre Gegner sorgen wir auch in Kriegssachen. Unsere Stadt verwehren wir keinem, und durch keine Fremdenvertreibungen mißgönnen wir jemandem eine Kenntnis oder einen Anblick, dessen unversteckte Schau einem Feind vielleicht nützen könnte; denn wir trauen weniger auf die Zurüstungen und Täuschungen als auf unsern eigenen, tatenfrohen Mut. Und in der Erziehung bemühen sich die andern mit angestrengter Übung als Kinder schon um Mannheit, wir aber mit unsrer ungebundenen Lebensweise wagen uns trotz allem in ebenbürtige Gefahren. Der Beweis: die Spartaner rücken nicht für sich allein, immer nur mit dem ganzen Bund gegen unser Land aus, während wir selbst, wenn wir unsre Gegner heimsuchen, unschwer in der Fremde die Verteidiger ihrer Heimat im Kampfe meist besiegen. Und auf unsre gesammelte Macht ist noch kein Feind je gestoßen wegen unsrer gleichzeitigen Sorge für die Flotte und vielfachen Verteilung auf dem Lande. Treffen sie dann irgendwo auf einen Splitter und besiegen einige von uns, so prahlen sie, sie hätten uns alle geworfen, und unterliegen sie: sie seien der Gesamtheit gewichen. Doch hat dieser mehr sorglose als mühselig eingeübte Wagemut, diese weniger gesetzliche als natürliche Tapferkeit für uns noch den Vorteil, daß wir zukünftige Not nicht vorausleiden, und ist sie da, doch nicht geringere Kühnheit bewähren als die ewig sich Plagenden, und darin verdient unsre Stadt Bewunderung – und noch in anderem.

Wir lieben das Schöne und bleiben schlicht, wir lieben den Geist und werden nicht schlaff. Reichtum dient bei uns dem Augenblick der Tat, nicht der Großsprecherei, und seine Armut einzugestehen ist nie verächtlich, verächtlicher, sie nicht tätig zu überwinden. Wir vereinigen in uns die Sorge um unser Haus zugleich und unsre Stadt, und den verschiedenen Tätigkeiten zugewandt, ist doch auch in staatlichen Dingen keiner ohne Urteil. Denn einzig bei uns heißt einer, der daran gar keinen Teil nimmt, nicht ein stiller Bürger, sondern ein schlechter, und nur wir entscheiden in den Staatsgeschäften selber oder denken sie doch richtig durch. Denn wir sehen nicht im Wort eine Gefahr fürs Tun, wohl aber darin, sich nicht durch Reden zuerst zu belehren, ehe man zur nötigen Tat schreitet. Denn auch darin sind wir wohl besonders, daß wir am meisten wagen und doch auch, was wir anpacken wollen, erwägen, indes die andern Unverstand verwegen und Vernunft bedenklich macht. Die größte innere Kraft aber wird man denen mit Recht zusprechen, die die Schrecken und Freuden am klarsten erkennen und darum den Gefahren nicht ausweichen. Auch in der Hilfsbereitschaft ist ein Gegensatz zwischen uns und den meisten. Denn nicht mit Bitten und Empfangen, sondern durch Gewähren gewinnen wir uns unsre Freunde. Zuverlässiger ist aber der Wohltäter, da er durch Freundschaft sich den, dem er gab, verpflichtet erhält – der Schuldner ist stumpfer, weiß er doch, er zahlt seine Leistung nicht zu Dank, sondern als Schuld. Und wir sind die einzigen, die nicht so sehr aus Berechnung des Vorteils wie aus sicherer Freiheit furchtlos andern Gutes tun.

Zusammenfassend sage ich, daß unsre Stadt insgesamt die Schule von *Hellas* sei, und daß der einzelne Mensch, wie mich dünkt, bei uns wohl am vielseitigsten und voll Anmut und leichtem Scherz in seiner Person wohl alles Notwendige vereine. Daß dies nicht Prunk mit Worten für den Augenblick ist, sondern die Wahrheit der Dinge, das zeigt gerade die Macht unsres Staates, die wir mit diesen Eigenschaften erworben haben. Unsre Stadt ist die einzige heute, die stärker als ihr Ruf aus der Probe hervorgeht; nur sie erregt im Feind, der angegriffen hat, keine Bitterkeit – was für ein Gegner ihm so übel mitspiele – und auch im Untertan keine Unzufriedenheit, daß er keinen würdigen Herrn hätte. Und mit sichtbaren Zeichen üben wir wahrlich keine unbezeugte Macht, den Heutigen und den Künftigen zur Bewunderung, und brauchen keinen *Homeros* mehr als Sänger unsres Lobes noch wer sonst mit schönen Worten für den Augenblick entzückt – in der Wirklichkeit hält dann aber der Schein der Wahrheit nicht stand; sondern zu jedem Meer und Land erzwangen wir uns durch unsern Wagemut den Zugang, und überall leben mit unsern Gründungen Denkmäler unsres Wirkens im Bösen wie im Guten auf alle Zeit.

Für eine solche Stadt also sind diese Männer hier, nicht bereit, auf ihren Besitz zu verzichten, in edlem Kampfe gefallen, und von denen, die bleiben, ist keiner, der nicht für sie wird leiden wollen. Darum habe ich ja auch so ausführlich von der Stadt geredet, und um euch zu zeigen, daß wir nicht für das gleiche kämpfen wie andere, die all das nicht so haben, und um zugleich den Lobspruch auf die, denen meine Rede gilt, durch Beweise zu erhärten. Ja zum wichtigsten Teil ist er schon gesprochen: denn was ich an unsrer Stadt pries, damit haben diese und solche Vortrefflichen sie geschmückt, und nicht bei vielen Hellenen wird man so wie bei ihnen Lob und Leistung im Gleichgewicht finden. Mich dünkt, den Wert dieser Männer enthüllt als erste Verkündung und als letzte Bekräftigung ihr jetziger Untergang. Denn selbst wenn einige sonst minder taugten, darf man ihren im Krieg für die Heimat bewiesenen Mannesmut höher stellen: Schlimmes durch Gutes tilgend, haben sie gemeinsam mehr geholfen als im einzelnen geschadet. Von ihnen aber hat keiner wegen seines Reichtums, um ihn lieber noch länger zu genießen, sich feig benommen; keiner hat in der Hoffnung der Armut, er könne, wenn gerettet, vielleicht noch reich werden, Aufschub der Gefahr gesucht; weil ihnen verlockender als all dies die Rache an den Feinden war, von allen Wagnissen dieses als das schönste galt, so erwählten sie dieses und damit Rache an ihnen, Verzicht auf das andere; der Hoffnung überließen sie das Ungewisse des Erfolgs, im Handeln aber für die sichtbare Gegenwart mochten sie auf sich selber trauen, und indem sie hier das Sichwehren und Erleiden für schöner hielten als weichend sich zu retten, haben sie schimpflichem Gerede sich entzogen, aber die Tat mit ihrem Leibe bestanden: und in kürzestem Augenblick sind sie, auf der Höhe ihres Geschicks, nicht aus der Furcht so sehr als von ihrem Ruhme geschieden.

So haben sich also diese Männer, wie es unsrer Stadt würdig ist, so wohl gehalten; die übrigen aber müssen zwar um besseres Heil beten, aber keine minder mutige Gesinnung gegen unsre Feinde haben wollen, und darum nicht nur in Gedanken auf den Nutzen schauen, von dem euch einer lang ausführen könnte, was ihr selbst gerade so gut wißt, wieviel Gutes die Abwehr des Feindes in sich faßt, sondern müssen vielmehr noch Tag für Tag die Macht unsrer Stadt in der Wirklichkeit betrachten und mit wahrer Leidenschaft lieben, und wenn sie euch groß erscheint, daran denken, daß Männer voll Wagemut und doch mit Einsicht in das Nötige und voll Ehrgefühl beim Handeln das erworben haben, die, wenn sie einmal bei einer Unternehmung Unglück hatten, es unrecht gefunden hätten, wenn der Staat auch auf ihren hohen Mut nicht mehr zählen dürfte, und ihm das schönste Opfer brachten. Denn gemeinsam gaben sie ihre Leiber hin und empfingen dafür jeder den nicht alternden Lobpreis und ein weithin leuchtendes Grab, nicht das, worin sie liegen, meine ich, sondern daß ihr Ruhm bei jedem sich gebenden Anlaß zu Rede oder Tat unvergessen nachlebt. Denn hervorragender Männer Grab ist jedes Land: nicht nur die Aufschrift auf einer Tafel zeugt in der Heimat von ihnen, auch in der Fremde wohnt, geistig, nicht stofflich, in jedermann ungeschriebenes Gedächtnis. Mit solchen Vorbildern sollt auch ihr das Glück in der Freiheit sehen und die Freiheit im kühnen Mut und euch nicht zuviel umblicken nach den Gefahren des Krieges. Nicht der Elende nämlich, der auf kein Gut mehr hoffen kann, hat soviel Grund, sein Leben hinzugeben, als wem der umgekehrte Umschwung im Leben noch droht, und bei wem der Unterschied am größten ist, wenn er einmal stürzt. Denn schmerzhafter ist für einen Mann, der Stolz besitzt, wenn er sich feige zeigt, die Schmach als der in Kraft und gemeinsamer Hoffnung treffende, kaum gespürte Tod.

Darum will ich jetzt auch die Eltern der Gefallenen, so viele von euch da sind, weniger beklagen als trösten. Sie wissen ja, in wie wechselvollen Geschicken sie groß geworden sind, und daß die glücklich heißen, die des rühmlichsten Todes – wie diese jetzt – oder Kummers – wie ihr – teilhaftig wurden, und denen für ihr Leben, drin glücklich zu sein und drin zu sterben, das gleiche Maß gesetzt ward. Es ist freilich schwer, das zu glauben, ich weiß, und noch oft werdet ihr euch an sie gemahnt fühlen bei anderer Segen, mit dem ihr einst auch prangtet, und schmerzlich ist nicht dies, Güter, die man nie gekostet hat, zu vermissen, aber wenn einem ein Liebgewordenes genommen wird. Doch muß man es ertragen, auch in der Hoffnung auf andere Söhne, wer noch im Alter steht, Kinder zu zeugen, denn im Haus werden sie, die nicht mehr sind, bei manchen in Vergessenheit sinken über den Nachgeborenen, und der Stadt bringt es doppelten Vorteil: weil sie nicht entvölkert wird, und wegen ihrer Sicherheit: es kann nämlich keiner mit gleichem und gerechtem Sinn zum Rat beitragen, der nicht auch mit dem Einsatz von Kindern an den Gefahren sein Teil trägt. Ihr andern aber, die ihr über das Alter hinaus seid, achtet das größere Stück des Lebens, worin ihr glücklich wart, für Gewinn, und daß das übrige kurz sein wird, und richtet euch auf an eurer Söhne Ruhm. Denn die Ehrliebe allein altert nicht, und im nutzlosen Rest des Lebens ist nicht der erzielte Gewinn, wie manche sagen, die größte Freude, sondern die erwiesene Ehre.

All ihr Söhne nun und Brüder unsrer Helden, für euch sehe ich einen harten Wettkampf voraus; wer nicht mehr ist, wird ja gern von jedermann gelobt, und kaum mit überschwenglich großen Taten werdet ihr – nicht gleich wie sie, aber als doch nur ein wenig geringer gelten. Denn Eifersucht trifft die Lebenden von ihren Gegenspielern, was aber aus der Bahn ausschied, wird mit unumstrittener Gunst geehrt.

Soll ich nun auch der Tugend der Frauen noch gedenken, die jetzt im Witwentum leben werden, so wird mit kurzem Zuspruch alles gesagt sein: für euch ist es ein großer Ruhm, unter die gegebene Natur nicht hinabzusinken, und wenn eine sich mit Tugend oder Tadel unter den Männern möglichst wenig Namen macht.

Gesagt habe nun auch ich in der Rede, die der Brauch will, was ich Geeignetes wußte, und auch getan ist bereits ein Teil zur Ehre der Begrabenen; zum andern wird der Staat ihre Söhne von heute an auf öffentliche Kosten aufziehen, bis sie mannbar sind, womit er einen nutzbringenden Kranz den Gefallenen und den Überlebenden für solche Kämpfe aussetzt; denn wo die größten Preise der Tapferkeit lohnen, da hat eine Stadt auch die besten Bürger. Und nun erhebt den Klageruf, jeder um den er verlor, und dann geht.

Inschriften

Grabmal für den Athener Dexileos

Dexileos Sohn des Lysanias, aus Thorikos.
Er ist geboren unter dem Archon Teisandros,
gestorben ist er unter Eubulides
bei Korinth als einer der fünf Reiter.

Grabstele und Relief für Ampharete

Ampharete.
Das Kind meiner Tochter halte ich da, das liebe. Als wir zusammen die Strahlen
der Sonne mit Augen schauten im Leben,
hielt ich es so auf meinen Knien und jetzt halte ich tot das tote.

Grabsäule für Aristokles

Vielmals habe ich mit Kindern in meinem Alter süß gespielt
und aus Erde entstanden bin ich wieder Erde geworden.
Ich bin Aristokles vom Piräus, der Sohn des Menon.

Die alte Trinkerin
Anthologia Graeca VII 455 (Leonidas von Tarent)

Die Trinkerin

Hier liegt Maronis, die die Fässer ausgekratzt,
und oben auf dem Grab der alten Trinkerin
steht, allen wohlbekannt, ein attischer Becher da.
Noch tief im Erdschoß seufzt sie – um die Kinder nicht
noch um den Mann, die sie zurück im Elend ließ,
statt allem schmerzt sie eins nur: daß ihr Becher leer.

Grabschändung
Anthologia Graeca VII 480 (Leonidas von Tarent)

Grabschändung

Halb schon liegt es zutag, mein Gebein, aus den Fugen geriet schon
oben die Platte, man trat, Wandrer, darauf und zertrat's.
Sichtbar auch werden bereits die Würmer, die unten aus meinem
Sarge sich winden. Was hilft's, daß mich die Erde bedeckt?
Siehe, es hat nun das Volk einen nie noch betretenen Fußweg
sich gebahnt; man geht über dem Kopfe mir hin.
O, ich beschwöre euch jetzt bei den Göttern unter der Erde.
Hades, Hermes und Nacht: geht von dem Pfade hier weg!

Verfluchung
Attische Inschrift

Ich werde Sosikleia binden und ihre Besitztümer und ihren großen Ruhm
und ihr Handeln und Denken, verhaßt soll sie ihren Freunden [werden;
binden werde ich sie an den düsteren *Tartaros*
mit schmerzenden Fesseln
und zusammen mit der unterirdischen Hekate
Sosikleia Bitto
und den verwirrenden *Erinyen*.

DRITTER TEIL

Tagesablauf

I. Einteilung des Tages

Lebensweise

Lebensführung des gesunden Menschen
Diocles Carystius

Eine Abhandlung über gesunde Lebensführung setzt ein beim Übergang vom Schlafen zum Wachen. In der Regel ist es gesund aufzuwachen, wenn die Speisen aus dem Magen schon in die untere Leibeshöhle gewandert sind. Dem Jüngling und dem Mann in den besten Jahren tut es gut, kurz vor Sonnenaufgang ungefähr 10 Stadien weit zu gehen, im Sommer etwa 5; Ältere gehen im Sommer und Winter weniger lang. Wenn man ausgeschlafen hat, soll man nicht sogleich aufstehen, sondern warten, bis die Nachwirkungen des Schlafes: Starre, Steifheit und Trägheit gewichen sind. Nach dem Aufstehen tut man gut, gegen den Druck am Halse – Wirkung der Kopfkissen – Hals und Kopf sorgfältig zu massieren. Für diejenigen, die nicht gewohnt sind, den Darm sogleich zu entleeren, empfiehlt es sich, noch vor dem Stuhl, für die andern unmittelbar nach dem Stuhl, bevor sie etwas anderes tun, den ganzen Körper mit ein wenig Öl einzureiben (im Sommer mit Wasserzusatz, im Winter mit reinem Öl,) geraume Zeit, weich und gleichmäßig; dazu streckt und beugt man wiederholt den ganzen Körper, alle Teile, die es gestatten. So ist man im Hinblick auf die Gesundheit und für jede Anstrengung besser disponiert. Darauf soll man täglich Antlitz und Augen mit kaltem, reinem Wasser aus sauberen Händen abspülen und waschen, Zahnfleisch und Zähne innen und außen abreiben, (nur mit den Fingern oder zugleich mit verriebener glatter Minze), die anhaftenden Speisereste abkratzen, Nase und Ohren inwendig salben und einfetten, am besten mit angenehmer Salbe, sonst mit möglichst reinem und wohlriechendem Öl; innen und außen salbe man mit der Handfläche. Besondere Sorgfalt verwende man auf den Kopf. Die Kopfpflege, um es so zu sagen, besteht aus Einreibung, Salben, Massage, Kämmen, Schnitt des Haares bis auf die Haut. Einreiben und salben muß man täglich, massieren und kämmen nur von Zeit zu Zeit. Einreiben kräftigt, Salben schmeidigt die Haut, Massage reinigt und lüftet die Poren, das Kämmen kratzt den Haarboden auf, macht das Haar schlicht und reinigt gründlich vom Schmutz.

Nach dieser ersten Körperpflege, unmittelbar nach dem Schlaf, dürfen diejenigen, die etwas anderes zu tun gezwungen oder gewillt sind, sich an ihre Geschäfte machen. Wer müßig bleibt, sollte zuerst spazieren soweit es seine Kräfte erlauben. Längere Spaziergänge vor dem Essen leeren den Körper, steigern die Fähigkeit, Speisen aufzunehmen und zu verdauen. Mäßige und langsame Spaziergänge nach dem Essen gleichen aus und vermischen Speise und Trank und die damit hinuntergeschluckte Luft; indem sie vom Überschuß der Speisen das, was zunächst bereit ist, ausscheiden, machen sie den Leib weich. Die Masse des Aufgenommenen bewältigen sie, schaffen sie vom *Hypochondrion* weg nach unten und machen so die Sinne im Kopf klarer, den Schlaf ruhiger. Weite und rasche Spaziergänge nach dem Essen kann man in keiner Hinsicht gutheißen; da sie den Körper heftig schütteln, scheiden und trennen sie Speisen und Getränke voneinander, so daß Kollern sich einstellt und schlechte Verdauung, häufig auch Durchfall.

Nach dem Spaziergang ist es tunlich, sich hinzusetzen und persönlichen Geschäften sich zu widmen, bis der Augenblick kommt, um zur Körperpflege überzugehen. Die Jünglinge und diejenigen, die vermehrte Übungen wünschen und nötig haben, tun gut, zur Gymnastik sich auf den Sportplatz zu begeben; Ältere und Schwächere gehen ins Bad oder auf einen besonnten Platz, um sich zu salben. Menschen in diesen Jahren, die zu Hause einen eigenen Übungsplatz haben, ist mäßige Massage und ein wenig körperliche Bewegung zuträglich. Wer der Massage bedarf, möge weder mit zu reichlichem Salben noch gänzlich trocken sich massieren, besser erst, nachdem er sich leicht eingefettet und gleichmäßig eingerieben hat. Sobald man sich überall abgeschabt hat, nimmt man ein angemessenes Bad; Schwache und ganz Alte hingegen salben sich reichlich und gleichmäßig und massieren sich selber, was zweckmäßiger ist; denn mit der Massage verschafft sich der Körper durch seine eigene Bewegung Übung. Massage durch einen andern muß man nur denjenigen vorschreiben, die matt oder zu schwach oder in den Leibesübungen zu wenig gewissenhaft sind.

Nach der Pflege des Körpers geht es zum Frühstück. Es ist klar, daß es, wie überhaupt alle Nahrung, im Sommer weder wärmend noch trocknend, im Winter weder kältend noch feuchtend sein darf, im Frühjahr und Herbst aber eine gewisse Mitte halten muß. Wem an seinem Wohlbefinden liegt, dem genügt zur Erhaltung der Gesundheit und als Grundlage für den Tag ein Frühstück, das im Sommer aus einer mäßigen Portion nahrhaften Breies von reiner Gerste besteht; dazu trinkt er weißen, wohlriechenden Wein, der mit wenig Honig und Wasser ebenrecht gemischt ist. Oder er wählt eine Suppe aus Stoffen, die nicht blähen, leicht verdaulich und nahrhaft sind, entweder allein oder mit wenig Honigzusatz kalt gereicht. Wem das warme Brot zum Frühstück nicht schmeckt, nimmt kaltes, und zwar nur soviel, daß er es bis zu den Leibesübungen am Nachmittag zu verdauen imstande ist. Als Zukost bekommt er gekochtes Gemüse, entweder Kürbis oder Gurken oder was sonst der jeweiligen Jahreszeit angemessen ist – einfach gekocht. Dazu trinkt er verdünnten Weißwein, bis er keinen Durst mehr hat. Bevor er zur Speise übergeht, trinke er Wasser, reichlich, wenn er Durst hat, sonst nur wenig.

Nach dem Frühstück legt man sich, ohne lange zu säumen, an einer schattigen oder kühlen, doch windstillen Stelle zum Schlafen nieder. Sobald man erwacht, erledigt man einen Teil seiner Geschäfte und geht spazieren; nach einer weiteren, kurzen Pause begibt man sich auf den Sportplatz. Kräftigeren und jüngeren Männern tut ein kaltes Bad gut, nachdem sie sich geübt und mit Sand bestreut haben; ältere und schwächere ölen sich, massieren sich leicht und baden dann warm, ohne den Kopf zu benetzen. Auch für alle Gesunden ist es ratsam, den Kopf selten oder nie warm zu baden. Für Ältere ist eine häufige Benetzung des Kopfes überhaupt nicht günstig; zweckmäßiger ist es, in gewissen Abständen sich mit Öl zu salben, dem im Sommer Wasser, im Winter Wein beigemischt ist. Überaus wichtig und heilsam ist es, nachdem man sich eingesalbt hat, sich sauber abzuwischen oder sich abzureiben, mit kaltem Wasser vorsichtig abzuspülen und nach dem Waschen sich wieder zu salben.

Zur Mahlzeit muß man mit leerem Magen kommen; vom Frühstück darf nichts Unverdautes zurückgeblieben sein. Das erkennt man am sichersten an der Geruchlosigkeit oder am Ausbleiben des Aufstoßens, an der Weichheit und Unbeschwertheit von Hypochondrion und Leibeshöhle, ferner an der angeregten Eßlust. Für die Mahlzeit – im Sommer kurz vor Sonnenuntergang – eignen sich Brot, Gemüse und Gerstenfladen. Das Gemüse esse man ungekocht voraus, mit Ausnahme der Gurken und des Rettigs: die kommen – roh – zuletzt, gekocht aber zu Beginn der Mahlzeit. Unter den Fischen wählt man von den Felsenfischen diejenigen mit reichlichem, mürbem Fleisch, von den Knorpelfischen und den andern die saftigsten, vorzugsweise gekocht. Als Fleischspeisen Fleisch von ganz jungen Zicklein und Lämmern, von ausgewachsenen Schweinen; als Geflügel: Hahn, Rebhuhn, Tauben oder junge Ringeltauben, alles ohne Zutaten gekocht. Von andern Nahrungsmitteln darf man ohne Bedenken nehmen, was einen gelüstet, sofern seine Qualitäten nicht denjenigen der vorgenannten Speisen entgegengesetzt sind. Man darf auch als allgemein anerkannt annehmen, daß verstopfende Speisen jederzeit für Menschen mit feuchter Leibeshöhle sich empfehlen, abführende, wenn die Leibeshöhle trocken ist, harntreibende für die, welche den Harn mit Mühe lösen, nahrhafte für die Mageren. Vor dem Essen und noch über eine Weile während des Essens trinke man Wasser; darauf gehen Magere zu einem leichten Rotwein über, nach dem Essen zu Weißwein. Beleibtere nehmen bis zum Schlusse Weißwein, alle immer nur verdünnten. Das Maß bestimme jedem sein Gelüste. Obst ist unzuträglich; verhältnismäßig am wenigsten beschwert es, wenn es in mäßiger Menge vor den Hauptspeisen genossen wird. Im Herbst ist es besser, die Feigen erst zuzubereiten, indem man sie schält und das Fruchtfleisch in kaltem Wasser wäscht und darein eintaucht. Wer nicht daran hängt und es nicht über sich bringt, soll sie nach der Mahlzeit essen, die übrigen vorher; weiße Trauben immer während des Essens. Als Nachtisch dienen weiße Kichererbsen aus dem Wasser oder geschälte, eingeweichte Mandeln. Nach der Mahlzeit legen sich die mageren Menschen, die zu Blähungen neigen und die Speisen schwer verdauen – weshalb sie sie ungewürzt essen – sogleich schlafen; die andern machen erst gemächlich einen kurzen Spaziergang und ruhen dann. Es ist ratsam, sich auf die linke Seite zu legen, solange der Magen noch voll ist; ist er weich geworden, wechselt man auf die rechte Seite. Beim Liegen soll man sich weder zu stark strecken noch eng zusammenziehen. Rückenlage ist für niemanden gut; schläft man so, treten nämlich am ehesten Atemnot, Ersticken, epileptische Anfälle und *Pollutionen* auf. Beim Wachbleiben auf dem Rücken zu liegen, mag sich für einige schicken, für andere nicht. Wenn Beine und Arme in der Linie des Körpers liegen, lassen sie sich leicht biegen und strecken, verschränken und öffnen; ebenso haben die Glieder zu beiden Seiten eine gleichmäßige Lage und drücken nicht aufeinander. Dagegen schmerzt das Rückgrat, wenn es dauernd gestreckt bleibt, weil man es in dieser Lage nicht krümmen kann. Hypochondrion und Füße muß man während der Mahlzeiten und im Schlafe gehörig warm halten. Menschen, die zu Blähungen neigen, sollten erst spät aufwachen und aufstehen, die andern mit Tagesanbruch.

Für die meisten Gesunden wird sich eine solche Einteilung des Tages empfehlen. Daß man im Winter die Spaziergänge vermehren und auch die übrigen Übungen mit mehr Anstrengung ausführen muß als im Sommer – in allmählicher Steigerung, aber vor einem Übermaß sich hütend – ist schon erwähnt worden. Auch wird man sich eher salben als baden, nur ab und zu kalt baden, vorzugsweise an wärmeren Tagen; warme Bäder nur für die Erschöpften und zum Schwitzen Gezwungenen. Menschen mit gutem Fleischansatz und reichen Körpersäften tun gut, in der Zeit vom Untergang bis zum Aufgang der *Pleiaden* täglich nur einmal zu speisen. Die andern werden ihr Frühstück durch ein wenig Zukost oder ein bißchen Honig oder durch süßen Wein ergänzen, aber nichts trinken außer nach dem Frühstück einen Schluck leichten, ziemlich milden Weines, der mäßig verdünnt ist. Darauf sollen sie in der Wärme sich zu einem Schläfchen hinlegen. Sobald sie aufwachen, widmen sie sich ihren Geschäften wie im Sommer. Auf das warme Bad verzichten sie und kommen dann nach den Leibesübungen bei einbrechender Dunkelheit zur Mahlzeit in der Nähe eines wärmenden Feuers. Die Kleinen, die Gerstenfladen lieben, nehmen beides, aber mehr Brot; die andern lassen den Gerstenfladen weg. Gemüse wird man im Winter allgemein weniger essen als im Sommer; am besten eignet sich von ungekochtem: Raute, Rauke und Rettig, der zuletzt genommen wird; von gekochtem: Kohl, Ampfer, Kohlrübe – am liebsten vom Vortag. Wild wachsendes Wintergemüse, roh und gekocht, ist nicht weniger bekömmlich als das des Sommers. Ferner eignen sich in dieser Jahreszeit besonders: Knoblauch, Zwiebeln, Pökelfleisch, Brei von Linsen und von andern Hülsenfrüchten. Von anderer Zukost eher Gebratenes als Gekochtes, überhaupt eher das Trockenere als das Feuchte. Vornehmlich Winterspeisen sind auch Kresse und Senf. Zur Mahlzeit trinke man einen leichten, ziemlich milden Rotwein, der nicht zu jung sein darf und mit wenig Wasser, fast rein, genossen wird. In diese Jahreszeit gehören auch geröstete Mandeln, Myrtenbeeren, gebratene Eicheln und – gekocht oder gebraten – Kastanien.

Auf welche Weise man im Sommer und Winter leben muß, ist nun zur Hauptsache ausgeführt worden. Es ist klar, daß im Frühling und Herbst sich eine Lebensweise empfiehlt, die zwischen den beiden die Mitte hält. Immer aber hüte man sich vor den ungewohnten, starken und schwer verdaulichen Speisen und vor dem Übermaß. Denn die Menge kann ebenso großen Schaden stiften wie der verdorbene Zustand der Speisen. Man trinke nicht unüberlegt Wasser, das man nicht kennt – es ist beschwerlich und tückisch – nur mit einem Zusatz von Honig oder Wein oder Essig oder Mehl und Salz. Sehr kaltes Wasser, zumal reichlich und auf einmal getrunken, ist gefährlich, vor allem für diejenigen, die von den Leibesübungen kommen und von der Sonne noch warm sind. Für die Gesundheit ist das Wichtigste, daß nichts über die Konstitution des Körpers die Oberhand gewinne. Und zugleich mit dem Wechsel der Jahreszeiten ändere man auch sonst die Regelung des täglichen Lebens, indem man, ohne plötzlichen, großen Wechsel, Schritt für Schritt zum Entgegengesetzten übergeht.

Dem Liebesgenuß darf man sich nicht häufig und nicht andauernd hingeben. Am besten paßt er für kalte, feuchte wie auch für solche Naturen, in denen die schwarze Galle vorherrscht oder die zu Blähungen neigen; am wenigsten gesund ist er für magere und dünne Menschen, die um Hüften und Kreuzbein kein Fleisch haben, ebensowenig – was das Alter betrifft – für die, welche zwischen dem Knaben- und Jünglingsalter stehen, und für die Greise. Wer sich zur Unzeit und allzu oft einläßt, erleidet Schaden, vor allem an Blase, Nieren, Lunge, Augen und im Rückenmark. Der Nachteil ist am geringsten und das Vermögen erhält sich am längsten, wenn einer – sofern er zu solchem Tun nicht überhaupt untauglich ist – es immer mit Maß betreibt und nicht zu häufig den Verkehr sucht, dazu kräftig und reichlich sich nährt.

Erbrechen nach der Mahlzeit ist niemals zuträglich für Menschen, die geregelt leben und noch gewohnt sind, körperliche Anstrengung zu ertragen. Denn die Natur hat dem Überschuß von Speise und Trank und dem, was der Körper auf natürliche Weise abscheidet, genügend Auswege verschafft; des Erbrechens bedarf es daher nicht.

Verhalten in der Öffentlichkeit

Verpflichtungen
Xenophon, Ökonomikus 2, 5–8

Da äußerte sich Sokrates, folgendermaßen: Erstens sehe ich, daß du gezwungen bist, viele und große Opfer zu bringen, oder es würden, glaube ich, weder Götter, noch Menschen mit dir zufrieden sein; sodann ziemt es sich für dich, viele Gastfreunde zu beherbergen, und zwar auf das prächtigste; ferner mußt du dich bequemen, Bürgern Gastmähler und Lustbarkeiten auszurichten oder entblößt von Bundesgenossen zu sein. Außerdem aber weiß ich, daß dir auch der Staat schon jetzt große Leistungen auflegt, Pferdelieferungen, Chorausstattungen, Gymnasiarchien und Vormundschaften; wenn es aber gar zum Kriege kommen sollte, dann, weiß ich, werden sie dir auch die Lasten einer Schiffsausrüstung und so viele Steuern aufbürden, daß du sie nicht leicht tragen wirst. Wofern du aber in den Ruf kommen solltest, irgend etwas hiervon in ungenügender Weise zu leisten, werden dich die Athener sicherlich nicht um ein Haarbreit weniger strafen, als wenn sie einen bei einem Diebstahl ihres Eigentums ertappt hätten. Zu alledem sehe ich, daß du dir einbildest, reich zu sein, und unbekümmert bist, dir irgend etwas durch Arbeit zu erwerben, wohl aber den Sinn auf Ergötzlichkeiten richtest, wie wenn es dir deine Verhältnisse gestatteten. Deshalb bemitleide ich dich, aus Furcht, du möchtest irgendein unheilbares Übel zu tragen bekommen und in ein tiefes Elend hineingeraten. Und mir, wenn ich ja noch ein Bedürfnis haben sollte, stehen, wie auch du sicherlich weißt, Freunde zu Gebote, welche insoweit zur Genüge besitzen, daß sie, auch wenn sie noch so wenig gewähren, meine Lebensweise mit Überfluß überschütten. Deine Freunde aber, obwohl sie für ihre Einrichtung weit eher ein ausreichendes Einkommen haben als du für die deinigen, blicken gleichwohl auf dich, als ob ihnen von dir geholfen werden müßte. –

II. Öffentliche Verpflichtungen

Volksversammlung und Rat, Redner und Antragsteller, Ämter und Gesandtschaften

Besuch einer Volksversammlung
Aristophanes, Die Acharner 17–173

Nie aber, seit ich selbst mich wasche, tat
Vom Staub so weh mein Auge mir, wie heut
Am Morgen, wo das souveräne Volk
Versammlung hat, so leer den Platz zu sehn.
Sie plaudern auf dem Markt, und auf und ab
Spazierend fliehn sie das Markierungsseil.
Auch die *Prytanen* kommen nicht, doch sind sie
Zu spät dann endlich da, was meint ihr wohl,
Wie sie sich drängen dann und stoßen um
Die erste Bank und übereinanderpurzeln;
Das wogt und wühlt! – Doch um den lieben Frieden
Bemüht sich niemand hier! – O Stadt, o Stadt! –
Ich, in der Volksversammlung stets der erste,
Ich nehme Platz; in meiner Einsamkeit
Dann seufz ich, gähne, strecke, lüfte mich,
Sinniere, schreibe, kratz im Haare mich, schau
Ins Feld hinaus und bet um Frieden, fluche
Der Stadt und denke: wär ich nur daheim,
Auf meinem Dorf: dort hör ich niemals: kauft,
Kauft Kohlen, Essig, Öl! Da wächst in Fülle
Das alles. Und zu kaufen braucht man nichts.
Nun, weil ich einmal hier bin, will ich auch,
Verlaßt euch drauf, eins poltern, schrein, die Redner
Aushunzen, die nicht für den Frieden sprechen. –
Ha, die Prytanen endlich! – Mittag ist's, –

Und seht ihr, hab ich's nicht vorausgesagt?
Wie sie sich um die ersten Plätze balgen!

Das Volk versammelt sich, die Prytanen haben ihre Plätze eingenommen, ein Herold tritt auf.

HEROLD: Geht weiter, Bürger, weiter vorwärts!
Herein, in den geweihten Kreis herein.

Amphitheos *tritt ein.*

AMPHITHEOS: Hat einer schon gesprochen!
HEROLD: Wer will reden?
AMPHITHEOS: Ich!
HEROLD: Wer?
AMPHITHEOS: Amphitheos.
HEROLD: Sonach kein Mensch?
AMPHITHEOS: Nein! Ein Unsterblicher, Amphitheos,
Demeters Sohn von Triptolemos – der zeugte
Den Keleos, den Vater meiner Ahnfrau,
Ihr Sohn Lykinos war's, der mich gezeugt;
Ich, der Unsterbliche, bin von den Göttern
Ermächtigt, ich nur, Frieden abzuschließen
Mit Sparta! – Bürger, als Unsterblicher
Hab ich kein Reisegeld: die Prytanen –
HEROLD: Wache!
AMPHITHEOS: Triptolemos, Keleos, so verlaßt ihr mich?
DIKAIOPOLIS *vortretend:* Ihr Herrn Prytanen, respektiert das Volk!
Wie? ihn verhaften, der dem Schildgerassel
Ein End und Frieden für uns machen will?

Amphitheos verliert sich unterm Volk.

HEROLD: Setz dich und schweig!
DIKAIOPOLIS: Nein, beim Apollon, nein,
Ich schweige nicht, bis ihr zum Frieden stimmt.
HEROLD: Die Gesandten zurück vom König!
DIKAIOPOLIS: Von welchem König? – Ist mir doch zuwider
Das Großtun mit Gesandten, Pfauen, Affen.

Die Gesandten treten ein.

HEROLD: Still!
DIKAIOPOLIS: Potz *Ekbatana*, was für ein Staat!
EIN GESANDTER: Ihr habt zum großen König uns gesandt,
Mit einem Taggeld von zwei Drachmen, unter

Dem *Archon Euthymenes* –

DIKAIOPOLIS: Weh, die Drachmen!

GESANDTER: Wir fuhren hartgeprüft durch Ebenen
Kleinasiens die Kreuz und Quer – in Wagen
Und unter Planen wohlig ausgestreckt,
Zu Tode fast. –

DIKAIOPOLIS: Da hatt ich's ja viel besser:
Auf einem Strohbund lag ich an der Brustwehr.

GESANDTER: Und die Bewirtung! – Trinken mußten wir,
Gern oder nicht, aus goldnen Humpen und
Kristallnen Bechern süßen, puren Wein,
Kein Tropfen Wasser –

DIKAIOPOLIS: Oh, du Stadt Athen,
Merkst du, wie die Gesandten deiner spotten?

GESANDTER: Denn den Barbaren gilt als Mann nur der,
Der eine gute Klinge schlägt – beim Schmaus.

DIKAIOPOLIS: Bei uns – Schandbuben nur und Hurenjäger.

GESANDTER: Im vierten Jahr erreichten wir das Schloß;
Der König war samt Heer – zu Stuhl gegangen
Und hielt acht Monde auf den goldnen Bergen
Schon Sitzung –

DIKAIOPOLIS: Und wie lang braucht er zum Schließen?
Die Vollmondsnacht?

GESANDTER: – und zog nach Haus zurück.
Zog uns zur Tafel, setzt' uns ganze Ochsen
Gebraten vor –

DIKAIOPOLIS: Da hör ein Mensch, wie der
Aufschneidet: ein gebratner ganzer Ochse!

GESANDTER: Bei Zeus! Und einen Vogel tischt' er auf,
Dreimal so dick wie *Kleonymos*, heißt Windspecht.

DIKAIOPOLIS: Und für den Wind bezahlt man dir zwei Drachmen!

GESANDTER: Und hier nun bringen wir Pseudartabas,
Des Königs Auge, mit.

DIKAIOPOLIS: Die Raben hacken
Dir aus das deine, du Botschafterschelm!

HEROLD: Des Königs Auge!

Pseudartabas, kostümiert als riesiges Auge, wird eingeführt mit Gefolge.

DIKAIOPOLIS: Hilf mir, Herakles!
Du guckst ja, Mensch, ganz wie 'ne Ankerklüse,
Wie's Schiff ums Kap herum zum Hafen späht!
Ist unterm Auge dies das Ankertau?
GESANDTER: Wohlan, eröffne den Athenern, was
Der König dir befahl, Pseudartabas!
PSEUDARTABAS: Iarta nama Xarxasā pyssā satrā!
GESANDTER: Hast du verstanden, was er sagt?
DIKAIOPOLIS: Kein Wort.
GESANDTER: Er sagt: der König schickt euch Gold die Fülle.
Zu Pseudartabas: Noch einmal sag es laut und deutlich: Gold!
PSEUDARTABAS: Nix kriegen Gold Klaffärsche Ionau.
DIKAIOPOLIS: Verständlich, ungemein!
HEROLD: Was sagt er denn?
DIKAIOPOLIS: Klaffärsche, sagt er, seien die Jonier,
Wenn sie von den Barbaren Geld erwarten.
GESANDTER: Nein, er versprach vielmehr ein Klafter Gold.
DIKAIOPOLIS: Nichts da von Klafter, großer Prahlhans du!
Weg! – Auf den Zahn will ich einmal ihm fühlen!
Drohend auf seinen Stock weisend:
Du, sieh mir ins Gesicht, und lüge nicht!
Sonst färb ich dir das Leder sardisch rot.
Bekommen wir vom großen König Gold?
Pseudartabas schüttelt den Kopf.
So haben die Gesandten uns betrogen?
Pseudartabas nickt.
Die Leute nicken mir so gut hellenisch,
Die können doch nur hier zu Hause sein,
Und die Verschnittnen da – den einen kenn ich:
Das ist ja Kleisthenes, Sibyrtios' Sohn.
»Du mit dem heißen« – abrasierten Hintern!
Du, Affenfratze, mit dem mächt'gen Bart
Kommst du, um den Verschnittnen hier zu spielen?
Und du, wer bist du? He? Nicht etwa Straton?
HEROLD: Schweig still und setz dich!
Des großen Königs Auge lädt der Rat
Ins *Prytaneion.*
Gesandter, Pseudartabas und Gefolge ab.

DIKAIOPOLIS: Ist das nicht zum Hängen?
So geht's hier zu? Was sitz ich denn noch hier?
Für solche Gäst ist immer offne Tafel.
Doch – Unerhörtes will ich jetzt vollbringen!
Wo ist Amphitheos?
AMPHITHEOS *vortretend:* Was steht zu Dienst?
DIKAIOPOLIS: Da! Nimm, hier sind acht Drachmen, geh und mache
Mir Frieden gleich mit Sparta, aber nur
Für mich allein, mein Weib und meine Kinder!
Gegen das Publikum: Doch ihr ambassadiert und sperrt das Maul auf!

Amphitheos ab.

HEROLD: *Theoros*, von Sitalkes' Hof zurück!

Theoros tritt vor.

THEOROS: Hier!
DIKAIOPOLIS: Noch ein Prahlhans wird da angesagt!
THEOROS: Von Thrakien wären wir schon längst zurück –
DIKAIOPOLIS: Hielt uns das hübsche Taggeld nicht zurück.
THEOROS: Wär nicht ganz Thrakien zugeschneit gewesen
Und zugefroren.
DIKAIOPOLIS: Grad zur selben Zeit,
Als hier Theognis seine Stücke gab.
THEOROS: Was war zu tun? Wir tranken mit *Sitalkes*,
Und in der Tat, er ist ein Freund Athens,
Wie keiner mehr, er ist geradezu
Verliebt in euch und schreibt an alle Wände:
»Ich liebe die Athener!« – Und sein Sohn,
Dem wir das Bürgerrecht geschenkt, er brannte,
'ne Wurst zu essen an den *Apaturien*,
Und liegt dem Vater stündlich in den Ohren,
Ein Heer zu senden seiner zweiten Heimat.
Und der, mit heil'ger Spende, gelobt ein Heer,
So groß, daß die Athener sagen sollten:
»Welch Schwarm von Heuschrecken zieht da heran!«
DIKAIOPOLIS: Ich will gehängt sein, glaub ich nur ein Wort
Davon, es sei denn von den Heuschrecken.
THEOROS: Hier schickt er euch von Thrakiens Völkern allen
Das mannhaftste.

DIKAIOPOLIS: Das sieht man, in der Tat!
HEROLD: Hierher, ihr Thraker, die Theoros bringt.

Die Odomanten treten auf.

DIKAIOPOLIS: Was ist das für Gesindel?
HEROLD: Die Odomanten.
DIKAIOPOLIS: Die Odomanten? Du, sag an, wer hat
Die Odomanten so verstutzt da vorn?
THEOROS: Gebt ihnen nur zwei Drachmen Sold den Tag,
Sie werfen ganz *Böotien* euch nieder.
DIKAIOPOLIS: Zwei Drachmen so 'nem Stumpfschwanz da? Was sagte
Wohl unser armes Schiffsvolk, das die Stadt
So oft gerettet? – Wetter, was ist das?
Mein Knoblauch weggemaust von dem Gesindel?
Den Knoblauch her!
THEOROS: Mit Helden spaße nicht,
Du Tropf, die hitzig sind vom Knoblauchfutter!
DIKAIOPOLIS: Da seht ihr ruhig zu, Prytanen, wie
In meiner Heimat mich Barbaren plündern?
Gut! – Aber heut wird nichts beschlossen über
Den Sold der Thraker. Seht ihr? Zeus verbietet's:
Ein Regentropfen fiel mir auf die Nase.
HEROLD: Die Thraker kommen übermorgen wieder
Hierher. – Die Volksversammlung ist entlassen.

Bis auf Dikaiopolis alle ab.

Die Sachkunde des Redners in der Volksversammlung
Xenophon, Memorabilien III 6

Als Glaukon, der Sohn des Ariston, sich darum bemühte, in der Volksversammlung zu sprechen, weil er den Wunsch hatte, obwohl noch nicht zwanzig Jahre alt, eine führende Rolle im politischen Leben zu spielen, da konnte ihn keiner von seinen sonstigen Verwandten und Freunden davon abbringen, sich von der Rednertribüne herunterzerren und auslachen zu lassen; Sokrates aber, der ihm wegen seiner Bekanntschaft mit Charmides, dem Sohne des Glaukon, und mit Platon wohlgesinnt war, brachte ihn allein davon ab. Als er ihm nämlich begegnete, hielt er ihn an und richtete folgende Worte an ihn, um ihn zunächst zum Zuhören zu veranlassen: Glaukon, so sprach er, hast du dich dahin entschieden, in unserem Interesse eine führende Stellung im Staatsleben zu gewinnen? Ja, dies habe ich, Sokrates, war die Antwort. Da erwiderte er: Ja, beim Zeus, das ist allerdings das Schönste, was es überhaupt in der Welt geben kann; denn wenn du dies erreichst, dann wirst du offenbar zunächst selbst imstande sein, dir zu verschaffen, wonach dein Herz begehrt, dann aber wirst du auch in der Lage sein, deine Freunde zu fördern, du wirst dein väterliches Haus zu Ehren bringen, du wirst das Vaterland stärken und du wirst berühmt sein zunächst innerhalb des Staates, dann aber auch in ganz Griechenland, vielleicht aber wie *Themistokles* auch unter den Barbaren; wo du auch sein magst, aller Augen werden sich auf dich richten. Als Glaukon dies nun hörte, fühlte er sich geschmeichelt und blieb gern da. Ist es denn nicht unzweifelhaft, so sagte Sokrates daraufhin, daß du dich um den Staat verdient machen mußt, wenn du geehrt werden willst? Allerdings, erwiderte jener. Bei den Göttern, fuhr er fort, verschweige es uns doch nicht, sondern sage uns, womit du beginnen willst, den Staat zu fördern. Da aber Glaukon schwieg, als ob er gerade überlege, womit er anfangen solle, fragte Sokrates weiter: Solltest du etwa, wie wenn du den Wunsch hättest, den Wohlstand eines Freundes zu vermehren, und nun daran gehen würdest, seinen Reichtum zu vergrößern, so auch versuchen, den Reichtum des Staates zu mehren? Durchaus, war die Antwort. Würde er denn nicht reicher sein, wenn ihm mehr Einkünfte zuwüchsen? Sicherlich, entgegnete jener. So sage uns doch, fuhr er fort, woher dem Staate jetzt Einkünfte zufließen und wie groß sie etwa sind? Denn offenbar hast du doch schon Überlegungen darüber angestellt, um den Ausfall zu decken, wenn einige der Einkünfte schwächer fließen, und um Ersatz zu schaffen, wenn sie ganz ausbleiben. Beim Zeus, erwiderte Glaukon, das habe ich allerdings noch nicht bedacht. Allein, wenn du das verabsäumt hast, so sprach er weiter, dann nenne uns doch die Ausgaben des Staates; denn offensichtlich machst du dir Gedanken darüber, davon die überflüssigen Ausgaben zu streichen. Nein, beim Zeus, sagte jener, auch dazu hatte ich noch keine Zeit. So werden wir es also, meinte er daraufhin, noch aufschieben, den Reichtum des Staates zu mehren; denn wie sollte es möglich sein, daß jemand, der die Aufwendungen und die Einkünfte nicht kennt, sich darum bemüht? Indessen, Sokrates, meinte Glaukon, man kann auch den Staat auf Kosten seiner Feinde reicher machen. Durchaus, beim Zeus, antwortete Sokrates, sofern man ihnen überlegen ist; falls man aber schwächer ist, so könnte man leicht auch noch alles, was man hat, dazu einbüßen. Du hast recht, lautete die Antwort. Wer also, so setzte er das Gespräch fort, überlegen will, gegen wen er Krieg führen soll, der muß die Kraft des Staates und die der Gegner genau kennen, um zum Kriege zu raten, wenn der Staat überlegen ist, oder aber zur Vorsicht zu mahnen, wenn er schwächer als die Gegner ist. Ganz recht, erwiderte jener. So nenne uns denn also zuerst, fuhr er fort, die Stärke der Land- und Seestreitkräfte des Staates und dann die der Gegner. Aber, beim Zeus, war die Antwort, ich könnte sie dir nicht gleich so aus dem Kopfe hersagen. Doch wenn du es aufgeschrieben hast, dann bringe es her, sagte er daraufhin; denn ich würde es sehr gern wissen. Indessen, beim Zeus, lautete die Entgegnung, ich habe es noch nicht aufgeschrieben. Dann werden wir also, so meinte er, fürs erste auch mit unserem Rat in Kriegsdingen zurückhalten müssen; denn vielleicht hast du dich auch wegen der Schwierigkeit dieser Fragen noch nicht damit beschäftigt, da du ja eben erst anfängst, dich mit der Führung der Staatsgeschäfte zu befassen. Doch daß du dir sicherlich über die Bewachung des Landes schon Gedanken gemacht hast, davon bin ich überzeugt, und auch daß du weißt, wieviel Wachen zweckmäßig sind und wieviel nicht, und wieviel Besatzung dafür ausreichend ist und wieviel es nicht ist; und du wirst den Rat geben, die notwendigen Wachen zu verstärken, die überflüssigen aber einzuziehen. Ja, beim Zeus, erwiderte Glaukon, ich für meine Person würde sie jedenfalls alle einziehen, weil sie ihren Wachdienst so (schlecht) versehen, daß alles auf dem Lande gestohlen wird. Wenn man aber die Wachen ganz einziehen würde, so erwiderte er, glaubst du nicht, daß dann jeder, der es will, auch die Möglichkeit zum Raub haben wird? Doch, so fuhr er fort, bist du selbst hingegangen und hast dies geprüft, oder wieso weißt du, daß die Wachen ihren Dienst schlecht versehen? Ich vermute es, war die Antwort. Wollen wir denn nicht lieber, so sagte er da, auch darüber erst dann einen Rat geben, wenn wir nicht mehr nur vermuten, sondern es sicher wissen? Vielleicht wäre das besser, erwiderte Glaukon. In die Silberbergwerke, das weiß ich, so fuhr er fort, bist du gewiß nicht gekommen, so daß du erklären könntest, warum jetzt deren Ertrag geringer ist als früher. Ich bin allerdings nicht dahingekommen, meinte jener. Die Gegend soll ja auch, beim Zeus, sagte Sokrates, ungesund sein, so daß dich dies genügend entschuldigen würde, wenn du darüber einen Rat erteilen müßtest. Du spottest über mich, entgegnete Glaukon. Aber jenes, das weiß ich, so fuhr er fort, hast du sicherlich nicht unbeachtet gelassen, sondern genau überlegt, wie lange das im eigenen Lande geerntete Getreide ausreicht, um die Bürgerschaft zu ernähren, und wieviel jährlich noch dazu benötigt wird, damit es dir keinesfalls verborgen bleibt, sobald mal Mangel in der Stadt herrscht, sondern damit du dem Staat wegen des Notwendigen sachkundig raten kannst, um ihm zu helfen und ihn vor Unheil zu bewahren. Du sprichst da, erwiderte Glaukon, von einer Riesenarbeit, wenn man sich auch um all dies kümmern soll. Und doch, erwiderte Sokrates, könnte jemand nicht mal sein eigenes Hauswesen gut verwalten, wenn er nicht weiß, was er alles dazu benötigt, und nicht für die Ergänzung von alledem Sorge trägt. Da aber die Stadt aus mehr als zehntausend Häusern besteht, und es schwierig ist, sich gleichzeitig um so viele Häuser zu kümmern, warum hast du da nicht versucht, zunächst das eine Hauswesen deines Onkels in die Höhe zu bringen? Es hat es durchaus nötig. Und wenn du dies schaffst, dann kannst du dich an mehr wagen. Falls du aber einem einzigen nicht helfen kannst, wie könntest du es dann gar gegenüber vielen? Sofern jemand beispielsweise ein Talent nicht tragen könnte, wie sollte es dann nicht offenbar sein, daß er nicht daran gehen darf, noch mehrere zu tragen? Doch ich für meine Person würde schon, erwiderte Glaukon, dem Hauswesen meines Onkels gern aufhelfen, wenn er mir nur folgen wollte. Du vermagst also nicht mal deinen Onkel zu überreden, meinte Sokrates, doch du glaubst alle Athener samt deinem Onkel dahin bringen zu können, daß sie dir folgen? Hüte dich davor, Glaukon, so sprach er weiter, daß du nicht im Streben nach einem geachteten Namen ganz das Gegenteil erreichst. Oder siehst du nicht ein, wie gefährlich es ist, in solchen Sachen zu reden und zu handeln, die man nicht versteht? Denke nur an die vielen anderen, die derart sind, wie du weißt, daß sie sich bemerkbar machen durch Reden und Tun in Dingen, von denen sie nichts verstehen; scheinen sie dir nun dafür mehr Lob als Tadel zu ernten oder mehr bewundert als verachtet zu werden? Denke aber auch an jene, die durchaus sachkundig sind in dem, worüber sie reden und worin sie tätig sind, und ich glaube, du wirst feststellen, daß auf allen Gebieten die, welche einen guten Ruf haben und bewundert werden, zu den besten Sachkennern, die aber, welche einen schlechten Ruf haben und verlacht werden, zu den besonders Unwissenden gehören. Falls du nun im Staate Ansehen zu genießen und bewundert zu werden begehrst, dann versuche es dahin zu bringen, daß du besonders viel von dem verstehst, was du durchführen willst; denn wenn du dich darin vor den anderen hervortust und dann daran gehst, dich den Staatsgeschäften zu widmen, so sollte es mich nicht wundern, wenn du ganz ohne Schwierigkeiten das erreichen würdest, wonach dein Herz begehrt.

Wie Kleon das Feldherrenamt aufgezwungen wurde
Thukydides IV 27–29

Als *Kleon* die Mißstimmung gegen sich spürte wegen seiner Friedensverhinderung, erklärte er, es sei nicht wahr, was die Ankömmlinge meldeten, und da diese vorschlugen, wenn man ihnen nicht traue, möge man doch Beobachter hinschicken, wurden er und Theogenes von den Athenern gewählt, um nachzuschauen. Als nun für ihn kein Ausweg mehr war – er mußte entweder die Aussagen der Verleumdeten bestätigen, oder widersprechen und dann bald als Lügner dastehn – und da er das Volk nun schon viel entschlossener sah zum Feldzug, da riet er ihnen, keine Beobachter zu senden, um nicht mit all dem Hin und Her die Gelegenheit zu versäumen; wenn sie die Berichte für wahr hielten, sollten sie gegen diese Spartaner ausfahren. Und mit einem Hieb auf den Feldherrn *Nikias* Nikeratos' Sohn, den er haßte und beschimpfte: es sei leicht, mit Heeresmacht, wenn die Feldherren nur Männer wären, auszufahren und die auf der Insel zu fangen; er selbst, wenn er das Amt hätte, würde das leisten. Während nun Stimmen im Volk gegen Kleon laut wurden, wenn ihm das so leicht vorkomme, warum er denn nicht fahre, auch ohne Amt, da sagte Nikias, der sein

Schimpfen ja auch durchschaute, er solle mit soviel Truppen, wie er wolle, die Feldherren erlaubten's, sein Glück versuchen. Kleon meinte zunächst, das sei nur geredet mit dem Zurücktreten, und war bereit; als er aber sah, daß Nikias es ihm nur zu gerne überließ, wich er zurück: Nikias sei Feldherr, nicht er, und fürchtete sich jetzt und hätte nie gedacht, daß Nikias es über sich brächte, ihm Platz zu machen. Aber dieser wiederholte seine Aufforderung, verzichtete auf den Befehl gegen *Pylos* und rief die Athener als Zeugen an. Und wie der Haufe pflegt: je mehr Kleon sich der Fahrt entziehen, seinen eigenen Worten entwinden wollte, so lauter hießen sie Nikias, ihm das Kommando zu übergeben, schrien sie Kleon zu, er solle fahren. Schließlich sah er, daß nach dem einmal Gesagten kein Ausweichen mehr sei, und übernahm den Zug; er trat vor und sagte, er fürchte die Spartaner nicht und werde hinfahren, ohne jemand aus der Bürgerschaft mitzunehmen, nur die anwesenden Lemnier und Imbrier und die leichten Truppen, die aus Ainos zur Hilfe eingetroffen waren, und von anderwärts vierhundert Schützen. Mit diesen, erklärte er, und dem Heer in Pylos werde er innert zwanzig Tagen die Spartaner entweder lebendig herbringen oder dort erschlagen. Die Athener nahmen dies Geprahle teils mit Lachen auf, und doch ließen die Vernünftigeren ihn nicht ungern ziehen, weil ihnen dabei von zwei Vorteilen wenigstens einer gewiß sein mußte: nämlich Kleon loszuwerden (was sie noch inniger hofften) oder, falls dies fehlschlüge, doch der Spartaner habhaft zu werden.

Nach diesen Erfolgen in der Volksversammlung, da in der Abstimmung die Athener ihm den Zug übertrugen, wählte er einen von denen, die schon in Pylos waren, Demosthenes, zu seinem Mitfeldherrn und betrieb eilig den Auslauf.

Verteidigungsrede eines Invaliden vor dem Rat der 500 wegen Geldunterstützung

Lysias, 24. Rede

Es fehlt nicht viel, hoher Rat, so muß ich dem Kläger noch Dank dafür wissen daß er diesen Prozeß gegen mich anhängig gemacht hat. Bisher nämlich habe ich noch nie Anlaß gefunden Rechenschaft über mein Leben abzulegen; jetzt hat mir dieser solche verschafft. Ich will nun versuchen in meiner Rede diesen hier als Lügner, mich selbst als einen Mann der nach seinem ganzen Leben bis auf diesen Tag mehr Anspruch auf Lob als auf Neid hat hinzustellen. Denn nur Neid scheint es mir zu sein was ihn bestimmt hat mir diesen Prozeß zu bereiten. Wer aber die beneidet welche von allen Andern nur bemitleidet werden, haltet ihr den nicht für jeder Schlechtigkeit fähig? Denn nicht um Geldes willen klagt er gegen mich, ebensowenig will er sich an mir als seinem Feinde rächen. Denn wegen seiner Schlechtigkeit habe ich es immer vermieden in freundliche oder feindliche Berührung mit ihm zu kommen. So kann er also offenbar nur darum mich beneiden daß ich auch in meinem Unglück ein besserer Bürger als er bin. Glaube ich doch, hoher Rat, daß körperliche Schäden durch geistige Vorzüge vollkommen gut gemacht werden. Denn würde meine Gesinnung und mein äußeres Leben meinem Unglück entsprechen: wodurch würde ich mich dann noch von diesem hier unterscheiden?

Doch genug hierüber. Ich will jetzt über den eigentlichen Gegenstand meiner Rede in möglichster Kürze sprechen. Der Kläger behauptet nämlich daß ich kein Recht habe auf die mir vom Staate gereichte Geldunterstützung, da ich körperlich kräftig sei und nicht in die Klasse der Gebrechlichen gehöre, auch ein Gewerbe ausübe, so daß ich auch ohne diese Unterstützung leben könne. Als Beweis führt er an: für meine körperliche Kraft, daß ich Pferde besteige; für den Wohlstand durch mein Gewerbe, daß ich im stande sei Umgang zu pflegen mit Leuten die Aufwand zu machen vermögen. Wie es sich verhält mit dem Wohlstand durch mein Gewerbe und wie beschaffen mein Lebenswandel überhaupt ist, wisset ihr, wie ich glaube, alle. Doch ich will selbst noch kurz darüber sprechen. Mein Vater hat mir nichts hinterlassen. Meine Mutter, die vor mehr als zwei Jahren gestorben ist, habe ich bis jetzt ernährt. Kinder, die mich verpflegen könnten, habe ich bis jetzt nicht. Das Gewerbe das ich treibe, kann mir nur wenig eintragen, auch kann ich es nur noch zur Not selbst betreiben; einen Stellvertreter aber vermochte ich mir noch nicht zu kaufen. Andere Hilfsquellen als diese habe ich nicht, und wenn ihr mir diese entziehet, so laufe ich Gefahr einem höchst traurigen Lose zu verfallen. So stürzet mich also nicht, hohe Ratsherren, ungerechter Weise ins

Elend, während es in eurer Hand ist mich, wie es recht und billig ist, zu retten. Entziehet nicht das was ihr mir als jüngerem und noch rüstigerem Mann habt zukommen lassen jetzt mir im vorgerückteren und hilfloseren Alter! Ihr, die ihr bisher auch solchen die kein Gebrechen haben so viel Mitleid bewieset, lasset euch nicht jetzt durch diesen hier bestimmen einen Mann der auch seinen Feinden Mitleid einflößen muß hartherzig zu behandeln; bringet nicht dadurch daß ihr es über euch gewinnt gegen mich ungerecht zu handeln auch alle Andern die in ähnlicher Lage wie ich sind in Verzweiflung! Wäre es doch widersinnig, hoher Rat, wenn ich, so lange ich noch bloß in einer Beziehung unglücklich war, diese Geldunterstützung empfangen hätte, jetzt aber, nachdem Alter, Krankheiten und die in ihrem Gefolge auftretenden Übel dazugekommen sind, ich dieser beraubt würde. Für die Größe meiner Armut, glaube ich, könnte gerade mein Ankläger am allerbesten von allen Menschen den Beweis liefern. Gesetzt ich würde, mit Ausrüstung eines tragischen Chores beauftragt, ihn zum Vermögenstausch auffordern, so würde er lieber zehnmal einen Chor ausrüsten als ein einzigesmal mit mir tauschen. Ist es aber nicht ein Widerspruch, jetzt mir als Kläger vorzuwerfen daß ich vermöge großer Wohlhabenheit mit den reichsten Männern auf gleichem Fuße Umgang pflegen könne, wenn aber ein Fall wie der genannte einträte sich so zu benehmen? Giebt es ein schlechteres Benehmen?

Über mein Reiten, das er die Frechheit hatte vor euch zur Sprache zu bringen, ohne sich zu scheuen das Schicksal herauszufordern, ohne vor euch sich zu schämen, ist nur weniges zu sagen. Es werden, hoher Rat, wohl alle die ein derartiges Unglück haben irgend eine Erleichterung desselben suchen und darauf studieren wie sie das ihnen beschiedene Gebrechen mit der geringsten Beschwerde tragen können. Als einer aus der Zahl dieser, dem ein solches Unglück zugestoßen ist, habe ich mir für weitere und notwendige Gänge diese Erleichterung verschafft. Der beste Beweis dafür aber, hoher Rat, daß ich nur wegen meines Gebrechens, nicht im Übermute, wie dieser hier sagt, Pferde besteige, ist leicht in folgendem zu sehen. Wenn ich nämlich Vermögen besäße, so würde ich auf einem gesattelten Maultier reiten, und nicht fremde Pferde besteigen. Da ich mir nun aber ein solches nicht anschaffen kann, so bin ich genötigt mich öfters fremder Pferde zu bedienen. Ist es nun nicht ein Widerspruch daß eben dieser, wenn er mich auf einem gesattelten Maultier sitzen sähe, dazu schweigen müßte (denn wie könnte er auch etwas dagegen sagen?); dagegen so, da ich entlehnte Pferde besteige, euch zu bereden versucht daß ich vermögend sei? daß ferner, während er sich hütet in seiner Klage gegen mich als Beweis von Wohlstand geltend zu machen daß ich zwei Stöcke trage, die andern Menschen nur einen, er mein Reiten bei euch als Beweis dafür anführt daß ich zu den Vermöglichen gehöre. Beider Mittel bediene ich mich aus demselben Grunde. So sehr thut er sich vor allen andern Menschen durch Frechheit hervor daß er euch zu bereden versucht – er, der eine, euch, die ihr so viele seid – daß ich nicht unter die Zahl der Gebrechlichen gehöre! Wenn er aber, hohe Ratsherren, euch hiezu bereden kann, was hindert mich durchs Los einer der neun Archonten zu werden, und was euch, mir als Gesundem den Obolos zu nehmen und ihn diesem als einem Krüppel einstimmig zuzuerkennen? Einen und denselben Mann könnet doch nicht wohl ihr als körperlich tüchtig der Unterstützung berauben, und die andern als Krüppel vom Losen ausschließen. Aber freilich denket ihr nicht ebenso wie dieser, und auch er selbst glaubt es nicht, wenn er bei Verstand ist. Er ist nur gekommen um mir mein Gebrechen, als wäre es eine Erbtochter, streitig zu machen, und versucht deshalb euch zu bereden daß ich nicht so beschaffen sei wie ihr mich alle vor euch sehet. Ihr alle, wie alle Menschen von gesundem Verstande, glaubet mehr euren eigenen Augen als dessen Reden.

Er behauptet weiter, ich sei ein übermütiger, händelsüchtiger und durchaus frecher Mensch, – gerade als ob er, wenn er recht furchtbare Ausdrücke gebrauchte, die Wahrheit zu reden schiene, und dies nicht vielmehr nur dann der Fall wäre wenn er eine durchaus gemäßigte Sprache führte und nicht löge! Ihr werdet aber, hohe Ratsherren, wie ich glaube, sehr gut unterscheiden können welche Menschen des Übermuts fähig sind und welche nicht. Arme und ganz mittellose Menschen werden wohl nicht leicht übermütig sein, sondern nur solche die weit mehr besitzen als die Befriedigung der nötigsten Bedürfnisse erfordert; auch nicht leicht körperlich Gebrechliche, sondern nur solche die großes Kraftgefühl haben; endlich auch nicht Leute von schon sehr vorgerücktem

Alter, sondern nur junge Männer von jugendlichem Sinne. Denn die Reichen wissen durch Geld sich von gerichtlichen Klagen loszukaufen, während die Armen durch ihre Mittellosigkeit zur Zucht und Ordnung genötigt sind. Junge Männer ferner finden leicht Verzeihung für Fehltritte bei Älteren; alle andern aber finden, wenn sie sich verfehlen, bei Alt und Jung Tadel. Rüstige Männer endlich können sich erlauben, ohne Gefahr für ihre eigene Person, wen sie wollen zu beschimpfen; Gebrechliche aber können weder, wenn sie beleidigt werden, sich der Thäter erwehren, noch wenn sie andere beleidigen wollen, die Oberhand über die Angegriffenen gewinnen. Was daher der Kläger über meinen Übermut sagt scheint er mir nicht im Ernst, sondern im Scherze zu sagen, und nicht in der Absicht euch zu bereden daß ich wirklich so sei, sondern nur um mich lächerlich zu machen, als thäte er damit etwas Schönes!

Weiter behauptet er daß viele schlechte Menschen sich um mich sammeln, die, nachdem sie ihr Vermögen durchgebracht haben, denen die das Ihrige erhalten wollen nachstellen. Ihr alle müßt aber bedenken daß was er hier sagt ebenso sehr gegen alle andern welche ein Gewerbe treiben einen Vorwurf enthält als gegen mich, und ebenso sehr die trifft welche andere Gewerbsleute besuchen als die welche zu mir kommen. Denn ein jeder von euch hat die Gewohnheit solche Orte zu besuchen, der eine die Salbenbude, der andere die Barbierstube, ein dritter die Schusterwerkstätte, ein vierter einen andern Ort wie es sich gerade trifft; die meisten gehen in die dem Markt am nächsten gelegenen Buden, die wenigsten in die davon entferntesten. Wenn also einer diejenigen welche zu mir zu kommen pflegen deswegen der Schlechtigkeit bezichtigt, so ist klar daß er dasselbe Urteil auch über die welche sich bei andern aufhalten ausspricht, und wenn über diese, über alle Athener überhaupt. Denn ihr alle habt diese Gewohnheit, irgend einen solchen Ort zu besuchen und euch daselbst aufzuhalten.

Jedoch glaube ich nicht euch noch längere Zeit durch eine allzugenaue, auf jeden einzelnen Punkt der Anklage eingehende Verteidigung belästigen zu dürfen. Nachdem ich über die Hauptpunkte gesprochen, was brauche ich über Dinge die ebenso elend wie er selbst sind im Ernste zu reden? Euch alle bitte ich, hohe Ratsherren, dieselbe Meinung die ihr bisher von mir hattet mir auch fernerhin zu bewahren; mich nicht des einzigen Genusses von meinem Vaterlande welchen mir das Schicksal vergönnt hat um dieses Menschen willen zu berauben, und euch nicht von ihm, dem einen, bestimmen zu lassen mir wieder zu nehmen was ihr alle insgesamt seit langer Zeit mir gewährt habt. Dafür nämlich, hoher Rat, daß mich mein Mißgeschick von den hohen Ehrenstellen ausgeschlossen hat hat der Staat mir diese Geldunterstützung verwilligt, von der Ansicht ausgehend daß Glück und Unglück alle Menschen auf gleiche Weise treffen könne. Wäre ich also nicht der unglückseligste Mensch wenn ich nicht nur durch mein Gebrechen des Schönsten und Höchsten beraubt wäre, sondern mir auch durch diesen meinen Ankläger das entzogen würde was der Staat in seiner Fürsorge für solche Unglückliche gespendet hat? Nein, hoher Rat, ihr dürft nicht also entscheiden! Wodurch hätte ich denn auch ein solches Verfahren von eurer Seite verdient? Hat etwa je einer, durch mich in einen Prozeß verwickelt, sein Vermögen verloren? – Das wird nicht einer behaupten können. – Oder bin ich aufdringlich, frech und streitsüchtig? – Dazu giebt mir meine Lage wahrlich keinen Anlaß. – Oder bin ich besonders übermütig und gewaltthätig? – Das kann selbst er nicht behaupten, wenn er nicht auch dies wie anderes lügnerisch erfinden will. – Oder habe ich als einer der Machthaber unter den Dreißig vielen Mitbürgern Böses angethan? – Im Gegenteil habe ich mich mit der Volkspartei nach Chalkis am Euripos geflüchtet, und während ich hier mit jener unangefochten hätte leben können, habe ich vorgezogen mit euch Geflüchteten zusammen Gefahren zu bestehen. Ihr dürft also nicht, hohe Ratsherren, mich der sich mit nichts verfehlt hat ebenso behandeln wie die welche sich vieles haben zu Schulden kommen lassen, sondern ihr müßt ebenso über mich urteilen wie die Ratsversammlungen früherer Jahre, und bedenken daß ich weder über verwaltete Staatsgelder jetzt Rechnung stelle, noch für ein bekleidetes Staatsamt Rechenschaft ablege, sondern nur wegen eines Obols hier aufgetreten bin. So werdet ihr alle nach Recht und Billigkeit entscheiden: ich werde dafür euch dankbar sein, dieser aber wird sich daraus für die Zukunft die Lehre ziehen daß man nicht Schwächere verfolgen, sondern über seinesgleichen den Sieg davonzutragen suchen soll.

Der Pervertierte
Theophrast, Charaktere 29,4 A–5

Er unterstützt den Schuldigen, wenn er in der Volksversammlung spricht oder vor Gericht steht, und zu den Sitzungsteilnehmern pflegt er zu sagen, man dürfe nicht den Mann, sondern müsse die Sache beurteilen. Und er sagt, er sei der treue Hund des Volkes, weil er auf die Ungerechten ein Auge habe. Und er sagt: »Wir werden bald keine Leute haben, die für das Gemeinwohl eintreten, wenn wir solche ausschalten.«

Natürlich pflegt er auch verkommenen Subjekten Beistand zu leisten und als Anwalt vor Gericht in anrüchigen Prozessen aufzutreten, und ist er selbst Richter, legt er die Worte der Streitenden zum Schlechteren hin aus.

Gerichte, Verfahren und Strafen, Richter und Anwälte, Parteien und Zeugen

Älteste griechische Gerichtsszene
Homer, Ilias XVIII 497–508

Das Volk aber war auf dem Markt versammelt. Dort hatte ein Streit
Sich erhoben: zwei Männer stritten um das Wergeld
Für einen erschlagenen Mann. Der eine gelobte, daß er alles erstattet habe,
Und tat es dem Volke dar, der andere leugnete: nichts habe er empfangen.
Und beide begehrten, beim Schiedsmann einen Entscheid zu erlangen,
Und das Volk schrie beiden zu, hüben und drüben als Helfer.
Und Herolde hielten das Volk zurück, die Ältesten aber
Saßen auf geglätteten Steinen im heiligen Ring.
Und sie hielten die Stäbe von den Herolden, den luftdurchrufenden, in den Händen.
Mit denen sprangen sie dann auf und taten abwechselnd ihren Spruch.

In ihrer Mitte aber lagen zwei Pfunde Goldes,
Um sie dem zu geben, der unter ihnen das Recht am geradesten
spräche.

Zusammensetzung der Gerichtshöfe und richterliche Abstimmungsverfahren
Aristoteles, Staat der Athener 63–69

Die Gerichte besetzen die neun *Archonten* durch Los nach Phylen, der Sekretär der *Thesmotheten* die der zehnten *Phyle*. Zu den Gerichtsplätzen gibt es zehn Zugänge, einen für jede Phyle, 20 Losurnen, zwei für jede Phyle, 100 Kästen, zehn für jede Phyle, und weitere Kästen, in die die Täfelchen der ausgelosten Richter gelegt werden, sowie zwei Krüge. Auch werden Stöcke neben jeden Ausgang gestellt, entsprechend der Anzahl der Richter, und in gleicher Zahl wie die Stöcke Eicheln in den Krug gelegt, auf denen die Buchstaben vom elften, dem Lambda, an eingeritzt sind, so viele, wie zur Auffüllung der Gerichtskollegien nötig sind. Richter sein dürfen die über Dreißigjährigen, sowie sie nicht Staatsschuldner sind oder das Bürgerrecht eingebüßt haben. Wenn einer unberechtigt Recht sprechen will, wird er angezeigt und vor Gericht gebracht; wird er überführt, urteilen die Richter, welche Strafe zu erleiden oder zu bezahlen er verdient hat. Wenn er eine Geldstrafe erhält, muß er in Haft genommen werden, bis er seine frühere Schuld bezahlt hat, deretwegen er angezeigt wurde, und außerdem, was ihm das Gericht auferlegt hat. Jeder Richter hat ein Täfelchen aus Buchsbaum, auf dem sein Name vom Vater und von der Gemeinde her steht sowie einer der Buchstaben bis zum zehnten, dem Kappa; die Richter sind nämlich nach Phylen in zehn Gruppen eingeteilt, annähernd gleich viele in jeder Buchstabengruppe. Wenn der Thesmothet die Buchstaben ausgelost hat, die den Gerichten zugeordnet werden müssen, überbringt der Diener dem jeweiligen Gericht die erlosten Buchstaben.

Die zehn Schachteln stehen vorn am Eingang für die jeweilige Phyle; auf ihnen sind die Buchstaben bis zum Kappa verzeichnet. Wenn die Richter ihre Täfelchen in die Schachtel gelegt haben, auf der der gleiche Buchstabe steht wie auf dem Täfelchen, schüttelt der Diener die Schachtel durch und der Thesmothet nimmt aus jeder eine Namenstafel. Dieser wird dann zum Anhefter ernannt und heftet die Tafeln aus der Schachtel an das Gestell, auf dem der gleiche Buchstabe steht wie auf der Schachtel. Er wird ausgelost, damit nicht immer derselbe Anhefter ist und Unregelmäßigkeiten begehen könnte. Es gibt fünf Gestelle an jeder Losstätte. Wenn der Archont die Würfel eingeworfen hat, lost er die Phyle nach der Losstätte aus; es sind eherne Würfel, schwarze und weiße. So viele weiße Würfel werden eingeworfen, wie Richter auszulosen sind, einer für fünf Tafeln, die schwarzen in gleicher Weise. Wenn er die Würfel herausnimmt, ruft der Herold die Erlosten aus; zu deren Zahl gehört auch der Anhefter.

Der Aufgerufene hört es und nimmt eine Eichel aus dem Krug, hebt sie hoch, hält den Buchstaben nach oben und zeigt sie zunächst dem vorsitzenden Archonten. Sobald der Archont sie gesehen hat, legt er dessen Tafel in die Schachtel, auf der der gleiche Buchstabe steht wie auf der Eichel. Das Verfahren hat den Zweck, daß der Richter an den Gerichtshof geht, den er auslost, und nicht an den, den er sich wünscht, und auch den, daß nicht einer einen Gerichtshof zusammensetzen kann, wie er will. Beim Archonten stehen so viele Schachteln, wie Gerichtskollegien aufgefüllt werden müssen; jede trägt einen Buchstaben, der für den entsprechenden Gerichtshof ausgelost ist.

Der Richter zeigt die Eichel auch dem Diener und geht dann in die Schranke. Der Diener gibt ihm einen Stab mit der Farbe des Gerichts, das den gleichen Buchstaben hat wie die Eichel, damit er gezwungen ist, in das Gericht zu gehen, das er ausgelost hat; wenn er nämlich in ein anderes geht, fällt er wegen der Farbe seines Stabes auf. An den Gerichten sind die Farben jeweils auf einem Balken am Eingang angebracht. Der Richter nimmt also den Stab und geht in das Gericht von der gleichen Farbe des Stabes, das auch den Buchstaben trägt wie die Eichel. Wenn er eintritt, erhält er von Staats wegen eine Kennmarke von dem, der zu diesem Amt ausgelost ist. Dann legen die, die so das Gericht betreten haben, Eichel und Stab ab. Denen, die das Los nicht getroffen hat, geben die Anhefter ihre Tafeln zurück. Die Staatsdiener überbringen aus jeder Phyle die Kästen, einen für jedes Gericht, in dem sich die Namenstafeln der Phylenmitglieder befinden, die in dem jeweiligen Gericht sitzen. Sie geben die Namen denen, die durch das Los dazu bestimmt sind, die Tafeln an die Gerichtsmitglieder zurückzugeben, damit sie, nach diesen aufgerufen, ihren Sold in Empfang nehmen können.

Wenn alle Gerichte vollzählig sind, werden in das erste Gericht zwei Losurnen und eherne Würfel gebracht, auf denen die Farben der Gerichte angebracht sind, und andere Würfel, auf denen die Namen der Amtsträger stehen. Zwei ausgeloste Thesmotheten werfen nun die Würfel getrennt voneinander ein, der eine die farbigen in die eine Losurne, der andere die mit den Namen der Amtsträger in die andere. Der Amtsträger, der als erster ausgelost wird, wird von dem Herold ausgerufen; er muß das erste ausgeloste Gericht übernehmen, der zweite das zweite usw., damit keiner vorher weiß, welches er übernimmt, sondern das erhält, das er erlost hat. Wenn die Richter kommen und jedem Gericht zugeteilt sind, zieht der Beamte, der in dem jeweiligen Gericht den Vorsitz führt, eine Tafel aus jeder Schachtel, bis er zehn hat, eine von jeder Phyle, und legt diese Tafeln in eine andere, leere Schachtel. Von diesen lost er die ersten fünf aus, einen Aufseher für die Wasseruhr und vier weitere für die Stimmsteine, damit niemand den Mann an der Wasseruhr oder die Aufseher über die Stimmsteine beeinflussen kann und so vielleicht Unregelmäßigkeiten auftreten. Die übrigen fünf, die das Los nicht getroffen hat, erhalten von den Beamten das Programm für den Modus und den Ort der Austeilung des Soldes an die jeweiligen Phylen im Gericht selbst, wenn sie Recht gesprochen haben, damit die Richter das Geld in kleine Gruppen aufgeteilt einzeln in Empfang nehmen und nicht zu viele an einem Ort zusammengedrängt einander im Wege stehen.

Nach diesen Vorbereitungen rufen sie die Prozesse auf, bei privaten Rechtsfällen die Kontrahenten, und zwar für vier Prozesse, einen aus jeder der gesetzlich festgelegten Rechtssparten. Die Gegner leisten einen Schwur, daß sie ihre Aussagen unmittelbar zur Sache machen wollen. Bei öffentlichen Prozessen rufen sie die öffentlich Angeklagten, und dann urteilen sie nur einen Fall ab. Im Gericht stehen Wasseruhren mit einer engen Ausflußröhre; sie werden mit einer Wassermenge gefüllt, nach der in den Streitfällen die Redezeit bemessen wird: zehn Kannen werden bei Streitwerten von über 5000 Drachmen gewährt und drei Kannen für die zweite Rede, sieben Kannen bei Streitwerten bis zu 5000 Drachmen und 2 Kannen für die zweite Rede, fünf Kannen für unter 1000 Drachmen und zwei Kannen für die zweite Rede; sechs Kannen bei Prioritätsstreitigkeiten, bei denen es keine zweite Rede gibt.

Der ausgeloste Aufseher für die Wasseruhr hält die Ausflußröhre zu, wenn der Schreiber ein Gesetz, eine Zeugenaussage oder etwas dergleichen einsehen will. Wenn aber der Prozeß nach dem Tagesverlauf eingeteilt ist, dann hält er sie nicht zu, sondern die gleiche Wassermenge wird dem Kläger wie dem Verteidiger gewährt; die Einteilung wird nach der Länge der Tage des Monats Poseideon vorgenommen...

...Die Stimmsteine sind aus Erz und haben alle in der Mitte ein Röhrchen; die Hälfte von ihnen ist durchbohrt, die andere ist voll. Die erlosten Aufseher über die Stimmsteine geben, wenn die Reden abgeschlossen sind, jedem Richter zwei eherne Stimmsteine, einen durchbohrten und einen vollen, offen vor den Augen der Prozeßgegner, damit nicht einer zwei durchbohrte oder volle bekommt. Der zu diesem Amt Erloste nimmt die Kennmarken in Empfang, an deren Stelle jeder, der seine Stimme abgegeben hat, eine eherne Kennmarke mit der Zahl 3 bekommt (wenn er sie abgibt, erhält er nämlich drei Obolen), damit alle zur Abstimmung gehen. Es kann keiner eine Kennmarke erhalten, wenn er nicht abgestimmt hat. Zwei Amphoren stehen im Gericht, eine eherne und eine hölzerne, so voneinander getrennt, daß man nicht heimlich Stimmsteine einwerfen kann. Dort hinein geben die Richter ihre Stimmsteine; gültig ist nur die eherne Amphore, die hölzerne ungültig. Die eherne hat einen Deckel, der so durchbohrt ist, daß nur ein Stimmstein hindurchgeht, damit nicht derselbe zwei einwerfen kann. Wenn die Richter zur Abstimmung schreiten wollen, stellt der Herold zunächst durch Ausruf die Frage, ob die Prozeßgegner gegen die Zeugenaussagen Einspruch erheben wollen. Man kann nämlich keinen Einspruch mehr erheben, wenn die Abstimmung angefangen hat. Dann ruft der Herold wieder aus: »Der durchbohrte Stein für den Kontrahenten, der zuerst gesprochen hat, der volle für den, der danach gesprochen hat!« Nun nimmt der Richter die Steine vom Stab, hält die Öffnung des Steins zu und läßt die Kontrahenten nicht sehen, ob es der durchbohrte oder volle ist, und wirft den gültigen in die eherne Amphore, den ungültigen in die hölzerne.

Wenn alle ihre Stimme abgegeben haben, nehmen die Diener die gültige Amphore und entleeren sie auf ein Brett, das so viele Bohrungen hat, wie es Stimmsteine gibt, damit diese offen daliegen und leicht zu zählen sind; die Bohrungen und Füllungen der Steine sollen für die Gegner offen sichtbar sein. Die erlosten Aufseher über die Stimmsteine zählen sie auf dem Brett ab, gesondert die vollen und durchbohrten. Dann verkündet der Herold die Zahl der Stimmsteine, der durchbohrten für den Kläger und der vollen für den Beklagten. Wer die meisten hat, gewinnt den Prozeß, bei Gleichstand jedoch der Beklagte. Dann beraten die Richter, wenn nötig, über das Strafmaß und stimmen in der gleichen Weise ab, geben ihre Kennmarke ab und nehmen wieder den Stock. Bei dieser Taxierung des Strafmaßes wird jedem der beiden Gegner eine Redezeit von einer halben Kanne Wasser zugestanden. Wenn die Richter nun in den dem Gesetz nach ihnen zufallenden Angelegenheiten Recht gesprochen haben, erhalten sie ihren Sold in dem Teil des Gerichtsgebäudes, den sie jeweils erlost haben.

Strafformen (Apollon treibt den Chor der Eumeniden aus dem Heiligtum)
Aischylos, Eumeniden 185–190

Nein, dies mein Haus hier anzurühren, ziemt euch nicht.
Doch wo für Kopfabhaun, Augenausgraben die
Gerichts- und Schlachtstatt, wo man durch der Zeugung
[Raub
Der Knaben Kraft verwüstet, wo Verstümmlung herrscht
Und Steingung und ausstoßen langen Jammerlaut
Durch ihr Rückgrat Gepfählte: . . .

Zu Tode steinigen

Herodot IX 4–5

Nach seinem Einmarsch in Athen schickte *Mardonios* den Hellespontier Murychides nach *Salamis* mit den gleichen Vorschlägen, die Alexandros von Makedonien den Athenern überbracht hatte. Obgleich er die feindliche Gesinnung der Athener von vorneherein kannte, tat er es ein zweites Mal, weil er hoffte, die Athener würden von ihrem Unverstand lassen, da er ja ganz Attika erobert und in seine Gewalt gebracht hatte. Aus diesem Grunde schickte er Murychides nach Salamis.

Als dieser vor den Rat trat, richtete er den Auftrag des Mardonios aus. Eines von den Ratsmitgliedern, Lykidas, äußerte seine Meinung dahin: Ihm scheine es ratsamer, das durch Murychides überbrachte Angebot anzunehmen und es der Gemeinde vorzulegen. Er entschied sich für diese Ansicht, weil er entweder von Mardonios Geld erhalten hatte oder weil es ihm wirklich so gut schien. Aber die Athener wurden sehr zornig, die Mitglieder des Rates ebenso wie die Menge, die draußen wartete, als sie das hörten; sie umringten Lykidas und steinigten ihn zu Tode; den Hellespontier [Murychides] aber schickten sie heim, ohne ihm ein Leid anzutun. Da sich in Salamis großer Lärm um Lykidas erhob, erfuhren auch die Frauen der Athener davon. Eine Frau stachelte die andere auf und nahm sie mit; so eilten sie aus freien Stücken zum Hause des Lykidas und steinigten seine Frau und seine Kinder.

Ins Halsbrett

Aristophanes, Die Weiber am Thesmophorenfest 930–934

DER PRYTANE *tritt auf mit einem Polizeischergen:*

Ist das der Bursch, den Kleisthenes genannt? –
Was duckst du dich? – Du führ hinein ihn, *Skythe,*
Steck ihn ins Halsbrett, bind ihn an den Schandpfahl
Und hüt ihn! – Keinen Menschen läßt du ihm
Sich nähern; nimm die Peitsch und haue drein,
Wenn einer kommt!

Anklage und Verurteilung der bei den Arginusen siegreichen Feldherrn

Xenophon, Hellenika I 7

Die Athener in der Heimat enthoben diese Feldherren ihrer Ämter mit Ausnahme von Konon, zu dem sie noch Adeimantos und als dritten Philokles hinzuwählten. Von den an der Seeschlacht beteiligten Feldherren kehrten Protomachos und Aristogenes nicht nach Athen zurück; als die sechs anderen – Perikles, Diomedon, Lysias, Aristokrates, Thrasyllos und Erasinides – daheim an Land gegangen waren, zog Archedemos, der damals in Athen an der Spitze des Volkes stand und die *Diobelie* verwaltete, den Erasinides, nachdem er ihm eine *Ordnungsstrafe* auferlegt hatte, vor Gericht und beschuldigte ihn, Gelder aus dem Hellespontos unterschlagen zu haben, die eigentlich dem Volke gehörten; außerdem klagte er ihn noch wegen der Führung seines Feldherrnamtes an. Und das Gericht beschloß, Erasinides in Fesseln zu legen. Danach erstatteten die Feldherren vor dem Rat Bericht über den Verlauf der Seeschlacht und das Ausmaß des Unwetters. Als aber Timokrates den Antrag stellte, daß auch die übrigen in Fesseln gelegt und dem Volk überantwortet werden müßten, ließ der Rat sie fesseln. Hierauf wurde eine Volksversammlung abgehalten, in welcher neben anderen besonders *Theramenes* als Ankläger der Feldherren auftrat und erklärte, sie hätten es gerechtermaßen verdient, zur Rechenschaft gezogen zu werden, weil sie die Schiffbrüchigen nicht geborgen hätten. Zum Beweis nämlich dafür, daß sie keinem anderen die Schuld angehängt hätten, legte er einen Brief vor, den die Feldherren an den Rat und die Volksversammlung gesandt hatten und in dem sie einzig und allein das Unwetter als Ursache des Unglücks angaben. Danach brachte jeder der Feldherrn nur eine kurze Verteidigung vor – denn die gesetzmäßige Redezeit wurde ihnen nicht gewährt – und sie stellten den Tatbestand dar: daß sie selbst zu einem Angriff gegen die Feinde ausgelaufen seien, die Bergung der Schiffbrüchigen aber einigen Bewährten unter den *Trierarchen* übertragen hätten, die ihrerseits früher schon Feldherrn gewesen seien, nämlich Theramenes, Thrasybulos und anderen ebensolchen Männern. Und wenn denn unbedingt jemand wegen der Aufnahme der Schiffbrüchigen beschuldigt werden müsse, so hätten sie niemanden anderen zu nennen als diejenigen, denen diese Aufgabe übertragen war. »Aber wir werden nicht etwa deshalb, weil sie uns anklagen«, so sagten sie, »die Sache umdrehen und behaupten, sie ihrerseits seien schuld, sondern erklären erneut, daß es allein die Heftigkeit des Unwetters war, welche die Bergung der Schiffbrüchigen verhindert hat.« Als Zeugen dafür gaben sie die Steuerleute an und viele andere, die mitgefahren waren. Mit diesen Worten begannen sie schon, die Versammlung von ihrer Unschuld zu überzeugen. Viele der anwesenden Privatpersonen standen auf, um freiwillig Bürgschaft zu leisten. Es wurde aber der Beschluß gefaßt, die Sache bis zur nächsten Volksversammlung aufzuschieben – denn diesmal war es schon zu spät, und man hätte die Hände bei der Abstimmung nicht mehr richtig sehen können –, und der Rat solle nach einer Vorberatung einen Antrag einbringen, der das Gutachten darüber enthielt, auf welche Weise die Männer abgeurteilt werden sollten. Hierauf feierte man das *Apaturienfest*, bei welchem Eltern und Verwandte zusammenzukommen pflegen. Theramenes und seine Anhänger sorgten dafür, daß viele Leute bei diesem Fest schwarz gekleidet und bis auf die Haut kahl geschoren erschienen, welche vor der Volksversammlung auftreten und sich als Angehörige der in der Seeschlacht ums Leben Gekommenen ausgeben sollten, und beredeten außerdem den Kallixenos, im Rate die Feldherrn anzuklagen. Als nächstes beriefen sie eine Volksversammlung ein, in welcher der Rat seinen eigenen Vorschlag einbrachte, für den Kallixenos folgenden Antrag stellte: »Nachdem sowohl die Anklagen gegen die Feldherrn wie auch deren Verteidigungsreden in der vorigen Volksversammlung gehört worden sind, sollten sämtliche Athener darüber phylenweise mit Stimmsteinen abstimmen; für jede Phyle sollten zwei Urnen aufgestellt werden; jeder Phyle solle ein Herold bekanntgeben: wer die Feldherrn für schuldig halte, die Sieger in der Seeschlacht nicht geborgen zu haben, solle seinen Stein in die erste Urne werfen, wer sie nicht für schuldig halte, in die zweite. Würden sie für schuldig befunden, solle über sie die Todesstrafe verhängt, sie selbst den *Elfmännern* übergeben und ihr Vermögen für den Staat eingezogen werden, ein Zehntel davon solle der Göttin gehören.« Da trat jemand vor der Versammlung auf und erklärte, er habe sich auf einer Mehltonne retten können; die Ertrinkenden hätten ihm noch aufgetragen, falls er gerettet würde, solle er vor dem Volke melden, die Feldherrn hätten die besten Verteidiger des Vaterlandes nicht gerettet. Den Kallixenos aber wollten Euryptolemos, Sohn des Peisianax, und einige andere vor Gericht ziehen, indem sie geltend machten, er habe einen gesetzeswidrigen Antrag abgefaßt. Einige aus dem Volk billigten dies, die Menge jedoch schrie, es sei doch unerhört, wenn man das Volk hindern wolle, zu tun, was ihm beliebe. Und als daraufhin Lykiskos beantragte, auch diese müßten verurteilt werden mit demselben Stimmstein wie die Feldherrn, falls sie nicht ihre Klage fallen ließen, da erhob der Pöbel von neuem ein wütendes Beifallsgeschrei, und so wurden die Betreffenden gezwungen, ihre Klage zurückzuziehen. Von den *Prytanen* aber weigerten sich einige, die Abstimmung gegen das Gesetz vorzunehmen, bis Kallixenos zum zweiten Male auf das Rednerpult stieg und gegen sie dieselbe Anklage erhob. Da schrie das Volk wieder, man müsse diejenigen, die sich weigerten, vor Gericht ziehen. Die Prytanen ließen sich einschüchtern und willigten nun alle ein, die Abstimmung vorzunehmen, bis auf Sokrates, den Sohn des Sophroniskos; dieser erklärte, er werde nichts tun, was nicht mit dem Gesetz in Einklang stehe. Danach bestieg Euryptolemos die Rednerbühne und hielt zugunsten der Feldherrn folgende Rede:

»Ich bin hier heraufgestiegen, Männer von Athen, erstens um Perikles und Diomedon anzuklagen, wiewohl ich mit dem ersten verwandt und eng vertraut und mit dem anderen befreundet bin, zweitens um sie zu verteidigen und drittens, um meinen Rat zu erteilen, welches Verfahren mir am besten erscheint für die ganze Stadt. – Zum ersten Punkt meiner Rede also: Ich klage sie an, ihren Mitfeldherrn deren Absicht ausgeredet zu haben, einen Brief an den Rat und an euch zu senden mit der Meldung, sie hätten den Theramenes und den Thrasybulos beauftragt, mit 47 Trieren die Schiffbrüchigen zu bergen, diese aber hätten das nicht getan. Sollen sie als Folge davon jetzt gemeinsam die Schuld tragen an einem Fehler, den nur jene allein begangen haben, und sollen sie zum Lohn für ihren damals bewiesenen Edelmut jetzt unter den Angriffen eben jener Leute und einiger Gesinnungsgenossen Gefahr laufen, ihr Leben zu verlieren? Nein, jedenfalls nicht, wenn ihr auf mich hören und das tun wollt, was vor Menschen und Göttern recht ist und was euch am ehesten dazu verhelfen wird, die Wahrheit herauszufinden, so daß ihr euch nicht hinterher, wenn es zu spät ist, eines anderen besinnen und gewahr werden müßt, daß ihr sowohl gegen die Götter wie gegen euch selber einen furchtbaren Frevel verübt habt. So komme ich zu dem weiteren Punkt meiner Rede und rate euch zu einem Verfahren, bei dem es ausgeschlossen ist, daß ihr durch mich oder irgendeinen anderen getäuscht werden könnt, nämlich: diejenigen, von denen ihr wirklich wißt, daß sie Unrecht begangen haben, könnt ihr bestrafen mit dem Strafmaß, das ihr festsetzen wollt, und zwar sowohl alle gemeinsam als auch noch jeden einzeln, und nicht, ohne daß ihr ihnen, wenn schon nicht mehrere, so doch wenigstens einen Tag zu ihrer Verteidigung gewährt habt; dabei dürft ihr euch auf niemanden eher verlassen als auf euch selbst. Ihr wißt doch alle, Männer von Athen, daß der *Volksbeschluß des Kannonos* noch nachdrückliche Geltung hat, der die Bestimmung enthält: »Wenn jemand am Volk der Athener Unrecht begeht, soll er gefesselt sich vor dem Volk verantworten, und wenn er für schuldig an dem Unrecht befunden wird, soll er mit dem Tode bestraft und in das *Barathron* geworfen werden, sein Vermögen soll für den Staat eingezogen werden und ein Zehntel davon der Göttin gehören.« Nach diesem Volksbeschluß fordere ich euch auf über die Feldherrn zu urteilen und, bei Zeus, wenn es euch recht ist, zuerst über Perikles, meinen Verwandten; denn es wäre eine Schande für mich, sollte mir sein Wohl mehr am Herzen liegen als das der ganzen Stadt. Wollt ihr aber anders, so urteilt nach folgendem Gesetz, welches sich auf Tempelräuber und Hochverräter bezieht: »Wenn jemand die Stadt verrät oder geweihte Gegenstände stiehlt, soll das Urteil über ihn vor einem Gerichtshof gesprochen werden, und wenn er für schuldig befunden wird, soll er nicht in Attika begraben werden, und sein Vermögen soll eingezogen werden.« Welches von diesen beiden Gesetzen ihr nun wollt, Männer von Athen, so soll danach über jeden der Männer in einem gesonderten Verfahren entschieden werden, und dafür ist jeweils der Tag in drei Abschnitte zu teilen: ein Teil des Tages ist jeweils dazu da, daß ihr euch versammelt und die Abstimmung vornehmt, gleichgültig, ob die Meinung besteht, es liege ein Verbrechen vor, oder nicht; ein anderer Teil des Tages soll jeweils der Anklage, ein weiterer jeweils der Verteidigung dienen. Auf diese Weise werden die Schuldigen die höchste Strafe erlangen, die Unschuldigen aber werden von euch, ihr Athener, ihre Freiheit zurückerhalten und nicht einer ungerechten Verurteilung zum Opfer fallen. Ihr aber werdet euer Urteil im Einklang mit dem Gesetz aussprechen, treu eurer Pflicht vor den Göttern und dem einmal geleisteten Eid, und werdet nicht den Lakedaimoniern Hilfestellung leisten im Kampfe gegen diejenigen, die ihnen siebzig Schiffe genommen und sie besiegt haben, indem ihr sie ohne Urteil wider das Gesetz dem Tode überliefert. Was habt ihr denn zu fürchten, daß ihr dermaßen drängt? Etwa, daß ihr nicht töten oder freisprechen könntet, wen ihr wollt, auch wenn ihr nach dem Gesetz urteilt anstatt wider das Gesetz wie Kallixenos, als er den Rat dazu überredete, seinen Antrag mit nur einer Abstimmung vor das Volk zu bringen? Doch wenn ihr jemanden zum Tode verdammt, obwohl er unschuldig ist, wird es euch vielleicht später gereuen. Denkt daran, wie schmerzlich und nutzlos ein solches Gefühl der Reue schon an und für sich ist, und nun erst, wenn euer Irrtum eines Menschen Tod verursacht hat! Ihr würdet ja doch unbegreiflich handeln, wenn ihr dem Aristarchos, der erst die demokratische Verfassung aufgelöst, in der Folge *Oinoë* den Thebaiern, unseren Feinden, ausgeliefert hat, einen Tag, den er sich aussuchen konnte, zu seiner Verteidigung gewährt und auch das ganze übrige Verfahren gemäß dem Gesetz festgelegt habt, aber den Feldherrn, die alle ihre Maßnahmen genau nach eurem Beschluß getroffen und ausgeführt und die Feinde besiegt haben, jetzt dieselben Rechte entziehen wolltet! Nein, Athener, bewahrt vielmehr die Gesetze, die euer aller Eigentum sind und denen ihr eure Größe am allermeisten zu verdanken habt, und versucht doch ja nicht, irgend etwas ohne diese Gesetze zu unternehmen! Kommt noch einmal auf die Tatsachen selbst zurück, bei denen die Feldherrn die fraglichen Fehler begangen haben sollen: Als sie nach ihrem Sieg in der Seeschlacht wieder an Land gegangen waren, riet Diomedon dazu, alle sollten von neuem in Kiellinie hinausfahren, um die Trümmer und die Schiffbrüchigen zu bergen, Erasinides aber war dafür, daß die gesamte Flotte auf dem schnellsten Wege zur Verfolgung der nach Mytilene geflüchteten Feinde aufbrechen solle. Thrasyllos schließlich meinte, das könne beides geschehen, wenn man einen Teil der Schiffe hier ließe und mit dem Rest gegen die Feinde auslaufe; falls sie sich dazu entschließen wollten, solle jeder von ihnen 3 Schiffe aus seiner Einheit hier lassen – es waren 8 Feldherrn – dazu die 10 Schiffe der *Taxiarchen*, die 10 der *Samier* und die 3 der *Nauarchen*; so ergibt sich insgesamt die Zahl von 47 Schiffen, 4 auf jedes der 12 sinkenden Schiffe. Unter den zurückgelassenen Trierarchen waren auch Thrasybulos und Theramenes, der in der vorigen Volksversammlung die Anklage gegen die Feldherrn erhob. Mit dem Rest der Schiffe wollten diese gegen die feindliche Flotte fahren. Welche von diesen Maßnahmen hätten sie ungenügend und falsch getroffen? Wäre es denn nicht gerecht, daß für den Fall, daß das gegen die Feinde gerichtete Unternehmen schlecht ausgeführt war, die damit Beauftragten Rechenschaft zu geben hätten, während diejenigen, die mit der Bergung der Schiffbrüchigen beauftragt waren, wenn sie nicht dem Befehl der Feldherrn nachgekommen sind, dafür verurteilt würden, daß sie die Bergung unterlassen haben? Soviel aber habe ich zugunsten beider Parteien zu sagen, daß das Unwetter überhaupt alles auszuführen verhinderte, was die Feldherrn geplant hatten. Zeugen dafür sind diejenigen, die sich aus eigenen Kräften retten konnten, unter ihnen auch einer unserer Feldherrn, der auf seinem sinkenden Schiff davonkam; dieser, der damals selbst die Bergung aus Seenot nötig gehabt hätte, soll jetzt, so lautet die Forderung, mit demselben Stimmstein abgeurteilt werden wie jene, die den erhaltenen Befehl nicht ausgeführt haben. Deshalb, Männer von Athen, handelt nicht, statt den Sieg und den glücklichen Erfolg anzuerkennen, als wärt ihr geschlagen und vom Unglück verfolgt, gebt euch nicht, statt anzuerkennen, daß das Mißgeschick von einem Gott verhängt war, den Anschein, als hättet ihr den Sinn für das rechte Maß verloren, indem ihr auf Verrat erkennt, wo ihr nichts erkennen solltet als das Unvermögen, wo doch der Sturm den Männern die Ausführung ihres Auftrages vereitelte. Statt dessen wäre es weitaus gerechter, die Sieger mit Kränzen zu ehren, als dem Geschrei nichtswürdiger Menschen Gehör zu schenken und sie mit dem Tode zu bestrafen.«

Nach dieser Rede stellte Euryptolemos den Antrag, gemäß dem Volksbeschluß des Kannonos jeden der Männer einem gesonderten Verfahren zu unterwerfen, im Gegensatz zu dem Antrag des

Rates, alle zusammen in einer Abstimmung abzuurteilen. Als darüber in der Versammlung mit Handaufheben abgestimmt wurde, entschied sie sich zuerst für den Antrag des Euryptolemos; aber Menekles stellte daraufhin unter Eidesbekräftigung den Antrag auf Aufhebung des Beschlusses wegen Gesetzwidrigkeit, und bei einer zweiten Abstimmung entschied sich dann die Versammlung für den Antrag des Rates. Danach wurden die Feldherrn, die die Seeschlacht geleitet hatten – es waren acht – zum Tode verurteilt; die sechs anwesenden wurden hingerichtet. Kurze Zeit später gereute es die Athener, und sie beschlossen, diejenigen, welche das Volk getäuscht hatten, zu einer Voruntersuchung vor die Volksversammlung zu laden, außerdem sollten sie bis zu ihrer Aburteilung Bürgen stellen, und Kallixenos sollte auch einer von ihnen sein. Außer ihm wurden noch vier andere vorgeladen und von ihren Bürgen in Haft genommen; später aber kam es zu einem Volksaufruhr, der dem Kleophon das Leben kostete und der den Gefangenen die Gelegenheit bot, noch vor dem Prozeß zu entkommen. Kallixenos kehrte danach zugleich mit den Leuten vom Peiraieus wieder in die Stadt zurück, wo er, bei allen verhaßt, Hungers starb.

Nützlichkeit eines Anwalts
Xenophon, Memorabilien IX

Ich weiß auch, daß er einst von Kriton hörte, wie schwierig das Leben in Athen sei für einen Mann, der (nur in Ruhe) seine Geschäfte besorgen wolle. Denn jetzt, so erzählte jener, ziehen mich einige Leute vor Gericht, nicht weil ihnen von mir Unrecht geschehen ist, sondern weil sie glauben, daß ich wohl lieber Geld zahle als Prozesse führe. Da sagte Sokrates: Sage mir, Kriton, du hältst doch Hunde, damit sie dir die Wölfe von den Schafen fernhalten? Allerdings, erwiderte jener; denn es ist nützlicher für mich, sie zu halten als es nicht zu tun. Solltest du dir nun nicht auch einen Mann halten, der gewillt und in der Lage wäre, dir die fernzuhalten, die dir Unrecht tun wollen? Schon recht gern, erwiderte jener, wenn ich nur nicht fürchten müßte, daß er sich eines Tages gegen mich selbst wenden könnte. Wie denn? Siehst du nicht, so sagte er daraufhin, daß es weit angenehmer ist, sich dadurch Nutzen zu schaffen, daß man einem Manne wie dir gefällig ist, als daß man sich mit ihm verfeindet? Bedenke wohl, es gibt hier mancherlei solche Leute, welche es als eine große Ehre ansehen würden, dich zum Freunde zu haben.

Und hierauf machten sie den Archedemos ausfindig, der sehr geschickt im Reden und Handeln war, aber arm. Denn er war nicht von der Art, daß er aus allem Gewinn zu ziehen suchte, sondern als rechtschaffener Mann meinte er, es sei am leichtesten, den *Sykophanten* etwas abzujagen. Diesem also gab Kriton einen Anteil, wenn er Getreide, Öl, Wein, Wolle oder etwas anderes an landwirtschaftlichen und zum Leben notwendigen Erzeugnissen erntete; und wenn er opferte, lud er ihn ein, und er kümmerte sich auch sonst derart in jeder Hinsicht um ihn. Archedemos wußte seitdem im Hause Kritons eine Zufluchtsstätte für sich und bemühte sich sehr um ihn. Und alsbald fand er heraus, daß die Sykophanten, welche Kriton nachstellten, viel Unrecht getan und sich viele Feinde zugezogen hatten; darauf erhob er gegen einen von ihnen öffentliche Anklage, auf Grund deren er zu Leibes- oder Geldstrafe hätte verurteilt werden müssen. Dieser aber setzte alles in Bewegung, um von Archedemos freizukommen, da er sich vieler Schlechtigkeiten schuldig fühlte. Aber Archedemos ließ ihn nicht los, bis er seine Nachstellungen gegen Kriton aufgab und ihm selbst Geld zahlte. Als nun Archedemos diese und andere ähnliche Sachen zum guten Ende geführt hatte, da war es gerade so, wie wenn ein Hirt einen guten Hund hat und die anderen Hirten wollen ihre Herde in dessen Nähe weiden lassen, um von dem Hunde auch Nutzen zu haben, und so baten denn viele Freunde Kritons, er möge ihnen ebenfalls den Archedemos als Schutz überlassen. Archedemos aber war Kriton gern zu Willen, und seitdem ließ man nicht nur Kriton, sondern auch seine Freunde in Ruhe. Wenn ihn aber einer von denen, mit denen er verfeindet war, deshalb tadelte, daß er von Kriton Nutzen habe und ihm darum schmeichle, da sagte Archedemos: Was von beidem ist nun schimpflich, von den guten Menschen Wohltaten zu empfangen und sie zu erwidern und sich solche Menschen zu Freunden zu machen, sich von den Schlechten aber fernzuhalten, oder den Tüchtigen und Guten Unrecht zu tun und sie sich dadurch zu Feinden zu machen versuchen, dagegen mit den Schlechten zusammenzuarbeiten und diese sich zu Freunden zu machen suchen und mit ihnen zu verkehren statt mit jenen? Seit dieser Zeit war Archedemos einer von Kritons Freunden und wurde auch von den übrigen Freunden Kritons geachtet.

Schlußappell des Anklägers im Hochverratsprozeß gegen Leokrates
Lykurgos, Rede gegen Leokrates 37

Ehe ich abtrete, will ich nur noch einige wenige Worte hinzufügen und den Volksbeschluß euch vorhalten, welchen die Gemeinde über die Pflichten gegen die Götter gefaßt hat; das kann euch von Nutzen sein, wenn ihr nun euren Spruch finden sollt. Lies!

Volksbeschluß.

Ich also trete als Kläger auf gegen den, welcher dieses alles vernichten wollte, vor euch, die ihr Vollmacht habt zu strafen; eure Sache ist es nun, in eurem Namen und im Namen der Götter den Leokrates in Strafe zu nehmen. Denn die Gesetzesübertretung ist, solange keine Untersuchung angestellt ist, bei den Schuldigen selbst, sobald aber die Untersuchung eingetreten ist, bei denen, welche nicht so, wie es recht ist, die Strafe verhängt haben. Und seid überzeugt, daß jetzt jeder einzelne von euch, wenn auch die Stimme, die er abgibt, geheim bleibt, doch nach seiner innersten Gesinnung den Göttern offenbar sein wird. Ich bin aber der Meinung, daß ihr am heutigen Tag in einem Spruch alle die großen und entsetzlichen Frevel aburteilet, deren sich Leokrates, wie am Tage liegt, schuldig gemacht hat: Verrat, sofern er die Stadt im Stiche ließ und den Feinden in die Hände gab; Umsturz der freien Verfassung, sofern er dem Kampf für die Freiheit sich nicht unterzogen hat; Gottlosigkeit, sofern er in seinem Teil die Verheerung der Heiligtümer und die Zerstörung der Tempel verschuldet hat; Mißhandlung der Eltern, sofern er ihre Denkmäler vernichtete und, was ihnen zukam, ihnen raubte; Desertion und Verweigerung des Kriegsdienstes, sofern er seine Person den Feldherren nicht zur Verfügung stellte. Und diesen Menschen soll noch jemand freisprechen und Nachsicht haben mit seinen Missethaten, die er mit

Wissen und Willen begangen hat? Sollte jemand so thöricht sein, daß er durch die Rettung des Angeklagten sein eigenes Leben jedem beliebigen Verräter preisgäbe, daß er durch Mitleid mit ihm selbst auf Mitleid von seiten der Feinde Verzicht leistete, daß er durch Nachsicht gegen den Verräter des Vaterlandes selbst die Strafe der Götter auf sein Haupt herabziehen wollte?

Ich nun habe hiermit zum Wohle des Vaterlandes, zum Schutze der Religion, zur Wahrung der Gesetze meine Anklage durchgeführt, wie es recht und gesetzlich ist, ohne den sonstigen Lebenswandel des Angeklagten gehässig anzugreifen oder eine Beschuldigung vorzubringen, die nicht zur Sache gehörte; ihr aber müßt von der Überzeugung ausgehen, daß ihr durch die Freisprechung des Leokrates zugleich das Vaterland zu Vernichtung und Knechtschaft verdammt, daß von den zwei Urnen, die vor euch stehen, die eine dem Verrat dient, die andere der Rettung geweiht ist und daß ihr eure Stimme abgebet entweder zur Zerstörung der Vaterstadt oder für die Sicherheit und das Gedeihen eurer Mitbürger. Sprecht ihr den Leokrates frei, so privilegiert ihr damit den Verrat der Stadt, der Religion, der Flotte; laßt ihr ihn hinrichten, so ist das eine Ermutigung zur Wahrung und Beschützung des Vaterlandes, der Einkünfte, der Wohlfahrt. So denkt nun, es flehen zu euch das Land und die Bäume, es bitten euch die Häfen, die Schiffswerfte, die Mauern der Stadt, es verlangen Schutz von euch die Tempel und Heiligtümer; und so stellt, eingedenk der Anklage, an Leokrates ein warnendes Beispiel auf, daß weder Rührung noch Thränen bei euch mächtiger sind als die Pflicht, dem Gesetz und der freien Verfassung zu Hilfe zu kommen.

Gerichtsrede, die ein Bordellwirt wegen Mißhandlung seines Sklavenmädchens hält
Herondas, Der Frauenwirt

BATTAROS:

Ihr Herren vom Gericht, nicht habt ihr hier
zu richten über unsern Ruf und unsre Herkunft
noch, ob Herr Thales dort ein Schiff im Wert
von fünf Talenten hat und ich nur Krümel

wie eine Maus. Besiegt er Battaros,
so müßt es einen Wolf zum Weinen bringen.
Im Bürgerstand hat er mir nichts voraus,
Gastbürger ist er eurer Stadt – ich ebenso.
Man lebt, wie's geht, nicht wie man gerne möchte.
Er hat zum Anwalt Mennas sich genommen,
ich den Aristophon. Gesiegt hat Mennas
als Boxer – Ringer ist Aristophon,
noch jetzt aktiv; ob's wahr ist, könnt ihr Herren
erfahrn, sobald die Sonne und der Mantel sinkt.
Mit diesem Anwalt bin ich gut gerüstet.
Sagt Thales: »Weizen hab ich importiert
aus *Ake*, eine Hungersnot behoben« –
ich hol aus *Tyros* Huren! Macht das wohl dem Volk
'nen Unterschied? Umsonst läßt weder er
den Weizen mahlen euch noch ich die Mädchen.
Doch wenn er, weil er Schiffe hat und für
drei Minen attisch einen Mantel trägt,
wo ich als Landmensch Kittel nur und Latschen hab,
mir drum mein Mädchen mit Gewalt entführt,
und das bei Nacht, so ist für uns der Schutz
der Stadt dahin, und euren Stolz, ihr Herren,
Freiheit und Unabhängigkeit zerstört ein Thales.
Er sollte wissen, wer er ist, aus welchem Lehm
gemacht, und leben so wie ich, sich ducken
vor jedem Bürger, sei er noch so einfach.
Dagegen hält die Prominenz der Stadt,
von stolzer Herkunft, ungleich diesem Menschen,
das Recht in Ehren. Mich, den Fremden, hat
kein Bürger je geschlagen, kam auch nie
vor meine Tür bei Nacht, hat nie mit Fackeln
das Haus mir angesteckt noch mir ein Mädchen
gewaltsam fortgeschleppt. Doch dieser *Phryger*,
der heute Thales heißt, zuvor jedoch Artimmes,
hat alles das getan, für nichts geachtet
Recht und Gesetze, Anwalt, Magistrat.
Herr Sekretär, zitier mir das Gesetz
betreffend Überfall, und du, mein Bester, stopf

der *Wasseruhr* das Loch, solang er redet,
damit ihr Hintern, wie's im Sprichwort heißt,
mir unterdes den Teppich nicht bekleckert!

SEKRETÄR:
»Sofern ein Freier eine Sklavin überfällt
und willentlich mißhandelt, zahle er
die festgesetzte Strafe doppelt –«,

BATTAROS: schreibt *Charondas*,
ihr Herren Richter, nicht der Battaros,
um Thales anzuklagen. Wer die Tür einschlägt,
zahlt eine Mine, heißt's, und wer mit Fäusten schlägt,
noch eine Mine. Wer ein Haus ansteckt,
die Grenze übertritt, kriegt tausend Drachmen Strafe,
und Schaden hat er doppelt zu ersetzen.
Der lebte nämlich in der Stadt, Herr Thales,
du weißt nicht, was die Stadt ist, wie man sie regiert,
denn heute wohnst du in 'nem Kaff wie *Brikindera*
wie gesten in *Abdera*, morgen segelst du,
sofern dir einer Fracht gibt, nach *Phaselis*.
Doch daß ich, meine Herren Richter, nicht
mit langer Rede euch belästige: mir ging's
durch Thales wie der Maus im Teerfaß, wie man sagt.
Ich kriegte Hiebe, eingeschlagen ist die Tür
vom Haus, für welches ich ein Drittel Miete zahle,
das Türgesims verkohlt. Und du, Myrtale,
komm, zeig dich allen! Mußt dich nicht genieren.
Stell dir nur vor, die Richter, die dich sehn,
sind alles deine Väter oder Brüder.
Seht, meine Herren, wie er am ganzen Körper
sie zugerichtet hat, gerupft von Kopf bis Fuß,
der Edle, als er ihr Gewalt antat.
Sein Glück, daß ich so alt bin! Blut hätt er
gespuckt sonst wie Philippos einst in Samos.
Du lachst? Bordellwirt bin ich, streite es nicht ab,
und heiße Battaros, und Sisymbriskos hieß
mein Vater und Sisymbras dessen Vater,
Zuhälter alle, aber geht's um Kraft,
besiegt' ich einen Löwen, wenn er Thales wäre! –

Du liebst vielleicht Myrtale? Nun, ich kann's verstehn.
Ich liebe Brot. Gib mir's, so kriegst du sie.
Ist dir's so heiß, beim Zeus, so drücke nur
dem guten Battaros die Summe in die Hand
und nimm und brauch dein Eigentum nach Wunsch. –
Dies ging ihn an, doch, meine Herren Richter,
euch bleibt nun, da es keine Zeugen gibt,
nach rechter Einsicht euren Spruch zu fällen.
Verlangt er, daß man meine Sklaven auf der Folter
verhöre, biet ich selber mich dazu.
Los, Thales, foltre mich! Nur die Entschädigung
muß mir vor Augen sein. Der Totenrichter *Minos*
könnt nicht gerechter seinen Spruch erwägen.
Zuletzt, ihr Herrn, bedenkt, daß euer Spruch
nicht Battaros, den Hurenwirt, betrifft, vielmehr
die Gastbewohner insgesamt der Stadt.
Jetzt muß sich zeigen, was euch *Kos* und *Merops* gilt,
der Ruhm des *Thessalos* und *Herakles*
und des *Asklepios*, der zu euch kam aus *Trikka*,
und ob hier *Phoibe Leto* einst umsonst gebar!
Bedenket dieses alles, steuert dann das Recht
mit gradem Spruch, damit hier euer Phryger
die Schläge kriegt und so gebessert wird,
wenn uns das alte Sprichwort wahr belehrt.

Krieg und Frieden, Feldherrn und Soldaten, Trieren und Ruderer

Schlacht bei Marathon
Herodot VI 103–117

Als die Athener diese Nachricht erhielten, zogen auch sie hinaus nach Marathon. Zehn Feldherrn führten sie; der zehnte war *Miltiades*, dessen Vater *Kimon*, der Sohn des Stesagoras, vor *Peisistratos*, dem Sohn des Hippokrates, aus Athen fliehen mußte. Ihm war es in der Verbannung gelungen, in Olympia einen Sieg mit einem Viergespann zu erringen. An seinem Siege ließ er auch seinen

Halbbruder Miltiades teilnehmen. Als er bei dem folgenden olympischen Fest mit denselben Stuten noch einmal siegte, ließ er an seiner Stelle Peisistratos als Sieger ausrufen, der sich zum Dank für diese Abtretung mit ihm versöhnte und ihm die Rückkehr gestattete. Als er mit denselben Pferden noch einen weiteren olympischen Sieg davontrug, ereilte ihn der Tod durch die Söhne des Peisistratos; dieser selbst war nicht mehr am Leben. Sie töteten ihn nachts beim *Prytaneion*, nachdem sie ihm eine Falle gestellt hatten. Kimon liegt vor der Stadt jenseits des Weges begraben, der durch die sogenannte *Koile* führt. Ihm gegenüber sind die Stuten bestattet, die drei olympische Siege errangen. Auch andere Pferde haben schon soviel geleistet, z. B. die des *Euagoras aus Lakonien*, mehr als diese aber keine. Der ältere also von den Söhnen Kimons war Stesagoras. Er lebte damals bei seinem Oheim Miltiades auf der *Chersones*. Der jüngere weilte bei Kimon selbst in Athen, und er trug seinen Namen Miltiades nach Miltiades, dem Besiedler der Chersones.

Dieser Miltiades nun, der damals aus der Chersones kam und einem doppelten Tode entronnen war, war Feldherr der Athener. Einmal hätten nämlich die *Phoiniker* ihn gern abgefangen und zum König gebracht, indem sie ihn bis Imbros verfolgten. Als er ihnen entwischte, in die Heimat zurückkehrte und sich sicher wähnte, hatten ihn seine Feinde gestellt, die ihn vor Gericht zogen und als Tyrannen der Chersones anklagten. Aber er entkam auch ihnen und wurde vom Volk zum Feldherrn der Athener gewählt.

Als sich die Feldherrn noch in der Stadt aufhielten, schickten sie einen Athener als Herold nach Sparta; es war *Pheidippides*, ein Schnelläufer von Beruf. Wie Pheidippides selbst erzählte und den Athenern berichtete, begegnete ihm in der Nähe des Berges Parthenios oberhalb von *Tegea* der Gott *Pan*. Er rief Pheidippides beim Namen und hieß ihn die Athener fragen, warum sie sich denn um ihn nicht kümmerten. Er sei ja den Athenern wohlgesinnt, habe ihnen schon oft geholfen und werde es auch in Zukunft immer tun. Als sich für die Athener alles zum Guten gewendet hatte, errichteten sie dem Pan – sie glaubten dem Bericht des Pheidippides – unter der Akropolis ein Heiligtum und veranstalteten ihm zu Ehren auf seine Botschaft hin jährlich Opfer und einen Fackellauf.

Dieser Pheidippides wurde also damals von den Feldherrn nach Sparta geschickt und hatte unterwegs, wie er behauptete, jene Erscheinung des Pan. Er langte am zweiten Tag von Athen aus in Sparta an. Vor der Regierung sprach er folgendes: »Lakedaimonier, die Athener bitten euch, ihnen zu helfen und nicht zuzusehen, wie die älteste Griechenstadt in Barbarenknechtschaft fällt. *Eretria* ist bereits unterworfen und Griechenland um eine berühmte Stadt ärmer.« So meldete er ihnen seinen Auftrag. Die Spartaner entschlossen sich, Athen beizustehen. Es war ihnen nur nicht möglich, diese Hilfe sofort zu leisten, weil sie nicht gegen einen ihrer Bräuche verstoßen wollten. Es war nämlich der neunte Tag im Monat; und sie erklärten, sie dürften am Neunten nicht ins Feld rücken, sondern erst, wenn die Mondscheibe voll sei.

Also warteten sie den Vollmond ab. *Hippias* aber, der Sohn des Peisistratos, führte die Barbaren nach Marathon, nachdem er in der vergangenen Nacht im Schlafe einen Traum gesehen hatte. Hippias war es, als schliefe er bei seiner Mutter. Er schloß nun aus dem Traum, er werde nach Athen zurückkehren, die Herrschaft wiedergewinnen und als Greis in seiner Heimat sterben. Das war seine Traumdeutung. Jetzt als Führer aber ließ er die Sklaven aus Eretria nach der sogenannten Insel *Aigilia* schaffen, die den *Styreern* gehörte. Darauf ließ er die Schiffe bei Marathon landen und vor Anker gehen und stellte die Barbaren nach der Landung zur Schlacht auf. Bei dieser Tätigkeit mußte er heftiger niesen und husten als sonst. Da er bereits ein alter Herr war, waren ihm fast alle Zähne locker. Bei dem starken Husten verlor er einen Zahn; der fiel in den Sand. Da gab er sich viel Mühe, ihn wiederzufinden. Als es ihm aber nicht gelang, seufzte er und sprach zu seiner Umgebung: »Dieses Land gehört uns nicht; wir werden es auch nicht unterwerfen können. Was mir davon zugedacht war, das gehört nun dem Zahn.«

Hippias schloß also, sein Traum sei ihm damit bereits in Erfüllung gegangen. Als die Athener sich um den heiligen Bezirk des *Herakles* aufgestellt hatten, trafen die *Plataier* mit ihrer ganzen

Streitmacht zu Hilfe ein. Denn die Plataier hatten sich freiwillig den Athenern ergeben, und die Athener hatten schon manche Mühe für die Stadt übernommen. Ihre Übergabe aber war auf folgende Weise erfolgt: Von *Theben* bedrängt, boten die Plataier zunächst dem *Kleomenes*, dem Sohn des Anaxandrides, und den Lakedaimoniern, die in der Nähe standen, ihre Unterwerfung an. Aber die Lakedaimonier lehnten das Angebot ab und sagten: »Wir wohnen zu weit entfernt von euch und könnten euch nur eine unwirksame Hilfe bringen. Ihr könntet schon längst in die Sklaverei geraten sein, ehe eine Nachricht davon zu uns gelangt. Deshalb raten wir euch: Begebt euch lieber in den Schutz Athens. Die Athener sind eure Nachbarn und stark genug, euch zu helfen.« Diesen Rat also erteilten die Lakedaimonier nicht so sehr aus Wohlwollen gegen die Plataier, als vielmehr in dem Wunsch, die Athener in unangenehme Streitigkeiten mit den Boiotern zu verwickeln. Ohne Mißtrauen folgten die Plataier dem Rat der Lakedaimonier; und als in Athen das Opfer für die zwölf Götter dargebracht wurde, setzten sie sich als Schutzflehende an den Altar und gaben sich in die Hand der Athener. Als die Thebaner dies erfuhren, zogen sie gegen die Plataier zu Felde. Die Athener aber standen ihnen bei. Gerade als sie den Kampf beginnen wollten, waren die *Korinther* dagegen. Sie befanden sich in der Nähe und brachten mit Erlaubnis beider Parteien einen Vertrag zustande. Eine Landgrenze wurde festgesetzt und die Bestimmung getroffen, daß die Thebaner die boiotischen Städte, die keine Abgaben an den *boiotischen Bund* zahlen wollten, in Ruhe ließen. Nach dieser Entscheidung zogen die Korinther ab, aber die Boioter griffen die heimkehrenden Athener an, erlagen allerdings im Kampfe. Darauf überschritten die Athener die Grenze, die die Korinther den Plataiern festgesetzt hatten, und erklärten den *Asopos* selbst als Grenze zwischen Theben und Plataiai und *Hysiai*. So hatten sich die Plataier den Athenern angeschlossen, und jetzt zogen sie ihnen nach Marathon zu Hilfe.

Die Feldherrn der Athener waren untereinander nicht einig: Die einen sprachen sich gegen einen Kampf mit den *Medern* aus, weil sie zu schwach dafür seien; die andern aber, darunter auch Miltiades, forderten die Schlacht. In diesem Zwiespalt setzte sich die schlechtere Meinung durch. Aber noch ein elfter Mann hatte seine Stimme abzugeben, der *Polemarchos* nämlich, der durch das Bohnenlos gewählt war – seit alters galt dieser Polemarchos bei den Athenern mit seiner Stimme ebensoviel wie die Feldherrn –; der damalige Polemarchos war Kallimachos aus Aphidnai. Miltiades ging zu ihm und sprach: »Bei dir, Kallimachos, liegt jetzt die Entscheidung, ob du die Athener zu Sklaven machen oder befreien willst und dir damit ein Denkmal ewigen Ruhmes sicherst, den nicht einmal Harmodios und Aristogeiton besitzen. Seit Athen besteht, schwebte es nie in so großer Gefahr wie jetzt. Unterliegen die Athener den Medern, dann liegt auf der Hand, was sie unter Hippias leiden müssen. Wenn aber unsere Stadt siegt, dann kann sie die mächtigste in Griechenland werden. Wie das möglich ist, und warum gerade von dir die Entscheidung abhängt, will ich dir nun erklären: Wir zehn Feldherrn sind in unserer Meinung nicht einig; die einen raten zum Kampf, die anderen sind dagegen. Wagen wir aber jetzt die Schlacht nicht, dann, fürchte ich, wird große Zwietracht hereinbrechen und das klare Denken der Athener verwirren; sie werden sich den Medern annähern. Wenn wir aber kämpfen, noch ehe ein Riß unter weiteren Athenern sich auftut, dann können wir bei unparteiischer Haltung der Götter als Sieger aus dem Kampf hervorgehen. Alles das liegt jetzt bei dir und hängt von dir ab. Wenn du dich meiner Meinung anschließt, dann ist dein Vaterland frei, und Athen wird die erste Stadt in Griechenland. Trittst du aber auf die Seite derer, die von der Schlacht abraten, dann wirst du das Gegenteil von all dem Guten, das ich aufzählte, erleben.«

Mit diesen Worten gewann Miltiades den Kallimachos für seine Idee. Als dann die Stimme des Polemarchos hinzukam, war der Kampf beschlossen. Die Feldherrn, die für die Schlacht gestimmt hatten, überließen nun sämtlich die Entscheidungsgewalt dem Miltiades, wenn ihr Tag des Oberbefehls an der Reihe war. Der nahm sie an, ließ es aber noch nicht zur Schlacht kommen, bevor er nicht mit dem Oberbefehl an der Reihe war.

Als aber die Reihe der Befehlsgewalt an ihn kam, stellten sich die Athener in folgender Weise zum Kampfe auf: Der Polemarchos Kallimachos hatte das Kommando auf dem rechten Flügel. Damals bestand nämlich bei den Athenern noch die Sitte, daß der Polemarchos den rechten Flügel zu führen hatte. Seiner Führung folgten dann die Phylen in fester Zahlenfolge. Endlich schlossen die Plataier auf dem linken Flügel die Front ab. Seit dieser Schlacht betet der Herold in Athen bei den Opfern, die an den fünfjährigen Festen dargebracht werden, zugleich für das Heil der Athener und der Plataier. Als die Athener sich bei Marathon zur Schlacht aufstellten, geschah folgendes: Ihre Frontlinie zeigte die gleiche Länge wie die der Meder. Allerdings war sie in der Mitte nur wenige Reihen tief; dort war das Heer am schwächsten. Die beiden Flügel aber waren an Truppen verstärkt.

Als die Aufstellung beendet war und die Schlachtopfer günstig ausfielen, stürmten die Athener auf Kommando im Laufschritt gegen die Barbaren vor. Die Entfernung zwischen den beiden Heeren betrug nicht weniger als acht *Stadien*. Die Perser sahen sie im Laufschritt herankommen und rüsteten sich, sie aufzuhalten. Sie warfen den Athenern Wahnsinn vor, völlig verderblichen Wahnsinn, als sie die kleine Schar heranstürmen sahen und dazu im Laufe, wobei weder Reiterei noch Bogenschützen als Deckung vorhanden waren. In solchen Gedanken bewegten sich die Barbaren. Sobald aber der Haufe der Athener auf das Feindheer stieß, kämpften sie beachtlich tapfer. Als erste von allen Griechenstämmen, von denen wir etwas wissen, griffen sie im Laufschritt an, als erste hielten sie den Anblick medischer Kleidung und medischer Krieger aus. Bis dahin war es Griechen ein Schrecknis, auch nur den Namen der Meder zu hören.

Der Kampf bei Marathon dauerte lange. In der Mitte der Front siegten die Barbaren dort, wo die Perser selbst und die Saken aufgestellt waren. An dieser Stelle also gingen die Barbaren siegreich hervor, durchbrachen die Linie der Feinde und verfolgten sie landeinwärts. Auf beiden Flügeln aber waren die Athener und Plataier siegreich. Trotz ihrer Überlegenheit ließen sie die geworfenen Gegner fliehen und wandten sich mit vereinigten Flügeln gegen die, welche in der Mitte durchgebrochen waren. Auch hier siegten die Athener. Dann folgten sie den fliehenden Persern und trieben sie unter großem Gemetzel bis ans Meer. Dort verlangten sie Feuer und suchten die Schiffe in Brand zu setzen.

Bei diesem Ringen fiel zunächst der Polemarchos Kallimachos, der tapfer gekämpft hatte. Aus der Reihe der Feldherrn fiel Stesilaos, der Sohn des Thrasylaos, ferner Kynegeiros, der Sohn des

Euphorion. Als er ein Schiff an der Heckverzierung festhielt, wurde ihm die Hand mit dem Beil abgeschlagen. So fand noch eine Reihe anderer vornehmer Athener den Heldentod.

Sieben Schiffe wurden so von den Athener erobert; mit den übrigen umsegelten die Barbaren Sunion, indem sie rückwärts auf die freie See ruderten und auf der Insel die dort zurückgelassenen Sklaven aus Eretria an Bord nahmen. Sie beabsichtigten, die Stadt Athen vor dem athenischen Heer zu erreichen. In Athen schrieb man es der Hinterlist der *Alkmeoniden* zu, daß die Perser auf diesen Gedanken verfielen; man sagte, sie hätten mit den Persern ein Zeichen verabredet; sie hätten nämlich einen Schild hochgehalten, als diese schon auf den Schiffen waren.

Also segelten die Perser um Sunion herum. Die Athener aber liefen, so schnell sie konnten, ihrer Stadt zu Hilfe und kamen wirklich vor dem Eintreffen der Barbaren dort an. Sie lagerten wieder in einem Heraklesheiligtum, nachdem sie aus einem Heraklesheiligtum, dem in Marathon, ankamen; jetzt war es das Heiligtum des Herakles in Kynosarges. Als die Barbaren mit ihren Schiffen auf der Höhe von Phaleron eintrafen – das war damals die Reede von Athen –, gingen sie auf hoher See vor Anker. Dann aber fuhren sie wieder nach Asien zurück.

In dieser Schlacht bei Marathon fielen rund 6400 Barbaren und 192 Athener. Das waren die Verluste auf beiden Seiten. In der Schlacht aber ereignete sich folgende seltsame Begebenheit: Der Athener Epizelos, der Sohn des Kuphagoras, wurde, während er im Handgemenge heldenhaft kämpfte, des Augenlichtes beraubt, ohne eine Schlag- oder Wurfwunde am Körper erhalten zu haben. Für den Rest seines Lebens war er von dieser Zeit an blind. Ich hörte ihn selbst über den Vorfall folgendes erzählen: Es war, als wenn ihm ein großer schwergerüsteter Mann gegenüberträte, dessen Bart den ganzen Schild beschattete. Diese Erscheinung ging an ihm vorbei und erschlug seinen Nebenmann. So hörte ich es selbst aus dem Munde des Epizelos.

Ausfahrt nach Sizilien
Thukydides VI 30–32

Danach, schon um die Mitte des Sommers, geschah die Ausfahrt nach Sizilien. Den meisten der Verbündeten, den Kornschiffen und Kähnen und was sonst noch an Ausstattung mitfolgte, war vorher bestimmt worden, sich in *Kerkyra* zu sammeln; von dort würden alle vereint nach der Spitze von *Iapygien* den Ionischen Golf überqueren. Die Athener selbst, und was an Verbündeten hier war, zogen am angesetzten Tag mit dem Morgenrot zum Piräus hinab und begannen die Schiffe zu füllen, um auszulaufen. Und der übrige Haufe zog mit hinab, alles sozusagen, was in der Stadt war, Städter und Fremde, die Ansässigen, um den Ihrigen das Geleit zu geben, der einem Freunde, der einem Verwandten, der einem Sohn, mit Hoffnungen zugleich und Klagen, was sie alles erobern würden, ob sie sie je wiedersähen, wenn sie bedachten, welch ein Geschwader sie aus der Heimat entsandten. In diesem Augenblick, da sie nun wirklich mit Gefahr einander verlassen sollten, überfiel sie das Schreckliche viel mehr, als da sie die Fahrt beschlossen, wogegen die hier versammelte Macht mit der Überfülle von allem, was sie im einzelnen sahen, durch den Anblick ihren Mut wieder hob. Die Fremden aber und der übrige Haufe kamen schaulustig als zu einem denkwürdigen und unwahrscheinlichen Beginnen. Denn diese erste Streitmacht, die damals ausfuhr aus der Kraft einer einzigen Hellenenstadt, war so kostbar und so prachtvoll wie keine je bis zu jener Zeit. An Zahl der Schiffe und Gepanzerten war die, die unter *Perikles* nach *Epidauros* und nachher unter *Hagnon* nach *Poteidaia* fuhr, nicht geringer gewesen – damals waren 4000 Gepanzerte aus Athen selbst, 300 Reiter, 100 Triëren und 50 aus Lesbos und Chios, dazu noch viele Hilfsvölker mitgefahren; aber die waren zu kurzer Fahrt und mit geringer Ausstattung aufgebrochen, während der jetzige Zug für lange Dauer und mit beidem, für jeden Bedarf, Schiffen und Fußvolk, voll ausgerüstet war: die Schiffe mit großem Aufwand der Stadt und der *Schiffsherrn* bis aufs letzte fertig, wobei der Staat eine Drachme täglich zahlte für jeden Mann der Besatzung und die leeren Schiffe stellte, 60 schnelle und 40 Truppenschiffe, und für diese erlesene Maatschaft, die Schiffsherrn aber Zulagen zum Staatssold zahlten für die Ruderer der obersten Bänke und die Maatschaft und weiterhin für Abzeichen und Takelei nur das Teuerste verwendeten, und jeder einzelne sich aufs äußerste anstrengte, daß sein eignes Schiff an Pracht alle andern überträfe und an Fahrschnelle; und das Fußvolk war durch sorgfältige Aushebungen ausgelesen und in wetteiferndem Bemühn um Waffen und die Leibesausstattung gerüstet. Das ging so weit, daß es unter ihnen selber ein Streiten gab – jeder, wofür er verantwortlich war – und vor den andern Hellenen mehr nach einer Vorführung von Macht und Reichtum aussah als nach einer Rüstung gegen Feinde. Hätte einer nachgerechnet die öffentlichen Ausgaben der Stadt und die der einzelnen Soldaten, bei der Stadt, wieviel sie bereits bezahlt hatte und wieviel sie den Feldherrn mitgab, bei den einzelnen, was jeder für sich selbst, ein Schiffsherr für sein Schiff ausgegeben hatte und wieviel Ausgaben noch bevorstanden, ferner was gewiß jeder, abgesehen vom Staatssold, sich noch an Reisegeld zurechtlegen mochte für einen so langen Feldzug, und wieviel mancher Soldat oder Kaufmann zum Handel mit auf die Fahrt nahm – man wäre auf viele Talente gekommen, die im ganzen aus der Stadt ausgeführt wurden. Es war bei diesem Zug noch mehr das Staunen vor der Kühnheit und die Pracht des Anblicks als eigentlich die Übermacht des Heeres über die Angegriffenen, daß alle Welt davon redete, und weil hier schon die weiteste Überfahrt von der Heimat weg und mit den größten Hoffnungen auf Künftiges im Vergleich zum Gegebenen unternommen wurde.

Als nun die Schiffe bemannt und alles endlich eingeladen war, womit sie auslaufen wollten, ward durch eine Trompete Schweigen geboten, und die Gebete, die vorm Ankerlichten bräuchlich sind, sprachen sie nicht für jedes Schiff einzeln, sondern ein Herold für alle zusammen, wozu sie in den Mischern Wein mischten der ganzen Flotte entlang und aus goldnen und silbernen Bechern die Krieger auf den Schiffen und die Befehlshaber die Spende opferten. Und in den Ruf stimmte der ganze übrige Haufe vom Lande mit ein, die Bürger und wer sonst dabei war und ihnen Gutes wünschte. Nach dem Hymnus und der Darbringung des Opfers lichteten sie die Anker und liefen zunächst in Linie aus, dann gab's eine Wettfahrt bis Aigina. So waren sie in eiliger Fahrt nach Kerkyra, wo noch die übrige Flotte der Verbündeten zusammenkam.

Friedenssehnsucht
Aristophanes, Der Friede 1127–1189

CHOR: O wie schön, o wie schön,
Daß los ich den Helmbusch bin,
Die Zwiebeln und auch den Käs!
Denn ich bin kein Freund des Kriegs!
Aber, wie selig ist's,
Wein zu nippen, Schluck um Schluck,
Froh gelagert um den Herd
Mit dem Freund, trocknes Holz,
Noch vom letzten Sommer dürr,
Zuzulegen und dabei
Sich Kastanien bei den Kohlen
Und die Eichel aufzuwärmen,
Und zu schäkern mit der Magd,
Wenn die Frau im Bade sitzt!

Nichts behaglicher als dieses: wenn die Saatzeit ist vorbei
Und der Himmel Regen spendet und ein Nachbar kommt und spricht:
»Hör, was meinst du, Freund, was fangen wir nun an, Komarchides?« –
»Da der Himmel uns so gnädig, denkst du nicht, wir trinken eins?
Also, Weibchen, setz aufs Feuer Bohnen heut, drei Mäßchen voll,
Nimm auch Kuchenmehl, vom feinsten, spare ja die Feigen nicht!
Schick die Syra, daß sie draußen auf dem Feld den Manes holt:
Denn die Reben abzublatten heute, nein, das geht nicht an;
Sie behacken – nein, auch das nicht, denn der Grund ist gar zu feucht.« –
»Holt bei mir zwei Krammetsvögel, nehmt auch die Kapaunen mit!
Biestmilch hatt ich auch im Hause, Hasenfleisch vier Stücke noch,
Wenn mir über Nacht die Katze nicht davon gestohlen hat:
Ja, es war im Haus nicht richtig, und es kratzt' und polterte!
Junge, bring uns nur drei Stücke, laß dem alten Vater eins;
Einen Myrrhenzweig mit Beeren fordre beim Aischinades;
Ruf auch im Vorübergehen dem Charinades: er soll

Heute fröhlich mit uns trinken,
Weil der Himmel unsern Fluren
Segen und Gedeihen schenkt!«

Gegenstrophe

Wenn im Feld lustig der
Zikade Lied süß ertönt,
Wie freut's mich dann, anzusehn
Die lemnische Edelreb',
Ob die Beeren schon weich:
Denn die Sorte ist früh.
Auch die Feige seh ich schon
Schwellen, und wenn sie reif,
Kost ich auf der Zunge sie,
Und sie schmeckt zuckersüß,
Und ich sage: »Liebe *Horen*!«
Setze auf ein Thymiantränkchen,
Und dabei den Sommer durch
Werd ich fett und kugelrund.

Besser, als den gottverfluchten Hauptmann rumstolzieren sehn,
Mit drei Büschen auf dem Helme und dem schreiend roten Rock!
Und er schwört drauf: »Echter Purpur, aus 'ner sard'schen Färberei!«
Aber muß im purpurroten Rock der Mensch ins Treffen gehn,
Ja, dann wechselt er die Farbe – böse Hemdenfärberei!
Auf der Flucht ist er der erste, einem »gelben Roßhahn« gleich,
Schüttelt er die Büsch – indes ich lauernd steh am Vogelgarn.
Und daheim nun erst, da hudeln sie uns, halt's der Henker aus!
Schreiben einen auf zum Kriegsdienst, löschen andre wieder aus,
Schreiben wieder, löschen wieder; »morgen«, heißt es, »geht's ins Feld!«
Nichts ist eingekauft, man wußte nichts, als man von Hause ging.
Und so kommt man an das Standbild *Pandions* und sieht sich da
Auf der Liste und läuft in großer Not mit saurer Miene fort.
Also machen sie's dem Landvolk – denn den Städtern geht's vielleicht
Besser – diese Schildabwerfer, Gott und Menschen gleich verhaßt!

Aber einmal doch, so Gott will, rechnen wir mit ihnen ab,
Den verfluchten Missetätern,
Die zu Haus den Löwen spielen,
Aber in der Schlacht den Fuchs!

Staatskult und Feste, Seher und Orakel

Festversammlungen und Wettkämpfe
Isokrates, Panegyricus 12

Wenn nun aber Diejenigen, welche die Festversammlungen stifteten, mit Recht gelobt werden, weil sie uns eine solche Einrichtung überlieferten, daß wir während eines gegenseitigen Waffenstillstandes und mit Beseitigung der bestehenden Feindseligkeiten an demselben Orte zusammenkommen, und dann bei Darbringung gemeinschaftlicher Gebete und Opfer uns der zwischen uns Statt findenden Verwandtschaft erinnern, und für die Zukunft wohlwollender gegen einander gestimmt sind, und die alten Gastfreundschaften erneuern und andere neue schließen, und weder für die einfachen Bürger, noch für Diejenigen, welche sich durch Naturgaben auszeichnen, der Aufenthalt genußlos ist, sondern Diese vor den versammelten Griechen sich mit ihren [zufälligen] Vorzügen zu zeigen, Jene sie mit einander um die Preise kämpfen zu sehen Gelegenheit haben, und kein Theil verdrossen ist, sondern beide Etwas finden, das ihrer Eitelkeit schmeichelt, die Einen, wenn sie sehen, wie die Wettkämpfer um ihretwillen sich anstrengen, die Andern, wenn sie bedenken, daß Alle gekommen sind, um ihnen zuzuschauen, – wenn nun so große Vortheile durch diese Zusammenkünfte uns zu Theil werden, so ist auch darin unsre Stadt nicht zurückgeblieben. Denn sie besitzt sehr viele und schöne Sehenswürdigkeiten, welche theils durch ihre Kostbarkeit [alles Andere] übertreffen, theils wegen ihrer Künstlichkeit berühmt, theils durch dieses beides ausgezeichnet sind, und die Menge Derer, welche zu uns kommen, ist so groß, daß sie [unsre Stadt] auch den Vortheil, welcher in der gegenseitigen Annäherung liegt, [mit ihren andern Vorzügen] in sich vereinigt. Außerdem ist bei uns am meisten Gelegenheit, die zuverläßigsten

Freundschaften zu finden und den mannigfaltigsten Umgang zu treffen, ferner Wettkämpfe zu sehen nicht bloß in der Geschwindigkeit und Stärke, sondern auch in der Beredsamkeit und Wissenschaft und in allen andern Dingen, und [für die Sieger] in denselben die ansehnlichsten Kampfpreise; denn außer Denen, welche sie [unsre Stadt] selbst aussetzt, veranlaßt sie auch noch die Andern Etwas zu geben; denn Was von uns für preiswürdig erklärt worden ist, erlangt so großen Ruhm, daß es bei allen Menschen hochgeschätzt wird. Ueberdieß finden die andern Festversammlungen immer nach einer langen Zwischenzeit Statt und hören schnell wieder auf, unsre Stadt aber ist für Die, welche dahin kommen, allezeit eine Festversammlung.

Vierjahresfeste
Aristoteles, Staat der Athener 54,7

Weitere zehn werden gewählt, die nach dem Jahr benannt werden. Sie bringen einige Opfer dar und besorgen die Vierjahresfeste mit Ausnahme der Panathenäen. Es gibt folgende Vierjahresfeste: 1) die *Festfahrt nach Delos* (dort gibt es auch ein Sechsjahresfest), 2) das *brauronische Fest* der *taurischen Artemis*, 3) das *Heraklesfest* und 4) das *Fest der Demeter*. Das fünfte ist das *Panathenäenfest*, und von diesen wird keines im gleichen Jahr abgehalten. Jetzt ist auch noch unter dem Archonten Kephisophon das *Hephaistosfest* dazugekommen.

Festfahrt nach Delos
Thukydides III 104

Im gleichen Winter reinigten die Athener auch Delos, wohl irgendeinem Götterspruch zufolge. Zwar hatte sie schon früher einmal der Tyrann Peisistratos gereinigt, aber nicht ganz, nur soweit man vom Tempel aus die Insel übersehen konnte; nun aber wurde sie ganz geheiligt, und zwar so: die Gräber, die es von Toten auf der Insel gab, hoben sie alle aus und erließen für die Zukunft ein Gesetz, wonach man auf der Insel nicht sterben noch dort gebären durfte, sondern übersetzen mußte nach *Rhenaia.* Der Abstand zwischen Rhenaia und Delos ist so gering, daß *Polykrates*, der *Tyrann von Samos*, der für eine Zeit mit seiner Flotte das Meer beherrschte, die Inseln ringsumher unterworfen und so auch Rhenaia erobert hatte, es dem *delischen Apollon* weihte, indem er es mit einer Kette an Delos festband. Auch das Vierjahresfest feierten die Athener jetzt nach der Reinigung zum erstenmal. Es gab aber schon einmal in der Frühzeit auf Delos eine große Versammlung der Ionier und von den Nachbarinseln; mit Weibern und Kindern kamen sie zum Festgepränge, wie jetzt die Ionier zu den *Ephesien*, gymnische und musische Wettkämpfe wurden hier abgehalten, und die Städte ließen Chöre tanzen. Daß es so war, bezeugt am besten Homer in diesen Versen aus dem Apollonhymnus:

Dann wieder freut sich dein Herz am meisten, *Phoibos*, an Delos,
Wo sich in schleppenden Röcken die Ionier zum Feste versammeln,
Samt ihren Kindern und Weibern zu deinen Wohnungen strömend.
Allda messen sie sich im Faustkampf, tanzen und singen
Dir zum Ruhm und zur Freude, sooft sie sich stellen im Ringe.

Daß es auch einen musischen Wettkampf gab und sie hingingen, um den Preis zu gewinnen, ergibt sich dann aus folgender Stelle desselben Gedichtes: wo er den delischen Frauenchor rühmt, schließt er das Lob mit diesen Versen ab, in denen er auch seiner selbst gedenkt:

Nun denn, es sei uns Apollon gnädig und Artemis mit ihm,
Und lebt froh, ihr Jungfrauen alle; denket in Zukunft
Auch noch an mich, wenn einer vielleicht von den Menschen auf Erden
Hierher käme von fern, in Leiden erfahren, und fragte:
Mädchen, saget, wer ist euch der süßeste Sänger von allen,
Die hier kommen und gehn? Wes Lieder liebt ihr am meisten?
Ihr aber gebt einhelligen Munds ihm alle zur Antwort:
Das ist der Blinde, der drüben wohnt im zackigen *Chios*.

Soweit das Zeugnis Homers, daß auch in der Frühzeit eine große Versammlung und ein Fest auf Delos war; später schickten die Inseln und Athen wohl Chöre mit den Opfern, aber die Wettkämpfe gingen fast ganz ein, in den Stürmen der Zeiten vermutlich, bis also jetzt die Athener die Spiele einrichteten und sogar Wagenrennen, die es vorher nicht gab.

Verwaltung für den Festzug der Panathenäen und für den musischen und sportlichen Wettkampf
Aristoteles, Staat der Athener 60

So verhält es sich also mit den neun Archonten. Es werden auch zehn Kampfordner ausgelost, einer aus jeder Phyle. Diese haben, wenn sie begutachtet sind, ihr Amt für vier Jahre inne und besorgen die Verwaltungsarbeit für den *Festzug der Panathenäen*, für den musischen und sportlichen Wettkampf und für das Pferderennen, lassen das heilige Gewand herstellen und zusammen mit dem Rat die Amphoren; den Wettkämpfern teilen sie das Öl zu. Gesammelt wird das Öl von den heiligen Ölbäumen. Der Archont treibt es von denen ein, die die Plätze besitzen, auf denen die heiligen Ölbäume stehen, und zwar eineinhalb *Kotylen* von jedem Stamm; früher verkaufte die Stadt die Früchte. Wenn einer einen heiligen Ölbaum ausgrub oder fällte, richtete der Rat vom *Areopag* über ihn, und wenn er verurteilt wurde, erhielt er die Todesstrafe. Seitdem aber der Besitzer des Platzes das Öl abzuliefern hat, gibt es zwar das Gesetz noch, doch das Prozeßverfahren besteht nicht mehr; denn das Öl wird nach dem Umfang des Besitzes, nicht nach der Zahl der Stämme für die Stadt eingezogen. Wenn der Archont nun den unter ihm erwirtschafteten Ertrag gesammelt hat, übergibt er ihn den Verwaltern auf der *Akropolis*, und er darf nicht eher den Areopag betreten, bevor er den Verwaltern alles abgeliefert hat. Die Verwalter bewahren es die übrige Zeit auf der Akropolis auf, an den Panathenäen jedoch messen sie es den Kampfordnern zu, die es dann den Wettkämpfern für ihren Sieg geben. Die Siegespreise bestehen bei den musischen Kämpfen in Silber und Gold, bei den athletischen in Schilden, beim gymnastischen Wettkampf und beim Pferderennen in Öl.

Mordanschlag an den Panathenäen 514 v. Chr.
Thukydides VI54–59

Denn *Aristogeitons* und *Harmodios'* kühner Anschlag kam aus einer Liebesgeschichte, die ich ausführlicher erzählen will, um zu beweisen, daß sowenig wie die andern die Athener selbst über ihre eignen Tyrannen und den wirklichen Vorgang irgend etwas Genaues berichten. Nachdem nämlich *Peisistratos* als alter Monarch gestorben, fiel die Herrschaft nicht an *Hipparchos*, wie alle Welt meint, sondern an den erstgeborenen *Hippias*. Für den jugendschön erblühten Harmodios aber entbrannte Aristogeiton, ein Mann aus der Stadt, ein mittlerer Bürger, und gewann seine Liebe. Aber Hipparchos Peisistratos' Sohn machte dem Harmodios Anträge, die der Jüngling ausschlug und dem Aristogeiton verriet. Dieser, in wildem Liebesschmerz und Angst, daß Hipparchos mit der Gewalt seiner Macht den Geliebten zwänge, macht sofort Pläne, um, bei seiner bescheidenen Stellung, die Tyrannis zu stürzen. Inzwischen hatte Hipparchos, der mit wiederholten Anträgen bei Harmodios ebensowenig Gehör gefunden, zwar keine Gewalt anwenden wollen, aber auf irgendeine versteckte Art, als wäre es nicht darum, eine Demütigung für ihn bereit. Wie er ja überhaupt in seiner Herrschaft die Menge nicht bedrückte und Ärgernis vermied; weit mehr als andre Tyrannen pflegten diese Rechttun und Vernunft; sie erhoben von den Athenern nicht mehr als ein Zwanzigstel der Einkünfte, um damit ihre Stadt prächtig auszubauen, die Kriege zu bestreiten und an Festtagen zu opfern. Im übrigen lebte die Stadt selbst nach den geltenden Gesetzen, nur sorgten sie dafür, daß immer einer von ihnen in den Jahresämtern war. Unter andern bekleidete das jährliche Amt auch Peisistratos, der Sohn des Tyrannen Hippias, nach dem Großvater benannt; das ist der, der in seiner Amtszeit den Zwölfgötteraltar am Markt baute und den des Apollon beim *Pythion*. Bei dem am Markt verschwand die Inschrift später in einem Anbau, mit dem das Volk von Athen ihn verlängerte, aber im Pythion ist sie in verwaschener Schrift noch vorhanden und lautet:

Seiner Verwaltung ein Mal hat Peisistratos Hippias' Sohn hier
  Diesen Altar zu Apolls Dienste, des Pythiers, gebaut.

Daß Hippias als Erstgeborener herrschte, behaupte ich, weil ich es weiß und genauere Überlieferung als die andern vernahm; man kann es aber auch daraus schließen: von allen echtbürtigen Brüdern hat offenbar er allein Kinder gehabt, wie der Altar ausweist und die Tafel, die auf der *Akropolis* an das Unrecht der Tyrannen erinnert und auf der von Thessalos und Hipparchos keine Söhne verzeichnet sind, von Hippias aber fünf, die er von Myrrhine hatte, der Tochter des Kallias Hyperochides' Sohns; denn wahrscheinlich heiratete der älteste zuerst. Und auf derselben Tafel ist er auch an erster Stelle verzeichnet nach seinem Vater, auch das ganz natürlich, weil er nach ihm der älteste war und Tyrann wurde. Auch kann ich mir nicht denken, daß Hippias im Augenblick so leicht die Tyrannis gewonnen hätte, wenn Hipparchos als der Machthaber gefallen und er erst an diesem Tag zur Macht gekommen wäre; sondern wegen der eingewurzelten Angst der Bürger und Zucht der Mietlinge konnte er sich mit einem Überschuß an Sicherheit behaupten, während er als jüngster Bruder, ohne den langvertrauten Umgang mit der Macht, hilflos gewesen wäre. Hipparchos aber kam durch seinen unglücklichen Tod zu seinem Namen, der ihm sogar Tyrannenruhm bei der Nachwelt eintrug.

Als nun Harmodios sich seinen Anträgen widersetzte, demütigte er ihn, wie er sich's ausgedacht: sie erwählten seine Schwester, ein Mädchen, mit unter den Korbträgerinnen zu gehn bei einem Opfergeleit, und als sie kam, jagten sie sie weg: sie sei überhaupt nie erwählt gewesen, sie sei's nicht würdig. Das nahm Harmodios sehr schwer, und seinetwegen wurde auch Aristogeiton noch viel entschlossener. Mit den andern, die bei der Tat mit zugreifen sollten, waren sie im reinen, sie warteten aber noch die großen *Panathenäen* ab, den einzigen Tag, wo es keinen Verdacht erregte, wenn die zum Opfergeleit bestimmten Bürger allesamt in Waffen kamen; sie sollten anfangen, die andern ihnen sofort beistehen gegen die Leibwächter. Es waren nicht viele Mitverschworene, der Sicherheit wegen: sie hofften, wenn nur einige noch so wenige das Wagnis begönnen, würden auch die Uneingeweihten, aus dem Augenblick heraus – sie hätten ja Waffen – zu ihrer eigenen Befreiung helfen wollen. Und als das Fest kam, ordnete Hippias draußen auf dem sogenannten *Töpfermarkt* mit seiner Leibwache den Zug, wie die Gruppen sich folgen sollten, und Harmodios und

Aristogeiton näherten sich schon mit ihren Dolchen, um es zu vollbringen. Wie sie aber einen ihrer Mitverschworenen vertraut mit Hippias reden sahen – er war leicht zugänglich für jedermann –, erschraken sie und glaubten sich verraten, ja schon so gut wie festgenommen. Da wollten sie doch an dem, der sie gekränkt hatte und dessentwegen sie das Ganze wagten, vorher noch, wenn es möglich wäre, ihre Rache nehmen, und wie sie waren, stürmten sie zum Tor hinein, trafen Hipparchos am sogenannten *Leokoreion*, und sofort ohne langes Besinnen stürzten sie sich auf ihn in der äußersten Wut – des Nebenbuhlers der eine, der andre des Gekränkten –, stießen zu und erstachen ihn. Der eine kann im Augenblick den Leibwächtern entrinnen, Aristogeiton, im Gedränge des Volkes – er wurde später gefangen und kam nicht glimpflich weg, Harmodios findet auf der Stelle den Tod. Als Hippias auf dem Töpfermarkt die Meldung empfing, begab er sich nicht zum Ort der Tat, sondern sofort zum Opfergeleit, den Gewappneten, ehe sie aus der Entfernung etwas merkten, und mit künstlicher Unbefangenheit des Gehabens, nach solchem Unglück, befahl er ihnen, sich an einer bestimmten Stelle, die er ihnen bezeichnete, ohne die Waffen aufzustellen. Sie taten es in der Erwartung einer Ansprache, er aber wies seine Mietlinge an, die Waffen wegzuschaffen, und suchte sofort heraus, wen er für schuldig hielt und wer mit einem Dolch betroffen wurde – denn sie pflegten nur mit Schild und Speer zum Geleit zu gehen.

Auf diese Weise war bei Harmodios und Aristogeiton ein Liebesverdruß der Ursprung des Anschlags und kam ihr dumm-tolles Zuschlagen aus dem Augenblicksschreck. Den Athenern wurde danach die Tyrannis nur drückender, und Hippias, erst recht ängstlich geworden, richtete viele Bürger hin und suchte zugleich auswärts nach irgendeiner Sicherung für den Fall einer Veränderung. Jedenfalls gab er danach dem Aiantides, dem Sohn des Hippoklos, der Tyrann von *Lampsakos* war, seine Tochter Archedike – der Athener einem Lampsakener! –, weil er die beiden bei König *Dareios* in großem Ansehn wußte. Ihr Grab ist in Lampsakos und trägt diese Inschrift:

Hippias' Kind, der in Hellas in seinen Tagen der aller-
Erste war, Archedike, liegt hier vom Staube bedeckt.

Herrscher waren ihr Vater, ihr Mann, ihre Brüder und Söhne,
Und doch verstieg sich ihr Sinn nie zu vermessenem Stolz.

Hippias übte die Herrschaft über Athen dann noch drei Jahre aus und verlor sie im vierten durch Sparta und die verbannten Alkmeoniden. Mit freiem Abzug begab er sich nach *Sigeion* und zu Aiantides nach Lampsakos und von dort zu König Dareios, von wo aus er ja auch zwanzig Jahre später als alter Mann den persischen Feldzug nach *Marathon* mitmachte.

Parodie auf den Festzug zu Ehren der Athene
Aristophanes, Die Ekklesiazusen 730–745

Chremes läßt durch zwei Sklaven verschiedene Stücke seines Hausstandes heraustragen und stellt sie in Reih und Glied wie zu einer Prozession vor seinem Hause auf.

CHREMES: Von meiner Habe tritt zuerst hervor,
Mehlschwinge, steh hier, Schöne, schön geputzt,
In die schon mancher Mehlsack sich ergoß,
Sei heut gepuderte Korbträgerin. –
Wo ist die Sesseljungfrau? – Pfanne, komm!
Wie schwarz du bist, als hättest du gekocht
Schwarzhaarpomade für Lysikrates!
Geh ihr zur Seite, Kammerjüngferchen!
Du, Wasserträgerin, dein Platz ist hier!
Du hierher, holde Zitherspielerin,
Die mich zur Volksversammlung lang vor Tag
Oft durch ihr schmetternd Morgenlied geweckt!
Der Schalenträger, vor! Die Honigwaben
Trägst du. Die Ölbaumzweige bringt, die beiden
Dreifüße samt dem Salbtopf stellt hierher;
Die Töpfe und den ganzen Rest laßt folgen!

Parodie auf den Festzug zu Ehren des Dionysos
Aristophanes, Die Acharner 237–279

DIKAIOPOLIS: Stille Andacht, stille Andacht!
CHOR: Alles schweige! Hört ihr, wie man dort zur stillen Andacht ruft?
Der ist's eben, den wir suchen. Männer tretet hier beiseit.
Aus dem Hause tritt er, seht ihr? Opfern will er, wie es scheint.
DIKAIOPOLIS: Stille Andacht, stille Andacht!
Zu seiner Tochter: Tritt mit dem Opferkorb da vor, und du
Zu einem Sklaven: Halt mir den Phallos aufrecht, Xanthias!
Zu seiner Tochter: Stell ab den Korb, mein Kind; wir fangen an.
DIE TOCHTER: Gib mir den Löffel, Mutter, meinen Kuchen
Muß ich mit Bohnenbrei erst überstreichen.
DIKAIOPOLIS: So ist es gut. – *Feierlich:* Allmächt'ger Dionysos,
Laß dir gefallen unsern frommen Gang
Um den Altar und dies Familienopfer;
Laß mich die Dionysien in Ruh
Hier auf dem Land begehn, erlöst vom Krieg,
Und segne mir den dreißigjähr'gen Frieden.
Zur Tochter: Nun trag den Korb recht hübsch, mein hübsches Kind;
Sieh drein, als hättst du Pfefferkraut im Mund.
Ihr nachsehend: Wie glücklich ist der Mann, der einst dich kost
Und solche Wieselchen sich mit dir macht,
Die ebenso wie du des Morgens duften.
Geh nun und sieh dich im Gedränge vor,
Daß sie dir nichts von deinem Goldschmuck mausen. –
Den Phallos aufrecht, Xanthias! Ihr folgt
Dem Mädchen mit dem Körbchen auf dem Fuß;
Ich singe hinterdrein das Phalloslied;
Frau, steige du aufs Dach und sieh uns nach.
Vorwärts! *Frau ab auf das Dach.*
Singend: Phales, des Bakchos Spielgesell,
Nachtschwärmer, lust'ger Zechkumpan,
Ehbrecher, Knabenschänder!
Vergnügt zum ersten Male seit
Sechs Jahren grüß ich dich, ins Dorf

Zurückgekehrt mit dem Vertrag.
Juchhe, an Krücken geht der Krieg,
Und lahm ist selbst der Lamachos.
Denn zehnmal lust'ger ist's, Phales, Phales,
Des Nachbars hübsche Magd beim Reisigklauen
Im Phelleuswäldchen zu erwischen und –
Rund um den Leib zu packen, zu heben,
Ins Gras zu werfen, zu zücht'gen, ha,
Phales, Phales!
Und willst du mit uns trinken, schlürfst du morgen
Ein Schlückchen Friedenswein im Katzenjammer,
Und Schild und Spieß, die häng ich in den Rauch.

Stimmen-Orakel
Homer, Odyssee XX 91–123

So sprach sie, und alsbald kam die goldthronende Eos. Doch ihre, der Weinenden, Stimme vernahm der göttliche Odysseus. Und er bedachte sich alsbald, und da erschien es ihm so in seinem Herzen, als hätte sie ihn schon erkannt und sei herangetreten zu seinem Haupte. Und er nahm die Decke und die Felle zusammen, in denen er geschlafen hatte, und legte sie in der Halle auf einem Sessel nieder und trug die Rindshaut zur Tür hinaus und legte sie hin und betete zu Zeus, die Hände erhebend:

»Zeus, Vater! wenn ihr mich nach eurem Willen über das Feste und über das Feuchte in mein Land geführt habt, nachdem ihr mich gar sehr in Not gebracht: so möge mir einer von den Menschen, die wach sind in dem Hause drinnen, sagen ein Wort, hier draußen aber von Zeus ein anderes Zeichen erscheinen!«

So sprach er und betete. Und es hörte ihn der Berater Zeus und donnerte alsbald von dem glänzenden Olymp, hoch her aus den Wolken, und es freute sich der göttliche Odysseus. Das Wort aber aus dem Hause entfuhr einem Weibe, die in der Nähe mahlte, wo ihm die Mühlen standen, dem Völkerhirten. An denen waren insgesamt zwölf Frauen emsig beschäftigt, um Gersten- und Weizenmehl zu bereiten, das Mark der Männer. Da schliefen die anderen, nachdem sie den Weizen vermahlen hatten, diese allein aber feierte noch nicht, sie war als die Schwächste geschaffen. Die hielt die Mühle an und sprach das Wort dem Herrn zum Zeichen:

»Zeus, Vater! der du über Götter und Menschen gebietest! Wahrhaftig! da hast du gewaltig gedonnert von dem bestirnten Himmel, und doch ist nirgendwo eine Wolke! Gewiß gibst du damit jemandem ein Zeichen. Vollende nun auch mir, der Armseligen, das Wort, das ich sage! Mögen die Freier an diesem Tage zum letzten und äußersten Male in den Hallen des Odysseus das liebliche Mahl empfangen, die mir mit herzkränkender Ermattung schon die Knie gelöst haben, um ihnen Mehl zu schaffen! Mögen sie jetzt zum letztenmale speisen!«

So sprach sie. Da freute sich der göttliche Odysseus über das gute Wort wie über den Donner des Zeus: er meinte, er werde es die Frevler büßen lassen.

Zeichen-Orakel
Xenophon, Hellenika IV 7,2–4

Da es den Lakedaimoniern zu unsicher schien, einen Feldzug gegen die Athener oder Boioter zu unternehmen und dabei Grenze an Grenze mit Lakedaimon einen so mächtigen Feind wie die Stadt der Argeier hinter sich zu lassen, so rüsteten sie gleich anschließend einen Feldzug gegen Argos aus. Als Agesipolis davon unterrichtet wurde, daß diesmal er die Leitung des Feldzuges übernehmen solle, und als ihm die Opfer für den Grenzübergang günstig ausgefallen waren, begab er sich nach Olympia und befragte den Gott durch das Orakel, ob es ein Verstoß gegen die göttlichen Gebote sei, wenn er dem Waffenstillstandsbegehren der Argeier nicht entspreche; denn nicht wenn es jeweils der Kalender gebiete, sondern immer gerade dann, wenn ihnen ein Einfall der Lakedaimonier in ihr Land bevorstehe, behaupteten sie, es sei ein ›heiliger‹ Monat. Der Gott gab ihm das Zeichen, es sei kein Verstoß gegen die göttlichen Gebote, einen unter einem Vorwand unrechtmäßig beanspruchten Waffenstillstand abzulehnen. Von dort reiste er sogleich weiter nach Delphoi und befragte als zweiten noch den Apollon, ob auch er derselben Meinung sei über den Waffenstillstand wie sein Vater. Er gab aber nachdrücklich dieselbe Antwort.

So zögerte er denn nicht mehr, mit seinem Heer aus Phleius aufzubrechen – denn dort hatte es sich auf seinen Befehl in seiner Abwesenheit versammelt, während er zu den Heiligtümern unterwegs war – und auf dem Weg über Nemea in das Gebiet der Argeier einzufallen.

Prophetie des Aristeas
Herodot IV 15

Soviel erzählt man in diesen Orten. Weiter aber, weiß ich, hat sich in Metapontion in Italien folgendes ereignet: 240 Jahre nach dem zweiten Verschwinden des Aristeas – wie ich durch Vergleich der Vorgänge in Prokonnesos und Metapontion fand – ist er in Metapontion erschienen, wie man dort erzählt, und forderte die Bewohner auf, dem Apollon einen Altar zu errichten und daneben eine Statue, die den Namen des Aristeas aus Prokonnesos tragen sollte, aufzustellen. Apollon hat, so soll er gesagt haben, in Italien nur allein ihre Stadt Metapontion besucht und in Apollons Begleitung auch er, der jetzt Aristeas sei. Als er damals dem Gott folgte, sei er ein Rabe gewesen. Nach diesen Worten verschwand er. Die Metapontier erzählten weiter, sie hätten nach Delphi geschickt und den Gott befragt, was die Erscheinung dieses Menschen bedeute. Die Pythia forderte sie auf, der Erscheinung zu gehorchen. Wenn sie auf sie hörten, werde es ihnen gut gehen. Gehorsam taten sie, was ihnen befohlen wurde. Und noch heute steht eine Statue mit der Aufschrift »Aristeas« neben der Kultstätte des Apollon, umgeben von Lorbeerbäumen. Diese Kultstätte ist auf dem Markt errichtet. Soviel über Aristeas.

Zweideutige Orakel
Herodot V 92

So sprachen die Lakedaimonier; aber die Mehrheit der Bundesgenossen nahm die Vorschläge nicht an. Die andern schwiegen zwar, aber Sosikles aus Korinth meldete sich zu Wort: »Wahrhaftig! Der Himmel wird sich unter die Erde senken und die Erde sich über den Himmel erheben, es werden die Menschen ihre Wohnungen im Meer und die Fische ihre Bleibe in den früheren Wohnstätten der Menschen haben, wenn ihr, Lakedaimonier, Freiheit und Gleichheit aufheben und *Tyrannen* in die Städte zurückführen wollt. Es gibt doch nichts Ungerechteres, nichts Blutdürstigeres auf Erden. Wenn ihr es wirklich für recht und gut haltet, daß Tyrannen über die Städte herrschen, dann setzt doch zuerst über euch selbst einen Tyrannen ein, und dann erst versucht es bei anderen! Es ist ein Unrecht gegen die Bundesgenossen, wenn ihr selbst von Tyrannei keine Ahnung habt und schrecklich darauf achtet, daß Sparta von Tyrannen verschont bleibt. Wenn ihr aber aus eigener Erfahrung etwas über Tyrannen wüßtet wie wir, so würdet ihr jetzt richtiger urteilen. Die Stadt *Korinth* besaß folgende Verfassung: Es war eine Herrschaft weniger Männer, und die Familie der *Bakchiaden* verwaltete die Stadt. Sie pflegten nur innerhalb ihres Geschlechtes zu heiraten. Amphion aber, der zu diesen Männern gehörte, hatte eine lahme Tochter namens Labda. Keiner von den Bakchiaden wollte diese freien; da nahm sie Eetion, der Sohn des Echekrates, aus der Gemeinde *Petra* zur Frau. Er war seiner Abkunft nach ein Lapithe und Kaineide. Aber weder diese Frau noch irgendeine andere gebar ihm Kinder. Da reiste er nach Delphi, um das Orakel wegen seiner Nachkommenschaft zu befragen. Sogleich bei seinem Eintritt in den Tempel redete ihn die *Pythia* mit folgenden Versen an:

»Eetion, dich ehrt keiner, obwohl du viel Ehren verdient hast.
Labda ist schwanger, sie wird dir gebären den rollenden Felsblock,
Der auf die Herrschenden stürzt und Recht spricht über Korinthos.«

Dieser Orakelspruch, den Eetion erhielt, wird auch den Bakchiaden bekannt. Ihnen war das früher nach Korinth erteilte Orakel unverständlich geblieben, das auf das gleiche hindeutete wie das an Eetion. Es lautete so:

»Schwanger wird auf dem Felsen der *Aar*; er gebiert einen Löwen,

Stark, voll Raubtierwut, der vielen die Glieder einst löset.
Das überlegt euch wohl, ihr Korinther alle, die ihr rings
Um die schöne Peirene wohnt und im hohen Korinthos!«

Dieser Spruch, den einst die Bakchiaden erhielten, war dunkel. Als sie jetzt aber von dem Spruch hörten, der Eetion zuteil wurde, verstanden sie sogleich auch den früheren, der mit dem zweiten in Einklang stand. Zunächst warteten sie in Ruhe ab; denn sie wollten das Kind, das dem Eetion geboren werden sollte, vernichten. Sobald das Kind auf der Welt war, schickten sie ihrer zehn Männer in die Wohngemeinde des Eetion, die es töten sollten. Als diese nach Petra kamen und den Hof des Eetion betraten, forderten sie das Kind. Labda wußte nichts von dem Zweck ihres Besuches und glaubte, die Männer bäten aus Freundschaft zum Vater um das Kind. So brachte sie es und legte es einem von ihnen in die Arme. Unterwegs hatten sie untereinander vereinbart: Wer das Kind zuerst in die Arme nehme, solle es zur Erde fallen lassen. Als nun Labda den Kleinen brachte, lachte er den Mann, der ihn hielt, wie durch göttliche Fügung an. Der sah es; da brachte er es nicht mehr übers Herz, ihn zu töten, und gab ihn in seinem Mitleid dem zweiten und der dem dritten. So wanderte das Kind durch die Hände aller zehn Männer, und keiner wollte es morden. Sie gaben es denn der Mutter zurück und verließen das Haus. Noch während sie vor der Tür standen, schalten sie einander, aber besonders den, der das Kind zuerst bekommen hatte, daß er die getroffene Vereinbarung nicht erfüllt hatte. Schließlich schien es ihnen nach einiger Zeit ratsam, noch einmal ins Haus zurückzukehren und den Mord gemeinsam zu vollbringen. Aber Korinth sollte nun einmal durch den Sproß des Eetion Unglück erblühen. Labda hatte dies alles gehört, weil sie unmittelbar hinter der Tür gestanden hatte. Da sie nun fürchtete, die Männer könnten sich anders besinnen, das Kind noch einmal nehmen und dann töten, trug sie es fort und verbarg es an der heimlichsten Stelle, die sie kannte, nämlich in einer Mehlkiste. Sie ahnte, wenn die Männer wiederkämen und nach ihm fragten, würden sie alles durchsuchen; so geschah es denn auch. Als sie hereinstürmten, das Kind suchten und es nicht fanden, beschlossen sie, fortzugehen und ihren Auftraggebern zu erklären, sie hätten alle Befehle ausgeführt. Sie gingen also und berichteten so.

Der Sohn des Eetion aber wuchs nachher heran und erhielt von jener Mehlkiste, durch die er der Gefahr entronnen, den Namen *Kypselos*. Als er erwachsen war und sich ein Orakel geben ließ, empfing er in Delphi einen zweideutigen Spruch. Im Vertrauen auf diese Auskunft suchte er sich Korinths zu bemächtigen und wurde Herr der Stadt. Der Spruch lautete so:

»Sieh, ein gesegneter Mann, der jetzt betritt meine Wohnung,
Kypselos, Sohn des Eetion, König des hehren Korinthos;
er und die Kinder nach ihm, doch nicht mehr die Kinder der Kinder!«

So lautete der Orakelspruch. Als Kypselos Tyrann geworden war, benahm er sich folgendermaßen: Er verbannte eine Menge Korinther, raubte vielen das Vermögen und weitaus den meisten das Leben. Nach dreißigjähriger Herrschaft starb er eines ruhigen Todes. Ihm folgte sein Sohn *Periandros* auf den Thron. Er zeigte sich anfangs milder als sein Vater. Als er aber durch Boten mit *Thrasybulos*, dem Tyrannen von Milet, in Verkehr getreten war, wurde er noch weit blutgieriger als Kypselos. Er schickte nämlich einen Boten zu Thrasybulos und ließ ihn fragen, wie er seine Sache am sichersten einrichten und dabei die Stadt am besten verwalten könne. Thrasybulos führte den Boten des Periandros aus der Stadt, betrat ein Saatfeld und durchschritt es, während er den Boten wiederholt nach dem Zweck seines Kommens aus Korinth befragte. Dabei riß er immer wieder eine Ähre ab, die er über die anderen herausragen sah, und warf sie dann fort, bis er schließlich den schönsten und dichtesten Teil des Feldes mit diesem Tun entstellt hatte. Nachdem er das Feld durchschritten, entließ er den Boten, ohne ihm weiter eine Antwort zu geben. Als dieser nach Korinth zurückkehrte, wollte Periandros begierig den Rat des Thrasybulos erfahren. Der Bote aber erwiderte, er habe keinen Rat erhalten, wundere sich aber, was das für ein Mann sei, zu dem ihn Periandros geschickt habe; der sei ja verrückt und schädige sein eigenes Land. Dabei erzählte er, was er bei Thrasybulos erlebt hatte.

Periandros aber verstand sein Tun und erriet, daß Thrasybulos ihm nahelege, die hervorragenden Bürger zu ermorden. So zeigte er offen all sein Wüten gegen seine Mitbürger. Was Kypselos noch versäumt hatte bei Hinrichtung und Verbannung, holte er nach. An einem einzigen Tage ließ er wegen seiner Frau Melissa alle Frauen Korinths die Kleider ausziehen. Er hatte nämlich Boten zu den Thesprotern an den Acheron geschickt, um ein Totenorakel einzuholen wegen eines Pfandes, das ein Gastfreund hinterlegt hatte. Seine verstorbene Gattin Melissa erschien nun und sagte, sie würde weder durch Zeichen noch Worte verraten, wo das Geld liege. Sie friere und sei nackt; denn man habe die Kleider, in denen er sie beigesetzt, nicht mit verbrannt, und sie nützten ihr nicht. Der Beweis dafür, daß sie die Wahrheit spreche, sei, daß er die Brote in einen kalten Backofen geschoben habe. Als dies dem Periandros gemeldet wurde, – das Zeichen war ihm glaubhaft; denn er hatte mit der bereits toten Melissa geschlechtlich verkehrt –, ließ er sofort nach der Botschaft durch ein Edikt alle Frauen Korinths in den Heratempel rufen. Sie kamen natürlich wie zu einem Fest in ihren schönsten Gewändern. Er verteilte heimlich seine Leibwache und ließ ihnen allen ohne Ausnahme, Freien wie Dienerinnen, die Kleider ausziehen. Diese wurden in eine Grube geworfen und unter Gebeten zu Melissa verbrannt. Danach sandte er zum zweiten Male, und jetzt sagte der Geist der Melissa ihm an, wohin sie das Pfand des Gastfreundes gelegt habe. So sieht die Tyrannenherrschaft aus, Spartaner! Das sind ihre Werke! Wir Korinther wunderten uns damals sofort, als wir hörten, ihr ließet Hippias holen. Jetzt aber sind wir noch viel mehr erstaunt, wenn wir solche Worte von euch hören. Wir rufen die Götter Griechenlands bei unserer Warnung euch zu Zeugen an: Gebt den Städten keine Tyrannen! Aber ihr werdet es doch nicht aufgeben, sondern gegen alles Recht versuchen, Hippias zurückzuführen. Wisset denn, die Korinther stimmen eurem Vorhaben nicht zu!«

III. Private Verpflichtungen

Handwerk und Handel

Arbeiter und Bürger
Aristoteles, Politik 1377b–1378b

Doch in bezug auf den Bürger bleiben noch einige Fragen offen. Soll man nämlich als Bürger im wahren Sinne nur bezeichnen, wer regimentsfähig ist, oder zählen auch die *Banausen* zu den Bürgern? Wenn man nämlich auch diese dazu nimmt, die nicht regimentsfähig sind, so ist es nicht möglich, daß jeder Bürger die Tugend besitzt, von der wir sprachen; denn dann sind auch andere Bürger. Wenn aber keiner von denen als Bürger gelten soll, wohin soll man sie dann rechnen? Denn sie sind doch weder ansässige Ausländer, noch überhaupt Fremde. Oder kommen wir auf diese Weise dennoch zu einem durchaus annehmbaren Zustand? Denn auch die Sklaven gehören ja zu keiner der genannten Kategorien und ebenso die Freigelassenen.

Wahr ist auf alle Fälle, daß man nicht jeden als Bürger bezeichnen soll, ohne den der Staat keinen Bestand hat; denn auch die Kinder gehören zu diesen, aber anders als die Männer: die einen sind Bürger schlechthin, die andern nur voraussetzungsweise. Sie sind Bürger, aber noch unvollkommen.

In alten Zeiten waren in einigen Staaten die Banausen einfach Sklaven oder Ausländer; das ist ja auch heute noch meistens der Fall. Der vollkommene Staat wird jedenfalls keinen Banausen zum Bürger machen. Sollte er indessen doch Bürger sein, dann gehört offenbar jene Tugend des Bürgers, von der wir redeten, nicht allen, und nicht den Freien schlechthin, sondern nur jenen, die von der Arbeit für die Notdurft des Lebens befreit sind. Wer sich aber mit der Notdurft plagt, der ist entweder Sklave eines Einzelnen oder arbeitet für die Gemeinschaft und heißt dann Banause und Tagelöhner.

Wenn wir ein bißchen näher zusehen, erkennen wir, wie es mit ihnen steht. Denn die Sache selbst macht das Gesagte klar. Da es nämlich mehrere Staatsformen gibt, so muß es auch mehrere Arten von Bürgern geben und vor allem von Regierten; so kann in dem einen Staat der Banause mit Notwendigkeit Bürger sein und ebenso der Tagelöhner, in einem andern ist es ausgeschlossen, etwa in der sogenannten Aristokratie, in welcher die Ämter nach Tugend und Verdienst verteilt werden. Denn wer das Leben eines Banausen oder Tagelöhners führt, hat keine Möglichkeit, sich um die Tugend zu bekümmern. In den Oligarchien wiederum kann der Tagelöhner kein Bürger sein, da die Regimentsfähigkeit an eine hohe Steuerklasse gebunden ist, aber der Banause kann es; denn die meisten Handwerker sind reich.

In Theben gab es ein Gesetz, daß erst an der Regierung teilhaben durfte, wer sich während zehn Jahren von den Marktgeschäften ferngehalten hatte. In vielen Verfassungen berücksichtigt das Gesetz teilweise auch die Ausländer; so gilt man in einigen Demokratien als Bürger, wenn nur die Mutter Bürgerin ist, und ähnlich verhält es sich vielfach mit den unebenbürtigen Kindern. Man macht auch aus Mangel an Vollbürgern vielfach solche Leute zu Bürgern (wegen Menschenmangels wenden sie die Gesetze in diesem Sinne an); sind aber genügend Menschen vorhanden, schalten sie zuerst die Nachkommen von Sklaven oder Sklavinnen aus, dann jene von ausländischen Vätern und lassen zum Schlusse nur jene als Bürger gelten, die beidseits von Bürgern abstammen.

Daß es also viele Typen von Bürgern gibt, ist aus dem Gesagten klar, ebenso, daß derjenige vorzugsweise Bürger heißt, der an den Ämtern teilnimmt; so spricht Homer von einem »ämterlosen Fremden«, da derjenige, der nicht regimentsfähig ist, wie ein Ausländer wirkt. Aber wo dergleichen nicht klar zum Ausdruck kommt, so geschieht es, um die Gemeinschaft zu betrügen.

Ob also die Tugend, die einen zum vollkommenen Manne und zum tüchtigen Bürger macht, eine verschiedene oder dieselbe ist, ergibt sich aus dem Dargelegten. In einigen Staaten ist sie dieselbe, in andern nicht, und dort handelt es sich nicht um jedermann, sondern um den Staatsmann und denjenigen, der regiert oder zu regieren und für die Gemeinschaft zu sorgen fähig ist, sei es als einzelner oder mit andern zusammen.

Warum Handwerke verrufen sind
Xenophon, Ökonomikus 4,2–3

Du hast Recht, Kritobulos, erwiderte Sokrates. Denn die sogenannten Handwerke sind verrufen und genießen mit Recht in den Städten keine besondere Achtung. Denn sie zerrütten den Arbeitern wie den Werkführern die Körper, indem sie dieselben zum Sitzen und zum Stubenluftschlucken nötigen, manche auch verlangen, daß man den ganzen Tag beim Feuer zubringe. Wenn aber die Körper gebrechlich werden, erleiden auch die Seelen eine bedeutende Abschwächung. Auch gewähren die sogenannten Handwerke meistenteils keine Muße, daneben auch den Freunden und dem Staat seine Sorge zu widmen, dergestalt, daß Menschen aus solchen Schichten teils für den geselligen Umgang, teils als Kämpfer fürs Vaterland untauglich erscheinen. Ja in einigen Staaten, besonders in solchen, die zu den im Kriege sich auszeichnenden gezählt werden, ist es dem Bürger gar nicht einmal erlaubt, handwerksmäßige Geschäfte zu betreiben.

Ratschläge zur Überwindung wirtschaftlicher Schwierigkeiten durch Arbeiten im Haus
Xenophon, Memorabilien II 7

Auch die Not seiner Freunde zu lindern, war er durchaus bemüht; war sie aus Unverstand erwachsen, dann durch guten Rat, war sie aus wirtschaftlicher Not entstanden, dann mahnte er, einander nach Vermögen zu unterstützen. Auch darüber will ich erzählen, was mir gegenwärtig ist. Als er nämlich einst sah, daß Aristarch mißmutig umherging, da sagte er zu ihm: Du scheinst mir an irgendetwas schwer zu tragen, Aristarch. Du solltest aber von deiner Last etwas deinen Freunden abgeben. Denn vielleicht könnten auch wir dir irgendwie Erleichterung verschaffen. Da erwiderte Aristarch: Tatsächlich, Sokrates, ich bin schon in großer Verlegenheit. Denn da sich bei den Unruhen in der Stadt viele nach dem Piräus geflüchtet haben, so sind nun bei mir die zurückgebliebenen Schwestern und Nichten und Basen derart zusammengeströmt, daß jetzt in meinem Hause vierzehn Personen sind, nur die Freien gerechnet. Wir haben aber weder irgendeine Einnahme aus dem Lande, denn dieses haben die Gegner in Besitz; noch von den Häusern; denn die Stadt ist entvölkert; bewegliche Güter aber kauft niemand. Auch ist es nicht möglich, irgendwoher Geld zu leihen; nein, eher glaube ich, daß jemand beim Suchen auf der Straße etwas finden würde, als daß er es durch Entleihen bekommen könnte. Schlimm ist es nun, Sokrates, mit anzusehen, wie die Verwandten zugrunde gehen, und doch ist es unmöglich, so viele unter solchen Umständen zu ernähren. Als Sokrates dies nun hörte, da sagte er: Wie kommt es denn, daß Keramon, der auch viele zu ernähren hat, nicht nur imstande ist, sich und den Seinen das Notwendige zu geben, sondern überdies noch soviel erübrigt, daß er sogar reich wird, während du dagegen, der du auch viele zu ernähren hast, in Furcht bist, ihr könntet alle aus Mangel am Notwendigen zugrunde gehen? Beim Zeus, war die Erwiderung, weil jener Sklaven zu ernähren hat, ich aber Freie. Und welche von beiden, sagte er, hältst du denn für wertvollere Menschen, die Freien bei dir oder die Sklaven bei Keramon? Ich glaube wohl, so lautete die Antwort, die Freien bei mir. Ist es nun, so erwiderte er, nicht schlimm, daß jener von den Schlechteren zu Wohlstand kommt, du aber durch die weit Besseren in Not bist? Ja, beim Zeus, war die Antwort; doch er ernährt Handwerker, ich aber als Freie Erzogene. Sind denn nun nicht, sagte er darauf, Handwerker Leute, die etwas Nützliches herzustellen verstehen? Durchaus, war die Erwiderung. Ist denn nicht Mehl etwas Nützliches? Gar sehr. Wie ist es mit Brot? Nicht minder. Wie steht es denn, so sagte er alsdann, mit Kleidern für Männer und Frauen, mit Unterkleidern, Mänteln und Jacken? Auch dies alles, erwiderte jener, sind sehr nützliche Dinge. Und verstehen nun, so war die weitere Frage, deine Verwandten davon nichts zu verfertigen? Doch gewiß, alles das, wie ich glaube. Und weißt du denn nicht, daß Nausikydes von einer einzigen dieser Tätigkeiten, nämlich von der Mehlherstellung, nicht nur sich selbst und seine Hausgenossen ernährt, sondern überdies auch noch viele Schweine und Rinder, und daß er dabei noch soviel erübrigt, daß er oft für den Staat Aufwendungen machen kann, und daß Kyrebos von der Brotbäckerei sein ganzes Haus unterhält und im Überfluß lebt, und daß sich Demeas aus Kollytos vom Mäntelmachen ernährt und Menon vom Röckemachen, und daß die meisten Megarer vom Jackenmachen leben? Diese haben doch, beim Zeus, so war die Antwort, Fremde gekauft und können sie daher zu jeder Arbeit zwingen, die einträglich ist, ich aber habe Freie und Verwandte bei mir. Daraufhin sagte er: Weil sie also Freie sind und mit dir verwandt, da meinst du, sie brauchten nichts anderes zu tun als zu essen und zu schlafen? Siehst du denn, daß unter den sonstigen Freien die, welche so leben, ihr Leben besser verbringen, und hältst du sie für glücklicher oder vielmehr die, welche etwas für das Leben Nützliches verstehen und es auch dafür verwenden? Oder hast du den Eindruck, daß die Trägheit und die Nachlässigkeit den Menschen nützlich dafür sind, das zu erlernen, was man wissen muß, und das Erlernte im Gedächtnis zu behalten wie auch dem Körper Gesundheit und Kraft zu geben sowie das zum Leben Brauchbare zu erwerben und zu bewahren, daß aber der Fleiß und die Arbeitsamkeit dafür nichts nützen? Lernten denn deine Verwandten diese Beschäftigungen, die sie deiner Meinung nach verstehen, um sie weder fürs Leben zu verwerten, noch um sie irgendwie auszuüben, oder im Gegenteil, um sich ihrer zu bedienen und aus ihnen Nutzen zu ziehen? Auf welche Weise dürften denn die Menschen mehr Vernunft zeigen, wenn sie träge sind oder wenn sie sich um das Nützliche kümmern? Auf welche Weise dürften sie richtiger handeln: Wenn sie arbeiten oder wenn sie sich über das Notwendige nur beraten, ohne etwas zu tun? Doch jetzt, so glaube ich, bist du ihnen auch weder freundlich gesinnt noch sie dir, du, weil du glaubst, sie seien eine Last für dich, und sie, weil sie sehen, du ärgerst dich über sie. Es besteht daher die Gefahr, es könne daraus ein größeres Zerwürfnis entstehen und das frühere gute Einvernehmen schwinden. Sofern du ihnen dagegen aufträgst zu arbeiten, wirst du sie wieder liebgewinnen, wenn du siehst, daß sie dir von Nutzen sind, und auch sie werden dich wieder schätzen, sobald sie merken, daß du an ihnen Freude hast, und so werdet ihr euch der früher geschehenen Wohltaten lieber erinnern, und die Dankbarkeit dafür wird größer werden, und ihr werdet alsdann wieder freundlicher und umgänglicher miteinander leben. Wenn sie allerdings etwas Schlimmes leisten müßten, dann verdiente der Tod demgegenüber den Vorzug. Nun aber verstehen sie sich doch, wie es den Anschein hat, auf offenbar überaus schöne und für Frauen besonders passende Arbeiten. Eine jede aber leistet am leichtesten und schnellsten und schönsten und angenehmsten die Arbeiten, die sie versteht. Zögere also nicht, so sagte er, sie darin einzuführen, was dir und ihnen zugute kommen wird; und sicherlich werden sie dir gern Folge leisten. Doch wirklich, bei den Göttern, sagte da Aristarch, du scheinst mir damit recht zu haben, Sokrates; denn bisher konnte ich nicht daran denken, etwas zu entleihen, da ich wußte, daß ich das Empfangene nach dem Verbrauch nicht würde zurückgeben können, jetzt aber zur Einleitung von Arbeiten glaube ich es wagen zu können, dies zu tun.

Daraufhin wurden dann Mittel beschafft, und es wurde Wolle gekauft; und während der Arbeit frühstückten sie, nach der Arbeit aber aßen sie zu Abend, und anstatt mürrisch zu sein, waren sie heiter, und anstatt einander böse zu betrachten, sahen sie einander freundlich an, und sie liebten ihn nun als ihren Pflegevater, er aber schätzte sie als nützliche Hausgenossinnen. Schließlich kam er wieder zu Sokrates und berichtete ihm dies voller Freude sowie auch daß sie ihm vorwarfen, er sei der einzige im Hause, der esse, ohne zu arbeiten. Da sagte Sokrates: Erzählst du ihnen dann nicht die Fabel vom Hunde? Als die Tiere noch sprechen konnten, da soll nämlich das Schaf zu seinem Herrn gesagt haben: Du handelst sonderbar, der du uns, die wir die Wolle, Lämmer und Käse liefern, nichts gibst, als was wir etwa von der Erde aufnehmen, dem Hunde aber, der dir nichts derartiges bietet, sogar an deiner eigenen Nahrung Anteil gibst. Als nun der Hund dies hörte, habe er gesagt: Ich bin es doch, fürwahr beim Zeus, der euch eben davor schützt, daß ihr weder von Menschen geraubt noch von Wölfen ergriffen werdet. Denn ihr könntet wohl, wenn ich euch nicht schützen würde, nicht mal auf die Weide gehen aus Furcht, den Tod zu erleiden. So sollen denn auch die Schafe dem Hunde den Vorrang zugestanden haben. Nun sage also auch du deinen Hausgenossinnen, daß du anstatt des Hundes ihr Beschützer bist und dich um sie kümmerst, und daß sie es dir verdanken, wenn ihnen von niemand Unrecht geschieht und sie sicher und angenehm bei ihrer Arbeit leben können.

Der Schuster
Herondas, Der Schuster

Kerdon, Schuster
Metro, Kundin
(Ihre Freundinnen
Drimylos, Pistos, Sklaven)

METRO:
Hier, Kerdon, diese Frauen bring ich dir.
Was kannst du ihnen Schönes zeigen, deiner
geschickten Hände Arbeit?
KERDON: Metro, nicht umsonst
bist du mir lieb. – Willst du den Damen nicht
die große Sitzbank bringen? Drimylos, du bist
gemeint! Du schläfst wohl? Pistos, schlag ihn auf
den Rüssel, bis das Grunzen ihm vergeht!
Noch besser, leg das Stachelhalsband ihm
um seinen Hals! – Na, wird's bald, Lümmel, wirst du
die Knochen heben, oder soll ich dich
in Ketten klirren lassen oder *damit* kommen?
Jetzt, da du sie gebracht, machst du die Bank erst sauber?
Abstauben werd ich dir dafür den Hintern! –
Nehmt Platz, ihr Damen! Pistos, mach das Schränkchen auf,
das obre – nein, nicht dies, das andre dort.
Die edlen Werke deines Meisters Kerdon
bring schnell von oben her. – Ja, liebe Metro,
da wirst du Wunder sehen! Schaut's euch an in Ruhe.
Mach auf das Futteral! Hier, Metro, dies zuerst:
perfekter Schuh für ein perfektes Füßchen.
Ihr Damen, schaut auch ihr: der Absatz, seht,
ist wohlgeformt und ringsherum vollendet.
Nicht ein Teil nur ist schön, der andre nicht,
nein, alles gut, von gleicher Qualität.
Die Farbe erst – Athene schenke euch
auch alles andre, wie ihr es euch wünscht –,
es gibt nichts sonst, was dieser Farbe gleicht.
So glänzen Lilien nicht noch blankes Wachs.

Fürs Leder gab ich Kandas drei Statere,
und kann es eine schönre Farbe geben?
Ich schwöre euch bei allem, was mir heilig ist,
daß ich allein die lautre Wahrheit spreche
und nicht die allerkleinste Lüge sage.
Wenn Kerdon lügt, soll ihm im Leben nichts
gelingen, soll ihm niemand dankbar sein.
Wahrhaftig, andre Meister, wie der Gerber,
kassieren heute massenhaft Gewinn,
doch meinem Handwerk geht es leider anders:
des armen Schusters jammervolles Elend
erleid ich auf dem Schemel Tag und Nacht.
Wir essen keinen Bissen vor dem Abend,
und früh geht's auf...
...
Noch nicht genug, ich füttre dreizehn Münder,
doch, liebe Frauen, alle sind sie faul.
Auch wenn es regnet, können sie nur plärren:
»Gib, was es gibt!« Ansonsten sitzen sie
im warmen Nest und wärmen ihren Hintern.
Doch für den Markt braucht's Geld, nicht Reden, sagt
das Sprichwort. – Sagt dir dieses Paar nicht zu,
so soll er, Metro, dir noch eins und noch eins bringen,
bis ihr mir glaubt, daß Kerdon niemals lügt.
Bring alle Kästen voll Sandalen, Pistos,
auf einmal her. Bevor ihr heimgeht, sollt
ihr doch mal richtig staunen, meine Damen!
Hier seht ihr, alle Sorten, alles neu:
Typ Sikyon, Ambrakia, Nossis, Glatte,
Papageien, Hanfschuh, Baukiden und Blautiden,
aus Ionien, Riemchenschuhe, Nachtsandalen,
Schnürspitzen, Krebse, Pantoletten, Argosschuhe,
die Scharlachroten, Jugendmarke, Wetterfeste –
was euer Herz begehrt, das sagt mir, denn ihr wißt,
am Schuster nagen Frauen und die Hunde.

METRO:

Wieviel verlangst du für das erste Paar, das du

uns zeigtest? Aber donnre nicht zu laut,
sonst scheuchst du selber uns aus deinem Laden!

KERDON:

Bestimme bitte selber seinen Wert
und setz den Preis, den du mir geben willst.
Wer das erlaubt, wird schwerlich dich betrügen.
Ja, willst du, Frau, ein echtes Meisterpaar,
so mußt du uns – bei meinem grauen Kopf,
auf dem der Fuchs sich eingenistet hat –
was bieten, daß die Werkleut essen können.
Beiseite.
Hermes und *Peitho*, die ihr Kerdon helft,
wenn mir nicht jetzt ein Fisch ins Netz geht, weiß
ich nicht, wovon der Ofen rauchen soll!

METRO:

Was brummelst du und nennst nicht frei heraus
den Preis der Schuhe, wie er eben ist?

KERDON:

Nun, liebe Dame, eine Mine kostet
dies Paar. Verdreh nur nicht die Augen! Keinen Heller
vermag ich abzulassen, wollte selbst
Athene höchstpersönlich es erstehen.

METRO:

Kein Wunder, Kerdon, daß dein Laden voll
von so viel schönen Meisterwerken ist!
Behüt sie gut und trocken, denn am zwanzigsten
des Stiermonds richtet Hekate die Hochzeit
für Artakene, da sind Schuhe nötig.
Vielleicht führt dann dein gutes Glück sie her.
Gewiß. Drum näh dir einen Beutel, daß
die Katzen dir nicht deine Minen mausen.

KERDON:

Wenn Hekate und Artakene kommen, unter
der Mine gibt es nichts. Daran halt dich gefälligst.

METRO:

Ist's, Kerdon, nicht ein Glücksgeschenk für dich,
daß du solch Füßchen halten darfst, an das sich Amor
und alle Grazien halten? – Geizhals, schäbiger,

daß du uns solche Überpreise machst!
Doch dieses andre Paar, für meine Freundin,
wieviel? Noch einmal töne uns nach deiner Art.

KERDON:

Bei allen Göttern, fünf Statere drängt mir dafür
die Musikantin Eueteris auf, und täglich
kommt sie herein, doch ist sie mir zuwider,
und wenn sie vier *Dareiken* mir verspräche.
Sie hat mir meine Frau beschimpft mit üblem
Gerede. Doch wenn du sie gerne hättest,
so nimm sie dir und dieses Paar dazu –
sieben Dareiken beide miteinander.
Ich tu's für Metro. Ohne Widerrede.
Du könntest mich, den Schuster, wär ich auch von Stein,
direkt zum Götterhimmel fliegen lassen.
Du hast ja statt der Zunge einen Freudenbecher,
und jener ist gewiß den Göttern nah,
dem du bei Tag und Nacht die Lippen öffnest.
Zeig her das Füßchen, stell es auf die Sohle. –
Da bitte: nichts zuviel und nichts zuwenig.
Das Schöne paßt den Schönen jedesmal.
Athene selbst, so wirst du sagen, schnitt
die Sohle zu. – Zeig nun auch du den Fuß!
Ein Ochs hat draufgelatscht, so schäbig ist der Huf. –
Doch jetzt: hätt ich am Fuß genau dir Maß genommen,
nicht könnte dieser Schuh, bei Kerdons Herd,
dir besser passen als er eben paßt. –
He, du da an der Tür, die wie 'ne Stute wiehert,
sieben Dareiken zahlst du mir für diese! –
Nun, meine Damen, wenn ihr etwas andres braucht,
Sandalen oder was ihr sonst zu Hause tragt,
so schickt mir nur die kleine Sklavin her. –
Du, Metro, wart noch: komm bestimmt am neunten,
da kriegst du deine roten. Denn der kluge Mann
näht sich den Wintermantel, der ihn wärmt.

Die Kranzwinderin
Aristophanes, Die Weiber am Thesmophorenfest 443–458

EINE KRANZWINDERIN *tritt vor:*
Nur wenig ist's, was ich euch sagen will,
Denn gut hat sie die Klage motiviert.
Nur, wie mir selbst es ging, will ich erzählen:
In Zypern starb mein Mann und hinterließ
Fünf Kinder mir, die bracht ich mühsam durch
Mit Kränzeflechten auf dem Myrtenmarkt.
So, wenn auch kümmerlich, ernährt ich mich!
Nun macht der Mensch mit seinen Trauerspielen
Den Männern weis, es gebe keine Götter,
Und bringt uns um die Hälfte unsrer Kunden.
Euch alle bitt ich und beschwör ich drum:
Bestraft den Mann, der's tausendfach verdient!
Denn wild, ihr Fraun, und schlimm spielt er uns mit,
Da er ja selbst im Wildgemüse aufwuchs! –
Jetzt muß ich auf den Markt! Für zwanzig Herrn
Hab ich bestellte Kränze noch zu liefern! *Ab.*

Handels- und andere Vorteile der Seeherrschaft Athens
Pseudo-Xenophon, Staat der Athener II 3–12

Soweit aber die den Athenern untertänigen Städte auf dem Festland liegen, sind sie ihnen untertänig, die großen aus Furcht, die kleinen in besonders hohem Grade aus Not; denn es gibt schlechterdings keine Stadt, die nicht irgendeiner Einfuhr oder Ausfuhr bedürfte, und diese Handelsrechte wird sie nicht genießen, wenn sie nicht den Seebeherrschern unterwürfig bleibt. Ferner ist den Seebeherrschern zu tun möglich, was ja denen zu Lande nur ausnahmsweise, nämlich das Land der Stärkeren zu verheeren; denn zu Schiffe steht es frei heranzufahren, wo kein Feind ist oder wo bloß wenige, wenn sie aber herzukommen, das Schiff zu besteigen und wegzufahren; und wenn er das tut, gerät er weniger in Verlegenheit, als wer mit Fußvolk es gleichtun wollte. Ferner ist es den Herrschern zur See möglich, von ihrer Heimat zu Schiffe eine beliebig lange Fahrtstrecke wegzufahren, denen zu Lande aber ist es nicht möglich, von ihrer Heimat eine Wegstrecke von vielen Tagereisen wegzuziehen; denn langsam sind die Märsche, und es ist nicht möglich, als Fußgänger Nahrung für lange Zeit mitzuführen; und der Fußgänger muß durch Freundesland gehen oder siegreich sich durchkämpfen, dem Schiffahrer aber steht es frei, wo er der Stärkere ist, auszusteigen, wo er es aber nicht ist, an dem Punkt des Festlandes nicht auszusteigen, sondern vorbeizufahren, bis er an befreundetes Gebiet herankommt oder zu Schwächeren als er ist. Ferner Krankheiten der Feldfrüchte, wie sie Zeus schickt, ertragen die Machthaber zu Lande nur schwer, die zur See leicht; denn es ist nicht alles Land zugleich von Krankheit heimgesucht, weshalb aus dem reich gesegneten den Seebeherrschern zukommt, wessen das von Krankheit heimgesuchte bedarf.

Wenn ich aber auch geringerer Vorteile gedenken soll, so haben sie dank der Seeherrschaft erstens Mittel zu Schlemmereien ausfindig gemacht, indem sie hier diesen, dort jenen sich zugesellten; und was es nur an Leckerei in Sizilien oder Italien oder auf Kypern oder in Ägypten oder in Lydien oder im Pontos oder in der Peloponnesos oder sonstwo gibt, all dieses ist an einem Punkte zusammengeströmt dank der Seeherrschaft. Ferner haben sie beim Anhören jeder Sprache sich aus der das, aus der das ausgesucht; und so bedienen sich, während die Griechen ihre eigene Sprache und Lebensweise und Tracht vorziehen, die Athener einer aus allen Griechen und Nichtgriechen vermischten. Was aber Opfer und Heiligtümer und Feste und Götterbezirke betrifft, so hat das Volk in der Erkenntnis, daß es nicht jedem einzelnen von den Armen möglich ist, aus eigenem zu opfern und zu schlemmen und Heiligtümer zu errichten und eine schöne, große Stadt zu bewohnen, ausfindig gemacht, durch welches Mittel diese Ergebnisse zustande kommen würden. Sie opfern demnach auf Gemeindekosten – nämlich der Staat – viele Opfertiere, das Volk aber ist es, das dabei schlemmt und die Opfertiere erlost. Und Turnhallen und Bäder und Auskleideräume haben die Reichen, wenigstens einige von ihnen, im Privatbesitz, das Volk aber baut sich selber zum Privatvergnügen viele Ringschulen, Auskleideräume, Badeanstalten; und mehr Genuß hat davon die Masse als die wohlbestallte Minderheit.

Den Überfluß aber der Griechen und der Nichtgriechen sind sie allein imstande an sich zu ziehen. Denn wenn irgendeine Stadt Überfluß hat an Schiffbauholz, wo wird sie es absetzen, wenn sie nicht die Herren des Meeres dafür gewinnt? Ja noch mehr: wenn eine Stadt an Eisen oder Kupfer oder Flachs Überfluß hat, wo wird sie das absetzen, wenn sie nicht den Herrn des Meeres dafür gewinnt? Gerade aus diesen Stoffen jedoch bekomme ich auch schon meine Schiffe, von dem einen das Holz, von dem andern das Eisen, von dem Kupfer, von dem Flachs, von dem Wachs. Überdies werden sie gar nicht erlauben, es anderswohin zu verfrachten, oder – die unsere Widersacher sind, werden die Benützung des Seeweges verlieren. Und so habe ich, ohne einen Finger zu rühren, alles das vom Lande vermittels des Meeres, keine andere Stadt aber hat auch nur zweierlei davon; und es erzeugt auch keine zugleich Holz und Flachs, sondern wo Flachs sehr reichlich ist, da ist das Gebiet flach und holzarm; und ebensowenig stammt Kupfer und Eisen aus derselben Stadt, und auch die anderen Stoffe gehören nicht zu zweien oder dreien einer einzigen Stadt an, sondern der eine der, der andere der.

Vorschläge zur Förderung des Handels

Xenophon, Vorschläge zur Beschaffung von Geldmitteln oder über die Staatseinkünfte III 1–5

Daß unsere Stadt auch für den Handel die meisten Annehmlichkeiten aufweist und die größten Gewinne ermöglicht, will ich jetzt darlegen. Erstens bietet sie den Schiffen zweifellos die schönsten und sichersten Liegeplätze, wo man nach dem Einlaufen unbesorgt um Sturm ruhig liegen kann. Außerdem sind die Kaufleute in den meisten Städten gezwungen, Rückfracht zu laden, denn diese haben eine Währung, die anderswo nicht akzeptiert wird. In Athen steht zwar auch zur Rückfracht das meiste von dem, was immer Menschen brauchen, zur Verfügung, aber wenn die Händler keine Rückfracht laden wollen, so führen sie, wenn sie Silbergeld mitnehmen, ebenfalls eine gute Ware aus. Denn wo immer sie es verkaufen, überall bekommen sie dafür mehr als den ursprünglichen Wert. Wenn man ferner der Handelsbehörde einen Preis aussetzte (für den Beamten), der die Streitfälle am gerechtesten und schnellsten entscheidet, damit jemand, der abreisen will, nicht daran gehindert würde, dann dürften auch aufgrund dieser Maßnahme Kaufleute in beträchtlich größerer Zahl und bereitwilliger hier Handel treiben. Es wäre auch gut und ehrenvoll, Kaufleute und Reeder auch durch Ehrensitze im Theater auszuzeichnen und manchmal diejenigen zu einem Ehrenmahl einzuladen, von denen man glaubt, daß sie durch besonders gute Schiffe und Waren der Stadt Nutzen bringen. Denn die so Geehrten dürften nicht nur um des Gewinnes, sondern auch um der Ehrung willen wie zu Freunden herbeieilen. Soviel ist klar: Je mehr Menschen sich hier niederlassen und hierherkommen, desto mehr Waren dürften auch eingeführt und ausgeführt, † gekauft † und verkauft und desto mehr Mieten und Steuern eingenommen werden.

Bedeutung des Getreidehandels für Athen
Demosthenes, Gegen Leptines 31–33

Denn es ist euch ja bekannt, daß kein Volk so viel eingeführtes Getreide verbraucht als gerade wir. Die Getreideeinfuhr aus dem *Pontos* nun kommt allein schon der gesammten Einfuhr aus den übrigen Handelsplätzen gleich. Und das ist nicht zu verwundern; denn nicht nur weil jene Gegend das meiste Getreide hervorbringt, sondern vornehmlich deshalb ist dies der Fall, weil *Leukon*, der dort herrscht, den Leuten, die nach Athen laden, Zollfreiheit gewährt und ein für allemal zu der Fahrt hierher das Vorgangsrecht bewilligt hat. Denn dieselbe Freiheit, die er für sich und seine Kinder hier besitzt, hat er auch seinerseits euch insgesammt gewährt. Bedenkt einmal, was das zu bedeuten hat. Von allen, die bei ihm Getreide laden, nimmt er den Dreißigsten. Nun werden jährlich von dorther gegen viermalhunderttausend Scheffel bei uns eingeführt, wie man dies aus den Eingangslisten ersehen kann. Folglich gibt er uns auf die dreimalhunderttausend Scheffel zehntausend zu und auf die hunderttausend ungefähr dreitausend. Weit entfernt nun, dem Staate diese Wohlthat zu entziehen, hat er noch überdies zu *Theudosia* einen Hafen einrichten lassen, der nach der Aussage der Schiffer dem zu Bosporos nichts nachgibt, und auch da uns

Zollfreiheit gewährt. Um vieler anderer Verdienste, die er sowohl als seine Vorfahren sich um uns erworben, hier nicht weiter zu gedenken, so schickte er zur Zeit des allgemeinen Nothstandes vor zwei Jahren Getreide nicht nur zur Deckung eures eigenen Bedarfs, sondern in solchen Massen, daß ihr noch fünfzehn Talente, die Kallisthenes verwaltete, beim Verkauf herausschluget.

Landwirtschaft

Lob der Landwirtschaft
Xenophon, Ökonomikus 5

Alles dies, Kritobulos, erzähle ich dir, fuhr Sokrates fort, zum Beweise, daß sich des Landbaues auch die ganz Glücklichen nicht enthalten können. Denn es scheint die Beschäftigung mit ihm gleichzeitig ein Genuß, eine Vermehrung des Wohlstandes und eine Übung des Körpers in allen denjenigen Fertigkeiten zu sein, die sich für einen freien Mann geziemen. Erstens nämlich bringt die Erde denen, die sie bebauen, alles hervor, wovon die Menschen leben; außerdem aber erzeugt sie als Zugabe noch das, woran sie sich erquicken. Dann gewährt sie auch alles, womit sie die Altäre und Bildnisse der Götter schmücken und was sie zu ihrem eigenen Schmuck verwenden, und zwar in Verbindung mit den lieblichsten Düften und Augenerfrischungen. Dann schafft sie uns vielerlei Speisen, teils sie erzeugend, teils sie ernährend; denn auch die Kunst der Viehzucht gehört mit zum Landbau, so daß man einerseits gewinnt, womit man sich opfernd bei den Göttern beliebt machen kann, anderseits, was man selbst gebraucht. Obschon sie aber Güter in Überfluß gewährt, gestattet sie doch nicht, daß man sich dieselben bei einem weichlichen Leben verschaffe, sondern gewöhnt daran, sowohl die Kälte des Winters wie die Hitze des Sommers zu ertragen. Und indem sie den mit eigener Hand Arbeitenden Körperübungen schafft, erhöht sie denselben die Stärke; diejenigen aber, welche durch sorgende Tätigkeit dem Landbau obliegen, härtet sie dadurch ab, daß sie dieselben früh vom Lager treibt und unablässig auf den Beinen zu sein nötigt. Denn sowohl auf dem Lande wie in der Stadt sind die zur Zeit notwendigsten Arbeiten immer auf die Stunde angewiesen. Ferner, wenn jemand dem Staate zu Pferde dienen will, ist der Landbau am besten geeignet, das Pferd zu ernähren; wenn aber jemand als Fußsoldat dient, verdankt er demselben einen tüchtigen Körper. Auch zur Beschäftigung mit der Jagd gibt das Land Anregung, indem es teils für Hunde viel Futter abwirft, teils nebenbei auch das Wild mit ernährt. Indem aber die Pferde und die Hunde vom Landbau Nutzen ziehen, nützen sie dem Lande wieder: das Pferd, indem es den Aufseher nicht nur früh zu seinem Geschäfte trägt, sondern ihm auch gestattet, sich erst spät wieder zu entfernen; die Hunde, indem sie die wilden Tiere von der Verwüstung der Früchte und Herden abhalten und zugleich für die Sicherheit der Einsamkeit sorgen. Es muntert aber der Acker die Landbauer auch dazu auf, das Land mit den Waffen zu verteidigen, weil er, frei daliegend, seine Früchte dem gewährt, der die Macht hat, sie zu nehmen. Und welche Kunst ist mehr als der Landbau geeignet, im Laufen, Werfen und Springen tüchtig zu machen? Welche Kunst erweist sich denen, die sie bearbeiten, dankbarer? Welche nimmt den, welcher sich um sie bemüht, lieber auf, indem sie ihm schon, wenn er sich ihr nur nähert, anbietet zu nehmen, wessen er bedarf? Welche verfährt freigebiger bei der Aufnahme von Gastfreunden? Wo läßt sich mit mehr Behaglichkeit bei munter loderndem Feuer und warmen Bädern überwintern als auf dem Lande? Wo kann man im Genuß von Wasser, Luft und Schatten angenehmer den Sommer verbringen als inmitten der freien Natur? Welche andere Lebensweise bringt den Göttern schönere Erstlingsopfer oder veranstaltet ihnen reichere Feste? Welche ist beliebter bei den Dienern, willkommener für die Frauen, erwünschter für die Kinder und ansprechender für die Freunde? Mir wenigstens scheint es unerklärlich zu sein, wenn ein freier Mann irgendein Besitztum lieber als dieses besitzt oder irgendeine Beschäftigung angenehmer als diese oder nützlicher fürs Leben gefunden hat. Außerdem aber lehrt die Erde aus freiem Antriebe denen, welche zu lernen verstehen, auch die Gerechtigkeit; denn sie erweist denen, die sie am besten pflegen, wieder am meisten Gutes. Wenn aber etwa die mit dem Landbau sich Beschäftigenden und darin tüchtig und männlich sich Schulenden auch einmal von einer Heeresmasse ihrer Erzeugnisse beraubt werden sollten, so können dieselben, falls nicht ein Gott entgegen ist, als wohl ausgerüstet an Leib und Seele auf die Felder derer gehen, die ihnen hinderlich waren, und dort sich holen, wovon sie zu leben vermögen. Oft aber ist es im Kriege sogar sicherer, mit den Waffen als mit den ländlichen Geräten die Nahrung zu suchen. Auch dazu aber, daß man sich gegenseitig einander beisteht, hilft der Landbau erziehen: denn wie man gegen die Feinde in Gemeinschaft mit anderen Menschen gehen muß, so ist auch die Bearbeitung der Erde nur im Verein mit anderen Menschen möglich. Wer also ein guter Landbauer sein will, der muß sich die Arbeiter willig und zum Gehorsam geneigt machen, und wer Leute gegen den Feind führt, muß auf dasselbe hinarbeiten, indem er denen, welche tun, was brave Männer tun müssen, Geschenke gibt, dagegen die Ungehorsamen züchtigt. Auch zu Ermunterungen ist oft der Landmann den Arbeitern gegenüber nicht weniger als der Feldherr den Soldaten gegenüber genötigt; und ermutigender Hoffnungen bedürfen die Sklaven nicht weniger als die Freien, ja sogar noch mehr, um mit gutem Willen auszuhalten. Treffend hat aber auch jener gesprochen, welcher sagte, daß die Landwirtschaft die Mutter und Amme der übrigen Künste sei. Denn wenn die Landwirtschaft sich wohl befindet, blühen auch alle die anderen Künste; wo aber die Erde gezwungen wird zu veröden, da fehlt nicht viel, daß auch die übrige Gewerbstätigkeit erlischt, zu Lande nicht nur, sondern auch zu Wasser.

Als Kritobulos dies hörte, sagte er: Gut Sokrates, dies allerdings scheinst du mir trefflich auseinandergesetzt zu haben. Wie aber steht es damit, daß sich die meisten landwirtschaftlichen Dinge vom Menschen nicht vorausberechnen lassen? Denn Hagel und Reif machen zuweilen, ja Trockenheit und plötzliche Regengüsse, Meltau und viele andere Dinge sogar oft die schönsten Berechnungen und Arbeiten zuschanden; und auch Herden, auf das trefflichste genährt, richtet zuweilen eine auftretende Seuche auf das schmählichste zugrunde. – Sokrates, dies vernehmend, erwiderte: Ei, ich glaubte, Kritobulos, es sei dir bekannt, daß die Götter ebensosehr Herren über die Werke der Landwirtschaft wie über die des Krieges sind. Nun glaube ich, von denen, die in Krieg verwickelt sind, siehst du, daß sie sich vor den kriegerischen Unternehmungen um die Gunst der Götter bewerben und durch Opfer und Vögel zu erkunden suchen, was sie tun sollen und was nicht. Glaubst du nun, daß man in betreff der landwirtschaftlichen Unternehmungen weniger nötig hat, die Huld der Götter zu erflehen? So wisse denn, daß die Verständigen sowohl wegen der saftigen und trockenen Früchte, wie auch wegen der Rinder, Pferde und Schafe, kurz wegen ihrer gesamten Habe die Verehrung der Götter sich angelegen sein lassen.

Der Bäuerische
Theophrast, Charaktere 4

Das bäurische Benehmen ist wohl eine unschöne Unbildung, der Bäurische aber ist einer, der erst *Kykeon* trinkt und dann in die Volksversammlung geht.

Er behauptet, Myrrhen duften nicht angenehmer als Thymian.

Er trägt Schuhe, die größer sind als sein Fuß.

Er redet mit lauter Stimme daher.

Freunden und Verwandten mißtraut er, den Dienern aber macht er vom Wichtigsten Mitteilung, den Tagelöhnern, die bei ihm auf dem Feld arbeiten, erzählt er alles aus der Volksversammlung.

Bis über das Knie aufgeschürzt sitzt er da, so daß seine Blöße sichtbar wird.

Unterwegs bleibt er sonst nicht stehen, und nichts erregt sein Erstaunen, sieht er aber einen Ochsen oder einen Esel oder einen Bock, dann steht er da und schaut.

Er pflegt etwas aus der Speisekammer zu holen und es gleich zu verschlingen und reichlich starken Wein zu trinken.

Der Köchin geht er heimlich nach, und dann mahlt er mit ihr zusammen für das ganze Gesinde und sich das Getreide.

Beim Frühstück wirft er dem Vieh das Futter zu.

Er öffnet selbst die Tür, ruft seinen Hund herbei, faßt ihn an der Schnauze und sagt: »Dieser bewacht den Hof und das Haus.«

Wenn er von jemandem Geld zurückbekommt, weist er es zurück, es sei schäbig, und er tauscht es gleich ein.

Hat er Pflug, Korb, Sichel oder Sack ausgeliehen, so verlangt er dies in der Nacht zurück, wenn es ihm in einem schlaflosen Augenblick einfällt.

Wenn er in die Stadt hinuntergeht, fragt er einen, der ihm begegnet, wie teuer die Felle und der Räucherfisch waren, ob er heute Neumond feiere, und er sagt gleich, er wolle sich unten die Haare schneiden lassen und im Bad singen und die Sandalen nageln lassen und auf demselben Weg im Vorbeigehen bei Archias Stockfisch holen.

Ein Bauer in der Stadt
Menander, Der Bauer

Myrrhine, Matrone
Hedeia, ihre Tochter
Gorgias, ihr Sohn, im Dienst bei Kleainetos
Philinna, ihre alte Amme
N., Sohn des Nachbarn, Liebhaber der Hedeia
Daos, Sklave des Nachbarn
Eine Halbschwester des N.
Kleainetos, alter Bauer

Vor den Häusern der Myrrhine und des Nachbarn

Der reiche Nachbarssohn N. hat die arme Hedeia verführt, möchte sie auch heiraten, findet sich aber bei der Rückkehr von einer Reise vor vollendeten Tatsachen: sein Vater will ihn alsbald mit seiner Halbschwester verheiraten. N. fürchtet sich vor der Reaktion von Hedeias Bruder Gorgias, der auf dem Lande arbeitet. Gorgias hat seinen Arbeitgeber Kleainetos während dessen Krankheit so gut versorgt, daß der als Dank Hedeia heiraten will. Myrrhine ist in tödlicher Verlegenheit, denn die Entbindung steht bevor.

AUS DEM ERSTEN AKT

N. *erzählt im Selbstgespräch die Vorgeschichte:*

...
Ich hatte etwas Angst. Und doch war ich nicht

schlecht
und meinte nicht, daß ich ein Unrecht täte.
Denn damals war der Bursche ständig auf dem Land.
Nun ist geschehn, was mich zugrunde richtet,
als ich geschäftlich nach Korinth gegangen war.
Zur Nacht kehrt ich zurück, und eine andre Hochzeit
seh ich im Gange, denn die Götter sind bekränzt,
der Vater opfert drinnen, gibt sie selbst zur Ehe.
Sie, meine Schwester, ist vom gleichen Vater, doch
von seiner zweiten Gattin. Aber wie
soll ich das Unheil, dem ich kaum entrinnen kann,
bekämpfen? Ich seh keinen Weg. Doch das ist klar:
Verschwinde ich von hier und sage nichts
und laß der Hochzeit ihren Lauf, so täte ich
Hedeia, meiner Liebsten, unrecht. 's wär nicht brav.
Doch wenn ich klopfen möchte, hab ich wieder Angst.
Ich weiß nicht, ob der Bruder jetzt vom Lande
hier ist. Das alles muß ich vorher überlegen.
So gehe ich beiseit, um zu bedenken:
wie kann ich diese Hochzeit von mir lenken? *Ab.*
Myrrhine, Philinna, später Daos.

MYRRHINE:
Philinna, du verstehst mich, wenn ich mit dir rede,
und so hab ich dir alles über mich erzählt.
So steht es nun mit mir.

PHILINNA: Und, bei den Göttinnen,
als ich, mein liebes Kind, es hörte, wär ich fast
zur Tür gegangen, hätte diesen Lügner
gerufen und ihm meine Meinung gleich gesagt.

MYRRHINE:
Nicht du, Philinna! Soll er doch!

PHILINNA: Was soll er doch?
Bereuen soll er's, dieser Kerl. Er feiert Hochzeit,
der Schuft, nachdem er unsrer Tochter unrecht tat.

MYRRHINE:
Warum kommt sonst vom Lande her mit soviel Grün
des Nachbars Diener Daos. Komm, wir wollen kurz
beiseite treten, meine Liebe!

PHILINNA: Und was geht
der uns an, sag?
MYRRHINE: Es wäre wirklich besser so.
DAOS *kommt, begleitet von dem Sklaven Syros, der Blumen und Kränze trägt:*
Ich denke, niemand ackert wohl ein frömmres Feld
als ich. Es trägt ja Myrten, schönen Efeu,
so viele Blumen. Was man sonst noch investiert,
gibt es nach Fug und Recht zurück, jedoch nicht mehr,
nein, grad dasselbe Maß. Doch, Syros, trag hinein,
was wir hier bringen. All das für die Hochzeit.
Oh – vielmals sei gegrüßt, Myrrhine!
MYRRHINE: Und du auch.
DAOS:
Ich sah dich nicht, verehrte edle Frau.
Wie geht es dir? Ich möchte gute Worte
und bald auch gute Taten, wenn die Götter wollen,
als erster dir berichten und zu kosten geben.
Kleainetos, bei dem dein Sohn in Arbeit steht,
hat sich im Weinberg neulich mit der Hacke
beim Graben ordentlich das Bein verletzt.
MYRRHINE:
Ich Arme!
DAOS: Mut, und hör das Ende meiner Rede.
Denn aus der Wunde wuchs am dritten Tage
dem Alten ein Geschwür, dazu ergriff ihn
das Fieber, und es ging ihm wirklich schlecht.
PHILINNA:
Verschwinde doch, du – was für gute Nachricht
ist's, die du bringst?
MYRRHINE: Sei ruhig, meine Alte!
DAOS:
Als er nun dringend einen Pfleger braucht,
hört von den Sklaven, hausgebornen wie gekauften,
von denen er doch abhängt, nichts als Flüche er,
indes dein Sohn, als wäre es sein eigner Vater,
was nötig ist, verrichtet und besorgt,
Wundsalbe auflegt, abreibt, wäscht, das Essen bringt,

ihm Mut zuspricht, als er sich schon verloren dünkt,
ihn so durch seine Pflege wiederherstellt.

MYRRHINE:
Der gute Sohn!

DAOS: Fürwahr, bei Zeus, die Tat war gut.
Das weitre auch. Denn als er sich daheim erholte,
und Ruhe fand, befreit vom Hacken und von Schmerzen
– den Alten hat das harte Leben hart gemacht –,
befragte er den Jungen, wie es mit ihm stände
– vermutlich hatte er schon was gehört.
Wie nun der junge Bursche ihm erzählt
von seiner Schwester, dabei dich erwähnt
und deine Armut, faßt ihn menschlich Rühren.
Er will sich dankbar zeigen für die Pflege.
Und da er einsam ist und alt, beschließt er klug,
denn deine Tochter wünscht er sich zur Frau.
Das ist der Angelpunkt von meiner Rede.
Schon sind sie auf dem Weg, um sie hinaus
aufs Gut zu holen. Enden wird dann euer Krieg
mit Armut, jenem Untier, wild und ungebändigt,
besonders in der Stadt. Hier muß man reich sein,
sonst aber leben, wo nicht viele Zeugen
das eigne Unglück sehn. Und dafür ist
das Land am besten, wo man einsam lebt.
Das ist die gute Botschaft, die ich dir verkünde.
Laß es dir gut gehn!

MYRRHINE: Du dir auch!

Daos ab.

PHILINNA: Was fehlt dir, Kind?
Was gehst du hin und her und ringst die Hände?

MYRRHINE: Was?
Philinna, ratlos bin ich! Was soll ich jetzt tun?

PHILINNA:
Wieso?

MYRRHINE:
Das Mädchen ist kurz vor der Niederkunft...

Kurz darauf schließt der erste Akt.

AM ANFANG DES ZWEITEN AKTES

kommt Gorgias vom Land. Er spricht mit sich selbst. Von Philinna erfährt er, daß der reiche Nachbarssohn seine Schwester verführt und sitzengelassen hat und daß das Kind gerade geboren ist. Der hinzukommende Bauer Kleainetos bemüht sich, den Empörten mit Lebensweisheiten zu beruhigen.

...

KLEAINETOS:

Verachtet wird der Arme leicht, mein Gorgias.
Ist völlig richtig auch sein Wort, so glaubt man doch,
er rede nur so, weil er etwas haben will,
und gleich heißt ein Erpresser, wer den Kittel trägt,
ist's er auch selber, dem das Unrecht widerfährt.

...

Der Übeltäter aber, wer es immer sei,
der eure Armut kränkt, mag just zu seinem Unheil
euch etwas antun, was ihm selber bald geschieht.
Denn ist er noch so reich – sein Luxus ist vergänglich.
Des Glückes Woge bricht sich nur zu schnell.

...

Der ist der stärkste Mann, mein lieber Gorgias,
der vieles Unrecht tapfer zu ertragen weiß.
Doch diese Heftigkeit und große Bitternis
zeigt gleich vor allen, daß dir Seelenstärke fehlt.

Es scheint also, daß Gorgias den reichen Vater des jungen N. zur Rede gestellt hat und daß dieser geglaubt hat, Gorgias wolle nur Schweigegeld erpressen.

N. hat sich immer noch nicht zum Handeln aufgerafft, ein Freund mahnt ihn – oder er sich selbst?

Traf dich ein Donnerschlag? Wie lächerlich! Du liebst
ein freies Mädchen, und du schweigst und läßt geschehn,
daß man dir ganz umsonst die Hochzeit vorbereitet.

Vermutlich kriegt Gorgias zum Schluß N.'s Halbschwester.
Ich bin ein Bauer, und ich liebe andres nicht.
Die Dinge in der Stadt sind mir noch nicht vertraut.
Die Zeit wird's machen, daß ich etwas mehr versteh.

IV. Entspannung

Theater und Reisen

Herrschaft des Publikums
Platon, Gesetze III 700b–e

Der Athener: Ja, so ist das, Megillos; denn du hast gerechten Anspruch darauf, daß ich dir erzähle, was sich in der damaligen Zeit zugetragen hat, da du in deinem Wesen so bist wie deine Väter. Prüfet aber, du und Kleinias, ob das, was ich erzähle, mit dem Werk der Gesetzgebung etwas zu tun hat; ich berichte das nämlich nicht um der Geschichten willen, sondern im Hinblick auf den Zweck meiner Rede. Denn seht: uns ist doch gewissermaßen dasselbe Geschick widerfahren wie den Persern: ihnen, daß sie das Volk in eine völlige Knechtschaft führten, uns dagegen, daß wir im Gegenteil die Menge zur gänzlichen Freiheit hinwendeten; zu der Frage, wie wir uns hier ausdrücken und was wir sagen sollen, sind deshalb die Ausführungen, die wir soeben gemacht haben, irgendwie von Bedeutung.

Megillos: Du hast recht; doch versuche, uns noch klarer zu zeigen, was du jetzt meinst.

Der Athener: Das soll geschehen. Unter den alten Gesetzen, ihr Freunde, hatte unser Volk keine Verfügungsgewalt; aber es gehorchte ihnen doch gewissermaßen freiwillig.

Megillos: Welche meinst du?

Der Athener: Zuerst denjenigen über die Musik von damals, um gleich von Anfang an darzustellen, wie die freie Lebensweise allzusehr überhandgenommen hat. Zu jener Zeit war ja unsere Musik noch nach Arten und nach verschiedenen Formen getrennt; eine Art des Gesanges waren die Gebete an die Götter, die man Hymnen nannte; demgegenüber gab es eine andere Art des Gesanges, man könnte sie am ehesten als Threnoi (Klagelieder) bezeichnen, und eine weitere waren die Paiane (Siegeslieder) und wieder eine war, weil sie, glaube ich, eine Schöpfung des Dionysos darstellte, der sogenannte Dithyrambos. Und als Nomoi (Gesetze) bezeichneten sie mit eben diesem Namen abermals eine andere Art von Gesang und setzten den Beinamen »Lieder zur Kithara« hinzu.

Nachdem also diese Arten und noch ein paar andere unterschieden waren, durfte man die eine Melodie nicht an Stelle einer anderen verwenden. Doch das Wesentliche an ihnen zu erkennen und sie zugleich als Fachmann zu beurteilen und ferner den zu bestrafen, der sich nicht daran hielt: darüber entschied nicht eine Syrinx (Pfeife) und auch nicht ein amusisches Geschrei der Menge, wie das heute der Brauch ist, und ebenfalls nicht ein Klatschen, das ein Lob bedeuten sollte, sondern es galt unter gebildeten Leuten als ausgemachte Sache, daß sie selber unter Stillschweigen bis zum Schluß zuhörten, während den Kindern und ihren Erziehern und dem großen Haufen die Zurechtweisung mit dem ordnenden Stab gegeben wurde. Auf dermaßen festgesetzte Weise ließ sich nun also die Menge der Bürger lenken und nahm sich nicht heraus, durch Lärm ihr Urteil abzugeben; doch später waren es Dichter, die im Laufe der Zeit die Ersten wurden in der Verletzung der musischen Gesetze; sie waren zwar von Natur dichterisch begabt, wußten aber nicht, was sich der Muse gegenüber von Rechtswegen schickt und was das Gesetz vorschreibt; in schwärmerischem Taumel und über Gebühr von der Lust gepackt, brachten sie die Threnoi mit den Hymnen durcheinander und die Paiane mit den Dithyramben und ahmten demzufolge die Flötenlieder mit den Gesängen zur Kithara nach, vermischten alles mit allem und erweckten, ohne es zu wollen, aus lauter Unverstand den falschen Eindruck, als ob es in der Musik überhaupt keine rechte Ordnung gebe, sondern daß die Lust dessen, der Freude daran hat, möge er nun besser oder schlechter sein, am richtigsten entscheide. Indem sie nun solche Werke schufen und dabei solche Worte brauchten, pflanzten sie der Menge eine Geringschätzung der musikalischen Gesetze ein und die Unverfrorenheit, sich zu einem Urteil über sie für kompetent zu halten; so kam es denn, daß die Zuschauerränge, statt ruhig zu sein, von Geschrei erfüllt wurden, als ob sie in der Musik darüber sachverständig wären, was schön sei und was nicht, und an Stelle der Herrschaft der Besten entstand eine üble Herrschaft des Publikums. Wenn sich nun bloß auf diesem Gebiet eine Demokratie von freien Männern gebildet hätte, so wäre das Ergebnis nicht allzu schlimm gewesen; doch jetzt nahm, ausgehend von der Musik, der Dünkel, es sei jeder zu jedem gescheit genug, seinen Anfang, desgleichen die Gesetzwidrigkeit, und in ihrem Gefolge kam die Ungebundenheit. Denn sie verloren alle Hemmungen, gleich als ob sie Wissende wären, und infolge dieser Respektlosigkeit verlor sich auch das Gefühl der Scheu; denn wenn man so frech wird, daß man vor der Meinung der Besseren keinen Respekt mehr hat, so kommt das schon beinahe einer üblen Unverschämtheit gleich, und zwar als Folge einer Freiheit, die sich allzuviel herausnehmen konnte.

MEGILLOS: Damit hast du völlig recht.

Vergnügen im Theater
Aristophanes, Die Acharner 9–16

Dann aber ging mir's tragisch – im Theater.
Ich sitze da mit offnem Maul, erwarte
Ein Stück von *Aischylos*, da heißt's: *Theognis*!
Ihr könnt euch denken, wie mein Herz erbebte!
Doch lustig war's, *Dexitheos* zu hören,
Der die Boioterhymne sang ums Kalb.
Dann hab' ich fast den Hals mir krumm geguckt,
Als Chairis jüngst gebückt sein Schlachtlied quiekte.

Reise nach Olympia
Xenophon, Memorabilien III 13,5–6

Zu jemandem, der sich vor der Reise nach *Olympia* fürchtete, äußerte er: Warum hast du Furcht vor der Reise? Gehst du nicht auch zu Hause fast den ganzen Tag herum, und wirst du nicht auf deiner Reise dorthin auch nach dem Umhergehen frühstükken und dann nach dem Umhergehen zu Abend essen und dich zur Ruhe legen? Weißt du nicht, daß du wohl ohne Schwierigkeiten von Athen nach Olympia kommen könntest, wenn du die Wege zusammennimmst, die du beim Umhergehen in fünf oder sechs Tagen zurücklegst? Es wird auch angenehmer sein, schon um einen Tag früher aufzubrechen als sich zu verspäten. Denn es ist beschwerlich, die Tagesstrecken über Gebühr ausdehnen zu müssen; um einen Tag länger reisen zu können, gewährt dagegen große Erleichterung; es ist also besser, mit dem Aufbruch zu eilen als auf der Reise.

Als ein anderer klagte, daß er von einem langen Wege ermüdet sei, fragte er ihn, ob er auch eine Last getragen habe. Beim Zeus, erwiderte jener, das nicht, nur meinen Mantel. Warst du allein auf der Reise, fragte er da, oder war auch ein Begleiter mit dabei? Ein Begleiter war dabei, entgegnete jener. Ging er ohne Gepäck, oder trug er etwas? So war die weitere Frage. Beim Zeus, war die Erwiderung, er trug die Decken und das übrige Gepäck. Und wie, fragte er weiter, ist ihm denn die Reise bekommen? Anscheinend, antwortete jener, besser als mir. Wie kommt das denn? So lautete die nächste Frage. Wenn du dessen Gepäck hättest tragen müssen, wie wäre es dir wohl nach deiner Meinung ergangen? Recht schlecht, beim Zeus, entgegnete jener; oder richtiger, ich hätte es wohl nicht schaffen können. Um so viel weniger Strapazen ertragen zu können als der Sklave, wie scheint dir dies denn für einen körperlich geübten Mann passend zu sein?

Essen und Trinken

Für den kräftigen Esser

Alkman, Für den kräftigen Esser

Geben will ich dir einstmals auch eines Dreifußes Höhlung;
darin magst du Speisen zuhauf dir sammeln.
Ist doch der Dreifuß zur Stunde noch ungebraucht, wird sich indessen
füllen geschwind mit Brei, wie Alkman, der Allesesser, ihn schätzt,
wenn die Sonne sich wandte: nur mäßig erwärmt.

Nicht auf gefälliges Anrichten nämlich legt er den Hauptwert beim Schmaus,
sondern begehrt, wie der Demos, das ganz Gewöhnliche.

Wohlleben
Solon, Wohlleben

Sie trinken, und die einen kauen Pfannkuchen,
die andern Brot und wieder andere Gebäck
mit beigemischten Linsen. Keine Näscherei
wird hier vermißt. Kurz: alles, was die dunkle Erde
an Frucht den Menschen trägt, steht reichlich zur Verfügung.
– –
Dort wirkt man eifrig mit dem Mörser, da verwertet
man *Silphion*, hier Essig – – – – – – – – – – – – – – – – – –
– –
der eine Mistelbeeren, jener Sesamschoten.

Weingenuß
Theognis

Nötige niemanden, ungern zu weilen in unserem Kreise,
keinem auch weise die Tür, den es zum Aufbruch nicht drängt,
wecke auch keinen von uns, mein Simonides, wenn ihn der Weinrausch
jäh übermannte und ihn zärtlicher Schlummer umfängt,
heiße auch keinen, der wachbleiben möchte, sich schlafen zu legen.
Jedes erzwungene Tun wirkt ja als drückende Last.
Den, der zu trinken begehrt, soll gleich der Mundschenk bedienen;
schwerlich in jeder Nacht ist ihm solch Wohlsein beschert.
Ich indessen – ich trank vom köstlichen Wein zur Genüge –
widme zu Haus mich dem Schlaf, der uns von Sorgen erlöst.
Heimkehren will ich zum Nachweis, daß Weintrinken äußerst bekömmlich:
Nüchtern bin ich nicht mehr, wie auch nicht allzu berauscht.
Wer beim Trinken das Maß übersteigt, verliert nur die Herrschaft

über die Zunge, zugleich über Entschluß und Verstand.
Ungereimtheiten schwatzt er, die Nüchternen häßlich erscheinen,
scheut auch vor nichts zurück unter dem Banne des Rauschs,
einst ein vernünftiger Mensch, jetzt töricht. Nimm es zur Kenntnis,
bitte, und trinke den Wein niemals im unrechten Maß,
sondern erheb dich, bevor dich die Trunkenheit packt – nicht wie einen
elenden Taglöhner soll dich überwinden die Gier! –,
oder bleibe und trinke nicht weiter. Immerfort lallst du
leichtfertig dein »Schenk ein«. Deshalb verfällst du dem Rausch.
Einen Becher leerst du »zum Wohl«, den andern »zur Wette«,
diesen »den Göttern zum Preis« oder auch, weil er »zur Hand«.
Ablehnen kannst du keinen Bescheid. Nur jener erringt den
Sieg, den reichlicher Trunk niemals zum Schwatzen verführt.
Aber verbleibt ihr neben dem Mischkrug, so plaudert behaglich,
sucht euch in eurem Kreis fest zu bewahren vor Streit,
tragt zum Gespräch gemeinsam bei, für einen wie alle:
heiter und angenehm wird euer Gelage dann sein.

Essen auf dem Lande

Aristophanes, Der Friede 1140–1158

CHORFÜHRER: Nichts behaglicher als dieses: wenn die Saatzeit ist vorbei
Und der Himmel Regen spendet und ein Nachbar kommt und spricht:
›Hör, was meinst du, Freund, was fangen wir nun an, Komarchides?
Da der Himmel uns so gnädig, denkst du nicht, wir trinken eins?
Also, Weibchen, setz ans Feuer Erbsen heut, drei Mäßchen voll,
Nimm auch Kuchenmehl, vom feinsten, spare ja die Feigen nicht!
Schick die Syra, daß sie draußen auf dem Feld den Manes holt!
Denn die Reben abzublatten heute, nein, das geht nicht an;
Sie behacken – nein, auch das nicht, denn der Grund ist gar zu feucht.

Holt bei mir zwei Krammetsvögel, nehmt auch die Kapaunen mit!
Biestmilch hatt' ich auch im Hause, Hasenfleisch vier Stücke noch,
Wenn mir über Nacht die Katze nicht davon gestohlen hat:
Ja, es war im Haus nicht richtig, und es kratzt' und polterte!
Junge, bring uns nur drei Stücke, laß dem alten Vater eins;
Einen Myrrhenzweig mit Beeren fordre beim Aischinades;
Ruf auch im Vorübergehen dem Charinades: er soll
Heute fröhlich mit uns trinken,
Weil der Himmel unsern Fluren
Segen und Gedeihen schenkt!‹

Wie Dionysos im Herakleskostüm wegen Zechprellerei in Schwierigkeit kommt

Aristophanes, Die Frösche 549–578

ERSTE WIRTIN: Plathane, Plathane!
Komm, komm, da ist er, der verfluchte Schuft,
Der neulich bei uns eingekehrt und sechzehn
Laib Brot uns aufgefressen!
ZWEITE WIRTIN: Meiner Treu,
Das ist er!
XANTHIAS: Einen weiß ich, dem geht's schlecht!
ERSTE WIRTIN:
Und obendrein die zwanzig Kreuzerwürstchen
All' miteinander!
XANTHIAS: Einer wird das büßen!
ERSTE WIRTIN: Und all den Knoblauch!
DIONYSOS: Weibsbild, bist du toll?
Was faselst du?
ERSTE WIRTIN: Ha, ha, du glaubst, weil du
Kothurne trägst, ich kenne dich nicht mehr?
ZWEITE WIRTIN:
Ja, und vom Pökelfleisch hab' ich noch nichts
Gesagt, o weh! und von dem frischen Käs,
Den er mir samt den Körben hat verschluckt.

Und als ich dann die Zeche machte, sah
Er barsch mich an und brüllte wie ein Stier!

XANTHIAS: Das sieht ihm gleich, so macht' er's überall!

ZWEITE WIRTIN: Und zog den Säbel, grade wie verrückt!

XANTHIAS: Du armes Ding!

ZWEITE WIRTIN: Wir beide sprangen, fast
Erschrocken, schnell die Bodentrepp' hinauf:
Da riß er aus und nahm das Tischtuch mit.

XANTHIAS:
Ganz seine Art! Doch jetzt müßt ihr euch rühren!

ERSTE WIRTIN *zur zweiten:*
Geh, ruf mir doch zum Beistand Kleon her!

ZWEITE WIRTIN:
Und du Hyperbolos, wenn du ihn findest! –
Dem kochen wir's!

ERSTE WIRTIN: Du Teufelsrachen, wart!
Mit Steinen schlag' ich das Gebiß dir ein,
Womit du mir die Wirtschaft ausgefressen!

ZWEITE WIRTIN: Ich schmeiße dich hinab ins Schinderloch!

ERSTE WIRTIN: Ich schneide mit dem Küchenmesser dir
Die Gurgel auf, die meine Wecken fraß!
Zum Kleon geh' ich jetzt, der haspelt dir
Vor Amt das alles wieder aus dem Bauch!

Anfang und Ende eines Gastmahls
Xenophon, Gastmahl I–III, IX

Erstes Kapitel.

Von edlen und braven Männern scheinen mir nicht nur die im Ernst vollbrachten Werke denkwürdig zu sein, sondern auch ihre Leistungen bei Scherz und Spiel. Bei welcher Gelegenheit ich auf diese Ansicht gekommen bin, will ich als Augenzeuge berichten. Es war das Pferderennen der großen Panathenäen, Kallias aber, der Sohn des Hipponikos, war gerade in den damals noch jugendlichen Autolykos verliebt und hatte denselben, nachdem dieser selbst im Pankration gesiegt, zur Kampfschau geleitet. Wie das

Rennen vorbei war, ging er mit Autolykos und dessen Vater nach seinem Landhause im Piräeus; gelegentlich schloß sich ihm auch Nikeratos an. Als er auf dem Wege den Sokrates mit dem Kritobulos, Hermogenes, Antisthenes und Charmides zusammen sah, überließ er den Autolykos nebst den übrigen einem Führer; er selbst aber ging auf Sokrates und dessen Begleiter zu und sagte: »Just zur rechten Stunde treff' ich mit euch zusammen! Ich will nämlich dem Autolykos und seinem Vater ein Gastmahl geben, und da dürfte sich, was ich zu bieten habe, weit glänzender ausnehmen, wenn der Saal mit Männern, welche, wie ihr, festlich geputzten Geistes sind, geschmückt ist, als wenn er mit Feldherren, Reiterobersten und Ehrenstellenjägern prunkte.« –

Sokrates erwiderte: »Du treibst doch immer, vornehm auf uns herabblickend, deinen Scherz mit uns, weil du siehst, wie wir noch immer, uns selbst abquälend, nach Weisheit ringen, während du dir die Weisheit für vieles Geld vom Protagoras und Gorgias und Prodikos und vielen anderen zu verschaffen gesucht hast.« – »Und früher«, sagte Kallias, »hab' ich noch dazu die Schätze meiner Weisheit vor euch verborgen gehalten! Jetzt aber, wenn ihr nur erst bei mir sein werdet, will ich euch zeigen, daß ich aller Beachtung wert bin.«

Sokrates und seine Begleiter statteten anfangs, wie es schicklich ist, für die Einladung ihren Dank ab, ohne ihre Teilnahme am Gastmahl zuzusagen. Als aber Kallias merken ließ, daß er es übelnehmen würde, wenn sie ihm nicht folgten, gingen sie mit ihm. Alsbald fanden sich denn auch die anderen, nachdem sie sich körperlich geübt und gesalbt, zum Teil auch gebadet hatten, bei ihm ein. Autolykos nahm neben seinem Vater auf einem Sessel Platz; die übrigen, wie es Brauch ist, lagerten sich. Schon hierbei nun würde ein aufmerksamer Beobachter des Hergangs die Überzeugung gewonnen haben, daß Schönheit etwas von Natur Königliches ist, zumal, wenn sie jemand, wie damals Autolykos, im Verein mit Sittsamkeit und Bescheidenheit besitzt. Denn wie ein Licht, wenn es in der Nacht erscheint, aller Augen auf sich lenkt, so zog auch damals die Schönheit des Autolykos zunächst aller Blicke nach ihm hin; dann aber war unter denen, die ihn sahen, auch nicht einer, der nicht im Innersten von ihm ergriffen worden wäre. Die einen zeigten es dadurch, daß sie stiller wurden; die anderen legten es sogar durch irgendwelche Gebärden an den Tag. Nun gelten zwar alle, die von irgend einem der Götter ergriffen sind, als sehenswerte Erscheinungen; während aber die von anderen Göttern Erfaßten in ihrem Aussehen wilder, in ihrer Stimme fürchterlicher, in ihrem Wesen ungestümer werden, zeigen sich die vom sittsamen Eros Beseligten in ihren Blicken liebreicher, in ihrer Stimme milder und in ihren Bewegungen anständiger. In diesem Zustande nun befand sich damals durch den Eros auch Kallias und gewährte als solcher den mit diesem Gott Vertrauten ein sehenswürdiges Schauspiel.

Demgemäß herrschte unter ihnen während der Mahlzeit eine Stille, wie wenn es ihnen von einem Höheren so geboten wäre. Da aber klopfte plötzlich der Spaßmacher Philippos an die Thür und ließ durch den Thürsteher hineinsagen, wer er sei und weshalb er eingelassen zu werden wünsche. Er komme, versicherte er, auf das beste ausgerüstet mit allem, was notwendig sei, um auf fremde Kosten zu speisen, und auch sein Bursche keuche jämmerlich unter der Last eines leeren Ranzens und eines nüchternen Magens. Als Kallias dieses hörte, sagte er: »Es wäre doch wohl schimpflich, ihr Männer, ihm das Obdach nicht zu gönnen. Er möge also eintreten!« – Und zugleich warf er einen Seitenblick auf Autolykos, offenbar um zu erfahren, wie diesem der Spaß gefallen habe.

Inzwischen stand Philippos bereits im Saal, wo das Gastmahl war, und sagte: »Ihr wißt alle, daß ich ein Spaßmacher bin; daher komme ich gutes Mutes, weil ich glaube, daß es spaßhafter ist, ungebeten, als gebeten zum Gastmahl zu kommen.« – »So nimm denn Platz«, sagte Kallias; »denn die Anwesenden sind zwar mit *Ernst*, wie du siehst, reichlich gesättigt; nach *Lachen* aber dürften sie vielleicht mehr Hunger verspüren.« – Noch während des Essens machte nun Philippos sogleich einen Versuch, etwas Komisches zu sagen, damit er dem nachkomme, weshalb er überhaupt zu den Gastmählern eingeladen wurde. Wie er jedoch kein Lachen hervorrief, konnte er zwar seine Verstimmung darüber nicht verbergen; gleichwohl machte er ein wenig später abermals einen Anlauf, durch einen andern Witz Lachen zu erwecken. Als man aber auch da nicht über ihn lachte, ließ er, mitten in der Rede abbrechend, das Essen stehen und sank, sein Haupt verhüllend, auf das Lager zurück. »Ei«, rief da Kallias, »was hast du, Philippos? Dir ist doch nicht etwa unwohl geworden?« – »Beim Zeus!« erwiderte jener tief aufseufzend, »recht unwohl, o Kallias! Denn wenn erst das Lachen aus der Welt verschwunden ist, geht's auch mit mir zu Ende. Bisher bin ich ja gerade deshalb zu den Gastgelagen gerufen, damit die Gäste, über mich lachend, fröhlich sein möchten! Wozu aber wird mich jetzt noch einer einladen? Denn zum Ernsthaften hab' ich so wenig Anlage, wie zum Unsterblichwerden, und in der Absicht, wiedergebeten zu werden, ladet mich wahrhaftig auch niemand ein, da jedermann weiß, daß es von Anbeginn gegen alle Sitte ist, daß eine Mahlzeit den Weg in meine Wohnung fände.« – Gleichzeitig mit diesen Worten schneuzte er sich, und auch seine Stimme klang ganz so, als ob er weine. Da redeten ihm alle zu, als sei zu hoffen, daß sie schon wieder einmal lachen würden, und rieten ihm, es sich nur schmecken zu lassen; ja, Kritobulos brach sogar über sein Gestöhn in lautes Lachen aus. Kaum aber hatte jener dies Gelächter vernommen, da enthüllte er sich wieder, hieß seine Seele gutes Mutes sein, weil es mit dem Essen auf gemeinschaftliche Kosten noch nicht vorbei sei, und schmauste weiter.

Zweites Kapitel.

Als man endlich die Tische entfernt, die Trankopfer dargebracht und den Päan gesungen hatte, stellte sich unter ihnen zum Trinkgelag ein Syrakuser ein, indem er eine geschickte Flötenspielerin, eine Tänzerin vom Schlage derer, die als Tausendkünstler bewundert werden, und endlich einen ebensosehr durch Schönheit wie durch Zitherspiel und Tanz sich auszeichnenden Knaben mit sich führte. Diese Herrlichkeiten ließ er denn auch wie Wunderwerk sehen und sich Geld dafür zahlen. Als nun vor ihnen die Flötenspielerin ihre Flöte, der Knabe sein Zitherspiel erklingen ließ und beide gar sehr zur Erheiterung beizutragen schienen, sagte Sokrates: »Wahrlich, o Kallias, du bewirtest uns aufs prächtigste! Denn du hast uns nicht allein ein tadelloses Mahl vorgesetzt, sondern versorgst uns auch auf das angenehmste mit Ohrenschmaus und Augenweide!« – »Wie nun«, erwiderte jener, »wenn uns jemand auch Salben brächte, damit wir auch mit Wohlgerüchen gesättigt würden?« – »O nicht doch!« sagte Sokrates. »Denn wie ein anderes Kleid dem Weibe, ein anderes dem Manne schön steht, so muß auch der Geruch ein anderer sein für den Mann, ein anderer für das Weib. Um eines Mannes willen reibt sich ja doch kein Mann mit Salben ein. Die Weiber freilich, zumal wenn sie erst seit kurzem vermählt sind, wie die des Nikeratos hier und des Kritobulos, wollen ein wenig Salbengeruch als Zugabe haben, denn sie duften ja selbst danach. Aber der Ölgeruch in den Ringschulen ist im Vergleich mit dem für Weiber bestimmten Salbenduft nicht nur angenehm, wenn er vorhanden ist, sondern auch sehnsuchterweckender, wenn er vermißt wird. Denn wer sich mit Salbe getränkt hat riecht ja, sei er ein Sklave oder ein Freier, sofort ebenso wie jeder andere; dagegen die von den Arbeiten freier Männer herrührenden Gerüche erfordern erst Übungen und Zeit, wenn sie sich als angenehm und edel erweisen sollen.« –

Hierauf sagte Lykon: »Gut! Für Jünglinge dürfte dies so sein. Wir aber, die wir die Ringschulen nicht mehr besuchen, wonach werden *wir* riechen müssen?« – »Nach Ehrenhaftigkeit, denk' ich!« versetzte Sokrates. – »Und wo könnte man diese Salbe beziehen?« – »Beim Zeus, nicht von den Salbenhändlern!« – »Von wem also denn?« – »Theognis sagt:

›Treffliches lernst du von Trefflichen nur; wofern du dich aber
Bösen gesellst, so entweicht auch der vorhandne Verstand‹.« –

»Hörst du dies, mein Sohn?« sagte Lykon. – »O gewiß!« versetzte Sokrates. »Er handelt ja auch danach! Wenigstens hat er sich's angelegen sein lassen, Sieger im Pankration zu werden, und so wird er sich denn wohl auch, mit Hilfe deines Vaterauges, einen solchen zum Vorbilde wählen, der am passendsten sein dürfte, ihn hierin tüchtig zu machen.«

Da ließen sich nun viele zugleich hören. Der eine von ihnen nämlich sagte: »Ja, wo wird er hierfür einen Lehrer finden?« – Ein anderer behauptete, das lasse sich gar nicht lehren, und ein dritter meinte, wenn irgend etwas anderes, müsse auch dieses zu lernen sein. Sokrates aber sagte: »Da dies einmal eine streitige Frage ist, so lasset es uns für ein andermal beiseite legen. Für jetzt wollen wir uns an das halten, was uns vor Augen liegt. Denn ich sehe, wie die Tänzerin dort schon bereit steht und wie man ihr Reife bringt.« – Hierzu nun spielte ihr das andere Mädchen mit der Flöte auf; ein daneben Stehender aber reichte der Tänzerin die Reife bis auf zwölf. Sie aber nahm dieselben und warf sie sodann inmitten des Tanzes mit gehörigem Schwunge in die Höhe, berechnend, wie hoch sie werfen müsse, um sie im Takte wieder aufzufangen. Da sagte Sokrates: »Wie in vielen anderen Dingen, so zeigt es sich auch in dem, was das Mädchen leistet, daß die weibliche Natur nicht schlechter ist, als die des Mannes, wenngleich sie der Einsicht und Stärke ermangelt. Hat daher einer von euch ein Weib, so unterrichte er sie getrost in allem, wovon er wünscht, daß sie es wisse.« – »Ei«, sagte da Antisthenes, »wenn das deine Meinung ist, o Sokrates, warum erziehst du denn nicht auch deinerseits die Xanthippe, sondern lebst mit einem Weibe, das von allen, die es giebt, ja ich glaube, von allen, die es jemals gegeben hat und jemals geben wird, das widerspenstigste ist?« – »Weil ich sehe«, sagte Sokrates, »daß auch diejenigen, welche Pferdebändiger werden wollen, nicht die folgsamsten, sondern die wildgearteten Pferde nehmen. Sie glauben nämlich, wenn sie diese im Zaume zu halten wüßten, vermöchten sie auch mit den anderen leicht fertig zu werden. So habe nun auch ich, da ich mit Menschen zu leben und umzugehen wünsche, diese genommen, in dem sicheren Bewußtsein, daß ich, wenn ich es mit ihr aushalte, leicht auch mit allen anderen Menschen durchkommen werde.« – Und dieses Wort schien nicht ohne treffende Beziehung gesagt zu sein.

Hierauf ward ein Ring hereingebracht, der ringsum mit aufrechtstehenden Schwertern besetzt war. In diese nun schwang sich die Tänzerin kopfüber hinein und schnellte sich sodann über sie hinweg wieder hinaus, so daß die Zuschauer besorgten, sie möchte sich ein Leid thun. Sie aber führte diese Dinge mit ebensoviel Unerschrockenheit wie Sicherheit aus. Da rief Sokrates den Antisthenes und sagte: »Wahrhaftig, wer dies mit ansieht, der wird, mein' ich, nicht länger daran zweifeln, daß selbst die Tapferkeit sich lehren läßt, da sich ja diese, wenngleich nur ein Weib, so kühn in die Schwerter stürzt.« – »Ei«, bemerkte hierauf Antisthenes, »wär' es da nicht am besten, wenn dieser Syrakuser seine Tänzerin der Stadt zu sehen gäb' und sich anheischig machte, sofern die Athener ihm Geld dafür zahlten, zu bewirken, daß alle Athener ohne Unterschied auf die Lanzen loszugehen wagten?« – »Beim Zeus«, rief Philippos, »und am liebsten möchte ich hierbei den Volksredner Pisander beobachten und es mitansehen, wenn der sich kopfüber in die Schwerter stürzen lernt, er, der jetzt, weil er keine Lanzenspitzen sehen kann, gar nicht einmal mit ins Feld zu ziehen wagt.« –

Hiernach tanzte der Knabe, und Sokrates sagte: »Seht ihr wohl, wie der Knabe trotz seiner Schönheit inmitten der Bewegungen noch schöner erscheint, als wenn er sich ruhig verhält?« – »Ei«, versetzte da Charmides, »du sprichst ja wie einer, der dem Tanzmeister eine Lobrede hält.« – »Beim Zeus, so ist es auch«, erwiderte Sokrates, »denn ich habe auch noch eine andere Bemerkung gemacht, die nämlich, daß bei dem Tanze kein Glied des Körpers in Unthätigkeit war, sondern gleichzeitig Hals, Beine und Hände geübt wurden, gerade wie derjenige tanzen muß, der sich eine bessere Körperhaltung anzueignen wünscht. Auch ich«, fuhr er fort, »möchte gar gerne die Bewegungen von dir lernen, Syrakuser!« – »Und wozu«, fragte dieser, »möchtest du sie gebrauchen?« – »Zum Tanzen, versteht sich!« entgegnete Sokrates.

Da brachen alle insgesamt in ein Gelächter aus; Sokrates aber sprach mit sehr ernsthafter Miene: »Ihr lacht über mich? Vielleicht darüber, daß ich durch Körperbewegungen mein Wohlbefinden steigern will, oder weil ich möchte, daß mir Essen und Schlaf besser schmecken, oder weil ich gerade nach solchen Übungen verlange, welche dafür sorgen, daß ich nicht, wie die Schnelläufer, starke Schenkel aber schwächliche Schultern, noch, wie die Faustkämpfer, starke Schultern aber dünne Beine bekomme, sondern durch gleichmäßige Anstrengung des ganzen Körpers alles ins Gleichgewicht bringe? Oder lacht ihr darüber, daß ich nicht nötig haben werde, mir zu meinen Übungen einen Genossen zu suchen oder mich trotz meines hohen Alters vor aller Augen zu entkleiden, sondern daß ich, gerade wie dieser Knabe, um in Schweiß zu geraten, nur dieses Zimmers hier bedurfte, mit einem Gemach für sieben Tischplätze auskommen werde, ja daß ich mich bei stürmischem Wetter unter Dach und Fach und bei zu großer Hitze im Schatten üben kann? Oder lacht ihr darüber, daß ich, im Besitz eines über Gebühr großen Bauches, diesen auf ein bescheidenes Maß zurückzuführen wünsche? Oder wißt ihr nicht, daß mich erst neulich unser Charmides hier frühmorgens beim Tanzen antraf?« – »Beim Zeus, so ist es!« sagte Charmides. »Und anfangs zwar war ich darüber ganz bestürzt und meinte, du seiest toll geworden. Als ich aber Ähnliches von dir vernahm, wie du jetzt sprichst, da habe ich selbst, sowie ich nach Hause kam, wenn auch nicht getanzt – denn das habe ich niemals gelernt – doch gestikuliert, denn darauf verstand ich mich.« – »Beim Zeus!« rief Philippos. »Darum scheinen denn auch deine Beine mit deinen Schultern dergestalt im Gleichgewicht zu sein, daß ich glaube, du kämest ohne Strafe davon, auch wenn du dein Unteres und Oberes, wie die Brote den Marktmeistern, vorwägen müßtest.« – Jetzt nahm Kallias das Wort und sagte: »Fordere nur mich auf, Sokrates, wenn du tanzen lernen willst, damit du an mir einen Kontertänzer und einen Mitschüler hast.«

»Wohlauf denn!« rief Philippos. »Man spiele auch mir auf, damit auch ich einen Tanz aufführe!« – Hiermit stand er auf und ahmte sodann der Reihe nach den Tanz des Knaben und des Mädchens nach. Und weil man gelobt hatte, daß der Knabe infolge der Bewegungen noch schöner erscheine, so ließ er seinerseits jeden Teil seines Körpers, den er bewegte, noch lächerlicher erscheinen, als er von Natur schon war. Weil aber das Mädchen, sich rückwärts biegend, Räder nachahmte, versuchte auch er, sich vorwärtsbükkend, Räder nachzubilden. Und weil man endlich den Knaben lobte, daß er den Tanz zu einer Übung für den ganzen Körper mache, so befahl er der Flötenspielerin, einen schnelleren Rhythmus anzustimmen, und begann auf einmal, mit allen Gliedern, mit Kopf, Händen und Füßen, zu zappeln. Als er aber matt wurde, warf er sich auf ein Polster und rief: »Da habt ihr den Beweis, ihr Männer, daß auch meine Tänze für treffliche Übungen gelten können! Ich habe nämlich Durst und der Bube soll mir die große Schale füllen.« – »Recht so!« sagte Kallias, »und uns desgleichen! Denn auch wir haben Durst, vor lauter Lachen über dich!« – Da nahm wieder Sokrates das Wort und sagte: »Ei ja, daß wir trinken, ihr Männer, ist auch meine Meinung; denn in der That erquickt der Wein die Seelen und schläfert die Sorgen ein, wie der Alraun die Menschen, und belebt den Frohsinn, wie das Öl die Flamme. Jedoch scheint es mir mit den Körpern der Menschen ebenso zu sein, wie mit denen der Pflanzen in der Erde. Denn auch diese vermögen sich, wenn ihnen der Himmel auf einmal gar zu reichlich zu trinken gibt, nicht aufrecht zu halten und die Lüfte einzuatmen; wenn sie aber gerade so viel trinken, als ihnen behagt, so schießen sie gar straff empor und tragen Blüten und Früchte. So auch wir. Wenn wir das Getränk massenweis in uns hineingießen, werden uns Leib und Seele gar bald ins Schwanken geraten, und wir werden nicht einmal frei zu atmen, geschweige denn, zu reden vermögen. Wenn uns aber die Knaben – damit auch ich in der Sprache des Gorgias rede – mit kleinen Bechern öfter bespreuen, dann werden wir solchergestalt nicht auf gewaltsamem Wege zur Trunkenheit, sondern auf dem Wege der Überredung zur Heiterkeit gelangen.« – Dies war denn auch allen genehm; Philippos aber fügte hinzu, die Weinschenken müßten sich hierbei die guten Wagenlenker zum Muster nehmen und die Becher um so schneller die Runde machen lassen. Und so machten es denn auch die Schenken.

Drittes Kapitel.

Hierauf ließ der Knabe zum Flötenspiel auf der danach gestimmten Leier auch das Zitherspiel erklingen und sang dazu. Da lobten ihn alle ohne Ausnahme, Charmides aber fügte hinzu: »Mich will bedünken, o Männer, daß, wie nach Sokrates' Rede der Wein, so auch diese Mischung der den Kindern eigenen Reize und Stimmen die Sorgen einschläfert, die Liebe aber erweckt.« – Darauf ließ sich wieder Sokrates vernehmen: »Allerdings, o Männer, bekunden diese Leute ihre Fähigkeit, uns zu ergötzen; gleichwohl weiß ich, daß wir uns für weit besser als sie erachten. Ist es nun nicht eine Schmach, wenn wir auch nicht einmal den Versuch machen, uns bei unserem Zusammensein untereinander zu fördern und zu erheitern?« – Da sagten viele: »So sage du uns denn deine Meinung, an was für Reden wir anknüpfen müssen, um dies am besten zustande zu bringen!« – »Je nun, ich für mein Teil«, sagte Sokrates, »möchte am liebsten, daß uns Kallias sein Versprechen erfüllte, denn er versprach uns ja, wenn wir mit ihm speisten, wolle er uns Beweise seiner Weisheit geben.« – »Das will ich auch«, sagte jener, »sofern auch ihr insgesamt das zur allgemeinen Unterhaltung beisteuern wollt, was jeder von euch Gutes weiß.« – »Gewiß«, sagte Sokrates, »ist dir keiner hierin entgegen, und jeder wird gern mitteilen, was ihm von seinem Wissen das Wertvollste scheint.« –

»Wohlan denn«, begann Kallias, »so will zuerst ich euch sagen, worauf ich mir am meisten zu gute thue. Ich glaube mich nämlich darauf zu verstehen, wie Menschen besser zu machen sind.« – »Und wodurch?« fragte Antisthenes. »Durch Unterweisung in irgend einer handwerksmäßigen Geschicklichkeit oder durch Anleitung zum Schön- und Wohlverhalten?« – »Ist denn wohl die Gerechtigkeit ein Schön- und Wohlverhalten?« – »Allerdings«, bejahte Antisthenes, »und zwar das unzweifelhafteste. Denn die Tapferkeit und die Weisheit scheinen je dann und wann schädlich zu sein, nicht nur Freunden, sondern auch dem Staate; die Gerechtigkeit aber ist auch nicht in einem einzigen Punkt mit dem Unrecht im Bunde.« – »Gut«, sagte Kallias, »sobald auch von euch ein jeder gesagt haben wird, was er Nützliches weiß, dann werde auch ich ohne Rückhalt die Kunst nennen, durch welche ich dies zustande bringe. Aber sage nun *du* uns, Nikeratos, auf was für eine Kenntnis du stolz bist!« – Dieser antwortete: »Mein Vater, der es sich zur Sorge gereichen ließ, wie ich ein braver Mann würde, nötigte mich, mir sämtliche Gedichte des Homer einzuprägen; und jetzt dürfte ich wohl imstande sein, die ganze Ilias und Odyssee aus dem Kopfe herzusagen.« – »Ist dir aber entgangen«, fragte Antisthenes, »daß auch die gesamten Rhapsoden diese Gedichte auswendig wissen?« – »Wie könnte mir dies entgangen sein«, erwiderte jener, »da ich sie ja fast jeden Tag höre?« – »Kennst du nun aber ein einfältigeres Volk, als die Rhapsoden?« – »Beim Himmel, nein!« sagte Nikeratos; »so will mir wenigstens scheinen!« – »Nun ja«, nahm hier Sokrates das Wort, »so viel ist richtig, daß sie vom tieferen Sinn nichts verstehen. Du aber hast ja auch dem Stesimbrotos und dem Anaximander und sonst noch vielen viel Geld bezahlt, und so ist dir gewiß von dem, was eines tüchtigen Lohnes wert ist, nichts verborgen geblieben.« »Wie ist es denn aber mit dir, Kritobulos? Worauf bildest du dir am meisten ein?« – »Auf die Schönheit!« erwiderte dieser. – »Nun«, fuhr Sokrates fort, »und wirst auch du uns beweisen können, daß du durch deine Schönheit uns besser zu machen vermagst?« – »Ei, wenn das nicht, würd' ich ja augenscheinlich eine recht traurige Figur spielen.« – »Du aber, worauf bist du stolz, Antisthenes?« fragte Sokrates weiter. – »Auf meinen Reichtum!« gab er zur Antwort. Dies veranlaßte Hermogenes zu der Frage, ob er denn so viel Geld besitze, worauf jener mit einem Eide beteuerte: »Auch nicht einen

Obolos!« – »So besitzest du eben wohl viel Grundeigentum?« – »Etwa so viel, daß sich Autolykos damit beim Ringen mit Staub bestreuen könnte.« »Aber«, fuhr er fort, »nun müssen wir auch dich hören. Sag' uns denn, o Charmides, worauf bildest *du* dir etwas ein?« – »Ich«, erwiderte dieser, »thu' mir gerade umgekehrt auf meine Armut etwas zu gute.« – »Fürwahr«, sagte Sokrates, »damit ist's ein köstliches Ding! Sie ist am wenigsten ein Gegenstand des Neides, am wenigsten ein Gegenstand des Streites; auch ohne bewacht zu werden, ist sie uns sicher, und selbst wenn man sich nicht um sie kümmert, macht sie Fortschritte.« –

»Nun aber du, o Sokrates«, fiel Kallias ein, »worein setzest du deinen Stolz?« – Da legte dieser sein Angesicht in sehr ernste Falten und sprach: »Auf mein Kupplergeschäft!« – Als aber alle hierzu lachten, fuhr er fort: »Ihr lacht, ich aber bin gewiß, daß ich gar vieles Geld einnehmen würde, wenn ich von meiner Kunst Gewinn ziehen wollte.« – »Du deinerseits, den Philippos nicht verleugnend«, sagte Lykon zu diesem, »bildest dir natürlich auf dein Spaßmachen etwas ein!« – »Und mit mehr Recht, denk' ich, als der Schauspieler Kallipides, der sich wer weiß wie erhaben dünkt, weil er viele zu Thränen rühren kann!« versetzte der Gefragte.

»Wirst nun«, nahm Antisthenes das Wort, »auch du, o Lykon, uns mitteilen, worauf du stolz bist?« – »Ei«, antwortete dieser, »wißt ihr es denn nicht alle, daß ich es auf diesen meinen Sohn bin?« – »Und dieser«, sagte irgend jemand, »ist es natürlich darauf, daß er den Sieg davongetragen hat.« – Da wurde Autolykos schamrot und sagte: »O nein, ich wahrlich nicht!« Als aber alle, entzückt, seine Stimme zu vernehmen, ihre Blicke auf ihn richteten, fragte ihn jemand: »Nun, so sprich, Autolykos, worauf denn?« – »Auf meinen Vater!« erwiderte er, und gleichzeitig schmiegte er sich an denselben an. Als Kallias dies sah, rief er: »Weißt du wohl, Lykon, daß du der reichste aller Menschen bist?« – »Beim Zeus«, entgegnete jener, »das ist mir durchaus unbekannt!« – »So ist dir also verborgen, daß du nicht die Schätze des Perserkönigs nähmest für deinen Sohn?« – »Da bin ich freilich, wie es scheint, unwiderleglich überführt, der reichste Mensch zu sein!« räumte Lykon ein. – »Du aber, o Hermogenes«, sagte Nikeratos, »worin siehst du deine größte Zierde?« – »In meiner Freunde Trefflichkeit und Macht und darin, daß sie bei solchen Vorzügen mir ihre Sorgfalt widmen.« – Da wandten sich aller Augen auf ihn, und viele fragten zugleich, ob er nicht ihnen dieselben auch nennen wolle. Er aber erklärte, daß er sie ihnen nicht vorenthalten werde.

Neuntes Kapitel.

Hiermit war dieses Gespräch zu Ende. Autolykos aber – denn schon war es Zeit für ihn – erhob sich zum Spaziergange; und sein Vater Lykon, der sich mit ihm entfernte, sagte, indem er sich umwandte: »Bei der Hera, o Sokrates, du scheinst mir ein edler und braver Mann zu sein!«

Hierauf wurde zuerst ein Thronsessel im Zimmer aufgestellt, alsdann trat der Syrakuser ein und sagte: »Höret, ihr Männer! Ariadne wird sich in ihr und des Dionysos Brautgemach begeben; sodann wird, nachdem er sich unter den Göttern ein wenig berauscht, Dionysos erscheinen und zu ihr eingehen; nachher werden sie miteinander kosen.« –

Alsbald trat denn auch Ariadne, wie eine Braut geschmückt, ein und setzte sich auf den Thron; es wurde aber, obschon sich Dionysos noch nicht sehen ließ, bereits die bacchische Weise gespielt. Hierbei fanden sie Gelegenheit, den Tanzmeister zu bewundern. Kaum nämlich hatte Ariadne die Weise des Gottes vernommen, da gebärdete sie sich, daß jeder erkennen mußte, sie habe sie gern vernommen. Sie ging ihm nicht entgegen, auch stand sie nicht auf, und dennoch sah man deutlich, daß sie nur mit Mühe ruhig blieb. Als aber Dionysos sie erblickte, tanzte er in freudigster Erregung auf sie zu, setzte sich ihr auf den Schoß, schlang den Arm um sie und küßte sie. Sie dagegen sah zwar hierzu verschämt aus, gleichwohl erwiderte sie seine Umarmung mit Zärtlichkeit. Als die Gäste dies sahen, klatschten sie und ließen wiederholt ihren Beifallsruf erschallen. Als Dionysos aufstand und Ariadne zu sich emporzog, da konnte man so recht alle Bewegungen eines sich herzenden und küssenden Paares mit ansehen. Die Zuschauer aber, wie sie sahen, daß Dionysos in der That schön, Ariadne wirklich reizend war, und daß sie nicht bloß Scherz trieben, sondern in Ernst Mund an Mund sich küßten, verfolgten das Schauspiel sämtlich mit leidenschaftlicher Aufregung. Hörten sie doch sogar, wie Dionysos sie fragte, ob sie ihn liebe, sie aber ihm dergestalt ihre Liebe beteuerte, daß nicht nur Dionysos, sondern auch alle Anwesenden darauf hätten schwören mögen, der Knabe und das Mädchen seien wirklich ineinander verliebt. Denn sie sahen durchaus nicht aus, wie solche, denen die Bewegungen eingeübt sind, sondern als ob ihnen gestattet wäre, zu thun wonach sie sich schon lange gesehnt hatten. Endlich aber, als die Gäste sahen, wie sie einander umschlungen hielten und dann sich, wie zum Lager gehend, entfernten: da schworen die Unverheirateten, zu heiraten; die Verheirateten aber schwangen sich auf ihre Pferde und ritten zu ihren Frauen, um dieser froh zu werden. Sokrates aber und wer sonst noch zurückgeblieben war, folgten mit Kallias dem Lykon und dessen Sohn, um am Spaziergang teilzunehmen. Und dies war des damaligen Gastmahles Ende.

Anhang

Hilfsmittel und Nachweise

I. Glossar

Aar Raubvogel
Abai Stadt in Phokis
Abaris hyperboreischer Theologe und Wundermann aus unbestimmter Zeit
Abdera Hafenstadt in Thrakien, das griechische Schilda
Achaier homerische Bezeichnung für die Griechen
Achaimeniden Name für das persische Königshaus
Achilleus Figur aus der Ilias des Homer
Admetos Sohn des Pheres, König von Pherai
Aegina Aigina, Insel im Saronischen Golf
Agamemnon König von Mykene, Oberfeldherr der Griechen im Trojanischen Krieg
Agathon bedeutender athenischer Tragiker, etwa 447–405 v. Chr.
Agesilaossohn vielleicht ist ein Herold oder ein Freund des Alkaios gemeint
Aglauros Tochter des sagenhaften athenischen Königs Kekrops
Aigilia Insel vor der Westküste Euböas
Aigis magisch wirkende schildartige Wunderwaffe des Zeus
Aioliens edle Gottheit = Hera
Aischines s. Autorenverzeichnis
Aischylos s. Autorenverzeichnis
Aithe Brandfuchs, Pferd des Agamemnon
Aitolien Hauptlandschaft des westlichen Mittelgriechenlands
Akademie die von Platon gegründete Schule in Athen
Ake Hafenstadt in Syrien, später Ptolemais, dann Akko genannt
Akesaios sprichwörtlich bekannter Schiffer, der auf eine günstige Zeit zum Auslaufen wartet
Akropolis Burgberg von Athen
Akte Stadt in Akarnanien im Westen Mittelgriechenlands
Alexander König von Makedonien, Begründer des nach ihm benannten Weltreiches, 356–323 v. Chr.
Alkestis Gemahlin des s. Admetos
Alkibiades athenischer Politiker und Feldherr, ca. 450–404 v. Chr.
Alkmaion von Kroton Philosoph, Schüler des Pythagoras, erforschte Sinnesorgane
Alkmeoniden eines der angesehensten attischen Adelsgeschlechter; Nachfahren des Alkmeon sind nach Herodot autochthon in Attika

Alopeke Ort in Attika
Alpheios größter Fluß der Peloponnes
Ammon ägyptischer Gott, dem Zeus gleichgesetzt
Ammonier Bewohner von Ammon
Amphiaraos Lokalgott s. Boiotiens
Amphiktyonenbote Staatsrepräsentant einer Amphiktyonie, d. i. eines Völkerbundes zum Kult eines Gottes
Amphitheos Figur aus Aristophanes' Komödie »Die Acharner«, vermutlich ein bestimmter Athener; unklar, wer
Amphitrope Gemeinde in Attika
Amyntas König von Makedonien, um 383–370 v. Chr.
Amyntor Vater des s. Phoinix
Anaxagoras Philosoph, ca. 500–428 v. Chr.
Antimachos Gestalt aus der s. (Homer) Ilias, Troer, Gegner Antenors
Antisthenes Philosoph, Schüler des Sokrates, ca. 455–360 v. Chr.
Apaturien, Apaturienfest dreitägiges Fest des ionisch-attischen Geschlechterverbandes
Apelles von Kolophon, griechischer Maler des 4. Jhdts. v. Chr.
Aphrodite griech. Göttin der Liebe und Schönheit
Apollon griech. Gott der Künste; sein berühmtestes Heiligtum ist das in Delphi
Apollon, delischer ein religiöses Zentrum der Verehrung Apollons bildete der ihm errichtete Tempel auf der Insel Delos
Araxes größter Fluß Armeniens; Herodot denkt ihn sich als Grenzfluß zwischen Europa und Asien entlang der Südküste des Kaspischen Meeres
Archidamos spartanischer König, ca. 476–427 v. Chr.
Archon, Archonten die 9 Archonten waren die höchsten jährlich gewählten Beamten in Athen
Archytas, die Klapper des Philosoph, Mathematiker, Politiker und Feldherr, um 400–365 v. Chr.
Areia Beiname der Göttin Athene, der auf ihre kriegerischen Eigenschaften verweist
Areopag ältester und berühmtester Gerichtshof in Athen
Ares, aresgleich Gott des Krieges
Argeier Bewohner von s. Argos
Argos Hauptstadt der ostpeloponnesischen Landschaft Argolis
Arion Fabelroß in der griechischen Mythologie
Aristippos Philosoph aus Kyrene, gehörte in Athen zum Kreis um Sokrates, ca. 435–nach 366 v. Chr.
Aristogeiton athenischer Bürger, der sich aus privaten Gründen mit s. Harmodios gegen die Peisistratossöhne s. Hippias und s. Hipparchos verschwor
Aristonous Kitharaspieler aus Korinth, der bei musischen Wettkämpfen um 400 v. Chr. viele Erfolge erzielte
Arkader Bewohner s. Arkadiens
Arkadien zentrales Hochland der Peloponnes

Arkturos Sternbild
Artemis Göttin der Jagd
Asklepios Gott der Heilkunde
Asopos Fluß in s. Boiotien, im Gebiet der Malier, westlich der Thermopylen
Astyages König von Babylonien, 584–550 v. Chr.
Astydamas athenischer Tragiker
Athenaia s. Athene
Athene griech. Göttin des Handwerks, der Weisheit und der schönen Künste
Atlas sagenhafter Riese, der den Auftrag hat, den Himmel zu stützen
Atreus sagenhafter König von Mykene
Atreus-Sohn s. Agamemnon
Attika die am weitesten ostwärts gelegene Landschaft Mittelgriechenlands
Aulon Ort in Attika
Autolykos Athener, Sieger im Pankration, 404 von den 30 Tyrannen getötet
Auxo eine der s. Chariten
Bakchiaden korinthisches Adelsgeschlecht
Bakchos s. Dionysos
Banausen, banausisch Menschen ohne Muße, die mit den Händen arbeiten mußten
Barathron Richtstätte bei Athen, eine Schlucht, in die zum Tode Verurteilte durch den Henker gestürzt wurden
Barbitos Saiteninstrument
Batale Figur bei Herondas
Boiotarch Vorsteher des s. boiotischen Bundes
Boiotien Hauptlandschaft Mittelgriechenlands
boiotischer Bund politisch-kultischer Zusammenschluß der Städte s. Boiotiens
Boreaswind Wind aus nördlicher Richtung
Branchidai kleinasiatische Orakelstätte
brandmarken Mittel zur Kennzeichnung von Sklaven, die zu fliehen versucht hatten
Brikindera unbedeutende Hafenstadt auf Rhodos
Buphonienzeit Buphonien sind Sühneopfer zu Ehren des Zeus
Chairephon Freund des s. Sokrates
Charis eine der s. Chariten
Chariten drei Zeustöcher, bringen Göttern und Menschen Anmut, Schönheit und Festesfreude
Charmides Athener, Onkel s. Platons, gestorben 403 v. Chr.
Charondas berühmter Gesetzgeber von Katane und anderen Städten Unteritaliens im 6. Jhdt. v. Chr.
Chersones Halbinsel am s. Hellespont
Chios Insel vor der Westküste Kleinasiens
Chiron als Lehrer vieler Helden berühmter Kentaur (halbtierisches Fabelwesen mit menschlichem Oberkörper und Pferdeleib)
Chorege wohlhabender Bürger, der die Kosten für die Ausstattung und Ausbildung eines Chores bei der Einstudierung eines Schauspiels übernahm
Choregie Aufgabe, einen Chor zu finanzieren

Chryseis Konkubine des s. Agamemnon

Daidalos Ahnherr und Schutzpatron der athenischen Handwerker

Dareiken persische Goldmünzen

Dareios persischer König, 522–486 v. Chr.

Dekeleia Gemeinde in s. Attika

Delphi Apollonheiligtum und Orakelstätte in s. Phokien

Demeter besonders von Frauen verehrte griech. Göttin der Fruchtbarkeit und des Wachstums, insbes. des Ackerbaus und des Getreides

Demeters Sohn von Triptolemos = s. Amphitheos; Kind aus der Verbindung der Fruchtbarkeitsgöttin Demeter mit dem Königssohn Triptolemos

Demosthenes s. Autorenverzeichnis

Dexitheos Musiker

Diasienfest großes Fest der Athener für s. Zeus, das im Frühjahr gefeiert wurde, bei dem man Kinder beschenkte

Diobelie regelmäßige Zahlung von 2 Obolen täglich an die mittellosen Bürger Athens durch die Stadt

Dionysios von Syrakus und sein Sohn Tyrann in Syrakus 405–367 v. Chr., sein gleichnamiger Sohn und Nachfolger wurde 344 v. Chr. endgültig gestürzt

Dionysos Gott des Weines

Dios, der Monat Monatsname im makedonischen Kalender

Dioskuren Gestalten des griech. Mythos; göttliches und unzertrennliches Zwillingspaar, das in jeder Not helfend eingreift

Dithyrambos Chorlied im s. Dionysos-Kult

Dodona berühmte Orakelstätte des s. Zeus in Epiros in Nordwestgriechenland

dorische Harmonie Tonfolge in der Musik, die von den Dorern entwickelt wurde

Drachmen gängigste attische Münze = 6 Obolen

Drakon, bedeutender athen. Gesetzgeber um 624 v. Chr.

Echekrates von Phleius, Pythagoreer des 4. Jhdts. v. Chr., Schüler des s. Archytas

Eilsern = Henker

Ekbatana Hauptstadt s. Mediens; in Athen Sinnbild von Reichtum und Luxus

Ekkyklema hölzernes Gestell auf Rädern, das im Theater benutzt wurde, um Innenszenen sichtbar zu machen und Götter auftreten zu lassen

Eleer Bewohner von s. Elis (Eleer – Eleier)

Elfmänner Elf durch das Los bestimmte Beamte, deren Aufgabe es u. a. war, die Todesstrafe zu vollstrecken und die Gefängnisse zu überwachen. Daher bedeutet der Ausdruck »den Elfmännern übergeben« die Hinrichtung

Elis nordwestliche Küstenlandschaft der Peloponnes

Enyalios Beiname des s. Ares

Enyo Gefährtin des Ares, Verkörperung des Schlachtgetümmels

Eos Göttin der Morgenröte

Ephesien Fest zu Ehren der s. Artemis

Ephettos Ort in Attika

Ephoren die gewählten 5 höchsten Beamten Spartas (= Aufseher)

Epidamnos Kolonie s. Korinths an der illyrischen Küste
Epidauros Hafenstadt an der Nordostküste der s. Argolis
Epio mythologische Gestalt, die »Sanfte«, Tochter des s. Asklepios
Epistates Vorsteher von staatlichen und privaten Kollegien, Institutionen und Vereinigungen
erechtheische Götter Demeter und Persephone, Töchter des Erechtheus
Eretria zweitgrößte Stadt s. Euböas, rege Kolonisationstätigkeit im 7. Jhdt., später politischer Anschluß an Athen
Erinyen Rachedämonen
Euagoras aus Lakonien Spartaner, olympische Siege zwischen 672–632 v. Chr.
Euböa zweitgrößte Insel Griechenlands, in ganzer Länge der Ostküste Mittelgriechenlands vorgelagert
Euböa, Feldzüge nach attische Operationen wegen des Abfalls Euböas aufgrund makedonischen Einflusses 357–346 v. Chr.
Euktemon athenischer Astronom und Meteorologe um 432 v. Chr.
Eupatride Eigenbezeichnung der athenischen Adligen
Euripides s. Autorenverzeichnis
Eurytos von Oichalia in der s. (Homer) Odyssee als Meister des Bogenschießens erwähnt
Euthies Figur bei Herondas
Euthymenes, unter dem Archon d. h. vor zwölf Jahren
Fest, brauronisches der taurischen Artemis Brauron ist einer der 12 alten Orte Attikas, dort lag ein bekanntes Artemisheiligtum
Fest, Hephaistos- kultische Handlung zu Ehren des Gottes s. Hephaistos, alle vier Jahre in Athen
Fest, Panathenäen- Gesamtfest der s. Athene in ihrer Eigenschaft als Göttin von Athen
Fest der Demeter kultische Handlung zu Ehren der Göttin s. Demeter, alle vier Jahre in Athen
Fest des Herakles kultische Handlung zu Ehren des Halbgottes s. Herakles, alle vier Jahre in Athen
Festfahrt nach Delos Delos ist eine kleine Insel im Mittelpunkt der eigentlichen Kykladen. Dort feierten alle ionischen Griechen ihr Jahresfest im Apollon-Heiligtum
Festzug der Panathenäen Prozession während des s. Panathenäenfestes
Folter Folter durfte nur gegen Sklaven, athenische Bürger auf besonderen Volksbeschluß hin und fremde Nichtbürger in wichtigen Prozessen angewandt werden. Theodotos war Platäer, wahrscheinlich ohne attisches Bürgerrecht
Ganymedes schöner Knabe, den Zeus in den Olymp entführt; Mundschenk der Götter
Gerichtshof zum Palladium sehr alter Gerichtshof, der über nicht vorsätzlichen Mord entschied
Geronten Mitglieder des Ältestenrates in den Städten Griechenlands
Gerste scherzhafter umgangssprachlicher Ausdruck für Penis
Gesetze der Könige gemeint ist hier die Gesetzgebung der persischen Könige

Gorgonion Schild der Athene mit dem Haupt der Gorgo
Gymnasiarch Bürger, der ein Gymnasium unterhält
Gymnasiarchien die Aufgabe, ein Gymnasium zu unterhalten
Gymnasium Übungs- und Ausbildungsstätte für die griechische Jugend
Hades Sohn des Kronos, der Gott der Unterwelt, die auch seinen Namen trägt
Hagnon athenischer Feldherr im Peloponnesischen Krieg
Harmodios tötet 514 v. Chr. zusammen mit seinem Freund s. Aristogeiton den Tyrannen s. Hipparchos
Hebdomaden die siebentägige Frist im Mondumlauf (Mondphase)
Hegemone eine der s. Chariten
Helena Figur aus Homers Ilias. Gattin des Menelaos, deren Entführung den Anlaß zum Trojanischen Krieg darstellte
Helios Gott der Sonne
Hellas allgemeiner Name für Griechenland
Hellespont Meerenge zwischen Schwarzem Meer und Ägäis
Helotenwesen Verfahren der wirtschaftlichen Ausbeutung der unterworfenen Bevölkerung Messeniens durch die Spartaner
Hephaistos Gott des Feuers, der Schmiedekunst und des Handwerks
Hera Gattin des Zeus, Göttin der Frauen, der Ehe und der Fruchtbarkeit
Herakleoten Bewohner von Herakleia am Pontos Euxenios
Herakles Sohn des Zeus und der Alkmene, Held des griech. Mythos, berühmt wegen der 12 Arbeiten, die er im Dienst des Königs von Mykene vollbringen mußte
Hermen mit einer Büste (ursprünglich des Hermes) gekrönter Pfeiler oder Säule
Hermes Götterbote, der auch die menschliche Seele aus dem Diesseits ins Jenseits leitet; auch Gott des Handels
Hermesfeier kultische Handlung zu Ehren des Gottes Hermes
Hermogenes Athener, Bruder des s. Kallias, gehörte dem Kreis um s. Sokrates an
Heroen (*Heros,* Einzahl) kultische Überhöhung der Toten als halbgottähnliche Wesen
Hesperos der Abendstern
Hestia Göttin des Herdes
Hieron von Syrakus Tyrann von Syrakus, 478–467 v. Chr.
Hippagreten Rittersammler; Anführer der hippeis (= Ritter)
Hipparchos Sohn des Peisistratos, 514 v. Chr. ermordet
Hippias Sohn des Peisistratos, 528 v. Chr. dessen Nachfolger, 510 v. Chr. vertrieben, flüchtete nach Sigeion und suchte Hilfe bei Sparta und Persien
Hippokrates, Püppchen des Neffe des Perikles, seine Söhne wurden oft von s. Aristophanes verspottet
Hippolytos Sohn des Theseus, göttlich verehrter s. Heros
Homer s. Autorenverzeichnis
Homeros = Homer
Honig Symbol süßer, also überzeugender Rednergabe; gehörte zum Totenopfer [S. 308]
Horen Göttinnen der Jahreszeiten

Hyaden Sternbild
Hygieia als Göttin verehrte »Gesundheit«
Hymenaios Hochzeitsgott
Hyperboreer Bewohner eines im äußersten Norden lebenden Volkes
Hypochondrion = Magen
Hysiai Stadt an der boiotisch-attischen Grenze
Iapygien Landschaft im Südosten Italiens
Ieso mythologische Gestalt, »Heilerin«, Tochter des s. Asklepios
Ilion anderer Name für Troja
Ilios anderer Name für Troja
Ionien Landschaft im Westen Kleinasiens
Isagoge Einführung in die Wissenschaft
Ischomachos fiktiver Dialogpartner des s. Sokrates
Isoteleia Gleichstellung von Fremden mit den Bürgern einer Stadt hinsichtlich Abgaben und Wehrdienst
Itys Sohn des thrakischen Königs Tereus
Jakchos = s. Dionysos
Japetos Titan, Bruder des s. Kronos
Jupiter Planet, bezeichnet nach der römischen Gottheit (griech.: Zeus)
kadmeisches Land poetische Umschreibung für die Landschaft um Theben
Kadmos sagenhafter Gründer Thebens
Kallias athenischer Politiker, um 450–nach 371 v. Chr.
Kallippos Astronom des 4. Jhdts. v. Chr.
Kalypso sagenhafte Tochter des Atlas
Kambyses persischer König, erste Hälfte des 6. Jhdts. v. Chr., Eroberer Ägyptens
Karchedonier Bewohner Karchedons, einer Stadt im heutigen Tunesien (lateinisch: Karthago)
Kasia Zimt
Kaspatyros eigentlich Kaspapyros, Schreibfehler Herodots; Stadt im heutigen Ostafghanistan
Kephisia Gemeinde in s. Attika
Keren Dämonen des Unglücks und des Todes
Kerkyra Insel im Nordwesten Griechenlands, heute Korfu
Kikynna Gemeinde in s. Attika
kimmerisch thrakisches Volk
Kimon athenischer Adeliger des 6. Jhdts. v. Chr., Vater des Miltiades
Kirke Figur aus der Odyssee; Zauberin, die die Gefährten des Odysseus in Schweine verwandelt
Kleinias Sprecher in s. Platons »Gesetzen«
Kleisthenes, der Tyrann von Sikyon Sohn des Aristonymos, erste Hälfte des 6. Jhdts. v. Chr.
Kleomenes König von Sparta, 525–490 v. Chr.
Kleon athenischer Politiker, gestorben 422 v. Chr.
Kleonymos athenischer Sykophant von enormem Leibesumfang, bekannt als Aufschneider und Feigling

Klio, die Muse eine der Schutzgöttinnen der Künste
Klotho Schicksalsgöttin
Klytaimnestra Gattin des s. Agamemnon
Knecht = Sklave
Knöchel Rückenwirbel von Ziegen und Schafen dienten als Spielwürfel; häufige Grabbeigabe bei Kindern
Königsjahr die Zählung nach Regierungsjahren von Herrschern ist in der Antike ein verbreitetes Phänomen
Koile Demos am Westhang der Pnyx in Athen
Koisyra Gattin des Peisistratos
Kolcher Bewohner eine Landschaft am Schwarzen Meer
kolchische Phasis Fluß am Südwesthang des Kaukasus
Korinth Stadt im Nordosten der Peloponnes, westlich des Isthmos
Koronea, der Zug nach eine der bedeutenderen Städte s. Boiotiens, dort 394 v. Chr. Sieg des Spartanerkönigs Agesilaos II. über die Boiotier
Koronis Geliebte des s. Apollon, Mutter des s. Asklepios
Kos Insel vor der Südwestküste Kleinasiens
Kothurne hoher Schuh des tragischen Schauspielers
Kotylen Gefäß zur Sammlung von Flüssigkeiten
Kotys Sohn des Manes, Vater des Asies, erster mythischer König Lydiens
Kritobulos Sohn von Kriton, dem Freund des s. Sokrates
Kriton Freund des s. Sokrates
Kroisos lydischer König im 6. Jhdt., bekannt für seinen sagenhaften Reichtum.
Kronide Zeus, der Sohn des Kronos
Kronos Titan, Sohn des Uranos; beraubte seinen Vater der Weltherrschaft, die ihm seinerseits später von seinem Sohne Zeus entrissen wurde
Kykeon alkoholisches Getränk
Kyllene Gebirge auf der Peloponnes
Kynno Figur bei Herondas
Kypros Sohn des Perserkönigs Dareios II., Satrap in Kleinasien
Kypselos Tyrann von Korinth, ca. 613–583 v. Chr.
Kyrnos Freund und Geliebter des s. Theognis
Lakedämonier Bezeichnung für die Einwohner Spartas
Lakedaimon hier: Sparta
Lamprion literarische Figur bei Herondas, Vater des Pataikiskos
Lampsakos Stadt an der Ostküste des Hellespont
Laomedon König von Troja, der die Götter betrog und deshalb mit der Zerstörung der Stadt bestraft wurde
Lenaion, der Monat, in dem das Dionysosfest stattfindet; = Januar/Februar
Leokoreion Bezirk in Athen
Leokrates vermögender Athener, von s. (Autorenverzeichnis) Lykurg wegen Verrats angeklagt
Leotychides, der Spartanerkönig Sohn des Menares, 491–469 v. Chr.
lesbische Frauen Frauen von der Insel Lesbos
Lesbos Insel in der Nord-Ägäis

Leto kleinasiatische Göttin, Mutter von Apollon und Artemis, wurde auf Kos geboren
Leukon Herrscher auf der Krim
lunarische Tage Mondtage
Lycurg sagenhafter Gesetzgeber Spartas, um 880 v. Chr.
Lyder Bewohner von Lydien, einer Landschaft in Kleinasien
Lykeion Bezirk bei Athen mit Gymnasium, Treffpunkt der Aristoteles-Anhänger
Lykien Landschaft im südlichen Kleinasien
Lysander spartanischer Feldherr im peloponnesischen Krieg
Machaon Heilgott
Maia Name einer Nymphe
maietische Tanais Gebiet an der Mündung des Don
Manes Halbgott, Vater des s. Kotys
Mantineia Stadt auf der Peloponnes, dort siegten 362 v. Chr. die Thebaner über Sparta und Athen
Marathon Küstenlandschaft in Attika, dort 490 v. Chr. Sieg der Athener über die Perser
Mardonios persischer Feldherr im 5. Jhdt. v. Chr.
Mariandyner Volksstamm am Schwarzen Meer
Mars röm. Kriegsgott
Meder Volk im Westen des Irans, bei Herodot oft Perser
Megabyzos persischer Adliger
Megara Stadt in Mittelgriechenland
Melos eine Insel südlich von Siphnus, heute: Milo
Memnon mythischer Held im Kampf um Troja
Merops mythischer König der Insel Kos, Kos ist seine Tochter
Messenier von Sparta unterworfene Einwohner der südwestlichen Peloponnes
Metökenabgabe geringe Sondersteuer für Metöken, die in Athen ansässigen freien Nichtbürger
Miltiades athenischer Staatsmann der ersten Hälfte des 5. Jhdts. v. Chr., Sieger von Marathon, 481 v. Chr. gest.
Mine Gewicht von etwa 440 g, auch attische Münze; 1 Mine = 100 Drachmen = 600 Obolen; 3 Minen waren ein mäßiger Preis für einen Haussklaven
Minos mythischer Richter in der Unterwelt
mixolydisch bestimmte Tonfolge in der Musik
Mnemosyne Göttin der Erinnerung, Mutter der Musen
Moira Schicksalsgöttin
Moiren Schicksalsgöttinnen
Munichia befestigter Hügel über dem s. Piräus
Musaios mythischer griechischer Dichter
Musen, olympische mythologische Gestalten der schönen Künste, Töchter des Zeus
Musen Pieras mythologische Gestalten der schönen Künste, aus einer Landschaft Makedoniens stammend
Mykale Gebirgszug an der Westküste Kleinasiens

Myllos literarische Type für Dummheit
Myriandischer Meerbusen Bucht im heutigen Libanon
Myrsilos Tyrann, der eines gewaltsamen Todes starb
Mythos Dichtung und Sagenbildung über den antiken Götterhimmel
Myttes Figur bei Herondas
Naturphilosophen philosophische Richtung vor Sokrates
Nauarchen Kommandeure von Kriegsflotten
Nausikaa Tochter des mythischen Phaiakenkönigs Alkinoos
Nekos ägyptischer König, 610–595 v. Chr.
nemeischer Graben Fluß bei Korinth
Nestor Greis in der s. (Homer) Ilias
Nikeratos Sohn des Nikias, athenischer Staatsmann, zweite Hälfte des 5. Jhdts. v. Chr.
Nikias athenischer Staatsmann, zweite Hälfte des 5. Jhdts. v. Chr.
Obolen kleine attische Münze, 6 Obolen = 1 Drachme
Odysseus Gestalt des griech. Mythos; listenreicher Held der Griechen im Trojanischen Krieg. Seine 10jährige Irrfahrt nach der Zerstörung Trojas besingt s. Homers »Odyssee«
Ödipus mythischer König von Theben
Oie Bezirk in Attika
Oinoe athenische Grenzfestung
Oinomaos mythischer König aus s. Elis
Okeanos Sohn des Uranos, der die Erdscheibe umfließende Weltstrom
Oktaeteris Zeiteinheit von 8 Jahren zur Angleichung von Sonnen- und Mondjahr
Olymp Berg im Norden Griechenlands, Göttersitz
Olympia bedeutendes Heiligtum im Nordwesten der Peloponnes
Olympier poetische Umschreibung für die griechischen Götter; S. 308 ist Zeus gemeint
Olympion Tempel für die olympischen Götter
Olympos Musiker, ca. 700 v. Chr.
Onymakles sonst unbekannter, vom gleichen Schicksal betroffener Standesgenosse des s. Alkaios
Orestes Sohn des s. Agamemnon
Orion südliches Sternbild, mythischer Jäger
Orpheus mythischer Sänger
Orthia Beiname der s. Artemis als Göttin der Frühe
Paieon Beiname des s. Asklepios
Paion kleiner Ort in s. Arkadien
Palaistra Sportstätte, namentlich der Jugend
Pallas Beiname der s. Athene
Pan Wald- und Herdengott
Panake »Allheilerin«, Tochter des s. Asklepios
Panathenäen gesamtgriechisches Fest zu Ehren der Athene
Pandion mythischer attischer König
Pankration Allkampf, besondere Kampfform bei den Olympischen Spielen
Paros Insel in der Mittelgruppe der Kykladen

Pasion größter Geldwechsler und Bankier aus Athen, geb. 430 v. Chr.
Pataikiskos Athener, bekannt als Einbrecher und Dieb
Pausanias Athener, Liebhaber des s. Agathon
Pauson v. Athen, Maler, Ende des 5. Jhdts. v. Chr.
Peirithoos ursprünglich thessalischer, später auch attischer s. Heros, Freund des s. Theseus
Peisistratos Staatsmann und Tyrann von Athen, 600–528/7 v. Chr.
Peitho griech. Göttin der Überredung
Pektis Sammelname für Harfeninstrumente
Peleus Figur bei Homer, Vater des Achill
Pelide = Achill, der Sohn des Peleus
Peloponnes Südhalbinsel Griechenlands; benannt nach s. Pelops
Pelops aus Lydien, Sohn des Tantalos, Bruder der Niobe, mythischer König von Elis und Argos
Penelope Gestalt des griech. Mythos, Gattin des s. Odysseus
Penesten von den Thessalern unterworfener Volksstamm, der gleich den s. Heloten in Sparta behandelt wurde
Periandros Sohn des Kypselos, Tyrann von Korinth, ca. 600–560 v. Chr.
Perikles berühmter Staatsmann Athens, ca. 490–430 v. Chr.
Perser Bewohner Persiens, eines Teils des heutigen Irans
Perses Bruder des s. Hesiod
Petra Festung in Nordgriechenland
Phaiaken mythisches Seefahrervolk der s. (Homer) Odyssee
Phaselis Hafenstadt von schlechtem Ruf im Südwesten Kleinasiens
Phasis Fluß am Südwesthang des Kaukasus, in der Antike die Grenze der Welt
Pheidippides Athener, 490 v. Chr. als Bote der Athener gegen die bei Marathon gelandeten Perser nach Sparta geschickt, legte zu Fuß in zwei Tagen über 200 km zurück
Pherenikos Thebaner, floh 382 v. Chr. nach Athen
Philippos attischer Astronom
Philorgus bekannt als Tempelräuber
Phlius Stadt auf der nordöstlichen Peloponnes
Phönix Wundervogel, der sich der Sage nach alle 500 Jahre selbst verbrennt und aus der Asche neu ersteht
Phoibe Mutter der s. Leto
Phoibos Beiname des Gottes s. Apollon
Phoiniker Bewohner s. Phoinikiens
Phoinikien Landschaft an der syrischen Küste
Phokien mittelgriechische Landschaft
Phokier Bewohner der mittelgriechischen Landschaft Phokis
Phryger Volksstamm im Innern Kleinasiens; Lieferant von Sklaven, die als minderwertig galten
phrygische Harmonie bestimmte Tonfolge in der Musik, von den Phrygern entwickelt
Phrynis Musiker, Zitherspieler, wirkte innovativ auf die Musik in der zweiten Hälfte des 5. Jhdts. v. Chr.

Phyle einer der 10 größeren Bezirke, in die Attika eingeteilt war; befestigter Platz in Athen (S. 279)
Phyle, hippothoontische Phyle, nach Hippothoon, dem Sohn Poseidons, benannt
Phyle, pandionische Phyle, nach dem mythischen attischen König Pandion benannt
Phylengerichte Gerichte der einzelnen Phylen
Phyrondas bekannter Dieb in Athen
Pindar s. Autorenverzeichnis
Piräus Hafen von Athen
Pittakos Staatsmann in Mytilene auf s. Lesbos im 7. Jhdt. v. Chr.
Platäa Stadt in s. Boiotien unweit des Kithairongebirges
Platäer Bewohner von Platäa
Pleiaden Siebengestirn, (Pleias = Pleiaden)
Plektron Hilfsmittel beim Spiel auf Saiteninstrumenten
Plutos griech. Gott der Unterwelt
Podaleirios Heilgott
Polemarchen zum Aufgabenbereich des Archon Polemarchos gehörten die Rechtsangelegenheiten des Metöken
Pollutionen unwillkürliche, nächtliche Samenentleerungen
Polygnot athenischer Maler im 5. Jhdt. v. Chr.
Polyidos von Selymbria Musiker
Polykrates, Tyrann von Samos Herrscher über zahlreiche Inseln und Küstenstädte Kleinasiens im 6. Jhdt. v. Chr.
Polypais Vater des s. Kyrnos
Pontos das Schwarze Meer
Poseidon Gott des Meeres
Poteidaia Stadt in Nordostgriechenland
Praxiteles Bildhauer, 370–320 v. Chr.
Priamos Gestalt des griech. Mythos; König von Troja
Privatprozesse wegen Vermögenstausches ein reicher Bürger wurde zu finanziellen Leistungen für den Staat herangezogen (Liturgien). Dies konnte er abwenden, wenn er einen anderen Bürger, den er für reicher hielt, aufforderte, die Leistung zu übernehmen oder sein Vermögen mit ihm zu tauschen
Prodikos Philosoph auf Keos, zweite Hälfte des 4. Jhdts. v. Chr.
Prometheus Titan, der den Menschen das Feuer und damit die Kultur gebracht hat, Gemahl der Asie
Prytaneion Amtsgebäude der Prytanen in Athen
Prytanen amtsführende Ratsmitglieder in Athen
Ptolemaios Alorites makedonischer Herrscher 368–365 v. Chr.
Pylades Halbgott, Freund des s. Orest
Pylos Stadt in Messenien
Pythia Priesterin des Orakels von Delphi
Pythion Apollonheiligtum bei Athen
Rat der Fünfhundert Bürgerversammlung in Athen
Rhenaia kleine Insel bei Delos
Säulen des Herakles Gibraltar

Saier Volksstamm am Schwarzen Meer
Salamis Insel im Süden von Attika
Salmydessos Küstenlandschaft am Schwarzen Meer
Sambykai griechische Saiteninstrumente
Samier Bewohner der Insel Samos
Samos Insel vor der kleinasiatischen Küste
Sardes Hauptstadt Lydiens
Sarpedon Halbgott, Sohn des Zeus und der Europa, vor Troja gefallen
Sarras Schwert
Saspeirer Stamm im oberen Araxestal südlich von Kolchis
Sataspes Neffe des s. Dareios
Satrapenjahr Jahreszählung nach Provinzstatthaltern in der persischen, später makedonischen Verwaltung
Saturn Planet
Schiffsherr Trierarch
Schlacht bei Leuktra 371 v. Chr., Sieg der Thebaner über die Spartaner
Schlacht bei Poteidaia Stadt im Norden Griechenlands, dort 432 v. Chr. Schlacht zwischen Athen und Korinth, einer der Anlässe des Peloponnesischen Krieges
Schutzbürger = Metöke
Schutzverwandter = Metöke
Selene Mondgöttin
Septangel Musikinstrument
Sestos Stadt auf der thrakischen Chersonessos
Sigeion Stadt und Vorgebirge in der südlichen s. Troas
Sikyon Nachbarstadt von Korinth
Silphion drogenhaltige Pflanze aus Nordafrika
Sipylos Stadt in Kleinasien
Siris griech. Kolonie im Golf von Tarent
Sirius Stern im südlichen Sternbild des großen Hundes; hier: Zeitangabe für den Herbst
Sitalkes thrakischer Herrscher, gest. 424 v. Chr., schloß 431 v. Chr. ein Bündnis mit Athen
Skylax aus Karyanda Seefahrer und Geograph, gest. nach 480 v. Chr.
Skythe athenischer Staatssklave im Polizeidienst
Sokrates Begründer der klassischen Epoche der griech. Philosophie; Lehrer Platons; um 470–399 v. Chr., zum Tode verurteilt wegen angeblicher Gotteslästerung und Verführung der Jugend
solarische Jahreszeiten nach dem Stand der Sonne berechnete Einteilung der Dauer eines Jahres (Gegensatz zu den Mondjahren)
Solon s. Autorenverzeichnis
Sparta Stadt auf der Peloponnes
Sphettos Ort in Attika
Spiele, pythische, isthmische, nemeische panhellenische sportlich-musische Wettbewerbe in Delphi (pythische), in Schoinus auf dem Isthmos bei Korinth (isthmische), zwischen Klenai und Phleius (nemeische)

Stadie Längenmaß, regional unterschiedlich: das olympische = 192 m, das attische = 177 m
Statere Gewichtseinheit, das Doppelte einer Mine = 880 g
Styreer Bewohner von Styra auf Euböa
Sybaris griechische Stadt in Unteritalien
Sykophanten berufsmäßige Denunzianten in Athen
synchronistische Listen Gegenüberstellung verschiedener Herrscherreihen, Priesterlisten, Beamtenlisten, Siegerlisten zum Zwecke des Vergleichs der Datierung
Syrer Bewohner von Syrien, einer Landschaft im Ostmittelmeerraum
Tamyna Stadt auf Euböa, dort siegten 348 v. Ch. die Athener über die Chalkidiker
Tantalos mytholog. Gestalt; muß nach einer Freveltat in der Unterwelt ewigen Hunger und Durst leiden
Tartaros Bezeichnung für die Unterwelt
Taxiarchen Befehlshaber einer militärischen Einheit (taxis)
Teaspis persischer Adliger aus dem Geschlecht des Dareios
Tegea Stadt in Arkadien, häufige Asylstätte spartanischer Könige
Temenides athenischer Taxiarch, 4. Jhdt. v. Chr.
Thallo attische Göttin des Blühens
Thebäer Bewohner von Theben
Theben Hauptstadt Boiotiens
Themistokles athen. Politiker und Feldherr, um 524–459 v. Chr.
Theognis: s. Autorenverzeichnis
Theoros Athener, Anhänger Kleons, von s. Aristophanes öfters karikiert
Theramenes athenischer Staatsmann, 455–404 v. Chr.
Theseus sagenhafter attischer Held, Vater des Hippolytos, Begründer der staatlichen Einheit Attikas
Thesmophorien attisches Frauenfest für Demeter und Persephone
Thesmotheten athenische Archonten, denen der wichtigste Teil der Rechtsprechung unterstand
Thessalien Landschaft in Nordgriechenland
Thessalier Bewohner von Thessalien
Thessalos Sohn des Herakles und einer koischen Prinzessin, mythischer Stammvater der Thessaler
Theudosia Hafenstadt auf der Krim
Thrasippos Athener, Mitte des 5. Jhdts. v. Chr.
Thrasybulos Tyrann von Milet, ca. 600 v. Chr.
Thrasyllos, Grabmal des Denkmal in Athen, 320/19 v. Chr. errichtet
Töpfermarkt Stadtteil in Athen
Triangel Musikinstrument
Trierarchen Führer und Ausstatter athenischer Kriegsschiffe
Trierarchie die Aufgabe, ein Kriegsschiff auszurüsten und zu befehligen
Trikka Stadt in Thessalien, Herkunftsort des s. Asklepios
Triopisches Vorgebirge Vorgebirge Kariens bei der Stadt Knidos
Tritogeneia Beiname der Athene

Troas Landschaft in Mysien
Troer Einwohner s. Trojas
Trözen eine Stadt in Argolis auf der Peloponnes, heute: Damala
Troja Hauptstadt der Troas
Trophonios Orakelstätte im mittelgriechischen Boiotien
Tyrann unrechtmäßiger Gewaltherrscher
Tyrierin Europa mythische Frauengestalt aus s. Tyros, die von Zeus nach Kreta entführt wurde
Tyros wichtigster Hafen in Phoinikien
Venus röm. Göttin der Liebe und der Schönheit
Volksbeschluß des Kannonos athenischer Staatsmann, vor dem 4. Jhdt. v. Chr., bestimmte, daß bei mehreren Angeklagten über jeden einzeln geurteilt wurde
Wasseruhr bei Gericht benutzte Uhr, um den Parteien die Redezeit zuzumessen; um Chancengleichheit zu wahren, wurde der Auslauf unterbrochen, während Urkunden verlesen und Zeugen vernommen wurden
Xerxes persischer Großkönig 486–465 v. Chr.
Zeuge, amorginische berühmte Leinengewänder, hergestellt auf der Kykladeninsel Amorgos
Zeus oberster der griech. Götter
Zeus Eleutherios Beiname des Zeus
Zopyros Perser im Gefolge des Dareios I.

II. Autoren- und Quellenverzeichnis

1. Autoren

Aischines athenischer Redner und Politiker, geb. um 390/89; gest. um 315, Gegner des s. Demosthenes. Erhalten sind drei Reden, die von seiner politischen Skrupellosigkeit, aber auch seiner rhetorischen Bedeutung zeugen.
Text/Übers.:
Aischines, Rede gegen Timarchos, gr.-dt., Leipzig: W. Engelmann Verlag 1855, Ü: Gustav Eduard Penseler. [S. 145ff.; 275ff.]
Aischines, Rede über den Gesandtschaftsverrath, gr.-dt., Leipzig: W. Engelmann Verlag 1859, Ü: Gustav Eduard Penseler. [S. 173]

Aischylos griech. Dramatiker, geb. 525/4; gest. 456/5, gilt als der eigentliche Schöpfer der Tragödie. Die Tragödie »Agamemnon«, die den ersten Teil der Orestie-Trilogie darstellt, handelt von der Heimkehr Agamemnons aus dem Trojanischen Krieg und seiner Ermordung durch seine Gattin Klytaimnestra und deren Liebhaber Aigisthos. Im zweiten Teil der Trilogie, »Choephoren«, beschließt Agamemnons Sohn Orestes, den Tod des Vaters zu rächen, und tötet Klytaimnestra und Aigisthos. Im dritten Teil, »Eumeniden«, geht es um die Frage, ob Orestes von der Befleckung des Muttermordes gereinigt werden kann oder von den Erinyen erjagt wird.

Text/Übers.:

Aischylos, Werke in einem Band, Berlin u. Weimar: Aufbau-Verlag 1987, Ü: Dietrich Ebener. Agamemnon 72–82. [S. 327f.]

Aischylos, Tragödien und Fragmente, Leipzig: Dieterich'sche Verlagsbuchhandlung 1938, Ü: Ludwig Wolde. Choephoren 744–763. [S. 81f.]

Aischylos, Tragödien und Fragmente, gr.-dt., München: Heimeran Verlag 3. Aufl. 1980, Ü: Oskar Werner. Eumeniden 185–190. [S. 406]

Alkaios griech. Lyriker, geb. um 600 auf Lesbos, verfaßte Lieder auf Götter und Helden sowie politische Gedichte; beteiligte sich auf der Seite des Adels an den Auseinandersetzungen mit dem Volk.

Text/Übers.:

Alkaios, in: Griechische Lyrik, Berlin u. Weimar: Aufbau-Verlag 2. Aufl. 1980, Ü: Dietrich Ebener, S. 98–106. [S. 311ff.]

Alkman aus Sardes, etwa 650–600, wirkte als Hymnendichter und Komponist für Chöre bei sakralen Festen in Sparta. 117 Fragmente seines Werkes sind erhalten.

Text/Übers.:

Alkman, in: Griechische Lyrik, Berlin u. Weimar: Aufbau-Verlag 2. Aufl. 1980, Ü: Dietrich Ebener, S. 86–87. [S. 48; 474f.]

Alkman, Nacht (frg. 58 Diehl), in: Hellas, Ein Führer durch Griechenland aus antiken Quellenstücken, München: Heimeran Verlag 5. Aufl. 1969, hrsg. von G. v. Reutern, Ü: H. Rüdiger, S. 11. [S. 55]

Anakreon griech. Lyriker des 6. Jhdts., verfaßte Liebes- und Trinklieder.

Text/Übers.:

Anakreon, Das Alter, zitiert nach: Lesebuch der Antike, 3 Bde., Bd. I: Das klassische Griechenland von Homer bis Aristoteles, München: Heimeran Verlag 1980, Ü: Ludwig Voit, S. 113. [S. 327]

Ananios Iambendichter des 6. Jhdts.; wenige Fragmente sind erhalten.

Text/Übers.:

Ananios, in: Griechische Lyrik, Berlin u. Weimar: Aufbau-Verlag 2. Aufl. 1980, Ü: Dietrich Ebener, S. 97. [S. 48]

Anonym Schwalbenlied, Kinderlied zum Spiel

Text/Übers.:

in: Griechische Lyrik, Berlin und Weimar: Aufbau-Verlag 2. Aufl. 1980, Ü: Dietrich Ebener, S. 190. [S. 100]

Antiphon athenischer Redner, geb. um 480; Todesdatum unbekannt. Welche der unter seinem Namen erhaltenen Reden tatsächlich ihm zuzuschreiben sind, ist umstritten.

Text/Übers.:

Antiphon, Über die Eintracht, zitiert nach: Für und wider die Ehe. Antike Stimmen zu einer offenen Frage, München: Heimeran Verlag 1974, Ü: Konrad Gaiser, S. 22f. [S. 192f.]

Archilochos griech. Lyriker, lebte um 680–640, verfaßte Schimpf- und Spottgedichte, ernste Gedichte und Liebeslyrik.

Text/Übers.:

Archilochos, in: Griechische Lyrik, Berlin u. Weimar: Aufbau-Verlag

2. Aufl. 1980, Ü: Dietrich Ebener, S. 60–67 [S. 242]

Aristophanes athenischer Komödiendichter, geb. um 445; gest. um 385.
In den »Acharnern« (425 v. Chr.) wird die Kriegspolitik kritisiert, indem die Stimmung der während des Archidamischen Krieges in den Langen Mauern eingesperrten attischen Bauern geschildert wird. Der »Friede« (421 v. Chr.) ist ebenfalls eine scharfe Satire gegen den Krieg. In »Lysistrata« (411 v. Chr.) ruft die Heldin des Stücks die Frauen Athens und Spartes zum Ehestreik auf, um so die Männer zum Ende des Krieges zu zwingen. Die »Wolken« (423 v. Chr.) ist ein satirischer Angriff auf Sokrates, dem Wortklauberei vorgeworfen wird. Die »Frösche« (405 v. Chr.) handelt von einem Dichterwettstreit in der Unterwelt zwischen Euripides und Aischylos. Das Stück gibt Hinweise auf die Bedeutung von Komödie und Tragödie in Athen und hatte politische Bedeutung durch die Kritik an den Verfallserscheinungen des öffentlichen Lebens. Die »Weiber«, Thesmophoriazusen, (411 v. Chr.) ist eine Posse gegen Euripides, dem in einer Versammlung der athenischen Frauen Frauenfeindlichkeit vorgeworfen wird.
Text/Übers.:
Aristophanes, Lysistrata. Bühnenfassung. Frankfurt/Main: Insel Verlag (Lizenzausgabe des Suhrkamp Verlags) 1964, 641–647, Ü: Wolfgang Schadewaldt. [S. 90]
Aristophanes, Antike Komödien, München: Winkler Verlag 1968, Ü: Ludwig Seeger u. Hans-Joachim Newiger u. Peter Rau. [S. 19f.; 38f.; 91f.; 94; 132ff.; 188ff.; 222; 228f.; 385ff.; 407; 429ff.; 438; 439f.; 457; 473; 476f.; 477]

Aristoteles griech. Philosoph, geb. 384; gest. 322, Schüler Platons, nimmt gegenüber Platon, der alles Erkennen von transzendentalen Ideen ableitet, eine realistischere Position in seiner Erkenntnistheorie ein, da er von der »empeiria« (Erfahrung) ausgeht. Von 342–336 ist er Lehrer Alexanders d. Gr.; 335 gründet er eine eigene philosophische Schule in Athen im Lykeion (Peripatos). Erhalten sind zahlreiche philosophische, politische und naturkundliche Schriften, die als Lehrschriften für seine Schüler bestimmt waren.
Text/Übers.:
Aristoteles, Politik, München: dtv 2. Aufl. 1976 (Lizenzausgabe des Artemis Verlags, Zürich 1971), Ü: Olof Gigon. [S. 80; 84; 84ff.; 93; 119ff.; 269f.; 291ff.; 447f.]
Aristoteles, Die Lehrschriften, Bd. 3,1: Rhetorik, Paderborn: Schöningh Verlag 1959, Ü: Paul Gohlke. 1389a3–1390b11. [S. 60ff.]
Aristoteles, Die Lehrschriften, Bd. 8,1: Tierkunde, Paderborn: Schöningh Verlag 1949, Ü: Paul Gohlke. 581a–588a. [S. 66ff.]
Aristoteles, Über die Welt, gr.-dt., Paderborn: Schöningh Verlag 3. Aufl. 1968, Ü: Paul Gohlke. S. 2, 391b–392b [S. 13ff.]
Aristoteles, Der Staat der Athener, Stuttgart: Reclam 1976, Ü: Peter Dams. [S. 39; 171f.; 402; 432; 434]
Aristoteles, Die Nikomachische Ethik, Zürich u. Stuttgart: Artemis Verlag 1967, Ü: Olof Gigon. VIII [S. 244ff.]

Demosthenes athenischer, anti-makedonischer Politiker, gilt seit dem ersten

Jhdt. als größter Redner der Antike, geb. 384; gest. 322. Erhalten sind zahlreiche Reden aus politischen und Privatprozessen. Die Kranzrede, entstanden um 330, enthält eine Rechtfertigung der eigenen Politik.
Text/Übers.:
Demosthenes, Rede für Ktesiphon über den Kranz, gr.-dt., Darmstadt: Wiss. Buchgesellschaft 1983, Ü: Walter Zürcher. [S. 89f.]
Demosthenes, Ausgewählte Reden, Berlin u. Stuttgart: Langenscheidtsche Verlagsbuchhandlung 1855–1911, 3. Bd.: Reden gegen Leptines und Meidias, 5. Aufl. o. J., Ü: Westermann. [S. 460f.]

Diogenes Laertius Verfasser einer wegen seiner Zitatengelehrsamkeit wichtigen Philosophiegeschichte; lebte und schrieb vermutlich in der ersten Hälfte des 3. Jhdts. n. Chr. Lebenszeit und -umstände sind unbekannt.
Text/Übers.:
Diogenes Laertius, Leben und Meinungen berühmter Philosophen, I–X, Hamburg: Verlag Felix Meiner 2. Aufl. 1967, Ü: Otto Apelt. [S. 47]

Diokles von Karystos, berühmter Arzt im 4. Jhdt., enge Beziehungen zu Athen und zur attischen Philosophie; Schwerpunkte: Methodik und Diätethik.
Text/Übers.:
Diocles Carystius (De victu salubri [Oribasius lib.inc. 40]), Lebensführung des gesunden Menschen, in: Der Arzt im Altertum, Griechische und lateinische Quellenstücke von Hippokrates bis Galen mit der Übertragung ins Deutsche, Darmstadt: Wiss. Buchgesellschaft (Lizenzausgabe des Artemis Verlags München) 5. Aufl. 1986, Ü: Walter Müri, S. 395–407. [S. 377ff.]

Epikur Philosoph, geb. 341; gest. ca. 270, gründete in Athen eine eigene Philosophenschule, den »Garten«; wurde wegen seiner Lustlehre und Religionskritik häufig angegriffen. Lust als höchstes Gut bedeutete ihm jedoch nicht hemmungslosen Lebensgenuß, sondern in erster Linie das Freisein von Schmerz.
Text/Übers.:
Epikur, Briefe, Sprüche, Werkfragmente, Stuttgart: Reclam Verlag 1980, Ü: H.-W. Krantz. [S. 335ff.]

Euripides athenischer Tragödiendichter, geb. um 485; gest. 406. Aus seinem umfangreichen Werk sind lediglich 17 Tragödien erhalten. Hier wurden Texte ausgewählt aus »Medea« (431 v. Chr.), »Elektra« (vor 415 v. Chr.) und »Ion« (nach 412 v. Chr.).
Text/Übers.:
Euripides, Sämtliche Tragödien in zwei Bänden, Stuttgart: Kröner Verlag 1958, Ü: J. J. Donner. Medea 230–251 [S. 223]; Elektra 962–987 [S. 106f.]
Euripides, Sämtliche Tragödien und Fragmente, gr.-dt., Bd. IV, München: Heimeran Verlag 1972, Ü: Ernst Buschor. Ion 472–481. [S. 83]
Euripides, Morgenfrühe (Phaethon, Suppl. Eur. [Arnim], p. 70), in: Hellas, Ein Führer durch Griechenland nach antiken Quellenstücken, gr.-dt., München: Heimeran Verlag 5. Aufl. 1969, hrsg. v. Georg von Reutern, Ü: U. v. Wilamowitz-Moellendorf, S. 7. [S. 54f.]

Geminos Stoiker des letzten Jhdts. v. Chr. aus der Schule des Poseidonios auf Rhodos; schrieb eine Einführung in die Astronomie.

Text/Übers.:
Geminos, Einführung in die Astronomie VI, zitiert nach A. Mommsen, Chronologie, ND Hildesheim: Gerstenberg Verlag 1975 (Leipzig 1893), S. 178–186. [S. 32ff.]

Herakleides griech. Perieget des 3. Jhdts., verfaßte eine Reisebeschreibung des mittleren und nördlichen Griechenland mit Thessalien. Erhalten sind die Schilderung Attikas, Boiotiens und Euboias (frg. 1) sowie Stücke aus der Schilderung Thessaliens (frg. 2 u. 3).
Text/Übers.:
Herakleides frg. 1,1; 1,4–5 in: Hellas, Ein Führer durch Griechenland aus antiken Quellenstücken, München: Heimeran Verlag 5. Aufl. 1969, Ü: G. v. Reutern, S. 77ff. [S. 26f.]

Herodot nach Cicero (leg. 1,5) »Vater der Geschichte«, geb. um 484 in Halikarnassos in Kleinasien; gest. nach 430 in Thurioi in Unteritalien. Seine in späterer Zeit in 9 Bücher eingeteilten »Historien« sind eine weit ausholende Kulturgeschichte der alten Welt und schildern die Kämpfe zwischen Griechen und Barbaren, besonders die Perserkriege bis 479, gleichsam als Kampf Europas gegen Asien.
Text/Übers.:
Herodot, Geschichten und Geschichte, München u. Zürich: Artemis Verlag 1983, Ü: Walter Marg. VI 126–130 [S. 198ff.]
Herodot, Historien, gr.-dt., 2 Bde., München: Heimeran Verlag 1963, Ü: Josef Feix. [S. 15ff.; 54; 105f.; 314f.; 364ff.; 407; 420ff.; 442; 442ff.]

Herondas Dichter, lebte um die Mitte des 3. Jhdts.; Verfasser von »Mimiamben«, iambischen Dialogszenen, in denen das Alltagsleben vor allem der kleinen Leute geschildert wird. In »Der Lehrer« fleht eine verzweifelte Mutter den Schulmeister Lampriskos an, ihren ungeratenen Sohn kräftig zu verprügeln. In »Die Kupplerin« soll Metriche, deren Gatte verreist ist, zur Freundschaft mit einem jungen Athleten überredet werden. In »Die Eifersüchtige« entdeckt Bitinna die Treulosigkeit ihres Sklaven-Geliebten und will ihn bestrafen. In »Frauen im Asklepiostempel« betrachten Kokkale und Kynno die im Tempel ausgestellten Kunstwerke. In »Der Frauenwirt« hält Battaros eine Gerichtsrede, die Einblick in die Fremdengerichtsbarkeit auf Kos gibt.
Text/Übers.:
Herondas – Menander, Werke in einem Band, Berlin u. Weimar: Aufbau Verlag 1980, Ü: Kurt u. Ursula Treu. [S. 95; 140ff.; 224ff.; 305ff.; 323ff.; 417ff.; 453ff.]

Hesiod epischer Dichter aus Askra in s. Boiotien, um 700; erhalten sind die »Theogonie«, ein Gedicht über die Entstehung der Götterwelt, »Werke und Tage« (Erga kai Hemerai), ein Lehrgedicht, in dem H. die bäuerliche Arbeitswelt vor dem Hintergrund einer gerechten Weltordnung mit dem Ziel darstellt, im Erbstreit mit seinem Bruder Perses eine gerechte Schlichtung zu erlangen, und kleinere Werke.
Text/Übers.:
Hesiod, Sämtliche Gedichte, Theogonie, Erga, Frauenkataloge, Darmstadt:

Wiss. Buchgesellschaft 2. Aufl. 1984 (Lizenzausgabe des Artemis Verlags 1970), Ü: Walter Marg. [S. 29ff.; 39ff.; 52ff.; 96]

Hippokrates berühmtester Arzt des Altertums aus Kos, geb. ca. 460; gest. um 370; gilt als Begründer der wissenschaftlichen Medizin. Grundlage seiner Lehre von den »Prognosen«, Vorhersage des Krankheitsverlaufs, bildeten die in den »Epidemiai« gesammelten Beobachtungen zu Klima, Landschaft, Lebensweise und Krankheitsverlauf, die er als Wanderarzt gemacht hatte. Es fiel bereits im Altertum schwer, auch nur eine der zahlreichen unter seinem Namen überlieferten Schriften mit Sicherheit ihm zuzuweisen. Im »Corpus Hippocraticum« sind Schriften verschiedener Ärzte aus etwa fünf Jahrhunderten zusammengefaßt.

Text/Übers.:

Hippokrates: in: Der Arzt im Altertum, Griechische und lateinische Quellenstücke von Hippokrates bis Galen mit der Übertragung ins Deutsche, Darmstadt: Wiss. Buchgesellschaft (Lizenzausgabe des Artemis Verlags München) 5. Aufl. 1986, Ü: Walter Müri, S. 191–199. Über die Natur des Menschen 4–5, 7–8 [S. 49ff.]; epidemiarum V 7,26 [S. 341f.]

Hipponax Lyriker, 2. Hälfte ds 6. Jhdts., aus Ephesos, der als Verbannter in Klazomenai in ärmlichen Verhältnissen lebte; gilt als Erfinder des Hinkiambos; nur wenige Fragmente sind erhalten.

Text/Übers.:

Hipponax, in: Griechische Lyrik, Berlin u. Weimar: Aufbau Verlag 2. Aufl. 1980, Ü: Dietrich Ebener, S. 93–96. [S. 310f.]

Homer gilt als Epiker aus dem ionischen Kleinasien, der vermutlich um 750 die »Ilias« und »Odyssee«, die ältesten erhaltenen Epen Griechenlands, dichtete. Die Ilias erzählt vom Zorn des Achill im 9. Jahr des Trojanischen Krieges mit Rückblicken auf den Kriegsbeginn und Ausblick auf den Fall Trojas. Die etwas jüngere Odyssee vereinigt mittelmeerische Seefahrermärchen mit der Novelle vom Spätheimkehrer. Nach Irrfahrten und Rückkehr nach Ithaka nimmt Odysseus Rache an den Freiern seines Weibes.

Text/Übers.:

Homer, Ilias, Frankfurt/Main: Insel Verlag 1975, Ü: Wolfgang Schadewaldt. [S. 13; 95; 342ff.; 401f.]

Homer, Die Odyssee, Hamburg: Rowohlt Taschenbuch Verlag 1958, Ü: Wolfgang Schadewaldt. [S. 174ff.; 440f.]

Isokrates Redner und Rhetoriklehrer, geb. 436; gest. 338, gründete in seiner Heimatstadt Athen eine Rednerschule, die große Berühmtheit erlangte.

Text/Übers.:

Isokrates, Werke, Stuttgart: Metzlersche Buchhandlung, 1. Bd. 2. Aufl. 1886, 2. Bd. 4. Aufl. 1895, 3. Bd. 2. Aufl. 1897, 4. Bd. 1835, 5. Bd. o. J., 6.–8. Bd. 1836, Ü: Adolph Heinrich Christian.

(Auszüge aus folgenden Reden: Gegen die Sophisten [S. 135ff.], Von dem Pferdegespann [S. 184f.], Aegineticus [S. 265ff.], Einrede gegen Kallimachus [S. 271ff.], Trapeziticus [S. 304], Panegyricus [S. 431f.])

Kritias athenischer Politiker und Dichter, geb. um 460; gest. 403, scharfer Gegner der Demokratie. Sein literarisches Werk ist nur in Fragmenten erhalten, so auch das Satyrspiel (= heiteres Theaterstück) »Sisyphos«.

Text/Übers.:

Kritias, Sisyphos frg. 25 D, in: W. Nestle, Die Vorsokratiker, Jena: E. Dietrichs Verlag 3. Aufl. 1929. [S. 320 f.]

Leonidas von Tarent Epigrammatiker, erste Hälfte des 3. Jhdts.; seine rund 100 erhaltenen Epigramme (kurze Gedichte), meist Weih- und Grabepigramme, behandeln vornehmlich das Leben der einfachen Leute, oft unter der Fiktion, daß sie am Lebensabend ihr Handwerkszeug einer Gottheit weihen.

Text/Übers.:

Leonidas von Tarent, zitiert nach: Anthologia Graeca, gr.-dt., 4 Bde., Bd. 2, München: Heimeran Verlag 2. Aufl. 1965, Ü: H. Beckby. [S. 340 f.; 374]

Lykurgos attischer Politiker und Redner, 390–324, Schüler Platons und Isokrates', höchster Finanzbeamter Athens, betrieb an der Seite des s. Demosthenes eine anti-makedonische Politik, darauf Auslieferungsantrag Alexanders d. Großen. Erhalten ist nur seine Anklagerede gegen Leokrates aus dem Jahre 331, den er des Hochverrats bezichtigt, weil dieser nach der Schlacht von Chaironeia (338 v. Chr.) sich und sein Eigentum dem Staat durch Flucht entzogen hatte.

Text/Übers.:

Lykurgos, Rede gegen Leokrates, Berlin u. Stuttgart: Langenscheidtsche Verlagsbuchhandlung (Bd. 34 gr. u. röm. Klassiker) 4. Aufl. 1920, Ü: Hermann Bender. [S. 270 f.; 319 f.; 416 ff.; 163 ff.]

Lysias geb. etwa 445; gest. um 380, bedeutender Redner und Rhetoriklehrer in Athen, der trotz seiner Verdienste um die demokratische Sache Metöke blieb.

Text/Übers.:

Lysias, Die erhaltenen Reden, Stuttgart: J. B. Metzler'sche Buchhandlung, 1. Bd. 2. Aufl. 1867, 3. Bd. 4. Aufl. 1889; Ü: Ferdinand Baur. [S. 231 ff.; 282 ff.; 395 ff.]

Menander der bedeutendste Dichter der sogenannten Neuen Komödie in Athen, geb. etwa 342; gest. um 292. Von seinen mehr als 100 Komödien sind allein die Charakterkomödie »Der Menschenfeind« (Misanthropos) und die Wiedererkennungsgeschichte »Das Schiedsgericht« (Epitrepontes) fast vollständig erhalten. Die Fragmente des Stückes »Der Bauer«, die hier ausgewählt wurden, zeigen vor allem, wie der Städter das naturnahe Landleben zu sehen wünschte. In der Textstelle aus der »Samierin« wird der Charaktertyp der liebevollen alten Amme gezeichnet.

Text/Übers.:

Menander – Herondas, Werke in einem Band, Berlin u. Weimar: Aufbau Verlag 1980; Ü: Kurt u. Ursula Treu. Die Samierin [S. 82]; Der Bauer [S. 465 ff.]

Menander, frg. 581 K-Th., zitiert nach: Für und wider die Ehe. Antike Stimmen zu einer offenen Frage, München: Heimeran Verlag 1974, Ü: Konrad Gaiser, S. 34. [S. 223 f.]

Menekrates von Samos; Epigrammatiker um 300.

Text/Übers.:
Menekrates, Das Alter, zitiert nach: Anthologia Graeca, gr.-dt., 4 Bde., Bd. 3, München: Heimeran Verlag, 2. Aufl. 1965, Ü: H. Beckby. [S. 328]

Pindar thebanischer Chorlyriker, geb. um 518; gest. etwa 445; besondere Bedeutung haben seine Epinikien (olympische, pythische, nemeische und isthmische Oden), die die Sieger, deren Familien und Heimat, das Siegesglück und die Dichtkunst preisen.
Text/Übers.:
Pindar, Oden, Berlin: Ullstein Verlag 1958, Ü: Ludwig Wolde. [S. 180 ff.]

Platon Philosoph aus bedeutender athenischer Familie, Vertreter der Ideenlehre, geb. 428/27; gest. 349/48, Schüler des Sokrates, gründete um 385 eine eigene Schule, die Akademie, zur Verbindung von Forschung und Erziehung. In seinen Dialogen bildet Sokrates die zentrale Figur, die mit gezielten Fragen den Schüler zur Erkenntnis führen will. Untersucht werden vor allem Wertbegriffe wie Freundschaft, Frömmigkeit, Schönheit usw. Der ideale Staat, der in seiner Schrift »Politeia« entworfen wird, sieht eine am spartanischen Kriegerstaat orientierte Herrschaft der Besten vor, die sich auf der gesellschaftlichen Gliederung in Bauern und Handwerker, Krieger bzw. Wächter und Herrschende gründet. Die Ordnung wird gesichert, indem nichts dem Zufall oder der Willkür des einzelnen überlassen bleibt. Der weise Regent schreibt z. B. vor, wer wann wen heiratet und innerhalb welcher Zeitspanne Kinder gezeugt und welche Kinder zu Wächtern erzogen werden dürfen. Erfolglos blieb sein Versuch, als Berater des Tyrannen Dionysios II. von Syrakus den idealen Staat zu verwirklichen.
Text/Übers.:
Platon, frg. 153, zitiert nach: Hatto H. Schmitt, Der hochgeschätzte »kleine Löwe«: Das Kind in der Antike, in: Journal für Geschichte 1, 1979, S. 14. [S. 94 f.]
Platon, Der Staat, Zürich u. München: Artemis Verlag 1974, Ü: Rudolf Rufener. V 451 d–452 e [S. 186 f.]
Platon, Die Gesetze, München: Artemis Verlag 1974, Ü: R. Rufener. VII 808 d–809 a [S. 88 f.]; VII 793 e–794 a [S. 94]
Platon, Gesetze, in: Werke in 8 Bänden, Darmstadt: Wiss. Buchgesellschaft 1977, Ü: Klaus Schöpsdau. IX 880 d–881 e [S. 108 f.]; XI 930 e–932 d [S. 109 ff.]; V 729 b–c [S. 112 f.]; VI 772 d–776 b [S. 201 ff.]; VIII 841 a–842 a [S. 229 f.]; XI 929 c–930 b [S. 230 f.]; VI 776 b–778 a [S. 286 ff.]; XI 914 e–915 c [S. 288 f.]; IX 882 a–c [S. 289 f.]; XI 936 c–e [S. 290]; XI 930 d–e [S. 290 f.]; X 887 c–890 b [S. 315 ff.]; III 700 b–e [S. 471 ff.]
Platon, Frühdialoge, Zürich und München: Artemis Verlag 1974, Ü: R. Rufener. Lysis 223 a–b [S. 93]; 203 a–207 b [S. 149 ff.]
Platon, Spätdialoge I, Zürich u. München: Artemis Verlag 1974, Ü: R. Rufener. Theaitetos 149 b–150 a [S. 80 f.]
Platon, Meisterdialoge, Zürich u. Stuttgart: Artemis Verlag 1958, Ü: R. Rufener. Phaidon 116 a–118 [S. 332 ff.]

Polybios griech. Politiker und Historiker, geb. um 200; gest. nach 120. Sein Hauptwerk, eine Universalgeschichte, sollte den Aufstieg Roms zur Welt-

macht erklären, es umfaßt die Zeit von 220 bis 144; von den 40 Büchern ist nur etwa ein Drittel erhalten.
Text/Übers.:
Polybios, Geschichte, 2 Bde., Zürich: Artemis Verlag 1961, Ü: Hans Drexler. [S. 37]

Pseudo-Aristoteles Das Corpus der aristotelischen Schriften enthält eine Reihe von meist kürzeren Schriften, die von den Schülern des Aristoteles oder älteren Peripatetikern stammen. In der Regel behandeln diese Schriften engere Fachgebiete, die Aristoteles selbst nicht bearbeitet hat. Sie schließen also Lücken, die sonst im Betrieb der Schule fühlbar geworden wären. Sie machen das Corpus so zur Enzyclopädie.
Text/Übers.:
(Ps.) Aristoteles, Über Haushaltung in Familie und Staat, Paderborn: Schöningh Verlag 2. Aufl. 1953, Ü: Paul Gohlke. III [S. 205ff.], I 5 [S. 296f.]

Pseudo-Platon mehrere Dialoge und die Mehrzahl der Briefe Platons stammen offenbar nicht aus der Feder Platons, wie die moderne Kritik der letzten 100 Jahre ermittelte.
Text/Übers.:
Pseudo-Platon, Theages, in: Platon, Sämtliche Werke, 2. Bd., Köln u. Olten: Jakob Hegner Verlag 6. Aufl. 1969, Ü: F. Susemihl. 121a–122b [S. 116f.]

Pseudo-Xenophon eine durch Zufall schon in der Antike in das Corpus Xenophoniensis geratene Schrift (vielleicht aus Xenophons Nachlaß?). Es handelt sich um eine politische Parteischrift oligarchischen Charakters aus dem späten 5. Jhdt. Der Verfasser ist nicht zu benennen. Sehr frühes Zeugnis attischer Prosa und politischer Auseinandersetzung in Athen.
Text/Übers.:
Pseudo-Xenophon, Staat der Athener, gr.-dt., Leipzig u. Berlin: Teubner Verlag 1913, Ü: Ernst Kalinka. [S. 280f.; 457ff.]

Sappho Lyrikerin der lesbischen Kunsttradition, geb. spätestens um 630 in Eresos, lebte als Angehörige des Adels in Mytilene auf Lesbos, zwischen etwa 595 und vielleicht 580 als Verbannte in Syrakus, nahm nach ihrer Rückkehr junge Mädchen aus vornehmen Kreisen in ihrem Haus auf, um ihnen musische Bildung zu vermitteln. Ihre im äolischen Dialekt geschriebenen Lieder behandeln ihre private Welt, die Gemeinschaft mit den Gefährtinnen, Musik, Tanz, Schmuck, Blumen, Feste und die damit verbundene Gefühlswelt.
Text/Übers.:
Sappho, in: Griechische Lyrik, Berlin u. Weimar: Aufbau Verlag 2. Aufl. 1980, Ü: Dietrich Ebener, S. 107–118. [S. 196ff.]

Semonides lebte in der zweiten Hälfte des 7. Jhdts. Als Führer von Auswanderern aus Samos fand er auf der Kykladeninsel Amorgos eine neue Heimat; er hinterließ Jamben und Elegien, die in wenigen Fragmenten erhalten sind. In dem hier ausgewählten Gedicht »Die Frauentypen« zeigt sich der Iambos in seinem ursprünglichen Charakter als Schelt- und Spottvers.

Text/Übers.:
Semonides, in: Griechische Lyrik, Berlin u. Weimar: Aufbau Verlag 2. Aufl. 1980, Ü: Dietrich Ebener, S. 79–84. [S. 218ff.]

Solon athenischer Staatsmann und Dichter, um 640–560; wurde 594/93 Archon und Schiedsmann in Athen mit besonderen Vollmachten, führte breitangelegte Reformen durch: Gesetzgebung, Entschuldung der Bürgerschaft, Ordnung von Maß, Gewicht und Münze. Aus seinem literarischen Werk sind 220 Verse aus den Elegien und 70 aus den Iamben und Trochäen erhalten. Seine Elegien preisen das gesunde Maß und die Mitte.
Text/Übers.:
Solon, in: Griechische Lyrik, Berlin u. Weimar: Aufbau-Verlag 2. Aufl. 1980, Ü: Dietrich Ebener, S. 68–78. [S. 59; 308ff.; 475]

Sophokles Athener aus dem Demos Kolonos, geb. 497; gest. 406/5; Dramendichter, seit 468 errang er mit 30 Tetralogien 18 Siege im Wettkampf der Dichter, verfaßte ca. 130 Dramen. 441/39 mit Perikles Stratege im samischen Krieg.
Text/Übers.:
Sophokles, Dramen, gr.-dt., Darmstadt: Wiss. Buchgesellschaft 2. Aufl. 1985 (Lizenzausgabe des Artemis Verlags), Ü: W. Willige u. K. Bayer. [S. 101ff.]

Theognis aus Megara, griech. Dichter des 6. Jhdts. Infolge der Kämpfe zwischen Adel und Demos in seiner Heimatstadt lebte er in der Fremde. Seine Lebensauffassung ist geprägt vom Existenzkampf des grundbesitzenden Adels gegen den wirtschaftlichen und politischen Aufstieg des Demos. In der Umkehrung aller Werte spiegelt sich der Zusammenbruch der überkommenen Adelswelt.
Text/Übers.:
Theognis, in: Griechische Lyrik, Berlin u. Weimar: Aufbau Verlag 2. Aufl. 1980, Ü: Dietrich Ebener, S. 119–149. [S. 101; 118; 143f.; 198; 240f.; 241; 313; 328; 475f.]

Theokrit, bukolischer Dichter aus Syrakus, lebte im 2. Jhdt.
Text/Übers.:
Theokrit, Dämonie der Mittagsstille (I Thyrsis 15–18), in: Hellas, Ein Führer durch Griechenland aus antiken Quellenstücken, München: Heimeran Verlag 5. Aufl. 1969, hrsg. von G. v. Reutern, Ü: F. P. Fritz, S. 9. [S. 55]

Theophrast von Eresos, Philosoph, Schüler und Nachfolger des Aristoteles, geb. ca. 371; gest. ca. 287, ausgezeichneter Lehrer und vielseitiger Schriftsteller. In »Charaktere« werden menschliche Schwächen und kleine Fehler im Alltag von Durchschnittsmenschen mittleren Alters in Athen skizziert.
Text/Übers.:
Theophrast bei Hieronymus (Adversus Iovinianum I 47), Einwände eines Denkers: zitiert nach: Für und wider die Ehe. Antike Stimmen zu einer offenen Frage, München: Heimeran Verlag 1974, Ü: Konrad Gaiser, S. 30–33. [S. 193ff.]
Theophrast, Charaktere, gr.-dt., Stuttgart: Reclam Verlag 1974, Ü: Dietrich Klose. [S. 321f.; 401; 464f.]

Thukydides Historiker, geb. um 455; gest. um 400, Angehöriger der athenischen Aristokratie, Teilnahme am Peloponnesischen Krieg als Stratege. Wegen eines militärischen Mißerfolges 422 verbannt, fand er die Zeit, eine historische Monographie über den Peloponnesischen Krieg (431–404) in 8 Büchern zu verfassen. Das Werk bricht allerdings bei der Behandlung des Jahres 411/10 ab.
Text/Übers.:
Thukydides, Geschichte des Peloponnesischen Krieges, Hamburg: Rowohlt Verlag 1965 (Lizenzausgabe des Artemis Verlags Zürich), Ü: Georg Landmann. [S. 21; 23f.; 36; 36f.; 242; 278; 328ff.; 366ff.; 394f.; 427f.; 432ff.; 435ff.]

Xenophanes aus Kolophon, polemischer Dichter, Theologe und Philosoph, geb. um 580; gest. nach 480, wurde aus seiner Heimatstadt verbannt und führte bis ins hohe Alter ein Wanderleben in den griechischen Kolonien Unteritaliens. Dabei trug er als Rhapsode aus seinen Dichtungen, in denen er seine Philosophie vermittelte, vor. Er bekämpfte anthropomorphe Gottesvorstellungen und suchte zu beweisen, daß es nur einen Gott geben könne.
Text/Übers.:
Xenophanes, Die Fragmente, gr.-dt., München u. Zürich: Artemis Verlag 1983, Ü: E. Heitsch. [S. 178f.; 313]

Xenophon Historiker und Sokratiker, geb. zwischen 430 und 425; gest. nach 355, war als Söldnerführer für Perser und Spartaner tätig, deshalb aus seiner Heimatstadt Athen verbannt. 367 konnte er nach Athen zurückkehren. Sein gesamtes literarisches Werk ist erhalten und gliedert sich in historische Schriften: Anabasis, Hellenika, Enkomion auf Agesilaos; pädagogisch-ethische und technologische Schriften: Kyrupädie, Staat der Spartaner, Poroi, Hieron; hippische Schriften (d. h. über Reiterei) sowie die sokratischen Schriften: Memorabilien, Oikonomikos, Symposium, Apologie.
Text/Übers.:
Xenophon, Von der Staatsverfassung der Lacedämonier (= Werke Bd. 11), Stuttgart: Teubner 1830, Ü: A. H. Christian. [S. 64f.; 86ff.; 144f.; 185f.]
Xenophon, Hellenika, gr.-dt., München: Heimeran Verlag 1970, Ü: Gisela Strasburger. [S. 278f.; 408ff.; 441f.]
Xenophon, Gastmahl, Berlin: Langenscheidtsche Verlagsbuchhandlung 3. Aufl. o. J., (61. Bd. gr. + röm. Klassiker) Ü: A. Zeising. [S. 155ff.; 478ff.]
Xenophon, (Memorabilien) Erinnerungen an Sokrates, gr.-dt., München u. Zürich: Artemis Verlag 4. Aufl. 1987, Ü: Peter Jaerisch. [S. 96f.; 113ff.; 154f.; 243f.; 396ff.; 414ff.; 449ff.; 473f.]
Xenophon, Ökonomikus oder über die Haushaltungskunst, Berlin: Langenscheidtsche Verlagsbuchhandlung 3. Aufl. o. J., (61. Bd. gr. + röm. Klassiker) Ü: A. Zeising. [S. 27f.; 212ff.; 297ff.; 383f.; 449; 461ff.]
Xenophon, Vorschläge zur Beschaffung von Geldmitteln oder über die Staatseinkünfte, Darmstadt: Wiss. Buchgesellschaft 1982, Ü: Eckart Schütrumpf. [S. 22; 281f.; 459f.]

2. Papyri

Polykrates an seinen Vater, zitiert nach: Auswahl aus griechischen Papyri, Berlin u. Leipzig: Walter de Gruyter Verlag 2. Aufl. 1924, Ü: R. Helbing, S. 45. [S. 118]

Ein Ehevertrag aus dem 4. Jahrhundert, zitiert nach: Auswahl aus griechischen Papyri, Berlin u. Leipzig: Walter de Gruyter Verlag 2. Aufl. 1924, Ü: R. Helbing, S. 38f. [S. 227f.]

3. Inschriften

Aus der Chronik von der Insel Paros, in: Griechische Inschriften als Zeugnisse des privaten und öffentlichen Lebens, gr.-dt., München: Heimeran Verlag 2. Aufl. 1980, Ü: Gerhard Pfohl, S. 121–123. [S. 37f.]

Bürgerrecht für Metöken (Tod, GHI Bd. 2, Nr. 100), zitiert nach: M. M. Austin u. P. Vidal-Naquet, Gesellschaft und Wirtschaft im alten Griechenland, München: Beck Verlag 1984, S. 240. [S. 279f.]

Ephebeneid, in H. I. Marrou, Geschichte der Erziehung im Klassischen Altertum, Freiburg/München: Karl Alber Verlag 1957, Ü.: C. H. Beumann, S. 156. [S. 172f.]

Grabmal für den Athener Dexileos, in: Griechische Inschriften als Zeugnisse des privaten und öffentlichen Lebens, gr.-dt., München: Heimeran Verlag 2. Aufl. 1980, Ü: Gerhard Pfohl, S. 18. [S. 373]

Grabsäule für Aristokles, in: Griechische Inschriften als Zeugnisse des privaten und öffentlichen Lebens, gr.-dt., München: Heimeran Verlag 2. Aufl. 1980, Ü: Gerhard Pfohl, S. 19. [S. 373]

Grabstele und Relief für Ampharete, in: Griechische Inschriften als Zeugnisse des privaten und öffentlichen Lebens, gr.-dt., München: Heimeran Verlag 2. Aufl. 1980, Ü: Gerhard Pfohl, S. 16. [S. 373]

Heilbericht eines »Glatzenträgers«, in: Griechische Inschriften als Zeugnisse des privaten und öffentlichen Lebens, gr.-dt., München: Heimeran Verlag 2. Aufl. 1980, Ü: Gerhard Pfohl, S. 143. [S. 321]

Verfluchung, in: Griechische Inschriften als Zeugnisse des privaten und öffentlichen Lebens, gr.-dt., München: Heimeran Verlag 2. Aufl. 1980, Ü: Gerhard Pfohl, S. 154. [S. 374]

Volker Spierling

Kleine Geschichte der Philosophie

50 Porträts von der Antike bis zur Gegenwart. 374 Seiten. SP 983

Wer sich mit der Philosophie beschäftigen möchte, stellt bald fest, daß es kaum eine leichtverständliche Einführung gibt. Volker Spierlings Kleine Geschichte der Philosophie des Abendlandes füllt diese Lücke auf amüsante Weise. Sie präsentiert fünfzig der wichtigsten Philosophen von Thales bis Popper, stellt deren Denken in den Zusammenhang ihrer Lebensumstände und gibt weiterführende Hinweise zum Studium ihrer Werke. Sie setzt nichts voraus als die Bereitschaft zu freiem, spielerischem Denken und ist für junge Leser besonders gut geeignet.

»Philosophie ist für alle da. Ihre Fragen gehen jeden an, und ihre Antworten ermuntern zum Nach- und Weiterdenken, bereichern und gestalten die eigene Geisteshaltung.« Diese Überzeugung ist Volker Spierling aus seiner langjährigen Lehrtätigkeit erwachsen und liegt der »Kleinen Geschichte der Philosophie« zugrunde. Fünfzig Philosophen von der Antike bis zur Gegenwart werden vorgestellt, und es werden die zentralen Punkte ihres Denkens erläutert. Die Auswahl der Philosophen repräsentiert annähernd das gesamte Spektrum der abendländischen Philosophie.

»In der Philosophiegeschichte ist nichts aus zweiter Hand. Volker Spierling entwickelt seine Porträts aus den originalen Texten, und er will die Neugier des von speziellen Vorkenntnissen unverdorbenen Lesers auf das authentische philosophische Wort lenken.«

Albert von Schirnding,
Süddeutsche Zeitung

Die Philosophie des 20. Jahrhunderts

Ein Lesebuch. Herausgegeben von Volker Spierling. 525 Seiten. SP 547

In diesem Lesebuch des Tübinger Philosophen Volker Spierling werden die Positionen der wichtigsten, originellsten, aber auch der bedenklichsten Philosophen beziehungsweise Philosophien unseres Jahrhunderts vorgestellt.

Harro Heuser

Als die Götter lachen lernten

Griechische Denker verändern die Welt. 336 Seiten. SP 2328

Das antike Ionien ist für Harro Heuser das »große Erdbebengebiet des Geistes«. Sein politisches und kulturelles Zentrum, Milet, wird um 600 v. Chr. zur Geburtsstätte der modernen Naturwissenschaften, nachdem in einem von politischen und wirtschaftlichen Umwälzungen erschütterten Griechenland die religiösen Erneuerungsbewegungen von Dionysos und Orpheus die Oberhand gewannen. Thales von Milet sagte erstmals die Sonnenfinsternis des Jahres 585 voraus, die er wissenschaftlich berechnet hatte, und nahm somit diesem Naturphänomen den mythischen Schrecken. Homer schrieb die Odyssee, und Pythagoras erfand seinen berühmten Lehrsatz. Erstmals werden zum Verständnis der Welt nicht mehr Mythos und Magie bemüht, sondern naturwissenschaftliche Beobachtungen. Das neue Denken war rational und wissenschaftlich.

Michael Wittschier

Abenteuer Philosophie

Ein Schnellkurs für Einsteiger. 176 Seiten mit zahlreichen Abbildungen. SP 2366

Philosophie macht Spaß, meint der Autor, und führt seine Leser in das Abenteuer des philosophischen Denkens ein. Dazu stellt er kurze klassische Texte vor – von Sokrates, Descartes, Kant – sowie moderne Autoren und illustriert seinen Philosophiekurs für Einsteiger mit amüsanten Beispielen, witzigen Comics und mit Denksportaufgaben, die es in sich haben.

Ein Reiseführer durch die Welt der Philosophie einmal anders – überschaubar und auf jeder Station voller Anregungen. Ausgehend von alltäglichen Lebenssituationen, animiert Michael Wittschier den Leser zu eigenen Fragen, zu Zweifeln und zu philosophischem Staunen. Zugleich stellt er die Ansichten und Einsichten großer Philosophen zu den Themen Wahrheit, Wirklichkeit, Erkenntnis und Moral so vor, daß man lähmende Schulerinnerungen getrost vergessen kann.

SERIE PIPER

Reinhard Raffalt

Große Kaiser Roms

290 Seiten mit 11 Abbildungen.
SP 499

Wie lebten die römischen Kaiser? Wie regierten sie ihr großes Weltreich? Welche Strategien entwickelten sie zur Machtentfaltung und Machterhaltung? In elf Porträts werden so berühmte Kaiser wie Cäsar, Augustus, Tiberius, Nero, Hadrian, Marc Aurel, Diokletian oder Konstantin vorgestellt, und es wird erzählt, wie sie die Geschichte und Bedeutung Roms maßgeblich bestimmt haben.

Glanz und Verfall des Imperium Romanum, der politischen und kulturellen Weltmacht Rom, haben jahrhundertelang die Phantasie von Historikern und Erzählern beschäftigt. Galt das Interesse der Historiker meist mehr den sich wandelnden Herrschaftsstrukturen, so zeigten sich die Erzähler fasziniert von den unterschiedlichen Persönlichkeiten der römischen Kaiser und ihrer wechselvollen Schicksale. Reinhard Raffalt, ein großer Kenner der römischen Geschichte, gibt in diesen Porträts den großen Kaisern Roms individuelle Lebendigkeit und staatsmännisches Profil. Er schildert das höfische Leben ebenso interessant wie die Regierungs- und Verwaltungsarbeit des Imperium Romanum. Er kennt sich aus in Kunst- und Religionsgeschichte und versteht es, aus trockenen historischen Daten lebendige, anschauliche Geschichte zu machen.

»Das Buch ist ein großer Wurf.«
Bayerischer Rundfunk

SERIE PIPER

James Cleugh

Die Medici

Macht und Glanz einer europäischen Familie. Aus dem Amerikanischen von Ulrike von Puttkamer. 489 Seiten mit 149 Abbildungen. SP 2321

Die Chronik einer Familie, die wie keine andere die Kultur der Renaissance verkörperte.
Die Medici gehören zu den großen Familien, die die europäische Geschichte und Kultur entscheidend geprägt haben. Sie waren Bankiers, Feldherren, Päpste, Herzöge, Königinnen, Despoten, aber auch geniale Förderer von Kunst und Wissenschaft. Unter ihrer Führung wurde Florenz zum kulturellen Mittelpunkt Europas.
Unter den großen Familien, die den Lauf der europäischen Geschichte prägten, hat wohl kaum ein Name helleren Glanz als jener der Familie Medici. Ob als Bankiers, Feldherren, Päpste, Herzöge, Despoten oder geniale Förderer von Kunst und Wissenschaft – die Medici haben auf vielen Gebieten Weltruhm erlangt. Sie gaben der römischen Kirche zwei Päpste und Frankreich zwei Königinnen. Der Welt schenkten sie als großzügige Mäzene der Kunst unvergleichliche Meisterwerke. Im Mittelpunkt dieser Familienchronik steht deshalb auch die strahlende Gestalt Lorenzos des Prächtigen, des Staatsmannes und Dichters – die ideale Verkörperung des Renaissance-Menschen. Er war Förderer von Leonardo, Botticelli und Michelangelo. Unter seiner Führung wurde Florenz zum intellektuellen Zentrum Europas. James Cleugh erzählt von den Verwicklungen der Renaissance-Politik, den Intrigen, Liebschaften, Kriegen und Morden der Medici, und er befreit die Überlieferung von Legenden und halben Wahrheiten. Das Ergebnis ist eine einzigartige Chronik einer Familie, die dreihundert Jahre in Florenz herrschte und deren Vermächtnis den menschlichen Geist noch jahrhundertelang bewegt hat.

Biographien

Burkhard Nadolny
Louis Ferdinand

Das Leben eines preußischen Prinzen. 332 Seiten. SP 1741

Louis Ferdinand, kunstsinniger Liebling der Frauen und weitblickender Politiker, fiel 1806 im Alter von 34 Jahren im Krieg gegen Frankreich. Laut Nadolny war der schöne Prinz der erste Star der neuen Geschichte. Eine überzeugende Deutung des Lebens und Wesens Louis Ferdinands.

Heinz Ohff
Der grüne Fürst

Das abenteuerliche Leben des Hermann Pückler-Muskau. 327 Seiten mit 30 Abbildungen. SP 1751

Ein luxusverwöhnter, exzentrischer Snob, der Duelle focht und mehr Liebschaften hatte als Casanova; ein Abenteurer, der zu Pferd halb Afrika durchquerte, von höchstem Adel, aber republikanisch gesinnt, begabter Autor, genialer Gartenarchitekt: So jemanden wie den Fürsten Pückler-Muskau hat es im Deutschland des 19. Jahrhunderts nicht noch einmal gegeben.

Heinz Ohff
Ein Stern in Wetterwolken

Königin Luise von Preußen. Eine Biographie. 493 Seiten mit 34 Abbildungen. SP 1548

Zahllose Legenden ranken sich um das Leben Königin Luises von Preußen, die schon zu ihren Lebzeiten außergewöhnliche Popularität genoß: Schön und lebenslustig, charmant und wenig gebildet mußte sie bereits als junge Frau zusammen mit ihrem Mann, Friedrich Wilhelm III., in schwierigen Zeiten den Thron besteigen und starb mit vierunddreißig Jahren in der Blüte ihres Lebens. Bedeutende Zeitgenossen wie Kleist und von Arnim waren ihre Bewunderer, und Napoleon nannte sie respektvoll seine »ärgste Feindin«. Heinz Ohff zeichnet in seiner Biographie das Bild einer Frau zwischen Legende und Historie und vermittelt zugleich einen lebendigen Eindruck der damaligen Zeit.

»Ein lesenswertes, kluges Buch.«
Die Presse

Biographien

Dirk Van der Cruysse

»Madame sein ist ein ellendes Handwerck«

Liselotte von der Pfalz – eine deutsche Prinzessin am Hof des Sonnenkönigs. Aus dem Französischen von Inge Leipold. 752 Seiten. SP 2141

Ein unvergleichliches Bild ihrer Zeit hat Liselotte von der Pfalz in ihren 60000 Briefen hinterlassen. In diesen Universalreportagen beschreibt sie ihr Leben am Hof ihres Schwagers, des Sonnenkönigs Ludwig XIV., freimütig, spöttisch, oft derb. Die Intrigen und Ränkespiele, die politischen Krisen und die glänzenden Feste bei Hof fanden in »Madame«, der Tochter des Kurfürsten Karl Ludwig von der Pfalz, eine kluge und geistreiche Beobachterin.

»Van der Cruysses Werk berichtet so frisch, wie es seinem Objekt zukommt.«
Die Zeit

»Dirk Van der Cruysse gelang es in bravouröser Weise, diese ungewöhnliche Frau zu rehabilitieren.«
Die Welt

Friedrich Weissensteiner

Franz Ferdinand

Der verhinderte Herrscher. 246 Seiten mit 77 Abbildungen. SP 1532

Eine bekannte Figur auf der geschichtlichen Bühne ist Franz Ferdinand vor allem durch seinen Tod. Die Schüsse von Sarajewo haben den Plänen ein gewaltsames Ende gesetzt, die dieser markanteste Kopf der ausgehenden Donaumonarchie für sein Land entworfen hatte.

Die rote Erzherzogin

Das ungewöhnliche Leben der Tochter des Kronprinzen Rudolf. 228 Seiten mit 27 Abbildungen. SP 1527

Reformer, Republikaner und Rebellen

Das andere Haus Habsburg-Lothringen. 320 Seiten. SP 1954

Die »anderen« Habsburger, das sind die Aufklärer und Liberalen im Erzhaus seit Joseph II.

Große Herrscher des Hauses Habsburg

700 Jahre europäische Geschichte. 384 Seiten mit zahlreichen Abbildungen. SP 2549

SERIE PIPER

Biographien

Vincent Cronin

Katharina die Große

Biographie. Aus dem Englischen von Karl Berisch. 423 Seiten. SP 2319

Vincent Cronin porträtiert die schillernde Persönlichkeit der russischen Kaiserin, ihr ereignisreiches Privatleben und ihre großen Leistungen als Regentin – gerade auch bei der Verwirklichung weitreichender Sozialreformen.
Im Jahre 1762 bestieg die deutsche Prinzessin Sophie Friederike von Anhalt-Zerbst in Moskau den Thron der russischen Zaren und wurde Katharina II. Die Geschichte verlieh ihr den Beinamen »die Große«. Bis zu ihrer Thronbesteigung hatten erschreckende Brutalität, derbe Ausschweifungen und Günstlingswirtschaft das Leben am Zarenhof geprägt. Doch dann lenkte Katharina während einer glänzenden Regierungszeit von mehr als dreißig Jahren ihr Land mit politischem Weitblick. Das russische Volk verdankt ihr Reformen in Justiz und Verwaltung, die Verbesserung der sozialen Wohlfahrt und die Neuordnung des Bildungswesens. Katharina die Große war es auch, die 32000 deutsche Bauern an der Wolga ansiedelte und ihnen je 142 Morgen Land gab. Unter Verwendung neuer Quellen korrigiert Vincent Cronin ein falsches Geschichtsbild und läßt vor dem Hintergrund von Katharinas widerspruchsvollem Leben die bewegte Epoche der europäischen Aufklärung und des höfischen Rokoko lebendig werden.

»Cronins Werk ist *das* Musterbeispiel einer geglückten Lebensbeschreibung überhaupt.«
Die Welt

Prinz Roman Romanow

Am Hof des letzten Zaren

1896–1919. Herausgegeben von Prinz Nikolai und Prinz Dimitri Romanow. Aus dem Dänischen von Lothar Schneider. 480 Seiten mit 32 Seiten Abbildungen. SP 2460

Eine interessante Innenansicht der prächtigen, streng abgeschirmten, fast mystischen Welt der Zarenfamilie.

SERIE PIPER

Biographien

Brigitte Hamann

Elisabeth

Kaiserin wider Willen. 660 Seiten mit 57 Fotos. SP 990

Das übliche süße Sisi-Klischee wird man in diesem Buch vergeblich suchen: Elisabeth, Kaiserin von Österreich, Königin von Ungarn, war eine der gebildetsten und interessantesten Frauen ihrer Zeit; eine Königin, die sich von den Vorurteilen ihres Standes zu befreien vermochte. Häufig entfloh sie der verhaßten Wiener »Kerkerburg«, weil sie nicht bereit war, sich von den Menschen »immer anglotzen« zu lassen. Statt dessen war sie monatelang auf Reisen, lernte Sprachen und trieb – im Rittersal der Hofburg! – Sport. Schon vor dem Attentat war sie eine legendäre Figur geworden.

Meine liebe, gute Freundin!

Die Briefe Kaiser Franz Josephs an Katharina Schratt aus dem Besitz der Österreichischen Nationalbibliothek. Herausgegeben und kommentiert von Brigitte Hamann. 560 Seiten mit zahlreichen Abbildungen. SP 2228

Rudolf

Kronprinz und Rebell. 534 Seiten mit 35 Abbildungen. SP 800

»... ein Buch, das keineswegs nur historisch interessierte Leser fesseln kann, sondern auch eine reiche Fundgrube für psychologisch Interessierte bedeutet, weil Rudolfs späteres unglückliches Schicksal hier ganz klar und eindeutig aus den katastrophalen äußeren Umständen seiner Kindheit und Erziehung erklärt wird.«

Wochenpresse, Wien

Kronprinz Rudolf »Majestät, ich warne Sie...«

Geheime und private Schriften. Herausgegeben von Brigitte Hamann. 448 Seiten. SP 824

Diese Schriften geben einen aufschlußreichen Einblick hinter die Kulissen der k.u.k. Monarchie.

»Hier kommt der Kronprinz unmittelbar zu Wort... Es spricht ein erschütternd wirkender Zeuge für eine sich ausweglos abzeichnende Lage, die der sensible Prinz offenbar schon sehr früh erkannt hatte und nicht ändern konnte.«

Die Presse, Wien

Biographien

Thea Leitner

Habsburgs verkaufte Töchter

272 Seiten mit 16 Abbildungen. SP 1827

Thea Leitner bringt in ihrem Bestseller eine unbekannte Seite der europäischen Geschichte zur Sprache, nämlich die Biographien Habsburger Prinzessinnen, die schon im Kindesalter der Politik verschrieben wurden. Obwohl von Kindesbeinen an über sie verfügt wurde, waren sie als erwachsene Frauen keineswegs passive Opfer ihrer Herkunft.

Habsburgs vergessene Kinder

288 Seiten mit 34 Abbildungen. SP 1865

Thea Leitner verfolgte die Spuren von Nachkommen des Erzhauses, die von der Geschichtsschreibung bislang kaum beachtet wurden. Dabei stieß sie auf Menschen »mit ihren Ängsten und Leidenschaften und Verstrickungen, ihren heroischen Höhepunkten und ihren abgrundtiefen Nöten«.

Skandal bei Hof

Frauenschicksale an europäischen Königshöfen. 320 Seiten SP 2009

Vor dem Hintergrund europäischer Politik eröffnen diese erschütternden Tragödien ein Gesellschaftsbild, das die Skandale heutiger gekrönter Häupter als harmlose Geschichten erscheinen läßt.

Die Männer im Schatten

An der Seite berühmter Herrscherinnen. 260 Seiten mit 35 Abbildungen. SP 2324

Mit kriminalistischem Spürsinn folgt Thea Leitner dem Leben der Ehemänner berühmter Frauen: Maria Stuart, Katharina die Große, Maria Theresia und Queen Victoria. Sie beschreibt anschaulich, unterhaltsam und kenntnisreich die zu Nebenrollen verdammten Männer und wirft damit ein neues Licht auf die Biographien der berühmten Frauen.

Fürstin, Dame, Armes Weib

Ungewöhnliche Frauen im Wien der Jahrhundertwende. 352 Seiten mit 38 Abbildungen. SP 1864

SERIE PIPER

Friedemann Bedürftig

Taschenlexikon Bismarck

240 Seiten. SP 2593

Hundert Jahre nach dem Tod des »Eisernen Kanzlers« hat seine Figur nichts an Faszination verloren. Freilich stellen wir Bismarck nicht mehr auf den Sockel, wie es zu seiner Zeit üblich war. Und doch bewundert jede Generation erneut Weitsicht, Energie und politisches Gespür dieses Geschichte-Machers. Seine Gestaltungskraft, sein souveränes Jonglieren mit den Mächten, aber auch sein entschiedener Willen zum Frieden sichern ihm ungebrochenes Interesse. Und selbst sein Scheitern an der sozialen Frage – da war er ganz Junker mit allen Vorurteilen seines Standes – entbehrte nicht der Größe. Nicht einmal seine erbittertsten Gegner, wie der Arbeiterführer August Bebel, versagten ihm den Respekt. – Ganze Bibliotheken sind über Bismarck geschrieben worden. Und doch fehlte bislang ein handliches Kompendium über die Stationen seines Lebens und seines politischen Werdegangs, seine Grundsätze, Finten und Verträge, seine Partner, Freunde und Feinde. Das »Taschenlexikon Bismarck« hält nun die Antworten parat.

Taschenlexikon Drittes Reich

400 Seiten. SP 2369

In diesem Nachschlagewerk werden auf zuverlässige und verständliche Weise alle wichtigen Begriffe, Personen und Ereignisse der Geschichte des Nationalsozialismus behandelt.

»Großes Lob verdienen die etwa tausend Artikel über Begriffe und Namen von ›Abessinien‹ bis ›Zyklon B‹. Der Text ist sachlich und klar, für lexikalische Sprache geradezu lebendig und immer zuverlässig. Fazit: ein hilfreiches, wichtiges Buch, das nachdrückliche Empfehlung verdient – an alle erreichbaren Altersgruppen.«
Frankfurter Allgemeine